Lina Brink
Anerkannter Protest?

Critical Studies in Media and Communication | Band 23

Editorial

Die Reihe **Critical Studies in Media and Communication** (bis September 2015: »Critical Media Studies«) versammelt Arbeiten, die sich mit der Funktion und Bedeutung von Medien, Kommunikation und Öffentlichkeit in ihrer Relevanz für gesellschaftliche (Macht-)Verhältnisse, deren Produktion, Reproduktion und Veränderung beschäftigen.

Die Herausgeberinnen orientieren sich dabei an einer kritischen Gesellschaftsanalyse, die danach fragt, in welcher Weise symbolische und materielle Ressourcen zur Verfügung gestellt bzw. vorenthalten werden und wie soziale und kulturelle Einschluss- und Ausschlussprozesse gestaltet sind. Dies schließt die Analyse von sozialen Praktiken, von Kommunikations- und Alltagskulturen ein und nimmt insbesondere gender, race und class, aber auch andere Zuschreibungen sowie deren Intersektionalität als relevante Dimensionen gesellschaftlicher Ungleichheit und sozialer Positionierung in den Blick. Grundsätzlich sind Autor*innen angesprochen, die danach fragen, wie gesellschaftliche Dominanzverhältnisse in Medienkulturen reproduziert, aber auch verschoben und unterlaufen werden können.

Medien und Medienpraktiken werden gegenwärtig im Spannungsfeld von Handlungsermächtigung und Handlungsbeschränkung diskutiert – etwa durch neue Formen der (transkulturellen) Artikulation und Teilhabe, aber auch der Überwachung und Kontrolle. In Bezug auf Medienkulturen finden die Konsequenzen transnationalen Wirtschaftens und Regierens beispielsweise in der Mediatisierung von Protest, in der (medial vermittelten) alltäglichen Begegnung von Menschen mit unterschiedlichen Erfahrungshintergründen und in der Konfrontation mit dem Leiden auch in entfernten Regionen ihren Ausdruck. Die Beispiele verdeutlichen, dass Digitalisierung und Medienkonvergenz stets verbunden sind mit der neoliberalen Globalisierung des Kapitalismus. Die Reihe will ausdrücklich auch solchen Studien einen Publikationsort bieten, die transkulturelle kommunikative Praktiken und Öffentlichkeiten auf Basis kritischer Gesellschaftsanalyse untersuchen.

Das Spektrum der Reihe umfasst aktuelle wie historische Perspektiven, die theoretisch angelegt oder durch eine empirische Herangehensweise fundiert sind. Dies kann sowohl aus sozial- wie kulturwissenschaftlicher Perspektive erfolgen, wobei sich deren Verbindung als besonders inspirierend erweist.

Die Reihe wird herausgegeben von Elke Grittmann, Elisabeth Klaus, Margreth Lünenborg, Jutta Röser, Tanja Thomas und Ulla Wischermann.

Lina Brink ist wissenschaftliche Mitarbeiterin am Lehrstuhl für Soziologie der Universität Augsburg. Die Kulturwissenschaftlerin promovierte als Mitglied der Nachwuchsforscher*innengruppe »Transkulturelle Öffentlichkeiten und Solidarisierung in gegenwärtigen Medienkulturen« an der Eberhard Karls Universität Tübingen.

Lina Brink

Anerkannter Protest?

Mediale Repräsentationen von Frauen in Ägypten
in der deutschsprachigen Presse

[transcript]

Gedruckt mit Unterstützung der Hans-Böckler-Stiftung.

Hans **Böckler**
Stiftung

Diese Arbeit wurde im Dezember 2018 von der Philosophischen Fakultät der Eberhard Karls Universität Tübingen als Dissertation angenommen.

Für Dörte

Bibliografische Information der Deutschen Nationalbibliothek
Die Deutsche Nationalbibliothek verzeichnet diese Publikation in der Deutschen Nationalbibliografie; detaillierte bibliografische Daten sind im Internet über http://dnb.d-nb.de abrufbar.

transcript Verlag | Hermannstraße 26 | D-33602 Bielefeld | live@transcript-verlag.de

Umschlagkonzept: Kordula Röckenhaus, Bielefeld
Korrektorat: Annegret Unterbusch-Schwarzkopf, Berlin
Druck: Majuskel Medienproduktion GmbH, Wetzlar
Print-ISBN 978-3-8376-5488-2
PDF-ISBN 978-3-8394-5488-6
https://doi.org/10.14361/9783839454886

Gedruckt auf alterungsbeständigem Papier mit chlorfrei gebleichtem Zellstoff.
Besuchen Sie uns im Internet: *https://www.transcript-verlag.de*
Unsere aktuelle Vorschau finden Sie unter *www.transcript-verlag.de/vorschau-download*

Inhalt

Vorwort und Dank ... 9

1. **Einleitung** ... 11
1.1 Erkenntnisinteresse, Fragestellung und Untersuchungsgegenstand ... 15
1.2 Kritikverständnis, Begriffe und Positionierung ... 17
1.3 Die Proteste in Ägypten zwischen 2011 und 2014 ... 19
1.4 Aufbau und Vorgehen ... 24

2. **(Theoretische) Ausgangspunkte zur Entwicklung des Forschungsprogramms** ... 29
2.1 Forschung zu Medien, Geschlecht und Protesten in Ägypten ... 30
2.1.1 Proteste in Ägypten als mediales ›Schlüsselereignis‹ ... 31
2.1.2 Blick durch eine ›gendered lens‹: Proteste in Ägypten, Medien und Geschlecht ... 36
2.2 Anschlüsse an theoretische Grundlagen: Entwicklung einer kritischen Perspektive ... 39
2.2.1 Machtvolles Wissen in journalistischen Diskursen: (de-)konstruktivistische Perspektiven ... 41
2.2.2 Geschlecht als intersektionale Konstruktion: feministische Perspektiven ... 53
2.2.3 Bedeutung globaler Interdependenzen: postkoloniale Perspektiven ... 62
2.3 Ambivalente Sichtbarkeiten: Einsichten aus den Gender Media Studies ... 75
2.3.1 Konstruktionen von Weiblichkeit in medialen Diskursen ... 76
2.3.2 Vergeschlechtlichung gesellschaftlicher Diskurse und Konstruktionen ›anderer‹ Frauen ... 80
2.3.3 Diskurse um Frauenbewegungen und (Post-)Feminismus ... 87

3. **Kosmopolitismus und Anerkennung aus kritischer Perspektive** ... 93
3.1 Kosmopolitismen aus feministischer und postkolonialer Perspektive ... 93
3.1.1 Frühe kosmopolitische Ansätze und das Problem des Universalismus ... 95
3.1.2 Neue/Kritische Kosmopolitismen und die Anerkennung von Differenz ... 98
3.1.3 Forschung zum kosmopolitischen Potential in Medienkulturen ... 107
3.2 Ambivalenzen von Anerkennung ... 116

3.2.1 Ein gesellschaftstheoretisch fundierter Anerkennungsbegriff 117
3.2.2 Ambivalenzen subjektivierender Anerkennung bei Judith Butler 121
3.2.3 Anerkennung weiter denken 130
3.2.4 Anerkennung in Medienkulturen 134

4. Forschungsprogramm und methodisches Vorgehen 143
4.1 Ein Forschungsprogramm auf Basis der Wissenssoziologischen Diskursanalyse 143
4.1.1 Diskursanalyse als In-Beziehung-Setzen von Theorien, Methode und Gegenständen 144
4.1.2 Wissenssoziologische Diskursanalyse: grundlegendes Verständnis, zentrale Begriffe 146
4.1.3 Besonderheiten der Analyse von Bildberichterstattung 153
4.2 Erstellung des Datenkorpus und methodisches Vorgehen 156
4.2.1 Theoretical Sampling: Auswahl der Diskursfragmente 157
4.2.2 Strukturierung des Datenkorpus in der Grobanalyse 160
4.2.3 Feinanalyse textförmiger und visueller Diskursfragmente 166

5. Identitäts- und Subjektkonstruktionen und ihre Anerkennung 179
5.1 Subjektpositionierungen 179
5.1.1 Die kämpferische Aktivistin 180
5.1.2 Die Feministin als Expertin für Frauen 189
5.1.3 Das widerständige Opfer 192
5.1.4 Die ambivalente Positionierung der gläubigen Muslima 197
5.2 Konstruktionen von Geschlecht 202
5.2.1 Bedeutung von Körperlichkeit und Ausübung von Wahlfreiheit 203
5.2.2 Weiblichkeit als professionell und ›modern‹ 208
5.2.3 Nationale Homogenisierung von Weiblichkeit 212
5.2.4 Weiblichkeit als Symbol des Aufbruchs und der Ermächtigung 214
5.2.5 Abgrenzung von Männlichkeit 218
5.3 Vergeschlechtlichte Orient-/Okzidentkonstruktionen 223
5.3.1 Othering von Sexismus: Orient-/Okzidentkonstruktionen und sexualisierte Gewalt 224
5.3.2 Die Unterdrückung weiblicher Körper und ›der (politische) Islam‹ 229
5.3.3 Explizite Okzidentkonstruktionen 236
5.4 Zwischenfazit 240

6. Sichtbarkeit von Aspekten eines lebbaren Lebens und von politischem Handeln 243
6.1 Thematisierungen von Aspekten eines lebbaren Lebens 244
6.1.1 Schutz vor sexualisierter Gewalt 244
6.1.2 Politische Teilhabe, Gleichberechtigung und Freiheit 250
6.1.3 Sozioökonomische Grundlagen eines lebbaren Lebens 258
6.2 Konstruktionen von Möglichkeiten politischen Handelns 261
6.2.1 Repräsentationen politischer Aktionen 263
6.2.2 Kollektive Selbsthilfe und individuelles Handeln 273
6.3 Zwischenfazit 280

7. Sichtbarkeit globaler Interdependenzen ... 283
7.1 Reflexion von Praktiken der Repräsentation ... 284
7.2 Sichtbarkeit (neo-)kolonialer Interdependenzen und globalen Handelns ... 286
7.3 Zwischenfazit ... 289

8. Fazit und Ausblick ... 291
8.1 Zentrale Ergebnisse der Analyse ... 292
8.2 Diskussion der Befunde vor dem Hintergrund der theoretischen Bezüge ... 296
8.3 Implikation für weitere Forschung und gesellschaftspolitische Relevanz ... 302

Literaturverzeichnis ... 309

Abbildungsverzeichnis ... 341

Verzeichnis Analysematerial ... 345

Vorwort und Dank

Ende Januar 2011 saß ich eines Abends mit einigen lokalen Journalist*innen in einem kleinen Restaurant auf dem Land in Burkina Faso. Im Hintergrund lief der Fernseher und irgendwann machte uns eine Person aus der Runde auf die Bilder aus Ägypten aufmerksam, die dort zu sehen waren: Ein riesiger Platz voller demonstrierender Menschen, die eine Veränderung des Systems forderten. Die Runde war sich einig darüber, dass die Kraft dieser Bilder andere Proteste und Transformationen auf der ganzen Welt auslösen würden. Ebenso sahen es Freund*innen aus Frankreich und Deutschland, mit denen ich später telefonierte. Ganz so ist es nicht gekommen und doch setzte sich schon damals der Eindruck dieser Proteste als ein globales Medienereignis bei mir fest, ebenso wie die Frage, ob und wie die Berichterstattung über diese Ereignisse Veränderungen mit sich bringen würde.

Aus diesem vagen Interesse heraus ist in den letzten Jahren die vorliegende Arbeit entstanden. An dieser Stelle möchte ich all jenen herzlich danken, die mich während ihrer Erstellung auf ganz unterschiedliche Weise unterstützt haben.

Mein Dank gebührt zunächst Prof. Dr. Tanja Thomas, die mich schon im Studium nachhaltig für eine kritische Medienkulturforschung begeistert und mich in meiner wissenschaftlichen Arbeit seitdem stets ermutigt und inspiriert hat. Nicht nur ihre klugen Anmerkungen und Nachfragen, sondern auch der von ihr zur Verfügung gestellt Raum für kritische Diskussionen im Rahmen von Tagungen, Workshops und insbesondere den sehr hilfreichen Kolloquien (Dank an alle Teilnehmer*innen!) haben dazu beigetragen, diese Arbeit wachsen zu lassen. Auch Prof. Dr. Margreth Lünenborg möchte ich für ihre Unterstützung und hilfreichen Anmerkungen und Hinweise danken, ebenso wie allen Teilnehmer*innen ihres Promotionskolloquiums. Prof. Dr. Regina Ammicht-Quinn gilt mein Dank für ihre Bereitschaft zur Begutachtung meiner Arbeit und ihr Engagement und Prof. Dr. Elke Grittmann für ihre Unterstützung bei der Fertigstellung der Publikation.

Vielen Dank außerdem all jenen Menschen in und außerhalb Ägyptens, die trotz der brisanten politischen Situation ihre Sicht auf die Ereignisse mit mir geteilt und mir so viele wichtige Hinweise für die Analyse gegeben haben.

Finanziell unterstützt wurde die Erstellung und Publikation dieser Arbeit von der Hans-Böckler-Stiftung, wofür ich sehr dankbar bin.

Mein besonderer Dank gilt zudem Julika Mücke, Kaya de Wolff, Merle Kruse und Helena Körner, mit denen ich stets Freud und Leid des Promotionsprozesses teilen durfte und die mich mit ihren Anmerkungen, Fragen, Ermutigungen und Ratschläge in ganz besonderer Weise unterstützt haben. Außerdem danke ich Christiane Leidinger für das inspirierende Arbeitsumfeld und Alessa Jansen, Felicitas Qualmann und Annegret Unterbusch-Schwarzkopf für ihre Unterstützung bei der Fertigstellung meiner Dissertation.

Große Dankbarkeit empfinde ich schließlich gegenüber meiner Familie: Chris, Jonah und Milo, die alle Höhen und Tiefen der letzten Jahre mit mir durchlebt und mir immer meinen Raum zum Forschen und Schreiben gelassen haben und Dörte, Rainer und Thilo sowie Ruth und Enno für die Bestärkung darin, meinen Weg zu gehen.

1. Einleitung

Am 17. Dezember 2010 verbrannte sich der Gemüsehändler Mohamed Bouazizi im 250 km südlich von Tunis gelegenen Sidi Bouzid selbst. Die mit diesem Ereignis aufkommenden Proteste rückten Anfang des Jahres 2011 eine ganze Region in den Fokus der medialen Berichterstattung weltweit. Zu sehen waren Millionen von Menschen, die in Tunesien, Ägypten, Marokko, Libyen, Jemen und anderen Nachbarstaaten auf öffentlichen Plätzen demonstrierten. Im öffentlichen Diskurs werden diese Proteste in verschiedenen nordafrikanischen Ländern oft als ›Arabischer Frühling‹ oder gar ›Arabisches Erwachen‹ (vgl. z.B. AlDailami/Pabst 2014) bezeichnet. Diese Begriffe implizieren jedoch, dass es vorher nur Stillstand in der Region gegeben habe und werden oft als abwertend verstanden, wie Rabab El-Mahdi in einem in den *Feminist Studies* erschienenen Gespräch mit Lila Abu-Lughod betont: »One of the biggest frustrations for me is that people are dubbing the Arab uprisings the ›Arab Awakening‹ or the ›Arab Spring‹, as if we were in a coma and have just awakened or were frozen and now are defrosting.« (Abu-Lughod/El-Mahdi 2011: 690) In dieser Arbeit sollen diese Bezeichnungen daher keine Verwendung finden, stattdessen spreche ich allgemeiner gefasst von Protesten. Diese weiteten sich ab dem 25. Januar 2011 auf die größeren Städte in Ägypten aus und in vielen Medien wurde der Tahrir-Platz in Kairo als ein zentraler Ort von Demonstrationen sichtbar. Die globale mediale Aufmerksamkeit für die Ereignisse in Ägypten blieb auch nach dem Rücktritt des damaligen Machthabers Muhammed Husni Mubarak am 12. Februar 2011 bestehen, da es bis 2014 immer wieder zu neuen Protestwellen kam. Besonders die Ereignisse in Ägypten waren es, in deren Kontext die Beteiligung von Frauen[1] an den Protesten und ihre Lebenssituationen in den Vordergrund der

1 Die Kategorie ›Frau‹, welche auf einer Einordnung in ein binär strukturiertes Geschlechtersystem verweist, wird in dieser Arbeit als soziale, gesellschaftlich bedeutsame und machtvolle Konstruktion verstanden. Da ich dieses Verständnis in Kapitel 2.2.2 ausführlicher diskutiere, verzichte ich darauf, geschlechtliche Kategorisierungen im Fließtext durch einfache Anführungszeichen als soziale Konstruktionen zu kennzeichnen, wie ich es bei anderen Kategorisierungen tue. In öffentlichen Diskursen werden der Kategorie ›Frau‹ teilweise auch Menschen zugeordnet, die sich selbst nicht eindeutig als ›Frau‹ verstehen, gesellschaftlich aber als solche gelesen werden, was in aktuellen Texten teilweise durch ein * hinter dem Begriff ›Frau‹ gekennzeichnet wird. In dieser Arbeit geht es mir vor allem darum, wie als weiblich gelesene Körper sozial konstruiert werden, so dass

journalistischen Berichterstattung gestellt wurden, wie Abu-Lughod kritisch anmerkt: »the Western media seem obsessed with the role of women in this revolution.« (Abu-Lughod/El-Mahdi 2011: 683) Eine solche ›Obsession‹ für die Rolle von Frauen zeigte sich auch in journalistischen Medien in Deutschland, was insofern verwunderlich erschien, als dass Frauen aus der MENA-Region[2] zuvor medial vor allem als Migrantinnen oder als durch militärische Interventionen zu rettende Opfer repräsentiert wurden.[3] Mit Beginn der Proteste wurden in ›westlichen‹ und spezifisch in deutschsprachigen Medien nicht nur diese vorher wenig beachteten Staaten plötzlich medial sichtbar, sondern insbesondere Frauen innerhalb dieser Gesellschaften. In Auseinandersetzung mit dieser neuen Sichtbarkeit ›arabisch-muslimischer‹ Frauen in Medien in Deutschland fragte *die tageszeitung (taz)* am 1. Juni 2011: »Ist das Bild von der unterdrückten, ins Private verbannten arabischen Frau eine europäische Projektion?« (Reinecke 2011) Dieses Zitat impliziert verschiedene Aspekte, die auch in der vorliegenden Arbeit von Relevanz sein werden. Zum einen sagt es aus, dass die Art und Weise wie ›die arabische Frau‹ gesehen wird, einer Repräsentation, einem ›Bild‹ dieser entspricht, das sie in bestimmter Art und Weise konstituiert: Durch die Verwendung des Singulars wird die Homogenisierung der vielfältigen Lebensrealitäten von Frauen ›im arabischen Raum‹ gekennzeichnet. Zugleich wird verdeutlicht, dass Frauen in diesem Bild vor allem als nichtsichtbare oder öffentliche Personen, als fremdbestimmt und passiv zu sehen gegeben werden. Außerdem wird auf den Zusammenhang zwischen diesem Bild und einer europäischen Perspektive verwiesen: der Begriff der Projektion verdeutlicht, dass das gezeichnete Bild eng mit der europäischen Selbstdefinition zusammenhängt. Offenbar wird hier etwas, was nicht zur Konzeption des ›Eigenen‹ passt, nach außen verlagert und auf ›die arabische Frau‹ projiziert. Die in dem Zitat gestellte Frage ist zunächst deswegen bedeutsam, weil sie zentrale Aspekte vergeschlechtlichter Orient-/Okzidentkonstruktionen aufdeckt. Zum anderen wird mit ihr ausgedrückt, dass die Proteste in Ägypten 2011 und die Berichterstattung über sie das Potential haben, diese Konstruktion und mit ihr zusammenhängende Deutungsmuster in Frage zu stellen. Ähnliche Überlegungen finden sich auch im wissenschaftlichen Diskurs: So betont Lilie Chouliaraki im Kontext der Berichterstattung über die Proteste die Möglichkeit eines »space

ich im Folgenden auf das * verzichte, um zu zeigen, dass ich mich auf das hegemoniale Verständnis von ›Weiblichkeit‹ beziehe. Ich nutze das * hingegen, um bei Wörtern, die in einer binären, geschlechtsspezifischen Schreibweise genutzt werden, zu kennzeichnen, dass ich auch Menschen, die sich nicht in einem binären Geschlechtersystem verorten, in den Begriff einschließe.

2 Mit dem Begriff der MENA-Region (Middle East & North Africa) werden in politischen Diskursen meist die Staaten zwischen Marokko und Iran benannt, oft wird jedoch auch die Türkei mit in diese Bezeichnung eingeschlossen. Der Begriff bezieht sich auf die geographische Lage dieser Staaten und bezeichnet eine Region, welche in medialen Diskursen oft als ›arabisch‹ und/oder ›islamisch‹ geprägt homogenisiert wird. Der Rückzug auf die geographische Bezeichnung ist hier ein Versuch, solche kulturellen Homogenisierungen zu vermeiden, auch wenn er ebenfalls nicht ganz frei von solchen ist. Teilweise wird im Text jedoch auch auf die Bezeichnung ›arabisch‹ oder ›islamisch‹ bzw. ›muslimisch‹ zurückgegriffen und damit die diskursive Konstitution dieser Region bzw. die Positionierung einer Person als aus dieser Region kommend betont.

3 S. Kap. 2.3.3. Hier und im Verlauf der Arbeit ist mit dem Hinweis auf ein Kapitel stets das entsprechende Kapitel in der vorliegenden Arbeit gemeint.

of trans-national recognition between ›them‹ and ›us‹« (Chouliaraki 2013: 276, ähnliche Überlegungen finden sich u.a. bei Cottle 2011, Pantti 2013). Chouliaraki formuliert hier den möglichen Zusammenhang zwischen der verstärkten, globalen mediatisierten Sichtbarkeit der ›Anderen‹ – in diesem Fall der protestierenden Menschen in Ägypten – und der transnationalen Anerkennung dieser Menschen und knüpft damit auch an aktuelle Debatten um Kosmopolitismus in Medienkulturen an. Die in diesen Debatten thematisierte Möglichkeit einer ›mediatisierten Anerkennung‹ (vgl. Cottle 2006) hängt im Kontext der Repräsentation von Menschen und insbesondere Frauen aus dem ›arabisch-islamischen Raum‹ eng mit einer Irritation tradierter, orientalisierender Repräsentationslogiken zusammen, wie sie auch das obige Zitat aus der *taz* ausdrückt. Diese Logiken, die über die Konstruktion eines ›Orients‹ gleichzeitig ein »okzidental hegemoniales Selbst« (Dietze 2009a: 26) hervorbringen, spielen in deutschsprachigen medialen Diskursen eine bedeutende Rolle (vgl. ebd.: 27f). Die Konstruktion der ›orientalen Frau‹ als nicht sichtbar, passiv und unterdrückt übernimmt im Prozess des »Otherings« (vgl. Spivak 1988a) und der Legitimation der eigenen Hegemonie dabei eine entscheidende Funktion. Sie festigt gemeinsam mit dem Bild des ›sexistischen muslimischen/arabischen Mannes‹ das ›okzidentale‹ Selbstbild durch die Hervorhebung der Emanzipation und Freiheit ›westlicher‹ Frauen (vgl. Hark/Villa 2017: 41ff). Sowohl im medialen als auch im wissenschaftlichen Diskurs wird die Berichterstattung über die Proteste in Ägypten als ein ›Schlüsselereignis‹[4] verstanden, in dem diese etablierten vergeschlechtlichten Orient-/Okzidentkonstruktionen irritiert und verschoben wurden und es zu einer diskursiven Anerkennung ›der Anderen‹ kam.

Die dargestellten Annahmen einer Veränderung der Repräsentationspraktiken und damit einer mediatisierten Anerkennung als Folge der veränderten Sichtbarkeit von Frauen im Kontext der Proteste in Ägypten seit 2011, knüpfen an Überlegungen zur Möglichkeit einer mediatisierten »Anerkennung der Andersheit der Anderen« an. Diese formuliert Benedikt Köhler (2006: 38, vgl. auch Delanty 2006) als Anspruch neuer kosmopolitischer Ansätze, die einen zentralen Bezugspunkt dieser Arbeit darstellen. Solche Ansätze beschäftigen sich vor dem Hintergrund einer zunehmenden globalen Konnektivität über Medien und daraus folgend auch der zunehmenden Sichtbarkeit ›anderer‹ Lebenswirklichkeiten in lokalen Medienkulturen mit der Frage nach deren Konsequenzen. Dabei wird die Sichtbarkeit der Ereignisse in Medien weltweit und eine damit verbundene Hörbarkeit der Stimmen von Menschen vor Ort als Chance thematisiert. Verbunden sind diese Überlegungen oft mit der Möglichkeit einer daraus resultierenden Zuwendung zum ›Anderen‹ in Form von Anerkennung und letztendlich mit Hoffnungen auf eine solidarische und gerechte Welt (vgl. Holton 2009: 83). So begrüßenswert diese Zielsetzungen auch sein mögen, so dringlich ist es jedoch, die in diesen Überlegungen implizierten Zusammenhänge zwischen Sichtbarkeit, Anerkennung und ihren Bedingungen genauer zu betrachten und kritisch zu befragen. Dieser Aufgabe widme ich mich mit der vorliegenden Arbeit am Beispiel der Presseberichterstattung in Deutschland über die Proteste in Ägypten zwischen 2011 und 2014. Un-

4 Als Kern des Begriffs ›Schlüsselereignis‹ im medialen Kontext beschreibt Rauchenzauner, dass diese ein außergewöhnliches Ereignis darstellen, welches einen neuen Sachverhalt mit sich bringt und von großer Tragweite ist (vgl. Rauchenzauner 2008: 21).

tersuchen werde ich dabei vor allem Repräsentationen von Frauen in diesem Kontext. Meine geschlechtertheoretische Perspektive nimmt also insbesondere die Konstruktion von Weiblichkeit in den Blick, deren Verwobenheit mit Männlichkeitskonstruktionen innerhalb binärer Geschlechterkonstruktionen ich jedoch betonen möchte. Gerade Weiblichkeitskonstruktionen erscheinen insbesondere in Bezug auf den gewählten Untersuchungsgegenstand nach wie vor folgenreich. Innerhalb von Orient-/Okzidentdiskursen ist die Konstruktion von Weiblichkeit auch weiterhin bedeutsam. Zudem sind es vor allem Frauen, die im Sinne einer doppelten Marginalisierung durch patriarchale und globale Machtstrukturen von materiellen Ausprägungen dieser hierarchisierenden Diskurse betroffen sind. Gleichzeitig wird eine mögliche Verschiebung tradierter Repräsentationen in der Berichterstattung über die Proteste in Ägypten, wie sie bestehende Studien nahelegen und sie auch das obige Zitat aus der taz andeutet, insbesondere hinsichtlich der Darstellung von Frauen diskutiert.

Zugleich rührt die Einnahme einer geschlechtertheoretischen Perspektive auch aus der von Nadje Al-Ali (2012) vertretenen Überzeugung: »a gendered lens is not just about women« (ebd.: 31). Ein solcher Fokus auf Geschlecht ermöglicht es auch, Machtstrukturen klarer in den Blick zu nehmen:

> » [...] we can learn from a gendered lens about power, both the more oppressive top-down variety, but also the more subtle micro-politics of power; and we can learn about hierarchies and inequalities. A gendered lens also allows us to explore the various ways subjects are materially and discursively constituted and circumscribed, both at local and global levels.« (ebd.)

Meine Analyse knüpft an Fragestellungen, die aus der Rezeption neuer kosmopolitischer Ansätze in den Medien- und Kommunikationswissenschaften entstanden sind, an. Die Einnahme einer geschlechtertheoretischen Perspektive, die ich in dieser Arbeit mit Überlegungen aus postkolonialen Ansätzen verknüpfe, ermöglicht es mir, diese Fragestellungen um den, meinem Verständnis nach, zentralen Blick auf lokale und globale Machtgefüge und deren Auswirkungen auf die diskursive und materielle Konstitution von Subjekten zu erweitern. Gerade globale Hierarchien zeigen sich nicht nur in der Bedeutung vergeschlechtlichter, orientalisierender Diskurse für gegenwärtige politische Entwicklungen, etwa in der Migrationspolitik, sondern auch in sozioökonomischen globalen Machtgefügen. So ist Deutschland mit 6,5 Milliarden US-Dollar an Krediten und Staatsanleihen mit Abstand Ägyptens größter Gläubiger im Pariser Club[5], Kredite aus Deutschland waren zudem maßgeblich für das Zustandekommen eines Programms des Internationalen Währungsfonds für Ägypten in 2016 (vgl. Roll 2018: 4). Die mit dem Programm und der Gewährleistung von Krediten verbundenen Bedingungen beinhalteten u.a. den Abbau staatlicher Subventionen und die Wechselkursfreigabe, was eine dramatische Verschlechterung der Lebenssituation der Menschen in Ägypten zur Folge hatte (vgl. ebd.: 2). Zum anderen, so betont Stephan Roll, war für die deutsche Bundesregierung eine maßgebliche Motivation für die Bereitstellung von

---

5 Der Pariser Club ist ein informelles Gremium in dem kreditgebende Länder mit kreditnehmenden Ländern verhandeln. Er hat 22 permanente Mitglieder, die regelmäßig Kredite vergeben und an Verhandlungen teilnehmen (vgl. www.clubdeparis.org, abgerufen am 21.08.2018).

Hilfen die Möglichkeit, Ägypten zur Schließung seiner Mittelmeergrenzen zu bewegen und so Migration zu verhindern (vgl. ebd.: 4). Dieses Vorhaben konnte mit dem Abschluss eines Migrationsabkommens zwischen Deutschland und Ägypten 2017 weiter verfolgt werden.[6] Dies sind nur zwei Beispiele zur Relevanz sozioökonomischer Verbindungen zwischen Deutschland und Ägypten, die sich negativ auf die Lebensbedingungen in Ägypten auswirken und, so legen es Studien zur wirtschaftlichen Situation von Frauen in der Region nahe (vgl. u.a. Esim 2012), von denen vor allem als weiblich gelesene Menschen betroffen sind. Solche materiellen, machtvollen Strukturen werden über hierarchisierende gesellschaftliche Diskurse (de-)legitimiert, weshalb Fragen nach der Sichtbarkeit ägyptischer Frauen und ihren Lebensbedingungen in deutschen Medien und ihrer Anerkennung als bedeutsam verstanden werden können.

1.1 Erkenntnisinteresse, Fragestellung und Untersuchungsgegenstand

Ziel dieser Arbeit ist es, mit Blick auf die Repräsentation von Frauen im Kontext der ägyptischen Proteste, zum einen Ambivalenzen von Sichtbarkeit (vgl. Schaffer 2008) und mediatisierten Formen der Anerkennung und zum anderen die Anerkennungsordnungen selber, ihre Ein- und Ausschlüsse zu untersuchen und zu fragen: Wie werden Frauen im Pressediskurs um die Proteste in Ägypten von 2011 bis 2014 in Deutschland sichtbar, inwiefern werden sie im Diskurs anerkannt und welche Bedingungen der Anerkennung lassen sich daran aufzeigen? Zudem frage ich danach, welche Aspekte eines ›lebbaren Lebens‹ (vgl. Butler 2016: 39) und Möglichkeiten des Handelns in Verbindung mit einer möglichen Anerkennung von Subjekten im Diskurs sichtbar werden und inwiefern globale Interdependenzen im Diskurs thematisiert werden. Diese Erweiterung der Fragestellung ergab sich während der Auseinandersetzung mit dem Anerkennungsbegriff aus einer machtkritischen Perspektive im Laufe der Erstellung dieser Arbeit und mit Blick auf die ersten Ergebnisse der Analyse des Untersuchungsgegenstandes. Gegenstand der Analyse sind sowohl textförmige als auch visuelle Diskursfragmente des deutschsprachigen Pressediskurses zu den Protesten in Ägypten von den Anfängen der internationalen Aufmerksamkeit im Januar 2011 bis zum Auslaufen der Berichterstattung in Deutschland Ende 2014. Den Datenkorpus bilden Presseartikel und Pressebilder[7] aus *Die Zeit, Zeit online, Der Spiegel, Spiegel online* sowie den Print- und Onlineausgaben der *Frankfurter Allgemeine Zeitung*, der *Süddeutschen Zeitung*, der *tageszeitung* (*taz*),

6 Vgl. dazu ein Statement auf der Seite des Auswärtigen Amts, abrufbar unter https://www.auswaertiges-amt.de/de/aussenpolitik/laender/aegypten-node/-/256966 (abgerufen am 30.08.2018).

7 Da Pressebilder einen zentralen Teil des Forschungsprojekts ausmachen, erscheint es für die Nachvollziehbarkeit der Analyse notwendig, aussagekräftige Beispielbilder in dieser Publikation auch zu zeigen (vgl. dazu Lobinger et al. 2017: 744). Aus forschungsethischen Gründen habe ich jedoch in Bildern, auf denen einzelne Personen erkennbar waren, zum Zweck der Anonymisierung die Gesichter verpixelt. Die Pressebilder selbst bleiben durch die Verpixelung jedoch erkennbar und die Analyse besser nachvollziehbar. Eine Ausnahme bilden solche Bilder, bei denen die abgebildeten Personen auch durch den textlichen Kontext bereits erkennbar werden, etwa weil sich ein gesamter Presseartikel auf sie bezieht, da sie zentrale Figuren der Protestbewegung sind und somit als Personen des öffentlichen Lebens verstanden werden können.

der *Brigitte* und der *Emma*. Ausgewählt wurden sowohl die untersuchten Medien als auch die analysierten Diskursfragmente anhand des theoretischen Interesses und der spezifischen Fragestellung dieser Arbeit.

Die Arbeit analysiert mediale Deutungsangebote anhand textförmiger und visueller Diskursfragmente, da diesen eine zentrale Bedeutung in der (Re-)Konstruktion gesellschaftlicher Wirklichkeit beigemessen wird. Sie greift damit auf einen durch die Cultural Studies und postkoloniale Ansätze geprägten Repräsentationsbegriff zurück, der mediale Repräsentationen nicht als Abbild von etwas, sondern als konstituierend für das Dargestellte begreift, auf die Verwobenheit von Repräsentation mit Macht hinweist und die Verbundenheit zwischen textförmigen und visuellen Repräsentationen betont (vgl. Schaffer 2006, Hall 2004, Spivak 1988a). Besonders relevant erweisen sich mediale Deutungsangebote vor dem Hintergrund von Mediatisierung[8] als einem Meta-Prozess sozialen Wandels. Dieser macht im Kontext einer ›Globalisierung‹ der Welt, durch die räumlich entfernte Kontexte als relevant für die jeweilige lokale Wirklichkeit verstanden werden, diese über Medien erfahrbar und stellt über die Konstitution entfernter Wirklichkeiten auch immer den eigenen, spezifischen Rahmen als wirklich her. Journalismus spielt dabei in Medienkulturen nach wie vor eine zentrale Rolle: Journalistische Beiträge stellen Wissen innerhalb eines spezifischen soziokulturellen Rahmens her und legitimieren diese Konstruktion gleichzeitig als besonders authentisch und objektiv (vgl. dazu u.a. Lünenborg 2005). Dies gilt nach wie vor insbesondere für die Berichterstattung aus etablierten Pressehäusern. Neben den klassischen Printprodukten wird dabei inzwischen von allen etablierten Häusern auch Online-Berichterstattung angeboten, die über vielfältige Kanäle und Plattformen genutzt wird und die daher ebenfalls in dieser Untersuchung berücksichtigt wird. Da auch für diese Angebote die Zuordnung zu etablierten Pressehäusern jedoch entscheidend ist (vgl. Mehlis 2016), wird hier und im Folgenden allgemein von ›der Presse‹ gesprochen.

Methodisch orientiere ich mich in meinem Projekt am Programm der durch Reiner Keller geprägten Wissenssoziologischen Diskursanalyse (WDA), die die diskursive Konstruktion von gesellschaftlichen Wissens- und Wirklichkeitsordnungen und ihre Legitimation ins Zentrum der Analyse stellt (vgl. u.a. Keller 2011a,b,c; 2013). Mir erscheint es jedoch gerade für den Untersuchungsgegenstand meines Projektes zentral, die sich meist auf Texte fokussierende WDA um Visualisierungen des Diskurses zu erweitern, wie es auch Keller selbst fordert (vgl. Keller 2016). Denn gerade Pressefotografien tragen durch die Vermittlung von Authentizität zum Prozess der (Re-)Konstruktion gesellschaftlichen Wissens bei, der über den spezifischen Gegenstand hinaus Wirkung entfaltet (vgl. u.a. Grittmann 2007).

8 Einen Überblick zum Begriff »Mediatisierung« bietet Krotz (2015). Mediatisierung meint einen gesamtgesellschaftlichen Prozess, in dem neue kommunikative Praktiken entstehen oder sich verändern, was sich wiederum sowohl auf individueller wie auch auf kultureller Ebene auf alle Bereiche von Gesellschaften auswirkt (vgl. Thomas/Krotz 2008:27).

1.2 Kritikverständnis, Begriffe und Positionierung

Neben der konkreten Fragestellung leitet diese Arbeit das übergeordnete Ziel, bestehende (vor allem globale, vergeschlechtlichte) Machtstrukturen zu kritisieren. Mit einem Kritikbegriff, der zentral durch die Arbeiten von Michel Foucault und Judith Butler geprägt ist, besteht dieses ›Kritisieren‹ des untersuchten Gegenstandes nicht in dem Urteil über diesen, also nicht in der Frage, ob an ihm aufzuzeigende gesellschaftliche Bedingungen, Praktiken und Wissensformen gut oder schlecht ›sind‹. Vielmehr »soll die Kritik das System der Bewertung selbst herausarbeiten« (Butler 2002: 250).[9] Die kritische Auseinandersetzung mit dem System der Bewertungen stellt dieses mit Bezug auf einen spezifischen Gegenstand, in diesem Fall der Berichterstattung über die Proteste in Ägypten, in Frage. Butler (ebd.) betont, dass Kritik immer spezifisch sein muss, reine Verallgemeinerung ist nicht mehr kritisch. Bedeutsam ist zugleich, dass eine Kritik spezifischer Diskurse aber gerade dadurch Gewicht erhält, dass die an diesem »Gebiet beschränkter Allgemeinheit« (ebd.: 221) aufgezeigten Systeme der Bewertung auch für die Konstitution anderer Gegenstände von Belang sind. So wurde beispielweise im Laufe der Arbeit an diesem Text die Relevanz der hier diskutierten vergeschlechtlichten Repräsentationspraktiken und ihr Zusammenhang mit der Etablierung gesellschaftlicher Hierarchien durch die Aktualisierung zentraler Deutungsmuster innerhalb der medialen Berichterstattung über die sogenannte Kölner Silvesternacht 2015/16 und auch in aktuellen Diskursen um geflüchtete Menschen deutlich. Die im deutschsprachigen Diskurs vorgenommene und inzwischen vielfach kritisierte (vgl. u.a. Hark/Villa 2017, Drüeke 2016, Keskinkılıç 2017) diskursive Verschränkung zwischen Geschlechterkonstruktionen, Orient-/Okzidentkonstruktionen und feministischen Argumentationen gegen sexualisierte Gewalt funktionierte auch deswegen so gut, weil sie an unter anderem in der Berichterstattung über die Beteiligung von Frauen an den Protesten in Ägypten 2011 bis 2014 etablierten Deutungen anknüpfen konnte. Solche Anknüpfungen wurden im Diskurs um ›das Ereignis Köln‹ (vgl. Dietze 2016a) teilweise sogar explizit gemacht.[10] Auch wenn sich Kritik auf spezifische Gegenstände bezieht, so ist sie doch gerade deswegen von Relevanz, weil sie übergeordnete machtvolle Systeme der Bewertung aufzeigen kann und zugleich die Möglichkeit impliziert, »dass nicht alles so bleiben muss, wie es ist« (Hark 2009: 34), also Verschiebungen dieser Systeme der Bewertung möglich sind.

Grundlegend für das Projekt dieser Arbeit ist zudem der Standpunkt, von dem aus Kritik geäußert wird und damit einhergehende Grenzen. Zum einen bin ich als forschendes Subjekt auch selbst innerhalb der gesellschaftlichen (Be-)Deutungsstrukturen verortet, deren Veränderbarkeit ich aufzeige. Einhergehend mit dem oben beschriebenen Ziel von Kritik bedeutet dies, dass ich auch in der hier verwendeten Sprache

9 Zur weiteren Ausführung des Kritikbegriffs s. Beginn des Kapitels 2.2.

10 Vgl. z.B. www.spiegel.de/kultur/gesellschaft/frauenrechte-und-islam-sexuelle-gewalt-als-symbol-der-krise-a-1075021.html (abgerufen am 30.08.2018). Auch Dietze konstatiert: »D.h. das Ereignis Köln hätte keine Wirkungsmacht und keinen exemplarischen Wahrheitscharakter gehabt, wenn es nicht durch die schon vorhandene Wissensordnung einer sexualpolitischen Islamkritik gefiltert worden wäre.« (Dietze 2016b: 9).

teilweise auf Begriffe zurückgreife, deren (Be-)Deutung ich zugleich kritisiere und vereindeutige, aber nicht einfach neue Begriffe schaffen kann. Wichtig erscheint mir die Infragestellung solcher binär strukturierten gesellschaftlichen Konstruktionen wie ›westlich‹, ›arabisch‹, ›das Eigene‹ und ›das Andere‹, die ich im Text vor allem mit einfachen Anführungszeichen kenntlich mache, soweit ich sie nicht ausführlicher problematisiere. Durch meine eigene Positionierung innerhalb ›des Okzidents‹ ergibt sich zudem auch übergeordnet die Gefahr der Reproduktion eines ›westlichen‹ Blicks und die Schwierigkeit diesen zu durchbrechen. Die Unmöglichkeit, dieses Dilemma gänzlich zu lösen hat mich dazu bewogen, meinen Fokus besonders auf ›das Eigene‹, also die (Re-)Produktion ›okzidentaler‹ Bedingungen der Anerkennung zu legen und nicht etwa Diskurse in Ägypten zu untersuchen oder einen differenzierenden Vergleich vorzunehmen. Zugleich ergibt sich durch meine spezifische Verortung die Möglichkeit, den untersuchten Diskurs aufgrund der Vertrautheit mit Repräsentationspraktiken und Bildtraditionen besonders tief analysieren zu können.

Zum anderen ist es die Verortung meiner Person und der vorliegenden Arbeit im wissenschaftlichen Feld, die der Art und Weise der Äußerung von Kritik bestimmte Grenzen auferlegt. Sabine Hark (2009) weist darauf hin, dass feministische Kritik auch im akademischen Raum inzwischen eine gewisse Legitimität erlangt hat, dass ihre Äußerung zugleich aber dadurch reguliert wird »was als ›vernünftige‹ feministische Aussage gilt und wessen Sprechen gehört werden kann« (ebd.: 26). Auch in einer Institution, die, so Hark (vgl. ebd.: 29), zentral am Erhalt existierender Machtverhältnisse beteiligt ist, ist die Äußerung feministischer oder postkolonialer Positionen also unter bestimmten Bedingungen möglich. Zentral ist neben der Art der Äußerung dabei die Frage, inwiefern die sie äußernde Person im wissenschaftlichen Feld als legitime Sprecher*in anerkannt wird. Reguliert werden die Bedingungen dabei unter anderem durch eine »vergeschlechtlichte akademische Geschäftsordnung« (Hark 2005: 249), die nach wie vor Äußerungen von männlich kategorisierten Subjekten meist eine größere Legitimität zuspricht. Auch wenn ich mich aufgrund der Positionen, die ich in dieser Arbeit einnehme und meiner weiblichen Subjektivierung in einem marginalisierten Bereich des wissenschaftlichen Feldes verorte, so ist meine Position innerhalb dieses Feldes zugleich eine, die als privilegiert konstituiert wird und es mir erlaubt, mich innerhalb der Akademie äußern zu können. Dies hängt zum einen mit den Kontexten, in denen ich mich bewege und die kritische Analysen fördern und fordern und zum anderen mit den geringen Zugangshürden zum akademischen Raum aus einer ›weißen‹[11] Mittelstandsposition sowie meiner finanziellen Absicherung durch ein Stipendium zusammen.

Relevanter Kontext der vorliegenden Untersuchung sind also zum einen meine spezifische Positionierung als forschendes Subjekt, mein Kritikverständnis und die theoretischen Bezüge, aus denen sich die Perspektive dieser Arbeit speist, welche in Kapitel 2.2 näher erläutert werden. Bedeutsam erscheint mir zudem die Verortung des Diskurses innerhalb bestehender diskursiver Formationen, die ich in Kapitel 2.3 thematisiere. Zum anderen bewegt sich der von mir untersuchte Diskurs im Kontext einer breiteren öffentlichen und wissenschaftlichen Debatte um das Protestgeschehen in Ägypten

11 Die einfachen Anführungszeichen kennzeichnen auch hier, dass ich mit ›weiß‹ eine gesellschaftlich konstituierte und wirkungsvolle Kategorie beschreibe (vgl. dazu Eggers et al. 2005).

zwischen 2011 und 2014 und die Beteiligung von Frauen an diesem. Auf die dort zentral diskutierten Entwicklungen, Ereignisse und Fragen gehe ich im Folgenden ein und biete so der Leser*in auch einen Überblick über die dem Untersuchungsgegenstand zugrundeliegenden Geschehnisse.

1.3 Die Proteste in Ägypten zwischen 2011 und 2014

Die Schwierigkeit der Darstellung eines Überblicks über die Geschehnisse in Ägypten zwischen 2011 und 2014 besteht darin, dass er das Gegenteil dessen tut, was eigentlich soeben als Ziel und Anspruch der Arbeit formuliert wurde: Er konstruiert eine spezifische Erzählung der Ereignisse, statt diese zu dekonstruieren. Anliegen dieser Arbeit ist es gerade nicht, sich wissenschaftlich mit den Protesten in Ägypten und der Bedeutung von Geschlecht in/für diese auseinanderzusetzen, vielmehr frage ich nach diskursiven Deutungen dieser Themen und ihren soziokulturellen Rahmungen. Die Kontextualisierung des Diskurses erscheint mir jedoch zum einen zur weiteren Unterstreichung der Relevanz des von mir gewählten Fokus auf die Repräsentation von Frauen entscheidend. Zum anderen ermöglicht diese einen Blick auf die Debatten um die Ereignisse im öffentlichen und wissenschaftlichen ›westlichen‹ Diskurs, aus dem ich – neben zahlreichen Gesprächen mit Aktivist*innen, Wissenschaftler*innen und Informationen aus anderen Öffentlichkeiten – primär mein Kontextwissen für die spätere Diskursanalyse bezogen habe. In der folgenden Darstellung zeige ich auf, welche Ereignisse und Deutungen in Bezug auf die Geschehnisse in Ägypten zwischen 2011 und 2014 zentral waren. Dabei beziehe ich mich insbesondere auf Quellen aus dem weiteren Kontext des von mir untersuchten journalistischen Diskurses, dazu gehören neben deutschsprachigen medialen Beiträge auch Beiträge von Nichtregierungsorganisationen oder politischen Stiftungen und *Think Tanks* sowie wissenschaftliche Beiträge aus renommierten Journalen. Weder geht es mir an dieser Stelle darum, die ›tatsächliche‹ Entwicklung nachzuzeichnen, noch kann ich die Vielfalt an Deutungen, Ereignissen und Debatten um die Proteste beleuchten, die sich besonders mit Blick auf die zahlreichen Publikationen, die im ägyptischen Kontext erschienen sind, zeigt.

Vor den Protesten ab Ende 2010, so kritisiert u.a. El-Mahdi (vgl. Abu-Lughod/El-Mahdi 2011) hat es international kaum ein breites, auch wissenschaftliches Interesse an einer spezifischen Auseinandersetzung mit Geschlecht in der Region gegeben. Mit der Situation von Frauen in Ägypten beschäftigten sich zuvor vornehmlich Publikationen aus der Region selbst.[12] Inzwischen ist die Zahl der Publikationen, die sich mit Frauen im Kontext der arabischen und speziell ägyptischen Protestbewegungen beschäftigen,

12 Z.B. das *Al-Raida-Journal*, eine seit 1976 auf Englisch und Arabisch im Libanon erscheinende Publikation zur Situation von Frauen in der ›Arabischen Welt‹ (Ausgaben zum Thema Frauen und sozio-politischer Protest erschienen u.a. 2005 und 2009) oder das *Journal of International Women Studies*, welches im März 2011 eine Sonderausgabe zu ›arabischen‹ Frauen veröffentlichte, die bereits ein Jahr zuvor geplant wurde (vgl. Olimat 2011: 1). Dieses Journal war es auch, das im Oktober 2012 eine Sonderausgabe zu ›Frauen im Arabischen Frühling‹ herausbrachte und kritisierte, dass die Bedeutung von Frauen für und in den Protestbewegungen wissenschaftlich bis dahin kaum Aufmerksamkeit erlangt hatte.

gestiegen,[13] und auch im deutschsprachigen Raum wird das Thema in Publikationen zumindest gelegentlich aufgegriffen (vgl. u.a. iz3w, Heft 337 vom Juli/August 2013, Kreile 2012, Gerlach 2014). Gemeinsam ist den meisten Arbeiten, dass sie Geschlecht nicht als einen Teilbereich der Forschung zu den Protestbewegungen verstehen, sondern geschlechtliche Implikationen innerhalb aller Fragen und Prozesse, die wissenschaftlich diskutiert werden, verorten und die Zentralität von Geschlechtergerechtigkeit und -gleichheit für sozio-politische Transformationen betonen (vgl. Khalil 2014). Thematisiert werden für den untersuchten Zeitraum drei Wellen von Protesten, zu denen auch in der Presseberichterstattung in Deutschland jeweils ein starker Anstieg an Beiträgen verzeichnet werden konnte.[14]

2011: Proteste gegen Mubarak und militärische Übergangsregierung

Als ein zentraler Auslöser für die international viel beachteten Proteste in Ägypten Anfang des Jahres 2011 wird neben nationalen Vorkommnissen (u.a. dem durch Polizeigewalt verursachten Tod des Bloggers Khaled Said in Alexandria im Sommer 2010, vgl. Schielke 2013: 132) vor allem auf die Selbstverbrennung des Gemüsehändlers Mohamed Bouazizi[15] in der tunesischen Kleinstadt Sidi Bouzid am 17. Dezember 2010 hingewiesen, auf die zunächst in Tunesien, später in vielen Ländern der MENA-Region große öffentliche Proteste folgten (vgl. Asseburg 2011: 3). Für den 25. Januar 2011 riefen verschiedene Gruppen in ›sozialen‹[16] Medien zu einem ›Tag des Zorns‹ mit öffentlichen Protesten auch in großen Städten Ägyptens auf. Tausende Menschen kamen diesem Aufruf nach. (Vgl. Süddeutsche Zeitung 2011) Die Proteste 2011, die oft als »Revolution der Jugend« bezeichnet werden, wurden zwar primär durch junge Angehörige einer gehobenen Mittelschicht initiiert,[17] an den Protesten selber waren aber sehr unterschiedliche gesellschaftliche Gruppierungen, Schichten und Generationen beteiligt (vgl. Schielke 2013: 128). Entsprechend divers waren auch die Forderungen, die mit den Protesten

13 Die inhaltlichen Schwerpunkte der Forschung lassen sich meines Erachtens nach grob in drei Punkte einteilen: Zunächst wird primär die Beteiligung von Frauen an den Protesten und ihre Rolle in der Bewegung thematisiert. Zweitens wird in diesem Kontext auch auf die Tradition von Frauenbewegungen in Ägypten und deren Entwicklung eingegangen. Und schließlich werden im Kontext der Protestbewegungen Problem- und Lösungsdefinitionen zur Situation von Frauen in Ägypten vorgenommen und die Potentiale und Hindernisse im Kontext der Ereignisse diskutiert. In den Arbeiten, die sich mit der Situation von Frauen in Ägypten im Kontext der Proteste beschäftigen, lassen sich vier zentrale Punkte ausmachen: Politische Partizipation, institutionelle/gesetzliche Rahmungen, ökonomische Beteiligung und den Schutz vor geschlechtsspezifischer Gewalt.

14 Quelle: eigene Recherchen, vgl. vertiefend hierzu Kapitel 5.3 dieser Arbeit.

15 Als Grund für seine Selbstverbrennung werden vor allem Armut und staatliche Willkür diskutiert (vgl. Göbel 2015).

16 ›Soziale‹ Medien schreibe ich in einfachen Anführungszeiten, da Studien verschiedentlich auf mit diesen verbundene Ausschlüsse, Missachtungen und Verletzungen hinweisen (vgl. u.a. Drüeke 2018).

17 Auch Asseburg betont in einem Papier der *Stiftung Wissenschaft und Politik*, dass es in Ägypten vor allem gut gebildete junge Erwachsene aus der Mittelschicht waren, die die Massenproteste organisierten. Anfang Februar bildete sich während der Demonstrationen das Bündnis *Coalition of the Youth of the Revolution*, mit dem sich sechs unterschiedliche Gruppierungen ein gemeinsames Führungsgremium gaben (vgl. Asseburg 2011: 6).

in Verbindung gebracht wurden, primär richteten sie sich jedoch gegen Armut, Arbeitslosigkeit, Korruption und die zu diesem Zeitpunkt 30-jährige Präsidentschaft von Mubarak (vgl. Busse 2013: 290).[18] Frauen waren für die Protestbewegung Anfang 2011 im öffentlichen Raum von zentraler Bedeutung (vgl. Hafez 2012, Sika 2012), zugleich waren es insbesondere Frauen, die durch die Übernahme von Care-Arbeiten die Möglichkeit einer breiten Teilnahme der Bevölkerung an den Protesten absicherten. Dies findet im wissenschaftlichen und öffentlichen Diskurs nur wenig Beachtung. (Vgl. Winegar 2012) Hier zeigte sich auch die Vielfalt von Frauen, die die Proteste unterstützten: So nahmen etwa die Muslimschwestern, welche zuvor kaum sichtbar in der Organisation waren, mit den Protesten gegen Mubarak erstmals eine zentrale und öffentliche Rolle ein. Auf dem Tahrir-Platz waren sie maßgeblich für die Sicherheitsüberprüfung von Frauen und die Bereitstellung von Lebensmitteln und medizinischer Versorgung zuständig. (Vgl. Farag 2012) Esim (2012) hebt im Kontext der Beteiligung von Frauen an Protesten die Brisanz der mangelnden ökonomischen Teilhabe von Frauen in der MENA-Region hervor:

> »Women in the Arab region continue to have the poorest outcomes in the world of work, whether in comparison with men or in comparison with women in other regions. The insufficient employment generation and the poor quality of created jobs, along with deficiencies in the national frameworks for gender equality contribute to women's limited participation.« (Ebd.: 2)

Sie schildert hier den engen Zusammenhang zwischen dem Zugang zu Ressourcen und Möglichkeiten der Partizipation. Gerade für Frauen waren also die oben thematisierten Forderungen nach einem Ende von Armut, Arbeitslosigkeit und Diktatur eng miteinander verbunden.

Nach 18-tägigen Protesten, die von Seiten der Protestierenden überwiegend friedlich verliefen, bei denen aber 840 Menschen durch Sicherheitskräfte getötet und 6000 verletzt wurden (vgl. Amnesty 2011), trat Mubarak am 11. Februar 2011 zurück. Im Folgenden übernahm der Militärrat die Macht und verkündete, dass bis zu geplanten Neuwahlen die Notstandsgesetzgebung weiterhin Geltung habe. Gegen Mitglieder der Re-

18 Die protestierenden Gruppierungen unterschieden sich durch ihren jeweiligen ideologischen, politischen oder religiösen Hintergrund deutlich, zentral für die Protestbewegung war aber zunächst das gemeinsame Ziel eines Bruchs mit dem autoritärem Regime der Mubarak-Regierung (vgl. Asseburg 2011: 6). Das Zusammenspiel aus zunehmend problematischen Kontextbedingungen und der Interaktion zwischen verschiedenen Akteur*innen sind auch die beiden Komponenten, die in der Auseinandersetzung mit den Gründen, die die Proteste zu diesem Zeitpunkt und in diesem Ausmaß ermöglicht haben, breit diskutiert werden, wie Grimm (2015) in seinem Literaturbericht zu politikwissenschaftlichen Arbeiten über die Aufstände aufzeigt. Zwar war in den Jahren vor den Protesten sowohl eine Verschlechterung der sozioökonomischen Situation in Ägypten und anderen Ländern der Region und auch eine zunehmende Repression durch das autoritäre Regime spürbar, was in Kombination mit einer zunehmenden Informationsfreiheit über ›soziale‹ Medien oft als eine Ursache der Proteste diskutiert wird (vgl. Grimm 2015: 104, Harders 2013: 35, Asseburg 2011: 4ff). Gleichzeitig kann aber die Aufkündigung eines autoritären Gesellschaftsvertrages, der schon lange zuvor brüchig war, nur in Verbindung mit einer spezifischen Akteurskonstellation und der breiten und langen Mobilisierung für Massenproteste verstanden werden (vgl. Harders 2013: 35, Roll 2011).

gierung von Mubarak wurden Ermittlungsverfahren, zunächst wegen Korruption und später auch wegen des gewalttätigen Vorgehens gegen die Demonstrierenden erlassen. (Vgl. Busse 2013: 290f) Gegen die ab Februar 2011 bestehende Übergangsregierung durch das Militär wurde wiederholt protestiert, dabei kam es bei den maßgeblich von Frauen angeführten Protesten am internationalen Frauentag im März 2011 erstmals zu sogenannten Jungfräulichkeitstests[19] an Frauen durch das Militär und sexualisierter Gewalt gegen Frauen (vgl. Abouelnaga 2016: 9). Am 29. Juni 2011 fanden die gewalttätigen Auseinandersetzungen zwischen Demonstrant*innen und Sicherheitskräften einen Höhepunkt (vgl. Spiegel online 2011).

2012/13: Wahl von Mursi und Proteste gegen ihn

Als im März 2011 die *Muslimbruderschaft*[20] nach einem langen Verbot wieder genehmigt wurde, nahmen die sehr gut untereinander organisierten Muslimschwestern eine zentrale Rolle im anschließenden Wahlkampf ein (vgl. Farag 2012). Die ersten Wahlen nach dem Rücktritt Mubaraks fanden vom 28. November 2011 bis zum 4. Januar 2012 statt. Die *Freiheits- und Gerechtigkeitspartei*, in der unter anderem die *Muslimbruderschaft* vertreten war, erhielt 37,5 Prozent der Stimmen, die salafistisch geprägte *Partei des Lichts* 27,8 Prozent (vgl. Handelsblatt 2012). Das neue Parlament, welches am 23. Januar 2012 erstmals zusammengekommen war, ernannte im März eine verfassungsgebende Versammlung, die eine neue Verfassung erarbeiten sollte. Unter ihren 100 Mitgliedern waren nur sechs Frauen. Die politische Partizipation von Frauen wird wissenschaftlich vor dem Hintergrund einer ›Demokratisierung‹ des Landes als notwendiger Schritt angesehen, wobei immer wieder auf die besonders in Ägypten problematische Situation der Repräsentation von Frauen in Parlament und Regierung hingewiesen wird. (Vgl. Al Maitaah et al. 2011; Moghadam 2011, 2013, 2014)

Im Mai und Juni 2012 folgten dann die ersten freien Präsidentschaftswahlen in Ägypten, als deren Sieger am 24. Juni 2012 der Kandidat der *Muslimbruderschaft*, Mohammed Mursi, erklärt wurde (vgl. Iskander/Ranko 2012: 1). Am 30. November legte die Verfassungsgebende Versammlung den Entwurf für eine neue Verfassung vor. Daraufhin kam es zu landesweiten Protesten und einem Streik von Richter*innen, auch

---

19 Bei den Jungfräulichkeitstests wurden protestierende Frauen vom Militär in ein dem Tahrir-Platz nahe gelegenes Gebäude verschleppt und dort gezwungen, sich nackt auszuziehen und auf ihre Jungfräulichkeit hin untersuchen zu lassen. Ihnen wurde gedroht, sie wegen Prostitution anzuklagen, sollten sie keine Jungfrauen sein. Frauen berichteten, dass Soldaten sie nackt fotografiert und geschlagen hätten. Eine Verurteilung der wegen sexualisierter Gewalt Beschuldigten fand nicht statt. (Vgl. Nazra 2012) Diese Disziplinierung weiblicher Körper erfolgte von staatlicher Seite aus mit dem Ziel, soziopolitische Kontrolle auszuüben (vgl. Abouelnaga 2016: 9).

20 Die *Muslimbruderschaft* wurde 1928 von Hassan al-Banna in Ägypten gegründet und ist seit den 1930er eine aktive politische Gruppierung, die sich zunächst für einen revolutionären Islam einsetzte. Mit einem ersten Verbot der Bruderschaft in den 1950er Jahren bildeten sich militante Gruppierungen innerhalb der Bruderschaft. Dies führte dazu, dass seit Mitte der 1980er Jahre von der ägyptischen Regierung kein Unterschied mehr zwischen den gemäßigten reformistischen Muslimbrüdern und gewalttätigen Gruppen gemacht wurde, auch wenn sich ihr damaliger Führer Umar at-Tilimsânî gegen einen Einsatz von Waffen aussprach. (Vgl. Elger/Stolleis 2008) Bis 2011 war die Bruderschaft verboten und viele ihrer Mitglieder in ägyptischen Gefängnissen inhaftiert.

weil Mursi kurz zuvor verfügt hatte, dass seine Entscheidungen gerichtlich nicht anfechtbar seien. Als Reaktion auf die Proteste nahm er diese Verfügung in Teilen wieder zurück. Die neue Verfassung wurde Ende Dezember 2012 in einem Verfassungsreferendum angenommen (vgl. Achrainer 2012). Die Proteste gegen Mursi rissen jedoch nicht ab und fanden ihren Höhepunkt, als am 30. Juni 2013 auf dem Tharir-Platz in Kairo und in vielen anderen ägyptischen Städten die größten Demonstrationen seit Anfang 2011 stattfanden. Im Juni 2013 wurde auch ein Protestmarsch gegen sexuelle Belästigung in Kairo attackiert, Teilnehmerinnen der Demonstration wurden tätlich angegriffen und sexuell belästigt. Eine 2012 gegründete Organisation gegen sexuelle Belästigung dokumentierte im Laufe der Proteste gegen Mursi mindestens 186 Fälle sexualisierter Gewalt. (Vgl. Kirollos 2014)

2013/14: Absetzung Mursi und Proteste gegen das Militär

Am 3. Juli 2013 wurde Mursi durch das Militär abgesetzt, eine Übergangsregierung eingesetzt und Neuwahlen angekündigt (vgl. Spiegel online 2013). Ob mit dieser Absetzung dem Willen der Demonstrierenden entsprochen wurde oder es sich um einen Militärputsch handelte, ist eine der zentralen Debatten des Diskurses (zur außenpolitischen Bedeutung dieser Bewertung und der Legitimation ihres Vorgehens durch das Militär vgl. etwa Roll 2016). Nach der Absetzung protestierten Anhänger*innen Mursis und trafen sich zu Sit-Ins auf dem Rabaa al-Adawiya-Platz und an weiteren Orten in Kairo und anderen Städten. Am 14. August kam es bei einer Räumung des größten Sit-Ins durch das Militär zum ›Rabaa Massaker‹, bei dem mindestens 800 Mursi-Anhänger*innen[21] gezielt durch das Militär getötet wurden (vgl. Human Rights Watch 2014). Im Januar 2014 kündigte der damalige Armee-Chef Sisi an, bei den anstehenden Wahlen als Präsident zu kandidieren, er wurde am 30. Mai 2014 mit 96,9 Prozent der Stimmen gewählt. Eine hohe Wahlbeteiligung galt als entscheidend für die Legitimation der Militär-Herrschaft, so wurden die Wahlen spontan um einen dritten Tag verlängert und Bußgelder für Nicht-Wähler*innen angedroht. (Vgl. Paul 2014) Mit der Herrschaft des Militärs und des später gewählten Präsidenten Sisi fand ab 2014 eine Rückkehr zu einem autoritären Sicherheitsstaat statt, zehntausende Menschen wurden aus politischen Gründen inhaftiert und Proteste sind seitdem kaum noch möglich (vgl. Grimm 2015: 98).

Über die Ereignisse in Ägypten seit 2011 und auch die gegenwärtige Situation sowie deren (Be-)Deutung in öffentlichen Diskursen wurden bereits zahlreiche Arbeiten publiziert. Einen darüber hinausgehenden Beitrag leistet die vorliegende Untersuchung durch ihre spezifische Fragestellung nach der Repräsentation von Frauen und den Bedingungen ihrer Sichtbarkeit und Anerkennung im Kontext der Berichterstattung in Deutschland über die dargestellten Ereignisse. Wie diese Fragestellung bearbeitet wird, lege ich im Folgenden dar.

---

21 Laut *Nazra* (2013), einem ägyptischen Institut für feministische Studien wurden 19 Muslimschwestern erschossen.

1.4 Aufbau und Vorgehen

Die Arbeit gliedert sich in einen theoretischen (Kap. 2, 3) und einen methodologischen (Kap. 4) und empirischen (Kap. 5, 6, 7) Teil. Das Vorgehen und die Inhalte der einzelnen Kapitel sollen im Folgenden erläutert werden.

Im theoretischen Teil werden zunächst in **Kapitel 2** die theoretischen Grundlagen und die repräsentationskritische Perspektive der Arbeit begründet, erläutert und anhand der Betrachtung von diskursiven Formationen, die für die spätere Untersuchung von Relevanz sind, konkretisiert. Im Anschluss daran werden dann in Kapitel 3 anhand einer kritischen Auseinandersetzung mit bestehenden Debatten um Kosmopolitismus und Anerkennung, insbesondere in den Medien- und Kommunikationswissenschaften, konkrete Fragen an das zu untersuchende Material entwickelt.

In Kapitel 2.1 wird zunächst die bestehende Forschung zu den Protesten in Ägypten ab 2011 diskutiert, die sich mit der Rolle von Medien im Kontext der Proteste und/oder Geschlechterfragen beschäftigt. Hier lege ich dar, inwiefern meine eigene Fragestellung an aktuelle Debatten in der Forschung anknüpft, bzw. zur Schließung bestehender Forschungslücken beiträgt. Dabei werden allgemeine Desiderata der Forschung zu Protest, Medien und Geschlecht herausgearbeitet, die sich auch in der aktuellen Forschung zu den Protesten in Ägypten zeigen. Medien- und kommunikationswissenschaftliche Arbeiten zu den Ereignissen in Ägypten beschäftigen sich insbesondere mit der Diffusion von Informationen über ›soziale‹ Medien, kaum thematisiert wird die Relevanz der medialen Herstellung der (Be-)Deutung der Proteste an anderen Orten. Die wenigen Arbeiten, die sich mit der globalen Berichterstattung über die ägyptischen Proteste beschäftigen, betonen die steigende Aufmerksamkeit für die Region und die Möglichkeit der Bildung transnationaler Solidaritäten. Studien, die ›westliche‹ Repräsentationen von Frauen im Kontext der Proteste untersuchen, zeigen nicht nur die Erweiterung des forschenden Blickes durch eine geschlechtertheoretische Perspektive, sondern auch die Notwendigkeit des Einbezugs postkolonialer Perspektiven in der Betrachtung translokaler Diskurse auf. In Kapitel 2.2 wird, abgeleitet auch aus den zuvor thematisierten Leerstellen in der bestehenden Forschung, die spezifische Forschungsperspektive der Arbeit ausführlicher dargelegt. Ausgehend von der erkenntnistheoretischen Einsicht, dass Forschung nie von einem ›neutralen‹ Standpunkt aus betrieben werden kann, werden hier die zentralen Ausgangspunkte, Vorannahmen und Positionierungen der Arbeit offengelegt und erläutert. Relevant ist dabei zunächst eine Verortung der Arbeit innerhalb der Cultural Studies und die Einnahme einer (de-)konstruktivistischen Perspektive, welche journalistische Diskurse als Beiträge zur Formung und Festigung gesellschaftlicher Wirklichkeitskonstruktion versteht und deren Interesse sich auf die Dekonstruktion und damit Veruneindeutigung etablierter Deutungen und der ihnen zugrunde liegenden Regeln legt. Geprägt wird die vorliegende Arbeit zudem durch eine geschlechtertheoretische Verortung, die Geschlecht als gesellschaftlich konstruierte, interdependente Kategorie begreift und den forschenden Blick für machtvolle Strukturen innerhalb gesellschaftlicher Deutungskonstruktionen schärft. Verwoben wird sie mit Überlegungen aus postkolonialen Ansätzen, deren Fokus sich auf hierarchische globale Strukturen und Abhängigkeiten richtet und zugleich die Bedeutung von Geschlecht in diesen betont. Im Kapitel 2.3 wird genauer erläutert, welche konkreten Erkenntnisse für die nachfolgende Analyse sich aus bereits bestehenden Arbeiten ergeben, die aus einer ähnlichen, repräsentationskritischen Perspektive auf mediale Diskurse blicken. Ziel ist hier zum einen eine Konkretisierung der Kritik etablierter Repräsentation von Geschlecht, gerade im Kontext von Orient-/Okzidentkonstruktionen sowie gegenwärtiger öffentlicher Diskurse um feministische Proteste. Zum anderen werden damit wesentliche Erkenntnisse über diskursive Formationen erarbeitet, die auch für die spätere Untersuchung und die Frage, inwiefern der analysierte Diskurs an tradierte Repräsentationsregime anknüpft oder diese verschiebt, von Bedeutung sind.

Die vorliegende Untersuchung knüpft mit Ihrem Interesse für translokale Repräsentationen von Protest ebenso wie einige andere bestehende Arbeiten, die bereits die globale Berichterstattung über die Ereignisse in Ägypten untersucht haben, an aktuelle Debatten um Kosmopolitismus und Anerkennung in Medienkulturen an, die in **Kapitel 3** näher betrachtet werden. Zunächst wird in Kapitel 3.1 die Begriffsgeschichte und Kritik an frühen Kosmopolitismusbegriffen sowie die aktuelle Konjunktur dieser Debatten nachgezeichnet. Eingegangen wird dann insbesondere auf Ansätze eines Neuen/Kritischen Kosmopolitismus (vgl. u.a. Beck 2012; Köhler 2006, 2010; Delanty 2006, 2009; Hannerz 1990, 2005, 2010). Dabei handelt es sich um empirisch-sozialwissenschaftliche Kosmopolitismen, die sich aber auch für moralische Folgen einer neuen ›Offenheit‹ gegenüber ›Anderen‹ interessieren und Möglichkeiten einer insbesondere mediatisierten Anerkennung ›der Anderen‹ untersuchen. Die aktuellen Debatten zu Kosmopolitismus in Medienkulturen verlaufen vor allem auf theoretischer Ebene und betonen das Potential der Veränderung der Einstellungen von Menschen gegenüber ›entfernten Anderen‹ als Folge einer empirisch beobachtbaren Kosmopolitisierung von Medienkulturen. Aus der im zweiten Kapitel formulierten Forschungsperspektive dieser Arbeit heraus und anhand aktueller Auseinandersetzungen mit kosmopolitischen Arbeiten formuliere ich anschließend die Notwendigkeit einer Erweiterung kosmopolitischer Ansätze durch eine empirische Fokussierung auf machtvolle, diskursive Regeln und ihre Ein- und Ausschlüsse. In der Auseinandersetzung mit dem ›kosmopolitischen Potential‹ von Medien erscheint mir die Analyse der hierarchischen diskursiven Konstruktion des ›Eigenen‹ und ihre Verwobenheit mit der Konstruktion des ›Anderen‹, sowie eine Vergegenwärtigung der mit Anerkennung stets verbundenen Unterwerfung, bedeutsam. In Kapitel 3.2 nehme ich die in der Auseinandersetzung mit aktuellen kosmopolitischen Ansätzen formulierte Forderung nach einer Diskussion von Anerkennung auf und erläutere, inwiefern der Begriff in der folgenden Analyse Verwendung finden soll. Hier wird die Bedeutung von Anerkennung in öffentlichen Sphären formuliert und anschließend der verwendete Anerkennungsbegriff als ein subjektivierender eingeführt: Mit Butler (u.a. 2010, 2016) gehe ich davon aus, dass Anerkennung das anzuerkennende Subjekt erst in bestimmter Art und Weise konstituiert. Damit geht eine Kritik an einem rein normativen Verständnis von Anerkennung einher, wie es auch in vielen aktuellen kosmopolitischen Ansätzen vorherrscht: Prozesse der Anerkennung und mit ihm einhergehende Unterwerfungen müssen empirisch untersucht werden. Schließlich argumentiere ich, dass eine Analyse der ›Potentiale‹ von translokaler Sichtbarkeit sich nicht auf Fragen nach der Anerkennung von Subjekten beschränken darf, sondern auch nach damit verbundenen Sichtbarkeiten von ihnen eingeforderter Aspekte eines lebbaren Lebens, ihrer Handlungsfähigkeit sowie globaler Interdependenzen fragen muss. Anhand dieser theoretischen Überlegungen entwickle ich schließlich mit Bezug auf Arbeiten, die bereits den Versuch unternommen haben, Anerkennung in Medienkulturen analytisch zu erfassen, konkrete Fragen, die in der Analyse an das Material gestellt werden.

Zentral orientiert sich das in **Kapitel 4** dargestellte methodische Vorgehen dieser Analyse an der Wissenssoziologischen Diskursanalyse (WDA) von Keller (u.a. 2011a, 2011b, 2013). Diese erscheint mir aus drei Hauptgründen als passend für die vorliegende Untersuchung: erstens ihrem Interesse an Diskursakteur*innen und damit angebotenen Subjekt- sowie Sprecher*innenpositionen, zweitens ihrem grundlegenden Analysefokus auf die Rekonstruktion von Regelhaftigkeiten in Diskursen und drittens den hier vorhandenen Hinweisen zur methodischen Umsetzung der Analyse. Gerade den ersten Punkt erachte ich als ausschlaggebend für eine Analyse, die zentral die Bedingungen von Anerkennung in den Blick nimmt. In der Diskursanalyse werden nicht nur textförmige, sondern auch visuelle Diskursfragmente untersucht, wie Keller es an einigen Stellen selber einfordert. Gerade in der Untersuchung von Repräsentationen von Frauen aus dem ›arabisch-islamischen Raum‹ spielen visuelle Sichtbarkeiten eine zentrale Rolle. Eingegangen wird in diesem Kontext auch auf die besondere Funktion von Pressebildern in der Vermittlung von Authentizität. Abschließend erläutere ich in diesem Kapitel mein konkretes Vorgehen bei der Erstellung des Datenkorpus, der Grob- und Feinanalyse und biete einen ersten Überblick über die formale Struktur des Diskurses, die identifizierten Bildtypen sowie die Narration des Diskurses und ihren Verlauf.

Die Ergebnisse der Analyse werden in drei Kapiteln dargestellt, die jeweils unterschiedliche Ebenen der Untersuchung fokussieren. In **Kapitel 5** fokussiere ich dabei zunächst die Sichtbarkeit und Anerkennung der Diskursakteur*innen sowie die Bedingungen ihrer Anerkennung, wobei ich insbesondere auf die Relevanz gesellschaftlicher Kategorisierungen nach Geschlecht und kultureller bzw. religiöser Zugehörigkeit eingehe. Das Kapitel startet mit einem Abschnitt, in dem die im Diskurs angebotenen Subjektpositionierungen für Frauen diskutiert werden und darauf eingegangen wird, inwiefern in ihrer Repräsentation von einer anerkennenden Sichtbarkeit gesprochen werden kann. Hier erläutere ich besonders im Kontext der dominanten Subjektpositionierung *Aktivistin* Verschiebungen hinsichtlich der in Kapitel 2.3.2 aufgezeigten Repräsentationspraktiken in Bezug auf orientalisierte Frauen. In Kapitel 5.2 untersuche ich dann quer zu diesen spezifischen Positionierungen übergeordnet die Konstitution von Weiblichkeit(-en) im Diskurs und diskutiere in diesem Zusammenhang auch die dafür bedeutsame Abgrenzung von Männlichkeit. Im Diskurs zeigt sich, dass Weiblichkeit vor allem über Körperlichkeit und ›Modernität‹ konstruiert wird, zugleich werden Frauen als Symbol für eine nationale Homogenität und den Aufbruch der Nation sichtbar. Kapitel 5.3 beschäftigt sich dann noch einmal ausführlich mit dem translokalen Kontext der zuvor untersuchten Repräsentation von weiblichen Subjektpositionierungen und Weiblichkeit und geht auf deren Bedeutung in der Verwobenheit von Orient- und Okzidentkonstruktionen im Diskurs ein. Ich erläutere dabei zunächst explizite Orientkonstruktionen im Diskurs und betone dabei die Bedeutung der Zuschreibung von Sexismus als Problem ›der Anderen‹ sowie die Relevanz der Konstruktion ›des politischen Islams‹ im Diskurs. Anschließend gehe ich auf damit verbundene, meist eher implizit vorgenommene, Okzidentkonstruktionen ein. Während Kapitel 5.1 vor allem

Potentiale mediatisierter Anerkennung im Diskurs verdeutlicht, stelle ich in Kapitel 5.2 und Kapitel 5.3 die diskursiven Bedingungen dieser Anerkennung heraus.

Die in Kapitel 5 deutlich gewordene, unter spezifischen Bedingungen gewährleistete Anerkennung weiblicher Subjektpositionierungen im Diskurs, wird in **Kapitel 6** weitergehend untersucht hinsichtlich der Frage, inwiefern mit dieser Anerkennung eine Sichtbarkeit der für die Akteurinnen bedeutsamen Aspekte eines lebbaren Lebens und ihrer Handlungsfähigkeit einhergeht. Hinsichtlich der Aspekte eines lebbaren Lebens, die im Diskurs angesprochen werden, gehe ich zunächst auf die sehr präsente Auseinandersetzung mit sexualisierter und geschlechtsspezifischer Gewalt ein und erörtere anschließend, welche anderen Aspekte, deren Gewährleistung im Diskurs vor allem im Rahmen der Garantie von Menschenrechten und Demokratie thematisiert werden, sichtbar werden. Das bezüglich der dargestellten Forderungen sichtbare Handeln von Akteurinnen diskutiere ich darauffolgend und unterscheide dabei zwischen der Sichtbarkeit der Beteiligung von Frauen an politischen Aktionen und der Sichtbarkeit weiterer (politischer) Aktivitäten, wobei insbesondere Aspekte der Selbsthilfe und individuelle Handlungen dargestellt werden.

Kapitel 7 bietet dann noch einmal einen übergeordneten Blick auf den Diskurs. Hier gehe ich auf die Frage ein, inwiefern globale Interdependenzen im Diskurs sichtbar werden und thematisiere einige eher marginalisierte Deutungen. Diese stellen die Bedeutung globaler Verbindungen hinsichtlich der drei Fokuspunkte der Untersuchung (mediale Anerkennung und ihre Bedingungen sowie Aspekte eines lebbaren Lebens und Möglichkeiten politischen Handelns) dar. Damit zeigen sich auch Potentiale der Verschiebung hegemonialer Deutungen an den Rändern des Diskurses.

Abschließend fasse ich im letzten **Kapitel 8** die Ergebnisse der Analyse noch einmal kapitelübergreifend zusammen. Diese führe ich dann mit meinen theoretischen Ausführungen und Überlegungen zusammen, reflektiere das Vorgehen meiner Arbeit und gebe einen Ausblick für anschließende Forschungsprojekte.

2. (Theoretische) Ausgangspunkte zur Entwicklung des Forschungsprogramms

Mit Blick sowohl auf bestehende Arbeiten zur globalen Repräsentation der Proteste in Ägypten als auch die breitere Debatte um Kosmopolitismus in Medienkulturen (s. Kap. 3.1.3) erscheint es notwendig, mediale Diskurse aus einer kritischen Perspektive zu analysieren. Diesen Aspekt habe ich bereits in der Einleitung aufgezeigt und entwickle nun in diesem ersten theoretischen Kapitel eine Perspektive, die meine theoretischen, methodischen und empirischen Überlegungen der nächsten Kapitel prägt. Die Auseinandersetzung mit den bestehenden Studien zu den Protesten in Ägypten (vor allem im Jahr 2011) hat maßgeblich zur Ausrichtung dieser Arbeit beigetragen. Die spezifische Perspektive, mit der ich in dieser Arbeit sowohl auf theoretische Debatten als auch anschließend auf das empirische Material blicke, verstehe ich als Ergänzung zur bestehenden Forschung, die sich mit Medien im Kontext der ägyptischen Proteste beschäftigt. Auf welche theoretischen Grundlagen sich meine repräsentationskritische Perspektive ausgehend von dem in Kapitel 2.1 aufgezeigten Forschungsstand bezieht, erläutere ich in Kapitel 2.2 und stelle dabei Bezüge zu dekonstruktivistischen, feministischen und postkolonialen Ansätzen her. Kapitel 2.3 bezieht diese Perspektive dann stärker auf das später zu analysierende Material von Frauen repräsentierenden Diskursbeiträgen aus dem journalistischen Diskurs in Deutschland um die Proteste in Ägypten. Dort gehe ich darauf ein, welche Ergebnisse bereits andere Arbeiten hervorgebracht haben, die aus einer ähnlichen Perspektive auf mediale Repräsentationen von Geschlecht blicken und dabei vor allem Repräsentationspraktiken in deutschsprachigen, aber auch allgemeiner in ›westlichen‹ Diskursen in den Blick nehmen. Damit erarbeite ich zugleich einen kritischen Überblick über diskursive Formationen der Repräsentation von weiblichen Körpern allgemein, von ›anderen‹ Frauen sowie Frauenbewegungen und damit solche Repräsentationspraktiken, die auch für den später zu untersuchenden Diskurs von Relevanz sind.

2.1 Forschung zu Medien, Geschlecht und Protesten in Ägypten

Ganz unterschiedliche wissenschaftliche Disziplinen beschäftigen sich mit den Protesten in Ägypten und anderen Ländern der MENA-Region und nehmen dabei verschiedene Aspekte in den Blick. Aus einer klassischen Perspektive der Politikwissenschaften wird beispielsweise der Blick besonders auf Institutionen, politische Systeme und rechtliche Rahmungen sowie deren Transformation gelenkt oder auch in der Teildisziplin der *Internationalen Beziehungen* die politischen Implikationen der ›Umbrüche‹ auf europäische Politiken diskutiert. Die Protest- und Bewegungsforschung als ein disziplinübergreifendes Forschungsfeld interessiert sich hingegen für Entstehungen, Verlauf und Ziele der Bewegungen selbst.[1] Beide Ebenen verbindet ein vielbeachteter Artikel von George Joffé (2011), der die ökonomische Situation der betroffenen Länder als Ausgangspunkt für die Protestbewegungen sieht und die sehr unterschiedlichen Verläufe mit nationalen Differenzen der politischen Systeme und der bereits vor Beginn der Proteste herrschenden politischen Kultur begründet. In anderen Arbeiten, die eher transkulturelle Aspekte der Proteste in den Blick nehmen, werden die globalen Implikationen der Ereignisse in Ägypten für andere Bewegungen untersucht. So beschreibt beispielsweise Sarah Kerton (2012) die Bilder vom Tahrir-Platz als »magical experience« (ebd.: 302) für die *Occupy*-Bewegung in Kanada.[2] Die Aufbereitung der Ergebnisse, die sich auf unterschiedlichen Ebenen mit den Protestbewegungen und politischen Transformationen in Ägypten beschäftigen, könnte an sich sicherlich inzwischen ein eigenes Forschungsprojekt darstellen. Durch den Fokus meiner Arbeit sind indes insbesondere solche Arbeiten von Bedeutung, welche die Proteste in Verbindung mit Medien und Öffentlichkeiten und/oder Geschlecht untersuchen.

Ziel der Aufbereitung des Forschungsstandes ist es nicht, den wissenschaftlichen Diskurs und darin enthaltene Deutungs- und Argumentationsmuster zu reproduzieren; vielmehr soll in diesem Kapitel aufgezeigt werden, mit welchem Erkenntnisinteresse andere Arbeiten mit einem spezifischen Fokus auf Medien und/oder Geschlecht auf die Ereignisse in Ägypten blicken, wo die Schwerpunkte bisheriger Untersuchungen liegen und inwiefern meine Arbeit an die bestehende Forschung anknüpft und sie erweitert. Im Folgenden gebe ich daher zunächst einen Überblick über den Forschungsstand der medien- und kommunikationswissenschaftlichen Arbeiten zu den Protesten, insbesondere auch aus der Protest- und Bewegungsforschung (Kap. 2.1.1). Anschließend gehe ich auf Arbeiten ein, die Geschlecht im Zusammenhang mit der Mediatisierung der Protestbewegungen in Ägypten untersuchen (Kap. 2.1.2).

1 Im deutschsprachigen Kontext beschäftigen sich eine Vielzahl von Publikationen mit dem sogenannten ›Arabischen Frühling‹ (vgl. u.a. Schneiders 2013, Jünemann/Zorob 2012, Nordhausen 2011, Schmid 2011, Jelloun 2011) und insbesondere den Protesten in Ägypten (vgl. u.a. Albrecht et al. 2013, Rang 2011, Asseburg 2012). Verwiesen sei zudem auf Sondernummern von Zeitschriften wie dem *British Journal of Middle Eastern Studies* (Vol. 12, 2011), *Globalizations* (Vol. 8, No. 5, 2011) oder dem *Forschungsjournal Soziale Bewegungen* (Vol. 25, No. 3, 2012).

2 Auch im deutschsprachigen Forschungskontext geht u.a. Kraushaar (2012) auf die globalen Einflüsse der Proteste auf dem Tahrir-Platz insbesondere auf die *Occupy*-Bewegung ein.

2.1.1 Proteste in Ägypten als mediales ›Schlüsselereignis‹

Die Forschung zu Medien und den ägyptischen Protesten bildet die Schwerpunkte des noch relativ jungen Forschungsfeldes zu Medien und Protest ab. Massenmedien haben mit der Adressierung machtvoller Strukturen und Institutionen durch Proteste an Stelle der Adressierung konkreter, anwesender Personen eine zentrale Bedeutung für Proteste übernommen (vgl. Koopmans 2004: 368). Diese Einsicht hat zu einem Aufschwung der Forschung zu Repräsentationen von Protest seit den 1990er Jahren geführt. Dabei finden sich vor allem Analysen zum (visuellen) Framing von Protest in Medien (vgl. Fahlenbrach 2016) und vermehrt Fragen nach dem Medienhandeln politischer Bewegungen (vgl. zum Überblick Kannengießer 2014). Die Frage nach kulturellen diskursiven Deutungen und Rahmungen solcher Bewegungen wird hingegen selten gestellt. Sowohl Kathrin Fahlenbrach (2016: 108) als auch Britta Baumgarten und Peter Ullrich (2012) betonen in der Auseinandersetzung mit der gegenwärtigen Protest- und Bewegungsforschung jedoch die Notwendigkeit, die Bedeutung machtvoller Strukturen der diskursiven Rahmung von Repräsentationen von Protest stärker in den Blick zu nehmen. Dies gilt insbesondere für globale Repräsentationen lokaler Proteste. Über digitale Medien können Anliegen von Protesten über Ort und Zeit hinweg kommuniziert werden (vgl. Fahlenbrach 2016: 101). Dabei müssen es nicht die Anliegen von Protesten selbst sein, die global verortet sind und daher über den spezifischen Protestkontext hinaus kommuniziert werden. Simon Cottle und Libby Lester (2011) betonen, dass auch für Proteste mit lokalen Anliegen deren globale Legitimation und Anerkennung von immer größerer Bedeutung ist und damit entscheidend, wie über lokale Proteste weltweit berichtet wird:

> »Transnational recognition and wider endorsement or legitimation of political claims in the wider media sphere has become a prize worth struggling for, even though some struggles may be geographically confined and/or politically rooted in particular national contexts.« (Cottle/Lester 2011: 32)

Im gesamten Forschungsfeld zu Medien und Protest gibt es erst wenige Arbeiten zur Bedeutung transnationaler oder globaler Mediendiskurse für (auch lokale oder nationale) soziale Bewegungen. Cottle und Lester unterstreichen den Zusammenhang zwischen globalen Diskursen und lokalen Kämpfen und sehen darin das Potential, dass »some of the world's foremost injustices and threats to humanity […] become part of a new global awareness and, possibly, prompt forms of transnational solidarity« (ebd.: 19). Solche theoretischen Überlegungen zu Möglichkeiten transnationaler Anerkennung und damit verbundenen Solidarisierungen gilt es empirisch zu bearbeiten. Die wissenschaftliche Forschung zu sozialen Bewegungen ist gerade mit den Ereignissen in der MENA-Region auch für die breite Öffentlichkeit als Forschungsfeld wieder relevanter geworden (vgl. Roth 2012); gefordert ist nun eine Aneignung des *cultural turns* in der Protest- und Bewegungsforschung und damit ein Blick auf gesellschaftliche Deutungen von Protesten und deren Einordnung in und Reproduktion von bestehenden Wissensordnungen (vgl. Haunss/Ullrich 2013: 298, Doerr et al. 2013). Baumgarten und Ullrich (2012) betonen, dass dadurch bedeutsame Fragen nach den soziokulturellen Bedingungen für soziale Bewegungen und ihre Erfolge nicht gestellt werden. Gerade der Blick auf Diskurse und die ihnen inhärenten Machtstrukturen ermöglicht es, zum einen zu untersuchen, dass und warum einige durch soziale Bewegungen etablierte Deutungen mehr gesellschaftliche Akzeptanz finden als andere und damit ›opportunity structures‹ zu verstehen. (Vgl. ebd.: 15) Zum anderen kann analysiert werden, wie sich Deutungen sozialer Bewegungen wiederum auf die Rahmungen des Denk- und Sagbaren in gesellschaftlichen Gefügen auswirken (vgl. ebd.: 7). Ein Blick auf die gesellschaftliche Aushandlung der Deutungen von Protesten, für die Medien eine zentrale Rolle spielen, ist also dringend notwendig und wünschenswert. Dies gilt besonders für Proteste wie in Ägypten, die als Teil einer globalen, sich wechselseitig beeinflussenden Protestkultur verstanden werden können (vgl. Badry 2013: 24) und damit auch ein globales Publikum adressieren. Cottle und Lester (2011: 5) betonen dabei die Bedeutung gerade ›klassischer‹ journalistischer Medien für die Deutung und Einordnung von Protesten. Ein diskursanalytischer Blick auf translokale[3] mediale Verhandlungen von Protest – auch in journalistischen Medien – wird im Forschungsfeld Medien und Protest folglich als gewinnbringend diskutiert, kann jedoch als ein Desiderat verstanden werden. Auch in der Forschung zu den Ereignissen in Ägypten gibt es erst wenige Arbeiten, die sich mit solchen translokalen Deutungen der Proteste beschäftigen. Diese diskutieren sie als ›Schlüsselereignis‹ hinsichtlich der Repräsentation ›der Anderen‹. Der Fokus der Forschung liegt hingegen auf der Bedeutung der ägyptischen Proteste als ›Schlüsselereignis‹ für die Relevanz von ›sozialen‹ Medien für die Mobilisierung für und (globale) Diffusion von Informationen über die Proteste, wie ich im Folgenden darlege.

Die Proteste in Ägypten als ›Schlüsselereignis‹ für die Bedeutung ›sozialer‹ Medien

Die kommunikations- und medienwissenschaftliche Auseinandersetzung mit den Protesten in der MENA-Region seit 2011 – welche zwar oft länderübergreifende Analysen bietet, dabei aber in der Regel einen Fokus auf die Proteste in Ägypten legt – findet insbesondere im arabischen und anglo-amerikanischen Raum statt. Hervorzuheben sind dabei die Ausgabe des *International Journals of Communication* vom Mai 2011 und die Ausgabe des *Journal of Arab & Muslim Media Research* vom März 2012. Die Beiträge in beiden Heften beschäftigen sich spezifisch mit der Bedeutung ›sozialer‹ Medien für die Protestbewegungen im arabischen Raum, oft mit einem Fokus auf Ägypten. Zentral wird dabei sowohl die Bereitstellung von Informationen innerhalb der Bewegung, z.B. über Twitter (vgl. Lotan et al. 2011) sowie die Rolle ›sozialer‹ Medien für die Aktivierung und Mobilisierung von Protestierenden aufgezeigt. Etwa untersuchen Nahed Eltantawy und Julie Wiest (2011) die Rolle ›sozialer‹ Medien vor dem Hintergrund der *Resource Mobilization Theory*. Eine positive Korrelation zwischen der Aneignung ›sozialer‹ Medien und der Partizipation an Protesten, also zwischen offline- und online-Engagement, zeigen auch Xiaolin Zhuo, Barry Wellmann und Justine Yu (2011), Jeffrey Ghannam (2011) und Nermeen Sayed (2012) auf. Zeyneb Tufekci und Christopher Wilson (2012) belegen den Einfluss ›sozialer‹ Medien auf individuelle Entscheidungen, an Protesten teilzunehmen.

3 Zum Begriff ›translokal‹ s. Kap. 2.2.3.

Auch für die globale Verbreitung von Informationen über die Ereignisse sehen verschiedene Arbeiten ›soziale‹ Medien in einer zentralen Rolle. Axel Bruns, Tim Highfield, Jean Burgess und Martha McCaughey (2013) zeigen in ihrer Arbeit, dass trotz des hohen Anteils arabischsprachiger Social-Media-Nutzer*innen in Ägypten Informationen über regionale Grenzen und Sprachbarrieren hinweg geteilt wurden, etwa durch Übersetzungen einzelner Nutzer*innen. Sahar Khamis und Katherine Vaughn (2012) untersuchen in ihrer Studie über die Facebook-Seite *We Are All Khaled Said* nicht nur deren Potential für eine Protestmobilisierung, sondern auch die englische Übersetzung der Seite als ein Medium der globalen Diffusion von Informationen.

Die Bedeutung ›sozialer‹ Medien wird besonders hinsichtlich Mobilisierung und Information von zahlreichen Arbeiten betont. Zugleich stellen die Arbeiten, die sich eher mit gesellschaftlichen Deutungen der Proteste beschäftigen, die Relevanz journalistischer, massenmedialer Diskurse für solche Deutungen heraus. Gadi Wolfsfeld, Elad Segev und Tamir Sheafer (2013) warnen vor einer Überschätzung des Einflusses ›sozialer‹ Medien und fordern, den politischen Kontexten der Bewegung mehr Beachtung zu schenken. Etwa die Bedeutung journalistischer Diskurse in der Information über und Entscheidung für oder gegen eine Beteiligung an den Protesten hebt auch Barrie Axford (vgl. 2011: 683) hervor. Er spricht sich sowohl für eine Kontextualisierung der Untersuchung ›sozialer‹ Medien als auch für einen Einbezug ›konventioneller‹ massenmedialer Diskurse in Analysen aus. In der wissenschaftlichen Auseinandersetzung mit Medien im Kontext der Proteste in Ägypten wird demnach durchaus die Bedeutung journalistischer Medien herausgestellt.[4] Dabei beschäftigen sich einige Arbeiten auch mit der Verbindung zwischen ›sozialen‹ Medien und der globalen journalistischen Berichterstattung. Zizi Papacharissi und Maria De Fatima Oliviera (2012) untersuchen, wie die Geschichten der ägyptischen Proteste über soziale Netzwerke einem globalen Publikum erzählt werden. Sie weisen auf den zeitlichen Gegensatz zwischen *social media reporting* und Journalismus hin, der dazu führt, dass letzterer Inhalte nach wie vor rahmt und auch durch ›soziale‹ Medien keine Unmittelbarkeit journalistischer Medien hergestellt wird. Auch Thomas Ledwell (2012) kommt in seiner Befragung von Journalist*innen zu dem Ergebnis, dass diese zwar die Bedeutung ›sozialer‹ Medien für Informationen und Subjektivität betonen, gleichzeitig aber die Funktion von Journalist*innen als *Gatekeeper* hervorheben. Maha Bashri, Sara Netzley und Amy Greiner (2012) zeigen mit ihrem Vergleich von Online-Artikeln auf den englischen Seiten von *Al-Jazeera* und *CNN*, dass *Al-Jazeera* sich in der Berichterstattung über die Proteste in Ägypten verstärkt auf ›soziale‹ Medien als Informationsquelle beruft, während *CNN* vor allem amerikanische Staatsbürger*innen als Expert*innen zitiert. Der journalistischen Rahmung kommt demnach nach wie vor eine zentrale Rolle in der Aushandlung der globalen Deutung der Proteste

4 Einige wenige Arbeiten beschäftigen sich vor dem Hintergrund der Debatte um die Bedeutung soziokultureller Kontexte auch mit den Unterschieden zwischen massenmedialen Diskursen und Diskursen in ›sozialen‹ Medien. Während im ägyptischen Diskurs in ›sozialen‹ Medien die Proteste als Revolution mit dem Ziel der Freiheit und sozialen Gerechtigkeit (vgl. Hamdy/Gomaa 2012) gedeutet werden wird der ägyptische massenmediale Diskurs als demobilisierend beschrieben (vgl. Osman/Samei 2012), indem er die Protestbewegungen als Verschwörungen gegen den ägyptischen Staat deutet (vgl. Hamdy/Gomaa 2012).

zu. ›Soziale‹ Medien sind jedoch für journalistische Medien eine wichtige Quelle, was auch anhand des von mir untersuchten Diskurses deutlich wird (s. Kap. 2.2.1 und 4.2.2).

Die Proteste in Ägypten als ›Schlüsselereignis‹ hinsichtlich der Repräsentation ›Anderer‹

Im Vergleich zur Beschäftigung mit der Rolle ›sozialer‹ Medien gibt es erst wenige Arbeiten, die sich empirisch mit der translokalen oder globalen Repräsentation der Ereignisse auseinandersetzen. Diese deuten die Proteste in Ägypten vor allem als ein ›Schlüsselereignis‹ hinsichtlich einer qualitativen Veränderung der medialen Repräsentation des ›islamisch-arabischen Raumes‹ und seiner Bewohner*innen. Vorhandene Arbeiten blicken dabei zum einen auf die vermehrte Aufmerksamkeit für die Region im ›globalen Norden‹ und zum anderen auf diskursive Deutungen der Proteste.[5]

Den neuen Aufmerksamkeitsfokus auf die Region, die politische Situation und die Lebenswelt der Menschen vor Ort sehen Miyase Christensen und Christian Christensen (2013) nicht nur auf die Proteste selbst bezogen, sondern auch auf andere damit zusammenhängende Themen, als Beispiel untersuchen sie die Diskussion um die Rolle der Türkei in der Region. Ähnliche Ergebnisse liefert auch Mikkel Fugl Eskjaers (2012) Analyse zur Berichterstattung in Dänemark. Er betont jedoch, dass trotz der veränderten Aufmerksamkeit die Deutungen der medialen Diskurse sich nur wenig verändern. Dabei hebt er insbesondere die Unvereinbarkeit von Islam und Demokratie sowie die negative Deutung der Möglichkeit, die ›islamisch-arabische Welt‹ von innen heraus zu verändern, hervor. Eine solche Perspektive bietet auch Hanne Jorndrup (2012). Sie stellt heraus, dass die ›Arabische Revolution‹ in dänischen Diskursen zwar in dänische historische Protestbewegungen eingeschrieben wird, die Geschichte der journalistischen Erzählungen zu der Region aber neu- oder umgeschrieben wurde, indem die zuvor mangelnde und unkritische Thematisierung keine Erwähnung findet. Auch Cottle (2011) betont unter anderem, dass gerade der weltweite Fokus die Proteste zu einem besonderen Ereignis machte und es in den ›westlichen‹ Medien zuvor kaum und wenn, dann keine kritische Berichterstattung über die Situation in den betroffenen Ländern gab.

Andere Arbeiten stellen Veränderungen tradierter Repräsentationspraktiken und diskursiver Deutungen heraus. Untersuchungen zum deutschsprachigen, insbesondere journalistischen Diskurs, fokussieren sich meist auf die Möglichkeiten der Veränderung der Repräsentation ›des Islams‹ in der Berichterstattung über die Proteste in der MENA-Region und heben zumindest kurzzeitige Veränderungen hervor (vgl. Somsen 2011, Brinkmann 2015, Hafez 2013). Mervi Pantti (2013) untersucht die Nutzung von *citizen images*[6] in Massenmedien. Sie vergleicht die Verwendung ›authentischer Bilder‹ in finnischer Medienberichterstattung zum Tsunami in Südostasien 2004 und dem ›Arabischen Frühling‹ und kommt zu dem Schluss, dass diese aufgrund von »unconstructedness, unconventional framing, mobility and embodied collectivity« (ebd.: 201)

5 Andere Arbeiten untersuchen die globale Berichterstattung von Al Jazeera (vgl. Galander 2013) und BBC (vgl. Fornaciari 2012) anhand journalistischer Qualitätskriterien.

6 Der Begriff ›citizen images‹ bezeichnet Amateur-Bilder von Ereignissen, die von beteiligten Bürger*innen erstellt wurden und differenziert diese von ›professionellen‹ journalistischen Bildern (vgl. Pantti 2013: 202).

weiteres Engagement und Reflexion bedingen können. Wenn diese Bilder journalistisch aufgearbeitet und eingebettet würden, könnten sie eine neue Nähe zu den Betrachteten herstellen (ähnliche Ergebnisse liefern auch Howard et al. 2011 und Chung/Cho 2013). Simon Cottle (2011) und Lilie Chouliaraki (2013) deuten die Art und Weise der Repräsentation von Akteur*innen in der Berichterstattung über die Proteste als außergewöhnlich und betonen das Potential einer Bildung transnationaler Solidaritäten. Cottle (2011) sieht in der Berichterstattung über den ›Arabischen Frühling‹ die Möglichkeit der Bildung neuer Gemeinschaften und betont: »today's media ecology and communication networks have played an integral and multifaceted part in building and mobilizing support, coordinating and defining the protests within different Arab societies and *transnationalizing* [Herv. i. O.] them across the Middle East, North Africa and to the wider world« (ebd.: 658). Chouliaraki (2013), die die Berichterstattung über das Erdbeben in Haiti 2010 und die Proteste in Ägypten 2011 vergleicht, sieht in letzterer die Möglichkeit kosmopolitischer Solidarität gegeben. Sie argumentiert, dass die Berichterstattung Anerkennung ermöglicht, indem den Protestierenden eine Stimme gegeben wird und deutet den Rückgriff auf ›citizen journalism‹ als Möglichkeit einer »democratisation of voice« (ebd.: 279). Sie identifiziert die Entstehung von Verbindungen zwischen ›ihrem‹ und ›unserem‹ Protest und argumentiert:

> »such acts of witnessing entail a strong emotional dimension, which invites Western publics to engage with the Egyptian protesters and, potentially, construes a space of trans-national recognition between ›them‹ and ›us‹ […]. The solidarity of this event is […] a solidarity of revolution that communicates a human-rights appeal for political freedom and social justice.« (Chouliaraki 2011: 276)

Über die Möglichkeit, die Stimme der ›Anderen‹ zu hören entsteht Chouliaraki zufolge über eine emotionale Verbindung ein Raum der Anerkennung, in dem Solidarität und die sich auf Menschenrechte beziehende Artikulation von Forderungen nach Freiheit und Gerechtigkeit ermöglicht werden. Chouliaraki und auch die anderen oben genannten Autor*innen fokussieren damit das anerkennende Potential translokaler Diskurse über die Proteste in Ägypten. In Ergänzung zu ihren Ergebnissen erscheint es mir jedoch notwendig, (globale) Machtstrukturen auch weiterhin zu beachten sowie nach möglichen Ausschlüssen in den Diskursen zu fragen. Dies soll durch einen Bezug auf postkoloniale Ansätze in der Perspektive dieser Arbeit gewährleistet werden (s. Kap. 2.2.3).

In der Forschung zu den ägyptischen Protesten und Medien zeigt sich, so habe ich dargestellt, eine Fokussierung auf die Bedeutung ›sozialer‹ Medien für die Distribution von Informationen zu den Protesten und die Mobilisierung zu diesen als auch für die journalistische Berichterstattung. Diese Studien rücken zwar – wie auch die vorliegende Arbeit – mediale Inhalte in den Fokus, nehmen aber keinen Blick auf diese als gesellschaftlich relevante Diskurse ein, die gerade auch über den eigentlichen Ort des Geschehens hinaus global (Be-)Deutung erlangen und herstellen. Die wenigen bestehenden Arbeiten, die dies leisten, betonen sowohl eine Veränderung der Quantität der Berichterstattung über Ägypten als auch die Möglichkeit der Verschiebung von Repräsentationsregimen in journalistischen Diskursen im Rahmen der Proteste. Hier erscheint mir eine Fokussierung auf machtvolle Strukturen und Ausschlüsse notwendig.

Diese Notwendigkeit wird auch in der Auseinandersetzung mit Arbeiten deutlich, die Geschlecht im Kontext von Forschung zu Medien und Protesten in Ägypten in den Blick nehmen.

2.1.2 Blick durch eine ›gendered lens‹: Proteste in Ägypten, Medien und Geschlecht

Auch die relativ wenigen medien- und kommunikationswissenschaftlichen Arbeiten, die sich speziell mit Geschlecht im Kontext der ägyptischen Proteste beschäftigen, fokussieren sich oft auf die Untersuchung ›sozialer‹ Medien. Auch hier wird meist deren positiver Einfluss auf die Information über und Mobilisierung für die untersuchte Bewegung hervorgehoben. Sowohl Maurice Odine (2013) als auch Sahar Khamis (2014) sehen in ›sozialen‹ Medien einen Raum, in dem Frauenbewegungen Informationen zu Frauenrechtsthemen bereitstellen können, die in der breiten ägyptischen Öffentlichkeit keinen Platz finden. Insbesondere für Kampagnen gegen öffentliche sexualisierte Gewalt hat Loubna Hanna Skalli (2014) die Bedeutung ›sozialer‹ Medien untersucht und betont in diesem Kontext die wesentliche Verbindung zwischen offline- und online-Aktivismus. Susana Galán (2012) hat sich mit dem ›emotionalen Habitus‹ als Basis für soziale Bewegungen in Blogtexten von Ägypterinnen auseinandergesetzt. Die Studie zeigt, dass, ausgehend von Narrativen der Frustration vor den Ereignissen, der Beginn der Proteste euphorisch gedeutet wurde, schließlich aber die Sorge um die ökonomische Situation und Instabilität des Landes Frustration und Enttäuschung zurückkehren ließen. Ebenfalls mit Deutungsmustern in ägyptischen medialen Auseinandersetzungen beschäftigt sich Sara Mourad (2013), die die Verhandlung von nackten weiblichen Körpern in Blogs und ägyptischen journalistischen Medien untersucht. Sie kommt zu dem Ergebnis, dass in der breiten Öffentlichkeit der Ruf nach kultureller Anerkennung (des weiblichen Körpers) im Kontext der soziopolitischen Revolution als nicht legitim, da nicht dringlich gedeutet wird. Zudem wird sie als ›westlicher‹ Weg feministischer Politiken verstanden, in diesem Kontext bezieht sich Mourad auch auf die Rolle der kolonialen Vergangenheit Ägyptens (ähnliche Ergebnisse bei Sirsat 2014).[7] Madeleine Bair (2014) verweist auf den schwierigen Umgang mit Inhalten aus ›sozialen‹ Medien in journalistischen Kontexten, insbesondere wenn es sich um Darstellungen sexualisierter Gewalt handelt. Zum einen die Verifizierung der Informationen und zum anderen die Ausstellung der leidenden Frau beschreibt sie als problematisch. Bair erwähnt in diesem Kontext ein Video mit sexualisierter Gewalt, das angeblich während der Proteste aufgenommen und in vielen ›westlichen‹ Medien thematisiert wurde, tatsächlich aber sehr viel früher gefilmt worden war, wie sich später herausstellte. Gleichzeitig betont sie, welche Möglichkeiten Inhalte ›sozialer‹ Medien für die Thematisierung von Frauenrechten bieten.

7 Die Ergebnisse dieser und der folgenden Arbeiten, die sich mit Deutungen zu Frauen im Kontext der Proteste beschäftigen, sind auch für meine Analyse von großer Relevanz. Da an dieser Stelle jedoch der knappe Überblick über die aktuelle Forschung rund um ägyptische Proteste, Medien und Geschlecht im Vordergrund steht, werden die Ergebnisse in der Analyse noch einmal aufgegriffen.

Die Fokussierung auf ›soziale‹ Medien kann gerade auch in Verbindung mit der Thematisierung von Frauenrechten kritisch gesehen werden. Insbesondere ›westliche‹ Forschung kann in diesem Kontext schnell Gefahr laufen, sich ausschließlich dafür zu interessieren, wie ›der Westen‹ ›arabischen‹ Ländern, die gerade in Verbindung mit Geschlecht immer wieder als ›rückständig‹ konstruiert werden, hilft, durch Nutzung ›westlicher‹ Technologien die vom ›Westen‹ definierten Ziele zu erreichen. Rabab El-Mahdi (Abu-Lughod/El-Mahdi 2011) konstatiert in diesem Zusammenhang: »It is the ›white-man's burden‹ in a new form«[8] (ebd.: 689). Damit spielt sie darauf an, dass ›soziale‹ Medien als neue Art der Rettung durch den ›fortschrittlichen Westen‹ verstanden werden und mit dieser Argumentation rassistische Hierarchisierungen reproduziert werden können.

Die Problematik des ›westlichen‹ Blicks auf die Ereignisse insbesondere in Verbindung mit der Thematisierung von Geschlecht stellen auch die wenigen Arbeiten heraus, die sich mit globalen Repräsentationen von Frauen im Kontext der Proteste beschäftigen. El-Mahdi (vgl. ebd.) kritisiert die Berichterstattung ›des Westens‹ für die Nicht-Thematisierung von Historizität und Komplexität der Frauenbewegungen in Ägypten. Victoria Newsom und Lara Lengel (2012) untersuchen die Aufnahme von Social-Media-Kampagnen ägyptischer Frauenrechtsorganisationen in ›westlichen‹ Medien und zeigen, dass diese dann erfolgreich sind, wenn sie in globale und ›westliche‹ Narrative passen. Sie betonen allgemein, dass gender-fokussierte Kampagnen sehr viel weniger in eine breitere Öffentlichkeit getragen wurden als Kampagnen zu anderen sozialen Reformen. Roswitha Badry (2013) untersucht Fotografien, die Frauen während der Proteste zeigen und vergleicht dabei Bilder von Aktivist*innen vor Ort mit Bildern aus der globalen Berichterstattung. Sie zeigt damit auf, dass im globalen journalistischen Diskurs Frauen meist als homogenes Kollektiv gezeigt und sehr einseitige Emotionen zwischen Wut und Trauer visualisiert werden, während die Bilder der Aktivist*innen meist heterogene Gruppen und eine ganze Bandbreite von Gefühlen zwischen Freude, Stolz, Angst und Wut zeigen. Zudem hebt sie die Orientalisierung von Frauen in den Bildern und die Anpassung an ›westliche‹ Bildkonstruktionen hervor, etwa durch die Nutzung von Bildern, die in ihrer Anordnung der Pietà – also dem christlichen Symbol der leidenden Frau, die einen verwundeten Mann im Arm hält – entsprechen. Ilka Eickhof (2013) und Katharina Lenner (2011) heben ebenfalls eine anhaltende Orientalisierung und Viktimisierung von Frauen in visuellen Repräsentationen im deutschsprachigen Diskurs hervor. Shugofa Dastgeer und Peter Gade (2016) weisen hingegen auf die Sichtbarkeit aktiver, emanzipierter Frauen in der Bildberichterstattung hin. Alicia M. Nichols (2013) untersucht die Verhandlung der Proteste in amerikanischen feministischen Magazinen und kommt dabei zu dem Ergebnis, dass deren Deutungen sich eng

8 Der Ausdruck ›the white men's burden‹ wird in postkolonialen Ansätzen für die paternalistische und kolonialistische Haltung ›des Westens‹ verwendet, mit der die Durchsetzung der eigenen Interessen weltweit mit einer oftmals rassistischen Argumentation des Schutzes ›hilfloser‹ Menschen – meist Frauen – vor Ort legitimiert wird. Der Ausdruck geht zurück auf ein Gedicht zum europäischen Imperialismus von Rudyard Kipling, das erstmals 1899 erschien und wurde u.a. von Spivak (u.a. 2012) aufgegriffen.

an denen des hegemonialen Diskurses zu der Region orientieren. ›Arabische‹ Demokratien werden als dysfunktional insbesondere für Frauen verstanden und diskursiv eine Opposition zwischen Frauen als Opfer und Männern als Täter aufgebaut, der ›Westen‹ tritt als ›Retter der Frauen‹ auf.

Gerade die Diskrepanz zwischen den auf die Potentiale veränderter Deutungen fokussierten Ergebnissen zur globalen Repräsentation der Proteste allgemein und der Betonung der (Re-)Produktion von Hierarchien in Untersuchungen, die sich auf Geschlecht fokussieren, zeigt, dass ein Geschlechterfokus den Blick auf die diskursive Konstitution von Ereignissen und Subjekten schärft. Neben der Prägung dieser Arbeit durch diskurstheoretische und postkoloniale Ansätze sind es daher auch feministische Ansätze, die die Perspektive dieser Arbeit beeinflussen. Während die oben genannten Arbeiten oft eine entweder anerkennende oder orientalisierende Repräsentation von Subjekten fokussieren, sollen in der vorliegenden Untersuchung vor allem Ambivalenzen der Repräsentation in den Blick genommen werden. Auch Nadje Al-Ali (2012) betont, dass eine geschlechtertheoretische Perspektive den Blick auf die vielfältige Konstitution von Subjekten im Diskurs öffnet: »A gendered lens also allows us to explore the various ways subjects are materially and discursively constituted and circumscribed, both at local and global levels.« (Ebd.: 31) Al-Ali hebt damit die Bedeutung lokaler und globaler Diskurse für die Konstitution von Subjekten hervor und verweist auf die ›various ways‹, in denen Subjekte konstruiert werden. Die Betonungen dieser Vielfältigkeit und damit gerade der Ambivalenzen zwischen einer anerkennenden und orientalisierenden Subjektkonstitution ist es, die mich in der vorliegenden Arbeit interessiert.

Es ist also vor allem die spezifische Perspektive meiner Arbeit, die den journalistischen Diskurs in Deutschland um die Proteste in Ägypten anhand visueller und textförmiger Diskursfragmente untersucht, die bestehende Studien ergänzt. Sie fragt nach den spezifischen Konstruktionen in diesem Diskurs, berücksichtigt dabei die Bedeutung globaler machtvoller Strukturen und fokussiert die ambivalente Repräsentation weiblicher Körper. Neben einer Erweiterung der Forschung zu Medien im Kontext der Proteste in Ägypten leiste ich damit auch einen Beitrag zur übergreifenden Forschung zu Medien und Protest, die mediale Diskurse um Proteste, vor allem auf globaler Ebene und mit einer Fokussierung auf Geschlechterfragen nur selten in den Blick nimmt. Abb. 1 verdeutlicht das jeweils kleiner werdende Feld von Arbeiten, die sowohl allgemein in der Forschung zu Medien und Protest als auch spezifisch zu den Protesten in Ägypten, die in der vorliegenden Arbeit fokussierten Fragen in den Blick nehmen.

Bestehende Arbeiten zu globalen Repräsentationen der ägyptischen Proteste, so haben diese Ausführungen zum Forschungsstand gezeigt, deuten die Ereignisse als Moment, der die Möglichkeit ›anderer‹ Repräsentation und der Schaffung von Verbindungen mit ›global entfernten Anderen‹ über Medien eröffnet. Diese Arbeiten lassen sich damit als wichtige Beiträge zum Forschungsfeld ›Kosmopolitismus und Medien‹ verstehen, auf welches ich in Kapitel 3.1.3 näher eingehe. Zugleich habe ich in der Darlegung des Forschungsstandes aber verdeutlicht, dass mit dem Fokus auf Geschlecht eine andere Perspektive eröffnet wird und Ambivalenzen der Diskurse zum Vorschein kommen. Hier zeigt sich, dass Analysen von Diskursen, die den Blick auf deren ›Potentiale‹ mit einer kritischen Perspektive verbinden, Möglichkeiten eines tiefergreifenden Verständ-

Abb. 1: Ausrichtung bestehender Arbeiten zu Medien und Protest (in Ägypten), (Quelle: eigene Darstellung)

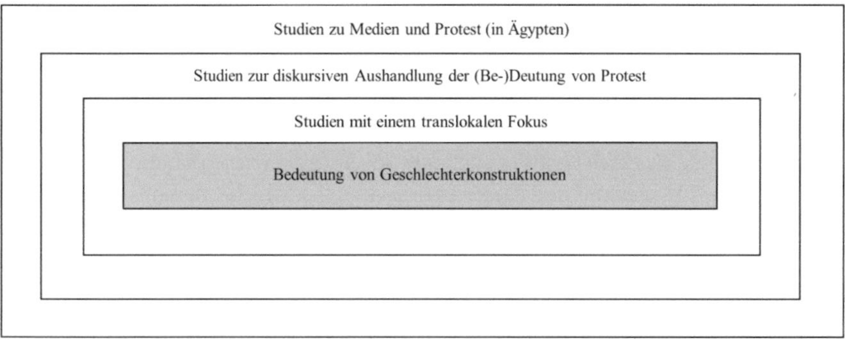

nisses mit sich bringen. Daher nehme ich in dieser Arbeit eine solche machtkritische Perspektive ein, die im Folgenden veranschaulicht wird.

2.2 Anschlüsse an theoretische Grundlagen: Entwicklung einer kritischen Perspektive

Bevor ich im Folgenden erläutere, welche Bestandteile, Begriffe und Argumentationen ich als relevant für die spezifische Forschungsperspektive dieser Arbeit erachte, lege ich zuvor noch einmal übergreifend dar, was in der vorliegenden Untersuchung unter einer machtkritischen Perspektive verstanden werden soll. Die kritische Auseinandersetzung mit machtvollen Strukturen stellt diese in Frage, ohne sie durch ein anderes System der Macht zu ersetzen. Kritik fokussiert damit die Entunterwerfung, keine alternative Unterwerfung (vgl. Foucault 1976, Butler 2002). Damit, so betont Judith Butler, ist Kritik eine riskante Praxis, die insbesondere Verunsicherung und damit auch Offenheit für eine ständige Reformulierung und Veruneindeutigung von Regeln zur Folge hat, ohne zu wissen, wohin sie steuert (vgl. Butler 2002: 265). Für Michel Foucault ist Kritik »Mittel zu einer Zukunft oder zu einer Wahrheit, die sie weder kennen noch sein wird, sie ist ein Blick auf einen Bereich, in dem sie als Polizei auftreten will, nicht aber ihr Gesetz durchsetzen kann« (Foucault 1992: 9). Sabine Hark (2009) beschreibt dieses Kritikverständnis mit Bezug auf Foucault als »Grenzhaltung« (ebd.: 30). Auch wenn Kritik nicht von außerhalb bestehender Machtstrukturen geäußert werden kann, so ist doch gerade die Reflexion über diese Grenzen, die uns und die Gegenstände um uns herum zu dem machen, was sie sind, das Ziel von Kritik. Sie eröffnet Möglichkeiten »nicht mehr das zu sein, tun oder zu denken, was wir sind, tun oder denken« (Foucault 2005: 703). Die Frage, wozu wir Kritik betreiben, beantwortet Hark mit der Präsenz anderer Möglichkeiten, die durch Veruneindeutigung bestehen bleibt: »Um den Hiatus zwischen Wirklichem und Möglichem gegenwärtig zu halten, um der Aussicht willen, dass nicht alles so bleiben muss, wie es ist.« (Hark 2009: 34) Das Aufzeigen der Möglichkeit, dass etwas anders sein könnte, als es ist, wird auch in der vorliegenden Arbeit als zentrales Ziel von Kritik verstanden. Dabei geht es insbesondere um die Möglichkeit anderer medialer Repräsentationen und damit der Bereitstellung alternativer Deutungen gesellschaftlicher Wirklichkeit. Dieses Ziel macht auch den hier untersuchten Gegenstand besonders interessant für eine repräsentationskritische Analyse. Denn wie ich in Kapitel 2.1.1 aufgezeigt habe, wird die Berichterstattung über die Proteste in Ägypten und in anderen Nachbarländern vielfach als ein ›Schlüsselereignis‹ verstanden, in dem sich Repräsentationspraktiken verschoben und damit andere Möglichkeiten des Zu-Sehen-Gebens sichtbar wurden. Zugleich bleibt es auch hier die Aufgabe von Kritik, die Grenzen dieser Sichtbarkeit auszuloten und damit weitergehende Möglichkeiten der Veränderung aufzuzeigen. Gerade wo Verschiebungen möglich werden, zeigt sich, welche Grenzen machtvoller Strukturen sich als besonders stabil erweisen und weiter in Frage gestellt werden müssen.

Vor dem Hintergrund meines spezifischen Untersuchungsgegenstandes interessieren mich dabei besonders vergeschlechtlichte sowie globale Machtstrukturen und ihre Verwobenheit. Ich verstehe meine Kritik als feministisch und damit »als Projekt der Kritik des Zusammenhangs von Macht, Wissen und Seinsweisen« (ebd.: 25). Die in dieser Arbeit vorgenommene Kritik an Diskursen stellt ein Vorgehen dar, das »Regime der Verständlichkeit daraufhin befragt, wessen und welches (geschlechtliche und sexuelle) Sein und Sprechen ermöglicht und wessen und welches Sein und Sprechen verunmöglicht wird – auch durch feministisches Wissen« (ebd.: 28). In Verbindung mit postkolonialer Kritik, die ich vor allem als kritisch-analytische Kategorie in Bezug auf Neokolonialismen und damit gegenwärtige globale Machtstrukturen verstehe (vgl. dazu Ha 2010: 264), richtet sich mein Fragen zudem darauf, wie Sein und Sprechen mit nationaler, kultureller oder religiöser Zugehörigkeit verbunden und darüber – auch unter Nutzung feministischer Argumentationen – globale hierarchische Strukturen gefestigt werden. Innerhalb dieses Projekts der Analyse der Entwicklung von und des Kampfes um solche hierarchischen Strukturen interessiere ich mich aus der Perspektive einer kritischen Medienkulturforschung (vgl. dazu Thomas 2010, 2013a, 2015) besonders für die Bedeutung von Medien innerhalb dieser Prozesse. Die vorliegende Arbeit fokussiert sich dabei vor allem auf die Herstellung, Festigung und Verschiebung symbolischer Ordnungen in Medientexten. Diese Kritik der Art und Weise der Herstellung von (Be-)Deutung in medialen Diskursen lässt dabei materielle, gesellschaftliche Ungleichheiten nicht außer Acht, sondern geht von der Legitimation und (Re-)Produktion dieser Ungleichheiten gerade in Verbindung mit bestehenden Repräsentationsregimen aus.

Die kritische, gesellschaftstheoretisch fundierte Forschungsperspektive, die ich in meiner Arbeit einnehme und die mir für eine Betrachtung von Diskursen in Verbindung mit kosmopolitischen Ansätzen notwendig erscheint, ist geprägt durch Bezüge auf 1. (de-)konstruktivistisch-diskurstheoretische Perspektiven, die journalistische Diskurse als Orte der (Re-)Konstruktion gesellschaftlicher Wissens- und Wirklichkeitsordnungen in den Blick nehmen, 2. feministische Perspektiven, die Geschlecht als gesellschaftlich konstruierte, machtvolle Kategorie verstehen und deren Verwobenheit mit anderen, Ungleichheit hervorbringenden Kategorien betonen und die Bedeutung solcher Kategorien für das Verständnis von Öffentlichkeit(-en) hervorheben und 3. postkoloniale Perspektiven, die die historische und gegenwärtige Bedeutung globaler sowohl materieller als auch diskursiver Interdependenzen und damit verbundene hierarchische Identitätskonstruktionen herausstellen und auch hier das Gewicht geschlechtlicher Kategorien betonen. Diese Perspektiven sind vor allem vor dem Hintergrund ihres Kritikverständnisses eng miteinander verwoben und fließen ineinander, wie Franziska Rauchut (2018: 94f) betont. Zugleich bringen sie aber jeweils unterschiedliche, für die vorliegende Analyse relevante Aspekte in die vorliegende Arbeit ein. Im Folgenden stelle ich dar, inwiefern diese drei Perspektiven meinen Blick auf den Untersuchungsgegenstand prägen und welche Aspekte mir dabei besonders bedeutsam erscheinen.

2.2.1 Machtvolles Wissen in journalistischen Diskursen: (de-)konstruktivistische Perspektiven

In diesem Kapitel geht es mir zunächst darum, meine Forschungsperspektive als geprägt durch Ansätze, die von einer gesellschaftlichen Konstruktion von Wissen und Wirklichkeit ausgehen und dabei die Bedeutung von Medien betonen, zu entwickeln. Dadurch ergibt sich eine in dieser Arbeit eingenommene »dekonstruktivistische Grundhaltung« (Dorer/Marschik 2015: 26f), die entsprechend meines oben dargelegten Kritikbegriffes Identitäten und Gewissheiten in Frage stellt. Mit Blick auf den Untersuchungsgegenstand rückt damit als Beitrag zum oben formulierten Desiderat in der Protest- und Bewegungsforschung (s. Kap. 2.1.1) die Frage nach den spezifischen Deutungen der Proteste in Ägypten und ihre Prägung durch sowie Reproduktion von Kultur und Identitäten in den Blickpunkt. Ich verorte die vorliegende Arbeit dabei innerhalb der Cultural Studies und erarbeite im Folgenden zunächst mein an Foucault orientiertes und damit als konstruktivistisch zu bezeichnendes Diskursverständnis (vgl. Keller 2013: 70), dessen Zusammenführung mit Antonio Gramscis Hegemoniebegriff ich im Anschluss an Stuart Hall vornehme. Anschließend stelle ich die Bedeutung medialer Öffentlichkeiten für die diskursive Aushandlung gesellschaftlicher Wirklichkeit heraus und betone, dass Repräsentationen in Medien mit Hall als zentral an der Herstellung dieser Wirklichkeit beteiligt verstanden werden. Abschließend gehe ich zudem auf die Bedeutung einer Verortung in den Cultural Studies spezifisch für die Analyse journalistischer Diskurse und ein damit verbundenes Verständnis von »Journalismus als kultureller Prozess« (Lünenborg 2005) ein.

Cultural Studies, Diskurs und Hegemonie

Cultural Studies begreifen Kultur zum einen als die Gesamtheit von Lebensweisen und zum anderen als gesellschaftliches Bedeutungssystem (vgl. Lünenborg 2005: 34).[9] Kul-

9 Ein Überblick über Cultural Studies startet wohl um jeglichem Missverständnis vorzubeugen am besten mit Marcharts Feststellung, es gehöre »zu den eingeübten Ritualen, in Überblicksdarstellungen der Cultural Studies einleitend darauf hinzuweisen, dass eine exakt umrissene ›Disziplin‹ dieses Namens genauso wenig existiert wie eine alleingültige Definition des Feldes oder dessen letztgültige Geschichtsschreibung« (Marchart 2018: 20). Ziel der folgenden Abhandlung ist es primär, eine eigene Positionierung in den Cultural Studies vorzunehmen, umfassende Auseinandersetzungen mit dem Forschungsfeld wurden an anderer Stelle geleistet (vgl. u.a. Hepp et al. 2015, Marchart 2018). Auch wenn sich Sozialwissenschaften und insbesondere Medien- und Kommunikationswissenschaften zentral auf Cultural Studies beziehen (vgl. Hepp et al. 2015), so mag die

turelle Formen und kulturelles Handeln sind damit Teil menschlichen Alltags, Alltagskultur selbst wird so zum zentralen Gegenstand der Analyse (vgl. Kruse 2013: 57f). Dabei sind gesellschaftliche Wissensvorräte im Sinne eines »gemeinsamen Sets von Denk- und Fühlweisen« (Horak 2006: 214) Basis sozialer Kommunikation. Kultur wird als ein Prozess verstanden, der von Macht geprägt, fragmentiert und konfliktär ist (vgl. Hall 2002a). Cultural Studies nehmen in kritischen Analysen Kultur mit dem Ziel in den Blick, »die Kontingenz und Machtbasiertheit jeder kulturell reproduzierten Identität zu analysieren und sie offen zu legen [sic!]« (Marchart 2018: 15) und fokussieren sich dabei auf damit verbundene Ein- und Ausschlüsse (vgl. Hall 2002b). Auf Basis dieses Kulturbegriffs versteht Oliver Marchart Cultural Studies als »bestimmte *Perspektive* [Herv. i. O.] auf soziale Phänomen [sic!], die [...] Fragen der Produktion und Reproduktion von Identitäten und Machtverhältnissen in den Vordergrund rückt« (Marchart 2018: 21). Auch in der vorliegenden Arbeit soll eine solche Perspektive eingenommen werden, die mediatisierte Anerkennung als soziales Phänomen anhand des journalistischen Diskurses in Deutschland um die Proteste in Ägypten untersucht und dabei mit der Fokussierung auf deren Bedingungen Fragen nach der (Re-)Konstruktion von Identitäten und Machtverhältnissen in den Vordergrund rückt.

Zentral ist dabei die auch von Hall vertretene Annahme, dass Identitäten und Machtverhältnisse *diskursiv* konstruiert werden. Zugrunde liegt ihr ein Verständnis der Herstellung von Wirklichkeit über machtvolle Diskurse und damit eine Anknüpfung an Foucaults Diskurstheorie[10], die er vor allem in *Die Ordnung der Dinge* (1991 [1971]) und in der *Archäologie des Wissens* (1990 [1973]) ausführt. Foucaults Diskursbegriff, der sich durch einen konstruktivistischen und deontologischen Ausgangspunkt auszeichnet, widerspricht der Annahme ahistorischer Universalien und Realitäten und positioniert gesellschaftliches Wissen und soziale Wirklichkeit als prozesshafte, machtvolle Konstruktionen. Natur- oder wesensmäßige Bedingungen werden in einer deontologischen Denkhaltung verneint und als historisch und kulturell geprägt aufgefasst (vgl. Foucault 1990). Foucault ruft dazu auf, in diesem Sinne Ursprünglichkeiten und Kontinuitäten zu hinterfragen und Begriffe wie Tradition, Entwicklung, Einfluss oder Mentalität zu verwerfen: »Man muß [sic!] erneut jene völlig fertiggestellten Synthesen,

---

Rede von einem ›Cultural Turn‹ der Sozialwissenschaften doch zum einen zu weit zu greifen, da sich nicht alle aktuellen Ansätze auf diese Perspektive beziehen und zum anderen zu kurz greifen, da mit dem Kulturbegriff der Cultural Studies durch dessen Fokus auf gesellschaftliche Machtverhältnisse primär auch eine Politisierung der Sozialwissenschaften einher geht (vgl. Marchart 2018: 26).

10 Nach Keller (vgl. 2011a: 43ff) wird ›Diskurstheorie‹ als ein Sammelbegriff für Perspektiven genutzt, die sich im bzw. im Anschluss an den französischen Poststrukturalismus entwickelt haben. Foucaults Ansatz unterscheidet sich dabei von Perspektiven wie der Diskursethik von Jürgen Habermas (vgl. Keller 2011a: 18ff). Habermas Diskursethik bezeichnet ein normatives Konzept, jedoch kein Forschungsprogramm. So geht Habermas im Rahmen seiner »Theorie des kommunikativen Handelns« von der Idee eines herrschaftsfreien Diskurses aus, es geht ihm dabei um die Formulierung von Idealbedingungen für Argumentationsprozesse (vgl. ebd.: 18). Schwab-Trapp (2002) bezeichnet den Diskursbegriff von Habermas deswegen auch als »ein normatives und konsensorientiertes Konzept« (ebd.: 29). Eine Abgrenzung von Foucaults Diskursbegriff zeigt sich zudem in Abgrenzung zum Diskursbegriff Derridas in der Betonung der Materialität von Diskursen (vgl. Ruoff 2013).

jene Gruppierungen in Frage stellen, die man gewöhnlich vor jeder Prüfung anerkennt, jene Verbindungen, deren Gültigkeit ohne weiteres zugestanden wird.« (Foucault 1990: 34) Hier zeigt sich die Position Foucaults, die die Konstruiertheit etablierter Deutungen von Wirklichkeit hervorhebt und damit eine Anfechtung ihrer objektiven Gültigkeit ermöglicht. Grundlegend für die Auseinandersetzung mit Diskursen ist demnach, diese nicht als Gegebenheiten, sondern als historisch entstanden und prozesshaft anzusehen. Gerade die scheinbaren Gegebenheiten, die dem Diskurs als ursprünglich definiert werden, werden so zum Gegenstand der Analyse. Trotz der Konstruiertheit der diskursiven Gegenstände geht Foucault durchaus von ihrer Materialität aus, da sie soziale Wirklichkeit als ›Realität‹ erzeugen und ihre eigene Konstruiertheit zugleich verschweigen.[11] Er fordert dazu auf, Diskurse als »Praktiken zu behandeln, die systematisch die Gegenstände bilden, von denen sie sprechen« (ebd.: 74).[12] Die Praktiken und ihre Ausprägung gehen dabei nicht auf den Willen der handelnden Individuen zurück, sondern sind bei Foucault regelgeleitete Praktiken (vgl. Schwab-Trapp 2002: 31). Diese Regeln bestimmen die Ordnung eines Diskurses und beinhalten neben Regeln für Aussagen innerhalb des Diskurses gleichzeitig seine Ausschließungen, also das Feld von möglichen Beiträgen, die vom Diskurs ausgegrenzt sind. Sie werden nicht explizit aufgestellt, sondern sind im gesellschaftlichen Wissen verankert: »Man weiß, dass man nicht das Recht hat, alles zu sagen, dass man nicht bei jeder Gelegenheit von allem sprechen kann, dass schließlich nicht jeder beliebige über alles beliebige reden kann.« (Foucault 1991: 11) Diese diskursiven Regeln beschränken die möglichen Aussagen im Diskurs durch die Etablierung gesellschaftlicher ›Wahrheiten‹ sowie durch die Beschränkung möglicher Subjektpositionen, von denen aus gesprochen werden kann. Die Aufdeckung ihrer Konstruiertheit, sowie die Analyse der Bedingungen und Konsequenzen der Konstruktion sind nach Foucault die zentralen Fragestellungen in der Beschäftigung mit Diskursen:

> »[...] wie kommt es, daß [sic!] eine bestimmte Aussage erschienen ist und keine andere an ihrer Stelle? [...] es handelt sich darum, die Aussage in der Enge und Besonderheit ihres Ereignisses zu erfassen; die Bedingungen ihrer Existenz zu bestimmen, auf das Genaueste ihre Grenzen zu fixieren, ihre Korrelation mit den anderen Aussagen aufzustellen, die mit ihm verbunden sein können, zu zeigen, welche anderen Formen der Äußerung sie ausschließt.« (Foucault 1990: 43)

Es geht Foucault also zunächst um die Rekonstruktion der Diskurse, indem die zugehörigen Aussagen auf ihre Besonderheiten und Gemeinsamkeiten hin untersucht werden, um dann die Rekonstruktion der Regeln und Grenzen der Diskurse zu fixieren.

11 Diese Materialität von Diskursen spiegelt sich auch in dem Begriff des ›Dispositivs‹ wider. Dieses bezeichnet das Ensemble von Maßnahmen, welches einem Diskurs zugehörig ist und sich in diskursiven und nicht diskursiven Praktiken äußert. Bei dem Dispositiv handelt es sich um die Manifestation des Diskurses in Form von Gesetzen, baulichen Praktiken (z.B. das Gefängnis), institutionalisierten Verhaltensmustern etc. (vgl. Foucault 1976, Keller 2011a: 52f).

12 Die Materialität von Diskursen ist in Bezug auf die vorliegende Arbeit zum einen hinsichtlich der sozioökonomischen Bedeutung geschlechtlicher Zuordnungen und zum anderen hinsichtlich der mit hierarchisierenden Orient-/Okzidentkonstruktionen einhergehenden sozioökonomischen Strukturen von Bedeutung (s. Kap. 1 sowie 2.2.2 und 2.2.3).

Eine Aussage eines Diskurses kann dabei nie für sich selbst betrachtet werden, Foucault geht es nicht um singuläre Äußerungen, sondern gerade typisierbare Aussagen von Diskursen. Diese verschiedenen Muster und Regeln fasst Foucault mit dem Begriff der »diskursiven Formation« (ebd.: 58) zusammen. In diesen Formationen, in der Art, wie ihre Begrenzungen ausgeformt sind, welche möglichen Aussagen sie also ein- oder ausschließen, entfalten und enthalten Diskurse Macht. Nach Foucault ist der Diskurs »dasjenige, worum und womit man kämpft; er ist die Macht, deren man sich zu bemächtigen sucht« (Foucault 1991: 11). Macht wird bei Foucault dabei als in den Beziehungen zwischen Positionen enthalten betrachtet. Macht kann nicht fest besessen werden, sondern drückt sich immer als Verhältnis aus. Diskurse und Macht erscheinen bei Foucault als eine unauflösliche Einheit, einerseits beinhalten Diskurse Macht, anderseits beinhaltet Macht die Produktion von Diskursen (vgl. Schwab-Trapp 2002: 32). Foucaults Diskursverständnis hat sich über seine verschiedenen theoretischen Ausführungen hin weiterentwickelt. Während sich das Vorgehen der ›Archäologie‹ nach Foucault noch vornehmlich auf die Rekonstruktion der Formationsregeln eines Diskurses in Form einer Momentaufnahme konzentriert, erweitert er mit der ›Genealogie‹ den Fokus um den zuvor dargestellten prozesshaften Charakter der Formationen und damit um die Bedeutung des Macht/Wissens-Komplexes. Damit werden Diskurse nicht mehr nur als Aussagesysteme, sondern als machtvolle Prozesse der Subjektformung verstanden (vgl. Keller 2011a: 48ff). Foucault geht davon aus, dass Diskurse in Form von sozialen Ordnungen gesellschaftlich bedeutsame Subjekte[13] erst erzeugen, indem sie die Bedingungen für den Subjektstatus diskursiv hervorbringen (vgl. Foucault 1991: 32).

Im Anschluss an Foucault ergibt sich für meine eigene Forschungsperspektive ein Diskursbegriff, der sich durch vier wesentliche Merkmale auszeichnet: Diskursive Deutungen gesellschaftlicher Zusammenhänge verstehe ich 1. als *prozesshaft* im Sinne einer historischen Entwicklung. Sie haben dabei keinen rein symbolischen Charakter, sondern zeichnen sich 2. durch *Materialität* aus, das heißt, sie bringen nicht-diskursive Praktiken hervor und werden durch diese geprägt. Sowohl diskursive als auch nichtdiskursive Praktiken entstehen nicht im freien Raum, sondern sind 3. *regelgeleitet*. Die Menge typisierbarer Aussagen, die sich an bestimmten diskursiven Regeln orientieren, können dabei als diskursive Formationen verstanden und untersucht werden. Diese beinhalten 4. *machtvolle Strukturen*, die nicht an Individuen gebunden sind, sondern sich in den diskursiven Formationen selbst verorten lassen und die durch den produktiven Charakter der Macht Subjekte und Praktiken, die sie benennen erst hervorbringen.

Mit der mit diesem Diskursbegriff verbundenen erkenntnistheoretischen Einsicht, dass Diskurse nicht von einem Punkt außerhalb symbolischer Ordnungen kritisiert und

13 Auf den ebenfalls poststrukturalistisch geprägten Subjektbegriff der vorliegenden Arbeit gehe ich in den späteren Ausführungen zum Anerkennungsbegriff noch einmal näher ein (vgl. insbesondere Kapitel 3.2.2). Zentral ist dabei die Dezentrierung des Subjektes, der Bezug also nicht auf einen individuellen Kern, der Subjektivität ausmacht, sondern vielmehr das Verständnis eines Prozesses der Subjektivierung, in dem ein Subjekt in unterschiedlichen Identitäten angerufen wird und sich in der Subjekt-Werdung diesen Anrufungen unterwirft. Die hegemonialen Subjektpositionen, deren Bestehen gesellschaftlich anerkennbar ist, sind dabei umkämpft und keineswegs stabil (vgl. Reckwitz 2008: 78ff).

verändert werden können, stellt sich die Frage, wie Umdeutungen innerhalb diskursiver Formationen möglich sind und wo Möglichkeiten der Verschiebung aufgezeigt werden können. Bedeutsam ist hierfür das Ringen um kulturelle Hegemonie in Diskursen und die damit verbundene stetige Umkämpftheit von Deutungen, die sich mit einem Blick in die Rezeption von Gramsci in den Cultural Studies verdeutlichen lässt. Hall verbindet diskurstheoretische Ansätze mit Gramscis Hegemoniebegriff und betont die Bedeutung von Sprache im Ringen um hegemoniale Deutungen und Praktiken (vgl. Thomas 2015: 74). Mit Gramsci kann Hegemonie zentral als *kulturelle* Hegemonie verstanden werden (vgl. Gramsci 1991-1999: 729). Er fasst diese als neben der Ausübung staatlichen Zwangs notwendig für die Sicherung von Herrschaft auf, nur die Kombination aus Autorität und Hegemonie kann ein Regime sichern (vgl. ebd.: 1553). Hegemonie wird Gramsci zufolge dabei vor allem auf dem Terrain der Zivilgesellschaft ausgeübt, indem eine freiwillige Zustimmung zu einem allgemeinen Konsens angestrebt wird. Hegemonie lässt sich damit als Prozess verstehen, in dem aus heterogenen Vorstellungen ein homogener, kollektiver Wille entsteht (vgl. Marchart 2018: 78ff). Dieser Konsens betrifft nicht nur Einstellungen, sondern kann mit Merle Kruse (2013) als »sich in kulturellen Praktiken und Diskursen manifestierende, inkorporierte Haltung gegenüber den eigenen Lebensbedingungen gedacht werden« (ebd.: 63). Bedeutsam für dieses und damit auch das in dieser Arbeit vorliegende Verständnis von Hegemonie ist zugleich, dass diese Haltung als stets umkämpft gelten muss. Wie Hall betont, sollte ein hegemoniales Projekt »nie fälschlich als beendet oder vollendet erachtet werden. Es wird immer herausgefordert, muß [sic!] sich immer selbst sichern, ist immer ›im Prozess‹« (Hall 1988: 7). Kultur kann damit als ein stets machtvoller Konflikt verstanden werden, in dem das Feld kultureller Praktiken und deren soziale Definition umkämpft werden (vgl. auch Thompson 1963: 33). So betont auch Marchart: »Der vielleicht entscheidende Aspekt dieser Theorie liegt in dem Umstand, dass die Durchsetzung von Konsens nur durch Konflikt und Ausschluss gelingen kann, was dem Begriff der Signifikations*politik* erst einen Sinn gibt [Herv. i. O.]« (Marchart 2018: 168). Mit »politics of signification« (Hall 1982: 70) bezeichnet Hall den Kampf um die Ausstattung eines bestimmten Ereignisses – wie den Protesten in Ägypten – mit Bedeutung, bei dem verschiedene Kräfte darum kämpfen, eine hegemoniale Definition sozialer Realität hervorzubringen (vgl. Marchart 2018: 164). Konsens im Sinne der Durchsetzung einer hegemonialen Deutung ist damit stets mit dem Ausschluss nicht-hegemonialer Deutungen und kultureller Praktiken verbunden. Eine Pluralität an Deutungen bleibt also bestehen, sodass die hegemoniale »Weltauffassung« (Gramsci 1991-1999: 1393) stets gefährdet und nur temporär stabil ist. Kulturelle (Be-)Deutung ist nicht nur von Macht durchzogen, sondern auch laufend umkämpft, da sie nicht einmalig festgelegt, sondern laufend ausgehandelt wird, also einen prozesshaften Charakter hat. Diskurse können demnach in Ergänzung zu dem oben eingeführten Begriffsverständnis, mit Bezug auf Foucault als Orte nicht nur der fortlaufenden (Re-)Konstruktion, sondern auch Transformation symbolischer und materieller hegemonialer Ordnungen verstanden werden.

Die Integration des Hegemoniebegriffs in meine Forschungsperspektive erlaubt es mir, Fragen nach Macht und damit der Hegemonialisierung bestimmter Deutungszusammenhänge auf der einen Seite sowie deren Umkämpftheit und damit Pluralität auf der anderen Seite zu fokussieren. Das bedeutet für mich konkret, zu untersuchen, wo und wie im untersuchten Diskurs um die Proteste in Ägypten randständige Deutungen und Verschiebungen[14] auftauchen, die mit hegemonialen Deutungen konkurrieren. Wichtige Grundlage für solche Beobachtungen bildet die Erarbeitung etablierter diskursiver Formationen etwa zur medialen Repräsentation orientalisierter Frauen, die ich in Kapitel 2.3 diskutiere.

Öffentlichkeit und Repräsentation in Medienkulturen

Konstitutiv für den Prozess der Hegemonialisierung von Deutungen ist die Herstellung von Öffentlichkeit. Dies betont u.a. Elisabeth Klaus (2017) mit ihrem Begriff von Öffentlichkeit, die sie als einen »Selbstverständigungsprozess der Gesellschaft, der mittels Deliberation in verschiedenen sich gegenseitig durchdringenden Diskurssphären von statten geht« (ebd.: 7) auffasst. Öffentlichkeit wird damit als bedeutsam für soziokulturelle Aushandlungsprozesse begriffen. So spricht auch Ricarda Drüeke von Öffentlichkeit als »Sozialität von Kommunikation« (Drüeke 2013: 73ff) auf der Basis politischer Kommunikation und politischen Handelns. Nancy Fraser versteht Öffentlichkeit als »Bühne der politischen Partizipation« (Fraser 2001: 140) und Iris M. Young betont, dass Öffentlichkeit als Ort der Teilhabe eine Grundbedingung für soziale Gerechtigkeit ist (vgl. Young 1990: 83). Gleichzeitig stelle ich mit Bezug auf diese feministisch geprägten Ansätze heraus, dass Öffentlichkeit nicht nur gesellschaftliche Strukturen aushandelt, sondern auch selbst durch gesellschaftliche Repräsentations- und Wissensordnungen strukturiert und damit von machtvollen Strukturen durchdrungen ist. Feministische Öffentlichkeitstheorien, die in Kapitel 2.2.2 noch einmal ausführlich diskutiert werden, kritisieren nicht nur ein Fehlen der Perspektive auf Macht und Hierarchien in der Auseinandersetzung mit Öffentlichkeit, sondern auch die Singularität vieler Öffentlichkeitsbegriffe und eine damit verbundene Trennung und Hierarchisierung öffentlicher und privater Sphären. Die Herstellung von Öffentlichkeit(-en) verstehe ich als bedeutsam für die diskursive Aushandlung von Ordnungen von Wissen und Wirklichkeit, bei der konkurrierende Deutungen stets um Hegemonie ringen und die materielle gesellschaftliche Folgen haben. Medien nehmen in diesem Prozess der Herstellung von Öffentlichkeit(-en) eine tragende Rolle ein. Die Betonung der Relevanz medialer Diskurse für die Aushandlung gesellschaftlicher (Be-)Deutung liegt auch einem Verständnis von Mediatisierung als ein gesellschaftlicher Meta-Prozess zugrunde (vgl. zentral Krotz 2005). Mediatisierung meint dabei einen gesamtgesellschaftlichen Prozess, in dem neue kommunikative Praktiken entstehen oder sich verändern, was sich wiederum sowohl auf individueller wie auch auf kultureller Ebene auf alle Bereiche von Gesellschaften auswirkt (vgl. Thomas/Krotz 2008: 27). Nach Hall kommen Medien und insbesondere der Presse dabei drei wesentliche kulturelle Funktionen zu, da sie eine »entscheidende und fundamentale Führerschaft in der kulturellen Sphäre« (Hall 1979: 340) übernehmen: sie stellen 1. »soziales Wissen« (ebd.) zur Verfügung und bilden ein Inventar der pluralen gesellschaftlichen Auffassungen, sie erstellen 2. Landkarten und sortieren konkurrierende Bedeutungen (vgl. ebd.: 341) und produzieren so 3. Konsens im Sinne hegemonialer Deutungen (vgl. ebd.: 339). Medien stellen also Wissen über

14 Möglichkeiten der Verschiebung werden mit Bezug auf Butler in Kapitel 3.2.2 diskutiert.

Deutungsmöglichkeiten zur Verfügung, strukturieren und hierarchisieren diese. Medien vermitteln somit nicht nur zentrale Bestandteile von Kultur, sondern gestalten diese gleichzeitig in umkämpften, machtvollen Prozessen der Herstellung von (Be-)Deutung auch mit, weswegen Tanja Thomas und Friedrich Krotz (2008) in Anlehnung vor allem an Knut Hickethier (2003) von »Medienkultur« sprechen. Neben der Betonung der Prozesshaftigkeit und damit auch Gestaltbarkeit von Kultur durch Medien beinhaltet der Begriff der ›Medienkultur‹ einen weiteren zentralen Punkt für meine Arbeit: die Verbindung zwischen kulturellen Deutungen und gesellschaftlichen Kontexten. Medienkulturen können damit als spezifische Deutungssysteme aufgefasst werden, die in die sozialen Strukturen von Gesellschaften eingebettet sind, diese aber gleichzeitig durch die (Re-)Produktion kultureller Deutungen auch mitstrukturieren (vgl. Thomas/Krotz 2008: 26). Medienkulturforschung betreibe ich in einer machtkritischen Ausrichtung »als ein reflexiv angelegtes, gesellschaftstheoretisch fundiertes Projekt, das soziale Phänomene, Entwicklungen und Kämpfe analysiert und dabei nach der Bedeutung von Medien fragt« (Thomas et al. 2018: 11). Meine Arbeit fokussiert dabei umkämpfte Deutungen in Medientexten, die in Schrift und Bild Frauen im Kontext der Proteste in Ägypten repräsentieren.[15] Nick Couldry (2003) warnt in diesem Zusammenhang vor einem Medienzentrismus, der (Massen-)Medien als den zentralen Ort gesellschaftlicher Veränderung begreift. In der vorliegenden Arbeit werden zwar ausschließlich mediale Diskurse und nicht deren Rezeption untersucht, nichtsdestotrotz ist die Annahme der Gestaltung von Kultur durch Menschen und ihre spezifischen kommunikativen Praktiken Teil der Auffassung meiner Forschungsperspektive. Gerade die Fokussierung meiner Forschungsfrage auf die Pluralität und Ambivalenzen diskursiver Deutungen zeigt auf, welche Handlungsmöglichkeiten aufseiten der Rezipient*innen in der Verhandlung angebotener kultureller Deutungen bestehen.[16]

In der Auseinandersetzung mit Medientexten geht es mir vor allem um eine Kritik von Repräsentationen, die ich als sowohl textförmige wie auch visuelle Darstellungen auffasse, welche die Gegenstände und Subjekte, die sie abbilden, gleichzeitig in bestimmter Art und Weise hervorbringen.[17] Damit verbunden ist nach Hall (2004) die

15 An Halls (1980) ›Encoding/Decoding-Modell‹ angelehnt ergeben sich die Untersuchungsfelder von Medienkulturforschung (vgl. Hepp 2005: 139). Zentral sind dies bei Hall die Ebenen von Medienproduktion, Medientext und Mediennutzung, zudem spielen Reglementationen (vgl. Lünenborg 2005) und Identifikation (vgl. Hepp 2005) zentrale Rollen. Die Ebene der Medientexte, also der Repräsentation, die mit Bezug auf Hall das ›Encoding‹ sozialer Bedeutungen enthält, wird dabei nicht als rein abbildende Repräsentation, sondern als eine konstruktivistische verstanden. Medientexte werden nicht als abgeschlossene Einheiten begriffen, sondern in der Gesamtheit ihrer Erzählungen als Ort der (Re-)Produktion gesellschaftlicher Ordnungen.

16 Gerade die Cultural Studies betonen, dass alternative Deutungen in diskursiven Formationen bereits enthalten sind und Mediennutzer*innen im ›Decoding‹ (vgl. Hall 1980) diskursiver Deutungen ihre eigenen, alltagsweltlichen Bezüge herstellen. Auch John Fiske (u.a. 1989) geht von der Polysemie von Medientexten und von widerständigen Medienrezeptionen aus und hat entsprechend eine an Foucault orientierte Diskursanalyse entwickelt.

17 Andere Repräsentationsbegriffe gehen etwa davon aus, dass mit medialen Repräsentationen eine bestimmte Intention, z.B. der Journalistin verfolgt wird (intentionale Repräsentationstheorie) oder das Medien vor allem darauf zielen, ›Realität‹ möglichst genau abzubilden (abbildende Repräsentationstheorien) (vgl. Hall 1997: 24ff, Lünenborg/Maier 2013: 40f).

Macht »jemanden oder etwas auf eine bestimmte Art und Weise zu repräsentieren, zu kennzeichnen, zuzuweisen und zu klassifizieren« (ebd.: 145f). Repräsentationskritische Perspektiven richten sich also auf die Analyse dieser ›bestimmten Art und Weise‹, die mit Hall auch als spezifisches »Repräsentationsregime«, welches sich aus einer Vielfalt von »Repräsentationspraktiken« (ebd.: 115) zusammensetzt, verstanden werden kann. Halls Repräsentationsbegriff richtet den Fokus auf die machtvolle Strukturierung mediatisierter Sichtbarkeiten und damit die Frage nach der Art und Weise der Repräsentation und den ihnen zugrunde liegenden Normen (vgl. Thomas/Grittmann 2018a: 25f). Über den Repräsentationsbegriff, der danach fragt, *wie* etwas in und durch Medien dargestellt und damit hervorgebracht wird, lassen sich also verschiedene Aspekte aufzeigen, nämlich was in einer bestimmten gesellschaftlichen Ordnung »denkbar, sagbar und daher anschaulich« (Schaffer 2008: 14) ist. Sichtbarkeit wird hier somit als eng mit Sagbarkeit und gesellschaftlichen Deutungsmustern verwoben verstanden (s. Kap. 4.1.3), weswegen ich mich mit Repräsentationen sowohl auf visueller als auch textlicher Ebene und deren Strukturierung durch und Hervorbringungen von gesellschaftlichen Wissensordnungen beschäftige.

Journalismus als »kultureller Prozess«

Die Fokussierung der Untersuchung spezifisch auf journalistische Medientexte ergibt sich durch mein soeben aufgezeigtes Interesse an der Herstellung gesellschaftlicher Wirklichkeit in und durch Medien. Gerade in Bezug auf politische Deutungen im Sinne der Aushandlung grundsätzlicher gesellschaftlicher Fragen wie auch für die Konstitution von Verbindungen zu global entfernten Menschen, können journalistische Medien als relevant für die Herstellung von Öffentlichkeit verstanden werden. Margreth Lünenborg und Saskia Sell (2018) betonen: »Journalismus gestaltet noch immer wesentlich den Raum des politisch Sagbaren« (ebd.: 4, vgl. auch Kirchhoff 2010), heben aber zugleich die zunehmende Bedeutung ›sozialer‹ Medien hervor (s. Kap. 2.2.1). Die Bedeutung journalistischer Diskurse richtet sich hier auf das gesamte Feld des Politischen als das, was Gesellschaft konstituiert und geht nicht von einem engen Begriff institutioneller Politik aus (vgl. dazu Mouffe 2010).[18] Journalismus kann damit als zentral für den Aushandlungsprozess gesellschaftlicher Konstitution verstanden werden (vgl.

18 Chantal Mouffe kritisiert die klare Fokussierung auf Politik im konventionellen, institutionalisierten Sinne und damit eine Vernachlässigung weniger formalisierter Formen von Beteiligung, die im Bereich des Politischen verortet werden können, der die Frage umfasst »wie die Gesellschaft eingerichtet ist« (Mouffe 2010: 15). Diesen beschreibt sie als »Ort von Macht, Konflikt und Antagonismus« (ebd.: 16); gerade dort, wo sich Brüche hegemonialer Deutungen zeigen, entwickelt sich das Politische. Mouffe entfernt sich damit auch von einem konsensorientierten Politikbegriff, den sie dem liberalen Denken zuordnet, welcher kollektive Identitäten und damit die »pluralistische Natur der Welt des Sozialen« (ebd.: 17) nicht anerkennt. Sie befürwortet einen agonistischen Ansatz von Politik, der Konflikt und Emotionalität gerade als Basis von Demokratie versteht und auf eine argumentative Auseinandersetzung mit anderen Positionen auf der Basis gemeinsam ausgehandelter Werte abzielt. Sie bestreitet damit »die Möglichkeit demokratischer Politik jenseits des Modells der Gegnerschaft und kritisiert jene, die die Dimension des ›Politischen‹ ignorieren und Politik auf eine Reihe angeblich rein technischer Maßnahmen und neutraler Verfahrensweisen reduzieren« (ebd.: 47).

Lünenborg/Sell 2018: 7), in dem über die Berichterstattung hegemoniales Wissen umkämpft und bereitgestellt wird (vgl. Schwarz 2014) und zugleich auf soziale Ordnungen zurückgegriffen und diese rekonstruiert werden (vgl. Klaus 2005: 80ff, Volkmann 2006: 24f). Es ist also vor allem die Aushandlung gesellschaftlichen Wissens innerhalb journalistischer Diskurse, die mich interessiert und weniger die Untersuchung einer medienspezifischen Formation innerhalb des Pressediskurses (vgl. dazu auch Keller/Truschkat 2014: 311). Dafür, solche Aushandlungen gerade innerhalb journalistischer Diskurse zu untersuchen, spricht zum einen deren Relevanz für politische Deutungen, zum anderen aber auch die mit journalistischen Diskursen verbundene Legitimierung von Deutungen als besonders ›authentisch‹ und ›objektiv‹ (vgl. Volkmann 2006: 25).

Diese Fokussierung auf journalistische Medientexte in meiner Arbeit impliziert zugleich ein spezifisches Verständnis von Journalismus, welches sich an den bisherigen Ausführungen zu meiner Perspektive auf Wirklichkeit, Kultur und Medien orientiert und aus der heraus Journalismus mit Lünenborg als »kultureller Prozess« (2005) verstanden werden kann. Lünenborg setzt sich mit der Bedeutung von Cultural Studies für die Journalismusforschung auseinander und stellt dabei fünf zentrale Implikationen vor: die konstruktivistische Perspektive rückt 1. journalistische Tätigkeit als »soziale Praxis der Zeichenerstellung und -deutung« (ebd.: 57) in den Vordergrund und damit von einer qualitativen Beurteilung der ›Objektivität‹ von Darstellungen ab. Als zentrales Forschungsinteresse ergibt sich damit die Frage nach dem *wie* der Konstitution gesellschaftlicher (Be-)Deutungen in und durch journalistische Berichterstattung. Gerade im Rahmen dieser Frage bleiben ›Objektivität‹ und ›Wahrheit‹ jedoch zentrale Elemente journalistischer Produktion: »Die Objektivitätskriterien des Nachrichtenjournalismus werden damit als spezifisches, kulturell gebundenes Regelwerk für einen Teilbereich journalistischer Produktion erkannt.« (ebd.: 58) Damit wird Journalismus nicht als die ›objektive‹, sondern gerade »als eine spezifische Erzählweise über die Welt« (ebd.: 59) verstanden, die Legitimation journalistischer Deutungen als Abbildungen der ›objektiven Wirklichkeit‹ ist aber zentrales Merkmal dieser Erzählweise. 2. werden, wie bereits in den Ausführungen zu Foucaults Diskursbegriff hervorgehoben, nicht einzelne journalistische Produkte (also Zeitungsartikel oder Nachrichtenbeiträge) als für sich stehende Medientexte untersucht, vielmehr verschiebt sich das Interesse auf die Produktion printmedialer Wirklichkeit in typisierbaren Aussagen des Diskurses. 3. sollte es mit Blick auf die verschiedenen Ebenen von Medienkulturforschung Ziel von Studien sein, Analysen auf der Produktions-, Text- und Rezeptionsebene miteinander zu verbinden, um so den Prozess der Verhandlung von Bedeutungen in einem spezifischen kulturellen Kontext untersuchen zu können: »Werden (forschungspragmatisch) nur einzelne Bestandteile des Kreislaufs medialer Bedeutungsproduktion zur Analyse ausgewählt, so kann das nur im Bewusstsein des Ausschnitthaftigkeit dieses Elementes sein.« (ebd.: 75) Auch wenn in der vorliegenden Arbeit ein Schwerpunkt auf der Analyse von Medientexten liegt, so ist die Frage nach den Bedingungen von Anerkennung in diesen doch eng verflochten mit den institutionellen und strukturellen Bedingungen journalistischer Produktion. Daher gehe ich im Anschluss an diese Ausführungen zu den Implikationen der Cultural Studies für die Journalismusforschung noch einmal spezifisch auf solche Bedingungen ein. 4. stellt die Hervorhebung des spezifischen Kontextes einer Untersuchung Lünenborg zufolge eine weitere Implikation des Cultural-

Studies-Begriffes dar, weswegen eine Einordnung in das jeweilige (medien-)kulturelle Umfeld erfolgen sollte (vgl. ebd.: 79). Diese wird in der vorliegenden Arbeit in Kapitel 2.3 mit der Rekonstruktion tradierter Praktiken der Repräsentation von (protestierenden) Frauen in (journalistischen) Medien geleistet. Als 5. und letzten Punkt betont Lünenborg die Notwendigkeit einer herrschaftskritischen Perspektive, die die Machtstrukturen von Diskursen und Hegemonialisierungen spezifischer Deutungen in den Blick nimmt. Sie kritisiert, dass die sich daraus ergebene zentrale Forschungsfrage: »In welcher Weise trägt Journalismus zur Stabilisierung bzw. Destabilisierung gesellschaftlicher Machtstrukturen bei?« (ebd.: 83) bisher zu wenig Anwendung in der klassischen Journalismusforschung gefunden hat. Zur Füllung dieser Leerstelle trage ich mit der vorliegenden Arbeit bei.

Es sind jedoch nicht nur symbolische Ordnungen, die eine wichtige Rolle für journalistische Diskurse spielen. Ebenso sind es die spezifischen institutionellen und strukturellen Rahmungen von Journalismus, die dessen Beitrag zur (De-)Stabilisierung gesellschaftlicher Machtstrukturen mitbedingen. In diesem Zusammenhang stellt Hall die spezifische Bedeutung des Repräsentationsbegriffes für journalistische Medientexte heraus:

> »BerichterstatterInnen definieren, was Nachrichten sind, wählen Nachrichten aus, ordnen, redigieren und formen sie, übersetzen Ereignisse in ihre repräsentativen Bilder, transponieren Geschehnisse in eine limitierte Anzahl von Worten und Bildern, um daraus eine ›Geschichte‹ zu machen, und benutzen Interpretationsschemata, um uns die soziale Realität zu erklären. [...] Nachrichten sind nicht ›Realität‹, sondern Repräsentanten von Realität, kodiert in Botschaften und Bedeutungen.« (Hall 2001: 356)

Hall beschreibt hier Repräsentationen in journalistischen Medientexten als durch soziale Ordnungen und journalistische Praktiken geprägt, die zu spezifischen Repräsentationsregimen führen.[19] Zur Frage, wie Ereignisse im Journalismus als solche definiert und für die Berichterstattung ausgewählt werden, gibt es zahlreiche Untersuchungen in der Journalismusforschung. Einer der verschiedenen Ansätze fokussiert die Merkmale von Ereignissen und den aus diesen abgeleiteten Nachrichtenwert eines Ereignisses. Verschiedene Studien haben herausgearbeitet, dass gerade für außenpolitische Ereignisse unter anderem Nähe, das Bestehen eines Konflikts, Visualität und Dauer von Bedeutung sind, damit es überhaupt zu einer Berichterstattung kommt (vgl. Maier et al. 2010: 102f). Dass die hier untersuchten Ereignisse in Ägypten eine Konfliktsituation darstellten, von Dauer waren und deren Visualität vor allem auch über ›soziale‹ Medien gegeben war, habe ich in Kapitel 1 und 2.1.1 bereits dargelegt. Die Frage nach der Herstellung von Nähe, die Oliver Hahn, Julia Lönnendonker und Nicole Scherschun

19 Auch Lünenborg und Sell (2018) konstatieren, dass diskursive Konstruktionsprozesse in journalistischen Medien »sowohl geprägt durch journalistische Selektionsregeln, als auch durch wiederkehrende, Bedeutung (re)produzierende Muster in der Repräsentation« (ebd.: 16) sind. Mit Hall (2004) lassen sich diese Selektionsregeln gar als ein Teil der ›Muster der Repräsentation‹ verstehen.

(2008: 28f) zufolge entscheidend für den Auslandsjournalismus[20] ist, spielt für den untersuchten Diskurs ebenfalls eine zentrale Rolle. Inwiefern Nähe und Verbindungen im Diskurs (nicht) hergestellt werden, wird in der Analyse und insbesondere in Kapitel 7.1 thematisiert. Solche Fragen nach der Art der mediatisierten Verbindungen zwischen global entfernten Orten spielen auch in Debatten um Kosmopolitismus in Medienkulturen eine zentrale Rolle. Zudem haben verschiedene Untersuchungen, die sich mit ›Gatekeeping‹, also der Auswahl von Themen durch journalistische Akteur*innen beschäftigen, aufgezeigt, dass diese durch institutionelle Strukturen geprägt sind: Bedeutsam sind hier etwa die Ausrichtung von Verlagen und Redaktionen oder auch die Orientierung an anderen großen Medien (vgl. Maier et al. 2010: 119f). Zudem werden journalistische Medien nach ihren verschiedenen Funktionen eingeteilt (beispielsweise nach ihrer Zuordnung zum Bereich der ›Information‹ oder ›Unterhaltung‹ oder ihrer ›redaktionellen Linie‹, vgl. u.a. Volkmann 2006: 27ff) und Texte in einzelnen Rubriken verortet, womit entsprechende gesellschaftliche Zuschreibungen und Deutungen verbunden sind (vgl. Grittmann/Maier 2017: 179). Diese sind ebenfalls für die Auswahl von Nachrichten und die Art ihrer Repräsentation bedeutsam. Darüber hinaus sind Möglichkeiten der Verschiebung symbolischer Ordnungen eng verbunden mit strukturellen, vor allem ökonomischen Bedingungen von Journalismus. Zusammenhängend auch mit der Digitalisierung journalistischer Angebote nehmen ökonomische Unsicherheiten im Journalismus zu: Werbeeinnahmen im Printbereich sinken stetig und Bezahl-Modelle für journalistische Online-Angebote sind erst im Entstehen (vgl. Buschow 2018: 131ff, K. Beck 2012). Damit verbunden ist eine zunehmende Strukturierung journalistischer Praktiken nach ökonomischen Gesichtspunkten: ressourcenintensive Recherchen sind oft kaum noch möglich, die Anzahl an Vollredaktionen nimmt ab und Online-Angebote orientieren sich an direktem Feedback und Nutzungszahlen, die jetzt auch für einzelne Texte ermittelt werden können (vgl. Buschow 2018: 141). Besonders für den kostenintensiven Auslandsjournalismus steigt mit dem ökonomischen Druck die Bedeutung von Presseagenturen. Insbesondere seit Anfang der 2000er nimmt die Anzahl von Auslandsbüros deutscher Medien weiter ab, 80 Prozent der ›Auslandsnachrichten‹ werden über Nachrichtenagenturen bezogen, wobei besonders die vier großen Agenturen *AP*, *Reuters*, *AFP* und *dpa* relevant sind (vgl. Hahn et al. 2008: 30). Diese sind auch für die Beschaffung von Fotos für die Auslandsbildberichterstattung bedeutsam (vgl. Wilke 2008: 73). Die Möglichkeiten, über digitale Kanäle an Informationen von anderen Orten zu kommen, haben mit der Digitalisierung zugenommen und werden teilweise auch vom Journalismus selbst, etwa über die Verwendung von Bildern oder Zitaten aus Blogs,

20 Heidelberger (2018) merkt an, dass die Nutzung des Begriffs ›Auslandsjournalismus‹ die Fokussierung auf eine Berichterstattung im ›Westen‹ über global entfernte Orte beinhaltet, die sich Mitte des 19. Jahrhunderts entwickelte (vgl. ebd.: 56). Mit dem Begriff ›Ausland‹ wird zugleich auf die nach wie vor oft nationale Fokussierung journalistischer Institutionen und Praktiken verwiesen. Heidelberger hebt die Bedeutung des lokalen Standpunktes, von dem aus berichtet wird, hervor: »Der Standpunkt ›Europa‹ verweist auf ein imaginiertes Feld des Denkens, des Handelns und der Produktions- und Präsentationsweise von Wissen, in dem die epistemologischen Dispositionen des ›westlichen‹ Auslandsjournalismus ihren Ursprung haben und bis heute die Art und Weise prägen, wie Wissen über die Welt von reisenden Journalisten gesammelt, übersetzt und verbreitet wird.« (Ebd.: 57).

aufgegriffen. Recherchen an global entfernten Orten werden zudem vermehrt durch internationale Organisationen wie beispielsweise *Human Rights Watch* oder *Amnesty International* und ihre globalen Recherchenetzwerke ausgeführt und deren Ergebnisse von ›westlichen‹ Medien übernommen (vgl. Heidelberger 2018: 289). Daneben stützen sich Medien auf die Arbeit freier Auslandskorrespondent*innen. Sowohl für die Recherchen dieser freien Korrespondent*innen aus ›dem Westen‹, für Presseagenturen und internationale Organisationen als auch als direkte Textquelle sind lokale Akteur*innen für die Berichterstattung über global entfernte Orten von zunehmender Relevanz, wie Martin Heidelberger (2018) betont. Gerade durch die zunehmende Fokussierung auf ökonomische Faktoren und eine gleichzeitig anhaltende Bedeutung journalistischer Selbstverpflichtungen zu ›Wahrheit‹, ›Objektivität‹ und gerade im Auslandsjournalismus auch der Abbildung von Pluralität (vgl. dazu die Analyse von Selbstverpflichtungserklärungen bei Heidelberger 2018: 63ff), sind lokale Akteur*innen für journalistische Praktiken von Bedeutung. Sie sind vor Ort vernetzt, sprechen die lokalen Sprachen, sind mit den soziokulturellen Kontexten vor Ort vertraut und kennen meist die verschiedenen Perspektiven auf Ereignisse. Heidelberger geht davon aus, dass diese lokalen Akteur*innen sowohl direkt als auch indirekt auf Inhalte der Auslandsberichterstattung einwirken und mit ihrer zunehmenden Bedeutung auch Möglichkeiten einhergehen, vermehrt lokale Standpunkte in journalistische Texte einzubringen (vgl. ebd.: 78). Auch solche institutionellen und strukturellen Bedingungen und Entwicklungen des Journalismus sind also bedeutsam für die Frage, bei welchen Ereignissen Journalist*innen vom Ort der Geschehnisse aus berichten, wer zu welchen Themen berichtet und welche Personen, andere Medien oder Institutionen als Quellen herangezogen werden, wer also im Diskurs sprechen darf und gehört wird (vgl. Spivak 1988a). Soweit dies anhand der Analyse von Medientexten möglich ist, soll in der vorliegenden Untersuchung daher auch auf solche institutionellen und strukturellen Aspekte des Diskurses eingegangen werden. Im Anschluss an die bisherigen Ausführungen sollen die Medientexte in Form von Zeitungsartikeln in der vorliegenden Arbeit in ihrer Gesamtheit als sozio-kulturelle Diskurse untersucht werden, die in spezifische institutionelle Strukturen eingebunden sind und in einem machtvollen Prozess hegemoniale gesellschaftliche Deutungen (re-)produzieren und kulturell sinnhaftes Handeln hervorbringen. Betont werden soll in diesem Zusammenhang, wie oben bereits angedeutet, die Verwobenheit sprachlicher und visueller Konstruktionen in der Berichterstattung (vgl. Grittmann 2007, Lobinger 2012, Lünenborg/Sell 2018: 18, s. Kap. 4.1.3).

Die (de-)konstruktivistische Perspektive auf journalistische Diskurse in dieser Arbeit habe ich in diesem Abschnitt zusammenfassend als eine vorgestellt, die Diskurse in ihrer historischen, regelgeleiteten Entstehung betrachtet, als prozesshaft versteht und die die Durchdringung von Diskursen mit Macht und die Hervorbringung von Wirklichkeit durch Diskurse betont. Mit Bezug auf die Cultural Studies und Gramsci habe ich die Pluralität von Deutungen in Diskursen und die stetige Umkämpftheit und damit nur temporäre Stabilisierung hegemonialer Konstruktionen in Öffentlichkeit(-en) hervorgehoben. Für die Frage, welche kulturellen Deutungen wie, wann und warum hegemonial werden, habe ich zudem die Rolle von Medien herausgestellt und betont, dass mediale Repräsentationen Bedeutung nicht nur abbilden, sondern auch selber hervorbringen. Repräsentationsregime, die sich aus verschiedenen Praktiken der Repräsentation zusammensetzen, verstehe ich so als grundlegend für die Strukturierung dessen, was innerhalb gesellschaftlicher Ordnungen sicht- und sagbar wird. In diesem Kontext habe ich die Relevanz journalistischer Diskurse für grundlegende gesellschaftliche Aushandlungen betont. Die erste, die vorliegende Arbeit prägende Perspektive, bringt also vor allem ein Verständnis von gesellschaftlicher Wirklichkeit als niemals fixiertes Ergebnis diskursiver Kämpfe um hegemoniale Deutungen in Öffentlichkeiten in die Arbeit ein, wobei die Bedeutung von Medien und insbesondere journalistischen Diskursen für diese Aushandlungen betont werden.

2.2.2 Geschlecht als intersektionale Konstruktion: feministische Perspektiven

Die hier eingenommene feministische Perspektive, welche ich zugleich als intersektionale verstehe, ergänzt die zuvor dargestellte (de-)konstruktivistische Perspektive um die Fokussierung auf die diskursive Herstellung ungleichheitsgenerierender Kategorien im Diskurs. Zunächst erörtere ich, welches Gewicht dem Einbezug feministischer Perspektiven für die Analyse von Medientexten generell zukommt und welche Konsequenzen spezifisch ein dekonstruktivistisches, diskurstheoretisches und intersektionales Verständnis von Geschlecht für die Untersuchung journalistischer Diskurse hat. Ich verdeutliche anschließend, welche Auswirkungen dieses Verständnis auch für den in dieser Arbeit verwendeten Öffentlichkeitsbegriff hat und lege damit zugleich dar, dass die von mir eingenommene feministische Perspektive nicht nur eine Kritik von Zweigeschlechtlichkeit, sondern eine Wissenschafts- und Gesellschaftskritik beinhaltet.

Die feministische Perspektive, die ich in meiner Arbeit einnehme, ist entsprechend der bisherigen Ausführungen in diesem Kapitel durch ein poststrukturalistisches-dekonstruktivistisches und diskurstheoretisches Verständnis von Geschlecht geprägt,[21] welches seit den 1990er Jahren für die Medienforschung von Bedeutung ist (vgl. Thomas 2013a: 405). Eine sozialkonstruktivistische Kritik an Zweigeschlechtlichkeit und damit der Blick auf Geschlecht als Teil gesellschaftlicher Wissensordnungen findet sich bereits früh bei Carol Hagemann-White (1984), und Suzanne J. Kessler und Wendy McKenna (1978: 113f). Breit im wissenschaftlichen Diskurs diskutiert wird dieses Verständnis jedoch insbesondere im Anschluss an die Arbeiten von Judith Butler (1991), die auch maßgeblich das Feld der Gender Studies prägen. Butler fasst die für meine Arbeit wesentlichen Aspekte ihrer dekonstruktivistisch-diskurstheoretischen Geschlechtertheorie in *Das Unbehagen der Geschlechter* prägnant zusammen:

---

21 Klaus (2005) unterscheidet mit Blick auf empirische Studien in der Geschlechtertheorie drei Paradigmen: den frühen Repräsentanz- und Gleichheitsansatz, der oft auf eine Auffassung von einem biologischen Geschlecht zurückgeht und sich vor allem mit der Sichtbarkeit von Frauen in Medien vor dem Hintergrund einer möglichst exakten Darstellung der ›Realität‹ beschäftigt, den Differenzansatz, der den Fokus auf die differenten Lebenswelten von Frauen und Männern legt und einer dekonstruktivistischen Perspektive (vgl. ebd.: 15). Klaus und Lünenborg (2011: 105) weisen jedoch auf die notwendige Weiterentwicklung dieser Dreiteilung hin. Thomas (2013a) beispielsweise hat eine Systematisierung entwickelt, in der sie verschiedene Richtungen feministischer Medien- und Kommunikationswissenschaften anhand ihrer gesellschaftstheoretischen Bezugnahmen unterscheidet.

> »Die Einstimmigkeit des Geschlechts (sex), die innere Kohärenz der Geschlechtsidentität (gender) und der binäre Rahmen für beide: Geschlecht und Geschlechtsidentität, werden dabei stets als regulierende Fiktionen begriffen, die die konvergierenden Machtsysteme der männlichen und heterosexistischen Unterdrückung festigen und naturalisieren.« (Butler 1991: 61)

Entscheidend ist dabei zunächst ihr Ausgangspunkt, der sowohl das körperliche Geschlecht als auch die geschlechtliche Identität als historisch bedingtes, soziokulturelles Konstrukt versteht. Geschlecht als gesellschaftlich hergestellte Kategorie begreift sie zugleich als zentral für die Subjektwerdung, sie bedarf einer ständigen performativen Wiederholung und erlangt so materielle Bedeutung. Gefestigt werden diese Konstrukte durch ihre Einbindung in eine ›Matrix der heterosexuellen Zweigeschlechtlichkeit‹ (vgl. Butler 1991: 37ff), die über den Aufbau zwei sich gegenüberstehender Kategorien, die jeweils eine Kontinuität und Kohärenz in körperlichem Geschlecht, geschlechtlicher Identität und Begehren aufweisen, gekennzeichnet ist. Dieses Konstrukt ist ein machtvolles, welches – so wird es auch in obigem Zitat deutlich – gesellschaftliche Hierarchien und Ungleichheiten zur Folge hat.[22] Zentral für die (Re-)Konstruktion dieses Systems und der mit ihm verbundenen Normen sind Sprache und Diskurse (vgl. ebd.: 49ff). Mit Butler ergibt sich also eine Perspektive auf journalistische Diskurse, die davon ausgeht, dass »mediale Repräsentationen und Diskurse daran mitwirken, was in Gesellschaften und in bestimmten kulturellen Kontexten überhaupt unter Geschlecht und Sexualität verstanden wird, bzw. was denkbar ist« (Lünenborg/Maier 2013: 107). Zugleich kann mit **Butler** betont werden, dass sowohl in der performativen Ausübung von Geschlecht als auch in Diskursen Möglichkeiten der Verschiebung enthalten sind: »Selbst wenn die heterosexistischen Konstrukte als verfügbare Schauplätze von Macht und Diskurs zirkulieren, die jede Geschlechtsidentität bedingen, bleibt die Frage, welche Möglichkeiten der Rezirkulation existieren.« (Butler 1991: 58) Ein durch Butler geprägter Blick auf Geschlecht in Mediendiskursen zielt somit nicht nur auf die Rekonstruktion der Herstellung von Zweigeschlechtlichkeit im Diskurs und die Dekonstruktion geschlechtlicher Kategorien ab, sondern öffnet den Blick immer auch für mögliche diskursive Verschiebungen. Klaus und Lünenborg (2011) betonen die Analogien von Gender Studies zu den Cultural Studies und nutzen entsprechend die Definition von Kerstin Goldbeck (2004: 28) für letztere, um die wesentlichen Merkmale der Gender Studies heraus zu stellen:

> »Bei den Gender Studies handelt es sich um ein intellektuelles Projekt, das sich alltäglichen kulturellen Praktiken der Konstruktion des symbolischen Systems der Zweigeschlechtlichkeit, der Artikulation von Geschlechteridentitäten und der Analyse von Geschlechterverhältnissen widmet und diese in ihrer kontextuellen Einbettung mit besonderem Blick auf Machtverhältnisse analysiert.« (Klaus/Lünenborg 2011: 100)

---

22 Auch wenn Butler die Materialität geschlechtlicher Konstruktionen betont, wurde ihr von feministischer Seite oftmals die Kritik entgegengebracht, dass soziale Verhältnisse aus dem Blick geraten, wenn Geschlecht als diskursives Konstrukt aufgefasst wird und dekonstruktivistische Ansätze aufgrund ihres Antinormativismus kritisiert (vgl. Thomas 2013a: 400). Die Vermittlung zwischen dem Materiellen und Symbolischen kann auch weiterhin als eine zentrale Herausforderung der Gender Studies verstanden werden (vgl. dazu Thomas 2012).

Entscheidend für die vorliegende Arbeit ist dabei das Interesse für (Re-)Konstruktionen der symbolischen Ordnung und die damit verbundene Relevanz von Medien und Öffentlichkeit (vgl. Lünenborg/Maier 2013: 26, Kannengießer 2011: 335f) sowie die damit einhergehende machtkritische Verortung, durch die auch immer ein selbstreflexives Moment Teil dieser Perspektive ist oder sein sollte (vgl. Klaus/Lünenborg 2013: 100).

Arbeiten, die aus einer durch Butler geprägten dekonstruktivistisch-diskurstheoretischen Perspektive auf Medientexte blicken und somit Geschlecht als (auch) durch Medien ›gemacht‹ verstehen,[23] beschäftigen sich u.a. mit medialen Repräsentationen von Geschlecht und deren Verschiebungen, Mediendiskursen über Feminismus und Geschlecht, der Vergeschlechtlichung von Diskursen, mit dem Feld Genre und Geschlecht und den Möglichkeiten queerer Repräsentation (vgl. Lünenborg/Maier 2013: 107ff, hier findet sich auch ein Überblick zu relevanten Arbeiten innerhalb dieser Felder). Für die vorliegende Arbeit sind dabei insbesondere Arbeiten aus den ersten drei Feldern von Relevanz, sie sollen daher in Kapitel 2.3 nähere Beachtung finden. Ich nutze die oben dargestellte Perspektive vor allem, um innerhalb des von mir untersuchten journalistischen Diskurses nach darin enthaltenen Vergeschlechtlichungen und ihrer spezifischen Konstruktion zu fragen. Mein Fokus richtet sich dabei auf die Konstruktion von Weiblichkeit im Diskurs. Dies hat zwei zentrale Gründe: Zum einen erscheint mir dieser Rückbezug auf die eigentlich von mir dekonstruierte Kategorie ›Frauen‹ mit Blick auf strukturelle gesellschaftliche Ungleichheiten auf Basis dieser Kategorie notwendig (s. Kap. 2.1.3). Hagemann-White (1993:74ff) betont die Notwendigkeit eines doppelten Hinsehens und auch Klaus und Lünenborg warnen: »Mit einem gänzlichen Verzicht auf den Rückbezug zu lebensweltlich strukturierten Kategorien gerät jedoch der Gegenstand der Analyse der Gender Studies, wie auch ihre gesellschaftliche Gestaltungs- und Veränderungskraft aus dem Blick« (Klaus/Lünenborg 2011: 105). Außerdem erscheint mir der Blick auf den diskursiven Bezug gerade auf Weiblichkeit notwendig im Kontext eines Diskurses, bei dem auch immer nach der (Re-)Konstruktion von Zugehörigkeiten, spezifisch Orient-/Okzidentkonstruktionen gefragt werden muss, da diese eng verbunden sind mit Konstruktionen der ›anderen Frau‹ (s. Kap. 2.2.3). Dieser Aspekt der Vergeschlechtlichung von Orient-/Okzidentkonstruktionen zeigt einen weiteren wichtigen Aspekt meiner feministischen Perspektive auf, nämlich die Betonung der Verwobenheit von Geschlecht mit anderen, gesellschaftlich hergestellten und bedeutsamen Differenzkategorien, wie sie die Intersektionalitätsforschung in den Fokus rückt.

Verwobenheit von Geschlecht und anderen Differenzkategorien: Impulse der Intersektionalitätsforschung

Intersektionalität wird seit den 1990er Jahren in der Geschlechterforschung thematisiert.[24] Nach Katharina Walgenbach (2012) hat sich Intersektionalität inzwischen sogar

---

23 Für einen Überblick zur Forschung zu Medien und Geschlecht vgl. u.a. Lünenborg/Maier 2013: 98ff, spezifisch zu visueller Kommunikationsforschung mit Bezug auf Geschlecht Maier/Thiele 2017. Eine laufend aktualisierte Bibliografie zu Gender Media Studies im deutschsprachigen Raum findet sich unter https://www.dgpuk.de/node/276 (abgerufen am 13.11.2018).

24 Walgenbach (2012) merkt eine insbesondere im deutschen akademischen Raum vorherrschende Abkehr von den Wurzeln der Intersektionalität, dem *Black Feminism* und der *Critical Race Theory* (vgl. Crenshaw 1989) an. Ebenso kritisieren auch Castro Varela und Dhawan, dass intersektionale

zu einem eigenen Forschungsparadigma entwickelt. Zentraler Ansatz ist die Analyse von Wechselbeziehungen verschiedener, Ungleichheit hervorbringender, sozialer Kategorien wie Gender, Klasse, Sexualität oder Ethnizität im Gegensatz zu einer bloßen Addition dieser Achsen. Betont wird, dass die Bedeutung verschiedener Differenzkategorien nicht mit deren einfacher Aneinanderreihung verstanden werden kann; vielmehr geht es darum, das spezifische Zusammenspiel verschiedener, sich überlagernder und miteinander verwobener Differenzkategorien in einem spezifischen Kontext zu untersuchen:

> »Gegen ein simplifizierendes Verständnis von Intersektionalität als die Untersuchung von gleichzeitigen Ungleichheiten wäre es wohl sinnvoller herauszufinden, warum spezifische Ungleichheiten zu konkreten Zeiten an konkreten Orten mehr Bedeutung beigemessen wird als anderen.« (Castro Varela/Dhawan 2010: 313, vgl. auch Carstensen/Winker 2012: 8)

Ein intersektionaler Ansatz ermöglicht damit den Fokus auch auf bestehende Hierarchisierungen von Kategorien im Zusammenhang mit spezifischen Anlässen (etwa den Protesten in Ägypten) und Orten (etwa dem journalistischen Diskurs): »Wir müssen [...] jede Naturalisierung von sozial konstruierten Ungleichheiten zurückweisen und jede Priorisierung irgendeiner Ungleichheitskategorie, sei es Klasse oder Geschlecht, kritisch hinterfragen.« (Yuval-Davis 2010: 199) Dieses Problem der Über- oder Unterinklusion beschreibt Crenshaw (2000) als *Intersectional Invisibility*: so kann ein Problem bestimmter Teilgruppen als ›Frauenproblem‹ wahrgenommen oder ein bestimmtes Problem, dass eine Gruppe von Frauen als Frauen betrifft durch ethnische Differenzen überlagert werden (vgl. Knapp 2010: 224f).

Nina Degele und Gabriele Winker (2007) unterscheiden für die Analyse von Intersektionalität drei Ebenen: Die Identitäts-, die Repräsentations-, und die Strukturebene.[25] Die in der vorliegenden Arbeit betrachtete Repräsentationsebene (re-)konstruiert naturalisierende und hierarchisierende Differenzkategorien und damit verbundene Normen, Ideologien und Repräsentationen. Mit Foucault verstehe ich die diskursive Konstruktion auf dieser Ebene als ›Wahrheiten‹, die Realitäten auf der Struktur-, und Identitätsebene (re-)produzieren. Mediale Diskurse lassen sich zum einen als Spiegel, zum anderen als (Re-)Produzenten dieser Repräsentation verstehen, so dass die Analyse von Diskursen aufgrund ihrer Wechselwirkungen mit den Ebenen der Struktur und der Identität als besonders erkenntnisbringend erachtet werden kann.

> »Die Repräsentationsebene ist für die Bildung und Aufrechterhaltung ungleichheitsgenerierender Kategorien keineswegs ein bloßes Addendum. Diskurse und

Ansätze transnationale Dimensionen sozialer Ungleichheit nicht ausreichend thematisieren. Ihr Vorwurf lautet, dass die deutsche Intersektionalitätsdebatte sich durch einen impliziten Eurozentrismus auszeichne und Strukturen internationaler Arbeitsteilung und Ausbeutung vernachlässige (vgl. Castro Varela/Dhawan 2015: 317ff).

25 Ich nehme keine intersektionale Analyse vor, die sich gerade auf das Zusammenspiel dieser Ebenen fokussieren müsste, sondern nutze den Ansatz vor allem, um eine spezifische Perspektive auf das Zusammenspiel der Konstruktion von Weiblichkeit mit anderen Kategorien im Diskurs zu erläutern.

symbolische Repräsentationen wirken sowohl als Ideologien und Normen der Rechtfertigung für Ungleichheiten wie auch als Sicherheitsfiktion struktur- wie auch identitätsbildend.« (Degele/Winkler 2007: 23)

Das Zitat verdeutlicht, dass ungleichheitsgenerierende Kategorien zentral auch im Rahmen öffentlicher Diskurse hergestellt und gefestigt werden. Zugleich erhalten sie materielle Bedeutung, wenn es darum geht, wer überhaupt Zugang zu welchen Öffentlichkeiten erhält. Auch in der vorliegenden Arbeit wird ein analytischer Fokus darauf gelegt, welche ungleichheitsgenerierenden Kategorien im Diskurs wie (re-)produziert werden und in welchem Zusammenhang sie mit mediatisierter Anerkennung stehen. Herausgestellt wird aufgrund des spezifischen Erkenntnisinteresses dabei, inwiefern Geschlecht als verwoben mit anderen gesellschaftlich relevanten Kategorien dargestellt wird.

Feministische Konzeptionen von Öffentlichkeit(-en)

Deutlich wird mit der Debatte um Intersektionalität in der Geschlechterforschung auch, dass die unterschiedliche soziale Positionierung von Menschen, also die Bedeutung hierarchisierender gesellschaftlicher Kategorisierungen, nicht außer Acht gelassen werden darf,[26] wenn es um die ›Potentiale‹ translokaler Öffentlichkeiten geht, wie sie kosmopolitische Ansätze unterstreichen (s. Kap. 3.1.3). Rhada Hegde (2012) betont, dass gerade auf globaler Ebene Öffentlichkeiten hierarchisch strukturiert sind und nach dem *wie* ihrer Ausprägung gefragt werden muss: »As media scholars, we need to engage with how publics are defined, how issues are publicized and drafted into public view and above all question how gendered categories are reproduced.« (ebd.: 20) Im Fokus steht die Frage nach der Art der Definition von Öffentlichkeiten, der Veröffentlichung von Themen und der Konstruktion von Geschlecht, wobei neben geschlechtlichen auch andere Differenzkategorien in den Blick genommen werden sollten, wie im vorherigen Abschnitt zu Intersektionalität bereits erläutert wurde.

26 An dieser Stelle halte ich es für ratsam, auf eine der Innovationen der Geschlechterforschung zu verweisen, die zwar für viele Forschungsfelder eine umfassendere Perspektive böte, welche aber oft vernachlässigt wird. Die Zentralität von Kultur als Basis einer nicht-essentialistischen, dekonstruktivistischen Forschungsperspektive ist Ausgangspunkt auch meiner Arbeit, dennoch kommt vor dem Hintergrund kulturtheoretischer Ansätze der Blick auf gesellschaftliche und soziale Problemlagen oft zu kurz: »Dafür wird wieder ein Cultural turn gebraucht, aber einer, der durch das Säurebad globaler Erfahrungen gegangen ist und gelernt hat anzuerkennen, dass die Ordnungs- und Orientierungsleistung von Gesellschaft auch für Kultur unabdingbar ist.« (Schwengel 2010: 101) Gesellschaft für Kultur (und ich betone: gleichzeitig auch weiterhin Kultur für Gesellschaft) als unabdingbar zu begreifen beschreibt er als wesentliche Voraussetzung dafür, um die Frage zu beantworten, wie es durch die empirische Vernetzung (Konnektivität) globalen sozialen Handelns zu politischer Teilhabe in einer globalisierten Welt kommen kann. Diese Innovation wird in der Geschlechterforschung bereits vielfach geleistet, wie Klaus und Lünenborg (2011) betonen: »In diesem Bereich der Theorie- und Modellentwicklung liegt für die Kommunikationswissenschaft insgesamt das relevante Potenzial: Die Gender Studies in der Kommunikationswissenschaft generieren Theorieperspektiven, die gesellschafts- und kulturorientierte Ansätze nicht als Gegensätze, sondern als komplementäre Bestandteile zum Verständnis öffentlicher Kommunikation betrachten. Das macht sie für die Kommunikations- und Medienwissenschaft auch zukünftig innovativ und ertragreich.« (Ebd.: 112).

Mit meiner feministischen Perspektive geht damit auch ein kritischer Blick auf ein singuläres und per se partizipatorisches Verständnis von Öffentlichkeit einher.

Orientiert am Habermasschen Modell einer idealen, einzigen Öffentlichkeit, die das gesamte öffentliche Leben umfasst (vgl. u.a. Habermas 1990), wird Öffentlichkeit oftmals als ein singulärer, alles umspannender und formalisierter Raum verstanden (vgl. Drüeke 2013: 76).[27] Wie bereits in Bezug auf den Diskursbegriff von Jürgen Habermas kurz erläutert (s. Kap. 2.2.1), erscheint ein kritischer Umgang mit seinem normativen Modell angebracht. Gerade feministische Theorien kritisieren sein Verständnis, welches Öffentlichkeit insbesondere in Abgrenzung zu Privatheit konstituiert und damit bestimmte Gruppen aus diesem Raum ausschließt. Grundlage feministischer Kritik ist die darin enthaltene Konstruktion einer Dichotomie zwischen einer öffentlichen, politischen Sphäre und einem privaten, unpolitischen Raum (vgl. u.a. Young 1990: 119). Das Verständnis des Privaten wird dabei im Gegensatz zum Politisch-Öffentlichen durch drei zentrale Deutungen geprägt: 1. als Ort der Moral und Religiosität, 2. als der Bereich der Familie und Reproduktion und 3. als der Bereich der Intimität und Sexualität. Die Trennung vom Öffentlichen wird über einen notwendigen Schutz dieser Bereiche vor einem gesellschaftlichen/politischen Eingreifen legitimiert (vgl. Drüeke 2013: 98ff). Es lässt sich jedoch argumentieren, dass auch der private Bereich durch öffentliche Normierungen reguliert wird. Schon früh zeigten Regina Dackweiler und Barbara Holland-Cunz (1991), dass auch private Marginalisierungen eine öffentlich-gesellschaftliche Dimension haben. Durch die Trennung wird diese Dimension jedoch verdeckt und dem Privaten zugeordnete Fragen individualisiert. Insbesondere durch die Zuordnungen Produktion – öffentlich, Reproduktion – privat zeigt sich zudem, wie vergeschlechtlicht diese Trennung ist.

Verschiedentlich wird die Veränderung dieser Dichotomie durch ›soziale‹ Medien diskutiert (vgl. u.a. Bublitz 2010), die eine Vermischung von Politik und Unterhaltung, Privatem und Öffentlichem fokussieren und mit deren Entwicklung eine Debatte um den Schutz von Privatsphäre angestoßen wurde. Auch hier zeigt sich aber eine Individualisierung von Verantwortlichkeiten. Zudem heben feministische Arbeiten zu Recht hervor, dass eine Vermischung von Öffentlichkeit und Privatheit nicht erst mit ›sozialen‹ Medien entstand. (Vgl. Wischermann 2003: 29) Fraglich ist zudem, ob eine verstärkte Diskussion und damit Sichtbarkeit zuvor als privat konzipierter Bereiche neue gesellschaftliche Anerkennung für diese Themen mit sich bringt (vgl. Drüeke 2013: 111, auch Lünenborg 2009: 12).

---

27 Drüeke (vgl. 2013: 78ff) unterscheidet vier verschiedene Konzeptionen von Öffentlichkeit auf Basis ihrer Verortung in unterschiedlichen Demokratietheorien. Die relativ eng gefassten liberal-repräsentativen Ansätze begreifen Öffentlichkeit als Ort der Willensbildung und sehen sie durch Repräsentant*innen und insbesondere Medien garantiert. Partizipatorische Ansätze konzipieren Öffentlichkeit umfassender als dann legitim, wenn Bürger*innen partizipieren können und gehen daher auch auf andere Öffentlichkeiten als in (Massen-)Medien ein. Der Ansatz der deliberativen Demokratie (Habermas) stellt an Öffentlichkeit ebenfalls den Anspruch einer gleichen Beteiligung von Bürger*innen. Konstruktivistische Modelle (z.B. Young) betonen hingegen die gesellschaftliche Konstruktion der Begriffe des Politischen und Öffentlichen und verstehe diese als durchdrungen von Macht.

Problematisch an einer singulären Konzeption von Öffentlichkeit ist insbesondere der Ausschluss minorisierter Gruppen, der mit dieser einhergeht. Auch wenn die Breite feministischer Konzeptionen zu Öffentlichkeit und Privatheit[28] hier nicht im Detail aufgezeigt werden konnte, ist ihnen doch eine Kritik solcher Ausschlüsse gemein. Drüeke (2013) betont zudem weitere Überschneidungen:

> »Allen gemeinsam ist eine Politisierung weiblich konnotierter Lebenszusammenhänge, geschlechtsspezifischer Arbeitsteilung und privater Gewaltverhältnisse sowie das Hinterfragen der bisherigen gesellschaftlichen Konstruktionsweisen des ›Weiblichen‹ und des Privaten und damit eine Erweiterung des Politischen und Politikfähigen.« (Ebd.: 102)

Feministische Öffentlichkeitstheorien thematisieren also zum einen geschlechtsspezifische Ausschlüsse in hegemonialen Konstruktionen von Öffentlichkeiten und gehen damit zugleich von einem erweiterten Politikbegriff aus, zum anderen weisen sie auf die Durchzogenheit der öffentlichen Sphäre mit Macht hin. Damit rückt die Bedeutung sozialer und gesellschaftlicher Ungleichheiten in das zentrale Problemfeld der Auseinandersetzungen (vgl. ebd.: 109).

Als alternative Konzeption von Öffentlichkeit, die solche Ausschlüsse vermeidet, hat sich insbesondere ein Verständnis von Öffentlichkeiten im Plural etabliert, welches durch die Annahme nicht einer einzigen homogenen, sondern einer Vielfalt heterogener Öffentlichkeiten auch den privaten Raum und nicht-formalisierte Bereiche des Politischen einfasst. Politische Prozesse finden also nicht nur in breiten, massenmedialen, sondern auch in anderen Öffentlichkeiten statt. Verschiedene Öffentlichkeiten bieten dabei unterschiedliche Möglichkeiten des Zugangs und der Partizipation (vgl. ebd.: 77). Klaus (2005) diskutiert das Konzept ›Öffentlichkeit‹ explizit im Kontext von Frauenbewegungen und bewegt sich in diesem Zusammenhang weg vom Konzept der ›Gegenöffentlichkeit‹[29], da mit ihm ›Frauenöffentlichkeiten‹ in Abgrenzung zur bürgerlichen Öffentlichkeit als das ›Andere‹ definiert werden (vgl. ebd.: 103ff). Frauenöffentlichkeiten verortet sie vielmehr auf den unterschiedlichen Ebenen von Öffentlichkeiten, die sie beschreibt und die jeweils als Teilöffentlichkeiten parallel und nicht im Gegensatz zuein-

---

28 Eine detailliertere Auseinandersetzung findet sich z.B. bei Drüeke (2013).

29 Fraser (2001) bezieht sich mit ihrem Konzept der subalternen Gegenöffentlichkeiten auf Spivak und grenzt sich vom habermasschen Ideal einer einzigen bürgerlichen Öffentlichkeit ab. Sie betont, dass gerade durch eine Heterogenität und Pluralität von Öffentlichkeiten ein partizipatorisches Ideal erfüllt werden kann. Auch wenn Fraser unterstreicht, dass die Macht innerhalb der Gesellschaft in verschiedenen Öffentlichkeiten unterschiedlich gelagert ist, so versteht sie Gegenöffentlichkeiten doch als einen Ort der Möglichkeit zur Mitbestimmung für marginalisierte Gruppen (vgl. Fraser 1996: 163f). Durch die Aufhebung einer absoluten Verbindung zwischen Staat und Öffentlichkeit hebt Fraser auch die Dichotomie zwischen Privatheit und Öffentlichkeit auf, Gegenöffentlichkeiten ermöglichen ihrer Auffassung nach die Thematisierung von Fragen, die hegemonial als ›privat‹ gedeutet werden (vgl. Drüeke 2013: 90ff). Fraser setzt damit neue Impulse für die Theoretisierung von Öffentlichkeiten (vgl. Wischermann 2003: 47). Wischermann betont, dass sich verschiedene aktuelle Theorien auf Fraser beziehen und ihr Modell weiterentwickeln, Gegenöffentlichkeiten werden dabei im Allgemeinen als »neue soziale Bewegungen, alternative Medien und zivilgesellschaftliche Öffentlichkeiten verstanden, die zunehmend auch das Internet zur Partizipation und Mobilisierung nutzen« (ebd.: 93).

ander bestehen und sich gegenseitig beeinflussen (vgl. ebd.: 128). Klaus unterscheidet dabei zwischen einfachen, mittleren und komplexen Öffentlichkeiten (vgl. ebd.: 80ff, zur Entwicklung, Anwendung und Aktualität des Modells vgl. Klaus/Drüeke 2017). In einfachen Öffentlichkeiten zeigt sich die Vermischung von Privatem und Politischem, sie sind räumlich variabel und zeichnen sich trotzdem durch eine normgebende, kulturprägende Eigenschaft aus. Mittlere Öffentlichkeiten entstehen durch soziale Bewegungen, die als Gegenöffentlichkeiten im Sinne Frasers Brücken zwischen politischen und massenmedialen Öffentlichkeiten bauen können und dabei einer gewissen Strukturierung unterliegen. Komplexe Öffentlichkeiten hingegen zeichnen sich durch einen stark strukturierten Kommunikationsprozess aus und haben zentral auf die Etablierung gesellschaftlicher Deutungsmuster Einfluss, wodurch sie auch andere Teilöffentlichkeiten prägen und von ihnen geprägt werden. Sowohl Ulla Wischermann (2003) als auch Gottfried Oy (2001) betonen ebenfalls spezifisch für soziale Bewegungen die Notwendigkeit, Öffentlichkeiten weiter zu denken, heben aber zugleich die Bedeutung der in dieser Arbeit untersuchten massenmedialen Öffentlichkeit für diese hervor.[30] Auch wenn ich mich in dieser Arbeit auf die komplexe massenmediale Öffentlichkeit beziehe, so soll doch die Verwobenheit der untersuchten Aushandlungsprozesse mit mittleren und einfachen Öffentlichkeiten betont werden (vgl. Klaus 2017: 23, Romahn 2015: 216).[31] Ein Denken von Öffentlichkeiten im Plural verdeutlicht – gerade auch auf globaler Ebene – das Nebeneinander hegemonialer und nicht-hegemonialer Öffentlichkeiten und lädt damit dazu ein, über Verbindungen von Öffentlichkeiten nachzudenken, die gesellschaftliche Teilhabe befördern können »ohne dabei Dualismen wie männlich-weiblich, öffentlich-privat, global-lokal oder hegemonial-oppositionell zu reproduzieren« (Maier/Thiele/Linke 2012: 11, vgl. auch Klaus/Lünenborg 2011: 101). Die Motivation einer kritischen Auseinandersetzung mit bestehenden Öffentlichkeiten und darin stattfindender Aushandlungen und Teilhabe sowie deren Begrenzungen ist es damit, aufzuzeigen, wo diese bereits stattfindet und wo sie Ausschlüsse beinhaltet.

Anknüpfend an die dargestellten Ansätze übernehme ich für meine Arbeit einen feministisch und partizipatorisch geprägten Öffentlichkeitsbegriff, der eine Dichotomie zwischen Privatheit/Öffentlichkeit zugunsten der Annahme einer Pluralität und Heterogenität von Öffentlichkeiten verneint. Dadurch rücken zudem die notwendige

---

30 Wischermann (2003) betont für soziale Bewegungen sowohl die Bedeutung der Herstellung einer breiten Öffentlichkeit in Medienkulturen (vgl. ebd.: 49) als auch die Bedeutung von Bewegungsöffentlichkeiten als Orte der persönlichen Verbindung und der politischen Formation von Bewegungen, in denen private Themen politisch werden (vgl. ebd.: 44). Auch Oy betont die Notwendigkeit einer Übersetzung von Gegenöffentlichkeiten in hegemoniale Öffentlichkeiten: »Informationen für sich genommen werden, so kritisch sie auch gemeint sein mögen, unverstanden bleiben, solange sie in keine Erzählung eingebunden sind. In neuen alternativen Öffentlichkeitsmodellen ginge es darum, andere Erzählungen über die Gesellschaft zu etablieren.« (Oy 2001: 215).

31 So werden ebenso beispielsweise in Gesprächen mit interessierten Kolleg*innen über die Beteiligung von Frauen an Protesten in Kairo (einfache Öffentlichkeit) oder beim Besuch einer Podiumsdiskussion etwa von einer politischen Stiftung zu diesem Thema (mittlere Öffentlichkeit) gesellschaftliche Deutungen zu den Protesten ausgehandelt, die vor allem im Fall der Podiumsdiskussion wiederum Eingang in journalistische Diskurse finden können.

Thematisierung von Machtverhältnissen für die Bedingungen und den Zugang zu Öffentlichkeiten sowie die Möglichkeiten der ›Übersetzung‹ zwischen verschiedenen Öffentlichkeiten in den Blickpunkt. Das dekonstruktivistisch und feministisch geprägte Verständnis von Öffentlichkeiten wird in der vorliegenden Untersuchung auch analytisch relevant. Zum einen blicke ich bei der Rekonstruktion des journalistischen Diskurses auch auf dessen Verbindungen zu anderen Öffentlichkeiten (s. Kap. 4.2). Zum anderen wird in der Berichterstattung über die Proteste in Ägypten selbst eine spezifische Konzeption von Öffentlichkeit(-en) diskursiv hergestellt, so richtet sich mein analytischer Blick zugleich auf (Re-)Konstruktionen eines spezifischen Begriffs von Öffentlichkeit(-en) im und durch den untersuchten journalistischen Diskurs (s. Kap. 6).

Der feministischen, dekonstruktivistisch-diskurstheoretischen Perspektive, die ich einnehme, geht es um das Aufzeigen der Konstruiertheit und zugleich Betonung der Bedeutung von geschlechtlichen Differenzierungen für soziale Ordnungen. Geschlechtliche Differenzierungen betrachte ich dabei in ihrer Verwobenheit mit anderen Differenzkategorien. Über dieses spezifische Forschungsinteresse hinaus stellt diese Perspektive Wissensordnungen generell in Frage und bringt so zugleich eine übergeordnete Wissenschafts- und Gesellschaftskritik in die vorliegende Untersuchung der Repräsentation von Frauen im journalistischen Diskurs in Deutschland um die Proteste in Ägypten ein. Ich sehe dabei auf vier Ebenen Aspekte, die diese geschlechtertheoretische Perspektive mit sich bringt.

1. Theoretisch: Wie anhand des Begriffs von Öffentlichkeit(-en) aufgezeigt wurde, bringt eine feministische Perspektive einen spezifischen Blick auf Theorien und Begriffe mit sich (vgl. Klaus/Lünenborg 2011: 101), der immer auch nach machtvollen Konstruktionen und hierarchischen Strukturen fragt. Dies zeigt sich in der später formulierten Kritik an kosmopolitischen Ansätzen sowie in meiner Auseinandersetzung mit dem Anerkennungsbegriff.

2. Methodologisch: Gerade in der Journalismusforschung sind spezifisch geschlechtertheoretische Arbeiten noch immer eine Seltenheit und oft auf Repräsentationsstudien, die vom Gleichheitsansatz ausgehen, reduziert (vgl. Grittmann/Müller 2012: 115f). Dies macht noch einmal die Notwendigkeit einer (de-)konstruktiven Methodologie deutlich, die die kulturellen Herstellungen und Infragestellungen gesellschaftlicher Kategorien in den Fokus rückt. Zudem beinhaltet eine machtkritische, feministische Perspektive auch immer eine Reflexion der eigenen Positionierung als Forschende im Vorgehen, das sich auf ebenjene Kategorien bezieht, die es eigentlich verflüssigen will und den Versuch wagen muss, binäre Strukturen zu untersuchen ohne diese zu reproduzieren.

3. Gesellschaftspolitisch: Das Aufzeigen der Berufung auf geschlechtliche und andere, gesellschaftlich relevante Kategorien im journalistischen Diskurs und damit auch der Hervorbringung dieser Kategorien selbst hat für mich zentral auch zum Ziel, die Pluralität von Deutungen hervorzuheben und damit mögliche Verschiebungen zu beleuchten. Damit verbunden ist somit auch der Wunsch, gesellschaftliche Ordnungen zu kritisieren und Möglichkeiten der Veränderung aufzuweisen.

4. Wissenschaftspolitisch: Schließlich ist die Stärkung geschlechtertheoretischer Perspektiven in den Medien- und Kommunikationswissenschaften an sich ein relevantes Ziel der Einnahme dieser Perspektive. Mir geht es dabei insbesondere darum, zu ver-

deutlichen, wie gewinnbringend eine Verknüpfung von Fragestellungen, wie hier nach mediatisierter Anerkennung und ihren Bedingungen, mit feministischen Perspektiven ist.

Die hier aufgezeigte intersektional ausgerichtete, feministische Perspektive hat also zum einen konkrete, theoretische und methodologische Implikationen für die vorliegende Arbeit als auch darüber hinaus Relevanz hinsichtlich gesellschafts- und wissenspolitischer Ziele, die mit ihr verfolgt werden. In der Betrachtung eines Untersuchungsgegenstandes, der lokale Repräsentationen von Geschehnissen an einem entfernten Ort untersucht, erscheint es mir notwendig, die dargestellte (de-)konstruktivistisch und feministisch geprägte Perspektive dieser Arbeit um eine Prägung durch Überlegungen postkolonialer Ansätze zu erweitern.

2.2.3 Bedeutung globaler Interdependenzen: postkoloniale Perspektiven

Anknüpfend an kosmopolitische Arbeiten, auf die ich in Kapitel 3.1 näher eingehe, wird auch mittels einer postkolonialen Perspektive der Fokus auf die Auseinandersetzung mit mediatisierten translokalen Verbindungen und Verflechtungen gelenkt. Während kosmopolitische Arbeiten sich besonders für das emanzipatorische Potential solcher Verbindungen interessieren, rücken in einer postkolonialen Perspektive Herrschaftsstrukturen und Ambivalenzen in den Blickpunkt. In diesem Sinne ergänzen postkoloniale Ansätze die Forschungsperspektive um einen machtkritischen Blick. Die postkoloniale Perspektive, die ich einnehme, stellt die Bedeutung machtvoller hierarchischer Strukturierungen von Gesellschaften und ihre (Re-)Konstruktion über journalistische Diskurse heraus. Bezogen auf den spezifischen Untersuchungsgegenstand rücken dabei Orient-/Okzidentkonstruktionen in das Blickfeld. Zudem soll in diesem Abschnitt auch die enge Verflechtung zwischen der zuvor beschriebenen feministischen Perspektive der Arbeit mit der hier eingeführten postkolonialen Prägung thematisiert werden. Dafür gehe ich zunächst auf die Vergeschlechtlichung sowohl materieller als auch diskursiver globaler Beziehungen und spezifisch mediatisierter Orient-/Okzidentkonstruktionen ein und problematisiere in diesem Zusammenhang auch die Rolle von Feminismen in der (Re-)Konstruktion globaler Hierarchien.

Bevor ich diese Aspekte im Einzelnen näher beleuchte, erläutere ich zunächst, inwiefern ich den untersuchten Diskurs als einen ›translokalen‹ verstehe und welches Verständnis von ›postkolonial‹ meine Perspektive auf journalistische Diskurse prägt. Mit ›translokal‹ bezeichne ich mediale Diskurse, in denen die Lokalität von Orten medial überschritten wird, wie es im Fall der Berichterstattung deutscher Medien über ägyptische Proteste der Fall ist. ›Translokal‹ meint im Anschluss an Andreas Hepp gleichzeitig mit der externen Ausweitung der Lokalität[32] auch deren Veränderung nach innen:

32 Ich spreche von ›Translokal‹ und nicht von ›Transnational‹, da nicht (nur) die deutsche oder ägyptische Nation als Ort kultureller Verdichtung, die in den Diskursen ausgeweitet wird, verstanden werden kann, sondern auch z.B. die jeweilige Region (MENA-Region, Europa, ›der Westen‹). Im Gegensatz zu einer transkulturellen (vgl. Welsch 2012) Forschungsperspektive, die die Konnektivität lokaler kultureller Verdichtungen mit anderen kulturellen Verdichtungen in den Blick nimmt, fokussiert sich eine translokale auf die externe Ausweitung und innere Hybridisierung einer spezifischen kulturellen Verdichtung und nicht auf Gemeinsamkeiten insbesondere der externen Aus-

»Wenn die Auseinandersetzung mit Medienkulturen in Zeiten der Globalisierung sich also auf ›Translokalität‹ richtet, so betont dies auf der einen Seite, dass das Lokale nach wie vor seine Bedeutung hat, dass auf der anderen Seite aber heutige Lokalitäten sowohl physisch als auch kommunikativ in einem hohen Maße konnektiert sind. *Eine Beschäftigung mit Fragen der Translokalität lenkt damit den Blick auf eine Analyse des ›Wie‹ der gegenwärtigen physischen und kommunikativen Konnektivität.* [Herv. i. O.]« (Hepp 2005: 55)

Die Einnahme einer translokalen Perspektive nimmt die Konnektivität lokaler kultureller Verdichtungen mit anderen kulturellen Verdichtungen in den Blick, fokussiert also zum einen Verbindungen zwischen Ereignissen in Ägypten und dem deutschsprachigen Kontext des untersuchten Diskurses. Gleichzeitig betont sie die Pluralität von Bezügen und löst damit die Dichotomie zwischen lokal und global, zwischen Territorialisierung und Deterritorialisierung, auf und stellt deren Verwobenheit und Gleichzeitigkeit heraus. Durch die Fokussierung auf die Art und Weise dieser Verbindung rücken nicht nur deren Potentiale, sondern eben auch machtvolle Strukturen in den Blick; gerade dafür erscheint mir die hier eingenommene postkoloniale Perspektive entscheidend. Der Begriff eines ›translokalen‹ Diskurses ermöglicht damit die Verdeutlichung eines analytischen Blickes auf den Diskurs, der weder primär von einem kosmopolitischen/anerkennenden Potential ausgeht noch primär an diskursiven Formen des »Otherings« (Spivak 1988a) und der Rekonstruktion hierarchischer Strukturen interessiert ist, sondern gerade die Ambivalenz, Parallelität und Vernetzung dieser Phänomene der (De-)Territorialisierung konstatiert. Der Einbezug postkolonialer Ansätze in eine solche translokale Perspektive erscheint mir unerlässlich. Welche konkreten Aspekte dabei für die vorliegende Arbeit von Relevanz sind erläutere ich im Folgenden.

Postkoloniale Ansätze als kritische Perspektive auf globale und historische Verflechtungen

Nehmen Arbeiten Bezug auf postkoloniale Ansätze, so ist es inzwischen üblich, zunächst auf die Pluralität der Verständnisweisen des Begriffs ›postkolonial‹ hinzuweisen und anschließend die verschiedenen Diskursstränge, die sich auf diesen Begriff beziehen, nachzuzeichnen (vgl. Merten/Krämer 2016: 8). Diese Auseinandersetzung wurde dadurch dankenswerterweise auch in der deutschsprachigen Forschung bereits an einigen Stellen geleistet (u.a. Castro Varela/Dhawan 2015, Kerner 2012, Reuter/Villa 2010). Ich konzentriere mich daher darauf, die für die vorliegende Arbeit prägende Verständnisweise und deren Relevanz für die Forschung zu Medienkulturen zu erörtern, bevor ich auf drei für die spätere Analyse zentrale Aspekte der hier eingenommenen postkolonialen Perspektive eingehe.

Mich spezifisch auf eine ›postkoloniale‹ in Ergänzung zu der oben beschriebenen dekonstruktivistisch-diskurstheoretischen Perspektive zu beziehen, erscheint mir angebracht, da es in ersterer ebenso um die Dekonstruktion und Verschiebung von Kategorien und sozialen Ordnungen geht, sie aber zusätzlich einen zentralen Fokus auf

weitungen unterschiedlicher kultureller Verdichtungen. Damit lässt sich die Art der Ausweitung und der inneren Pluralisierung genauer bestimmen.

Dekolonisation legt. In den Blick genommen wird damit »die Aufdeckung der Zusammenhänge zwischen den globalen Machtverhältnissen, die im Kontext der europäischen Kolonialexpansion etabliert wurden, und den historischen und aktuellen Ungleichheitsrelationen auf lokaler, nationaler und internationaler Ebene« (Boatca/Costa 2010: 72). Globale und historisch entstandene Machtverhältnisse werden ins Zentrum des Forschungsinteresses gerückt und zugleich die Kontinuität und Gegenwärtigkeit solcher »entangled histories« (Conrad/Randeria 2002: 17) in gegenwärtigen hierarchischen Beziehungen des Neokolonialismus (vgl. Nkrumah 1965) betont. Postkoloniale Ansätze stellen die Verwobenheit sozioökonomischer globaler Ungerechtigkeit mit eurozentrischen Wissensordnungen heraus, es geht ihnen daher immer auch um eine Dekonstruktion eurozentrischer Narrative, die bestehende hegemoniale Ordnungen stabilisieren (vgl. Castro Varela/Dhawan 2015: 17).[33]

Als Ergänzung zur feministischen Perspektive dieser Arbeit wird mit dem Bezug auf postkoloniale Ansätze noch einmal verstärkt die historische und geopolitische Bedeutung gesellschaftlicher Kategorien wie Geschlecht, aber auch Herkunft, Klasse etc. hervorgehoben: »To sum up the distinctiveness of postcolonial studies from other forms of critical scholarship, then, it could be said that postcolonial scholarship provides a historical and international depth to the understanding of cultural power.« (Shome/Hegde 2002: 252) Für den konkreten Untersuchungsgegenstand erscheint mir eine postkoloniale Perspektive zusammenfassend vor allem aufgrund ihres relationalen Verständnisses (vgl. Castro Varela/Dhawan 2015: 15), welches globale und historische Verbindungen und Verflechtungen in den Blickpunkt rückt, entscheidend.

Wie aktuelle kosmopolitische Ansätze (s. Kap. 3.1.2), so betonen auch postkoloniale Ansätze im Gegensatz zur Globalisierungsforschung die anhaltende Bedeutung lokaler Kontexte,[34] zugleich nehmen sie eine herrschaftskritische Perspektive auf globale Verbindungen ein und legen die Bedeutung (neo-)kolonialer Machtstrukturen in diesem Zusammenhang offen (vgl. Castro Varela/Dhawan 2015: 84f). Postkoloniale Ansätze ermöglichen so einen Blick auf die Ambivalenzen globaler Verbindungen nicht nur als Möglichkeiten der Verschiebung machtvoller Strukturen, sondern auch als Ort der Intensivierung hierarchischer Verbindungen.

Mediatisierte Verbindungen aus postkolonialer Perspektive

In den Medien- und Kommunikationswissenschaften mehrt sich eine Annäherung an postkoloniale Ansätze in der Forschung zu Medienkulturen insbesondere im englischsprachigen Raum (vgl. zum Überblick u.a. Merten/Krämer 2016: 11ff, Shome/Hegde 2002). Raka Shome und Radha Hegde betonen in ihrer Einführung zur Ausgabe 3/2002 der *Communication Theory*, einer der ersten Annäherungen zwischen Postkolonialen Studien und kommunikationswissenschaftlichen Arbeiten, die Bedeutung von Kommuni-

33 Dieses Verständnis ist es, welches in den letzten Jahren auch im deutschsprachigen Raum postkoloniale Ansätze über die Analyse historischer kolonialer Beziehungen hinaus für Studien interessant gemacht hat (vgl. Castro Varela/Dhawan 2015: 20f).

34 Die Bedeutung lokaler Verortungen wird auch in postkolonial orientierten Medien- und Kommunikationswissenschaften stark gemacht. Hier zeigt sich also auch in der Untersuchung von Medien eine Nähe zu kosmopolitischen Ansätzen im Gegensatz zu den in Kapitel 3.1 kurz thematisierten Global Media Studies (vgl. dazu auch Merten/Krämer 2016: 14).

kation in der Herausarbeitung der Ambivalenzen in einer »seemingly connected yet divided world«: »The politics of communication are of central importance in the understanding of the contradictions and ambivalence in our deeply divided world.« (ebd: 261) Sie fordern daher einen verstärkten Bezug auf postkoloniale Ansätze in medien- und kommunikationswissenschaftlichen Arbeiten, um diese Ambivalenzen zu untersuchen. Die Stärke der Perspektive sehen sie dabei in dem Ansatz, binäre Strukturen nicht innerhalb von Analysen zu reproduzieren, sondern den Fokus gerade auf die Verbindungen zwischen diesen scheinbaren Oppositionen zu legen: »A postcolonial critique does not work to once again set up cultures in polarities, but rather the discourse points to how the West and the ›other‹ are constitutive of one another in ways that are both complicitous and resistant.« (ebd.: 264) Auf die Konstitution dieser Verbindung, ihre Ambivalenzen und Verschiebungen innerhalb fixierter Repräsentationen zielen Diskursanalysen mit Bezug auf postkoloniale Ansätze ab, um daran »die Praktiken (neo-)kolonialer Macht aufzeigen zu können« (Castro Varela/Dhawan 2015: 17). Das Aufzeigen solcher Verbindungen zwischen hierarchisierenden Konstruktionen wie ›Orient‹ und ›Okzident‹ auch in anerkennenden Diskursen ist zugleich ein Anliegen der vorliegenden Untersuchung des untersuchten Pressediskurses um die Proteste in Ägypten.

Die Aneignung einer postkolonialen Perspektive in medien- und kommunikationswissenschaftlichen Arbeiten erscheint vor dem Hintergrund bestehender Metaprozesse der Globalisierung und Mediatisierung hilfreich, um die Verwobenheit dieser Prozesse zu thematisieren und dabei eine repräsentationskritische Perspektive einzubringen. Zugleich erscheint es angemessen, gerade aufgrund der interdisziplinären Offenheit einer postkolonialen Perspektive, im Folgenden noch einmal genauer zu bestimmen, welche Überlegungen aus den Postcolonial Studies für die vorliegende Arbeit von Relevanz sind. Ich gehe dabei vor allem ein auf 1. Grenzen von diskursiven Repräsentationen, 2. Orient- und Okzidentkonstruktionen und 3. die Bedeutung von Vergeschlechtlichungen in diesen.

1. Machtvolle, diskursive Grenzen der Repräsentation

Der erste zentrale Aspekt der postkolonialen Perspektive dieser Arbeit ist die Hervorhebung der Bedeutung globaler Hierarchien innerhalb von Diskursen und damit verbundener diskursiver Grenzen der Repräsentation subalterner Stimmen. Mit Blick auf die Durchziehung von Diskursen mit Macht ist hier sicherlich Gayatri Chakravorty Spivaks Frage »Can the subaltern speak?« (1988a)[35] zentral zu stellen. Auch wenn Spivak sich in ihrem Diskursbegriff auf Derrida bezieht und Foucault kritisch gegenübersteht,[36] so spielt diese Frage auch für die vorliegende Arbeit eine wichtige Rolle. Sie kritisiert an Foucault insbesondere, dass die Einnahme einer einfachen Gegenposition zur epistemischen Gewalt nicht möglich ist. Das eindeutigste Beispiel epistemischer Gewalt, also

35 Spivaks gleichnamiger Aufsatz kann als ein Gründungsdokument der Postkolonialen Studien bezeichnet werden (vgl. Castro Varela/Dhawan 2015: 152). Die in Kalkutta geborene Literaturwissenschaftlerin lehrt an der University of Columbo und ist bisher die einzige *Women of Color*, die dort den Rang einer Universitätsprofessorin erhielt. Sie ist nicht nur eine der renommiertesten gegenwärtigen Literaturkritiker*innen, sondern auch für Aktivist*innen weltweit als Intellektuelle und Lehrerin von Bedeutung (vgl. ebd.).

36 Zur Kritik an Foucault durch postkoloniale Ansätze vgl. auch Shome/Hegde 2002: 252.

der Gewaltförmigkeit symbolischer Ordnungen, sieht sie im ›Othering‹ kolonialer Subjekte, also der homogenisierenden Konstruktion von Subalternen als ›Andere‹ (vgl. ebd.: 280f).[37] Sie betont damit die Verwobenheit zwischen subalternen[38] und hegemonialen Klassen und argumentiert, dass die Behauptung, die Subalternen könnten für sich selbst sprechen, die Macht der hegemonialen Klassen verdeckt und Teil des hegemonialen Projektes ist. Schon das Konzept, welches die Möglichkeit der – gesellschaftlich bedeutsamen – Subjektwerdung als eng an die Möglichkeit des öffentlichen Sprechens gekoppelt versteht, ist mit Spivak als ein ›westliches‹ zu begreifen (vgl. Castro Varela/Dhawan 2015: 192). Die »wahre Stimme der Zum Schweigen-Gebrachten« (ebd.) hervorzubringen, versteht Spivak María do Mar Castro Varela und Nikita Dhawan zufolge als unmöglich. Dies meint jedoch nicht, dass Subalterne nicht sprechen können. Vielmehr geht es ihr darum, zu betonen, dass die Subalternen, selbst wenn sie sprechen, innerhalb der vorherrschenden Machtstrukturen von den hegemonialen Klassen nicht gehört, bzw. vom Bereich des Hörbaren ausgeschlossen werden (vgl. Spivak 1988a: 295, Castro Varela/Dhawan 2015: 198). Die Subalternen wollen zwar für sich selbst sprechen, können dies aber aufgrund des hegemonialen Projekts nicht einfach tun. Nicht nur das Sprechen, sondern auch das Hören unterliegen also machtvollen Normen. Spivak betont, mit welcher Vorsicht ›die Stimme der Anderen‹ zu behandeln ist und warnt sowohl vor Gegendiskursen, die Subalterne als marginalisierte Gruppe essentialisieren und normalisieren und damit binäre Oppositionen aufrechterhalten, als auch vor scheinbar ›authentischen‹ Stimmen, mit denen postkoloniale Informant*innen aus den Peripherien für Subalterne sprechen (vgl. Spivak 2010: 49). In Foucaults Repräsentationsbegriff fallen nach Spivak die Bestandteile ›Darstellen‹ und ›Vertreten‹ in eines, während sie betont, dass ›Sprechen von‹ (Darstellung) und ›Sprechen für‹ (Repräsentation) nicht unbedingt zusammenfallen (vgl. Spivak 1988a: 274ff). Spivak argumentiert, so erläutern Castro Varela und Dhawan, »dass der subalterne Widerstand immer schon durch die hegemonialen Systeme der politischen Repräsentation gefiltert ist.« (Castro Varela/Dhawan 2015: 198). Dass für Subalterne gesprochen wird bedeutet also nicht, dass tatsächlich ihre Sichtweisen und Bedürfnisse zur Darstellung kommen. Die Problematik ›authentischer Repräsentation‹ wird schon durch den Begriff an sich deutlich: Repräsentationen sind immer durch das Subjekt der Präsentierenden gefärbt, weswegen eine Selbst-Präsentation möglich sein muss. Zwar sieht sie im ›strategischen Essentialismus‹ (vgl. 1988b: 205) – also dem strategischen Bezug auf eigentlich als soziales Konstrukt verstandene Identitäten in politischen Kämpfen – eine wirkmächtige Gegenposition zu hegemonialen Diskursen, die Umkämpftheit von Hegemonie beinhaltet immer auch eine Möglichkeit des Widerstandes. Gleichzeitig sind aber die Subalternen so eng mit den hegemonialen Eliten verbunden, dass ein Sprechen unabhängig von ihnen unmöglich ist. Statt einer »relentless recognition of the Other by assimilation« (Spivak 1988a: 294), deren Gefahr sie in Bezug auf ›authentische Andere‹ sieht, fordert Spivak, subalterne Erfahrungen und Positionen als ›unerreichbare Leere‹ (»inaccessible

37 Spivak betont dabei, dass ihre Ausführungen besonders für vergeschlechtlichte Subalterne von Relevanz sind (vgl. Spivak 1988a: 294f.).

38 Den Begriff der ›Subalternen‹ übernimmt Spivak von Gramsci (1991-1999), der mit *classi subalterne* Menschen bezeichnet, die nicht zur hegemonialen Klasse gehören (vgl. Spivak 1988a: 283).

blankness« ebd.) bestehen zu lassen und so auch die Spezifizität und Grenzen ›westlichen‹ Wissens offen zu legen. Zunächst ist es also mit Bezug auf Spivak die Frage, wer überhaupt in translokalen Diskursen sichtbar und hörbar wird und inwiefern dieser Zugang über machtvolle Strukturen geregelt ist, auf den die hier eingenommene postkoloniale Perspektive den Fokus lenkt. Sie schärft den analytischen Blick gleichzeitig für Prozesse des ›Otherings‹ und eine gewisse Skepsis gegenüber ›authentischen Stimmen‹ und einer damit verbundenen Anerkennung von Frauen nur unter der Bedingung ihrer Vereinnahmung im Pressediskurs deutscher Medien um die Proteste in Ägypten.

2. Verflechtung ›orientaler‹ und ›okzidentaler‹ Identitätskonstruktionen

Ein weiterer Aspekt, für den mir die postkoloniale Perspektive als bedeutsam erscheint, ist die Frage nach der interdependenten Konstruktion gesellschaftlichen Wissens innerhalb diskursiver Sicht- und Sagbarkeiten. Eine der Arbeiten, die sich mit einem spezifischen postkolonialen Wissensregime beschäftigt, und die als ein Gründungsdokument postkolonialer Studien bezeichnet werden kann, ist Edward Saids Orientalism (1978). In seiner Studie über die ›westliche‹ Konstruktion von Vorstellungen über ›den Orient‹ stützt sich Said auf Foucaults diskurstheoretische Konzeptionen und rekonstruiert die Genese und Durchsetzung des Orientalismus-Diskurses und der damit einhergehenden Othering-Prozesse. Mit dem Begriff des Orientalismus bezeichnet Said die epistemische Gewalt der Repräsentation und damit auch Konstruktion ›des Orients‹ durch ›den Okzident‹, über die gleichzeitig die bestehenden Herrschaftsverhältnisse legitimiert und gefestigt werden (vgl. Said 1978: 73). Castro Varela und Dhawan fassen das von ihm rekonstruierte Orientbild zusammen als »feminin, irrational und primitiv im Gegensatz zum maskulinen, rationalen und fortschrittlichen Westen« (Castro Varela/Dhawan 2015: 99). Zudem verdeutlicht Said die homogenisierende und undifferenzierte Darstellung von ›Orient‹ und ›Islam‹ in ›westlicher‹ Literatur und Medien, die Komplexität und Pluralität der Lebensweisen unterschlägt und damit oft rassistisch argumentiert. Menschen aus der Region werden dabei als ›Andere‹ schlechthin konstruiert und gleichzeitig die Dominanz des ›Eigenen‹ über dieses ›Andere‹ legitimiert. Besonders diese Analyse ist es, die sein Werk zu einem nach wie vor hoch aktuellen macht. Nichtsdestotrotz sollen einige relevante Kritikpunkte, die sich in den ausführlichen Diskussionen um seine Arbeiten herauskristallisiert haben, an dieser Stelle hervorgehoben werden, um die Einordnung seiner Überlegungen in die vorliegende Arbeit zu verdeutlichen.

Zunächst ist es gerade für die vorliegende Untersuchung wichtig zu betonen, dass Saids Annahme, Orientalisierung gehe im Wesentlichen auf die Begegnung ehemaliger Kolonialmächte (also insbesondere Frankreich und Großbritannien) mit ›dem Orient‹ zurück, widersprochen werden muss. Gerade die Konstruktion eines ›Orients‹ als Gegensatz zur Selbstkonstruktion des ›Okzidents‹ und nicht eine Konstruktion auf Basis von Beobachtungen vor Ort, wird von Said selbst an einigen Stellen hervorgehoben. Daraus ergibt sich zum einen die Relevanz seiner Analyse auch für Kontexte, die keine unmittelbare kolonialgeschichtliche Verbindung zum ›Orient‹ aufweisen, wie den deutschsprachigen Raum (vgl. Pollock 1993). Aktuelle Studien zeigen die Bedeutung von Orientalismus gerade auch für diese Region (s. Kap. 2.3.2). Dies verdeutlicht auch die umfassende wissenschaftliche Rezeption von Saids Arbeiten im deutschsprachigen Raum. Zum anderen vernachlässigt der Fokus auf Begegnungen in der Kolonialzeit die Veränderung von Machtregimen. Orientalismus kann nicht als eine einmalige Konstruktion verstanden werden, sondern sollte vielmehr einen Prozess bezeichnen, der sich vor allem durch Diskontinuitäten auszeichnet. Gerade die Veränderbarkeit und Anpassung der Repräsentation der ›Anderen‹ macht die epistemische Gewalt dieser Konstruktion aus, ein Aspekt, den Said zwar erwähnt, jedoch zu sehr vernachlässigt (vgl. Castro Varela/Dhawan 2015: 108ff, Hafez 2013: 21). Hinzu kommt ein weiterer, damit eng zusammenhängender Kritikpunkt. Orientalismus bezeichnet in erster Linie einen einseitigen Prozess des ›Otherings‹. Gerade die Verflechtungen zwischen der Konstruktion des Eigenen und der Konstruktion des Anderen zeichnen aber die Relevanz dieses Prozesses aus, der damit als ein relationaler verstanden werden kann. Mit Fernando Coronil (2013) kann das Konzept des Orientalismus um den Begriff des Okzidentalismus ergänzt werden, der sowohl die Konstruktion des ›Okzidents‹ als auch die epistemische Grundlage »politische[r] Macht-, Gewalt- und Herrschaftsverhältnisse« (Dietze/Brunner/Wenzel 2009: 13) beschreibt und als Voraussetzung für den Prozess der Orientalisierung verstanden werden kann. Gabriele Dietze, Claudia Brunner und Edith Wenzel (2009) betonen die globale Verortung von Orient-/Okzidentkonstruktionen, die insbesondere seit den Anschlägen auf das World Trade Center in New York am 11. September 2001 und andauernden globalen Diskussionen um ›islamistischen Terrorismus‹ relevant sind und die gleichzeitige Bedeutung lokaler Ausprägungen dieser Diskurse. Dietze spricht im Zusammenhang mit diesen enthistorisierenden, essentialisierenden und kulturalisierenden Konstruktionen in Anlehnung an Etienne Balibar (1990: 30) von einem »Meta Rassismus« (Dietze 2009a: 32), der sich selbst verdeckt und nicht nur sozio-kulturelle, sondern auch materielle Folgen hat. Durch eine Fokussierung auf die Verflechtung zwischen Okzident- und Orientkonstruktionen in medialen Diskursen lässt sich eine wiederholte Konzentration auf die ›Anderen‹ als Gegenstand ›westlicher‹ Forschung vermeiden. Dietze beschreibt diese Forschungsperspektive als »Okzidentalismuskritik« (2009a) oder auch »kritischen Okzidentalismus« (2009b), um damit die Verwandtschaft zur *Critical Whiteness Theory*[39] zu verdeutlichen. Mit diesem Bezug geht es ihr um die Herausstellung sechs zentraler Merkmale von Okzidentalismuskritik, die auch für die Perspektive dieser Arbeit bedeutsam sind:

> »dass es sich a.) um eine hegemonie(selbst)kritische Perspektive handelt, die sich b.) dekonstruktiv auf die Produktion einer Weißen/okzidentalen Norm über ein markiertes Anderes bezieht und die c.) von einem strukturellen Rassismus ausgeht. Mit dem Wort Okzidentalismus wird angesprochen, dass die Erkenntnisperspektive d.) von Postkolonialität her denkt, e.) in der Produktion eines ›orientalisch Anderen‹ ein spezifisches Konstruktionsverhältnis europäischer Identität voraussetzt und d.) einen differentialistischen Neo-Rassismus gegenüber muslimischer Diaspora in eine

39 *Critical Whiteness Theory* bezeichnet ein Forschungsfeld, in dem es darum geht, die unsichtbaren rassistischen Strukturen, die ›weiße‹ Privilegien fortlaufend reproduzieren und festigen, sichtbar zu machen. Seit Anfang der 2000er Jahre hat es auch in den deutschsprachigen wissenschaftlichen Diskurs Eingang gefunden (vgl. u.a. Tißberger et al. 2009).

historische Achse Kolonialismus, Orientalismus und Neo-Orientalismus einordnet.« (ebd.: 239)

Der hier beschriebenen (selbst)kritischen Analyse, die sich insbesondere auf die von strukturellen antimuslimischen Rassismen[40] – welche besonders für muslimische Diaspora, jedoch auch hinsichtlich globaler Verstrickungen materielle Folgen haben – begleitete Herstellung einer okzidentalen Identität richtet, sollte meines Erachtens zudem um die Beachtung der Bedeutung von Vergeschlechtlichungen innerhalb dieser Konstruktion ergänzt werden. Als Zusammenführung mit der feministischen Perspektive dieser Arbeit soll daher als dritter Aspekt für deren postkolonialen Blickwinkel die Hervorhebung der Bedeutung geschlechtlicher Kategorien und ihrer Konstitution für diese interdependente, hierarchische Konstruktion erörtert werden.

3. Bedeutung von Vergeschlechtlichungen

Obwohl insbesondere Frauen sowohl von strukturellen Ungleichheiten besonders betroffen sind als auch in der Konstitution des ›Anderen‹ oft eine zentrale Rolle spielen, blenden postkoloniale Ansätze die Kategorie Geschlecht häufig aus (vgl. Castro Varela/Dhawan 2005). Dabei zeigt sich gerade innerhalb postkolonialer Ansätze die Möglichkeit und Notwendigkeit der Verankerung intersektionaler Perspektiven (vgl. Ha 2010: 259), die gesellschaftliche Ungleichheitskategorien in ihrer Verwobenheit untersuchen und die Spivak schon 1988 mit ihrer Feststellung »Clearly, if you are poor, black and female you get it in three ways« (Spivak 1988a: 294) forderte. Der Ausblendung solcher Überlegungen wirkt die vorliegende Untersuchung entgegen und zieht daher insbesondere solche Arbeiten für die eigene Positionierung heran, die sich auch für geschlechtliche Kategorien explizit interessieren. Die Notwendigkeit, bei der Auseinandersetzung mit globalen Machtstrukturen eine Geschlechterperspektive einzunehmen, zeigt sich in der doppelten Marginalisierung von Frauen durch die Intersektion weltweiter patriarchaler und neokolonialer Strukturen. Die Marginalisierung von subalternen Frauen erfolgt so gleichzeitig über neokoloniale ökonomische Ausbeutungen und ihre Unterordnung in patriarchalen Strukturen (vgl. Spivak 1988a, Moghadam 1999, Mohanty 2006). Der Verweis auf globale ökonomische Ungleichheitsverhältnisse und deren Vergeschlechtlichung erscheint mir an dieser Stelle notwendig, auch wenn diese in der vorliegenden Arbeit nicht im Zentrum der Analyse stehen:

> »Wie innerhalb der Cultural Studies immer wieder betont wird, dass rein ökonomistische Analysen einer Dekolonisierung im Weg stehen, so zeigen neuere marxistische Ansätze, wie problematisch es ist, die ökonomischen Faktoren bei der Analyse von Ungleichheitsverhältnissen, neokolonialen und neoimperialistischen globalen Strukturen außen vor zu lassen.« (Castro Varela/Dhawan 2015: 33)

Postkoloniale Ansätze kritisieren die internationale Arbeitsteilung und damit einhergehende Ausbeutungen und strukturelle Ungleichheiten. Dieser Blick verdeutlicht die

40 Iman Attia (2009) versteht antimuslimischen Rassismus in Form einer Aktualisierung tradierter Orientalismen als hegemoniale Form des Otherings und zentrales Element gesellschaftlicher Machtverhältnisse in Bezug auf Migrations- und Erinnerungspolitiken in postkolonialen Gesellschaften.

sehr unterschiedlichen Auswirkungen von Kosmopolitisierung für Menschen in ›den Metropolen‹ und ›der Peripherie‹ (vgl. Gabbert 2010). Insbesondere Spivak ist es, die diese Bedeutung materieller Ungleichheiten hervorhebt. Sie bezieht sich in ihrer Auseinandersetzung mit struktureller Ungleichheit auf Marx und setzt die subalterne Frau an die Stelle des ›Arbeiters‹ als Objekt der Ausbeutung. Spivak verweist damit auf Verstrickungen zwischen Patriarchat und Kapitalismus und betont, dass postkoloniale Ansätze gerade diese Verstrickungen kritisieren müssten (vgl. Spivak 2010: 50). Studien zeigen zum einen die besondere Ungleichheitssituation von Frauen in Ländern ›des globalen Südens‹ (vgl. zum Überblick Mies 2001), zum anderen aber auch beispielsweise von Migrantinnen, die in einer kosmopolitisierten Welt die der Reproduktion zugeordneten und damit eigentlich unbezahlten Aufgaben für Frauen ›des globalen Nordens‹ übernehmen, damit diese produktiver Arbeit nachgehen können (vgl. u.a. Apitzsch/Schmidbaur 2010). Diese Bedingungen des Lebens von Frauen fordert auch Chandra Talpade Mohanty (2003) in die Wissensproduktion zu Globalisierung einzubringen. Eine feministische Theorie muss die Machtverhältnisse und Verstrickungen zwischen Geschlecht, Ethnisierung und sozioökonomischer Situation sowie deren Bedeutung für den Alltag von Frauen deutlich machen. Dass diese auch in Ägypten gegenwärtig von Relevanz sind, habe ich mit Blick auf die Einflussnahme internationaler Geldgeber, unter denen Deutschland einen zentralen Platz einnimmt, und damit verbundene Auswirkungen auf die Lebenssituation von Menschen vor Ort bereits in der Einleitung betont.

Gleichzeitig zeigt bereits Frantz Fanon (1981) die Verbindung zwischen Herrschafts- und Wahrheitsregimen auf. Auf letzterem liegt denn auch der Fokus dieser medien- und kommunikationswissenschaftlichen Arbeit, in der ich gesellschaftliche Wissensordnungen nicht als von materiellen Herrschaftsstrukturen getrennt, sondern als eng mit diesen verwoben verstehe. Die Fokussierung der Untersuchung symbolischer Ordnungen in meiner Arbeit bedeutet somit keinesfalls, dass materielle Ordnungen als weniger relevant erachtet werden. Vielmehr werden symbolische Ordnungen gerade auch als Voraussetzungen ebendieser untersucht, da materielle Ungleichheiten über »eurozentristische Wissensordnungen und Repräsentationssysteme« (Reuter/Villa 2010: 17) legitimiert werden. Dies zeigt sich auch in der späteren Diskussion der notwendigen Erweiterung des Anerkennungsbegriffs um Fragen nach der Thematisierung von Aspekten eines lebbaren Lebens und der Sichtbarkeit (sozioökonomischer) globaler Interdependenzen im Diskurs (s. Kap. 3.2.3).

Auch für die Konstruktion des ›Okzidents‹ über orientalisierte Abgrenzungen kann die Wissenskategorie Geschlecht als zentral bezeichnet werden (vgl. Hark/Villa 2017, Dietze 2009a: 33ff), was auch in der späteren Analyse des Diskurses in deutschen journalistischen Medien um die Proteste in Ägypten sehr deutlich wird (s. Kap. 5.2). Dieser Punkt zeigt zugleich einen weiteren wesentlichen Kritikpunkt an Saids Arbeiten auf, der Geschlecht und Sexualität nur am Rande berücksichtigt. Gerade hier werden jedoch Mechanismen der Eigen- und Fremdkonstruktion und auch ihre Transformation deutlich, da oft eben die Normen, die in der Kolonialzeit etabliert wurden aus heutiger Sicht als Beleg für die ›Rückständigkeit des Orients‹ gelten (vgl. Castro Varela/Dhawan

2015: 116).[41] Dietze spricht in diesem Zusammenhang von einer »okzidentalistischen Dividende« (2009a: 35), der Konstruktion einer Struktur, die es ›westlichen Frauen‹ ermöglicht, sich im Gegensatz zur »Kopftuchfrau«[42] (Dietze 2009a: 35) trotz mangelnder tatsächlicher geschlechtlicher Gerechtigkeit als gleichberechtigter und freier zu fühlen. Die Konstruktion eines überlegenen ›Okzidents‹ ist damit untrennbar mit geschlechtlichen Kategorien verbunden, die eine hegemoniale Weiblichkeit gegen eine orientalisierte Geschlechterkonstruktion setzten: »Bilder und Selbstbilder ›unserer‹ Emanzipation benötigen sozusagen die tägliche Rekonstruktion der Unterdrückung und Rückständigkeit islamischer Frauen.« (Dietze 2009b: 237). Dabei sind es vor allem weibliche Körper, die als Austragungsort solcher Deutungskämpfe dienen (vgl. Hark/Villa 2017: 72). Die Verbindung von hegemonialer Weiblichkeit mit der Sichtbarkeit des Körpers ist eine zentrale Norm innerhalb der Konstruktion einer ›okzidentalen‹ Kultur: »Die liberale Freiheit des Westens wird als öffentliche Nacktheit der Frau sichtbar« (ebd.: 73, vgl. u.a. auch Dietze 2009b: 34). Auch wenn damit feministische Errungenschaften sichtbar werden, so geht mit Diskursen um die (Un-)Sichtbarkeit weiblicher Körper immer auch ihre Sexualisierung und gesellschaftliche Regulierung einher. Nanna Heidenreich (2009: 214) argumentiert, dass das Sichtbarkeitsgebot zudem als Teil der christlichen Prägung ›okzidentaler‹ Kultur im Gegensatz zur Vermeidung von Abbildungen in islamischen Religionen verstanden werden kann und stellt heraus, dass dieses Ideal der Sichtbarkeit aber nicht explizit gemacht wird, sondern selbst unsichtbar bleibt (vgl. auch Braun/Mathes 2007).

Auf die diskursiven Strategien der Vergeschlechtlichung in orientalisierenden Diskursen wies Helma Lutz bereits 1989 hin. Gemeinsam mit Christine Huth-Hildebrandt stellt sie deren drei zentrale Elemente der Argumentation heraus: 1. die generalisierte Annahme einer grundsätzlichen Unterdrückung muslimischer Frauen durch muslimische Männer (vgl. auch Hasan 2005 zur doppelten Marginalisierung muslimischer Frauen), 2. die Deutung patriarchaler Geschlechterverhältnisse als Aspekt ethnischer Differenz und Zeichen von ›Rückständigkeit‹ und 3. die Nicht-Sagbarkeit und Unsichtbarkeit patriarchaler Verhältnisse in okzidentalisierten Gesellschaften (vgl. Lutz/Huth-Hildebrandt 1998: 163). Geschlechtergerechtigkeit wird damit als zentrale Herausforderung ›des Islams‹ gesehen, während Geschlechterdifferenzen ›im Westen‹ ausgeblendet werden. Ina Kerner spricht in diesem Zusammenhang von einem »Othering des Sexismus« (2009: 43).[43] Dessen Aktualisierung, so betonen Sabine Hark und Paula Ire-

41 Beispielsweise führte der Kolonialverwalter des britischen Empires Evelyn Baring ein, dass für die zuvor kostenlosen Schulen zukünftig gezahlt werden musste, so dass weniger Kinder (und insbesondere Mädchen) zur Schule gehen konnten (vgl. Dietze 2016c). Zugleich gilt die hohe Analphabet*innenquote in Ägypten besonders unter Frauen heute als ein zentrales Indiz der ›Rückständigkeit‹ des Landes (s. Kap. 7.1).

42 Vgl. zur Komplexität der Verhandlung des Kopftuches im deutschen Diskurs Hark/Villa 2017: 69ff.

43 Kurt Möller (1995) bezeichnet diese Verbindung von Sexismus mit ›den Anderen‹ als »Ethnisierung von Sexismus«, eine Formulierung, die vor allem durch Margreth Jäger (1996) populär wurde. Meines Erachtens drückt der Begriff ›Othering‹ von Sexismus jedoch zwei wesentliche Merkmale dieses Deutungszusammenhanges noch präziser aus: 1. die damit verbundene Zuordnung sexistischer gesellschaftlicher Strukturen ausschließlich zu den ›Anderen‹ und 2. die zentrale Funktion, die diese Zuschreibung im Prozess des ›Otherings‹ übernimmt.

ne Villa (2017), zeigt sich besonders deutlich auch in der zunehmenden Bedeutung der Konstruktion einer bedrohlichen ›orientalen Männlichkeit‹ innerhalb deutschsprachiger Mediendiskurse (vgl. ebd.: 41ff). Solche und andere diskursive Kontinuitäten, die sich in der Konstruktion von ›Okzident‹ und ›Orient‹ über geschlechtliche Kategorien aufzeigen lassen, werden anhand der Ergebnisse bestehender Studien insbesondere zu Diskursen in Deutschland in Kapitel 2.3.2 genauer diskutiert.

Auch die Konstruktion emanzipierter, muslimischer Frauen im medialen Diskurs muss problematisiert werden. Über die Konstruktion emanzipierter, muslimischer Frauen wird eine »ethnisierende Geschlechterpolarität« hergestellt, die ›Traditionalität‹ auf der Seite von Männern und Frauen der Unterschicht verortet und Frauen der Mittel- und Oberschicht auf der Seite der ›Modernität‹ (vgl. Paulus 2008: 137). Frauen als ›Opfer‹ in ihren Verletzungen werden damit ebenso einseitig und gerahmt dargestellt wie auch »empowered womanhood« (Mohanty 2003: 528), also widerständige Frauen, weswegen Mohanty mahnt zu fragen: »whose agency is being colonized?« (ebd.). Auch mit Spivak kann betont werden, dass Ermächtigung ebenso normativ gerahmt sei wie Marginalisierung und vergeschlechtlichte Subalterne daher sowohl von widerständigen als auch von Gegendiskursen ausgeschlossen seien (vgl. Castro Varlea/Dhawan 2010: 323).[44] Ein zentrales Problem der engen Verflechtung von Okzident-/Orientkonstruktionen und geschlechtlichen Kategorien sowie der Etablierung von Hierarchien über diese, zeigt sich auch in der Unterstützung patriarchaler Argumentationslogiken durch einige (›westliche‹) Feminismen und dem Übersehen dieser Problematik (vgl. Dietze 2009a: 36). Machtverhältnisse mitzudenken mahnen feministisch-postkoloniale Ansätze daher nicht nur in ihrer Kritik der (Re-)Produktion postkolonialer Hierarchien, sondern auch mit Bezug auf ›westliche‹ Feminismen an. Nicht alle Frauen werden auf gleiche Weise marginalisiert, ihre spezifischen Erfahrungen hängen insbesondere mit ihrer Situiertheit in anderen ungleichheitsgenerierenden Kategorien zusammen, also mit ihrem ökonomischen Status, der ihnen zugeschriebenen Ethnizität oder ihrer Verortung in globalen Machtgefügen (vgl. u.a. Reilly 2009: 7, Dübgen 2014, im deutschsprachigen Raum dazu bereits früh Hügel 1993).

Zentral wurde die ›diskursive Kolonisierung‹ der Situiertheit und des Widerstandes von Frauen im ›globalen Süden‹ durch ›westliche‹ Feministinnen schon früh von Mohanty in ihrem viel beachteten und diskutierten Artikel »Under Western Eyes« (1988)

---

44 Für sie führt diese Annahme gar zu der Aussage: »Wenn Menschen für ihre Rechte eintreten, sind sie nicht subaltern.« (Spivak 2008: 26) Dies weist auch auf die Notwendigkeit hin, die eigene Position als Forschende in der Reproduktion von Herrschaftsverhältnissen zu befragen: »Wer ist eigentlich daran interessiert von diesen Diskursen repräsentiert zu werden?« (Castro Varlea/Dhawan 2010: 324) Möchten die Objekte postkolonialer Arbeiten überhaupt von diesen verhandelt werden? Zwar spricht Spivak sich nicht per se gegen die Behandlung postkolonialer Thematiken durch Nicht-Subalterne aus, mahnt aber an, dass die Position postkolonialer Feministinnen aus ›dem globalen Norden‹, die für diejenigen sprechen, die aus dem ›Feld des Sagbaren‹ ausgeschlossen werden, beständig hinterfragt werden müsse (vgl. Dhawan 2011). Zugleich besteht aber immer auch die Gefahr, Frauen als »authentische und heroische Subalterne« zu konstruieren, und damit eine Nähe zu »kolonialen, romantisierenden Bildern« (Castro Varela/Dhawan 2015: 88) herzustellen. Durch die Fokussierung vor allem auf die Herstellung des ›Eigenen‹ wird in der vorliegenden Arbeit der Versuch unternommen, solche Fallstricke zu umgehen.

kritisiert. In einer neueren Auseinandersetzung mit diesem Text hebt sie hervor, dass daraus eine Notwendigkeit für postkoloniale feministische Politiken folgt, die Beachtung der Situierung von Frauen auf der Mikroebene mit dem Blick auf machtvolle Zusammenhänge auf der Makroebene zu verbinden. Auf dieser Basis können notwendige Solidarisierungen entstehen, die Veränderungen und insbesondere kapitalistische Tendenzen weltweit durch eine antikapitalistische transnationale feministische Solidarität in Frage stellen (vgl. Mohanty 2003: 509). Gerade der Blick von marginalisierten ethnisierten Frauen und ihrem Alltagsleben/ihren Kämpfen aus ermöglicht eine Analyse globaler Machtstrukturen von unten her (vgl. ebd.: 511).[45] Der journalistische Diskurs um protestierende Frauen in Ägypten böte aufgrund des spezifischen Ereignisses, welches er betrachtet, also durchaus Möglichkeiten, zur Entstehung solcher Solidarisierungen beizutragen.

Die Möglichkeiten einer diskursiven Aushandlung von Nähe und Distanz zwischen den Erfahrungen von Frauen spricht Mohanty (vgl. ebd.: 517ff) in ihrer Analyse pädagogischer Ansätze an, die sich auch auf öffentliche Diskurse übertragen lässt. Sie kritisiert zum einen das ›Feminist-as-tourist-model‹ als universalistisch und zu wenig distanziert, da es die Wahrnehmung während kurzer Ausflüge vom ›Eigenen‹ ins ›Andere‹ einfach zu der eigenen Perspektive hinzufügt oder für eigene Argumentationen nutzt und das Wahrgenommene nicht kontextualisiert. Zum anderen warnt sie vor dem kulturrelativistischen ›Feminist-as-explorer-model‹, welches zwar die Erfahrungen anderer Frauen kontextualisiert, aber die eigenen Verstrickungen mit ihrer Position nicht thematisiert. Hier wird eine zu große Distanz aufgebaut, die zwar die ›Andersheit der Anderen‹, nicht jedoch die ›eigene‹ betrachtet. Als möglicher Ausweg aus diesen beiden Modellen beschreibt sie das ›feminist solidarity or comparative studies model‹, welches eine Verbindung zwischen lokalen Kontexten und globalen Verstrickungen schafft. Dabei geht es sowohl um die Intersektionalität verschiedener Ungleichheitskategorien in einer Gemeinschaft, als auch um die »interconnectedness« (ebd.: 522) zwischen diesen Gemeinschaften. Auch Spivak weist auf die Notwendigkeit eines gleichberechtigten Gegenüberstehens und einer tatsächlichen Aufmerksamkeit für ›Andere‹ im Bewusstsein der beidseitigen Verstrickung in globale Systeme hin, um diese globalen Systeme tatsächlich zu ändern (vgl. Spivak 2010: 65). Diese Bedeutung einer Anerkennung

45 Auch Reilly betont, dass die Beschäftigung mit der Aushandlung universeller Normen als antiuniversalistische aber auch anti-kulturrelativistische Kritik Basis einer transkulturellen feministischen politischen Theorie sein muss: »At a minimum this means the following: (1) recognizing that patriarchal power relations persist globally, albeit expressed and experienced differently by differently situated women; and (2) retaining a critical commitment to upholding ›universal‹ norms in contesting genderbased and other forms of oppression.« (Reilly 2009: 7) Für Reilly sind neben dem kritischen Bezug auf internationales Recht also ein globales feministisches Bewusstsein, dass widerständig gegen patriarchale, neoliberale und rassistische Strukturen ist, sowie die Berücksichtigung von intersektionalen Formen der Unterdrückung zentrale Bedingungen eines feministischen emanzipatorischen Projekts. Sie betont zudem, dass sich Möglichkeiten dafür insbesondere in der transkulturellen Zusammenarbeit zu konkreten Ereignissen und in der Nutzung globaler Foren ergeben (vgl. Reilly 2009: 10ff). Doch auch wenn der Blick auf die zentralen Verletzungen von Frauen und insbesondere der Fokus auf ihre Formen des Widerstandes Möglichkeiten für gemeinsame Formen der Kritik bietet, so muss auch dieser sensibel für Ausschließungen bleiben.

von Interdependenzen hebt auch Bini Adamczak (2017) in ihren feministisch geprägten Überlegungen für zukünftige Revolutionen hervor, indem sie soziale Beziehungen und Solidaritäten als Prozesse versteht, die verschoben werden können: »Die solidarischen Beziehungsweisen, die dabei entstehen sollen, sind solche, in denen Abhängigkeit nicht geleugnet und verdinglicht, sondern als auch konfliktuöse anerkannt wird« (ebd.: 285). Als notwendige Basis translokaler (feministischer) Solidaritäten[46] kann damit die Sichtbarkeit und Anerkennung solcher Abhängigkeiten verstanden werden. Zu prüfen ist im Laufe der späteren Analyse somit auch, inwiefern Interdependenzen im journalistischen Diskurs um die Proteste in Ägypten sichtbar werden.

Zusammenfassend kann konstatiert werden, dass die Ergänzung der Perspektive der vorliegenden Arbeit um postkoloniale Ansätze insbesondere dazu dient, auf die Bedeutung historischer und gegenwärtiger globaler (neo-)kolonialer Machtstrukturen hinzuweisen. Bedeutsam erscheinen hier zum einen der reglementierte Zugang zu medialen Diskursen auch auf globaler Ebene und damit die Frage, wem überhaupt unter welchen Bedingungen zugehört wird. Eng verbunden mit dieser Frage ist die Einsicht, dass eine Konstruktion globaler ›Anderer‹ insbesondere der Festigung des ›Eigenen‹ und der hierarchischen Positionierung zwischen beiden dient und die in diesem Kontext vorgenommene Betonung der Bedeutung von diskursiven Vergeschlechtlichungen und feministischen Positionen innerhalb solcher hierarchischen Konstruktionen. Zum anderen rücken mit dieser Perspektive auch globale ökonomische und politische Strukturen und Verflechtungen in den Blickpunkt, bei denen es wiederum vor allem Frauen sind, die unter der Globalisierung kapitalistischer Systeme und politischer Einflussnahme leiden. Beide Aspekte, sowohl diskursive als auch ökonomische Interdependenzen sind für gegenwärtige Beziehungen zwischen ›Orient‹ und ›Okzident‹ und – noch konkreter auf den Untersuchungsgegenstand bezogen – für Ägypten und Deutschland von Bedeutung, wie bereits eingangs in dieser Arbeit erläutert wurde. Mit der Frage nach der mediatisierten Anerkennung protestierender Frauen wird damit auch die Frage nach der Sichtbarkeit globaler Interdependenzen für die vorliegende Untersuchung zentral.

Insgesamt konnte anhand der drei dargestellten Bezüge auf (de-)konstruktivistische, feministische und postkoloniale Ansätze in vielfältiger Weise aufgezeigt werden, inwiefern Sichtbarkeit und Anerkennung in journalistischen Diskursen nicht nur mit einem emanzipativen Potential in Verbindung gebracht werden können, sondern immer zugleich auch als Orte der Reproduktion machtvoller Ungleichheitsstrukturen Beachtung finden müssen. Die Perspektive der vorliegenden Arbeit ist somit 1. geprägt von einem Verständnis von gesellschaftlicher Wirklichkeit als niemals fixiertes Ergebnis diskursiver Kämpfe um hegemoniale Deutungen in Öffentlichkeiten, bei denen Medien und insbesondere journalistischen Diskursen eine zentrale Bedeutung zukommt. Sie ist 2. beeinflusst von Ansätzen, die die Bedeutung geschlechtlicher Kategorisierungen für

46 (Un-)Möglichkeiten globaler Solidaritäten, die hier nicht als Produkt vermeintlich homogener Identitäten, sondern als Projekt sozialer Kämpfe gegen Herrschaftsverhältnisse verstanden werden, wurden und werden in feministischen und postkolonialen Ansätzen breit diskutiert. Ein Überblick über gegenwärtige Debatten findet sich beispielsweise in Heft 1/2015 der *feministischen studien* mit dem Titel *Solidaritäten*.

soziale Ordnungen betonen und deren Verwobenheit mit anderen Differenzkategorien herausstellen. Diese bringen auch eine Wissenschafts- und Gesellschaftskritik in die Arbeit ein, der es vor allem darum geht, vermeintliche Gewissheiten in Frage zu stellen. 3. wird die Perspektive dieser Arbeit geschärft durch postkoloniale Ansätze, mit denen sowohl auf diskursive als auch sozioökonomische globale Interdependenzen verwiesen wird, für die Vergeschlechtlichungen von zentraler Bedeutung sind. Damit habe ich in diesem Kapitel 2.2 eine herrschafts- und repräsentationskritische Perspektive entworfen, aus der die theoretischen Debatten um Kosmopolitismus und Anerkennung in Kapitel 3 nähere Betrachtung finden. Zudem ist diese Perspektive insofern prägend für die spätere Analyse des Pressediskurses in Deutschland um die Proteste in Ägypten, als dass sie eine Fokussierung auf Konstruktionen von Wissen und Wirklichkeit, die Bedeutung von Vergeschlechtlichungen und die (Re-)Konstruktion globaler hierarchischer Strukturen im Diskurs mit sich bringt. Fokussiert werden dabei, das habe ich bereits verdeutlicht, textförmige und visuelle Repräsentationen protestierender Frauen. Um die diskursiven Formationen und mit ihnen zusammenhängende tradierte Repräsentationspraktiken, in denen sich der untersuchte Diskurs verorten lässt, aufzuzeigen, werden im Folgenden Studien diskutiert, die aus einer ähnlichen Perspektive wie der soeben in diesem Kapitel erläuterten auf Repräsentationen von Frauen und Frauenbewegungen in deutschsprachigen oder ›westlichen‹ Diskursen blicken.

2.3 Ambivalente Sichtbarkeiten: Einsichten aus den Gender Media Studies

Dieses Kapitel dient dazu, anhand bestehender Studien grundlegende Praktiken der Repräsentation von Geschlecht und insbesondere Weiblichkeit[47] und der Vergeschlechtlichung gesellschaftlicher Diskurse zu rekonstruieren sowie Proteste von Frauen und Feminismus selbst als diskursives Phänomen zu untersuchen, auch um in der späteren Analyse auf Kontinuitäten und Verschiebungen in der Frage, wer und was in welcher Art und Weise repräsentiert wird, eingehen zu können. Im vorherigen Kapitel 2.2 habe ich die Notwendigkeit diskutiert, Analysen von Sichtbarkeit und Anerkennung in Medienkulturen stärker mit der Perspektive einer gesellschaftstheoretisch fundierten Repräsentationskritik zu verbinden. Eine solche Verbindung stärke ich in der vorliegenden Arbeit nicht nur aus theoretischer Perspektive, sondern auch, indem ich für die empirische Analyse bereits vorhandene Erkenntnisse zu bestehenden Praktiken der Repräsentation von Weiblichkeit und Protest heranziehe.

Mediale Geschlechterbilder und spezifisch mediale Repräsentationen von Weiblichkeit werden vor allem innerhalb der Gender Media Studies untersucht, denen auch ein Großteil der hier zitierten Studien zugeordnet werden kann. Der Begriff vereint die geschlechtertheoretisch ausgerichtete Forschung der Medien- und Kommunikationswissenschaften (vgl. Lünenborg/Maier 2013). Innerhalb der Forschung, die Medien-

47 Geschlechterkonstruktionen in Medien werden nach wie vor meist als Frage nach der Darstellung bzw. Konstruktion von Weiblichkeit untersucht, eine Engführung, die auch die vorliegende Arbeit vornimmt. Mehr und mehr Arbeiten, so auch einige der hier ausgewählten, thematisieren jedoch auch die Konstruktion ›hegemonialer Männlichkeit‹ (vgl. Connell 1999).

texte aus diskurstheoretischer Perspektive untersucht, lassen sich dabei verschiedene Schwerpunktthemen ausmachen (vgl. ebd.: 107ff), von denen drei sich mit für den hier untersuchten Diskurs zentralen repräsentativen Ordnungen beschäftigen und nach denen die nun folgenden Kapitel strukturiert sind: 1. Mediale Repräsentation von Weiblichkeit und ihre Verschiebungen (Kap. 2.3.1) 2. Vergeschlechtlichung gesellschaftlicher Diskurse, insbesondere um Migration, Krieg und Krisen und damit verbundene Konstruktionen der ›anderen Frau‹ (Kap. 2.3.2) und 3. Feminismus und Frauenbewegungen als mediales Diskursphänomen (Kap. 2.3.3). Alle Schwerpunkte sollen im Folgenden auch hinsichtlich möglicher Diskursverschränkungen betrachtet und in ihrer Verwobenheit untersucht werden. Mich interessieren im Folgenden aufgrund meines empirischen Fokus insbesondere Arbeiten, die sich mit Repräsentationen von Weiblichkeit, Vergeschlechtlichungen und Frauenbewegungen im deutschsprachigen Pressediskurs, in dem sich auch mein Untersuchungsgegenstand verortet, beschäftigen.[48] Darüber hinaus beziehe ich mich auf Arbeiten, die allgemeiner ›westliche‹ Diskurse untersuchen, sofern sie für meine Fragestellung und die spätere Analyse von Relevanz sind.

2.3.1 Konstruktionen von Weiblichkeit in medialen Diskursen

Auf die inhaltliche Ebene bezogene Studien zum ›Bild der Frau in den Massenmedien‹ finden sich in Deutschland seit Ende der 1970er Jahre (vgl. u.a. Küchenhoff et al. 1975, eine Übersicht zum Stand der Forschung findet sich u.a. bei Klaus 2005 und bei Maier/Thiele 2017 spezifisch zu visuellen Repräsentationen). Übergreifend kann konstatiert werden, dass Frauen in den letzten Jahrzehnten medial zwar mehr Sichtbarkeit erlangt haben, ihre Darstellungen aber nicht wesentlich weniger stereotyp geworden sind (vgl. Maier/Thiele 2017: 10) und Frauen nach wie vor regelmäßig als ›das Andere‹ zur als männlich konstruierten Normalität repräsentiert werden (vgl. Knaut 2016: 53). Für die Rekonstruktion bestehender Repräsentationsregime sind neben solchen hegemonialen Deutungen aber auch solche Darstellungen von Interesse, in denen Abweichungen vom hegemonialen Diskurs auftauchen (können) und sich dadurch andere Formen von Sichtbarkeit eröffnen. Studien, die die Art und Weise der Repräsentation von Geschlecht und insbesondere Weiblichkeit detailliert in den Blick nehmen und für meine Fragestellung relevante Ergebnisse liefern, beschäftigen sich im deutschsprachigen Raum häufig mit der Darstellung von ›Spitzenpersonal‹. Zudem lassen sich aus Untersuchungen, die Vergeschlechtlichungen neoliberaler Diskurse in den Blick nehmen, Erkenntnisse für die spätere Analyse gewinnen. Auf relevante Arbeiten aus beiden Forschungszweigen gehe ich im Folgenden ein.

Sichtbarkeit und Anerkennung von ›Spitzenfrauen‹ in deutschsprachigen Diskursen

Die Ergebnisse zu Untersuchungen der Berichterstattung über ›Spitzenpersonal‹ in Politik, aber teilweise auch Wirtschaft oder Wissenschaft, zeigen drei zentrale Repräsen-

48 Klaus (2005) bemerkt, dass es bisher erst wenige empirische Arbeiten zur Darstellung von Frauen in Printmedien gäbe (vgl. ebd.: 243), gegenwärtig hat sich diese Situation insbesondere im Forschungsfeld der Repräsentation von ›Spitzenfrauen‹ und ›anderer Frauen‹ verändert.

tationspraktiken auf, die trotz eines Wandels auch weiterhin Bestand haben. Thematisiert werden dabei in der bestehenden Forschung vor allem eine Marginalisierung, Trivialisierung und Vergeschlechtlichung weiblich kodierter Personen. Christina Holtz-Bacha (2007: 10) betont mit den Begriffen der »Marginalisierung« und »Trivialisierung«, dass Frauen in der Berichterstattung zum einen unterrepräsentiert sind und zum anderen ihre Bedeutung im politischen Diskurs heruntergespielt wird. Die Marginalisierung von Frauen in Printmedien und deren weitgehende Nichtbeachtung in der Berichterstattung über Politik- und Wirtschaftsthemen stellte Christiane Schmerl bereits 1989 in einer Studie fest, in der sie quantitativ das Vorkommen von Frauen als Handlungsträgerinnen in Zeitungsartikeln untersuchte. Diese Ergebnisse werden auch durch neuere Publikationen bestätigt (vgl. dazu Klaus 2005: 245). So stellt etwa auch Andrea Nachtigall (2012) in ihrer Studie *Gendering 9/11*, in der sie diskursanalytisch Genderkonstruktionen in der Berichterstattung über die Anschläge auf das World Trade Center in New York am 11. September 2001 in *Spiegel* und *Frankfurter Allgemeiner Zeitung* untersucht, eine Marginalisierung weiblicher Handlungsträgerinnen fest. Sie konstatiert die fehlende Sichtbarkeit politischer Akteurinnen, die den Diskurs ähnlich konstant prägen wie ihre männlichen Kollegen. Zentrales Interesse ihrer Arbeit ist jedoch nicht nur die Repräsentation und damit Sichtbarkeit von Frauen an sich, sondern besonders die Art ihrer Sichtbarkeit. Hier stellt sie eine Trivialisierung von Politikerinnen, in der 9/11-Berichterstattung insbesondere Claudia Roths, fest, die sich vor allem in deren stereotyper Darstellung als emotional, fürsorglich und unsachlich zeigt (vgl. ebd.: 191). Insgesamt resümiert sie: »Werte wie Sachlichkeit, Distanz zu den Dingen und Menschen (Weber), Effektivität und Leistungsfähigkeit werden als ›männlicher‹ Gegenpart zu ›weiblicher‹ Emotionalität, Irrationalität, Unsachlichkeit und fehlender Distanz konstruiert« (ebd.: 200). Verbunden ist damit auch die Reproduktion einer Verknüpfung von Männlichkeit mit Krieg und Weiblichkeit mit Pazifismus. Die Zuschreibung solcher ›Werte‹ wird dabei jedoch nicht immer an biologische geschlechtliche Zuschreibungen geknüpft. So betont Pantti (2007: 31f), dass auch weiblich kodierten Personen teilweise männliche ›Werte‹ zugeordnet werden. Gleichzeitig verweist Lünenborg (2009) darauf, dass Frauen, die männliche Tugenden verkörpern, oft mangelnde Weiblichkeit vorgeworfen wird. Verkörpern sie Weiblichkeit, so rutschen sie wiederum aus dem männlich definierten Politikfeld hinaus in eine Deutung der Politikunfähigkeit. Ein damit eng verbundener Aspekt der Trivialisierung weiblicher Spitzenkräfte ist auch die Fokussierung der Berichterstattung auf private Lebensbereiche und nicht die durch die Person verkörperte professionelle Rolle wie bei männlich kodiertem Spitzenpersonal (vgl. van Zoonen 2005). Lünenborg diskutiert in ihrem Buch *Politik auf dem Boulevard* (2009), dass eine solche Aufhebung der Trennung zwischen privaten und öffentlichen Lebensbereichen, die von der feministischen Kritik am Habermaschen Öffentlichkeitsmodell immer wieder gefordert wurde (s. Kap. 2.2.2), in diesem Fall zwar ebenfalls die Möglichkeit von Partizipation und der Verankerung anderer Deutungen mit sich bringt, gleichzeitig aber eine Gefahr der Reproduktion geschlechtsspezifischer Differenzen und der Trivialisierung ausschließlich von Akteurinnen darstellt (vgl. Lünenborg 2009: 12ff). Die geschlechtsspezifische Beachtung privater Lebensbereiche von Akteurinnen in der Berichterstattung muss also kritisch analysiert werden und ist gerade von einem feministischen Standpunkt nicht nur positiv zu deuten.

In Ergänzung zu den oben beschrieben Praktiken der Repräsentation von Frauen in politischen, wirtschaftlichen oder wissenschaftlichen Führungspositionen und der aufgezeigten mangelnden Sichtbarkeit dieser Gruppe in Printmedien bzw. ihrer fehlenden Anerkennung durch deren Trivialisierung zeigen einige Studien auf, dass diese Subjektpositionen durchaus regelmäßig medial anerkannt werden. Zu diesem Ergebnis kommt sowohl die umfassende Studie von Margreth Lünenborg und Jutta Röser (2012), die die Konstruktion von Geschlechterbildern in 23 journalistischen Medien (Text und Bild) untersucht als auch die Arbeit von Dorothee Beck (2016), in der sie die mediale Repräsentation von SPD-Kandidatinnen bei Landtagswahlen in Printmedien analysiert. Konstatiert wird in beiden Publikationen jedoch die anhaltende Inszenierung von Weiblichkeit als das ›Andere‹ im Gegensatz zu einer männlichen Normalität (vgl. Maier/Lünenborg 2012: 114ff, Beck 2016: 226ff). Politisch und gesellschaftlich relevante weibliche Akteurinnen werden demnach auch weiterhin als Ausnahme inszeniert und zudem im Gegensatz zu männlichen Akteuren primär über ihr Geschlecht definiert (vgl. Maier/Lünenborg 2012: 115), auch wenn Ramona Weise (2018) insbesondere in der Darstellung junger, erfolgreicher Politikerinnen eine Diversifizierung feststellt und geschlechtsspezifische Bilder dort an Bedeutung verlieren. Entscheidend für den nach wie vor präsenten Bezug auf ihr Geschlecht bei Politikerinnen ist die Herstellung von weiblicher Körperlichkeit, indem auf das Aussehen und modische Aspekte in der Darstellung der Personen eingegangen wird (vgl. dazu auch Pantti 2007). Elke Grittmann hebt hervor, dass der Bildberichterstattung bei solchen geschlechtsspezifischen Körperkonstruktionen eine besondere Rolle zukommt (vgl. Grittmann 2012: 166). Während aktuelle Arbeiten also eine Ambivalenz und Ansätze der Verschiebung marginalisierender und trivialisierender Repräsentationspraktiken in Bezug auf weibliche Spitzenkräfte aufzeigen, so betonen sie die Konstanz einer spezifisch für weibliche Personen geltenden Betonung der geschlechtlichen Zugehörigkeit und deren Verbindung mit Körperlichkeit.

Verschränkungen mit neoliberalen Diskursen und Aufmerksamkeitsräume für weiblich gelesene Körper bei McRobbie

Eine veränderte Bedeutung geschlechtlicher Zuschreibungen zeigt sich in Bezug auf Deutungen, die in Diskursen um Spitzenpersonal an die neoliberale Forderung nach Eigenverantwortlichkeit anknüpfen. Diese wird als für Frauen und Männer gleichermaßen gültig konstruiert, gleichzeitig zeigt sich aber eine geschlechtsspezifische Besonderheit, die bei Frauen den erfolgreichen Versuch, Familie und Erfolg im Beruf zu verbinden, herausstellt (vgl. Maier/Lünenborg 2012: 117). Auch Fabian Kreutzer (2013) identifiziert in seiner Studie zum ›Vereinbarkeitsdiskurs‹ das im dominanten neoliberalen Diskurs vorhandene Idealbild der »Power- und Karrierefrau« (ebd.: 216), die reproduktive und produktive Leistung durch optimales (Selbst-)Management miteinander vereint. Für die Untersuchung des Erscheinens weiblich kodierter Körper in öffentlichen Diskursen hat sich das Konzept der Aufmerksamkeitsräume von Angela McRobbie (2010: 87ff) als hilfreich erwiesen. Sie untersucht, unter welchen Bedingungen Frauen insbesondere in ›westlichen‹ Ländern in Erscheinung treten dürfen (vgl. zum analytischen Bezug auf das Konzept und dessen ausführliche Erläuterung bspw. Miriam

Stehling 2015: 104ff). Das auf Frauen gerichtete Scheinwerferlicht »lässt die regulativen Dynamiken in einem weicheren Licht erscheinen, setzt sie in Szene und verschleiert sie gleichzeitig« (McRobbie 2010: 88). Der Rahmen, der der Sichtbarkeit insbesondere junger Frauen in Öffentlichkeiten gesetzt wird, wird zugleich als nicht vorhanden inszeniert. Gerade dadurch erscheint eine analytische Beschäftigung mit solchen Bedingungen der Sichtbarkeit von Frauen – wie auch in der vorliegenden Arbeit – notwendig. Als übergeordnete Voraussetzung für das Erscheinen von Frauen beschreibt McRobbie deren Abkehr von einem Feminismus, der sich gegen das Patriarchat richtet (s. Kap. 2.3.3). Als Gegenleistung werden Frauen vier Bereiche des Erscheinens zugestanden, die hier erläutert werden sollen, da sie auch für die spätere Analyse der Bedingungen subjektivierender Anerkennung im untersuchten Diskurses von Bedeutung sein werden: 1. ›Postfeministische Maskerade‹, 2. die ›berufstätige Frau‹,3. die ›phallische Frau‹ und 4. die ›globale Frau´.

In der ›postfeministischen Maskerade‹ werden Frauen als produktiv, aktiv und individuell handlungsfähig sichtbar. Symbolische Orte dieser Inszenierung sind insbesondere weibliche Schönheit und Körperlichkeit sowie die Konsumsphäre. Nicht über patriarchale Autorität wird in diesem Bereich Macht über weibliche Körper ausgeübt, sondern sie »existiert nun umgeformt innerhalb eines Regimes der Selbstkontrolle« (McRobbie 2010: 98). In der ›postfeministischen Maskerade‹ ist die Inszenierung von Weiblichkeit damit weiterhin gefordert, wird aber als Auslebung einer individuellen Wahlfreiheit gedeutet (vgl. ebd.: 101). Damit verbunden ist, so McRobbie, auch ein *Undoing* von antirassistischen Kämpfen: Wie der Feminismus, so werden auch diese als zukünftig irrelevant gedeutet, da der sichtbare Erfolg ›schwarzer‹ Frauen strukturelle Auseinandersetzungen scheinbar unnötig macht: »Auch das Andere [Otherness] wird anerkannt: Kulturelle Differenz bekommt auf genau vorgezeichneten Wegen und in einem genau abgesteckten Rahmen ihren Platz zugewiesen.« (ebd.: 107) Dieser ›Platz‹ findet sich besonders in der unten beschriebenen Figur der ›globalen Frau‹; zugleich verschleiert diese Argumentation, dass die Aufmerksamkeitsräume meist ›weißen‹ Frauen vorbehalten bleiben. Auch die ›berufstätige Frau‹ oder die gebildete junge Frau tritt nach McRobbie als eigenverantwortlich auf. Ihre Aufgabe ist es, sich einen unabhängigen Mittelklassestatus zu erarbeiten und sich damit von ›sozial Unterlegenen‹ abzugrenzen. Solche klassistischen Ausgrenzungen werden zentral auch über mediale Repräsentationen reproduziert (vgl. zum Überblick bspw. Thomas et al. 2018: 14) und ersetzen feministische Solidarisierungen: »Der Imperativ der Selbstoptimierung setzt sich an die Stelle feministischer Werte wie Solidarität und Unterstützung und fördert stattdessen weibliche Individualisierung und die Verurteilung derjenigen, die nicht in der Lage oder nicht willens sind, sich selbst zu helfen.« (McRobbie 2010: 109) McRobbie beschreibt dabei die enge Verschränkung der berufstätigen Frau mit dem Phänomen der ›postfeministischen Maskerade‹: Erst deren Bildung und Berufstätigkeit ermöglicht es Frauen, an der weiblichen Konsumsphäre teilzunehmen:

> »Ihre berufliche Identität und die Erlangung von Qualifikationen führen dazu, dass junge Frauen nicht mehr primär anhand ihrer Positionen in familiären und verwandtschaftlichen Strukturen klassifiziert werden. Ihre gut sichtbaren Körper sind nun durch

den Besitz von Abschlüssen, Qualifikationen und beruflichen Identitäten gekennzeichnet.« (Ebd.: 110)

Die Klassifikation von Frauen erfolgt innerhalb neoliberaler Strukturen also nunmehr anhand der persönlichen Leistung und nicht mehr anhand ihrer Rolle innerhalb einer Familie. Gleichzeitig wird auch weiterhin eine Anpassung an patriarchale Strukturen gefordert, die sich insbesondere in der alleinigen Übernahme der Doppelbelastung produktiver und reproduktiver Arbeit durch Frauen zeigt. Auch wird von Frauen die selbstverantwortliche Aneignung der notwendigen Fähigkeiten für die erfolgreiche Ausübung dieser Rolle gefordert. (Vgl. ebd.: 117ff) In der Figur der ›phallischen Frau‹ zeigt sich die Belohnung der weiblichen Aneignung eines männlichen sexuellen Habitus innerhalb eines bestimmten Rahmens, der ›weißen‹ Frauen vorbehalten ist und in dem Frauen vor allem auch weiterhin für Männer begehrenswert bleiben müssen (vgl. ebd.: 122ff). Mit dem Bild der ›globalen Frau‹ beschreibt McRobbie insbesondere die Bedingungen, unter denen auch *Women of Color* innerhalb der hier beschriebenen Räume sichtbar werden. Gerade die ›postfeministische Maskerade‹ und die Inszenierung der erfolgreichen, gebildeten und berufstätigen Frau wird Frauen weltweit eröffnet, was sich auch in der vorliegenden Untersuchung zeigt (s. Kap. 5.2). Anders als von ›weißen‹ Frauen wird McRobbie (2010) zufolge aber von *Women of Color* gefordert, dass diese sich als ›natürlich‹ weiblich und damit angenehm und zurückhaltend und nicht phallisch inszenieren: »Die Modernität der heutigen globalen Frau zeigt sich in ihren neuen Freiheiten, in ihrer Erwerbsfähigkeit, in ihrer Freude und Teilhabe an der Schönheits- und Populärkultur sowie in ihrem angenehmen und zurückhaltenden Auftreten.« (ebd.: 128)

Zusammenfassend kann neben einer Ambivalenz der Marginalisierung und Trivialisierung insbesondere weiblichen Spitzenpersonals und deren Sichtbarkeit und Anerkennung in gegenwärtigen öffentlichen Diskursen vor allem die Bedeutung der (körperbezogenen) Vergeschlechtlichung von Frauen und die Verknüpfung von deren Sichtbarkeit und Anerkennung mit bestimmten, vom neoliberalen Diskurs geprägten Bedingungen festgestellt werden. Relevant erscheint mir hier im Hinblick auf die spätere Analyse vor allem die geforderte, als Ausübung individueller Wahlfreiheit gedeutete, Inszenierung einer spezifischen Form von Weiblichkeit, die Bedeutung von Bildung und Berufstätigkeit als Zeichen einer aktiven Teilnahme an der Konsumsphäre und die spezifische Positionierung der ›globalen Frau‹ in ihrer ›natürlichen‹ Weiblichkeit. Deutlich wird in diesem Zusammenhang auch, dass diese Repräsentationspraktiken nicht nur geschlechtsspezifisch, sondern auch anhand anderer kategorischer Zuschreibungen, insbesondere Klasse und *race*, strukturiert sind.

2.3.2 Vergeschlechtlichung gesellschaftlicher Diskurse und Konstruktionen ›anderer‹ Frauen

Wichtige Legitimationsressource für die Erzählung weiblicher Emanzipation und ›Fortschrittlichkeit‹ ist die Abgrenzung zu einer als unterdrückt konstituierten orientalisierten Weiblichkeit und einem als ›rückständig‹ konstruierten Islam. Die beidseitige Abhängigkeit solcher Okzident- und Orientkonstruktionen und die große Rolle, die die soziale Kategorie Geschlecht innerhalb dieses Gefüges spielt, habe ich weiter oben bereits theoretisch diskutiert (s. Kap. 2.2.3). An dieser Stelle gehe ich konkreter auf damit verbundene diskursive Praktiken der Repräsentation innerhalb deutschsprachiger Pressediskurse ein und leuchte somit anhand bestehender Studien die diskursive Arena, in dem auch der in dieser Arbeit untersuchte Diskurs verortet werden kann, weiter aus. Besonders relevant erscheinen mir in diesem Kontext Vergeschlechtlichungen zentraler gesellschaftlicher Diskurse um ›den Islam‹. Im Folgenden gehe ich daher zunächst übergeordnet auf Islamdiskurse ein und diskutiere anschließend spezifisch Ergebnisse zur Repräsentation zum einen von als muslimisch kategorisierten Migrant*innen und zum anderen von Frauen in Ländern der MENA-Region, über die im Kontext von Krisen und Kriegen berichtet wird.[49]

Für die vorliegende Arbeit ist dabei weniger von Relevanz, ›den Islamdiskurs‹ als Ganzes zu beurteilen. Wie Sabine Schiffer (2007) richtig anmerkt: »Ein einhelliges Islambild in den deutschen Medien gibt es nicht. Darum kann es weder islamophob noch islamophil sein.« (Ebd.: 1) Im Pressediskurs finden sich sowohl differenzierende, anerkennende wie auch Heterogenität missachtende Beiträge. Interessant für die nachfolgende Analyse sind die hegemonialen Strukturen des Diskurses, in denen sich solche Beiträge verorten: Welche Deutungen und narrativen Muster sind für die Berichterstattung über muslimische Kontexte im deutschsprachigen Pressediskurs prägend? Welche Rolle spielen dabei Geschlechterkonstruktionen? Relevante Ergebnisse bestehender Studien zu diesen beiden Fragestellungen stelle ich im Folgenden vor.

›Der Islam‹ in der deutschsprachigen Presseberichterstattung

Zur Repräsentation von Islambildern in deutschsprachigen journalistischen Diskursen, insbesondere in der Presse, aber auch in verschiedenen Fernsehformaten, existieren bereits zahlreiche sowohl quantitative als auch qualitative Studien (zum Überblick vgl. u.a. Brinkmann 2015: 55ff). Die umfassenden Studien von Kai Hafez (2002) zum Nahost- und Islambild der deutschen überregionalen Presse und von Kai Hafez und Carola Richter (2007) zum Islambild bei *ARD* und *ZDF* zeigen eine negative Stereotypisierung ›des Islams‹. Aus den Ergebnissen dieser Studien kann besonders die verbreitete Homogenisierung der MENA-Region, die Konstruktion einer Einheit zwischen Islam und Extremismus, sowie dessen Irrationalität und ›Rückständigkeit‹ hervorgehoben werden (vgl. v.a. Hafez 2002: 226ff). Damit wird ein »Feindbild Islam« (Hafez 2002: 95f) konstruiert, welches Şeref Ates (2006) zufolge insbesondere nach *9/11* beständig aktualisiert wird (vgl. auch Brinkmann 2015: 68ff). Die Repräsentation ›des Islams‹ als ›rückständig‹ und gewaltbereit findet sich meist nicht explizit in einzelnen Diskursbeiträgen, sondern wird vor allem über die Strukturen des Diskurses (z.B. Vergleiche mit dem ›modernen Okzident‹) und insbesondere auch über Visualisierungen im Diskurs vermittelt, wie Hafez (2013: 7f) anmerkt. Gerade für die Analyse eines Diskurses, der an repräsentative Praktiken in der Berichterstattung über ›den Islam‹ anknüpft, erscheint ein Einbezug von Visualisierungen wie in der vorliegenden Analyse somit geboten. Die Beschränkung auf negative Aspekte findet sich dabei insbesondere in der Berichterstattung über die MENA-Region (vgl. Hafez 2002: 294), also in der meist auf

49 Dies sind auch Schwerpunkte bestehender Untersuchungen zur Konstruktion ›anderer‹ Frauen (vgl. Lünenborg/Maier 2013: 112).

Krisen und Kriege fokussierten Auslandsberichterstattung. Dort zeigt sich zudem ein weiteres, bedeutsames Merkmal des Pressediskurses: Die Thematisierung des Islams als »Politikum« (Hafez 2013: 8), nicht als Religion. Problematisiert wird vor allem die angenommene Einheit von Politik und Religion im Islam, sodass Formen des politischen Islams ins Zentrum der Berichterstattung rücken. Auch Tim Karis (2012), der das Islambild in der Tagesschau zwischen 1979 und 2010 untersucht hat, schlussfolgert, dass vor allem die öffentliche Sichtbarkeit der muslimischen Religion in einem gesellschaftlichen Diskurs, der Religion im Privaten verortet, als Problem konstituiert wird und ›der Islam‹ ständig »unter einem ›Politikverdacht‹« (ebd.: 312) steht. Karis weist in diesem Zusammenhang auch auf die Paradoxie des Topos der Sichtbarkeit im Islamdiskurs hin: Zum einen wird dessen Öffentlichkeit sowohl in Form der Verbindung mit dem Politischen als auch in Form des öffentlichen Zeigens religiöser Symbole (Kopftuch, Bart, Minarette) beanstandet, zum anderen wird insbesondere in Debatten um das Kopftuch die Unsichtbarkeit muslimischer Frauen kritisiert, also eine Einhaltung des Sichtbarkeitsgebots ›okzidentaler‹ Kultur gefordert (vgl. Karis 2012: 311, dazu auch Fahmy 2004, Braun/Mathes 2007, Wenk 2008, Heidenreich 2009, Thomas 2013b). Weniger paradox erscheint diese spezifische Deutung in Bezug auf muslimische Frauen, betrachtet eine die Bedeutung geschlechtlicher Differenzierungen in der Islamberichterstattung. Karis hebt hervor, dass der Islamdiskurs nicht als einfache Dichotomie zwischen ›dem Feind Islam‹ und ›dem Okzident‹ verkannt werden darf, denn es wird »regelmäßig entlang der Täter/Opfer-Grenze zwischen einzelnen muslimischen Akteursgruppen unterschieden, d.h. es erscheint nicht der Islam als Ganzer als Täter, sondern nur ein Teil der Muslime« (ebd.: 312). Sehr deutlich wird dies anhand geschlechtlicher Differenzierungen, denn gerade die Konstruktion muslimischer Frauen als Opfer sowohl in Migrationsdiskursen im Inland als auch in der Berichterstattung über die Beschränkungen der Freiheit von Frauen in der MENA-Region reproduziert das Bild des feindlichen muslimischen Mannes. Mit Bezug auf die obigen Ausführungen lässt sich feststellen, dass die Konstruktion der unterdrückten muslimischen Frau damit gleich zwei diskursive Funktionen übernimmt: Sie festigt das Bild der emanzipierten, gleichberechtigten ›okzidentalen‹ Frau und das des rückständigen und gefährlichen muslimischen Mannes. Damit ist sie ein zentrales Vehikel hierarchischer Orient-/Okzidentkonstruktionen.

In Studien zur deutschsprachigen Berichterstattung wurde die diskursive Konstruktion von als muslimisch kategorisierten Frauen zum einen innerhalb von Migrationsdiskursen, zum anderen aber auch in der Krisen- und Kriegsberichterstattung zum ›Nahen Osten‹ untersucht. Bei Konstruktionen ›anderer‹ Frauen in deutschsprachigen Diskursen ist die Orientalisierung von Frauen auch quantitativ am bedeutendsten. Mit der Arbeitsmigration in den 50er Jahren wandelte sich die Darstellung, nachdem sie zuvor vor allem als erotisch und geheimnisvoll gezeigt wurden (vgl. Farrokhzad 2002: 85). Bereits Ende der 1980er Jahre finden sich Arbeiten zu Rassismus und Geschlecht und der Konstruktion ›fremder‹ Frauen in den Medien. 1989 veröffentlichte Helma Lutz eine Arbeit zur Orientalisierung von Frauen, Iman Attia konstatierte 1994 in einem Aufsatz zu antimuslimischem Rassismus das auch heute präsente Bild der unterdrückten muslimischen Frau und des sexistischen muslimischen Mannes und Brigitta Huhnke (1996) diskutierte, dass die Fremdheit ›der Muslima‹ in deutschsprachigen Zeitschriften vor allem über das Symbol des Kopftuches vermittelt wird. Diese Art der Darstellung sehen auch aktuellere Studien zum größten Teil als weiterhin hegemonial, auch wenn sie verstärkt auf Ambivalenzen der Repräsentation eingehen. Dies soll im Folgenden zunächst an Arbeiten, die die Repräsentation von Migrantinnen untersuchen und anschließend an solchen, die sich mit der Repräsentation von Frauen innerhalb der MENA-Region beschäftigen, diskutiert werden.

Die Konstruktion der ›muslimischen Migrantin‹ im deutschsprachigen Pressediskurs

Margreth Lünenborg, Katharina Fritsche und Annika Bach (2011) konnten in ihrer Studie zu *Migrantinnen in den Medien*, die quantitative und qualitative Analysen verbindet, aufzeigen, dass Migrantinnen vor allem als Opfer repräsentiert werden und sich dabei insbesondere bei muslimischen Migrantinnen Zuschreibungen der Passivität und ›Rückständigkeit‹ finden. Ebenfalls präsent war jedoch das Auftreten von (auch muslimischen) Migrantinnen als Prominente und Handlungsträgerinnen, wobei sie in dieser Rolle oft als besonders und außergewöhnlich gekennzeichnet wurden (vgl. ebd.: 101ff). Zu ähnlichen Ergebnissen kommt Schahrzad Farrokhzad (2002, 2006), die als häufigste Konstruktionsformen orientalisierter Frauen im deutschsprachigen Diskurs »die Kopftuchtürkin, die moderne Türkin und die Fundamentalistin« (Farrokhzad 2002: 87) ausmacht. Die ›moderne‹ Türkin wird dabei in Abgrenzung zur bedeckten, religiösen Frau konstituiert. Häufig findet sich zudem ein narratives Muster, in dem muslimische Migrantinnen dann als aktive Handlungsträgerinnen und Sprechende sichtbar werden, wenn sie als »Kronzeuginnen« (vgl. Brunner 2016: 6, Shooman 2014: 100ff, Schiffer 2007) auftreten und in ihren Aussagen die ›Rückständigkeit des Islams‹ betonen. Auch eine Fokussierung auf die äußerliche Beschreibung von Migrantinnen generell und insbesondere Kopftuch tragende Frauen konnten verschiedene Studien weiterhin feststellen. Das Kopftuch bei Migrantinnen steht demnach weiterhin als Symbol für Fremdheit und eine Abgrenzung zur ›eigenen‹ Kultur (vgl. u.a. Shooman 2014: 83ff) und für die mit ›dem Islam‹ in Verbindung gebrachte Unterdrückung von Frauen. Julia Kloppenburg (2012: 134) zeigt zudem auf, dass gerade im Migrationsdiskurs die Sichtbarkeit eines Kopftuches eng mit der Zuschreibung einer bestimmten, als ›niedrig‹ definierten Klassenzugehörigkeit verknüpft ist, da es kaum mit für die Repräsentation der Mittelschicht typischen Symbolen in Verbindung gebracht wird. Gerade Frauen mit Kopftuch werden oft als Prototype des ›Anderen‹ sichtbar, die individuelle Person, ihre Ansichten und Handlungen hingegen bleiben unsichtbar (vgl. Lünenborg/Maier 2017: 78, Grittmann/Maier 2017: 177, MacDonald 2006: 19). Margreth Lünenborg und Tanja Maier (2017), die eine der wenigen Studien zur visuellen Berichterstattung über Migration in Deutschland liefern, betonen in diesem Zusammenhang jedoch, dass sich die gezeigten Bilder von Migrantinnen durchaus ändern und eine Missachtung Kopftuch tragender Frauen eher über den textlichen Kontext hergestellt wird:

> »An den zahlreichen und oftmals stereotypen Bildern von Frauen mit Kopftuch wurde die Relevanz der Kontextualisierung solcher Bilder deutlich, werden doch Frauen mit Kopftuch auch als individuelle, moderne, selbstbewusste und aktive Frauen gezeigt. Nicht das Kopftuch als solches kann damit als visueller Signifikant für Religion und Traditionalismus bezeichnet werden; vielmehr sind es journalistisch-redaktio-

> nelle Kontexte, die durch die Auswahl der gezeigten Personen oder durch die Betitelung und Bildunterzeilen dasselbe Symbol in unterschiedliche Zusammenhänge einbetten.« (Ebd.: 80)

Sie gehen hier auf die Pluralität der Darstellung von Kopftuch tragenden Frauen ein und heben hervor, dass oft erst über die redaktionellen Kontexte die hegemoniale Deutung des Kopftuches hergestellt wird. Eine vermehrte Sichtbarkeit anderer Bilder muslimischer Migrantinnen, wie sie im obigen Zitat angesprochen wird, konstatieren auch andere Studien. So werden Migrantinnen teilweise auch unabhängig von Zuschreibungen von Ethnizität und Geschlecht gezeigt (vgl. Lünenborg/Fritsche/Bach 2011: 64f), oder als erfolgreiche Frauen zu sehen gegeben, was oft über einen ›westlichen‹ Kleidungsstil symbolisiert wird (vgl. Röder 2007: 113). Auch gibt es vereinzelt Beiträge, die muslimische Migrantinnen als individuelle Subjekte vorstellen und als aktiv und handlungsfähig zeigen (vgl. Lirola 2014: 90f). Insgesamt dominieren jedoch auch weiterhin die oben beschriebenen Konstruktionen der passiven, unterdrückten und ›fremden‹ Frau.

Die Repräsentation von Frauen in der Berichterstattung über die MENA-Region

Zu ähnlichen Ergebnissen kommen auch die – deutlich weniger – Studien, die sich mit der Repräsentation ›anderer‹ Frauen nicht innerhalb Europas, sondern in der Berichterstattung über die MENA-Region beschäftigen. Die Repräsentation und Konstruktion muslimischer Frauen in der Auslandsberichterstattung wurde bisher vor allem am Beispiel des Diskurses um den Afghanistan-Krieg untersucht. Herausgestellt werden kann hier die oben bereits angesprochene Arbeit von Nachtigall (2012) zu Geschlechterkonstruktionen im Kontext der 9/11- Berichterstattung. Auch Nachtigall selbst weist in ihrer Analyse darauf hin, dass die aufgezeigten Deutungen »über den konkreten Kontext ›Afghanistan‹ hinaus« Wirkung entfalten, »indem sie stereotype Wahrnehmungs- und Denkmuster in Bezug auf die ›islamische Frau‹ wie auch die ›westliche‹ Frau verfestigen« (ebd.: 335). Die Repräsentation von als ›muslimisch-arabisch‹ dargestellten Frauen muss besonders in der Berichterstattung über die MENA-Region als problematisch angesehen werden. Nachtigall verdeutlicht, dass Frauen entsprechend eines gängigen Musters in der Krisen- und Kriegsberichterstattung auch im Fall des Afghanistan-Krieges nur selten als Handlungsträgerinnen auftauchen (vgl. ebd.: 334). Die hegemoniale Deutung ist im Gegensatz die der afghanischen Frau als passives, unterdrücktes Opfer, welches durch den Eingriff ›westlicher‹ Truppen ›gerettet‹ wird: »Afghanische Frauen werden dabei nahezu ausschließlich als rechtlose Opfer männlicher Willkür und Patriarchaler Gewaltherrschaft präsentiert, wobei auch sexualisierte Gewalt und Vergewaltigung eine Rolle spielen« (ebd.: 366) und stehen somit symbolisch für den »Diskursstrang ›islamisches Patriarchat‹« (ebd.: 335). Neben dieser spezifischen Opferrolle, die afghanischen Frauen zugeschrieben wird, zeigt sich im Diskurs auch eine Anknüpfung an übergeordnete Muster der Verbindung von Weiblichkeit und passiver Schutzbedürftigkeit. In der Repräsentation von Frauen dominieren Zuschreibungen »von Passivität, Leidensfähigkeit/Duldsamkeit, Unterdrückung, Schutzbedürftigkeit und Emotionalität« (ebd.: 366). Afghanische Frauen werden im Diskurs meist im familiären Rahmen gezeigt und nicht als politische Handlungsträgerinnen und stehen damit symbolisch vor allem für das Leiden der zivilen Bevölkerung unter den Taliban. Hier zeigt sich in der Symbolik der leidenden »FrauenundKinder« (Enloe 1990, zitiert nach Wenk 2008: 35) ein vermeintlich natürlicher Unterschied zwischen den Geschlechtern und eine mit der Geschlechtszugehörigkeit verbundene Verletzbarkeit bzw. Macht, zu verletzen (vgl. ebd.). Deutlich wird hier, dass oft gerade in solchen Diskursen, die die Verankerung patriarchaler Strukturen bei ›den Anderen‹ kritisieren, ebendiese innerhalb der diskursiven Strukturen reproduziert werden. Auch im in der vorliegenden Arbeit untersuchten Diskurs um die Proteste in Ägypten zeigt sich teilweise eine Reproduktion dieser Verbindung von Weiblichkeit und Verletzlichkeit, zugleich wird eine Verschiebung tradierter Repräsentationspraktiken hin zu einer Fokussierung auf die individuelle Handlungsfähigkeit und Widerständigkeit der Frauen deutlich (s. Kap. 5.1 und 6.2).

Als Symbol ihrer Unterdrückung wird ebenso wie im deutschsprachigen Migrationsdiskurs auch in der Berichterstattung über die MENA-Region zentral die Verschleierung von Frauen thematisiert (vgl. Nachtigall 2012: 351). Silke Wenk (2008) verdeutlicht die Problematik dieser Symbolisierung von Unterdrückung: »Wie insbesondere feministische Aktivistinnen immer wieder feststellten, hindert eben diese Verknüpfung von Schleier und Opfer zunehmend daran, die differenten Stimmen unter den Schleiern zu hören, die aktiv um ihre Gleichberechtigung kämpfen« (ebd.: 40). Der Symbolcharakter des Schleiers verhindert die Hörbarkeit der Vielfältigkeit mit ihm verbundener Stimmen. Mit der Konstruktion der Passivität der Opfer geht die Deutung eines ›westlichen‹ Eingreifens einher, welches die Opfer befreie (vgl. Klaus/Kassel 2008: 275). Shahira Fahmy (2004) untersucht, wie afghanische Frauen vor und nach dem Sturz des Taliban-Regimes in Bildern der Agentur *AP* repräsentiert wurden. Sie zeigt, dass sich Bilder in Kamerawinkel, Fokus, Distanz und Darstellung der Frauen nach dem Sturz veränderten, so dass es weniger zu passiven und viktimisierenden Darstellungen kam, auch wenn der Großteil der dargestellten Frauen weiterhin verschleiert war. Eine mögliche Begründung sieht sie darin, dass ›westliche‹ Medien trotz einer anhaltenden Verschleierung von Frauen eine positive Veränderung in deren Situation durch den Krieg darstellen wollten. Andere Arbeiten betonen dennoch die Symbolisierung der Befreiung von Frauen über ihre Entschleierung (vgl. Nachtigall 2012, Wenk 2008). Wenk erinnert an die koloniale Tradition der Entschleierung von Frauen[50] und stellt die Verbindung zwischen der Herstellung von Sichtbarkeit mit Macht und Kontrolle heraus (vgl. Wenk 2008: 37ff). Im Kontext der immer wieder auftauchenden, inzwischen ikonischen Bilder entschleierter Frauen werden zudem oft die unter dem Schleier verborgenen ›westlichen‹ Schönheitsnormen betont. In der Fokussierung auf die Entschleierung im Diskurs und die Herausstellung der dadurch ›befreiten‹ weiblichen Schönheit zeigt sich auch eine begrenzte Deutung von Frauenrechten, wie Elisabeth Klaus und Susanne Kassel (2008) und Nachtigall (2012) aufzeigen. Diese fokussiert sich vor allem auf die Freiheit von Frauen, welche an »westlichen Vorstellungen von Weiblichkeit und

50 In Ägypten setzte sich der erste britische Kolonialverwalter Evelyn Baring um 1900 für die Entschleierung ägyptischer Frauen ein und stieß auf erheblichen Widerspruch aus der Bevölkerung. Auch hier zeigte sich bereits das Muster des Otherings von Sexismus: Er machte ›den Islam‹ für die Erniedrigung von Frauen verantwortlich, zugleich setze er sich in England gegen die Einführung des Wahlrechts für Frauen ein (vgl. Dietze 2016c).

Schönheit gemessen« (ebd.: 337) wird und die Möglichkeit der Teilnahme an Vergnügen und Konsum und insbesondere eine Sichtbarkeit weiblicher Körper fordert und damit auch an die oben beschriebenen Aufmerksamkeitsräume für Frauen innerhalb öffentlicher Diskurse anknüpft. Nicht nur wird Weiblichkeit in diesem Deutungsmuster entlang spezifischer, hegemonialer ›westlicher‹ Vorstellungen konstituiert, zugleich wird die Erfüllung dieser Standards als Emanzipation gedeutet. Damit wird zugleich ein ›Okzident‹ repräsentiert, der in Frauenrechtsfragen ein Ideal darstelle und feministische Forderungen hierzulande hinfällig mache. Die Missachtung von Frauenrechten wird ›den Anderen‹ zugeschoben, es erfolgt auch hier eine »diskursive Externalisation von Sexismus und Patriarchat« (ebd.: 412, vgl. auch Klaus/Kassel 2008: 277). Diese spielt auch im in dieser Arbeit untersuchten Pressediskurs um die Proteste in Ägypten eine zentrale Rolle (vgl. insbesondere Kapitel 5.3 und 6.1.1).

Unsichtbar bleiben im deutschsprachigen Diskurs um ›andere Frauen‹ also zum einen die globale Präsenz sexistischer und patriarchale Strukturen, zum anderen die historischen Kämpfe ›anderer‹ Frauen oder überhaupt ihr Status als Subjekte mit je spezifischen Lebensrealitäten. Auch wenn Frauen in journalistischen Diskursen in Anknüpfung an weibliche Stereotype der Fürsorglichkeit und Friedfertigkeit die Aufgabe eines nationalen Neuanfangs zugeschrieben wird, so wird auch innerhalb dieser Deutung vor allem *über* Frauen gesprochen (vgl. Nachtigall 2012: 358). Im medialen Diskurs um den Afghanistan-Krieg finden sich kaum Gelegenheiten, in denen Frauen selbst die Möglichkeit haben, zu sprechen und ihre spezifischen Ansichten dazulegen. Nichtsdestotrotz finden sich auch hier einige Gegenbeispiele. Diese zeigen sich zum einen in der politisch aktiven, handlungsfähigen Afghanin, deren ›Modernität‹ jedoch stets anhand ihres mehr oder weniger ›westlich‹ geprägten Kleidungsstils bewertet wird (vgl. ebd.: 359) und im Beispiel von zwei Aktivistinnen, die als mutig, aktiv und kämpferisch dargestellt werden. Nachtigall konstatiert, diese Darstellung knüpfe an die »im westlichen Diskurs zumeist positiv besetzte Figur der weiblichen Freiheits- und Widerstandskämpferin an, wie sie z.B. durch Jeanne d'Arc prominent verkörpert wird« (ebd.: 364). Dieser Bezug taucht im Diskurs aber nur an zwei Stellen auf, kann sich also nicht durchsetzen und bleibt marginalisiert. Beide Beispiele werden zudem explizit als Ausnahmeerscheinung konzipiert, die die Deutung der Normalität der passiven, unterdrückten afghanischen Frauen noch bestätigen.

Zusammenfassend erscheint für den übergeordneten Islamdiskurs und die Konstruktion ›der anderen Frau‹ sowohl in Migrationsdiskursen als auch in der Berichterstattung über die MENA-Region zunächst der ›Topos Sichtbarkeit‹ und das damit verbundene ›okzidentale‹ Ideal der Sichtbarkeit des weiblichen Körpers bedeutsam. Nach wie vor sind das Kopftuch oder andere Arten der Verschleierung zentrale Symbole des Diskurses, die zumeist Fremdheit und ›Rückständigkeit‹ signalisieren, auch wenn aktuelle Studien aufzeigen, dass Medien mehr und mehr auch andere Bilder zu sehen geben. Zentral im Diskurs ist zudem die Deutung weiblicher Passivität und Leidensfähigkeit, die teilweise auch als eine übergeordnete weibliche Eigenschaft auftritt, oft aber spezifisch orientalisierten Frauen zugeschrieben wird. Eng damit verbunden ist eine Nicht-Sichtbarkeit von Handlungsfähigkeit und die fehlende Hörbarkeit der Stimmen ›anderer‹ Frauen im Diskurs. Besonders im Migrationsdiskurs, aber auch in der Afghanistan-Berichterstattung konnten einige Beispiele aufgezeigt werden, in denen

Frauen als aktiv und handlungsfähig gezeigt werden. Die Darstellungen knüpfen dann zumeist an die oben beschriebenen postfeministischen Diskurse um Ermächtigung, Wahlfreiheit und individuelle Handlungsfähigkeit an und charakterisieren die Frauen als Ausnahmeerscheinungen. Insgesamt zeigt dieser Überblick über Repräsentationsregime in der deutschsprachigen Presseberichterstattung spezifische diskursive Praktiken der theoretisch bereits dargelegten Bedeutung von Weiblichkeitskonstruktionen für eine Festigung hierarchischer Orient-/Okzidentkonstruktionen auf.

2.3.3 Diskurse um Frauenbewegungen und (Post-)Feminismus

Über die Repräsentation weiblicher Körper hinaus interessieren mich für die spätere Analyse auch Praktiken der Repräsentation von politisch bewegten Frauen und die mediale Verhandlung von Feminismus, da es im untersuchten Diskurs spezifisch um die Repräsentation von Frauen in Protestsituationen und auch die Verhandlung von Frauenrechten und feministischen Protesten geht.[51] Diskutiert werden sollen daher im Folgenden Arbeiten, die sich mit Diskursen über Frauenbewegungen und der medialen Konstruktion gegenwärtiger Feminismen beschäftigen. Bezug genommen wird dabei vor allem auf Studien zu in Deutschland oder ›dem Westen‹ verbreiteten diskursiven Formationen, da sich in diesen auch der von mir untersuchte Pressediskurs zu Protesten in Ägypten verorten lässt.

Während es eine Bandbreite an feministischer Forschung zu Frauenbewegungen im deutschsprachigen Raum, ihren Hintergründen, Strömungen, Zielen und Akteur*innen gibt,[52] finden sich nur vereinzelt Arbeiten zu deren diskursiver Repräsentation, die sich fast ausschließlich mit medialen Darstellungen protestierender Frauen in Deutschland, Europa oder den USA beschäftigen. Für den wissenschaftlichen Diskurs kann konstatiert werden, dass die Analyse von Frauen innerhalb sozialer Bewegungen wie auch Frauenbewegungen als Untersuchungsgegenstand in der sozialen Bewegungsforschung bislang ein vernachlässigtes Feld darstellen (vgl. Leidinger 2015: 65). Auch für journalistische Diskurse konnten die wenigen bestehenden Studien die Marginalisierung von Frauenbewegungen und feministischen Anliegen feststellen. Gerade in massenmedialen Öffentlichkeiten zeigt sich ein sehr begrenzter Zugang für Frauenbewegungen und ihre Themen, insbesondere außerhalb spezifischer diskursiver Ereignisse findet alltägliche Frauen- und Geschlechterpolitik hier kaum Resonanz (vgl. Flicker 2008: 135, Geiger 2002a: 102). Frühe Arbeiten kritisieren in der diskursiven Auseinandersetzung mit Frauenbewegungen zunächst deren Enthistorisierung und Homogenisierung. Regina Dackweiler (1995: 107) stellt die Ausblendung von Kontinuitäten zwischen historischen und neuen Frauenbewegungen fest (vgl. auch Schnabel 2003: 177ff). Das Wissen über die spezifischen Kontexte historischer Frauenbewegungen versteht

51 Die Erweiterung der Fragestellung über Bedingungen der Anerkennung protestierender Frauen im Diskurs auf die Sichtbarkeit von Aspekten eines lebbaren Lebens und politischen Handelns im Diskurs erörtere ich in Kapitel 3.2.3 genauer.

52 Vgl. z.B. zur Neuen Frauenbewegung Auswahlbibliographie von Leidinger: www.rosalux.de/fileadmin/rls*uploads/pdfs/Themen/GK*Geschichte/Literaturlisten/ausw*biblio*f*bew*leidinger.pdf (abgerufen am 13.11.2018), als Überblicksliteratur insbesondere Gerhard (2009), Lenz (2010).

sie hingegen als entscheidend auch für die Analyse neuer Frauenbewegungen, da dieses »ein Verständnis der Frauenbewegungen von der zweiten Hälfte des 19. Jahrhunderts bis zur Gegenwart als kollektive politische Akteurinnen an den Schnittstellen kapitalistischer und patriarchaler Herrschaftsformen in Produktion und Reproduktion« (Dackweiler 1995: 115) ermöglicht. Nur durch die Auseinandersetzung mit Kontinuitäten lassen sich Frauenbewegungen als anhaltende politische Kämpfe gegen Geschlechterverhältnisse verstehen, die grundlegende gesellschaftliche Verhältnisse und nicht neue Problemlagen thematisieren. Mit der Enthistorisierung von Frauenbewegungen geht oft eine Homogenisierung sehr unterschiedlicher vergangener Bewegungen einher, wie auch Angela McRobbie bemerkt (vgl. McRobbie 2010: 27). Dabei werden sowohl die Differenzen zwischen Frauen als auch die sehr unterschiedlichen Anliegen verschiedener Strömungen nicht berücksichtigt (vgl. Schnabel 2003: 177ff).

Generell zeigen bestehende Arbeiten zudem eine thematische Verengung in der Berichterstattung über feministische Proteste auf. Brigitte Geiger (2002b) hat mit dem *FrauenVolksbegehren* 1997 in Österreich[53] ein Diskursereignis untersucht, welches beispielhaft für journalistische Diskurse um feministische Proteste steht. Sie verzeichnet zwar eine hohe mediale Resonanz, zeigt aber auf, dass Anliegen von Frauenbewegungen eher dann thematisiert werden, wenn keine grundlegenden gesellschaftlichen Machtverhältnisse angesprochen, sondern ein liberales Gleichberechtigungsmodell gefordert wird (vgl. Geiger 2002a: 102). Sowohl im medialen als auch im politischen Diskurs konzentrierte sich die Berichterstattung über das *FrauenVolksbegehren* auf Fragen der Kinderbetreuung und Vereinbarkeit von Familie und Beruf, wodurch die Grenzen medialer Diskurse im Bereich Frauenpolitik deutlich werden (vgl. Geiger 2002b: 119). Dies entspricht auch einer im wissenschaftlichen Diskurs hegemonialen Deutung, welche Frauenbewegungen als kulturorientierte Selbsthilfe im Gegensatz zu machtorientierter politischer Intervention (vgl. Raschke 1987: 275) konstruiert. Christiane Leidinger (2015: 68f) weist darauf hin, dass diese Deutung Frauenbewegungen einen breiteren politischen Gestaltungswillen abspricht und ihre Anliegen als kulturell und nicht staatlich-strukturell bedingt versteht.

Die diskutierten Ergebnisse zeigen einen Trend zur Abgrenzung von historischen, im Diskurs homogenisierten Frauenbewegungen an. Sie verdeutlichen, dass Feminismus und Frauenbewegungen dann medial sicht- und hörbar werden, wenn sie keine grundlegenden Machtverhältnisse in Frage stellen oder gar politisch in sie intervenieren wollen. Diese Ergebnisse sprechen eigentlich für eine Abkehr öffentlicher Diskurse von Frauenbewegungen und feministischen Anliegen. So erscheint es zunächst paradox, dass gleichzeitig in aktuellen Arbeiten eine Rückkehr des Begriffs ›Feminismus‹ in den öffentlichen Diskurs konstatiert wird: »Löste der Begriff ›Feminismus‹ in politischen und wissenschaftlichen Feldern noch bis vor Kurzem weithin vor allem Distanzierungen aus, ist seit 2006 ein Meinungsumschwung zu verzeichnen: Statt back-lash kann zumindest von einem journalistischen come-back gesprochen werden.« (Thiessen

53 Das *FrauenVolksBegehren* wurde 1996 vom *Unabhängigen FrauenForum (UFF)* in Österreich initiiert. Bei der Abstimmung 1997 erhielt es rund 650.000 Stimmen und konnte für die elf, in ihm vorgebrachten Forderungen zur Geschlechtergerechtigkeit eine große mediale Öffentlichkeit erreichen (vgl. Flicker 2008: 132).

2010: 37) Betont wird dabei die Gleichzeitigkeit eines Bezugs auf und einer Zurückweisung von Feminismus, eine Parallelität feministischer und antifeministischer Bezüge (vgl. Hark/Villa 2010, Gill 2016). Als prägend für eine solche, oft als ›postfeministisch‹[54] gekennzeichnete Medienkultur wird eine Einverleibung feministischer Begriffe in neoliberale Diskurse beschrieben. Dies gilt zentral für die Begriffe Wahlfreiheit (Choice) und Ermächtigung (Empowerment) oder auch Emanzipation (vgl. dazu McRobbie 2010: 50ff, Gill 2016). Diese Begriffe bezeichnen in feministischen Diskursen Möglichkeiten, die eigene Lebensrealität gestalten zu können und beinhalten auch die Auseinandersetzung mit Herrschaftsstrukturen (vgl. Leidinger 2015: 129). In neoliberalen Diskursen werden sie jedoch ihrer Herrschaftskritik enthoben und mit ihnen die Idee unbegrenzter, individueller Möglichkeiten der Selbstverwirklichung verbunden. Die Vorstellung der Möglichkeit einer freien Wahl durch Individuen und Anrufungen einer individuellen Ermächtigung verlagern die Veränderung von weiblichen Realitäten in die Hände von Individuen. Als zentraler Schauplatz solcher Veränderungen wird der weibliche Körper inszeniert, der beständig kontrolliert und optimiert werden müsse (vgl. Gill 2016: 543). Tanja Thomas (2008) untersucht in einer Auseinandersetzung mit Formaten des Lifestyle-TVs, wie eine solche Fokussierung auf Eigenverantwortung und Individualismus Anerkennungsordnungen verschiebt. Anerkennung wird demnach dann gewährleistet, wenn Körper und Lebensstil entlang neoliberaler Kriterien (insbesondere ökonomische Nutzbarmachung) selbstverantwortlich gestaltet werden und damit als erfolgreich gelten können (vgl. Thomas 2015: 61, 2008: 240). Kreiert wird damit »ein Individualismus insbesondere des Eigennutzes, der Selbstverwirklichung, der Verantwortlichkeit und Selbstbestimmung« (Thomas 2008: 236, vgl. zu Neoliberalisierung und Fernsehformaten auch Stehling 2015). Auch Eva Flicker (2008: 135) beobachtet, kommt es doch zu einer diskursiven Sichtbarkeit von Frauenbewegungen, eine Individualisierung und Ästhetisierung der Berichterstattung. Meist werden Einzelpersonen, nicht Kollektive thematisiert, während die Darstellung dieser Einzelpersonen zugleich mit der Ästhetisierung der Frauenkörper einhergeht.

Eine solche Individualisierung von Verantwortung und Handlungsfähigkeit ist vor allem deshalb problematisch, weil mit ihr meist eine Nicht-Thematisierung gesellschaftlicher Strukturen und eine Abkehr von kollektiven Handlungsmöglichkeiten einhergeht. Letztere zeigt sich in aktuellen Diskursen, die sich auf den Begriff ›Feminismus‹ beziehen, insbesondere in einer Abgrenzung zu ›alten‹ Frauenbewegungen und Feminismen. Hark und Villa (2010: 14) betonen, dass eine solche Abgrenzung oft mit der oben beschriebenen Homogenisierung früherer Frauenbewegung und der Verkennung der Vielfältigkeit feministischer Auseinandersetzungen einhergeht. Alison Winch (2013) bemerkt, dass die mediale Fokussierung auf Feminismen, die im

54 Zum Begriff ›Postfeminismus‹ und damit verbundenen unterschiedlichen Deutungen vgl. u.a. Gill 2016, McRobbie 2010. Gill (2016) charakterisiert Postfeminismus als *sensibility* und betont damit »die Widersprüchlichkeit postfeministischer Diskurse, in denen sowohl feministische als auch antifeministische vermischt werden« (ebd: 542). Als zentrale Merkmale solcher Diskurse, die sie als prägend für gegenwärtige Medienkulturen versteht, bezeichnet sie die »Vorstellung, dass Weiblichkeit eine körperliche Eigenschaft ist; die Verlagerung von Objektivierung zu Subjektivierung; die Betonung der Selbstüberwachung, Kontrolle und Disziplin; ein Fokus auf Individualismus, Wahlfreiheit und Empowerment« (ebd.).

Sinne einer neoliberalen Kultur die Möglichkeit zu Veränderungen ausschließlich als individuelles Projekt präsentieren, feministische Kollaborationen aufbricht. Daher ist eine kritische Auseinandersetzung mit der Frage, warum bestimmte feministische Aktivitäten mehr mediale Sichtbarkeit und Anerkennung erhalten als andere und die gleichzeitige Betonung der Notwendigkeit der Fortführung eines »linken, antikapitalistischen Feminismus« (ebd.: 16) zentral. Auch Klaus (2008) beschreibt in ihrer Analyse gegenwärtiger Bücher zu Feminismus die Distanzierung von ›alten‹ Feminismen und die Abwesenheit einer kritischen Gesellschaftsanalyse als zwei zentrale Diskursstränge in neuen Feminismus-Diskursen (ebd.: 180). In Abgrenzung zu ›alten‹ Feminismen wird dort propagiert, dass jede Frau durch eigene Anstrengungen ihre Ziele erreichen könne, kollektive Handlungsfähigkeit wird hingegen ausgeblendet: »Gemeinsame Gruppeninteressen sind allenfalls schemenhaft sichtbar, gemeinsame Handlungskonzepte gar nicht in Sicht.« (ebd.: 182) Damit einher geht die fehlende Berücksichtigung gesellschaftlicher Machtstrukturen und kritischer Analysen patriarchaler Strukturen. Auch intersektionale Formen der Diskriminierung werden nicht thematisiert, es findet eine Fokussierung auf ›weiße‹, erfolgreiche Frauen statt. Die hier beschriebene Depolitisierung feministischer Diskurse stellen auch Tanja Thomas und Miriam Stehling (2016: 93f) in ihrer Untersuchung zu Protesten von Femen fest. Auch Kaitlynn Mendes (2012: 564f), die feministische Diskurse in der britischen und US-Amerikanischen Presse zwischen 1968 und 2008 analysiert hat, beschreibt deren zunehmende Depolitisierung und Neoliberalisierung. Die Berichterstattung konzentriert sich auf die Bereiche Selbstoptimierung und Konsum, eine Darstellung feministischer Konzepte und Kritiken sowie politischen Aktivismus verschwindet hingegen mehr und mehr. Die Abwesenheit struktureller Kritik und kollektiver Handlung wird dabei vor allem mit einer fehlenden Notwendigkeit begründet. Zentral für neue feministische Diskurse ist daher das Argument, dass Frauen ›im Westen‹ bereits Freiheit und Gleichheit erreicht hätten, politischer Aktivismus also nicht mehr notwendig sei (vgl. Mendes 2012: 565). Klaus (2008: 183) und Hark und Villa (2010: 14) argumentieren, dass diese Begründung durch eine enge Verwobenheit neuer Feminismen mit der Konstruktion eines als in Frauenrechtsfragen ›rückständigen Islams‹ gestützt wird. Diese These wird auch durch die Arbeit von Christina Scharff (2011) unterstrichen, die junge Frauen in Großbritannien und Deutschland zu ihren Beziehungen zum Feminismus befragte. Sie kam zu dem Ergebnis, dass die Distanzierung von einem politischen Feminismus und dessen Individualisierung vor allem über eine Orientalisierung unterdrückter Frauen und eine damit verbundene Festigung der Selbstkonstruktion als emanzipierte, freie, nicht diskriminierte Frau funktioniert (vgl. ebd.: 129ff).

Zusammenfassend zeigt sich im medialen Diskurs um kollektive Frauenbewegungen deren Marginalisierung, eine mit einer Enthistorisierung verbundene Homogenisierung früher Bewegungen und in der Berichterstattung eine Reduktion auf Themen, die keine strukturelle Kritik formulieren. Deutlich wird dies besonders im medialen Bezug auf einen ›neuen‹ Feminismus. Dieser wird als neoliberale Einverleibung feministischer Begriffe wie Ermächtigung und Wahlfreiheit kritisiert, mit denen eine Fokussierung auf individuelle Handlungsmacht und damit eine Abgrenzung von feministischen kollektiven Bewegungen und deren Kritik an gesellschaftlichen Machtstrukturen legitimiert wird.

Der Überblick über bestehende Studien zu den spezifischen diskursiven Formationen bezüglich (orientalisierter) Weiblichkeit und Protest, in dem der Untersuchungsgegenstand verortet werden kann, zeigt, dass zwar eine Ambivalenz zwischen Missachtung und Anerkennung in der Repräsentation von Frauen in journalistischen Diskursen aufgezeigt werden kann, in beiden Fällen jedoch nach wie vor die (körperbezogene) Vergeschlechtlichung überwiegt. Die Forderung nach einer solchen aktiven, individuellen und körperbezogenen Ausübung von Weiblichkeit wird dabei von der Konstruktion der als nicht-sichtbar und passiv repräsentierten orientalisierten Frau abgegrenzt. Letztere wird jedoch in Ausnahmefällen ebenfalls als emanzipiert gezeigt, nämlich dann, wenn sie individuell aktiv wird und damit der Deutung feministischer Emanzipation als individuelle (und unpolitische) Ermächtigung im Gegensatz zu einer kollektiven Frauenbewegung entspricht. Inwiefern sich Anknüpfungen an oder Verschiebungen von den hier dargestellten Repräsentationspraktiken zeigen, ist eine zentrale Fragestellung der Analyse in Kapitel 5, 6 und 7.

In diesem zweiten Kapitel habe ich zunächst anhand des Forschungsstandes zu den ägyptischen Protesten ab 2011, Medien und Geschlecht verdeutlicht, dass eine kritische, geschlechtertheoretische Perspektive auf die Berichterstattung über die Proteste den Blick für die Ambivalenzen des Diskurses schärfen kann. Anschließend ging es mir um die Präzisierung einer solchen Perspektive für die vorliegende Arbeit und darum, inwiefern diese vor allem von (de-)konstruktivistischen, feministischen und postkolonialen Ansätzen geprägt ist. Sie interessiert sich damit zentral für die Reproduktion machtvoller Strukturen und Wissensordnungen in Diskursen. Zudem habe ich anhand bestehender Studien, die von einer ähnlichen Perspektive aus arbeiten, verdeutlicht, welche Kritik an Repräsentationen von Weiblichkeit und Feminismus damit einhergeht. Damit habe ich mich näher mit solchen Repräsentationsregimen auseinandergesetzt, die auch für den in dieser Arbeit analysierten Diskurs relevant sind.

Zugleich soll mit dem nächsten Kapitel die in der Einleitung und Kapitel 2.1 thematisierte Deutung der Proteste in Ägypten als ›Schlüsselereignis‹ in der bestehenden Forschung aufgegriffen werden. Der Fokus wird damit nicht nur auf Möglichkeiten der Etablierung und Festigung von Ausschlüssen, sondern auch Möglichkeiten anderer Repräsentation und mediatisierter Anerkennung im untersuchten Diskurs, wie sie in kosmopolitischen Ansätzen diskutiert werden, gelegt.

3. Kosmopolitismus und Anerkennung aus kritischer Perspektive

Die vorliegende Arbeit zur Repräsentation der Proteste in Ägypten im Diskurs der Presse in Deutschland lässt sich, so habe ich bereits in der Einleitung argumentiert, im Forschungsfeld ›Kosmopolitismus und Medien‹ verorten. Dieses Feld bezieht sich vor allem auf neuere kosmopolitische Ansätze und macht damit die Frage nach Möglichkeiten einer anerkennenden Repräsentation ›der Anderen‹ zu einer zentralen. Sowohl kosmopolitische Ansätze als auch der Anerkennungsbegriff werden in diesem Kapitel diskutiert und aus der spezifischen Forschungsperspektive dieser Arbeit, die in Kapitel 2.2 vorgestellt wurde, kritisch betrachtet. In Kapitel 3.1 verdeutliche ich zunächst, warum sich ein Bezug auf aktuelle Debatten um Kosmopolitismus (in Medienkulturen) für die Analyse des untersuchten Pressediskurses um die Proteste in Ägypten anbietet und welche Möglichkeiten, aber auch Herausforderungen sich dadurch ergeben. Hier stelle ich die Bedeutung von Anerkennung für Analysen, die an aktuelle kosmopolitische Ansätze anknüpfen, heraus. Anschließend diskutiere ich den in der vorliegenden Arbeit verwendeten Begriff von Anerkennung und seine notwendigen Erweiterungen in Kapitel 3.2 theoretisch und als Ausgangspunkt für die Entwicklung analytischer Fragen für meine empirische Untersuchung der Repräsentation von Frauen in der Berichterstattung über Proteste in Ägypten.

3.1 Kosmopolitismen aus feministischer und postkolonialer Perspektive

Wie in der Einleitung bereits verdeutlicht, lassen sich viele der in Kapitel 2.1 vorgestellten Arbeiten, die sich mit Medien im Kontext der Proteste in Ägypten beschäftigen, in die gegenwärtige Konjunktur von Debatten um Kosmopolitismus einordnen, auch wenn dieser Bezug nicht immer explizit erfolgt. Sie heben die globale Diffusion von Informationen über die Proteste vor allem über ›soziale‹ Medien hervor (vgl. u.a. Bruns/Highfield/Burgess 2013, Khamis/Vaughn 2012), untersuchen damit verbundene Einflüsse auf andere Protestbewegungen (vgl. u.a. Kerton 2012) oder betonen Möglichkeiten der Entstehung neuer Gemeinschaften und globaler Solidarisierungen in Verbindung mit der globalen Presseberichterstattung über die Proteste (vgl. u.a. Chouliaraki 2013, Cottle 2011, Pantti 2013). Sie stellen damit im Kontext der ägyptischen Proteste die Potentiale globaler medialer Konnektivitäten heraus. Von einem solchen Potential wird in aktuellen Debatten um Medien und Globalisierung[1] generell häufig ausgegangen. So erörtert etwa Ingrid Volkmer (1999) Möglichkeiten der Entstehung einer »global public sphere« (ebd.), die neue Formen der Partizipation und Deliberation eröffnen könne. Sie sieht gerade in neuen Medien die Möglichkeit der Vernetzung globaler Öffentlichkeiten und darin das Potential der Beteiligung und Aushandlung von Werten auf der Ebene einer globalen Zivilgesellschaft (vgl. Volkmer 2012: 120). Eine solche Annahme schärft den Blick für Potentiale und Möglichkeiten, die sich aus globalen medialen Konnektivitäten, wie sie auch die bestehende Forschung in der Berichterstattung über die Proteste in Ägypten verdeutlicht, ergeben. Volkmer geht davon aus, dass die bisherige Fokussierung auf Prozesse der Differenzkonstruktion u.a. in postkolonialen Ansätzen den Blick auf solche Möglichkeiten verstellt habe: ein solcher Fokus »seems to have caused the overlooking of interdisciplinary approaches that would help to assess and conceptualize emerging transnational cultures of connectivity« (ebd.: 110). Anders als Volkmer unterstreiche ich, dies haben auch die Ausführungen im zweiten Kapitel verdeutlicht, die nach wie vor große Bedeutung des Blicks auf ebendiese Differenzkonstruktionen. Dabei gehe ich jedoch davon aus, dass deren Verflechtung mit einem Fokus auf die Potentiale der Schaffung neuer Verbindungen über Medienberichterstattung für die Analyse meines Untersuchungsgegenstandes fruchtbar ist. Nicht außer Acht gelassen werden darf bei einer von Volkmer vorgeschlagenen Fokussierung auf neue ›transnational cultures of connectivity‹ die Gefahr der Vereinfachung und einer reduktionistischen Fokussierung auf die Potentiale mediatisierter Globalisierung. Die Notwendigkeit der Beachtung von Komplexität in der Forschung zu Globalisierung in Medienkulturen haben früh unter anderem Roland Robertson (1992) und John Tomlinson (1999) hervorgehoben. Robertson betont die Vielschichtigkeit von Verbundenheiten und prägte in diesem Zusammenhang den Begriff der *Glocalisation*. Tomlinson, einer der wichtigsten Theoretiker zu Globalisierung, Medien und Kultur, sprach sich bereits früh gegen eine reduktionistische Erforschung von Prozessen der Globalisierung aus. Er fordert, dass nicht von einer Dichotomie zwischen globaler Konnektivität oder nationaler (oder lokaler) Territorialisierung ausgegangen, sondern gerade kulturelle Prozesse, die zwischen diesen beiden Extremen liegen und sie miteinander verbinden, verfolgt werden sollten.[2] Myria Georgiou präzisiert diese Forderung als »conceptualization of space as complex and multilayered« (2012: 376), also nach einem komplexen und vielschichtigen Verständnis von Raum.

1 Eine Übersicht zum breiten Forschungsfeld ›Medien und Globalisierung‹ bietet u.a. Volkmer 2012.

2 Er hebt zum einen die »complex connectivity« (Tomlinson 1999: 2) an sich hervor, zum anderen verweist er auf die Vielfältigkeit möglicher Beziehungen zwischen »connectivity« und »mediated proximity« (ebd.: 160). Letztere darf nicht einfach mit ersterer gleichgesetzt werden, indem von mediatisierter Konnektivität auf eine neue Intimität globaler Beziehungen geschlossen wird, wie es im Globalisierungsdiskurs oft der Fall ist (Zum Beispiel McLuhans »global village« (1968) oder Featherstones (1990) Ausführung zu einer »global culture«), vielmehr muss ›proximity‹ als eine Umschreibung für die Möglichkeit engerer globaler Beziehungen verstanden werden, die über alltägliche globale Konnektivität hinausgehen (vgl. Tomlinson 1999: 4).

Aktuell sind es vor allem kosmopolitische Ansätze, die einem »Neuen« (Köhler 2006) oder »Kritischen« (Delanty 2006) Kosmopolitismus zugeordnet werden können, die eine solche Komplexität und Pluralität von Bezügen betonen und auf die in jüngster Zeit innerhalb der Medien- und Kommunikationswissenschaften vielfach Bezug genommen wird. Interessant sind Arbeiten aus diesem Feld für die Erforschung globaler Medienkulturen insbesondere da sie 1. die Pluralität von Bezügen betonen, 2. eine Überwindung der Binarität zwischen Gleichheit und Differenz anstreben und 3. Grundlage für eine analytische Perspektive auf Folgen mediatisierter Konnektivität sein können.

Auch wenn neuere Ansätze bereits eine kritische Perspektive auf eine reduktionistische Fokussierung auf die Potentiale mediatisierter Konnektivitäten und auch frühe, universalistisch argumentierende kosmopolitische Ansätze bieten, müssen sie trotzdem aus der in Kapitel 2 dargelegten, durch (De-)Konstruktivismus, Feminismus und Postkolonialismus geprägten Perspektive dieser Arbeit kritisiert werden. Bedeutsam scheint mir daher, eine Fokussierung auf Differenzkonstruktionen keinesfalls als überholt zu betrachten, sondern mit der Fokussierung auf die Potentiale, die vor allem mit dem Begriff der Anerkennung gefasst werden, zu verbinden. Aktuelle kosmopolitische Forschung wird im Folgenden daher auch kritisch hinsichtlich ihrer Beachtung machtvoller Strukturen befragt und aufgezeigt, dass diese nicht nur in klassischen, sondern auch in gegenwärtigen Kosmopolitismusbegriffen oft zu kurz kommt.

Zunächst sollen die Begriffsgeschichte, Kritik an frühen Kosmopolitismusbegriffen und die aktuelle Konjunktur dieser Debatten nachgezeichnet werden (Kap. 3.1.1). Eingegangen wird anschließend insbesondere auf Ansätze eines Neuen/Kritischen Kosmopolitismus (Kap. 3.1.2). Dabei handelt es sich um eine empirisch-sozialwissenschaftliche Fokussierung auf eine alltägliche Kosmopolitisierung, die sich aber auch für moralische Folgen einer neuen ›Offenheit‹ gegenüber ›Anderen‹ interessiert und Möglichkeiten einer insbesondere mediatisierten Anerkennung der ›Anderen‹ untersucht. Die aktuellen Debatten zu Kosmopolitismus in Medienkulturen (Kap. 3.1.3) verlaufen dabei vor allem auf theoretischer Ebene und betonen das Potential eines mediatisierten Kosmopolitismus.

3.1.1 Frühe kosmopolitische Ansätze und das Problem des Universalismus

Um aktuelle Debatten um kosmopolitische Ansätze zu verstehen, ist es zunächst sinnvoll, zum einen auf die Historie und zum anderen auf die Diversität kosmopolitischer Ansätze einzugehen. Notwendig erscheint dies gerade für eine Arbeit, die sich der Debatte kritisch nähert, um Kontinuitäten und Brüche im Verständnis von Kosmopolitismus aufzuzeigen und die Schwierigkeit einer allgemein gültigen Definition des Begriffes herauszuarbeiten. Die Geschichte der Kosmopolitismen lässt sich als ein Prozess von einer ausschließlichen Fokussierung auf globale Universalien hin zu einer Beschäftigung mit den Verbindungen zwischen lokalen und globalen Bezügen und damit kulturellen Differenzen beschreiben. Obwohl für mein Projekt ausschließlich neuere kosmopolitische Ansätze relevant sind, halte ich es für wichtig, auch auf universalistische kosmopolitische Ansätze einzugehen, erstens, um eine Abgrenzung zu ermöglichen und zweitens, um aufzuzeigen, welche Aspekte an kosmopolitischer Forschung zurecht immer wieder kritisiert werden. Eine solche Kritik lässt sich teilweise auch auf aktuellere Ansätze eines Neuen/Kritischen Kosmopolitismus übertragen.

Frühe, philosophische Kosmopolitismen

Die bis in das antike Griechenland und Rom (vgl. Nussbaum 1997, Inglis/Robertson 2005) und später auf Immanuel Kants Auseinandersetzungen mit einer kosmopolitischen Weltordnung (1795) zurückreichende Idee des Kosmopolitismus meint zunächst die Verbindung zwischen *cosmos*, der Welt als Ganzes, und *polis*, einer politischen Gemeinschaft. Gemeint ist damit eine politische globale Ordnung, die alle Menschen als Bürger*innen[3] umfasst (vgl. Holton 2009: 2). Auseinandersetzungen mit dem Kosmopolitismusbegriff waren anfangs in der politischen Philosophie beheimatet. Sie verstanden Kosmopolitismus als politisches Projekt und behandelten keine gesellschaftlichen Prozesse, wie sie Ansätze eines Neuen und Kritischen Kosmopolitismus fokussieren. Unterschieden werden können philosophische Kosmopolitismen nach moralisch und institutionell orientierten Ansätzen (vgl. Delanty 2006: 26). Diese Trennung kann als eine analytische verstanden werden, da beide Ausrichtungen eng miteinander verbunden sind und Kosmopolitismus als normatives Ziel ihrer Überlegungen setzen. Während sich die moralische Ausrichtung[4] jedoch auf die Verpflichtung jedes Einzelnen gegenüber der globalen Menschheit bezieht, geht es der politischen Ausrichtung um eine kollektive politisch-rechtliche Ordnung, die ideale Bedingungen für die gesamte Menschheit bietet (vgl. Köhler 2006: 24).

In einer moralischen Ausrichtung erheben frühe kosmopolitische Ansätze den Anspruch an jeden einzelnen Menschen, sich wie Sokrates als Bürger*in der Welt zu verstehen und entsprechend zu handeln. Als Bezugspunkt für das kosmopolitische und damit als ethisch definierte Handeln setzt der philosophisch-moralische Kosmopolitismus das Menschsein an sich und die daraus folgende Solidarität auch mit räumlich fernen Menschen. Damit steht er im Gegensatz zu einem nationalen Patriotismus, der Solidarität ausschließlich auf Mitglieder der eigenen Nation fokussiert. Kosmopolitismen, die sich nicht ausschließlich auf das Mensch-Sein, sondern auch auf lokale Zugehörigkeiten beziehen, werden in diesem Kontext als ›schwach‹ bezeichnet (vgl. Köhler 2006: 26, Vertovec/Cohen 2002: 10). In jüngerer Zeit ist es insbesondere Martha Nussbaum, die das Konzept des moralischen Kosmopolitismus in den 1990er Jahren noch einmal in philosophische Debatten einbrachte. Sie versteht Kosmopolitismus weiterhin als eine Verpflichtung des einzelnen Menschen gegenüber der Menschheit als Ganzes, stellt in diesem Kontext jedoch zentral die Frage, wie dieser Kosmopolitismus mit Patriotismus zu vereinbaren sei. Nussbaum formuliert daraus den Anspruch, dass trotz der vorhandenen Lokalisierung des Menschen an einem bestimmten Ort oder in einer Nation stets die Menschheit als Ganzes als Bezugspunkt des eigenen ethischen Handelns angestrebt werden sollte (vgl. Nussbaum 1997).[5]

---

3 Wobei dabei zunächst tatsächlich nur als männlich gelesene Bürger gemeint waren, vgl. dazu die Kritik an frühen Kosmopolitismen auf der nächsten Seite.

4 Die Ausführungen zum moralischen Kosmopolitismus gehen zurück auf die frühen kynischen kosmopolitischen Philosophen Diogenes Laertius und Diogenes von Sinope, sowie auf die Stoiker. Eng damit verbundene Philosophen sind Socrates, Cicero und Immanuel Kant (vgl. Holton 2009: 4).

5 Zur Kritik spezifisch an Nussbaum vgl. u.a. Dhawan 2015.

Auf institutionell-politischer Ebene beschäftigen sich Kosmopolitismen (vgl. u.a. Sassen 1998, Held 1995) mit dem politischen Projekt der Einrichtung und des Ausbaus inter- und transnationaler Institutionen bis hin zur Einrichtung eines Weltstaates. Bereits bei Kant ist die Legitimation dieser institutionell-politischen Ziele weniger eine moralische als vielmehr die eines Gebotes der Vernunft, die auf Frieden und Sicherheit in einer vielfach verbundenen Welt abzielt (vgl. Köhler 2006: 23). Der klassische institutionell-politische Kosmopolitismus kann dabei als Gegenkonzept zu einem auf Partikularismen konzentrierten Kommunitarismus, der von Gemeinschaft auf Basis gemeinsamer Identitäten ausgeht, verstanden werden (vgl. Vertovec/Cohen 2002). Er betont die Bedeutung gemeinsamer universalistischer menschlicher Werte als Basis für zu errichtenden Institutionen, die die Einhaltung dieser Werte sichern. Als ein Beispiel für eine solche Institutionalisierung führt Bruce Robbins (1998: 11) internationale Vereinbarungen zur Einhaltung der Menschenrechte an.

Kritik an universalistischen Kosmopolitismen

Kritisiert werden die frühen, auf Antike und Aufklärung zurück gehenden kosmopolitischen Debatten insbesondere aufgrund ihrer Verankerung in einem ›westlich‹ geprägten Universalismus (vgl. Delanty 2006: 26). Das universalistische Verständnis eines Menschseins oder einer globalen politischen und rechtlichen Ordnung verkennt, dass bereits in der Antike ein Großteil der Menschen, nämlich u.a. Frauen und Sklaven, von dieser Definition ausgeschlossen waren und dass es immer Gruppen gab und geben wird, die aufgrund bestimmter, ihnen zugeschriebener Merkmale nicht als Teile dieser ›globalen Menschheit‹ verstanden werden (vgl. u.a. Reinelt 2011: 17). Hinzu kommt die insbesondere in postkolonialen Ansätzen verortete Kritik, dass die Werte, die im Namen einer kosmopolitischen Ordnung als universal behauptet werden, von einem hegemonialen Standpunkt aus definiert werden, der von einer ›weißen‹, männlichen und ›westlichen‹ Normalität ausgeht (vgl. Reilly 2007: 8). Gerade in Bezug auf diese Kritik ist die Sichtbarkeit protestierender Frauen aus einer in ›westlichen‹ medialen Darstellungen oft orientalisierten Region im Diskurs um die Proteste in Ägypten für mich von besonderem Interesse, da mit ihr solche Normalisierungen in Frage gestellt werden könnten.

Das normative Verständnis dieser frühen Ansätze verhindert es zudem, neben den angenommenen wünschenswerten Folgen von Kosmopolitismus auch mögliche andere Zusammenhänge in den Blick zu nehmen. So zeigte sich beispielsweise in der Kolonialzeit, dass universalistische Argumentationen nicht automatisch mit einer Ermächtigung aller Menschen einhergehen, sondern auch Entmächtigungen legitimieren können (vgl. Köhler 2006: 26). Peter van der Veer (2002: 165) betont mit Blick auf den »kolonialen Kosmopolitismus« der Europäischen Aufklärung, dass Kosmopolitismus als Weltsicht eng mit Nationalismus und ›westlichem‹ Imperialismus verknüpft ist. Auch Paul Gilroy (2013) kritisiert den Diskurs um Kosmopolitismus und verortet ihn ebenfalls im Kontext von europäischem Imperialismus. Gilroy bezieht sich dabei sowohl auf Kolonialismen zur Zeit des europäischen Hochimperialismus als auch auf Neo-Kolonialismen in der politischen Gegenwart (vgl. de Wolff/Brink 2018: 51). Wie sich zeigen wird, so lassen sich diese zentralen Kritikpunkte, nämlich die fehlende Beachtung von Ausschlüssen und das (neo-)kolonialistische Verkennen einer als ›normal‹ konstruierten männlichen, ›weißen‹ und ›westlichen‹ Positionierung als universalistisch, bedingt auch auf neuere kosmopolitische Ansätze, die sich eigentlich vom philosophischen Kosmopolitismus abgrenzen, übertragen.

3.1.2 Neue/Kritische Kosmopolitismen und die Anerkennung von Differenz

Das aktuelle Interesse an kosmopolitischen Ansätzen zeigt sich gegenwärtig neben anhaltenden philosophisch-politischen Debatten vor allem innerhalb der Sozialwissenschaften. Diese Konjunktur von Auseinandersetzungen mit Kosmopolitismus wird in der Literatur zum großen Teil auf eine zunehmende Globalisierung[6] zurückgeführt (vgl. Vertovec/Cohen 2002, Beck/Sznaider 2006, Delanty 2006). Thematisiert wird hier im Sinne eines »connective turns« (van Dijck 2013) die Notwendigkeit, sich mit den Auswirkungen vielfacher, über lokale und nationale Kontexte hinausreichender neuer Verbindungen in einer mediatisierten Welt zu beschäftigen, wie sie auch im Kontext der Proteste Anfang 2011 in der MENA-Region diskutiert wurden (s. Kap. 2.1.1).

Die Perspektiven neuerer Ansätze auf Kosmopolitismus sind äußerst vielfältig, wie unter anderem Steven Vertovec und Robin Cohen (2002)[7] in ihrem Modell zur Differenzierung aktueller Ansätze sowie Robert Holton (2009) und Maria Rovisco und Magdalena Nowicka (2011) mit dessen Weiterentwicklung aufzeigen. Für die vorliegende Arbeit, welche kosmopolitische Debatten im Kontext der Untersuchung der Presseberichterstattung in Deutschland über die Proteste in Ägypten thematisiert, sind vor allem zwei Perspektiven neuerer kosmopolitischer Ansätze von Belang, die sich als einerseits empirischer und andererseits normativer Fokus beschreiben lassen.

Abb. 2 bietet einen Überblick darüber, wie Neue/Kritische Kosmopolitismen im Folgenden systematisiert werden. Unterschieden wird dabei zwischen Ansätzen, die sich für eine alltägliche Kosmopolitisierung interessieren und damit verbunden auch methodologische Konsequenzen fordern und Ansätzen, die nach möglichen Veränderungen in Einstellungen und Haltungen von Menschen fragen und – wie in diesem Kapitel erläutert wird – die ›Anerkennung von Anderen‹ in den Fokus rücken. Die zum einen eher empirisch und zum anderen eher normativ orientierten Ansätze zeigen indes oft Überschneidungen auf, da sich das zentrale Erkenntnisinteresse neuerer An-

---

6 Beck grenzt eine kosmopolitische zweite Moderne von einer nationalstaatlichen ersten ab und geht davon aus, dass Kosmopolitismus zuvor zwar als philosophisches Konzept, nicht aber in Form von Kosmopolitisierung in seiner banalen, den Alltag prägenden Form beobachtet werden konnte (vgl. Beck/Sznaider 2006: 4). Sowohl Holton (2009: 77ff) als auch Skey (2012: 473) merken in diesem Zusammenhang kritisch an, dass die von Beck so bezeichnete ›erste Moderne‹ nicht ausschließlich lokal oder national orientiert gewesen ist und die Historie kosmopolitischen Alltagshandelns nicht unterschätzt werden darf.

7 Vertovec/Cohen (2002) unterscheiden sechs zentrale Perspektiven der Kosmopolitismusforschung: 1. Kosmopolitisierung als ›socio-cultural condition‹, die Diversität produziert 2. Kosmopolitismus als philosophische Weltsicht (zurück gehend auf Kant): Bezug zu Menschenrechten, Weltbürgertum 3. politisches Projekt (von oben): transnationale Institutionen, 4. politisches Projekt (von unten): Diversifikation von Identifikationen, 5. Cosmopolitan outlook: individuelle Sichtweise auf die Welt, Interesse an Diversität, 6. Kompetenz, sich in diversen Kontexten zurecht zu finden.

Abb. 2: Systematisierung Neuer/Kritischer Kosmopolitismen (Quelle: eigene Darstellung)

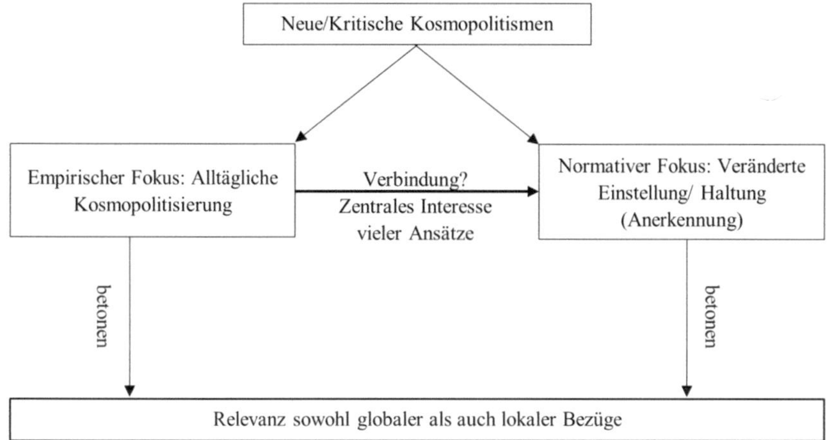

sätze vor allem auf Zusammenhänge zwischen einer alltäglichen Kosmo-politisierung und einer damit verbundenen ›Anerkennung der Anderen‹ richtet. Beide Ausrichtungen betonen zudem zentral die Relevanz sowohl globaler als auch weiterhin lokaler, nationaler oder regionaler Bezüge. Die Betonung der »Verwurzelung« (Appiah 1998), also seiner Verortung in relevanten lokalen Kontexten, ist ein zentraler Aspekt neuerer kosmopolitischer Ansätze. Zugehörigkeiten werden damit nicht als ausschließliche wahrgenommen, vielmehr wird die Pluralität von Solidaritäten auf unterschiedlichen Ebenen unterstrichen. Eine »imagined community« (Anderson 1988) basiert in neuen kosmopolitischen Überlegungen nicht mehr auf naturalisierten Identitäten, sondern auf Identifikationen, die sich gerade nicht durch Geschlossenheit, sondern durch Offenheit und die Pluralität von Zugehörigkeiten auszeichnen. Craig Calhoun (2003) sieht solche »cosmopolitan identities« als »freedom from social belonging rather than a special form of belonging, a view from nowhere or everywhere rather than from particular social spaces« (ebd.: 11). Besonders der Blick ›von überall‹ verdeutlicht, dass es nicht um eine Ablösung nationaler oder kultureller Identitäten geht. Vielmehr geht es zum einen um die Veränderung solcher Identitäten durch die Problematisierung ihrer Exklusivität und Essentialisierung und zum anderen um deren Pluralisierung und die Entstehung eines Spannungsfelds zwischen lokalen und globalen Zugehörigkeiten (vgl. Delanty 2006, Kyriakidou 2009).

Aktuelle sozialwissenschaftliche Ansätze grenzen sich wie oben erwähnt von politisch-philosophischen Kosmopolitismen ab. Es geht diesen neueren, kritischen Ansätzen weniger um die theoretische Erörterung von Kosmopolitismus im Sinne eines politischen Projektes, sondern vielmehr um die – theoretische und empirische – Auseinandersetzung mit einer alltäglichen Kosmopolitisierung, allerdings auch um deren mögliche Auswirkungen auf Einstellungen und Praktiken von Menschen. Auch mit diesen neueren Ansätzen ist somit eine normative Hoffnung auf eine positive Veränderung der Beziehungen zwischen Menschen weltweit verbunden: »A major normative feature of cosmopolitanism is the hope that war, racism and global injustice can be effectively countered through some kind of over-arching human solidarity.« (Holton 2009: 83) Eine solche normative Hoffnung zeigt sich auch in den in Kapitel 2.1 vorgestellten Arbeiten, die bereits die Berichterstattung über die Proteste in Ägypten untersucht haben und vor dem Hintergrund ihrer Analysen die Möglichkeiten der Entstehung neuer Gemeinschaften (vgl. Cottle 2011) oder globaler Solidarisierungen (vgl. Chouliaraki 2013) betonen. Im Folgenden sollen nun die unterschiedlichen Ansätze Neuer/Kritischer Kosmopolitismen, die einerseits eine alltägliche Kosmopolitisierung und andererseits eine Veränderung von Einstellungen fokussieren, genauer vorgestellt werden.

Alltägliche Kosmopolitisierung – empirisches Interesse und methodologische Implikationen

Neuere, sozialwissenschaftliche Ansätze interessieren sich sowohl theoretisch als auch empirisch für Kosmopolitismus zunächst als »Socio-cultural condition« (Vertovec/Cohen 2002, Holton 2009), »actually existing cosmopolitanism« (Robbins 1998) oder als ›banale Kosmopolitisierung‹ gesellschaftlicher Wirklichkeit (vgl. Beck/Sznaider 2006, auch Skey 2012, Cheah/Robbins 1998, Kendall et al. 2009, Delanty 2009). Bereits die Begrifflichkeiten verdeutlichen die Annahmen dieses empirischen Kosmopolitismus: Es geht um die Untersuchung einer zunehmend globalisierten gesellschaftlichen ›Wirklichkeit‹, die besonders in der »Meta-Macht der Weltwirtschaft« (Beck 2002: 95) erkennbar ist. Bedeutsam sind hier u.a. die Veränderungen hin zu einer immer globaleren Medienindustrie, sei es in Bezug auf die Bereitstellung oder auch die Herstellung von Medieninhalten (s. Kap. 2.2.1). Kosmopolitisierung prägt die Alltagswelt von Menschen, ohne dass dieser Prägung eine moralische Intention zugrunde liegen würde. Ulrich Beck (2003: 21) unterscheidet zwischen einer äußeren Kosmopolitisierung im Sinne einer Globalisierung von Machtstrukturen wie etwa durch den globalisierten Kapitalismus und einer inneren Kosmopolitisierung, die zum Beispiel den globalen Konsum von Gütern, grenzüberschreitende Mobilität in Bezug auf die Arbeitsstelle, aber auch Reisen etc. meint (vgl. auch Holton 2009: 205). Entscheidend ist dabei, dass solche Ansätze, die auf Kosmopolitisierung abzielen, nicht von einer Verdrängung lokaler und nationaler Bezüge durch diese innere oder äußere Globalisierung ausgehen, sondern gerade die Gleichzeitigkeit der Bedeutung unterschiedlicher Ebenen in den Alltagswelten von Menschen betonen. Johan Lindell (2014) spricht in diesem Zusammenhang von einem »enlarged time and space univers«, welches dazu führt, dass »the local and the global intermingle and overlap in everyday practices« (ebd.: 14). Hier zeigt sich die transkulturelle Prägung von Alltagswelten, in denen sich das Lokale und das Globale vermischen. Medien übernehmen dabei eine zentrale Rolle. In Anlehnung an Holtons »working definition of cosmopolitanism« (2009: 117) und unter Einbezug insbesondere medienwissenschaftlicher Auseinandersetzungen mit dem Konzept der Transkulturalität (vgl. u.a. Löffelholz/Hepp 2002) kann Kosmopolitisierung als ein empirisch zu beobachtender Prozess verstanden werden, in dem transkulturelle Kommunikation, sei es face-to-face oder mediatisiert, an Bedeutung gewinnt. Die Bedeutung transkultureller (mediatisierter) Kommunikation zeigt sich beispielsweise auch im Rahmen der

Proteste in Ägypten 2011 und deren Einfluss auf andere Protestbewegungen wie bspw. *Occupy* (s. Kap. 2.1.1).

Dieser Blick der Forschenden auf Kosmopolitisierung impliziert der eigenen Einordnung nach kein normatives Anliegen, wie es oft mit kosmopolitischer Forschung in Verbindung gebracht wird. Benedikt Köhler (2006: 55) spricht in diesem Zusammenhang vom »Beobachterprinzip« im Gegensatz zum »Akteursprinzip«, welches Kosmopolitismus im Sinne eines politischen Projekts versteht. Er betont: »Der sozialwissenschaftliche Kosmopolitismus befasst sich vor allem mit der Frage danach, wo real-existierende Kosmopolitisierungsprozesse beobachtet werden können und wie diese festgestellt werden können.« (Köhler 2006: 57) Kosmopolitisierung als soziokulturelle Realität wird also zunächst nicht mit einem emanzipatorischen Moment in Verbindung gebracht, sondern als alltägliches Phänomen untersucht. Die Bezeichnung der ›Banalität‹ von Kosmopolitisierung (s.o.) verdeutlicht zugleich, dass diese zwar als unspektakulär, zugleich aber allgegenwärtig und nicht folgenlos, sondern als prägend für die Alltagswahrnehmung und das Alltagshandeln von Menschen verstanden wird.[8] Auch wenn Kosmopolitisierung an sich noch keine normativen Annahmen zum Umgang mit ›Anderen‹ enthält, so wird sie doch nicht als folgenlos in der Strukturierung der Wahrnehmung und des Handelns von Menschen gedeutet. Und genau diese Implikationen, die die banale Kosmopolitisierung hat oder haben kann, sind es, die Ansätze eines Neuen oder Kritischen Kosmopolitismus meist in den Fokus nehmen. Auch solchen Ansätzen, die Kosmopolitisierung zunächst neutral bewerten, geht es letztendlich in einem normativen Sinne oft darum, ob eine banale Kosmopolitisierung zur Erreichung moralischer Ansprüche beitragen kann. Victor Roudometof (2005) etwa betont in diesem Zusammenhang, dass bei Beck der real existierende Kosmopolitismus eng mit kosmopolitischen normativen Zielen verbunden ist.

Bevor ich auf Ansätze eingehe, die solche normativen Implikationen expliziter formulieren, erläutere ich abschließend, welche methodologischen Forderungen im Kontext der Forschung zu Kosmopolitisierung formuliert werden. Unter anderem Robertson betont mit Blick auf Prozesse der Globalisierung, dass Soziologie »possibly the major role in the theorization of globality and globalization on the disciplinary front« spielen solle (1992: 187, vgl. auch Woodiwiss 2002). Hinter dieser Aussage verbirgt sich jedoch weniger eine Feststellung als eine Forderung. Insbesondere Beck (2012) kritisiert, dass sich Sozialwissenschaften in der Wahl ihrer Methodologien der Globalisierung von Gesellschaften nicht angepasst haben: »The social scienes up to this date are still prisoners of the nation state« (ebd.: 109). Beck fordert daher eine Abkehr vom ›methodologischen Nationalismus‹ hin zu einem ›methodologischen Kosmopolitismus‹ im Sinne einer Ausweitung des Raumes, auf den sich das Erkenntnisinteresse bezieht. Er betont, dass eine Berufung auf Kategorien der Nationen-Ideologie in diesem Forschungsfeld nach wie vor die Regel sei. In der Forderung nach einem methodologischen Kosmopolitismus sieht Beck den Vorteil, die Fokussierung auf nationalstaatliche Grenzen zu überwinden, zugleich aber nicht von einem Ende des Nationalstaates auszugehen. Die Gleichzeitigkeit der Unterstreichung der Bedeutung als national definierter Räume und die Fokussierung auf die Verwischung dieser Gegensätze und Grenzen zeichnen diese

8 Vgl. beispielsweise die Verwendung des Begriffs ›banal‹ in Billigs (1995) Buch *banal nationalism*.

Perspektive aus (vgl. Beck/Sznaider 2006: 4). Ähnlich geht die translokale Perspektive, die ich in dieser Arbeit einnehme, sowohl von der anhaltenden Bedeutung nationaler Bezüge in Pressediskursen als auch von der Relevanz mediatisierter globaler Ereignisse wie den Protesten in Ägypten auch für lokale oder nationale diskursive Formationen aus. Die Berichterstattung in Medien weltweit über die Proteste in Ägypten verstehe ich zudem mit Bezug auch auf die dazu bereits bestehende Forschung als ein bedeutsames Beispiel mediatisierter Kosmopolitisierung.

Kosmopolitisierung und Potentiale der ›Anerkennung der Anderen‹

Viele Ansätze eines Neuen/Kritischen Kosmopolitismus fragen explizit nach einer sich aus Kosmopolitisierung ergebenen Veränderung von Praktiken oder Einstellungen und betonen dabei die Bedeutung von Medienhandeln (vgl. Thomas/Grittmann 2018a). Sie interessieren sich für den Übergang zwischen der Kosmopolitisierung des Alltages und einer veränderten Haltung gegenüber anderen, global entfernten Menschen: »A key question of our age is: can or does exposure to other cultures – from buying bits of them to learning to partake in their beliefs and practices – lead to a fundamental change in attitudes?« (Vertovec/Cohen 2002: 14). Zentral geht es also um den Wandel von Einstellungen gegenüber ›Anderen‹, wobei der Begriff der ›Anerkennung‹ eine zentrale Rolle spielt, wie ich im Folgenden darlege.

Als Verbindungsstück der vielfältigen Ansätze eines Neuen/Kritischen Kosmopolitismus, der sich für die Möglichkeiten veränderter globaler Verbindungen als Folge von Kosmopolitisierung interessiert, kann der normative Begriff von Kosmopolitismus als ›Offenheit gegenüber der Welt‹ (vgl. Skrbis/Woodward 2007, Ong 2009: 454) verstanden werden. Ulf Hannerz (1990) hat Kosmopolitismus bereits früh beschrieben als »a willingness to engage with the other. It entails an intellectual and aesthetic openness towards divergent cultural experiences, a search for contrasts rather than uniformity« (ebd.: 239). Deutlich wird hier die Verschiebung von einer Fokussierung von Universalität hin zu einer ergänzenden Begrüßung von Differenz. Holtons (2009) zusammenfassende Definition beschreibt Kosmopolitismus als »[...] an open disposition to ›the world‹, a term which serves as a broad symbol for ›others‹ or ›strangers‹ beyond one's own group or world. This generic definition may be developed individually or collectively, and within culture and politics« (ebd.: 30). Er unterstreicht, dass mit der abstrakten Offenheit gegenüber ›der Welt‹ konkret eine Offenheit gegenüber anderen Menschen gemeint ist. Dies hebt auch Michael Skey (2012) hervor, der Kosmopolitismus sehr allgemein als »openness towards, awareness of and/or engagements with other people« (ebd.: 472) versteht. Ähnlich argumentiert auch Gerad Delanty (2006), der eine Offenheit gegenüber der Welt als zentrales Element eines kritischen Kosmopolitismus beschreibt: »In equating world openness rather than universalism as such with cosmopolitanism the basis for a more hermeneutic and critical cosmopolitan sociology will hopefully be established.« (Ebd.: 27) Kwame Anthony Appiah (2007: 14) versteht in diesem Zusammenhang gerade die Vereinbarkeit einer Offenheit gegenüber und universellen Sorge um ›Andere‹ mit der Achtung von Differenzen als zentrale Herausforderung neuerer kosmopolitischer Ansätze. Auf dieses Verständnis von Kosmopolitismus als Offenheit gegenüber der Welt bzw. den ›Anderen‹, welches die Verbindung mit universalistischen Prinzipien ergänzt, beziehen sich also verschiedene Autor*innen, dabei stellt sich jedoch die Frage, wie diese Offenheit gegenüber ›Anderen‹ verstanden wird und wie sie in empirischen Arbeiten analytisch gefasst werden kann. Den Diskurs der Presse in Deutschland um die Proteste in Ägypten habe ich oben als Beispiel einer alltägliche (mediatisierten) Kosmopolitisierung vorgestellt, doch wie lässt sich fassen, inwiefern Deutungen des Diskurses eine Offenheit gegenüber ›Anderen‹ nahelegen? In meiner Fragestellung beziehe ich mich hierbei zentral auf den Begriff der ›Anerkennung‹, was sich vor allem aus der Zentralität dieser Kategorie in neueren kosmopolitischen Debatten ergibt. So schlägt Delanty (2009: 86) in seinen Ausführungen zum kritischen Kosmopolitismus eine Anerkennung der ›Anderen‹ als zentralen Aspekt vor, um die moralische Dimension von Offenheit analytisch zu fassen. Zentraler moralischer Anspruch ist dabei die Anerkennung von Differenz in Form einer »Anerkennung der Andersheit der Anderen« (Köhler 2006: 38). Die Verbindung zwischen einer nicht-essentialisierenden Anerkennung kultureller Differenz und dem Blick auf Gemeinsamkeiten der gesamten Menschheit, der Aufbau einer Spannung zwischen Partikularismus und Universalismus, kann somit als prägendes Element neuer Kosmopolitismen verstanden werden. Köhler spricht in diesem Zusammenhang von einem »Kosmopolitismus der Differenz« (ebd.), der jedoch Essentialisierungen vermeidet und für den die Anerkennung der Andersheit der ›Anderen‹ das »handlungsleitende Basisprinzip« (ebd.) ist. Universalistische Prinzipien im Sinne eines normativen gemeinsamen Minimums etwa in Form von Menschenrechten werden dabei nicht als ›über den Dingen schwebend‹ gesehen, sondern kontextualisiert. Beck (u.a. 2013) hingegen versteht weniger eine moralische, als vielmehr eine *reflexive* Anerkennung der ›Anderen‹ als zentral für die Veränderung von Einstellungen.[9] Durch kosmopolitisierte Verbindungen ergibt sich für ihn eine rationale gesellschaftliche Bewusstwerdung der Verstrickung ›unseres‹ Schicksals mit dem entfernter ›Anderer‹. Sowohl individuell als auch gesellschaftlich ist für Beck dabei die Konstruktion einer Notwendigkeit, Zusammenhänge zu begreifen, entscheidend. Begründet wird diese Notwendigkeit im öffentlichen Diskurs laut Beck mit der Thematisierung globaler Risiken und der damit verbundenen Konstruktion einer globalen Interdependenz in Form einer Schicksalsgemeinschaft: der Weltrisikogesellschaft (vgl. Beck 2007, Köhler 2006: 58f). Dies gilt auch für die Etablierung eines *Human Rights Regimes*, dessen Grundlage Ulrich Beck und Natan Sznaider im rationalen Umgang mit einer moralischen Krise der Weltrisikogesellschaft sehen: »If human rights came to be understood as the necessary basis of an increasing number of individuals‹ autonomy, these people will ›feel‹ that they are defending the foundations of their own identities when they defend the importance of human rights for foreigners and strangers.« (Beck/Sznaider 2006: 12) Zentral ist hier also zum einen die diskursive Deutung der Verstrickung der Welt und der Bedeutung von Menschenrechten in dieser und zum

9 Auch Poferl (2010) sieht die Entstehung eines *concern* gegenüber den ›Anderen‹ nicht in einer moralischen Entscheidung begründet, sondern ähnlich wie Beck durch eine Kosmopolitisierung des Sozialen. Sie spricht daher nicht von moralischer Solidarität mit den ›Anderen‹, sondern von einer kosmopolitisierten Sozialität. Als wesentliche Bestandteile der Konstruktion dieser Sozialität sieht sie Problematisierungen und Verantwortungskonstruktionen mit globalen Bezügen und daraus folgende Thematisierungen globalgesellschaftlicher Normen sowie eine Anerkennung der ›Anderen‹ über die Konstruktion von Empathie und eine Vorstellbarkeit ihrer Realität.

anderen die daraus folgende Reflexion der Bedeutung dieser kosmopolitischen Norm für das ›eigene‹ Leben.

Die ›Anerkennung der Anderen‹ lässt sich folglich als der zentrale Aspekt verstehen, um die von Neuen/Kritischen Kosmopolitismen erhoffte ›Offenheit gegenüber der Welt‹ in Zusammenhang mit einer alltäglichen Kosmopolitisierung analytisch zu fassen. Diese bezieht sich vor allem auf eine Anerkennung von Differenz, während die oben genannten Ansätze zugleich einen damit einhergehenden Bezug auf ›universelle‹ Werte wie Menschenrechte betonen. Sowohl Anerkennung als auch der Bezug auf Menschenrechte und andere als übergeordnet gedeutete Werte spielen in der späteren Analyse des Pressediskurses um die Proteste in Ägypten eine zentrale Rolle. Dabei sollen jedoch vor allem auch Leerstellen und Ambivalenzen dieser Kategorien thematisiert und so aus einer kritischen Perspektive auf sie Bezug genommen werden. Eine solche Auseinandersetzung fehlt in neueren Kosmopolitismen oft, wie ich abschließend mit Blick auf die Kritik an diesen Ansätzen verdeutliche.

Zusammenfassung und Kritik

Wie ich aufgezeigt habe, zeichnen sich neuere kosmopolitische Ansätze durch den normativen Bezug auf eine gleichwertige Differenz im Sinne einer Anerkennung ›der Anderen‹ und die Betonung sowohl von Gemeinsamkeiten als auch der Bedeutung lokaler Bezüge aus. (Medien-)Soziologische Forschung hat sich lange auf die Konstruktion und Homogenisierung in sich geschlossener Identitäten fokussiert und in diesem Rahmen Bedingungen untersucht, die zur gesellschaftlichen Relevanz kultureller und nationaler oder auch geschlechtlicher Identitäten führen und somit (ungleichwertige) Differenz konstruieren und naturalisieren (vgl. u.a. Anderson 1988, Hall 1994). Eine Erweiterung dieser Perspektive durch aktuelle kosmopolitische Ansätze zeigt sich in der Möglichkeit, die eigene Forschung auch auf verbindende, statt ausschließlich auf trennende Elemente zu fokussieren. Die Anknüpfung an kosmopolitische Ansätze bietet also auch für die vorliegende Arbeit einen Rahmen, um sich mit der Herstellung pluraler Verbindungen mit ›den Anderen‹ im untersuchten Diskurs zu beschäftigen.

Zugleich müssen auch neuere/kritische kosmopolitische Ansätze aus einer postkolonialen und feministischen Perspektive in verschiedener Hinsicht kritisiert werden. Zentral sind für mich dabei insbesondere zwei Punkte: 1. Der meist unkritische Bezug auf den Anerkennungsbegriff, der die Bedeutung von Machtstrukturen in Prozessen der Anerkennung zu wenig beachtet und Konstrukte wie ›den Anderen‹ und ›Andersheit‹ zu oft unreflektiert reproduziert sowie 2. eine meist nur unzulängliche Reflexion der eigenen Positionierung und damit Aufrechterhaltung einer eurozentrischen, meist männlichen Perspektive. Diese zeigt sich auch in einem häufig unkritischen Bezug auf den Menschenrechtsdiskurs und wurde bereits an frühen Kosmopolitismen kritisiert (s. Kap. 3.1.1). Beide Aspekte erläutere ich im Folgenden näher.

Wie an anderer Stelle bereits dargelegt, können drei zentrale Punkte hervorgehoben werden, in denen der Anerkennungsbegriff neuerer kosmopolitischer Ansätze überdacht werden sollte: 1. die Notwendigkeit des Einbezugs einer repräsentationskritischen Perspektive, 2. die Beachtung der Interdependenz postkolonialer Differenzkonstruktionen und 3. die Thematisierung von Bedingungen der Anerkennung (vgl. de

Wolff/Brink 2018: 53f). Zum einen muss aus einer repräsentationskritischen Perspektive thematisiert werden, wer in der Konstruktion der ›Anderen‹ und der Verknüpfung mit ihnen die Deutungshoheit innehat, wer also die Art der Andersheit der ›Anderen‹ und der Verbindung zu ihnen definieren kann. Denn während das Problem der »kolonialen Andersheit« (Köhler 2010: 199) als Konstruktion zentrale Denkfigur postkolonialer Theorie und Kritik ist, behandeln viele kosmopolitische Entwürfe Differenz als »vorgegebenen Sachverhalt« bzw. als »essentielle Wesenheit« (ebd.: 194). Zum anderen muss mit Verweis u.a. auf Butler gefragt werden, wer überhaupt als anzuerkennender ›Anderer‹ konstruiert und zu wem (k)eine Verbindung hergestellt wird und welche Interdependenzen zur Konstruktion des ›Eigenen‹ bestehen. Zentral ist hier auch die Frage, ob das ›Eigene‹ ebenfalls als ein mögliches ›Anderes‹ gedeutet wird, also ein Blick zurück von einem anderen Standpunkt ermöglicht wird. Butler betont, dass wir nicht autonom sind und unsere Beziehungen zu ›Anderen‹ nicht nur auf der Möglichkeit zur Reflexivität beruhen, sondern stets in machtvolle Strukturen eingebunden sind, die es zu befragen gilt. Sie ruft dazu auf, kritisch zu hinterfragen, welche ›Anderen‹ überhaupt dargestellt werden, ob den ›Anderen‹ ein menschliches Gesicht gegeben wird oder ob es im Gegenteil zu einer Auslöschung kommt: »Das erste ist eine Auslöschung durch Blockierung, das zweite ist eine Auslöschung durch die Darstellung selbst.« (Butler 2005: 174) Zentral dafür sind die jeweils geltenden Bedingungen von Anerkennung. In den Blick genommen werden sollten also auch in der Etablierung von Verbindungen mit ›Anderen‹ die Konstruktionen von Andersheit und darin enthaltene Machtstrukturen und Ausschlüsse sowie damit auch die Ambivalenzen von Anerkennungsprozessen. Eine theoretische Auseinandersetzung mit dem Begriff der ›Anerkennung‹ und ihren Bedingungen erscheint daher für den empirischen Bezug auf diese Kategorie nicht nur aufgrund der großen Diversität ihrer Definitionen, sondern auch mit Blick auf sie durchdringende Herrschaftsverhältnisse dringend notwendig und wird in dieser Arbeit in Kapitel 3.2 vorgenommen. Sowohl in der dort vorgenommenen theoretischen Auseinandersetzung als auch in der anschließenden Analyse sollen die hier dargestellten Kritikpunkte am Anerkennungsbegriff in Neueren/Kritischen Kosmopolitismen Beachtung finden.

Auch in gegenwärtigen kosmopolitischen Theorien besteht also die Gefahr einer Verschleierung der Bedeutung von Machtverhältnissen für diskursive Aus- und Einschließungen. Das zeigt sich auch in einer oft mangelnden Reflexion der spezifischen Situiertheit kosmopolitischer Ansätze, womit ich zum zweiten Kritikpunkt komme. Ulrike Vieten (2012), die aktuelle europäische Kosmopolitismusbegriffe explizit aus einer feministischen und auch postkolonialen Perspektive betrachtet und diese als maskulin geprägt identifiziert (vgl. ebd.: 12), betont: »cosmopolitanism is gendered, as nationalism is; it is ›coloured‹ by national histories« (ebd.: 149).[10] Eine solche geschlechtliche

10 Dennoch betont sie die Chance in der Weiterführung kollektiver politischer Projekte hin zu einer gerechteren Welt. Aufgabe einer feministisch-postkolonialen Auseinandersetzung mit kosmopolitischen Ansätzen ist es ihrer Meinung nach, alternative Deutungen globaler Verbindungen zu suchen: »Approaching a *Janus-faced* cosmopolitanism, our critical feminist reflection has to consider counter-narratives to the hegemonic stories of global bonding that are told to us.« (Ebd.: 142).

und nationale Prägung wird jedoch nur selten thematisiert und damit ›westliche‹ Hegemonien implizit reproduziert. Peter van der Veer (2002) kritisiert an den neueren differenztheoretischen kosmopolitischen Ansätzen, dass Suche nach Differenz (Offenheit gegenüber kulturell ›Anderen‹) lediglich eine aktualisierte Version eines »kolonialen Kosmopolitismus« (colonial cosmopolitanism) sei. Auch Nikita Dhawan (2009) weist auf die Komplizenschaft kosmopolitischer Ansätze mit globalen Herrschaftsstrukturen hin, wenn historische Prozesse und machtvolle Strukturen nicht berücksichtigt werden: »Wodurch wird eine Gruppe von Personen oder Nationen dazu ermächtigt, im Interesse der weit entfernten ›Anderen‹ zu handeln und jenen ein ebenso gutes Leben bescheren zu wollen, wie ›wir‹ es haben?« (Ebd.: 53) Mit Bezug auf Spivak betont sie, dass die Idee der Zuteilung von Rechten und Gerechtigkeit, die in den Diskursen globaler Bürgerschaft ihren Ausdruck findet und der hiermit verknüpfte Gestus, »der Welt helfen zu wollen« (ebd.) in charakteristischer Weise für die »Übertragung der Bürde des weißen Mannes zu der Bürde des Stärkeren« (Spivak 2007: 177) steht und eine hierarchische Struktur bestehen bleibt. Zentral für diese Struktur sind die Mechanismen des ›westlichen‹ Gerechtigkeitsdiskurses, der Neokolonialismen legitimiert und Ungleichheit aufrechterhält, indem Gerechtigkeit nach ›westlichen‹ Maßstäben definiert wird. Um dem entgegen zu wirken, betont Dhawan (2011) die Notwendigkeit, Gerechtigkeitsbegriffe zu dekolonisieren und Wissensbestände in ihrer historischen und kontextualisierten Entstehung zu betrachten. Insbesondere ist das in Auseinandersetzungen mit Geschlechtergerechtigkeit notwendig. Normative Konzepte von Geschlechternormen strukturieren gesellschaftliches Wissen, hegemoniale Konzepte strukturieren damit Diskurse um Recht, Freiheit und Gleichheit und verdecken alternative Konzeptionen. (Vgl. ebd.: 24)

Die Bedeutung der Beachtung von Kontexten wird besonders in Bezug auf Menschenrechtsdiskurse deutlich, die, wie oben erläutert, auch neuere Kosmopolitismen vornehmen. Problematisiert werden muss hier zum einen die Etablierung neuer Grenzlinien zwischen dem ›Globalen Norden‹ und ›Globalen Süden‹, die unterteilen in »jene, die Menschenunrechte erleiden, und jene, die deren Unrechte richten« (Ehrmann 2009: 90). Eine derartige globale Menschenrechtspolitik kann leicht zum »Alibi« (Spivak 2010: 8) neokolonialer Politiken werden und asymmetrische (geopolitische) Machtkonstellationen stabilisieren (vgl. de Wolff/Brink 2018). Zudem wird mit Blick auf die unterschiedliche Bedeutung aktueller Menschenrechtsdiskurse für ›Metropolen‹ und ›Peripherien‹ und insbesondere auch Männer und Frauen deutlich, dass Menschenrechte, sollen sie einen Bezugspunkt darstellen, immer in ihrer historischen Entstehung und ihrem aktuellen Kontext betrachtet und kritisiert werden müssen (vgl. Castro Varela 2011). Castro Varela betont in diesem Zusammenhang mit Bezug auf Hannah Arendt, dass Menschenrechte sich nur auf Mitglieder einer konstruierten Gemeinschaft beziehen. Darüber hinaus muss der Menschenrechtsbegriff in seiner hegemonialen Deutung noch immer als eine insbesondere für ›westliche‹, ›weiße‹ und meist männliche Eliten relevante Fokussierung auf politische Freiheitsrechte verstanden werden. Eine Geschlechterperspektive ermöglicht den Blick auf die Notwendigkeit sozialer Teilhaberechte als Bedingung der Durchsetzbarkeit von Freiheitsrechten (vgl. Woodiwiss 2002: 151, Castro Varela 2011, Dhawan 2011, Gosepath 2008). Kritik am aktuellen Menschenrechtsbegriff äußert auch Reilly, die zudem die geschlechtsbezogene Trennung zwischen privatem und öffentlichem Raum und den vorherrschenden positivistischen

Rechtsbegriff sowie die Problematik der Staatszentrierung, die zwar auf den Schutz, nicht aber die Gewährleistung von Menschenrechten abhebt, betont (vgl. Reilly 2009: 22f). Gleichzeitig sind mit der Problematisierung ›weißer‹, ›westlicher‹, männlicher Hegemonialität im Menschenrechtsdiskurs (vgl. auch Spivak 2010, Mohanty 2003, Reuter/Villa 2010 und Castro Varela 2011) auch Möglichkeiten der Entstehung von ›Women Rights as Human Rights‹ (vgl. Okin 1998) verbunden. Reilly betont die Chance feministischer globaler Solidarität, von unten Menschenrechte mit einem Fokus auf Nicht-Diskriminierung und wirtschaftliche, soziale und kulturelle Rechte neu zu definieren (vgl. Reilly 2009: 529).

Deutlich wird mit dieser Kritik nicht nur an frühen, sondern auch aktuellen kosmopolitischen Ansätzen, dass die (hierarchische) Konstruktion von Positionierungen nach wie vor von Bedeutung ist und damit auch in der vorliegenden Analyse Beachtung finden sollte. Dies zeigt sich besonders auch in Bezug auf ›den Menschenrechtsdiskurs‹, der eben nicht als universell verstanden werden kann, sondern selbst Ein- und Ausschlüsse beinhaltet, die es in der Analyse des Pressediskurses um die Proteste in Ägypten zu beachten gilt.

3.1.3 Forschung zum kosmopolitischen Potential in Medienkulturen

Neuere kosmopolitische Ansätze, die seit Anfang der 1990er Jahre entwickelt wurden, betonten bereits früh die zentrale Bedeutung von Medien (vgl. u.a. Hannerz 1990), eine Aneignung dieser Ansätze in den Medien- und Kommunikationswissenschaften fand jedoch erst circa ein Jahrzehnt später statt (vgl. Thomas/Grittmann 2018a: 5). Diese Aneignung schließt an Forschung zu Globalisierung und Medien an,[11] deren gegenwärtiges zentrales Erkenntnisinteresse Hafez mit der Frage zusammenfasst, inwiefern eine Sichtbarkeit von Ereignissen an anderen Orten in nationaler und lokaler Presse eine Veränderung der Einstellungen und Ansichten von Menschen mit sich bringen kann:

11 Die Untersuchung von Medien und Globalisierung hat sich Hepp, Krotz und Winter (2005) zufolge in der Geschichte der Medien- und Kommunikationswissenschaften von einer anfänglichen Übertragung nationaler Ansätze auf die internationale Ebene hin zu einer Etablierung von Ansätzen, die sich auf kulturtheoretische Arbeiten zur Globalisierung beziehen, verändert (vgl. ebd.: 9f). Seit Entstehung von Medien- und Kommunikationswissenschaften ist die internationale Kommunikation, die sich insbesondere auf den Vergleich nationaler Mediensysteme konzentriert, zwar in beiden Disziplinen präsent. Die Beschäftigung mit über einen Vergleich hinausgehenden Verbindungen zwischen Nationen und Kulturen über Medien kam jedoch erst mit dem Forschungsfeld der Entwicklungskommunikation auf, die mögliche Beiträge von Medienhandeln auf die ›Entwicklung‹ einer Nation und Chancen für die Entwicklungszusammenarbeit in diesem Feld untersucht. In diesem Forschungsfeld lassen sich zudem auch kritische Kulturimperialismustheorien verorten (vgl. ebd.). Diese nehmen besonders eine US-Amerikanisierung von Medien in den Blick. Leidinger (2003) merkt in diesem Kontext an, dass diese sich auf den Kontext des Kalten Krieges beziehen und zum Beispiel die Zerstörung von Kulturen durch Kolonialismus nicht thematisieren, was »eine vom Westen aufrechterhaltene ›koloniale Illusion‹ über die Peripherie« (ebd.: 260f) befördert. Mit Entstehen des Feldes der interkulturellen Kommunikation verschob sich das Erkenntnisinteresse auf die Ebene der (medial vermittelten) interpersonalen Kommunikationen und die Implikationen kultureller Kontexte und Muster auf diesen Prozess. Für eine kulturtheoretisch orientierte Globalisierungsforschung waren insbesondere Giddens (1990) und Robertson (1992) von zentraler Bedeutung.

»whether the media content of foreign coverage passed on by national journalism systems to their domestic populations is up to the task of changing the world-views and attitudes of the receiving cultures« (2012: 181). Dieser Zusammenhang zwischen globalen mediatisierten Verbindungen mit ›Anderen‹, besonders über die Berichterstattung zu globalen Ereignissen wie den Protesten in Ägypten 2011 und damit einhergehenden, möglichen Veränderungen in der ›moralischen‹ Haltung gegenüber diesen ›Anderen‹ ist auch der zentrale Gegenstand aktueller Debatten um Kosmopolitismus in Medienkulturen. In dem sehr breit und divers angelegten Forschungsfeld, welches sich mit Zusammenhängen zwischen Kosmopolitismus und Medien beschäftigt, spiegeln sich auch die unterschiedlichen Theoretisierungen von neueren Kosmopolitismen wider, die weiter oben bereits diskutiert wurden (s. Kap. 3.1.2, Abb. 2). Die bestehende Forschung zu Kosmopolitismus in einer mediatisierten Welt interessiert sich neben der Beschäftigung mit einer alltäglichen, mediatisierten Kosmopolitisierung im Sinne der Wahrnehmung einer globalen Welt (vgl. Orgad 2012, Appadurai 1996, Szerszynski/Urry 2002) vor allem für die moralischen Implikationen der Begegnung mit ›Anderen‹ über und in Medien, also die Frage: Inwiefern wirkt sich eine alltägliche Kosmopolitisierung in Medienkulturen auf die Offenheit gegenüber der Welt/gegenüber ›Anderen‹ aus? (Vgl. Yilmaz et al. 2015: 8) Letzterer Forschungsstrang kann mit Jonathan C. Ong (2009) als ›Moral und Medien‹ bezeichnet werden. In beiden Schwerpunkten herrscht aktuell eine theoretische Auseinandersetzung mit Kosmopolitismus und Medien vor, die meist von (möglichen) positiven Zusammenhängen zwischen Kosmopolitismus und Medien, einem ›kosmopolitischen Potential‹ von Medien ausgeht (vgl. dazu auch Lindell 2014: 16). Wie diese Zusammenhänge gedeutet werden, stelle ich im Folgenden dar. Wie sich zeigen wird, sind beide Richtungen teilweise stark miteinander verwoben, so dass die Übersicht eher zwei Schwerpunktsetzungen darstellt, zwischen denen und um die herum sich aktuelle Ansätze verorten. Ziel der nachfolgenden Erläuterungen ist es, die vorliegende Untersuchung um die Proteste in Ägypten innerhalb der Forschung zu Kosmopolitismus in Medienkulturen zu verorten und auch die Implikation bereits bestehender Untersuchungen für die spätere Analyse zu betonen. Zugleich verdeutliche ich, inwiefern die bestehende Forschung Leerstellen aufweist und um eine Perspektive auf Ambivalenzen von Sichtbarkeit und Anerkennung erweitert werden muss.

Alltägliche Kosmopolitisierung in Medienkulturen

Generell muss betont werden, dass es nur wenige Studien gibt, die ›real existierenden Kosmopolitismus‹ nicht nur theoretisch erörtern, sondern auch empirisch untersuchen (vgl. Phillips/Smith 2008, Holton 2009), das gilt aber insbesondere für den Zusammenhang mit Medien (vgl. Norris/Inglehart 2009, Höijer 2004, Ong 2009, Robertson 2010).[12] Dabei geht es im Wesentlichen um die Konstruktion neuer Verbindungen mit globalen ›Anderen‹ sowohl über Medientexte wie den Pressediskurs in der vorliegenden Arbeit als auch über Medientechnologien.[13] Hervorgehoben wird vor allem die Bedeutung von

12 Interessant ist, dass diese Studien meist nicht von einem medienzentrierten Ansatz ausgehen, sondern mediales Handeln als kulturelle Praktik und deren Verbindung zu einer banalen Kosmopolitisierung untersuchen.

13 U.a. Beck (2006) betont den Zusammenhang zwischen alltäglichem Kosmopolitismus und (neuen) Medientechnologien. Auf empirische Arbeiten, die sich auf Medientechnologien an sich und

Nachrichten mit einem globalen Bezug, über die Globalität Teil der eigenen, lokalen Umgebung wird (vgl. Szerszynsi/Urry 2002, 2006).[14] Gerade über journalistische Medien wird über eine steigende Anzahl von Berichterstattung über entfernte Ereignisse eine Pluralisierung von Identifikationen und Allianzen geschaffen, so schlussfolgern u.a. Pippa Norris und Ronald Inglehart (2009), die den *World Values Survey* 2005-2007 nutzten, um Zusammenhänge zwischen Mediennutzung und alltäglichem Kosmopolitismus zu analysieren und die Förderung eines »more cosmopolitan view of the world« (ebd.: 188) durch Medien betonen. Lindell (2014) schließt in einer Übersicht zu aktuellen Studien, die mediatisierte Kosmopolitisierung untersuchen, dass »while remaining below the surface of analytical attention in cosmopolitanism studies, media are generally thought of as ›potent‹ in their capacity to cultivate various forms of ›actually existing‹ cosmopolitanisms.« (ebd.: 55) und differenziert, dass nicht alle Mediennutzung positiv mit einer »cosmopolitan disposition« (ebd.: 186) korreliert, hebt jedoch unter anderem journalistische Nachrichten als positiven Faktor hervor. Für eine alltägliche Kosmopolitisierung werden also vor allem journalistische Diskurse mit globalem Bezug als bedeutsam verstanden, was die Einordnung des in dieser Arbeit untersuchten nationalen Diskurses um ein entferntes Ereignis als Beispiel alltäglicher mediatisierter Kosmopolitisierung unterstreicht. Zugleich betonen bestehende Arbeiten zu Kosmopolitisierung in Medienkulturen ebenfalls die anhaltende Bedeutung lokaler Bezüge (vgl. Rantanen 2005) sowie den temporären Charakter eines – meist auf spezielle Ereignisse bezogenen – mediatisierten Kosmopolitismus (vgl. Robertson 2010).[15] Auch weiterhin ist eine Nationalisierung globaler Medieninhalte und deren kontextspezifische Deutung erkennbar (vgl. Kyriakidou 2009, Hafez 2007, Fairclough 2006). Sie verweist auf die

insbesondere neue, soziale Medien konzentrieren (vgl. u.a. Madianou 2013, zum Überblick über aktuelle Studien zum Zusammenhang zwischen Internet und Kosmopolitismus auch Holton 2009: 134) sowie die globale Produktion von Medieninhalten (vgl. u.a. Hannerz 2004) soll an dieser Stelle nicht näher eingegangen werden.

14 Szerszynski und Urry (2002) untersuchen in einer der frühen sozialwissenschaftlichen Studien den Zusammenhang zwischen Medien und »banal globalism« (ebd.: 465), indem sie über einen Zeitraum von 24 Stunden mediale Inhalte verschiedener Fernsehkanäle mit einem Fokus auf Visualisierungen von Globalität analysieren. Nachdem die Studie eine große visuelle Präsenz des Globalen in den Medien zeigte, führten Szerszynski und Urry Rezipient*inneninterviews durch, aus denen sie schlussfolgerten, dass diese sich zwar nicht als ›Bürger*innen der Welt‹ verstehen, aber Ansätze einer kosmopolitischen Zivilgesellschaft durch ein Bewusstsein über eine scheinbar kleiner werdende Welt und eine ethische Sorgebeziehung zu globalen ›Anderen‹, sichtbar werden (vgl. ebd.: 477f). Als Ergebnis weiterer Studien folgern Szerszynski und Urry (2006), dass die Herstellung von Globalität, die gerade über Fernsehinhalte Teil der eigenen lokalen Umgebung wird, helfen kann »to create a sensibility conducive to the cosmopolitan rights and duties of being a ›global citizen‹« (ebd.: 122). Sie betonen in diesem Zusammenhang, dass nicht Medientechnologien und -institutionen an sich kosmopolitisierend seien, vielmehr müssten – wie in der vorliegenden Studie – globale Medienrepräsentationen der ›Anderen‹ untersucht werden (vgl. Szerszynski/Urry 2002: 464).

15 Robertson (2010) kombiniert die inhaltsanalytische Auswertung von Nachrichtenbeiträgen mit Fokusgruppeninterviews und zeigt, dass Fernsehnachrichten Rezipient*innen kosmopolitisch aktivieren können und hebt in diesem Zusammenhang insbesondere die Bedeutung der Konstruktion kollektiver Erinnerungen hervor, betont jedoch auch die Temporalität von Kosmopolitismus.

oben bereits angesprochene Bedeutung der »Verwurzelung« (Appiah 1998) in Prozessen der Kosmopolitisierung. Die Herstellung von Nähe, der Bezug zum Lokalen ist also nach wie vor zentral für mediatisierte Darstellungen. Fraglich erscheint hier vor allem, *wie* dieser Bezug hergestellt wird und welche Möglichkeiten oder auch Schließungen[16] diese ›Verwurzelung‹ beinhaltet. Die Bedeutung lokaler Bezüge wird auch in der späteren Untersuchung des Diskurses der deutschen Presse um die Proteste in Ägypten deutlich, ebenso zeigt sich die Begrenzung der mediatisierten Sichtbarkeit ›der Anderen‹ auf bestimmte Ereignisse: vor 2011 und nach 2014 sind diese im deutschsprachigen Mediendiskurs fast gar nicht (mehr) sichtbar und auch im Untersuchungszeitraum zeigt sich eine Fokussierung auf bestimmte Ereignisse und Phasen der Proteste (s. Kap. 4.2).

Implikationen mediatisierter Kosmopolitisierung: Moral und Medien

In der Beschäftigung mit der Frage, was aus mediatisierten Verbindungen mit ›Anderen‹ folgt, finden sich auch in der Forschung zu Kosmopolitismus und Medien Argumentationen, die eine qualitative Veränderung der Einstellung von Menschen im Sinne einer Anerkennung global entfernter ›Anderer‹ sehen. Sie beziehen sich damit auf die oben erörterten Neuen/Kritischen Kosmopolitismen und grenzen sich von frühen Kosmopolitismen ab, da sie gerade nicht von Universalität, sondern von Differenz ausgehen. Moral wird in diesem Zusammenhang als Prinzip der Orientierung zum ›Anderen‹ und der Anerkennung von Differenz verstanden und verweist auf einen ›kosmopolitischen Beitrag‹ der Medien (vgl. Ong 2009: 450, Silverstone 2008: 18).

Fokussiert wird dabei sowohl theoretisch als auch empirisch meist eine mediatisierte Sichtbarkeit des Leidens ›Anderer‹.[17] Wie auch das vorliegende Projekt gehen andere Arbeiten dieses Forschungsfeldes über das Interesse an Repräsentationen entfernten Leidens hinaus und beschäftigen sich generell mit medial konstruierten Verbindungen zu globalen ›Anderen‹. In Ergänzung zu Arbeiten, die sich primär mit einer mediatisierten Kosmopolitisierung beschäftigen, geht es hier nicht (nur) um eine banale, alltägliche, sondern um eine moralische oder solidarische Hinwendung zu diesen ›Anderen‹.

---

16 Während auf der einen Seite das kosmopolitische ›Potential‹ von Medien herausgestellt wird, betonen einige theoretische Arbeiten aber auch die Möglichkeit, dass sowohl Medieninhalte als auch Medientechnologien neben öffnenden auch gerade schließende Implikationen haben können (vgl. Pantti 2007). Dies gilt insbesondere für das globale Medium Internet, über das sich sowohl kosmopolitische als auch ausgrenzende Werte verbreiten (vgl. Sassen 2002, Castells 2008, Holton 2009).

17 Die theoretische Diskussion um ›Moral und Medien‹ wurde zunächst im Feld der *Humanitarian Communication* bezogen auf die Frage der Möglichkeiten einer mediatisierten Konstruktion von Mitleid geführt. Boltanski (1999) etwa fragt danach, wie eine moralische Haltung und daraus folgendes politisches Handeln im Kontext des insbesondere medial erfahrenen Leidens ›Anderer‹ möglich ist. Der Bezug auf das Konzept des ›Mitleidens‹, welches die Idee eines universellen Mensch-Seins impliziert, wurde vielfach als hierarchisch kritisiert. Neueren moralischen kosmopolitischen Ansätzen in den Medien- und Kommunikationswissenschaften geht es daher um die Konstruktion von Mitgefühl, welches im Gegensatz zu Mitleid auf Anerkennung und Gleichheit beruht (vgl. zu Diskussionen um *pity* und *compassion* Höijer 2004).

Theoretisch werden dabei vor allem Möglichkeiten der Konstruktion neuer Gemeinschaften (vgl. u.a. Morley 2000[18]) und Solidaritäten (vgl. u.a. Calhoun 2002[19]) und deren Bedingungen diskutiert. Während sich auch einige andere Arbeiten theoretisch mit den Möglichkeiten einer moralischen, kosmopolitischen Gemeinschaft und der Frage danach, wie diese sowohl symbolisch als auch technologisch von Medien und ihren Repräsentationen unterstützt werden können, beschäftigen (vgl. u.a. Höijer 2004; Chouliaraki 2006, 2008, 2013; Kyriakidou 2009; Orgad 2012), ist es insbesondere Roger Silverstone (2008), der mit seiner Konzeption der *Mediapolis* einen entscheidenden theoretischen Beitrag zu diesem Feld geleistet hat. Er problematisiert die Annahme eines Automatismus zwischen vermehrter globaler Sichtbarkeit und einer damit einhergehenden Anerkennung der ›Anderen‹.

Silverstone betrachtet mediale Öffentlichkeit als den zentralen ›Erscheinungsraum‹ der ›Anderen‹. Dabei betont er, dass dieser mediale öffentliche Raum Gesellschaft nicht nur repräsentiert, sondern auch konstituiert: »Meiner Ansicht nach bildet die Gesamtheit der Medien jene Kultur, die in der Spätmoderne als Erscheinungsraum zu gelten hat: sowohl im Sinne eines Raums, in dem *die Welt erscheint*, als auch vor dem Hintergrund der Tatsache, daß [sic!] die Welt *durch das, was erscheint*, konstituiert wird. [Herv. i. O.]« (ebd.: 48f) Wie auch in der Polis, dessen Begriff er mit Bezug auf Arendt erörtert, ist auch in der medialen Polis, der *Mediapolis* daher der Zugang zu diesem Erscheinungsraum zentral für die Konstitution der Gesellschaft und die Sichtbarkeit marginalisierter ›Anderer‹. Dieser Raum ist von Macht durchzogen, Möglichkeiten des Erscheinens werden begrenzt oder zugelassen. Öffentlichkeit an sich versteht Silverstone damit noch nicht als eine hinreichende Bedingung für Möglichkeiten der Ermächtigung, eher als einen Raum der »Potentiale und Möglichkeiten« (ebd.: 57), zunächst müssen jedoch Fragen nach dem Zugang zu diesem Raum und der Art der Sichtbarkeit gestellt werden. »Das Sichtbarwerden ist nur der Anfang« (ebd.: 47) betont Silverstone und kommt damit zur Frage der ›Anerkennung von Andersheit‹. Er formuliert hier eine auch für

18 Früh hat sich Morley (2000) mit solchen Gemeinschaften beschäftigt. Er widerspricht der Auffassung der Konstruktion eines ›globalen Dorfes‹ über Medien und insbesondere das Fernsehen. Vielmehr geht er davon aus, dass das »Screening« der ›Anderen‹, also deren Wahrnehmung über den Bildschirm, uns von ihnen distanziert. Dennoch hebt er die bedeutende Rolle, die Medien in der Konstruktion von Verbindungen spielen könnten, hervor. Morley sieht als eine mögliche Reaktion auf Kosmopolitisierung und die damit zusammenhängende »enforced proximity« (ebd.: 255) die Konstruktion von prozesshaften »communities-in-difference« (ebd.: 253), die Gemeinsamkeiten nicht als Essenz, sondern als gemeinsame Prozesse verstehen, durch die eine soziale und nachhaltige Form von Gemeinschaft konstruiert werden kann.

19 Auch Calhoun (2002) argumentiert, dass eine alltägliche Kosmopolitisierung nicht unbedingt zu einer gerechteren, demokratischeren Welt führt, dafür sei eine solidarische Verbindung nicht nur unter ›class consciess frequent travellers‹, sondern auch über diese begrenzte globale Schicht hinaus nötig. Öffentlichen (medialen) Diskursen billigt er in der Konstruktion solcher Solidarisierungen eine entscheidende Rolle zu: »Public discourse is not simply a matter of finding pre-existing common interests, in short, nor of developing strategies for acting on inherited identities; it is also in and of itself a form of solidarity« (ebd.: 97) Er fordert daher Kennedy zufolge, dass empirische Studien sich nicht nur auf eine alltägliche Offenheit der Diskurse beschränken dürfen, sondern gerade die kulturellen Bedingungen für die Konstruktion von Solidaritäten untersuchen müssen (Kennedy 2006: 81).

meine Arbeit zentrale Infragestellung eines oft angenommenen ›unmittelbaren‹ Zusammenhanges zwischen (mediatisierter) Sichtbarkeit und Anerkennung, die auch in Kapitel 3.2.2 mit Bezug auf Johanna Schaffer (2008) noch einmal ausführlicher thematisiert wird. Mit dieser Annahme einher geht eine Fokussierung der Fragestellung der vorliegenden Arbeit nicht danach, *ob* Frauen im untersuchten Diskurs um die Proteste in Ägypten sichtbar werden, sondern *wie* sie sichtbar werden. Da Repräsentation nie neutral sein kann, sondern immer Deutungen beinhaltet, sieht auch Silverstone die Art und Weise der Repräsentation von ›Anderen‹ als entscheidend für die Entstehung einer Mediapolis. Diese fasst er sowohl als soziokulturelle Erscheinung als auch normative, moralische Forderung: »Die Möglichkeit, vor anderen zu erscheinen und von ihnen gesehen und gehört zu werden, ist also eine notwendige, aber nicht hinreichende Bedingung für das Entstehen einer Mediapolis.« (Silverstone 2008: 64). Zentral für das Entstehen dieser Mediapolis im normativen Sinn sieht er auf der Ebene der Repräsentation der ›Anderen‹ die Notwendigkeit der »richtigen Distanz«, in der »der Andere in seiner Differenz und seiner Ähnlichkeit zugleich« (ebd.: 78) erscheint. Nur die Mediatisierung von Gleichheit *und* (gleichwertiger) Andersheit kann demnach zu Pluralität und damit einer gemeinschaftlichen Ethik führen. Die Andersheit versteht er dabei als wesentliche gemeinschaftliche menschliche Erfahrung, die sowohl die ›Anderen‹ als auch uns selbst betrifft. Nicht nur die mediatisierte Anerkennung der Andersheit der ›Anderen‹, sondern auch der eigenen Andersheit ist daher entscheidend, um Differenz als gleichwertig zu repräsentieren (vgl. ebd.: 62). Ein Kommunikationsraum, der Menschen miteinander verbindet, kommt nach Silverstone dann zustande, wenn das Recht auf (angemessene) Repräsentation mit dem Recht auf Gehör verbunden wird. Die notwendige Gewährleistung dieser Rechte bezeichnet er als »mediale Gastfreundlichkeit« (vgl. ebd.: 210ff), die bedingungslos gewährt werden muss, also keinen Unterschied zwischen willkommenen und weniger willkommenen Stimmen machen darf, auch wenn dies ein gewisses Risiko beinhaltet (vgl. ebd.: 216f). Denn nur durch die Anhörung vielfältiger Stimmen, die unterschiedliche Deutungen hervorbringen, ist eine »Polyphonie« (ebd.: 129ff) möglich. Diesen Begriff für Vielstimmigkeit, der die Dissonanz von Stimmen beinhaltet und begrüßt, nutzt Silverstone in Anlehnung an Said als Beschreibung für den Mediendiskurs als auch als normative Bedingung der Mediapolis im besten Sinne.

In Silverstones Ausführungen zeigt sich eine Ambivalenz zwischen den von ihm beschriebenen medialen Potentialen und der Deutung aktueller medialer Darstellungen, die diese nur selten ausschöpfen. Ein notwendiger Schritt in der Forschung zu Kosmopolitismus in Medienkulturen ist es nun, bestehende mediale Repräsentationen wie in der vorliegenden Arbeit anhand der Proteste in Ägypten vorgenommen, empirisch zu analysieren und zu fragen, wer in möglicherweise anerkennende Repräsentationen ein- und wer von ihnen ausgeschlossen ist, wem also mit Offenheit begegnet wird und wem nicht. Eine solche, kritische analytische Perspektive, die, geprägt durch kosmopolitische Debatten lokale Forschung zu Medien durchführt und sie in globale Zusammenhänge einordnet, fordert auch Waisbord (2015: 180ff) in seinem Entwurf von »cosmopolitan media studies«. Generell finden sich bisher wenige solcher empirischen Untersuchungen der Zusammenhänge zwischen globaler Sichtbarkeit und einer mediatisierten Anerkennung der ›Anderen‹ (vgl. Ong 2009, Robertson 2010). Es gibt jedoch einige Arbeiten, die bereits empirisch genau jene Pluralität von Bezügen zwischen Sichtbarkeit und Anerkennung untersucht haben, die durch mediale Begegnungen mit globalen ›Anderen‹ entstehen. Empirische Studien, die dem Forschungsstrang ›Moral und Medien‹ zugeordnet werden können, fragen danach, ob Medien dazu beitragen, dass Menschen sich globalen ›Anderen‹ ethisch zuwenden und/oder sie in ihrer Andersheit anerkennen. Diese Studien sind oft auf Medieninhalte fokussiert, wobei eine verstärkte empirische Auseinandersetzung mit Produktion und Rezeption der untersuchten Medieninhalte immer wieder gefordert wird (vgl. Robertson 2010, Ong 2009, Orgad/Seu 2014, Lindell 2014).

Eine der wichtigsten Vertreterinnen der empirischen Untersuchung der Repräsentation von globalen ›Anderen‹ in Medientexten und speziell Nachrichten ist Lilie Chouliaraki (u.a. 2006, 2008, 2013). Ihre diskursanalytischen Arbeiten zu Fernsehnachrichten untersuchen »the conditions under which it is possible for the media to cultivate an ideal identity for the spectator as a citizen of the world – literally a cosmo-politan« (Chouliaraki 2006: 2). Das größte – und einzige – kosmopolitische Potential sieht sie in *ordinary emergency news*, die über außergewöhnliche Ereignisse, bei denen keine Menschen aus dem ›eigenen‹ Kontext betroffen sind, berichten, welche sie am Beispiel der Proteste von Mönchen in Myanmar untersucht (vgl. Chouliaraki 2008: 344). Ähnlich wie in einem späteren Artikel zu kosmopolitischer Solidarität in medialen Diskursen zu den Protesten in Ägypten (vgl. Chouliaraki 2013: 278f) sieht sie zwei wesentliche Besonderheiten der kommunikativen Strukturen als ausschlaggebend für dieses Potential: Zum einen die Einbeziehung der Stimme der ›Anderen‹ und deren Visualisierung über die Sichtbarkeit von »citizen-generated imagery« (Chouliaraki 2008: 340) in verschiedenen Medienformaten und zum anderen die Einschreibung in ›westliche‹ Diskurse des Protests gegen autoritäre Regime. Indem über neue Medien und neue journalistische Formen die ›Anderen‹ selbst eine Stimme erhalten, sind die Voraussetzung für Solidarisierungen, das Sprechen und Gehört-Werden der ›Anderen‹ gegeben (vgl. Chouliaraki 2013: 279). Chouliarakis Forschung unterstreicht hier noch einmal die besondere Relevanz der Annahme eines ›kosmopolitischen Potentials‹ von Berichterstattung gerade in Bezug auf die Ereignisse in Ägypten, nicht zuletzt aufgrund der hohen Einbeziehung der ›Stimme der Anderen‹ über ›soziale‹ Medien, die auch in Kapitel 2.1.1 anhand der bestehenden Forschung zu den Protesten thematisiert wurde.

Zugleich zeigen empirische Studien aus dem Forschungsfeld ›Medien und Moral‹ auf, dass der Fokus nicht nur auf Potentiale von Presseberichterstattung gelenkt werden sollte, sondern auch deren Ausschlüsse, Grenzziehungen und Differenzkonstruktionen weiterhin in den Blick genommen werden müssen. Chouliaraki selbst geht vor dem Hintergrund der Überlegungen von Spivak kurz auf diskursive Begrenzungen der Hörbarkeit ›anderer‹ Stimmen ein:

> »There is, however, yet another barrier to voice a symbolic barrier that reflects the profound misrecognition of the global South in a predominantly Western mediascape. Captured in Spivak's (1988) pertinent question ›can the subaltern speak?‹, symbolic misrecognition refers to the systemic inability of non-Western others to speak out and be heard in the trans-national flows of mediation.« (ebd.: 279)

Beachtung finden muss also die Frage, welche Diskurse unser Feld der Wahrnehmung wie strukturieren, welche ›Anderen‹ welche kommunikativen Formen der Ermächtigung überhaupt nutzen können, die potenziell Anerkennung hervorbringen könnten. Die Reproduktion globaler Asymmetrien in medialen Begegnungen mit globalen ›Anderen‹ zeigen auch Stijn Joye (2010), die Fernsehnachrichten untersucht, und Andrew Rogers (2011) auf, der die BBC Sendung *Hardtalk* analysiert und zu dem Ergebnis kommt, dass dort trotz der globalen Ausrichtung ›westliche‹ Hegemonie bestehen bleibt. Andere Arbeiten betonen vor allem die Verbindung zwischen globalen und lokalen Bezügen in der Berichterstattung über globale Ereignisse.[20] Shani Orgad (2012) verdeutlicht in einer Studie zu Nachrichtensendungen, dass globale Erweiterungen kultureller Deutungen oft mit einem selbstzentrierten Blick nach innen zusammenhängen. Die Notwendigkeit lokal etablierter Rahmungen globaler Diskurse für die Möglichkeit, aus alltäglicher eine ethische Offenheit und Hinwendung zu globalen ›Anderen‹ zu konstruieren, betonen auch sowohl Kate Nash (2008) als auch Angelika Poferl (2013), die beide eine globale Kampagne zur Bekämpfung von Armut untersuchen. Die genannten Studien unterstreichen noch einmal die Bedeutung lokaler Bezüge in der Berichterstattung über globale Ereignisse und globale Kampagnen und die damit verbundenen Ambivalenzen zwischen einer Öffnung gegenüber ›Anderen‹ und der Festigung globaler Machtstrukturen.

Kritik an normativer Fokussierung der Forschung zu Kosmopolitismus in Medienkulturen: Betonung der Ambivalenzen von Anerkennung

Als ein zentrales Ergebnis bisheriger Forschung zu Kosmopolitismus in Medienkulturen kann die anhaltende Bedeutung lokaler/nationaler Deutungen und eine damit verbundene Aufrechterhaltung von Hierarchien bezeichnet werden. Gerade empirische Arbeiten betonen dabei den Rückbezug auf spezifische, etablierte Rahmen in der Berichterstattung über global relevante Ereignisse. Abschließend kann daher mit Lindell konstatiert werden, dass die bisherige Forschung auf eine »dual role of ›the media‹« verweist, »as they constitute both routes out of a particular locality and walls reinforcing that same locality« (Lindell 2014: 68). Gerade die Fragen, welche Deutungen sich zwischen diesen beiden Polen bewegen und wie diese miteinander verbunden sind, sollten meiner Meinung nach an diese Feststellung anschließen (vgl. auch Orgad 2011).[21] Hin-

20 Die wenigen Studien, die empirisch auch die Produktion und Rezeption von Medieninhalten, die das Leiden globaler ›Anderer‹ oder allgemeiner mediale Begegnungen mit globalen ›Anderen‹ an sich untersuchen, heben ebenfalls die enge Verbindung zwischen globalen Bezügen und nationalen Rahmungen hervor, so etwa in Kyriakidous (2009) Studie zur Rezeption globaler Katastrophen wie etwa dem Tsunami, bei denen nationale kulturelle Deutungen eine zentrale Rolle spielten (ähnliche Ergebnisse auch bei Hafez 2007). Höijer (2004) betont als Ergebnis seiner Befragungen von Rezipient*innen die Gleichzeitigkeit von Öffnungen zu globalen ›Anderen‹ und dem Rückzug ins Nationale oder Lokale. Auch für die Medienproduktion hebt u.a. Hafez (2011) hervor, dass Journalist*innen auch globaler Medien oft nationale Bezüge in den Vordergrund stellen.

21 Orgad (2011) argumentiert, dass Repräsentationsstudien oft auf als binär konstruierten Spannungen aufbauen und fordert die Beachtung von Komplexität, etwa zwischen einer Konstruktion des ›gefährlichen Anderen‹ und einer menschlichen Gemeinschaft und der Betonung von nationalen vs. globalen Zugehörigkeiten.

derlich dafür, in diese Richtung weiter zu denken sind nach meiner Auffassung zwei zentrale Punkte: Zum einen die meist normative Ausrichtung empirischer Forschung zu Medien und Kosmopolitismus. Eine ›kosmopolitische Haltung‹ gegenüber globalen ›Anderen‹ wird dabei als normatives Ziel der Überlegungen gesetzt und überprüft, inwiefern diskursive Deutungen zur Erreichung dieses Ziels beitragen können. Damit geht jedoch eine Fokussierung gerade auf die Ambivalenzen einer solchen Haltung und der Anerkennung ›Anderer‹ verloren. Zum anderen zeigt sich eine fehlende Perspektive darauf, nicht *ob*, sondern gerade *wie* machtvolle gesellschaftliche Strukturen und Anerkennungsordnungen in den untersuchten Diskursen (re-)produziert werden. Andernfalls läuft die Forschung zur Folge globaler mediatisierter Verbindungen Gefahr, bestehende machtvolle Ordnungen zu rekonstruieren und damit zu festigen, statt sie in Frage zu stellen und auf ihre Veränderbarkeit hinzuweisen. Eingedenk einer solchen Kritik nehme ich in der vorliegenden Arbeit eine Perspektive ein, die im Sinne einer analytischen und kritischen Ausrichtung von Cosmopolitan Media Studies Ambivalenzen von Anerkennung fokussiert und untersucht, inwiefern machtvolle Strukturen im Diskurs um protestierende Frauen in Ägypten (re-)produziert werden.

Zwischenfazit: Kosmopolitismus aus postkolonialer und feministischer Perspektive

Die vorgenommene Auseinandersetzung mit frühen und neueren kosmopolitischen Ansätzen und spezifisch der Erforschung von Kosmopolitismus in Medienkulturen hat deutlich gemacht, dass auch weiterhin eine Verbindung dieser Ansätze mit macht- und repräsentationskritischen Perspektiven erforderlich ist. Diese Verbindung ermöglicht zugleich eine empirische Perspektive, die sowohl Möglichkeiten veränderter Sichtbarkeit und Anerkennung im Blick hat als auch für die Festigung von Hierarchien und Ausschlüssen durch die Reproduktion von Machtstrukturen sensibel bleibt. Aus solch einer Perspektive untersuche ich in dieser Arbeit, in welch vielfältiger Weise Begegnungen mit globalen ›Anderen‹ – in der vorliegenden Arbeit protestierenden Frauen in Ägypten – in medialen Diskursen konstruiert werden, welche Normierungen und Deutungen sie beinhalten. Dieser beobachtende Blick führt dazu, dass es mir nicht darum geht, zu untersuchen, *ob* bestimmte (wünschenswerte oder nicht wünschenswerte) Deutungen in den Diskursen konstruiert werden. Vielmehr analysiere ich, *wie* plurale Deutungen und Verbindungen zwischen der ›eigenen‹ Lebenswelt und der globaler ›Anderer‹ in medialen Begegnungen hergestellt werden und grenze mich damit von normativen kosmopolitischen Ansätzen ab. Damit komme ich einer Forderung von Shani Orgad und Irene B. Seu (2014) nach, die betonen, dass Forscher*innen »should also investigate—systematically and rigorously—how things *are* rather than only discussing how things *ought* to be [Herv. i. O.]« (ebd.: 28). Ong (2009) befürwortet als Basis für so eine beobachtende Analyse, an Stelle von Definitionen einer existierenden oder wünschenswerten Form von Kosmopolitismus ein grundlegendes »concern to our relationship with the Other« (ebd.: 463). Er sieht in einem solchen Interesse den Vorteil, dass damit die Pluralität von Formen der mediatisierten Begegnungen mit ›Anderen‹ und ihre Eingebundenheit in machtvolle Strukturen deutlich wird. Der Fokus der Untersuchung verschiebt sich damit auf die Ambivalenzen in mediatisierten Begegnungen mit ›Anderen‹: »At the core of cosmopolitanism is a multiplicity of tensions. The tensions between proximity and distance, between attachment and commitment, between global and local, between universals and particulars, between us and them, between media and identity.« (Ebd.: 464) Gerade die Komplexität der Dimensionen, die zwischen diesen als binär konstruierten Oppositionen liegen, sind das Erkenntnisinteresse meiner Arbeit. Um dieses analytisch verfolgen zu können erscheint mir neben dem Bezug auf Ansätze, die die Konstruktion von Differenz kritisch betrachten und erforschen, eine theoretische Auseinandersetzung mit dem für neuere kosmopolitische Debatten zentralen Anerkennungsbegriff, die in diesen oft zu kurz kommt, nötig. Fokussiert werden sollten dabei insbesondere die Ambivalenzen, die dieser Begriff mit sich bringt.

3.2 Ambivalenzen von Anerkennung

Nachdem die repräsentationskritische Perspektive der Arbeit in Kapitel 2 theoretisch und mit Bezug auf den konkreten Untersuchungsgegenstand eingeführt wurde, folgt nun deren Zusammenführung mit dem analytischen Blick auf Anerkennung in Medienkulturen. Diese kann, so hat die in Kapitel 3.1.2 erörterte feministische und postkoloniale Kritik an gegenwärtiger kosmopolitischer Forschung und deren Auseinandersetzung mit Anerkennung gezeigt, nicht einfach additiv erfolgen, sondern erfordert zunächst eine durch die oben beschriebene, machtkritische Perspektive geprägte Auseinandersetzung mit dem Anerkennungsbegriff selbst. Verdeutlicht werden in diesem Kapitel nicht nur die Ambivalenzen des Zusammenhangs zwischen Sichtbarkeit und Anerkennung, sondern auch die Ambivalenzen des Anerkennungsbegriffs selber. Damit soll der meist affirmative Bezug auf den Begriff in bestehenden Überlegungen zu möglichen Folgen einer Kosmopolitisierung von Medienkulturen in Frage gestellt werden. Dafür ist eine zunächst theoretische Auseinandersetzung mit dem Begriff und seiner unterschiedlichen Verständnisweisen unabdingbar, bevor ich auf den konkreten Umgang mit diesem in der vorliegenden Untersuchung eingehe. Die fehlende theoretische Erörterung der für sie zentralen Kategorie ›Anerkennung‹ erscheint, wie oben bereits dargestellt, ein großes Manko bestehender Untersuchungen zu Kosmopolitismus (in Medienkulturen).

Nicht nur in Debatten um Kosmopolitismus (in Medienkulturen) und innerhalb gesellschaftlicher Auseinandersetzungen hat der Anerkennungsbegriff Konjunktur, auch in philosophischen, soziologischen oder pädagogischen Arbeiten finden sich aktuelle Auseinandersetzungen um Anerkennung. Die Vielzahl der (inter-)disziplinären Zugänge verdeutlich bereits, was auch Heikki Ikäheimo (2014) in seinem Überblick über zentrale Ansätze hervorhebt: »Es ist ein Merkmal der Debatten über ›Anerkennung‹, dass die Bedeutung dieses zentralen Ausdrucks von den verschiedenen Autoren [und Autorinnen, LB] häufig sehr unterschiedlich aufgefasst wird.« (Ebd.: 7) Nachfolgend zeichne ich weniger die Überlegungen dieser Vielzahl an Zugängen nach oder vergleiche sie miteinander, dieser anspruchsvollen Aufgabe haben sich dankenswerterweise bereits mehrere Autor*innen gewidmet (vgl. u.a. Balzer 2014, Ikäheimo 2014, Reimer 2012, Bedorf 2010). Vielmehr geht es mir darum, anhand zentraler Debatten und Fragestellungen um den Begriff ›Anerkennung‹ auf einzelne Aspekte ihrer Überlegungen einzugehen und so die wichtigen Elemente des in dieser Arbeit verwendeten Begriffs zu entwickeln.

Ich konzentriere mich in meinen Ausführungen auf solche Anerkennungsbegriffe, die deren gesellschaftliche Bedeutung hervorheben und damit auf Autor*innen, die auch die Bedeutung von Öffentlichkeiten aufgreifen, da diese für eine Diskursanalyse am anschlussfähigsten erscheinen (vgl. Thomas/Grittmann 2018a: 31). Während ein solches Verständnis von Anerkennung auch in den Arbeiten von Axel Honneth (u.a. 1992, 2003) und Charles Taylor (1997), zwei für aktuelle Debatten um ›Anerkennung‹ und auch neuere kosmopolitische Arbeiten zentrale Autoren, vorliegt, problematisiere ich in Kapitel 3.2.1 den dort eher als responsiv verstandenen Anerkennungsbegriff, der machtvolle gesellschaftliche Hierarchisierungen und sozioökonomische Strukturen zu wenig beachtet. Gerade für eine durch die in Kapitel 2.2 aufgezeigte repräsentationskritische Perspektive geprägte Arbeit erscheint mir daher der konstitutive Anerkennungsbegriff von Butler passender. Ich entwickle daher in Kapitel 3.2.2 ein sich insbesondere auf ihre Arbeiten beziehendes Verständnis von Anerkennung als analytische und subjektivierende Kategorie. Anschließend wird in Kapitel 3.2.3 betont, dass, wird Anerkennung mit einem emanzipatorischen Potential in Verbindung gebracht, Ergänzungen notwendig sind. In Kapitel 3.2.4 gehe ich abschließend darauf ein, wie in Folge dieser theoretischen Auseinandersetzung Anerkennung in Medienkulturen untersucht werden kann und welche spezifischen Fragen an den Untersuchungsgegenstand die diskutierte Konzeption von Anerkennung aufwirft.

3.2.1 Ein gesellschaftstheoretisch fundierter Anerkennungsbegriff

Anerkennung verstehe ich zunächst nicht als nur intersubjektiv relevante Kategorie, sondern als eine, die auch in der gesellschaftlich-politischen Sphäre von Bedeutung und zugleich durch diese geprägt ist.[22] In diesem Abschnitt geht es mir daher zunächst darum, Anerkennung als verbindendes Element zwischen interpersonaler und gesellschaftlicher Ebene, privater und öffentlicher Sphäre zu entwerfen. Damit zeige

22 Mit den Ebenen von Anerkennung, die verschiedene Ansätze in den Vordergrund stellen, setzt sich besonders Ikäheimo (2014) auseinander. Er betont in diesem Zusammenhang die Notwendigkeit der Trennung von Ebenen der Anerkennung zwischen 1. intersubjektiven Einstellungen, 2. Einstellungskomplexen, 3. konkreten interpersonalen Beziehungen und 4. sozialen und institutionellen Kontexten (vgl. ebd.: 11ff), auch wenn er diese als eng miteinander verwoben versteht. Diese Differenzierung erleichtert es, eine wichtige Entwicklung der für aktuelle Anerkennungsdebatten zentralen Ansätze von Taylor und Honneth gegenüber den frühen Ausführungen von Hegel zu erläutern. Zentral an Hegels Darlegungen zur ›Selbständigkeit und Unselbständigkeit des Selbstbewusstseins‹ in seiner *Phänomenologie des Geistes* ist die Betonung der Intersubjektivität der menschlichen Existenz, also die Notwendigkeit der Anerkennung der eigenen Subjektivität durch andere (Zur kritischen Auseinandersetzung mit Hegel aus postkolonialer Perspektive vgl. u.a. Buck-Moers 2011). Hegel beschäftigt sich insbesondere mit Anerkennung zwischen zwei individuellen Personen: einem einzelnen Anerkennenden und einem einzelnen Anerkannten, einer intersubjektiven Dyade (vgl. Ikäheimo 2014: 12). Auch wenn institutionelle Anerkennung bei Hegel ebenfalls eine Rolle spielt steht hier rein intersubjektive Anerkennung stets im Vordergrund. Sowohl Honneth als auch Taylor übertragen in ihrer Auseinandersetzung mit Hegel diese intersubjektive Ebene auf gesellschaftliche Beziehungen.

ich gleichzeitig auf, dass Fragen nach mediatisierter Anerkennung in öffentlichen Diskurse, wie ich sie in der vorliegenden Arbeit anhand des journalistischen Diskurses in Deutschland um die Proteste in Ägypten stelle, als folgenreich auch für das alltägliche Leben von Gruppen und Individuen wie beispielsweise protestierenden Frauen in Ägypten verstanden werden müssen. Diesen Aspekt betonen auch Honneth und Taylor, die einen zentralen Platz in aktuellen Debatten um Anerkennung einnehmen. Auch wenn in kosmopolitischen Ansätzen der Anerkennungsbegriff meist nicht dezidiert ausgearbeitet wird, so ist den Ausführungen zu entnehmen, dass auch dort mit einem Honneth und Taylor ähnlichen Begriff gearbeitet wird, der entweder die affirmative Anerkennung der Gleichheit (Honneth) oder aber der Differenz der ›Anderen‹ (Taylor) fordert. Beide Ansätze greife ich auf und verdeutliche zugleich, dass sie wenig geeignet scheinen, um, wie in Kapitel 3.1 gefordert, Ambivalenzen von Anerkennung stärker in den Blick zu nehmen.

Honneth (1992) versteht den *Kampf um Anerkennung* in seinem gleichnamigen Buch als wesentlich für soziale Auseinandersetzungen, da diese insbesondere auf Missachtungserfahrungen beruhen und oft mit einer »Vorenthaltung oder de[m] Entzug von Anerkennung« (ebd.: 213) einhergehen. In seinem »Versuch einer empirisch kontrollierten Phänomenologie der Anerkennungsformen« (ebd.: 259) umreißt Honneth mit Bezug auf Hegel drei Arten der Anerkennung: Auf der interpersonalen Ebene ›Liebe‹ als affirmative Form der Anerkennung, die zum Selbstbewusstsein eines Subjektes führt und auf der gesellschaftlichen Ebene zum einen die Anerkennung im Rechtsverhältnis und zum anderen die solidarische Anerkennung gemeinsamer Werte (vgl. ausführlich Balzer 2014: 86ff). Die Entkopplung der beiden gesellschaftlichen Anerkennungsformen der sozialen Wertschätzung und des Rechts sieht er dabei in der Moderne begründet (vgl. Honneth 2003: 165). Diese drei Formen versteht Honneth nicht als rein intersubjektive, sondern als über institutionalisierte und gesellschaftliche Normen geprägt (vgl. Ikäheimo 2014: 161).[23] Die von Honneth beschriebenen drei Sphären von Anerkennung – Liebe, rechtliche Gleichheit und soziale Wertschätzung – sind für ihn besonders aufgrund der Bedeutung der Autonomie für Subjekte entscheidend.[24] Er vertritt die These,

23 Auch hebt Honneth in diesem Kontext die Bedeutung gesellschaftlicher Normen für den Kampf um Anerkennung hervor: Mitglieder einer Gemeinschaft erlernen deren Normen und Werte und damit auch, auf welche Eigenschaften einer Person oder Gruppe in diesem spezifischen Kontext mit affirmativer Anerkennung reagiert werden sollte. Dies beinhaltet auch eine kritische Sicht auf verwehrte Anerkennung, die entsprechend der Eigenschaften einer Person/Gruppe nach den bekannten Normen hätte gewehrt werden müssen (vgl. Deines 2007a: 146). Das Bedürfnis nach Anerkennung versteht er zwar im Anschluss an Hegel als ein grundlegend menschliches, universelles, gleichzeitig hebt er jedoch die Prinzipien von Anerkennung als jeweils spezifisch und in der europäischen Moderne durch eine kapitalistische Gesellschaftsordnung geprägt hervor (vgl. Honneth 2003: 181ff).

24 Honneth hebt die Bedeutung aller Anerkennungssphären für die Verwirklichung von Autonomie hervor, betont aber die zentrale Bedeutung der rechtlichen Anerkennungssphäre und damit des Gleichheitsprinzips. Die Berufung auf dieses Prinzip versteht er als entscheidend für die Frage, ob Anerkennungsforderungen von Gruppen Gewähr geleistet wird oder nicht. Der Kampf minorisierter Gruppen lässt sich damit nach Honneth »primär sinnvoll nur als Ausdrucksformen eines erweiterten Kampfes um rechtliche Anerkennung begreifen« (Honneth 2003: 201). Es geht auf gesellschaftlicher Ebene also im Wesentlichen um ein »Anerkennungsprinzip der Rechtsgleichheit«

dass »die Möglichkeit der Verwirklichung von individueller Autonomie für das einzelne Subjekt von der Voraussetzung abhängt, durch die Erfahrung sozialer Anerkennung ein intaktes Selbstverhältnis entwickeln zu können« (Honneth 2003: 213). Die Ermöglichung von Autonomie durch Anerkennung führt auch dazu, dass er Akte der Anerkennung als ausschließlich positiv und ermöglichend versteht (vgl. Deines 2007a: 149). Anerkennungsakte haben demnach »einen unzweideutig positiven Charakter, weil sie es den Adressaten erlauben, sich mit den eigenen Eigenschaften zu identifizieren und daher zu größerer Autonomie zu gelangen« (Honneth 2004: 56). Problematisch erscheint hier mit Blick auf die oben formulierte Notwendigkeit der Betonung von Ambivalenzen der Anerkennung, dass eine solche sich in Honneths Ausführungen kaum findet und Anerkennung als hinreichend für die Garantie von Autonomie verstanden wird. Dadurch gerät die Bedeutung gesellschaftlicher Hierarchisierungen und sozioökonomischer Strukturen aus dem Blick (zur Kritik an Honneth vgl. auch Fraser 2003 und Reimer 2012: 79ff).

Während Honneth rechtliche Gleichheit ins Zentrum von Anerkennungsforderungen rückt, geht es Taylor wie oben bereits erwähnt vor allem um eine Anerkennung von Differenz. Er betont in seinem kurzen, aber sehr einflussreichen Text zur *Politik der Anerkennung* (1997) die Bedeutung von Anerkennung für die Identität von Personen, primär interessiert ihn Anerkennung jedoch innerhalb der öffentlichen Sphäre. In diesem Kontext hebt er die Bedeutung der Authentizität von Individuen und Gruppen als einen zentralen und schützenswerten Aspekt von Anerkennung innerhalb dieser Sphäre hervor (vgl. ebd.: 24ff). Er problematisiert die oft universalisierende und damit auf Basis ›westlicher‹ Normen homogenisierende Politik der Würde und spricht sich für eine Politik der Differenz aus, die ›den Anderen‹ mit einer Haltung der »Annahme der Gleichwertigkeit« (ebd.: 59) begegnen müsse. Mit seiner Fokussierung auf die Bedeutung von Authentizität versteht er die Forderung nach gesellschaftlicher Anerkennung als eine Forderung nach der Bejahung der ›Spezifizität‹ einer Gruppe im Gegensatz zu anderen.[25] Für die (intersubjektive) Anerkennung Einzelner erscheint ihm gerade die gesellschaftliche Bedeutung der Gemeinschaft, der ein Individuum angehört (bei ihm sind insbesondere kulturelle Kategorisierungen, aber auch Geschlecht, Klasse etc. relevant) als ausschlaggebend (vgl. Ikäheimo 2014: 111). Auch hier muss aus einer repräsentationskritischen Perspektive die Notwendigkeit betont werden, die Ambivalenzen

(ebd. 200f), wobei gerade mit Bezug auf internationales Recht aus postkolonialer Perspektive auf dessen Ausschlüsse hingewiesen werden muss (s. Kap. 3.1.2 zur Kritik am Menschenrechtsbegriff u.a. von Castro Varela 2011).

25 Er fügt den zwei von Hegel geprägten Dimensionen von Anerkennung, der axiologische, die in der »Sorge um das Leben und Wohlergehen des Anderen« (Ikäheimo 2014: 83) besteht und der deontologischen, die sich in der »praktischen Einstellung, den Anderen an der Autorität über die Normen, die die Interaktion und das Leben insgesamt organisieren, teilhaben zu lassen« (ebd.) zeigt, eine weitere Dimension hinzu. Ikäheimo nennt sie die »kontribrutive Dimension« (ebd.: 109), da es hier insbesondere um die Anerkennung des besonderen Beitrages eines Individuums/einer Gruppe zur Gemeinschaft geht. Während für Hegel Anerkennung vor allem ihr Personsein insgesamt, also das *Was* einer Person betrifft, fokussiert Taylor damit das *Wer*, also die »qualitativ bestimmten Identitäten von Personen« (ebd.: 115).

ebensolcher Kategorisierungen, auf deren Basis Anerkennung gewährt wird, zu betonen. Zu stellen sind in diesem Zusammenhang Fragen danach, wer eigentlich Anerkennung gewähren kann und wer ›Objekt‹ der Anerkennung bleibt, und so die Durchdringung von Anerkennung mit Macht hervorzuheben (vgl. zur Kritik an Taylor auch Reimer 2012: 96ff).

Verdeutlicht werden sollte mit diesem Abschnitt, dass sowohl Honneth als auch Taylor – unabhängig von ihrem spezifischen Verständnis – Anerkennung als gesellschaftliches Phänomen verorten und deren Relevanz sowohl für Individuen als auch für Gruppen herausstellen. Damit wird zum einen die soziokulturelle Einbettung von Anerkennungsprozessen betont, die sich immer auch an spezifischen, herrschenden Anerkennungsordnungen orientieren und zum anderen die Bedeutung öffentlicher Diskurse für die Frage, wem inwiefern gesellschaftliche Anerkennung gewährt wird. Die Relevanz der in dieser Arbeit gestellten Frage nach Anerkennung und ihren Bedingungen in der Repräsentation von Frauen im Pressediskurs um die Proteste in Ägypten wird damit deutlich. Auch wenn Honneth und Taylor die Bedeutung von Anerkennungsordnungen herausstellen, so erscheint es jedoch zugleich problematisch, dass mit Reimer (2012) beide als ›blind‹ für die Bedeutung sozioökonomischer Bedingungen in Kämpfen um Anerkennung bezeichnet werden können und die »Fragilität von Anerkennung« (ebd.: 105) und deren Durchdringung mit Macht verkennen:

> »Anerkennungstheorien wie jene Honneths und Taylors erheben die rechtliche Gleichstellung bzw. den Schutz des Partikularen und Individuellen zum zentralen Moment des Politischen und der Politik. Dabei gehen sie über die systemischen, sozioökonomischen Voraussetzungen von Teilhabe-, Mitbestimmungs- und Mitgestaltungsmöglichkeiten hinweg.« (Ebd.: 102)

Mit dieser Feststellung einhergehende, notwendige Erweiterungen in einer Analyse mediatisierter Anerkennung werden in Kapitel 3.2.3 diskutiert. Zugleich haben die Ausführung herausgestellt, dass Honneth und Taylor Anerkennung vor allem als »affirmativ-evaluatives Geschehen« (Balzer 2014: 228) betrachten, es geht ihnen also zentral um die Affirmation (bereits zuvor bestehender) einzelner Eigenschaften eines Individuums oder einer Gruppe. Sie verstehen Anerkennung damit vor allem responsiv und nehmen nur am Rande die Bedeutung von Anerkennung als ›Identifikation als etwas‹ mit in den Blick (zu Honneth vgl. Deines 2007a: 144, zu Taylor vgl. Balzer 2014: 229).

Interessant sind in diesem Zusammenhang die Erläuterung zu den semantischen Besonderheiten und Differenzen der sich gegenseitig übersetzenden Ausdrücke ›Anerkennung‹ und ›recognition‹, die Ikäheimo (2014) seinem Überblick über verschiedene Anerkennungsbegriffe voranstellt. Er argumentiert, dass Anerkennung sich im Sinne von Akzeptanz oder einer Belehnung mit Wert zum einen auf »evaluative und normative Entitäten« (ebd.: 9), im Sinne einer Anerkennung von Werten, Normen, Prinzipien etc. bezieht und zum anderen auf eine Person oder mehrere Personen. Der englische Ausdruck ›recognition‹ hingegen umfasst eine dritte Bedeutungsebene, nämlich die der ›Identifizierung‹ oder des ›Erkennens‹ und zwar als numerische, qualitative oder gattungsmäßige Identifikation, die sich auf alle möglichen Objekte beziehen kann (vgl. ebd.: 8). In meiner theoretischen Konzeption des Begriffes ›Anerkennung‹ folge ich Ikäheimo, der darauf hinweist, dass »die Kluft zwischen dem Erkennen oder Identifizieren von etwas als etwas und dem Anerkennen, dass etwas in bestimmter Weise beschaffen ist« (ebd.: 9) zwar in der deutschen Alltagssprache vorhanden sein mag. Theoretisch muss diese aber in Frage gestellt werden, da auch »das scheinbar nichtnormative Phänomen des Identifizierens bzw. Erkennens von etwas als ein Normativität involvierender Fall von Anerkennung beschrieben werden kann« (ebd.: 9). Taylor geht zwar von einem Identität stiftenden Moment von Anerkennung aus, für ihn steht jedoch die anerkennende Wertung einer Person oder Gruppe mit Bezug auf bereits zuvor vorhandene Eigenschaften dieser Person oder Gruppe in Form von deren Bestätigung im Vordergrund (vgl. Balzer 2014: 229). Auch Honneth hebt in aktuellen Ausführungen zwar hervor, dass er Anerkennung auch als eine elementare Grundbedingung menschlicher Existenz, die die Sichtbarkeit und das Erkennen eines Subjekts durch andere überhaupt erst ermöglicht (Elementarmodus), versteht, zentral ist für ihn jedoch der affirmative Charakter (Originalmodus) von Anerkennung (vgl. Balzer 2014: 131ff).

In Kapitel 2 habe ich dargelegt, inwiefern die Perspektive dieser Arbeit durch repräsentationskritische Ansätze geprägt wird und in diesem Kontext auch erörtert, dass ich mediale Repräsentationen nicht als bloße Abbildungen verstehe, sondern gerade ihren konstitutiven Charakter betone. Aus dieser Perspektive erscheinen mir Ansätze, die Anerkennung vor allem als (wenn auch soziokulturell geprägte) Antwort auf die bestehenden Eigenschaften eines Subjektes oder einer Gruppe verstehen, als zu kurz gegriffen. Vielmehr halte ich es für notwendig, zu betonen, dass erst im Prozess der Anerkennung die Eigenschaften, auf die dieser sich bezieht, diskursiv hervorgebracht werden. Die zentrale Frage meiner Analyse ist also nicht, inwiefern eine Anerkennung der repräsentierten Frauen im Diskurs um die Proteste in Ägypten erfolgt, sondern wie diese Frauen im Diskurs durch mediatisierte Anerkennung überhaupt erst in einer spezifischen Art und Weise hervorgebracht werden. Daher werde ich mich in den weiteren Ausführungen vor allem auf Butlers Überlegungen zu diskursiven, subjektivierenden Anerkennungsprozessen beziehen. Verdeutlicht werden sollen in diesem Kontext insbesondere die Ambivalenzen, die ein subjektivierender Anerkennungsbegriff aufzeigt und die in der analytischen Betrachtung von Anerkennung in Medienkulturen Beachtung finden müssen.

3.2.2 Ambivalenzen subjektivierender Anerkennung bei Judith Butler

Eine wesentliche Erweiterung der Anerkennungsbegriffe von Taylor und Honneth, die für die spezifische Perspektive dieser Arbeit unabdingbar erscheint, ist es, Anerkennung mit Macht zusammen zu denken. Dieser Aufgabe hat sich zentral Butler gewidmet. Thomas Bedorf (2010) bezeichnet Butlers Ansatz als einen »subjektivierender Anerkennung« (ebd.: 78): nicht die Achtung oder Belehnung mit Wert, sondern die Konstitution als Subjekt macht Anerkennung so bedeutsam. Er betont, dass Butler mit ihren Arbeiten aufzeigt, dass »in Anerkennungsbeziehungen nicht nur hermeneutische Offenheit oder ein moralischer Mehrwert wirken, sondern auch Machteffekte, die bestimmten [!LB] Subjektformen zur Durchsetzung verhelfen« (ebd.: 95). Auch in meiner Arbeit untersuche ich Anerkennung nicht primär als ›moralischen Mehrwert‹, vielmehr steht die machtvolle Konstruktion der Subjekte der Anerkennung selbst, in diesem Falle also protestierender Frauen in Ägypten, im Vordergrund des analytischen Interesses.

Diese Fokussierung auf das Wirken von Machteffekten in Akten der Anerkennung ist für mich in vier Aspekten bedeutend, die ich im Weiteren vorstelle und anschließend näher ausführe.

Erstens verstehe ich mit Bezug auf Butlers Überlegungen Anerkennung als einen laufenden kommunikativen Prozess und Grundbedingung menschlichen Lebens. Bedeutsam ist damit nicht nur, ob etwas als ›wertvoll‹ betrachtet wird, sondern auch, ob es überhaupt entlang gängiger Normen erkennbar ist. Hier zeigen sich zugleich Möglichkeiten der Verletzung durch die enge Verbundenheit zwischen Anerkennung und Missachtung oder Verkennung. Butlers Anerkennungsbegriff birgt dadurch *zweitens* einen differenzierten Blick auf die Bedeutung öffentlicher Sichtbarkeit, welche oft mit politischer Macht in Verbindung gebracht wird. Mit Bezug auf Butler (u.a. 2010) und Schaffer (2008) lassen sich hingegen die Ambivalenzen von Sichtbarkeit betonen. Damit liegt der Fokus der Auseinandersetzung nicht nur auf Sichtbarkeit und Anerkennung selbst, sondern auch auf mit ihnen verbundenen Ausschlüssen. Anerkennung kann damit *drittens* nicht als ausschließlich positiv verstanden werden: Selbst Prozesse affirmativer Anerkennung und damit der Erlangung von Handlungsfähigkeit beinhalten den Moment der Unterwerfung unter die jeweils geltenden Bedingungen der Anerkennung. Butler legt ihren Fokus damit auf die je spezifischen »Kategorien, Konventionen und Normen« (Butler 2010: 13) der Anerkennbarkeit. *Viertens* ergibt sich daraus für die Auseinandersetzung mit Anerkennung, diese als System machtvoller Strukturen zu begreifen. Als Ziel eines solch umfassenden Verständnisses kann mit Butler auch die Beantwortung der Frage verstanden werden, inwiefern innerhalb dieses Systems Möglichkeiten des Widerstandes und der Verschiebung verortet sind.

Im Folgenden betrachte ich die angerissenen Aspekte näher und zeige anhand der theoretischen Ausführungen auf, wie die in dieser Arbeit an das Material gestellten Fragen zur mediatisierten Anerkennung protestierender Frauen in Ägypten und ihren Bedingungen präzisiert wurden.

1. Anerkennung als produktive diskursive Praxis und Grundbedingung menschlichen Lebens

Zentral ist für mich an Butlers Überlegungen zum Anerkennungsbegriff zunächst, dass nicht von einem unabhängig vom Akt der Anerkennung bestehendem Subjekt ausgegangen werden kann, sondern dieses erst durch die Anerkennung selbst in bestimmter Art und Weise konstituiert wird. Dies geschieht Butlers Ausführungen nach insbesondere über Diskurse, womit nicht von einem einmaligen Akt der Anerkennung, sondern einem diskursiven Prozess der Anerkennung, der nie ganz abgeschlossen ist, sondern beständig rekonstruiert werden muss, gesprochen werden kann (vgl. Butler 1997: 173ff). Anerkennung stellt für Butler damit nicht in erster Linie eine positive, sondern eine produktive Handlung dar: Der Akt der Anerkennung ist nicht primär Bejahung bereits bestehender Eigenschaften von Akteur*innen, sondern diese Eigenschaften und damit das gesamte Subjekt werden erst durch den Akt der Anerkennung hervorgebracht. Sie erweitert Hegels ›Begehren nach Anerkennung‹ um Foucaults Ausführungen zur sozialen Konstruktion von Subjekten und spricht daher von einem »Begehren nach Existenz« (Butler 2001: 25). Subjektivierung versteht sie mit Foucault als den machtvollen Prozess der sozialen Konstitution von Subjekten, wobei Macht nicht einer Person zugeordnet oder außerhalb von Subjekten angesiedelt werden kann. Vielmehr ist sie den Beziehungen zwischen Subjekten und Prozessen der Subjektivierung in Form sozialer Normen immanent. Macht formt Subjekte entsprechend gesellschaftlicher Normen, und zwar nicht einmalig und abschließend, sondern fortlaufend (vgl. Butler 2003: 53). Butler interessiert sich in diesem Zusammenhang jedoch nicht nur dafür, dass Subjekte sozial konstruiert werden, sondern insbesondere dafür, *wie* sie konstruiert werden, also für die Mechanismen der Subjektivierung (vgl. Balzer 2014: 429ff). Den Prozess der Subjektivierung beschreibt sie mit Althusser, den sie wiederum um Foucault ergänzt, als einen ›Akt der Anrufung‹. Dieser geht nicht von einem Individuum aus, sondern wird als »ein ›anonymer‹ diskursiver Mechanismus« (Balzer 2014: 412) verstanden. Dass es sich bei der Anrufung um einen diskursiven Akt handelt bedeutet jedoch nicht, dass es keine Individuen sind, die handeln (wie z.B. die schreibende Journalistin), sondern vielmehr, dass es im Gegensatz zur individuellen Intention des handelnden Individuums die diesem Akt impliziten Normen der Anerkennbarkeit sind, die ihn ausmachen (vgl. Butler 1991: 25ff).[26] Anerkennung versteht sie nicht als einen spezifischen, individuellen Moment von Diskursen, sondern vielmehr jegliche sprachliche Anrufung eines Subjektes, welches dieses gleichzeitig konstituiert. Damit definiert sie Schaffer zufolge Anerkennung »als prozessuales Ergebnis von Kommunikation« (Schaffer 2008: 151), welches stets einen vorläufigen Charakter behält und durch Akte der Anrufung bestätigt und rekonstruiert wird. Die Analyse von Diskursen sollte sich nach Butler demnach nicht nur mit der (affirmativen) Bestätigung von Subjekten beschäftigen, sondern zudem fragen, *als was* diese (nicht) anerkannt und damit konstituiert werden.

Wesentlich für die Argumentation Butlers ist hier die Auseinandersetzung mit den von Ikähämo aufgezeigten und oben diskutierten, unterschiedlichen Bedeutungsebenen von ›recognition‹ und der Verschmelzung von einem wahrnehmenden Erkennen und einem mit Wert belehnendem Anerkennen in diesem Begriff. In *Raster des Krieges* (2010) bezieht sie ihre Ausführungen noch direkter auf eine Unterscheidung zwischen ›Erkennen‹ und ›Anerkennung‹ und spricht von einer »Notwendigkeit, zwischen ›Erkennen‹ und ›Anerkennen‹ eines Lebens zu unterscheiden. ›Anerkennung‹ ist der stärkere Begriff […]. ›Erkennen‹ oder ›Wahrnehmung‹ ist weniger präzise, da dieser Begriff auch das Bedeutungsspektrum des bloßen Bemerkens oder Registrierens mit umfasst.« (Butler 2010: 13) Wichtig ist dabei, dass der »Modus des Erkennens« (ebd.: 14) nicht unbedingt mit (affirmativer) Anerkennung einhergehen muss, vielmehr »gibt es ›Subjekte‹, die nicht wirklich als Subjekte (an)erkennbar sind, und es gibt ›Leben‹, das niemals als Leben (an)erkannt wird« (ebd.: 12). Nach Butler sind es die Normen der Intelligibilität, die ein Leben überhaupt erkennbar machen. Erst darauf aufbauend kann ein Leben, das den Normen der Anerkennbarkeit entspricht, auch (affirmative) Anerkennung erfahren (vgl. ebd.: 14). Die Unterscheidung zwischen ›Erkennen‹ und ›Anerkennen‹ im Sinn einer affirmativen Bestätigung ermöglicht auch einen Blick auf Akteur*innen oder auch

26 Zu betonen bleibt noch, dass Subjekte erst dann durch Anerkennung konstruiert werden, wenn sie sich dem Akt der Anrufung unterwerfen. Die Möglichkeit der Nicht-Unterwerfung besteht somit, soll aber hier nicht weiter erläutert werden, da es mir insbesondere um die diskursive Ebene und weniger um individuelle Fragen der Anerkennung geht.

Aussagen, die zwar wahrnehmbar oder hörbar sind, jedoch nicht (affirmativ) anerkennbar, also keine Anerkennung erfahren. Wer überhaupt als Subjekt erkennbar ist, hängt gleichzeitig eng mit geltenden Normen der Anerkennbarkeit zusammen. Deutlich wird das in der späteren Analyse beispielsweise anhand der ambivalenten Sichtbarkeit der Subjektposition der *Gläubigen Muslima*, die im Diskurs zwar als Subjekt sichtbar wird, deren Positionierung aber in der hegemonialen Deutung Missachtung erfährt und nicht affirmativ anerkannt wird (s. Kap. 5.1.4).

Eng mit Anerkennung verbunden sind somit Möglichkeiten der Verletzung, wobei ich drei Formen von Verletzung im Zusammenhang mit Anerkennung unterscheiden möchte. Die fundamentalste Verletzung stellt der eng mit Bedingungen der Anerkennung verbundene *Ausschluss* vom Subjektstatus dar (vgl. Deines 2007b: 283f). Doch auch wenn Menschen als Subjekte erkannt und etwa als solche in Diskursen sichtbar werden, geht diese Anerkennung als Subjekt mit Verletzungen einher. Als *Missachtung* lässt sich mit Emcke (2000) vor allem der Fall beschreiben, in dem die Anerkennung einer Person als Teil einer kollektiven Identität erfolgt, der sie sich nicht selbst zuordnet, sondern der sie zugeordnet wird. So findet Anerkennung von Subjekten in gesellschaftlichen (diskursiven) Kontexten unabhängig davon statt, ob sich Individuen Anerkennung wünschen oder nicht.[27] Ob nach einem solchen Verständnis eine Missachtung der eigenen Positionierung vorliegt, kann letztendlich nur aus der Perspektive der Betroffenen entschieden werden. Mit Eickelmann (2018) lässt sich Missachtung aber zudem als Zurückweisung oder Herabsetzung einer mediatisierten Subjektpositionierung verstehen (vgl. ebd.: 159ff). Damit werden Verletzungen in Form von Missachtungen auch in solchen Fällen deutlich, in denen in medialen Diskursen Personen zwar als Subjekte sichtbar werden, ihrer Positionierung jedoch eine affirmative Anerkennung verwehrt wird. Die dritte Form der Verletzung, welche stets mit Anerkennung einher geht, soll mit Bedorf (2010) als *Verkennung* begriffen werden. Bedorf argumentiert, dass Anerkennung sich immer auf einen bestimmten Aspekt des Gegenübers bezieht und damit schon mit dem Erkennen des ›Anderen‹ dessen normative Einordnung einhergeht, die auch bestimmt, ob der ›Andere‹ anerkannt wird oder nicht. Durch die Begrenzung auf spezifische Aspekte des ›Anderen‹ und deren normative Einordnung ist Bedorf zufolge Anerkennung letztendlich immer mit Verkennung verbunden: »Mit Verkennung ist jedoch gemeint, dass auch die erfolgreiche Anerkennung den Anderen zu einem identifizierten Anderen macht und diese Identität die Andersheit der Anderen notwendigerweise limitiert« (ebd.: 146). Diese Einsicht führt dazu, dass Bedorf von *verkennender* Anerkennung spricht.

Die ›Anerkennung von Differenz‹ oder ›Anerkennung der Andersheit der Anderen‹ als normatives Ziel, wie es kosmopolitische Ansätze (s. Kap. 3.1.2) formulieren, muss dementsprechend kritisch befragt werden, da Differenz und Andersheit nicht vor dem Subjekt bestehen, sondern immer erst mit dem Akt der gesellschaftlichen Anerkennung (in bestimmter Art und Weise) konstruiert werden und eng mit Möglichkeiten der Verletzung verflochten sind. Hierauf richtet sich mein Forschungsinteresse: Wie

27 Als Ausweg beschreibt Emcke hier die Möglichkeit, dass Angehörige dieser Gruppe »nicht als das *was sie sind* anerkannt, im Sinne von ›bestätigt‹ werden, sondern indem das anerkannt wird, *was ihnen angetan wurde* [Herv. i. O.]« (Emcke 2000: 322).

und als was werden Frauen im Diskurs um die Proteste in Ägypten sichtbar und anerkannt und damit konstituiert? Welche Ausschlüsse, Missachtungen und Möglichkeiten der Verkennung beinhaltet dies?

2. Anerkennung und Ambivalenzen von Sichtbarkeit

Butler Verständnis von Anerkennung als eine Grundbedingung der Existenz des Subjekts verdeutlicht die Relevanz der Grenzen und Ausschlüsse von dem, was sichtbar und sagbar und damit überhaupt erst anerkennbar wird. Die »Grenzen eines öffentlich anerkannten Feldes des sichtbaren Erscheinens« (Butler 2005: 14) strukturieren, was in einer Gesellschaft wahrnehmbar und erkennbar ist. Dies gilt ebenso für das Sprechen, also für Aussagen, etwa über die Deutung von Begriffen oder das Verständnis von Ereignissen, wie für die Wahrnehmbarkeit von Akteur*innen (wobei damit nicht nur Individuen, sondern auch Gruppen von Individuen gemeint sind): »Die Grenzen des Sagbaren und die Grenzen dessen, was erscheinen kann, schränken den Bereich ein, in dem das politische Sprechen wirksam ist und in dem bestimmte Arten von Subjekten als lebensfähige Akteure auftreten.« (Ebd.: 13) In Bezug auf Aussagen betont Butler, dass über einen »explanatorischen Rahmen« mit einer »narrativen Dimension« (ebd.: 21) reglementiert wird, welche Begriffe und Deutungen überhaupt hörbar sind und welche anderen Erklärungen damit ausgeschlossen werden. In *Gefährdetes Leben* (2005) diskutiert sie zudem Lévians Begriff des ›Gesichts‹, um zu zeigen, dass auch die Wahrnehmbarkeit von Akteur*innen eingeschränkt ist. Allgemein wird (insbesondere auch in einigen feministischen Ansätzen) davon ausgegangen, dass

> »diejenigen, die zur Darstellung, insbesondere zur Selbstdarstellung gelangen, eine bessere Chance haben, vermenschlicht zu werden, und daß [sic!]diejenigen, die keine Chance haben, sich selbst darzustellen, ein größeres Risiko tragen, als Untermenschen behandelt zu werden, als Untermenschen betrachtet zu werden oder sogar überhaupt nicht betrachtet zu werden.« (Ebd: 167)

Eine sichtbare Darstellung von Individuen wird also mit deren Anerkennung als menschlich gleichgesetzt. Butler betont jedoch, dass die Darstellung von Akteur*innen und damit deren Wahrnehmbarkeit oder Erkennbarkeit unterschiedliche Formen annehmen kann: »Die Personifizierung vermenschlicht offenkundig nicht immer« (ebd.). Entscheidend ist es daher zu untersuchen, was in der Darstellung als das »paradigmatisch Menschliche« (ebd.: 169) gezeigt wird und was nicht. Einen zentralen Bezugspunkt für diese Betonung der *Ambivalenzen der Sichtbarkeit* bietet auch Johanna Schaffers (2008) gleichnamige Publikation. Mit Bezug auf ihre Ausführungen lässt sich die gerade innerhalb politischer Kämpfe oftmals vorgenommene Annahme einer Koppelung von Sichtbarkeit mit Anerkennung und damit einer Zunahme politischer Macht problematisieren (vgl. ebd.: 12ff). Denn, so betont Schaffer, auch Sichtbarkeit ist von Macht durchzogen und steht in einer engen Beziehung zu Unsichtbarkeit. Deutlich wird dies an dem für diese Untersuchung relevanten Beispiel der Sichtbarkeit orientalisierter weiblicher Körper in ›okzidentalen‹ Diskursen: Zum einen wird hier eine fehlende Sichtbarkeit (in Form von Verschleierung) mit fehlender politischer Macht und Handlungsfähigkeit in Verbindung gebracht, zum anderen werden diesen Körpern aber gerade über die spezifische Sichtbarkeit im Diskurs Anerkennung, Handlungsfähigkeit und Macht verwehrt. Gerade wenn Sichtbarkeiten Missachtung und Ausschlüsse mit sich bringen, kann es die Unsichtbarkeit sein, die Privilegien mit sich bringt, was sich auch in der diskursiv oft unsichtbaren hegemonialen ›okzidentalen‹ oder ›weißen‹ Positionierung zeigt (vgl. dazu auch ebd.: 51ff). Mit Schaffers Begriff der »anerkennenden Sichtbarkeit« (ebd.: 19) muss daher betont werden, dass Sichtbarkeit immer einer genaueren Betrachtung dahingehend bedarf, wer wen zu sehen gibt, wie Darstellungen gerahmt werden und damit *wie* ein Körper dargestellt wird. Notwendig ist also ein reflexiver Blick und eine »Markierung der Ausschlüsse« (ebd.: 59) von Repräsentationen in Texten und Bildern. In Ergänzung zu der Frage, inwiefern Frauen im Diskurs als Subjekte anerkannt werden, zeigt sich hier die Relevanz zu fragen: Wer erscheint im Pressediskurs in Deutschland um die Proteste in Ägypten inwiefern als nicht anerkennbar und wird damit vom Subjektstatus ausgeschlossen? Wo zeigen sich also Grenzen von Sichtbarkeit und anerkennender Sichtbarkeit?

3. Subjektivierung als Gleichzeitigkeit von Subjektwerdung und Unterwerfung unter Bedingungen der Anerkennung

Normen strukturieren also, wer erkennbar und anerkennbar ist, so ist gleichzeitig mit der Subjektwerdung bei Butler auch immer eine Unterwerfung unter diese Normen verbunden. Anerkennung ist Butlers Verständnis nach von Macht durchdrungen. Mit Nicole Balzer lässt sich bei Butler Anerkennung verstehen als »triadische Konzeption« (Balzer 2014: 493), bei der zu dem *Ich* und *Du*, die sich bei Hegel gegenüberstehen, *Normen*, die als Teil der allgemeinen Bedingungen von Anerkennung verstanden werden können, eine zentrale Funktion einnehmen. Der Zugang zur Subjektwerdung ist damit, so betont Butler, beschränkt: Subjekte und Leben sind nur unter bestimmten Bedingungen als solche erkennbar und damit anerkennbar. Anerkennbarkeit geht der Anerkennung voraus, Butler versteht sie als »Bedingungen, die ein Subjekt auf die Anerkennung vorbereiten oder ihm die dazu nötige Form vermitteln« (Butler 2010: 13). Die Existenz als anerkennbares Subjekt erfordert eine Einpassung in »die allgemeineren Bedingungen« (ebd.), also seine Intelligibilität und Anerkennbarkeit: »Diese Kategorien, Konventionen und Normen, die ein Subjekt zum möglichen Subjekt der Anerkennung machen und überhaupt erst Anerkennungsfähigkeit herstellen, liegen dem Akt der Anerkennung selbst voraus und ermöglichen ihn allererst« (ebd.). Gleichzeitig lässt sich diese Herstellung von Anerkennungsfähigkeit im Sinne einer Einpassung in die Bedingungen von Anerkennung und damit Subjektwerdung nicht vom eigentlichen Prozess der Anerkennung trennen. Die ›Kategorien, Konventionen und Normen‹ wirken dabei auf verschiedenen Ebenen und definieren nicht nur wer oder was anerkannt werden kann, sondern auch an welchem Ort und in welcher Form: Normen legen Butler zufolge sowohl »fest, wer als Subjekt der Anerkennung in Frage kommt« (Butler 2007: 34), als auch den »Rahmen für den Schauplatz der Anerkennung« (ebd.), gleichzeitig bedingen sie, »welche Form die Anerkennung annehmen kann« (ebd. 33). Sie regulieren also, wer in welchem spezifischen Kontext wo bzw. wann inwiefern (nicht) anerkannt wird. Nicht nur Subjekte werden über Anerkennung sozial konstruiert, auch die Bedingungen der Anerkennbarkeit selbst sind soziale Konstruktionen, die beständig rekonstruiert werden (müssen). Dabei sind es nicht nur symbolische Ordnungen, sondern auch institutionelle Bedingungen, etwa journalistischer Bedeutungsproduktion, die strukturieren, wer an welchem Ort und in welchem Rahmen anerkannt wird (s. Kap. 2.2.1).

Subjektivierung versteht sie damit als einen ambivalenten Prozess der Subjektwerdung bei einer gleichzeitigen Unterwerfung unter die Kategorien, Konventionen und Normen der Anerkennbarkeit (vgl. Butler 2010: 130). Sie spricht in diesem Zusammenhang von einer »Problematik der Subjektivation in der Doppelbedeutung« (Butler 2001: 110), die beinhaltet »sich diesen Regeln unterworfen zu haben und in der Gesellschaft kraft dieser Unterwerfung konstituiert zu werden« (ebd.). Subjektivierung bedeutet bei Butler damit nicht nur die Möglichkeit von Handlungsfähigkeit, sondern gleichzeitig durch den Zwang der Unterwerfung auch die Möglichkeit der Verletzung (vgl. Butler 1997: 175). Diese Möglichkeit bleibt auch bei anerkannten Subjekten bestehen, da Anerkennung als ein niemals abgeschlossener Prozess verstanden werden muss. Die Anerkennung als menschlich bleibt also beständig gefährdet (vgl. Butler 2010: 15). Die Raster und Rahmen des Anerkennbaren sind damit nicht nur für die Normalisierung von Subjekten, sondern auch für »Othering« (Spivak 1988a), Ausschlüsse und Ausgrenzungen bedeutsam (vgl. Fischer 2018: 124). Gleichzeitig bleibt Anerkennung, so verdeutlicht Butler mit Rückgriff auf Spivak, etwas, das wir nicht nicht wollen können (vgl. Butler/Athanasiou 2014: 110). Das Versprechen einer sozial bedeutsamen Identität und die Möglichkeit gesellschaftlichen Handelns führt dazu, dass sich Personen oder Kollektive trotz der Möglichkeit der Verletzung machtvollen Diskursen unterwerfen (vgl. Bedorf 2010: 87). Die Unterwerfung unter die Bedingungen von Anerkennung ist es, die damit Handlungsfähigkeit erst ermöglicht. Damit einher gehen aber »nicht beliebige, sondern bestimmte ausgewählte Handlungsoptionen, Wertsetzungen und Wahlmöglichkeiten« (ebd.: 229). Mit der Gleichzeitigkeit von Anerkennung und Unterwerfung im Prozess der Subjektivierung bei Butler wird das Subjekt nicht als ein autonom handelndes verstanden, sondern betont, das Handeln immer in spezifische sozio-kulturelle Kontexte eingebunden ist (vgl. Meißner 2010). Daraus ergibt sich »ein Verständnis von Subjekt und Handlungsfähigkeit, die entgegen universalisierender Vorstellungen in ihrer historischen, rechtlichen, sozialen und eben auch mediatisierten Bedingtheit gesehen werden« (Thomas 2013b: 19). Ebenso wie Anerkennung unterliegt Handlungsfähigkeit bestimmten Normierungen und Grenzen hinsichtlich der Frage, welche Möglichkeiten des Handelns welchen Subjekten zur Verfügung stehen. Medien sind dabei ein zentraler Ort der Aushandlungen der mit Anerkennung verbundenen Möglichkeiten des Handelns. So zeigt sich beispielsweis im untersuchten Diskurs um die Proteste in Ägypten, dass auch für anerkannte Frauen nur bestimmte Formen des politischen Handelns sichtbar werden, was wiederum soziokulturelle Normen und Regeln verdeutlicht (s. Kap. 6.2).

Die zuvor gestellte Frage danach, inwiefern Subjekte im Diskurs sichtbar und anerkannt werden und wer in welcher Art und Weise als nicht anerkennbar erscheint, kann Aufschluss geben über die in diesem Abschnitt thematisierte Anerkennbarkeit im Sinne der spezifischen Bedingungen der Anerkennung. Erweitert wird die bisherige Fragestellung damit um die Fragen: Welche Akteur*innen werden in welchem Kontext wo, wann und in welcher Form im untersuchten journalistischen Diskurs um die Proteste in Ägypten anerkannt? Unter welchen Bedingungen werden Subjekte also im Diskurs anerkannt? Welche Kategorien, Konventionen und Normen der Anerkennbarkeit werden dadurch deutlich?

4. Verbindung mit Macht und Möglichkeiten der Verschiebung

Bis hierhin habe ich gezeigt, dass Anerkennung mit Butler nicht als ein positiver, bejahender Begriff gedeutet werden kann. Dieser Aspekt ist für die hier fokussierte analytische Betrachtung von Anerkennung und Normen der Anerkennbarkeit zentral, denn:

> »In der Perspektive liberaler Anerkennung, die oft und allzu einfach als sichere Möglichkeit für das Überleben widerständiger Subjekte gefeiert wird und der (eine verheißende) umfassende, letztendliche Anerkennung als höchstes Ziel der Politik gilt, kann es nicht gelingen, nach den Bedingungen der Anerkennung zu fragen.« (Butler/Athanasiou 2014: 114)

Vielmehr, so wird mit obigem Zitat deutlich, muss Anerkennung als fortlaufender Prozess verstanden und mit Blick auf die ihr impliziten Kategorien, Konventionen und Normen der Anerkennbarkeit sogar kritisch gesehen und gefragt werden »was genau ›anerkannt‹ wird« (ebd.), auf welche kategorischen Zuschreibungen eines Subjektes sich Anerkennung also bezieht (beziehen kann) – und auf welche nicht. Darüber hinaus ist eine entscheidende Frage »wer eigentlich Anerkennung gewährt und in welcher Form« (Butler 2010: 132). Über die Anerkennung ›Anderer‹ wird stets auch die Position derer, die anerkennen, gefestigt. Mit dem Prozess der Anerkennung ist also eine Reproduktion von Hierarchien und Machtverhältnissen verbunden (vgl. Fischer 2015: 59ff), was die Relevanz der in Kapitel 2.2.3 beschriebenen kritischen Perspektive auf Okzidentkonstruktionen im Kontext der vorliegenden Untersuchung verdeutlicht. Anerkennung verstehe ich daher mit Fischer nicht als Form der Bestätigung, sondern als »Machttechnologie« (ebd.: 68). Die Analyse von Machtstrukturen stellt damit eine zentrale Aufgabe in der Auseinandersetzung mit Anerkennungsprozessen dar: »wir müssen die spezifischen Mechanismen der Macht offen legen, durch welche Leben als solches erst hervorgebracht wird.« (Butler 2010: 9) Durch die Fokussierung auf soziale Klassifikationen wie Ethnizität, Geschlecht, Sexualität, Klasse etc. in diskursiven Ordnungen der Anerkennung werden Hierarchien etabliert und Anerkennung mit kultureller Herrschaft verbunden (vgl. Bedorf 2010: 85). In der Verdeutlichung der Kategorien, Konventionen und Normen, die die Bedingungen für Anerkennung strukturieren, liegt damit eine zentrale Aufgabe in der Beschäftigung mit Anerkennung (vgl. Butler/Athanasiou 2014: 124, Butler: 2010: 14). Diese Überlegung greift auch Schaffer auf, wenn sie fordert, dass Kämpfe um Anerkennung auf die gesamte Struktur der Anerkennung, also bestehende Anerkennungsordnungen, ausgeweitet werden müssten: Notwendig ist eine »Verbindung der Forderung nach Anerkennung mit einer umfassenderen Kritik an den Verhältnissen des Anerkennens«, zentral ist dafür die »Arbeit am gesamten Feld der Normen, die bestimmen, was jemanden anerkennbar macht und was nicht« (Schaffer 2008: 20). Die Nicht-Thematisierung von deren Bedingungen in Forderungen nach oder Gewährleistungen von Anerkennung stellt auch in der Auseinandersetzung mit Kosmopolitismus gerade aus feministisch-postkolonialer Perspektive ein Desiderat dar, welches aufgrund der materiellen Folgen dieser Bedingungen nicht unterschätzt werden darf (vgl. Butler/Athanasiou 2014). Diesem begegne ich mit meiner Arbeit.

Ziel einer solchen ›Arbeit am gesamten Feld der Normen‹ ist immer auch die von Butler formulierte normative Frage: »Wie lassen sich [...] die Bedingungen der Anerkennbarkeit selbst so verschieben, dass sie zu radikaler demokratischen Ergebnissen führen?« (Butler 2010: 14) Erst in Momenten der Verschiebung von Anerkennungsordnungen kann deutlich werden, welches Leben zuvor (in welchen Kontexten) nicht anerkannt wurde (vgl. Bedorf 2010: 19). Bedorf liest Butlers Ausführungen mit Blick auf solche Möglichkeiten der Verschiebung auch als einen »Versuch, widerständige Praktiken gegen ideologische Anerkennung zu formulieren« (ebd.: 98). Diesen Widerstand sieht Butler vor allem in der Möglichkeit von Abweichungen im Rahmen der fortlaufenden Unterwerfung unter die Bedingungen von Anerkennung.[28] Dass die Subjektivierung niemals abgeschlossen ist und das Subjekt somit in sich wiederholenden Akten der Anerkennung bestätigt werden muss, birgt die Möglichkeit der Verschiebung der Normen der Anerkennbarkeit: »Subjekte werden durch Normen konstituiert, die in ihrer wiederholten Anwendung die Bedingungen erzeugen und verschieben, unter welchen Subjekte anerkannt werden« (Butler 2010: 12), denn »Die Bestimmungen, anhand deren wir als menschlich anerkannt werden, sind gesellschaftlich artikuliert und veränderbar.« (Butler 2011: 10). Wenn es auch keine Möglichkeit gibt, außerhalb der Normen der Anerkennbarkeit einen Subjektstatus zu erhalten, so ist doch deren Verschiebung möglich. Der Blick auf ebensolche Möglichkeiten der Verschiebung in öffentlichen Diskursen ist es auch, der die Perspektive der vorliegenden Untersuchung prägt. Eine Kritik von Schaffer (vgl. 2008: 153) an Butler aufnehmend, soll Öffentlichkeit hier nicht wie bei Butler im Singular gedacht (vgl. Butler 2005: 14), sondern die Pluralität von Öffentlichkeiten und in ihnen enthaltenden Deutungen betont werden (s. Kap. 2.2). Ich fokussiere mich daher nicht ausschließlich auf hegemoniale Orientierungen, sondern behalte gerade die Pluralität des Pressediskurses in Deutschland um die Proteste in Ägypten und die Möglichkeit alternativer, marginalisierter Deutungen und damit der Verschiebung hegemonialer Orientierungen im Blick. Dieser letzte Abschnitt führt also schließlich zu der übergeordneten Fragestellung: Welche Aussagen lassen sich anhand des Diskurses über machtvolle Strukturen von Anerkennbarkeit und Anerkennung treffen und wo erscheinen (auch im Rahmen marginalisierter Deutungen) Verschiebungen möglich?

Anhand der Diskussion für mich zentraler Aspekte der Anerkennungsbegriffe von Axel Honneth, Charles Taylor und Judith Butler konnte ich in diesem Kapitel bisher herausstellen, dass ich in der vorliegenden Arbeit Anerkennung nicht nur als intersubjektiv, sondern auch gesellschaftlich relevantes Phänomen auffasse, nicht nur ihre affirmative, sondern auch subjektivierende Bedeutung hervorhebe und mich ihr nicht als normativer Horizont, sondern (vor allem) analytisch nähern werde. Ich verstehe Anerkennung dabei als diskursiven Prozess, bei dem die Subjektwerdung mit einer Unterwerfung unter die jeweils spezifischen Bedingungen der Anerkennung in Form von Kategorien, Konventionen und Normen der Anerkennbarkeit einhergeht. Zum einen dar-

28 Diese Form des Widerstandes führt sie bereits in ihren Überlegungen zu Möglichkeiten der Abweichung in der Performanz von Geschlecht aus: »Der Zwang, eine Verwundung zu wiederholen, ist nicht notwendig der Zwang, die Verwundung in gleicher Weise zu wiederholen« (Butler 1991: 176).

in, zum anderen in ihren Ausschlüssen und ihrer engen Verwobenheit mit Verkennung und Missachtung zeigen sich die Ambivalenzen von Anerkennung. Die Fokussierung auf Ambivalenzen von Anerkennung führt, so habe ich dargelegt, zur Notwendigkeit, Prozesse der Anerkennung innerhalb der machtvollen diskursiven und auch institutionellen Strukturen, in die sie eingebettet sind, zu untersuchen.

3.2.3 Anerkennung weiter denken

In der Auseinandersetzung mit aktuellen kosmopolitischen Ansätzen habe ich zum einen auf deren mangelnde theoretische Auseinandersetzung mit dem Anerkennungsbegriff und eine fehlende Thematisierung ihrer Einbettung in machtvolle Strukturen hingewiesen. Wie oben ausgeführt, ist es zwar Anerkennung und eine mit ihr einhergehende Unterwerfung, die Handlungsfähigkeit – sowohl in Bezug auf das Subjekt als auch die bedeutende Form kollektiven Handelns (vgl. dazu Butler 2016: 17) überhaupt erst ermöglicht (vgl. dazu auch Meißner 2010: 274), zugleich bleibt die Möglichkeit zu Handeln durch sozioökonomische Strukturen und gesellschaftliche Grenzen reglementiert, womit aus feministischer Sicht auch die Begrenztheit des Anerkennungsbegriffs selber deutlich wird. Die Notwendigkeit, neben Anerkennung in politischen Kämpfen, die auf mehr (Geschlechter-)Gerechtigkeit abzielen, auch Umverteilung zu thematisieren, hat insbesondere Nancy Fraser betont. Im Folgenden gehe ich kurz auf Frasers Ausführungen ein und führe diese mit neueren Überlegungen von Butler zusammen, um die Perspektive auf Anerkennung in der späteren Diskursanalyse um Fragen nach der Sichtbarkeit von Aspekten eines lebbaren Lebens und dem politischen Handeln von Frauen im untersuchten Diskurs zu ergänzen. Zudem kann vor allem aus postkolonialer Perspektive, auch das haben die oben getroffenen kritischen Auseinandersetzungen mit kosmopolitischen Ansätzen gezeigt, mit Blick auf Fragen nach globaler Gerechtigkeit über Anerkennung hinaus die Sichtbarkeit globaler Interdependenzen als wesentliche Forderung verstanden werden. Dass es erforderlich ist, in der späteren Analyse über Anerkennung hinauszudenken, ergibt sich zudem aus dem Untersuchungsgegenstand selber: Relevant ist in Bezug auf den untersuchten Diskurs um protestierende Frauen in Ägypten nicht nur die Frage, inwiefern Subjekte anerkannt werden, sondern auch, inwiefern ihre Forderungen und ihr Handeln sichtbar werden und gerade in Bezug auf die untersuchte, translokale Repräsentation von Protest zudem, inwiefern globale Interdependenzen zum Thema werden.

Aspekte eines lebbaren Lebens und Möglichkeiten politischen Handelns

Für die Beschäftigung mit den Chancen einer in Medienkulturen beobachtbaren Kosmopolitisierung erscheint mir nicht nur eine differenzierte Auseinandersetzung mit dem Anerkennungsbegriff an sich nötig, sondern auch eine Reflexion über dessen Begrenzungen und notwendige Erweiterungen. Zentral hat sich mit solchen Begrenzungen vor allem Fraser beschäftigt, die sich für Anerkennung im Kontext politischer Kämpfe interessiert, in denen soziale Gerechtigkeit eingefordert wird und in deren Entwicklung sie eine kritische Verschiebung hin zu einer kulturellen Fokussierung auf Identitätspolitiken und weg von ökonomischen Umverteilungskämpfen beobachtet (vgl. Fraser 2003: 16, dazu auch Reimer 2012: 105). Fraser verdeutlicht, dass es auch im Falle von gesellschaftlicher Anerkennung nicht unbedingt zu einer Umverteilung kommt, Fälle von Verteilungsungerechtigkeit tatsächlich oft nicht mit mangelnder Anerkennung zu begründen sind (vgl. Fraser 2003: 53). Sie betont daher, dass »heutzutage Gerechtigkeit *sowohl* nach Umverteilung *als auch* [Herv. i. O.] nach Anerkennung verlangt« (ebd.: 17). Fraser verbindet Anerkennung und Umverteilung in einer zweidimensionalen Konzeption von Gerechtigkeit und geht davon aus, dass eine »partizipatorische Parität« (ebd.: 54ff) im Sinne einer gleichberechtigten Möglichkeit zur Partizipation sowohl objektive Bedingungen, die sie in den Prinzipien der Umverteilung begründet sieht, als auch intersubjektive Bedingungen der Anerkennung benötigt. Auch wenn Fraser die Verbindung kultureller und ökonomischer Fragen bei Butler[29] kritisiert (vgl. ebd.: 85), so macht letztere in aktuellen Überlegen in ihren *Anmerkungen zu einer performativen Theorie der Versammlung* (2016) ebenfalls deutlich, dass gegenwärtige politische Kämpfe über Forderungen nach Anerkennung hinausgehen. Butler hebt dort die Bedeutung der Zusammenkunft von Körpern an sich hervor und betont, dass schon deren bloße Präsenz in der Erscheinungssphäre eine Formulierung weitreichender Forderungen bedeutet. Butler fokussiert sich dabei auf Proteste, die eine »bestimmte Soziabilität« (ebd.: 120) einrichten und dadurch einfordern. Die Proteste in Ägypten beschreibt sie als paradigmatisch für ihre Überlegungen, da hier durch die Versammlung von Körpern eine Gemeinschaft auf dem Tahrir-Platz eingerichtet wurde, die auf Arbeitsteilung und der Etablierung von Gleichheit beruhte (vgl. zur Gemeinschaft während der Proteste auf dem Platz auch Badry 2013 und Abouelnaga 2016). Damit wurde der wesentliche Aspekt des Widerstandes gegen ein starres, hierarchisches System in dem Protest selbst verkörpert, die Protestierenden nahmen »in die Sozialform des Widerstandes selbst die Grundsätze auf, für deren Verwirklichung in allgemeineren politischen Formen sie kämpften« (Butler 2016: 121). Die Versammlung von Körpern in ganz unterschiedlichen öffentlichen Räumen rücken diese in »die Mitte des politischen Feldes« (ebd.: 19) und stellen eine »leibliche Forderung« (ebd.). Dabei beschreibt Butler drei wesentliche Aspekte, die bereits durch die bloße Präsenz von Körpern in der öffentlichen Erscheinungssphäre gefordert werden: »Sie verlangen, anerkannt und wertgeschätzt zu werden, sie machen das Recht geltend, zu erscheinen und ihre Freiheit auszuüben, und sie fordern ein lebbares Leben« (ebd.: 39). Über die Forderung nach Anerkennung, die Butler hier explizit auch als Wertschätzung eines Subjekts denkt, hinaus erlangen folglich zwei weitere Aspekte in solchen Protesten Relevanz: Mit der Präsenz ihrer Körper in der öffentlichen Erscheinungssphäre machen »Versammlungen der Gefährdeten« (ebd.: 26) Butler zufolge zum einen ihr Recht zu erscheinen und ihre Freiheit auszuüben geltend. Dabei geht es sowohl um die Ausübung spezifischer Formen »des politischen Handelns und des Widerstands« (ebd.: 106) als auch um deren Sichtbarkeit. Ähnlich wie Fraser betont Butler hier die

29 Mit Butler kann subjektivierende Anerkennung als Grundlage sowohl für eine affirmative kulturelle Anerkennung als auch für eine politische Ökonomie der Umverteilung verstanden werden (vgl. dazu auch Schaffer 2008: 152f). Anerkennung im ontologischen Sinne zeigt damit die grundsätzliche Verwobenheit kultureller und ökonomischer Fragen auf (vgl. auch Young 1997). Nichtsdestotrotz ist die Frage, was mit der Anerkennung von Subjekten verbunden ist eine, die analytisch untersucht werden muss, da nicht von einem ›automatischen‹ Zusammenhang zwischen Anerkennung und dem Erreichen weiterführender politischer Ziele ausgegangen werden kann.

Bedeutung von Möglichkeiten politischer Partizipation. Schließlich richtet sich zum anderen die Forderung nach einem ›lebbaren Leben‹ Butlers Ausführungen nach nicht auf die individuelle Ausgestaltung des Lebens, sondern auf gesellschaftlich bedingte Aspekte, unter denen ein Leben geführt werden kann und muss. Sie entspricht damit der »Forderung nach lebenswerteren wirtschaftlichen, gesellschaftlichen und politischen Bedingungen« (ebd.: 19), also auch Fragen der Verteilung von Ressourcen und Vermögen.

Sowohl in Frasers Ausführungen als auch bei Butler werden also vor allem zwei Aspekte formuliert, die über die Anerkennung von Subjekten hinausgehen und die Fraser in politischen Kämpfen und Butler in Protesten, bei denen Körper sich versammeln, verorten: zum einen die Forderung nach Umverteilung, bzw. ›lebenswerten wirtschaftlichen, gesellschaftlichen und politischen Bedingungen‹ und zum anderen Möglichkeiten politischen Handelns und deren Sichtbarkeit. Für mich ergibt sich daraus eine notwendige Erweiterung in Bezug auf meine Fragestellung nach der Anerkennung von Subjekten und ihren Bedingungen im untersuchten Pressediskurs zu den Protesten in Ägypten: Inwiefern werden Aspekte eines lebbaren Lebens und politisches Handeln in dem von mir untersuchten Diskurs sichtbar?

Sichtbarkeit von globalen Interdependenzen

In Kapitel 2.2.3 habe ich die Bedeutung sowohl von globalen Interdependenzen innerhalb der Herstellung gesellschaftlichen Wissens, beispielsweise in Orient-/Okzidentkonstruktionen, als auch sozioökonomischer globaler Interdependenzen betont. Eine Sichtbarkeit solcher globalen Interdependenzen habe ich zugleich mit Bezug auf postkoloniale Theoretikerinnen als ausschlaggebend für Möglichkeiten globaler, feministischer Solidarisierungen beschrieben. Daher wird die Sichtbarkeit globaler Interdependenzen im Diskurs in Kapitel 7 noch einmal gesondert in den Blick genommen. Der Begriff der Interdependenz erlaubt es, den Fokus auf Zwischenräume, Abhängigkeiten und Verbundenheiten zu lenken und zu einem zentralen Punkt der Analyse zu machen (vgl. Walgenbach 2007: 61). Er taucht ursprünglich in politikwissenschaftlichen Analysen zur wechselseitigen Abhängigkeit von Nationalstaaten auf und beinhaltet damit sowohl identitäre als auch ökonomische Abhängigkeiten, also Fragen nach Anerkennung und Umverteilung (vgl. Castro Varela/Dhawan 2010: 316). Fraser fasst die Thematisierung globaler Abhängigkeiten in feministischen Bewegungen mit dem Begriff der »Transnational Politics of Representation« (2005: 303) zusammen und betont hier insbesondere die Veränderung der Bezüge und der Rahmung ihrer Kämpfe weg vom Territorialstaat hin zu einer transnationalen Ausrichtung. Sie bezeichnet in diesem Zusammengang Kämpfe gegen *misframing* als entscheidend neben Forderungen nach Anerkennung, Umverteilung und Partizipation: »Misframing arises when the state-territorial frame is imposed on transnational sources of injustice.« (ebd.: 305) Das Vorgehen gegen eine solche Verkennung transnationaler Interdependenzen und gegen eine Verschiebung der Rahmung von Fragen nach Gerechtigkeit fasst Fraser mit dem Begriff der ›Politik der Repräsentation‹. Diese versteht sie als wesentlich für gegenwärtige feministische Kämpfe. Die Thematisierung globaler Interdependenzen kann also ebenso wie Fragen nach Anerkennung, einem lebbaren Leben und politischem Handeln als entscheidend für gegenwärtige Fragen nach globaler (Geschlechter-)Gerechtigkeit begriffen werden. Die Sichtbarkeit von globalen Interdependenzen steht dabei allerdings quer zu den anderen Dimensionen: sie betrifft sowohl Fragen der Anerkennung (Wer erkennt wen als was an?) als auch Fragen nach den Möglichkeiten eines lebbaren Lebens und spezifisch nach Umverteilung (Wie sind diese Möglichkeiten durch globale Interdependenzen strukturiert?) und Formen politischen Handelns (Inwiefern sind translokale Solidarisierungen und Kämpfe möglich und nötig?).

In meine bisherigen Ausführungen eingeflossen sind auch die Überlegungen von Tanja Thomas und Elke Grittmann (2018b) zur Analyse von Anerkennung und Gerechtigkeit in medialen Öffentlichkeiten. Sie untersuchen in einer Studie die journalistische Berichterstattung in Deutschland über den Zusammenbruch von *Rana Plaza*, einem Gebäude in der Nähe von Bangladeschs Hauptstadt Dhaka, bei dem 2013 mehr als 1100 Menschen, vor allem Textilarbeiter*innen ums Leben kamen. Für ihre Studie haben sie mit Bezug insbesondere auf Nancy Fraser ein Modell entwickelt, mit dem sie danach fragen, inwiefern mediale Diskurse zu mehr globaler (Geschlechter-)Gerechtigkeit beitragen und machen neben der Frage nach Anerkennung Fragen nach Repräsentation/Partizipation und Umverteilung sowie nach globalen Interdependenzen stark. Ich knüpfe an die von Thomas und Grittmann argumentierte Notwendigkeit der Erweiterung der Analyse von Anerkennung an und habe diese in dem vorliegenden Abschnitt vor dem Hintergrund von Butlers Anerkennungsbegriff und der Zusammenführung von kosmopolitischen und repräsentationskritischen Arbeiten argumentiert. Mit Blick auf den in dieser Arbeit untersuchten Gegenstand – die Repräsentation von Frauen im Diskurs der deutschen Presse um die Proteste in Ägypten – ist bedeutsam, dass hier der Blick sich nicht auf ›leidende Andere‹ richtet, sondern nach der mediatisierten Anerkennung protestierender, widerständiger ›Anderer‹ sowie der Sichtbarkeit ihrer Forderungen nach einem lebbaren Leben und ihres politischen Handelns gefragt wird. Butler betont die Bedeutung dieser Aspekte gerade für die Versammlungen während der Proteste in Ägypten (vgl. Butler 2016: 121) Ebenso kann die Thematisierung globaler Interdependenzen als Teil dieser Proteste verstanden werden, so interpretiert etwa Hamid Dabashi (2012) die Proteste in zahlreichen Ländern der MENA-Region als Moment der Emanzipation von postkolonialen Strukturen.

Zwischenfazit: Theoretische Grundlagen für eine Analyse von Anerkennung in Medienkulturen

In Kapitel 3.2.1 und 3.2.2 ging es mir zum einen darum, den in dieser Arbeit verwendeten Anerkennungsbegriff als einen gesellschaftstheoretisch fundierten aufzuzeigen, der Anerkennung in Abgrenzung zu Honneth und Taylor und mit Bezug auf Butler als subjektivierend versteht und als analytische Kategorie nutzt. In Kapitel 3.2.2 habe ich zudem entlang Butlers Überlegungen konkrete Fragen für die weitere, analytische Auseinandersetzung mit Anerkennung und ihren Bedingungen in Medienkulturen erarbeitet. Zum anderen habe ich in Kapitel 3.2.3 dargelegt, dass, sollen Möglichkeiten von Gerechtigkeit oder Solidarität in Zusammenhang mit einer Kosmopolitisierung von Medienkulturen untersucht werden, Analysen über den begrenzten Anerkennungsbegriff hinausgehen und ebenso nach der Thematisierung von Aspekten eines lebbaren

Lebens, Möglichkeiten politischen Handelns und der Sichtbarkeit globaler Interdependenzen fragen müssen. Zu beachten ist, dass auch die Frage, inwiefern diese drei Aspekte zum Tragen kommen, wiederum an soziokulturell, historisch und institutionell spezifische Formationen von Diskursen geknüpft sind.

Ich habe in diesem Kapitel damit drei zentrale Punkte aufgezeigt, die mir für eine Analyse von Anerkennung in Medienkulturen bedeutsam erscheinen und die in der Untersuchung von Kosmopolitismus in Medienkulturen meines Erachtens nach bisher zu kurz kommen: *Erstens* eine theoretische Auseinandersetzung mit dem Anerkennungsbegriff selbst sowie seinen Ambivalenzen, *zweitens* eine Fokussierung auf die herrschenden, spezifischen Bedingungen von Anerkennung im untersuchten Pressediskurs und damit auch der Blick auf die spezifische Konstitution ›des Eigenen‹ und *drittens* eine Erweiterung von Fragen nach Anerkennung um die Untersuchung der in Kapitel 3.2.3 thematisierten Aspekte.

Im nächsten Abschnitt soll es nun darum gehen, wie das hier entwickelte Begriffsverständnis und die damit verbundenen Fragestellungen für die Analyse von Anerkennung in Medienkulturen übersetzt werden können und aufgezeigt werden, wie ich sie am Material untersuche.

3.2.4 Anerkennung in Medienkulturen

Der oben ausgeführte Anerkennungsbegriff betont die Bedeutung von Öffentlichkeiten für Prozesse der Anerkennung und die Aushandlung ihrer Bedingungen. Gerade in Verbindung mit der in Kapitel 2.2.1 beschriebenen Mediatisierung von Gesellschaften erscheinen Medien als zentrale Arena solcher Prozesse: »Anerkennung lässt sich ohne Frage nach Sichtbarkeit unter Bedingungen gegenwärtiger Medien(kulturen) nicht angemessen verstehen« (Thomas et al. 2018: 14). Öffentliche Sichtbarkeit kann gerade in mediatisierten Gesellschaften als entscheidend für Anerkennung verstanden werden, zugleich müssen die Ambivalenzen von Sichtbarkeit Beachtung finden und betont werden, dass diese auch mit Missachtungen und Verletzungen einher gehen kann. Sichtbarkeit und Anerkennung sind dennoch eng miteinander verwoben und Bedingungen von Anerkennung können zentral über die Analyse von Sichtbarkeiten in Medien rekonstruiert werden. Gleichzeitig sind es gerade mediale Öffentlichkeiten, in denen ebensolche historisch und (medien-)kulturell spezifischen Bedingungen ausgehandelt werden. Damit sind

> »Fragen nach Anerkennung und Sichtbarkeit in Medienkulturen als Fragen nach den historisch spezifisch, vielfach mediatisierten sozialen und politischen Herstellungsprozessen aufzufassen, die über die Produktion von Sichtbarkeit anerkennbare Körper, Subjekte und gesellschaftliche Verhältnisse hervorbringt [sic!]« (Thomas/Grittmann 2018a: 30).

Die Frage, inwiefern Individuen oder Gruppen gesellschaftlich anerkannt werden, hängt demnach eng mit der Art und Weise ihrer Sichtbarkeit in Medien zusammen. Die Erkenntnis der engen Verschränkung zwischen öffentlicher Sichtbarkeit und einem gesellschaftstheoretisch fundierten Anerkennungsbegriff gibt jedoch noch keinen Aufschluss darüber, wie genau Sichtbarkeit und Anerkennung in Medienkulturen empirisch untersucht werden können. Dieser Frage nähere ich mich daher im Folgenden.

Für die Übersetzung der bisherigen theoretischen Ausführungen in eine Analyse von Anerkennung im untersuchten Pressediskurs um die Proteste in Ägypten orientiert sich die Auseinandersetzung mit dem Material an den in Kapitel 3.2.3 heraus gearbeiteten Dimensionen der Analyse von medialen Repräsentationen von Protest (vgl. Abb. 3).

Abb. 3: Dimensionen der Analyse von medialen Repräsentationen von Protest (Quelle: eigene Darstellung)

Die hier untersuchten Repräsentationen der Proteste in Ägypten habe ich in Kapitel 2.2.1 innerhalb eines spezifischen, institutionellen Rahmens journalistischer Bedeutungsproduktion verortet. Neben den machtvollen Strukturen, die innerhalb der Diskurse wirken, finden diese – soweit sie aus dem Material erschlossen werden können – ebenfalls Eingang in die Analyse. Gefragt wird hier beispielsweise nach den Diskursereignissen, nach den genannten Urheber*innen der untersuchten Pressetexte und -bilder oder nach der Einordnung der Beiträge in verschiedene journalistische Rubriken (s. Kap. 4.2). Für jede der drei Analysedimensionen in Bezug auf die Bedeutungsproduktion innerhalb des Diskurses wurden in den vorherigen Kapiteln zentrale Fragestellungen entwickelt, die sich auch in der Strukturierung der Analysekapitel wiederfinden.

1) Subjektivierende Anerkennung und ihre Bedingungen (Kap. 5)
   a) Wer wird inwiefern im Diskurs sichtbar und als Subjekt (nicht) anerkannt? Welche Verletzungen beinhaltet dies?
   b) Welche Bedingungen der Anerkennung werden damit deutlich? Wo werden tradierte Strukturen von Anerkennbarkeit reproduziert, zeigen sich Verschiebungen?
2) Lebbare Leben und politisches Handeln: Inwiefern geht eine diskursive Anerkennung von Subjekten mit einer Sichtbarkeit von Aspekten eines lebbaren Lebens und der Sichtbarkeit von politischem Handeln einher? (Kap. 6)
3) Interdependenzen: Inwiefern werden – in Bezug auf Anerkennung, lebbare Leben und politisches Handeln – globale Interdependenzen im Diskurs sichtbar? (Kap. 7)

Während mit dem ersten Fragenblock vor allem Anerkennung analytisch betrachtet wird, gehen die zweite und dritte Fragestellung über diesen Begriff hinaus. Alle drei Fragestellungen und der Umgang mit ihnen in der anschließenden Untersuchung erörtere ich im Folgenden näher.

Zu 1a: Analyse subjektivierender Anerkennung

Die Frage, wer im Diskurs inwiefern als Subjekt sichtbar und anerkannt wird, für die konkrete Analyse zu übersetzen, erscheint gerade aufgrund der im vorherigen Abschnitt beschriebenen Ambivalenzen schwierig. Wie Rousiley Maia (2014) betont, so steht die Analyse mediatisierter Anerkennung vor einer sehr viel größeren Herausforderung als eine analytische Fokussierung auf exkludierende machtvolle Strukturen (vgl. ebd.: 183ff). Dies mag zum einen an der oben thematisierten engen Verknüpfung zwischen Anerkennung und Verkennung sowie Missachtung liegen: Auch anerkennende Darstellungen können eng mit Exklusionen verbunden sein oder selber Verkennungen und Missachtungen enthalten. Eine Analyse von Anerkennung in Medienkulturen kommt also nicht ohne einen gleichzeitigen Blick auf machtvolle Strukturen aus, muss beständig die Ambivalenzen der Sichtbarkeit und damit die »Polyphonie« (Silverstone 2008) des untersuchten Diskurses im Blick behalten. Damit entzieht sich der Begriff ›Anerkennung‹ auch einer eindeutigen, konsistenten Bestimmung als Analysekategorie. Anders als die Identifizierung von Exklusion und Unterdrückung bleibt die Kategorie immer für Zweifel offen. Die Frage, welche medialen Darstellungen als anerkennend verstanden werden können, kann also nicht eindeutig geklärt werden: »the precise definition of what can be accepted as ›recognition‹ is uncertain« (Maia 2014: 183). Welche Repräsentationen als anerkennend verstanden werden können, muss somit am konkreten Material beantwortet und diskutiert werden. Als Operationalisierung für die Analyse erscheint daher die Fokussierung des Blicks durch analytische Fragen angemessener als eine präzise Definition der Kategorie ›mediatisierte Anerkennung‹, anhand derer ihr Vorhandensein empirisch überprüft werden könnte. Um meinen analytischen Blick zu schärfen gehe ich an dieser Stelle auf einige Arbeiten ein, die Anerkennung in Medienkulturen empirisch untersuchen und dabei Operationalisierungsvorschläge unternehmen und beziehe ihre Überlegungen in die Präzisierung meiner analytischen Fragen ein.

Cottle (2006) untersucht »mediatized recognition« und zeigt anhand vielfältiger Beispiele aus Dokumentarfilm und Fernsehen verschiedene Formen mediatisierter Anerkennung auf, die er unter ›display and deliberation‹ zusammenfasst: »Mediatized recognition, as we have seen, assumes different forms and expressions in the contemporary media and is enacted through communicative modes of display and deliberation« (ebd.: 183). Zum einen beschreibt er mit dem Aspekt ›display‹ Formen anerkennender Darstellung und Repräsentation, die Subjekte als Individuen zeigen und ihre Geschichten und Erzählungen sichtbar machen. Die Möglichkeit solcher Repräsentationen beschäftigt auch Thomas und Grittmann (2018b), wenn sie in ihrer Analyse der Presseberichterstattung über den Zusammenbruch des *Rana Plaza*-Gebäudes in Bangladesch danach fragen: »[w]ie über die Opfer und Betroffenen berichtet wird, in welcher

Weise ihre Perspektiven, Darstellungen und ihr Leid Anerkennung erfahren bzw. durch welche medialen Repräsentationen ihnen diese verweigert wird« (ebd.: 229). Auch hier geht es um eine Anerkennung spezifischer Perspektiven und Erfahrungen. Zudem geht es Cottle mit dem Modus der ›deliberation‹ um die Handlungsfähigkeit und Möglichkeit der diskursiven Teilhabe von Subjekten, die ihre Bilder und Stimmen in den Diskurs einbringen und so auch ihren eigenen Standpunkt vertreten können (vgl. Cottle 2006: 183f, vgl. dazu auch Thomas/Grittmann 2018a: 34 und Schaffer 2008 zur Bedeutung der Möglichkeit eigener Bildproduktion). Die Bedeutung der Stimme ›der Anderen‹ für Anerkennung in journalistischen Diskursen hebt auch Chouliaraki hervor. Sie konstatiert, dass marginalisierte Positionen kontinuierlich vom öffentlichen Diskurs ›des Westens‹ ausgeschlossen sind und die Vernehmbarkeit von ›deren‹ Stimmen im medialen Diskurs daher als zentral für eine symbolische Anerkennung vulnerabler ›Anderer‹ bezeichnet werden kann (vgl. Chouliaraki 2013: 110). Auch Silverstone betont die Notwendigkeit der bedingungslosen Möglichkeit des Erscheinens und der Verschaffung von Gehör für ›Andere‹, um eine Polyphonie des Diskurses zu ermöglichen (vgl. Silverstone 2008: 129ff). Spezifisch mit Möglichkeiten und Formen von Anerkennung in der Bildberichterstattung haben sich Grittmann und Maier (2017) beschäftigt, deren theoretische Ausführung zu *Gerechtigkeit und Anerkennung durch Bilder* in einer Studie von Lünenborg und Maier (2017) zu Bildern des Migrationsdiskurses Anwendung findet und erweitert wird. Sie betonen die Bedeutung der Frage nach dem *Wie* der Sichtbarkeit von Körpern und gehen dabei u.a. auf die Relevanz des ikonografischen Bildkontextes, ästhetischer Darstellungsstrategien oder der Bildgattung[30] für die Frage, inwiefern ein Körper im Bild als handlungsfähiges Subjekt sichtbar wird, ein.

Aus den oben dargestellten Überlegungen bestehender Studien zur Analyse von Anerkennung in Medienkulturen ergeben sich für mich folgende Fragen an das Material: Inwiefern werden Frauen im Diskurs um die Proteste in Ägypten als Individuen sichtbar? Inwiefern finden ihre Gesichter, Stimmen, Perspektiven und Geschichten Eingang in den Diskurs, können sie also am Diskurs teilnehmen? Inwiefern werden sie in ihrer Handlungsfähigkeit sichtbar?

Zu 1b: Bedingungen von Anerkennung

Die Operationalisierung der Frage wer, in welchem Kontext, wo bzw. wann in welcher Form im Diskurs (nicht) anerkannt wird, welche Bedingungen der Anerkennung damit deutlich werden und inwiefern es zu deren Verschiebungen kommt, wird in der Analyse vor allem anhand der diskursiven »Kategorien, Konventionen und Normen« (Butler 2010: 13) der Anerkennbarkeit, die diese Bedingungen ausmachen, untersucht. Kategorien, Konventionen und Normen sind eng miteinander verflochten und bedingen einander. Eine tatsächliche Trennung im Rahmen der Analyse erscheint mir weder möglich noch wünschenswert. Um die konkreten Fragen, die ich im Rahmen meiner Untersuchung an das Material stelle, möglichst transparent zu machen, erläutere ich im Folgenden dennoch, wie die einzelnen Begriffe analytisch gefasst werden sollen.

30 Auf die einzelnen vorgeschlagenen Analyseaspekte spezifisch für Anerkennung durch visuelle Repräsentationen wird in Kapitel 4.2.3 noch einmal ausführlich eingegangen.

Unter diskursiven ›Kategorien‹ begreife ich im Rahmen der Untersuchung sozial bedeutsame, kategorische Zuordnungen im Diskurs, die jeweils mit spezifischen Deutungen und Zuschreibungen verbunden sind. Stuart Hall (2004) spricht in diesem Zusammenhang von »Dimensionen der Differenz« (ebd.: 108), entlang derer machtvolle Grenzziehungen etabliert werden. Relevant für die Analyse erscheinen mir dabei insbesondere Kategorisierungen entlang von Geschlecht, (kultureller oder religiöser) Zugehörigkeit, Nationalität und Klasse. Der Blick auf das Material soll jedoch offen bleiben für weitere, im Diskurs als relevant gesetzte soziale Kategorien. Konkret soll danach gefragt werden, inwiefern zugewiesenes Geschlecht, die Zuweisung von Zugehörigkeit, Nationalität, Klasse und andere soziale Kategorien eine Rolle für die Anerkennbarkeit von Subjekten im Diskurs spielen. Untersucht werden soll zudem die diskursive Konstruktion der für Anerkennbarkeit relevanten Kategorien.

Mit dem Begriff der diskursiven ›Konventionen‹ frage ich danach, inwiefern die Anknüpfungen an tradierte Repräsentationspraktiken in Bezug auf (protestierende) Frauen im Diskurs eine Rolle für deren Anerkennbarkeit spielen. Dabei verstehe ich Konventionen nicht als geschlossene Regeln, vielmehr werden sie in einem laufenden Prozess der Konventionalisierung ständig (re-)produziert, angepasst und verändert (vgl. dazu auch Winkler 2004: 228). Notwendig ist für die Beantwortung dieser spezifischen Frage also zunächst eine Beschäftigung mit den Konventionen medienvermittelter Sichtbarkeit und Anerkennung von Frauen, insbesondere in Protestsituationen. Hierfür greife ich auf bestehende Arbeiten, die sich empirisch mit Repräsentationen von Frauen und deren Ermächtigung in journalistischen Diskursen beschäftigt haben, zurück. In Kapitel 2.3 habe ich solche Praktiken bestehender Repräsentationsregime aufgezeigt. Die Auseinandersetzung mit den spezifischen Konventionen der Anerkennbarkeit in bestehenden diskursiven Formationen ermöglicht außerdem die Erörterung der Frage, inwiefern sich im untersuchten Diskurs Anknüpfungen und/oder Verschiebungen tradierter Praktiken zeigen.

Diskursive ›Normen‹ als machtvolle Standards des ›Normalen‹ erfordern die Einpassung von Subjekten in bestimmte Rahmen und Raster für deren Anerkennung. Normen funktionieren dabei »innerhalb sozialer Praktiken als impliziter Standard der Normalisierung« (Butler 2009: 73) und erlegen »dem Sozialen ein Gitter der Lesbarkeit auf« (ebd.), denn sie definieren »die Parameter dessen, was innerhalb des Bereichs des Sozialen erscheinen wird und was nicht« (ebd.). Damit schließen Normen sowohl Subjekte als ›menschlich‹ ein, als auch andere Individuen als nur ›eingeschränkt menschlich‹ vom Subjektstatus aus:

> »Und manchmal sind die gleichen Bestimmungen, die einigen Individuen ›Menschlichkeit‹ verleihen, genau dieselben, die gewisse andere Individuen um die Möglichkeit bringen, diesen Status zu erreichen, indem sie eine Ungleichartigkeit zwischen dem Menschlichen und dem eingeschränkt Menschlichen erzeugen.« (Butler 2009: 10)

Es ist folglich oft ein und dieselbe Norm, die gerade in Beziehung und Abgrenzung zueinander Individuen vom Status des ›Menschlichen‹ ein- und ausschließt, was sich beispielsweise in Orient- und Okzidentdiskursen deutlich zeigt. Mit Bezug auf den Begriff der ›Normen‹ stellt sich also die Frage, inwiefern die Anerkennung von Subjekten im Diskurs mit einer Einpassung in normative Raster verbunden ist. Für eine Beantwortung dieser Frage halte ich es für notwendig, in der Analyse nicht nur zu fragen, wer im Diskurs wie als Subjekt sichtbar und anerkannt wird, sondern auch, wer wie von einem solchen Status ausgeschlossen wird.

Zu 2.: Sichtbarkeit von Aspekten eines lebbaren Lebens und politischem Handeln

Mit der oben als notwendig erläuterten Frage danach, inwiefern eine mögliche diskursive Anerkennung von Subjekten mit einer Thematisierung von Aspekten eines lebbaren Lebens und Möglichkeiten politischer Handlungsfähigkeit einhergeht, geht es mir darum »machtvolle Anerkennungsordnungen und korrespondierende Sichtbarkeitsverhältnisse nicht nur zu rekonstruieren, sondern auch in Frage stellen zu können« (Thomas et al. 2018: 16). Denn in der Beschäftigung mit der (translokalen) Presseberichterstattung über Proteste erscheinen mir über die Frage hinaus, wie die Akteur*innen des Protests repräsentiert werden auch die Fragen, inwiefern mit den Protesten thematisierte Aspekte eines lebbaren Lebens und das politische Handeln der Akteur*innen hör- und sichtbar werden, von Bedeutung. Die konkreten Fragen, die sich mit Blick auf die beschriebenen Erweiterungen des Anerkennungsbegriffs an das Material ergeben, orientieren sich an meinen obigen Ausführungen: Welche notwendigen Bedingungen eines lebbaren Lebens werden wie dargestellt? Inwiefern wird soziale Umverteilung thematisiert? Welche Formen und Foren des politischen Handelns werden wie sicht- und sagbar?

Politisches Handeln verstehe ich dabei als auf soziale Veränderung abzielendes Handeln innerhalb politischer, ökonomischer, sozialer und mediatisierter Strukturen (vgl. Kaun/Kyriakidou/Uldam 2016: 2). Mir geht es in dieser Untersuchung dabei besonders um die Frage der Repräsentation politischer Handlungsfähigkeit *in* Medien und damit ihrer mediatisierten Strukturierung, zugleich zeigt sich in den in Kapitel 6.2 diskutierten Ergebnissen der Diskursanalyse, dass im Pressediskurs auch die Möglichkeiten der Erweiterung von Handlungsfähigkeit *durch* Medien thematisiert werden.

Zu 3.: Sichtbarkeit globaler Interdependenzen

Die Anerkennung und Sichtbarkeit von globalen Interdependenzen steht quer zu den Dimensionen Anerkennung, lebbares Leben und politisches Handeln. Daraus ergeben sich drei Ebenen der Untersuchung von Interdependenzen im Diskurs, die sich jeweils auf eine der drei Dimensionen beziehen. Zunächst wird 1. untersucht, inwiefern die Bedeutung (translokaler) mediatisierter Anerkennung und ihrer Bedingungen und damit Anerkennungs*beziehungen* im Diskurs reflektiert und eine Sichtbarkeit minorisierter Positionierungen gefordert wird. Möglich wird der Blick auf minorisierte Deutungen nach Butler durch das Übersetzen im Sinne einer Praxis des Vermittelns zwischen Welten. Bedingung dafür ist eine Subjektposition, die bereit ist, im Zusammentreffen mit ›Anderen‹ die Kontinuität des ›eigenen‹ Wissens, der ›eigenen‹ Wahrheiten aufzugeben. Dies impliziert, dass das ›Eigene‹ als eine spezifische Erzählung aufgefasst, der Blick der Anderen auf dieses ›Eigene‹ zugelassen und so das Verständnis globaler Machtstrukturen erweitert wird. (Vgl. Butler 2005: 25) Im Rahmen einer solchen kulturellen Übersetzung, geht es nicht darum, einzelne Positionen zu fokussieren, vielmehr wird

Komplexität aufgezeigt (vgl. ebd.: 66). Ähnlich argumentiert auch Silverstone (2008) in seiner Forderung, eine »mediale Gastfreundlichkeit« (ebd.: 210ff) einzuführen, die Vielstimmigkeit und eine Dissonanz von Stimmen beinhaltet und begrüßt (s. Kap. 3.1.3). Aus den Überlegungen von Butler und Silverstone ergeben sich für mich folgende Fragen an den Diskurs: Inwiefern wird im Diskurs ein kritischer Blick auf ›das Eigene‹ zugelassen, diskursive Normen reflektiert und Komplexität sicht- und sagbar?

Zudem analysiere ich 2., inwiefern globale Interdependenzen auf der Ebene der Aspekte eines lebbaren Lebens und spezifisch Forderungen nach Umverteilung sichtbar werden. Hier interessiert mich vor allem, inwiefern (neo-)koloniale Interdependenzen und Machtstrukturen, die sowohl lokal als auch global zu ökonomischen Ungleichheiten führen (s. Kap. 1, 2.2.3) und ihre Bedeutung im Pressediskurs thematisiert werden.

Hinsichtlich der Sichtbarkeit von globalen Interdependenzen in Bezug auf die Möglichkeiten politischen Handelns stellt sich 3. vor allem die Frage, inwiefern Notwendigkeiten und Formen translokaler Solidarisierungen im Diskurs präsent sind. Besonders in Bezug auf feministisches Handeln betont Mohanty (2003), dass die Beachtung der Situierung von Frauen auf der Mikroebene mit dem Blick auf machtvolle Zusammenhänge auf der Makroebene verbunden werden sollte.

Abschließend sollen die entwickelten Fragen in Abb. 4 noch einmal in einem Modell zur machtkritischen Analyse von Anerkennung zusammengetragen werden, bevor im nächsten Kapitel 4 auf die konkrete Umsetzung der Analyse eingegangen wird.

Abb. 4: Modell zur machtkritischen Analyse von Anerkennung in translokalen Repräsentationen von Protest (Quelle: eigene Darstellung)

Dimension	Fragestellung	Analytische Fragen
Anerkennung	Wer wird im Diskurs inwiefern sichtbar und als Subjekt (nicht) anerkannt? Welche Verletzungen beinhaltet dies?	Inwiefern werden Frauen im Diskurs als Individuen sichtbar? Inwiefern finden ihre Gesichter, Stimmen, Perspektiven, Geschichten Eingang in den Diskurs, können sie also am Diskurs teilnehmen? Inwiefern werden sie als handlungsfähig sichtbar?
	Unter welchen spezifischen Bedingungen werden Subjekte im Diskurs anerkannt?	Inwiefern spielen gesellschaftliche Kategorisierungen eine Rolle für die Anerkennbarkeit von Subjekten und wie werden diese diskursiv hergestellt? Inwiefern wird an tradierte Repräsentationspraktiken angeknüpft, wo zeigen sich Verschiebungen?
Lebbares Leben und politisches Handeln	Inwiefern geht eine diskursive Anerkennung von Subjekten mit einer Thematisierung von Aspekten eines lebbaren Lebens und Möglichkeiten politischen Handelns einher?	Welche Aspekte eines lebbaren Lebens werden wie thematisiert und welche nicht? Inwiefern wird soziale Umverteilung thematisiert? Welche Formen und Foren des politischen Handelns werden wie sichtbar?
Interdependenzen	Inwiefern werden globale Interdependenzen im Diskurs aufgezeigt?	Inwiefern wird im Diskurs ein kritischer Blick auf ›das Eigene‹ zugelassen, diskursive Normen reflektiert und Komplexität sicht- und sagbar? Inwiefern werden (neo-)koloniale Interdependenzen und Machtstrukturen, die sowohl lokal als auch global zu ökonomischen Ungleichheiten führen, thematisiert? Inwiefern werden Verbindungen zwischen der lokalen Situierung von Frauen und globalen Machtstrukturen und damit Möglichkeiten translokaler Solidarisierungen sichtbar?

In diesem Kapitel habe ich die Diskussion um die Möglichkeiten einer ›Anerkennung der Anderen‹ als zentralen Aspekt in aktueller Forschung zu Kosmopolitismus (in Medienkulturen) vorgestellt. Ich habe zudem die Notwendigkeit herausgestellt, diese Debatte mit repräsentationskritischen Arbeiten aus feministischen Ansätzen und postkolonialen Studien zusammen zu denken. Zudem konnte ich aufzeigen, dass einige Arbeiten, die sich mit Fragen der Anerkennung in Medienkulturen als mögliche Folge von Kosmopolitisierung beschäftigen, bereits einen engen Bezug zu solchen repräsentationskritischen Ansätzen aufweisen und die Frage nach der Art und Weise, in der ›Andere‹ medial repräsentiert werden, in den Vordergrund rücken. Damit weisen sie auch auf ›Ambivalenzen der Sichtbarkeit‹ (Schaffer 2008) hin, die gerade in der Debatte um medienvermittelte globale Konnektivität immer wieder betont werden muss: Eine erhöhte Sichtbarkeit globaler ›Anderer‹ sollte nicht mit deren Anerkennung und vermehrter Beteiligung gleichgesetzt, sondern im Einzelfall analytisch untersucht werden. Hier zeigt sich die Produktivität einer Verbindung zwischen repräsentationskritischen Perspektiven und der Analyse von Anerkennung in Medienkulturen: letztere helfen, den Blick für »Möglichkeiten ermächtigender, entkategorialisierender Bilder und Repräsentationen« (Thomas/Grittmann 2018a: 39) zu öffnen während erstere dabei unterstützen, in der Analyse von Anerkennung entfernter ›Anderer‹ in Medienkulturen eine machtkritische Perspektive einzunehmen. Diese bringt einen kritischen Blick auf die Ambivalenzen von Anerkennung, ihre Bedingungen und notwendige analytische Erweiterungen mit sich, aus denen das obige Analysemodell entwickelt wurde. Wie anhand der dort gestellten analytischen Fragen die Repräsentation von Frauen im untersuchten Pressediskurs um die Proteste in Ägypten untersucht wird, soll im Folgenden vorgestellt werden.

4. Forschungsprogramm und methodisches Vorgehen

In diesem Kapitel geht es mir darum, zum einen das Forschungsprogramm und damit auch die methodologischen Grundlagen meiner Arbeit zu (er-)klären und zum anderen meine konkrete Analysepraxis zu erläutern. Eine genaue Beschreibung und Erörterung dieser beiden Aspekte verstehe ich als entscheidend für die Reflexion und Nachvollziehbarkeit meines Forschungsprozesses. Gerade dadurch, dass sich aufgrund der spezifischen Perspektive keine übergeordneten ›Qualitätskriterien‹ für die Diskursforschung formulieren lassen, müssen insbesondere diskursanalytische Arbeiten den Ansprüchen der Transparenz und Nachvollziehbarkeit ihres konkreten Vorgehens im Analyseprozess gerecht werden, da nur so die Kohärenz, Plausibilität und Stringenz des jeweiligen Vorhabens diskutiert werden kann (vgl. dazu auch Angermüller/Schwab 2014: 647f). Im Folgenden gehe ich zunächst theoretisch auf das Vorgehen meiner Diskursanalyse ein und begründe die Wahl der Wissenssoziologischen Diskursanalyse. Anschließend erläutere ich mein konkretes Vorgehen bezüglich der Auswahl des Datenkorpus und der einzelnen Schritte der Analyse.

4.1 Ein Forschungsprogramm auf Basis der Wissenssoziologischen Diskursanalyse

Zentral orientiert sich mein methodisches Vorgehen an der Wissenssoziologischen Diskursanalyse (WDA) von Reiner Keller. Bevor auf deren Grundlagen sowie auf die Punkte eingegangen wird, die die WDA gerade für die vorliegende Arbeit so interessant machen, soll zunächst in einem kurzen Abschnitt mein grundlegendes Verständnis von Diskursforschung erörtert werden. Anschließend werden die Besonderheiten einer Diskursanalyse, die sich sowohl auf textliche als auch visuelle Elemente bezieht, thematisiert.

4.1.1 Diskursanalyse als In-Beziehung-Setzen von Theorien, Methode und Gegenständen

Vielleicht mag es verwirren, dass neben der Erörterung der diskurstheoretischen Perspektive auf Medienkulturen in dieser Arbeit in Kapitel 2.2.1 nun ein weiterer Gliederungspunkt folgt, der sich mit der Analyse von Diskursen beschäftigt. Diese scheinbare Doppelung ist der Einsicht geschuldet, dass Diskursforschung weit mehr ›ist‹ als nur eine sozialwissenschaftliche Methode, sondern sich vielmehr in der Perspektive der gesamten Arbeit wiederfindet: »Die Diskursanalyse ist eine Weise, die Gegenstände zu betrachten und damit ist sie mehr (und anderes) als eine Methode« (Wrana in Van Dyk et al. 2014: 485). Mit Andrea Bührmann und Werner Schneider (2008) kann sie als ein Forschungsstil verstanden werden, der auf einen »Zusammenhang zwischen der theoretischen Orientierung der Forschenden und der praktischen Ausgestaltung des Forschungsprozesses« (ebd.: 15) zielt, also Verbindungen zwischen der theoretischen Perspektive eines Projekts und damit der spezifischen Fragestellung sowie dem methodischen Vorgehen bei der Analyse des Untersuchungsgegenstandes schafft. Wie in der Einleitung der vorliegenden Arbeit und im Abschnitt zur Forschungsperspektive thematisiert, geht die Diskursanalyse als methodische Vorgehensweise auch mit einer epistemologischen Haltung einher, die bedeutet, so hebt Dominik Schrage in einer Diskussion mit Keller und anderen hervor, dass »die im Diskurs verhandelten Dinge anders betrachtet werden, als dies die Regeln des Diskurses implizieren: Gültigkeitsansprüche und Wahrheitswerte werden ›eingeklammert‹, die Aufmerksamkeit gilt den Konstitutionsbedingungen dieses Wissens« (Schrage in van Dyk et al. 2014: 487). Aus dieser Haltung ergibt sich, so ergänzt Juliette Wedl in der gleichen Diskussion, dass Diskursanalyse immer auch mit Kritik verbunden ist, »zielt sie doch darauf, Selbstverständlichkeiten und als homogen erscheinende Einheiten zu durchbrechen, indem sie Verschiebungen, Widersprüche, Oppositionen, Polyphonien etc. aufzeigt« (ebd.: 500). Dieses Kritikverständnis entspricht dem der vorliegenden Arbeit, die Verschiebungen, Ambivalenzen und Polyphonien im Diskurs in der deutschen Presse um die Proteste in Ägypten aufzeigt. In diesem Abschnitt soll es nun darum gehen, darzulegen, wie diese Haltung oder theoretische Perspektive sich in der praktischen Ausgestaltung meines Forschungsprozesses widerspiegelt und somit den eigenen Forschungsstil vorzustellen. Denn mit dem Verständnis von Diskursforschung als ›mehr‹ als eine Methode geht auch einher, dass sie genau das eben nicht ist: Eine spezifische, fest geschriebene und kanonisierte, sich an ›objektiven‹ Wissenschaftsstandards orientierende Methode, auf die bei der Untersuchung unterschiedlichster Gegenstände zurückgegriffen werden kann. Ihrer grundsätzlichen Haltung nach entzieht sich die Diskursforschung solchen Festschreibungen und bleibt ein »Forschungsprogramm, das je nach disziplinärer Einbettung, Gegenstand und Fragestellung anders aussehen kann« (Keller in van Dyk et al. 2014: 485). Eine nachvollziehbare Darlegung des methodischen Vorgehens ist daher nötig.

Mit der Etablierung der Diskursforschung in den Geistes-, Sozial-, und Kulturwissenschaften sowie den Medien- und Kommunikationswissenschaften[1] haben sich verschiedene Stile des diskursiven Forschens herausgebildet. Sie bieten eine Orientierung für das jeweils auf das spezifische Erkenntnisinteresse und den konkreten Untersuchungsgegenstand bezogene methodische Vorgehen und finden in verschiedenen sozial- und geisteswissenschaftlichen Disziplinen wie z.B. Geschichts-, Sprach-, Literaturwissenschaften, Politikwissenschaften, Soziologie oder auch in den Gender Studies[2] Anwendung (vgl. Keller 2011a: 8; 62ff). Einige der wichtigsten Ansätze sollen hier kurz vorgestellt werden, bevor die Orientierung dieser Arbeit an der Wissenssoziologischen Diskursanalyse von Reiner Keller begründet wird.

Überblick: Zentrale Ansätze der Diskursforschung

Zu nennen sind hier zunächst die *Discourse Analysis* und die *(Korpus-)Linguistisch-historische Diskursanalyse*. Besonders im englischsprachigen Raum weit verbreitet ist die *Discourse Analysis* in Form »qualitativer ›Sprachgebrauchsforschung‹ oder empirischer Gesprächsforschung« (Keller 2011a: 20). Dabei geht es um eine linguistische Analyse des konkreten, meist mündlichen Sprachgebrauchs in einem gesellschaftlichen Kontext. Durch die Entwicklung einer anwendungsbezogenen Perspektive soll die Gestaltung von Kommunikationsprozessen untersucht werden. So stellt beispielsweise Teun van Dijk (u.a. 1993) in diesem Zusammenhang die Frage: Wer gebraucht wie, wann und warum Sprache? Die *(Korpus-)Linguistisch-historische Diskursanalyse* entstammt der linguistischen Sprachforschung und untersucht die Semantik von Diskursen und de-

1 Meier und Pentzold (2014) betonen die Bedeutung der Diskursforschung für die im deutschen Forschungsraum nach wie vor separat verorteten Felder der Medien- und Kommunikationswissenschaften. Sie sehen im Bereich der Diskursforschung sowohl unterschiedliche Traditionslinien als auch eine Annäherung in Bezug auf die Aneignung des Diskursbegriffs der Cultural Studies. »Methodisch bedient sich die Medienwissenschaft dabei gängiger diskurslinguistischer bzw. kritisch-diskursanalytischer Methoden. Die Kommunikationswissenschaft wiederum behandelt die Diskursanalyse vornehmlich als ein qualitativ-inhaltsanalytisches Verfahren, das sich themenzentriert der massenmedial vermittelten Kommunikation widmet. Mit den Cultural Studies ist eine Schnittmenge beider Forschungsbereiche vorhanden.« (ebd.: 125f) Die Perspektive der vorliegenden Arbeit dürfte verdeutlichen, dass sie sich weder in ein ›klassisches‹ medienwissenschaftliches noch kommunikationswissenschaftliches Feld, sondern vielmehr in den Bereich einer (gesellschafts-)kritischen Medienkulturforschung einordnen lässt, was auch ihren Diskursbegriff prägt (s. Kap. 2.2.1).

2 Wedl (2014) betont die Relevanz poststrukturalistisch orientierter Diskursforschung für die Gender Studies und deren oft innovativen Charakter, der in Sozial-, Geistes-, und Kulturwissenschaften – teils auch aufgrund mangelnder Überblicksarbeiten – nur marginal präsent ist (vgl. ebd.: 289f). Sie systematisiert bestehende Arbeiten nach ihrem Erkenntnisinteresse zu 1. Sprache, Kommunikation und Performanz, 2. Identität, Begehren und Subjektivation, 3. Körper, Materialisierung und Artefakten, 4. Macht, Gouvernementalität und Kritik und schließlich Arbeiten zu Repräsentation und Wissenskonfigurationen (vgl. ebd.: 285ff). Ihnen geht es um »Macht-Wissens-Regime des Denk- und Sagbaren« (ebd.: 287), die Geschlecht und Geschlechterordnungen konstituieren. In letztere ist auch die vorliegende Untersuchung einzuordnen.

ren Wandlungen.[3] In der neueren deutschsprachigen linguistischen Diskursforschung haben u.a. Dietrich Busse, Fritz Hermanns und Wolfgang Teubert (1994) Ansätze einer linguistischen Diskursgeschichte vorangetrieben, deren Fokus auf eine semantisch orientierte Untersuchung von Sprachwandel gerichtet ist. Sich auf die Diskurstheorie Foucaults beziehende Ansätze[4] gehen hingegen von einem weiter gefassten Diskursbegriff aus, dem sowohl sprachliche als auch nichtsprachliche Praktiken zugeordnet werden. Aussagen im Diskurs werden hier nicht als in sich geschlossene sprachliche Äußerungen untersucht, sondern als Orte der (Re-)Produktion gesellschaftlichen Wissens, welches soziales Handeln deutet und legitimiert (s. Kap. 2.2.1). Solche ideologie-, gesellschafts- und sprachkritischen Fragestellungen verknüpft die *Critical Discourse Analysis (CDA)* mit linguistischen sowie allgemeineren sozialwissenschaftlichen Fragestellungen. Die Forschung der oft aus dem sprachwissenschaftlichen Kontext der *Discourse Analysis* kommende Autor*innen geht dabei mit einem emanzipatorischen Anspruch der Praxiskritik einher. Wichtige Vertreter*innen sind van Dijk (u.a. 1993), Ruth Wodak (u.a. 1996) und Norman Fairclough (u.a. 1992). Im deutschen Sprachraum entwickelten die Sprachwissenschaftler*in Margarete und Siegfried Jäger (u.a. Jäger 1999, Jäger/Jäger 2007) mit ihren Mitarbeiter*innen am *Duisburger Institut für Sprach- und Sozialforschung (DISS)* einen eigenständigen Ansatz der *Kritischen Diskursanalyse (KDA)*. Der Unterschied der *CDA* zur *KDA* liegt vor allem in der theoretischen Fundierung: Jäger und Jäger bauen auf den Arbeiten von Foucault bzw. deren Rezeption und Weiterführung durch den Literaturwissenschaftler Jürgen Link (z.B. Kollektivsymbolik) sowie auf der marxistisch-psychologischen Tätigkeitstheorie von A.N. Leontjew auf. Gegenstände bisheriger Untersuchungen waren vor allem Analysen rassistischen Sprachgebrauchs bzw. die Analyse rechtsextremer Diskurse anhand von Medientexten und Interviews. Während sich die oben beschrieben Ansätze durch eine vor allem sprachwissenschaftliche Herangehensweise auszeichnen, verortet sich die *Wissenssoziologische Diskursanalyse (WDA)* innerhalb soziologischer Theorietraditionen (vgl. Schneck 2013: 42).

4.1.2 Wissenssoziologische Diskursanalyse: grundlegendes Verständnis, zentrale Begriffe

Die WDA verbindet die Wissenssoziologie von Peter L. Berger und Thomas Luckmann (1969) mit dem Diskursbegriff von Foucault und legt so einen wichtigen Grundstein für die methodische Umsetzung von Foucaults Diskurstheorie in den Sozialwissenschaften.[5] Ihre Grundlagen sollen im Folgenden kurz erläutert werden, bevor auf drei Aspek-

---

3 Prominent ist insbesondere die marxistisch-ideologiekritische französische Schule um Jaques Guilhaumou, Dominique Mainguenau u.a., die die ideologische Seite des Sprachgebrauchs anhand quantitativer Auswertungen von Textkorpora untersuchen (vgl. Keller 2011a: 20ff).

4 Darunter finden sich postmarxistische Ansätze (Laclau, Mouffe), Ansätze der Cultural Studies (Hepp), Gender-Theorien (Butler) oder die frühen Aneignungen Foucaults im Postkolonialismus, was bereits auf die vielfältige Verwendbarkeit seiner theoretischen Darlegungen hindeutet (vgl. Keller 2011a: 56ff).

5 Foucault selber bietet in seinem Werk kaum Hinweise auf die tatsächliche methodische Vorgehensweise und Materialbearbeitung bei der Analyse von Diskursen. Er beschreibt allerdings gewisse Prinzipien, die aufgrund seines Diskursbegriffs einer Analyse zugrunde liegen sollten. Fou-

te eingegangen wird, die für die Orientierung dieser Arbeit an der WDA entscheidend sind.

Die Wissenssoziologie lässt sich dem interpretativen Paradigma der Sozialwissenschaften zuordnen und kann als ein hermeneutischer Ansatz beschrieben werden.[6] Keller bezeichnet ihren Ansatz als »Theorie der sozialen Konstruktion von Deutungs- und Handlungswissen, das gesellschaftlich institutionalisiert und in Sozialisationsprozessen an Individuen vermittelt wird« (Keller 2011c: 128). Erst durch die Aneignung dieses Deutungs- und Handlungswissens ist das sinnhafte Handeln in einer Gesellschaft möglich:

> »Alles, was wir wahrnehmen, erfahren, spüren, auch die Art, wie wir handeln, ist über sozial konstruiertes, typisiertes, in unterschiedlichen Graden als legitim anerkanntes und objektiviertes Wissen vermittelt. Dieses Wissen ist nicht auf ein ›angeborenes‹ kognitives Kategoriesystem rückführbar, sondern auf gesellschaftlich hergestellte symbolische Systeme.« (Ebd.: 125)

Erlangt wird dieses gesellschaftlich konstruierte und objektivierte Wissen zunächst über Institutionen, sprachliche Mittel etc., bevor es von Akteur*innen in der Gesellschaft individuell interpretiert und eingesetzt wird. Handeln in der Gesellschaft gibt eine Interpretation der Regeln gesellschaftlicher Wirklichkeit wieder und rekonstruiert diese gleichzeitig als Wirklichkeit (vgl. ebd.: 131).

Für Keller ergibt sich in der Theorie von Berger und Luckmann eine Begrenzung, da diese sich insbesondere auf die Objektivierung von Wissen im Alltag und nicht auf den Prozess der Objektivierung über Institutionen konzentriert, also ihr Erkenntnisinteresse eher auf der Mikro- als auf der Makroebene ansiedelt (vgl. ebd.: 132). Die Vermeidung dieses Defizits ermöglicht Keller über die Verbindung der Wissenssoziologie mit dem Foucaultschen Diskursbegriff. Beide Positionen beschäftigen sich mit der Konstruktion kollektiver Wissensbestände. Die Objektivierung von gesellschaftlich konstruiertem Wissen über diskursive Praktiken als ein machtvoller Prozess steht bei Foucault im Mittelpunkt des Interesses (s. Kap. 2.2.1). Dieser Schwerpunkt erweitert die wissenssoziologische Position um die Beachtung kollektiver, institutioneller Strukturen und bringt so die Bedeutung von Macht und Materialität gesellschaftlichen Wissens ein (vgl. Keller 2011c: 134). Diskurse sind dabei die Elemente, durch die gesellschaftliche Wirklichkeit

---

cault erörtert zunächst das ›Prinzip der Umkehrung‹, welches den Diskurs nicht als Schöpfung eines Autors ansieht. Des Weiteren spricht er vom ›Prinzip der Diskontinuität‹, welches aufzeigen soll, welche Bereiche im Diskurs ausgeblendet werden, um seine Kontinuität zu konstruieren; sowie dem ›Prinzip der Spezifizität‹, das die Abkehr von einem spezifischen Begriff einer Sache, einer prädiskursiven Ordnung bedeutet. Schließlich betont er das ›Prinzip der Äußerlichkeit‹, welches besagt, dass die Regeln und Grenzen eines Diskurses aus ihm selbst heraus erkannt werden müssen (vgl. Foucault 1991: 34f). Unter Berücksichtigung dieser theoretischen Grundlagen ist für die Durchführung einer Diskursanalyse der Rückgriff auf einen spezifischen, sich an Foucault orientierenden Ansatz der Diskursforschung hilfreich, der sich in der WDA von Keller findet.

6 Keller beschreibt die vorgenommene Verortung der Diskursanalyse im Bereich der hermeneutischen Wissenssoziologie als ein hilfreiches Unterfangen, da sowohl durch das übergeordnete interpretative Paradigma im Gegensatz zum normativen Paradigma als auch durch das hermeneutische Vorgehen relevante theoretische Grundlagen und eine Bandbreite an Forschungsstrategien zur Verfügung gestellt werden (vgl. Keller 2011c: 130).

und damit die symbolische Ordnung einer Gesellschaft erzeugt werden, wobei sich die symbolische Ordnung in einem Verständnis von ›Normalität‹ und deren Abweichungen ausdrückt:

> »Diskurse sind mithin in unterschiedlichen Graden institutionalisierte themen-, disziplin-, bereichs- oder ebenenspezifische Bedeutungsarrangements, die in spezifischen Sets von Praktiken produziert, reproduziert und auch transformiert werden. Dabei handelt es sich um im jeweiligen gesellschaftlich-institutionellen und historischen Kontext situierte, sowohl inhaltlich wie (deutungs- und handlungs-)praktisch strukturierte kollektive Unternehmungen der Wissensproduktion, die Welt- bzw. Wirklichkeitsordnungen (symbolische Sinnwelten) und daran anschließende Handlungsfolgen (Institutionen, Praktiken) erzeugen, verbreiten, reproduzieren oder transformieren. Diskurse existieren als relativ dauerhafte und regelhafte, d.h. zeitlich und sozial strukturierte Strukturierung von Prozessen der Bedeutungszuschreibung. Sie werden in diesen Prozessen durch das Handeln von sozialen Akteuren ›real‹.« (Keller 2011c: 142)

Diese Definition von Diskursen als Orte der Produktion von ›Wirklichkeitsordnungen‹ über gesellschaftlich und historisch strukturiertes Wissen und die Bedeutung dieser Ordnung für das soziale Handeln sollen für die vorliegende Arbeit übernommen werden. Dabei wird in Bezug auf den Untersuchungsgegenstand der vorliegenden Arbeit die Bedeutung von journalistischen Praktiken und institutionellen Strukturen des Journalismus für solche Prozesse der Bedeutungszuschreibung betont.

Die Verschränkung zwischen dem wissenssoziologischen Wirklichkeitsbegriff und dem Diskursbegriffs Foucaults bildet die Grundlage der WDA. Keller hat die theoretischen Bezüge und Verschränkungen dieses Forschungsprogramms an vielen Stellen genauer ausgeführt (vgl. u.a. Keller 2011a, 2011b). Hier soll nun besonders auf die Aspekte noch einmal genauer eingegangen werden, die die Wahl einer Orientierung an der WDA aufgrund des spezifischen Forschungsinteresses dieser Arbeit begründen. Reiner Keller und Inga Truschkat (2014) sehen die wesentliche Unterscheidung zwischen der WDA und anderen diskurstheoretischen Perspektiven begründet »durch ihren weitgehenden Verzicht auf determinierende Annahmen über Diskursprozesse, ihre wissensanalytische Ausrichtung, ihre Methodologie sowie ihre spezifische Berücksichtigung von AkteurInnen und Dispositiven« (ebd.: 295). Des Weiteren beschreiben sie die WDA als rekonstruktiv, interpretativ und hermeneutisch, das heißt sie verstehen sie als ein Forschungsprogramm, welches zum Ziel hat, Aussagen über Diskurse treffen zu können, dabei mit der Auslegung von Dokumenten arbeitet und den eigenen Analyseprozess systematisch reflektiert (vgl. ebd.: 296). Diese Merkmale der WDA sind es auch, die sie für das vorliegende Forschungsprojekt so interessant machen. Den Bezug auf den Ansatz der WDA im Rahmen dieser Arbeit möchte ich darüber hinaus vor allem mit drei Punkten begründen: mit der Beachtung der Rolle von Diskursakteur*innen, mit dem Interesse an der Rekonstruktion von Regelhaftigkeiten und zuletzt mit dem Vorhandensein von Hinweisen zur eigentlichen Umsetzung der Analyse bei einer gleichzeitigen Offenheit des verwendeten Diskursbegriffes.

1. Fokussierung von Diskursakteur*innen

Ein zentraler Punkt, der eine Anlehnung an die WDA für mein Erkenntnisinteresse, welches sich auf subjektivierende Anerkennung in journalistischen Diskursen richtet, nahe legt, ist deren Hervorhebung der Relevanz sozialer Akteur*innen, sowohl auf Ebene der inhaltlichen Rekonstruktion von Diskursen als auch in ihren materiellen Bedingungen (Keller 2011b: 234). Der »menschliche Faktor« (Keller 2012: 92) interessiert die WDA in der analytischen Rekonstruktion von Diskursen in unterschiedlichen Erscheinungsweisen. Zentral ist zunächst, dass individuelle oder kollektive Akteur*innen immer in ihrer sozialen Konstitution untersucht werden und davon ausgegangen wird, dass sie durch ihr Sprechen und Handeln wiederum soziale Realitäten hervorbringen (vgl. ebd.). Für die WDA bedeutsam sind einerseits im Diskurs bereit gestellte Sprechpositionen als »Orte des legitimen Sprechens« (Keller 2011b: 223) und andererseits Subjektpositionen die über »Positionierungsprozesse und ›Muster der Subjektivierung‹« (ebd.) im Diskurs hervorgebracht werden.[7]

Für Subjektpositionen interessiert sich die WDA auf inhaltlicher Ebene als Positionierungen – wie beispielsweise im hier untersuchten Diskurs der zentralen Positionierung als Aktivistin (s. Kap. 5.1.1) –, die soziale Akteur*innen einnehmen und die dabei zugleich Interpretationsschemata und Identitätsangebote sind, auf die in verschiedenen Subjektivierungsweisen zurückgegriffen werden kann (vgl. Keller 2012: 217). Die Konstitution von Identifikationsangeboten erfolgt im Diskurs dabei oft über die Konstruktion von Gegensätzen und impliziert eine jeweils spezifische Form der Reflexion und Handlungssteuerung (vgl. Keller/Truschkat 2013: 40). Deutlich wird dies beispielsweise in der Konstruktion der ›modernen‹ ägyptischen Frauen auch über die Abgrenzung zu ›traditionellen‹ ägyptischen Männern (s. Kap. 5.2.5).

Soziale Akteur*innen beziehen sich auf Sprech- und Subjektpositionen in Diskursen, die sie »nach Maßgabe ihrer mehr oder weniger eigen-willigen Rolleninterpretationen und -kompetenzen einnehmen und ausführen, also realisieren« (Keller 2011b: 223). Durch ihr differenziertes Akteurskonzept betont die WDA, dass Akteur*innen und ihr Handeln zwar durch gesellschaftliches Wissen und damit soziale Ordnungen vorstrukturiert sind, aber nicht durch diese Ordnung determiniert. Zwar folgen sie diskursiven Regeln, verfolgen aber gleichzeitig persönliche Interessen durch den Rückgriff auf diskursive Strategien und Ressourcen. Dies wird beispielsweise in der Nutzung auch im ›Westen‹ verständlicher Plakate und Symbole bei den Protesten in Ägypten deutlich (s. Kap. 6.2.1). Allerdings sind auch diese ›persönlichen‹ Interessen durch soziale Ordnungen vorstrukturiert, wie Keller betont: »Doch das, was als Interesse, Motiv, Bedürfnis oder Zweck verfolgt wird, ist im selben Maße Ergebnis von kollektiven Wissensvorräten und diskursiven Konfigurationen, wie die Wahrnehmung und Einschätzung der Wege und Mittel, die dabei zum Einsatz kommen.« (Keller 2011b: 221) Stärker als bei Foucault wird damit eine aktive Auseinandersetzung von Akteur*innen mit diskursiven Regeln und damit Möglichkeiten zu deren Verschiebung in den Blick genommen

7 Keller erwähnt zudem zwei weitere Erscheinungsweisen: zum einen das sich in Dispositiven zeigende weitere Personal der Diskursproduktion, die z.B. auch über nicht-sprachliche Äußerungen einen Diskurs mit konstituieren, und konkrete Subjektivierungsweisen als Aneignungen der bereits gestellten Subjektpositionen. Beide Punkte sind für die vorliegende Arbeit weniger relevant.

(vgl. Keller/Truschkat 2013: 34). Akteur*innen werden nicht nur auf der inhaltlichen, diskursiven Ebene untersucht, sondern auch die Frage gestellt: Wer kann/darf sprechen, wer nicht? Warum werden manche Positionen nicht eingenommen? (vgl. ebd.: 36) Diese Fragen nach Möglichkeiten des Sprechens und Gehört-Werdens sind zentral für Fragen nach den Bedingungen von Anerkennung. In Kellers Definition handelt es sich »bei den Sprecherpositionen um Positionen in institutionellen bzw. organisatorischen Settings und daran geknüpfte Rollenkomplexe« (Keller 2011b: 216). Er hebt die Bedeutung sowohl individueller als auch kollektiver Akteur*innen hervor, die sich, wenn auch nicht intentional – der Fokus auf Akteur*innen sollte nicht mit einer Fokussierung auf die Intention einzelner Diskursteilnehmer*innen verwechselt werden, wie es in der Kritik an der WDA oftmals geschieht – zu Diskursgemeinschaften zusammenschließen, die durch gemeinsame diskursive Strategien gekennzeichnet sind (vgl. Keller 2011c: 147ff). In der Analyse geht es dabei nicht, das soll hier noch einmal betont werden, um die Aufdeckung von Strategien einzelner Akteur*innen und ihrer Intention, mit der sie sich an Diskursen beteiligen. Vielmehr geht es auch hier um die Aufdeckung der Regelhaftigkeit von Sprechpositionen und damit verbundenen Strategien, die im Diskurs reproduziert und/oder verschoben werden, wie beispielsweise der Zitation muslimischer ›Kronzeuginnen‹ (vgl. Brunner 2016, Shooman 2014). Keller betont in diesem Zusammenhang, dass Diskurse den Akteur*innen vorgeordnet sind, diese beinhalten also bereits vor einer Äußerung mögliche Sprecher*innenpositionen, gleichzeitig bieten sich aber auch im Diskurs Möglichkeiten, alternative Deutungen hervorzubringen: »sie sind weder die völlig freien Gestalter dieser Diskurse, noch sind sie ihnen völlig unterworfen oder ausgeliefert« (Keller 2011c: 147). Dieser Fokus der WDA berücksichtigt die erkenntnistheoretische Einsicht, dass nicht jede*r gleiche Möglichkeiten hat, in allen Diskursfeldern Äußerungen zu tätigen und nimmt daher auch die Fragestellung in den Blick, welche Akteur*innen Sprecher*innenpositionen besetzen, wofür das soziale Kapital von Akteur*innen und ihre »Sozialisation in die diskursive Formation« (Keller/Truschkat 2013: 34) des spezifischen Diskurses entscheidend ist.

2. Rekonstruktion von Diskursen und ihrer Regelhaftigkeit

Entsprechend der spezifischen Fragestellung dieser Arbeit, die sich vor allem für Bedingungen von Sichtbarkeit und Anerkennung im untersuchten Diskurs interessiert, richtet sich auch der Fokus der WDA vor allem auf die Rekonstruktion der Regelhaftigkeiten eines Diskurses. Ihr geht es damit nicht um die Analyse einzelner Äußerungen, sondern um die Rekonstruktion sozial typischer Aussagen im Diskurs. Ein thematisch zusammenhängender Textabschnitt und einzelne Bilder werden dabei im Anschluss an Jäger (1999) als »Diskursfragment«[8] (ebd.: 117) und damit vor allem als Teil eines Diskurses verstanden. Text- und Bildanalyse wird somit dadurch zur Diskursanalyse, dass die untersuchten Fragmente »als Elemente eines überindividuellen sozio-historischen Diskurses begriffen werden« (Keller 2011a: 34). Keller beschreibt die Konstitution von Phä-

8 Während der Begriff ›Diskursfragment‹ auf ein textförmiges oder visuelles Fragment des Diskurses verweist, welches sich thematisch einer bestimmten Aussage zuordnen lässt, bezeichne ich mit dem Begriff ›Diskursbeitrag‹ die Gesamtheit eines publizierten journalistischen Artikels inklusive möglicher dazugehöriger Bilder.

nomenen als ein wesentliches Erkenntnisinteresse der Diskursforschung, dabei geht es um

> »[...] die Beantwortung der Frage, welches Wissen, welche Gegenstände, Zusammenhänge, Eigenschaften, Subjektpositionen usw. durch Diskurse als ›wirklich‹ behauptet werden, mit welchen Mitteln – etwa Deutungsschemata, story lines, moralische und ästhetische Wertungen – dies geschieht, und welche unterschiedlichen Formationsregeln und -ressourcen diesen Prozessen zugrunde liegen.« (Keller 2011a: 72)

Diese Fragestellung bezieht sich auf die Rekonstruktion von ›Wirklichkeitsordnungen‹ im Diskurs und die Art ihrer Konstruktion. In der analytischen Umsetzung dieser Fragestellung wird untersucht, welche diskursiven Darstellungen von ›Wirklichkeit‹ in den Aussagen vorhanden sind, wie diese legitimiert werden und wie sich Aussagen in diskursive Formationen mit unterschiedlichen Formationsregeln zusammenfassen lassen.[9] Sozialen Ordnungen liegen identifizierbare Regeln des Deutens und Handelns zugrunde (vgl. Keller 2011a: 9), die zentrale Aufgabe der Diskursforschung sieht Keller mit Foucault darin, diese Regelstrukturen nachzuvollziehen und damit die Formationsregeln eines Diskurses zu rekonstruieren (vgl. ebd.: 45).

Formationsregeln sind historisch entstanden und bleiben in ihrer Ausformung und Gültigkeit stets umkämpft: »Die diskursive Konstruktion der Wirklichkeit operiert immer in einem konfliktuellen symbolischen Ordnungs- und Wissensgefüge, einem historischen Feld von Diskurskonfigurationen bzw. Wissensverhältnissen.« (Keller 2011b: 233) Die WDA betont mit Bezug auf Foucault sowohl für die inhaltliche Strukturierung von Diskursen und die Frage, welche Aussagen getätigt werden können, als auch ergänzend zu Foucault dafür, durch wen Aussagen getroffen werden können, die Bedeutung der Regeln diskursiver Formationen und auch der Verteilung von Ressourcen für die Teilnahme an Kommunikation (vgl. ebd.: 233). Deutlich werden sollte hier, dass eine Verknüpfung der in Kapitel 3.2.4 formulierten Frage nach den Kategorien, Konventionen und Normen, die in im Diskurs vorhandenen Anerkennungsprozessen relevant werden und auch die Sichtbarkeiten der Forderungen und des Handelns von Subjekten sowie globaler Interdependenzen im Diskurs strukturieren, mit der WDA aufgrund ihres spezifischen Interesses gewinnbringend erscheint.

3. Hinweise zu methodischen Anleihen für die Umsetzung der Analyse

Die WDA arbeitet mit einem relativ offenen Diskursverständnis und formuliert nur wenige allgemeine Vorannahmen über Diskurse, gleichzeitig bietet sie Anregungen und Begriffe für das konkrete diskursanalytische Forschen (vgl. Keller/Truschkat 2014: 297). Die methodischen Anleihen aus der Grounded Theory (s. Kap. 4.2) erleichtern die Rekonstruktion des Diskurses, die versucht, soziale Ordnungen und den sozialen (nicht

9 Foucault unterscheidet vier Grundmomente von Diskursen, die nach ihren spezifischen Formationsregeln untersucht werden können. Die ›Formation der Gegenstände‹ die regeln, wie die Gegenstände, von denen Diskurse sprechen, konstruiert werden, die ›Formation der Äußerungsmodalitäten‹, die sich auf legitime Subjektpositionen im Diskurs beziehen, die ›Formation der Begriffe‹, die festlegen, in welcher Weise Aussagen getroffen werden und die ›Formation der Strategien‹, die auf Außenbezüge des Diskurses, z.B. auf andere Diskurse verweisen (vgl. Foucault 1990: 48ff).

individuellen!) Sinn von Aussagen zu rekonstruieren (vgl. Angermüller et al. 2014b: 465). Für die Begrifflichkeiten der inhaltlichen Strukturierung der Diskurse greift Keller auf allgemeine Konzepte der Wissenssoziologie zurück und unterscheidet zwischen der Phänomenstruktur eines Diskurses und ihr zugehörigen Deutungsmustern, Klassifikationen und narrativen Strukturen.

Jeder Diskurs hat eine spezifische Phänomenstruktur, benennt also unterschiedliche Elemente des Gegenstandes, den er konstituiert, z.B. Ursachen, Positionierungen etc. Erst über die Materialanalyse wird deutlich, welche Elemente Teil der spezifischen Phänomenstruktur sind (Keller 2011a: 103 ff). Die spezifische Ausformung der Phänomenstruktur des untersuchten Pressediskurses um protestierende Frauen in Ägypten, bei der u.a. Wertbezüge, Protestformen und -foren als Elemente auftauchen, wird in Kapitel 4.2 vorgestellt. Innerhalb der Phänomenstruktur und ihrer inhaltlichen Ausdifferenzierung berufen sich Diskurse auf allgemeine, gesellschaftlich verfügbare Deutungsmuster wie etwa die der ›emanzipierten westlichen Frau‹ und der ›unterdrückten muslimischen Frau‹ (s. Kap. 2.3.2), die für den spezifischen Gegenstand des Diskurses aktualisiert werden (vgl. Keller/Truschkat 2014: 304). Der Begriff öffnet den Blick dafür, dass in Diskursen die

> »Deutung eines Phänomens häufig im Rückgriff auf eine eingeführte (oder auch neu aufgebaute) Konfiguration von Deutungselementen erfolgt. In diesem Sinne wird von einem Muster gesprochen – es handelt sich um eine typisierte Deutungsfigur (ein Aussagelement), die auf einen spezifischen Deutungsreferenten bezogen wird.« (ebd.: 302)

Deutungsmuster werden also nicht immer in der gleichen Weise aktualisiert. Je nach Gegenstand kann es auch zu neuen »Deutungsarrangements« (ebd.: 304) kommen, bei denen bestehende Muster mit neuen Gegenständen verknüpft werden. Dies zeigt sich zum Beispiel hinsichtlich der oben genannten Deutungsmuster zu ›okzidentalen‹ und ›orientalen‹ Frauen und deren Verschiebungen innerhalb der Subjektpositionierungen im untersuchten Diskurs (s. Kap. 5.1). Ein weiteres Element der Konstruktion von Bedeutung innerhalb von Diskursen sind Klassifikationen (Keller 2011b: 243ff). Keller bezeichnet den diskursiven Rückgriff auf Klassifikationen wie etwa ›traditionell‹ und ›modern‹ als zentral für die Strukturierung von Wirklichkeit, was sich beispielsweise in Orient- und Okzidentkonstruktionen zeigt. In ihnen kommen gesellschaftliche Hierarchien zum Ausdruck und sie umfassen moralische oder ästhetische Bewertungen. Klassifikationen erfolgen nicht nur implizit durch die sprachliche Einordnung eines Phänomens, sondern teilweise auch explizit. Sie sind dabei stets umkämpft und bedürfen daher der diskursiven Legitimation (vgl. Keller 2011b: 245). Unter der narrativen Struktur oder der Story Line eines Diskurses versteht Keller die Verknüpfung der einzelnen inhaltlichen Ausprägungen verschiedener Elemente der Phänomenstruktur eines Diskurses und anderer inhaltlich strukturierender Elemente wie Deutungsmuster oder Klassifikationen (vgl. Keller 2011a: 110ff). Von Interesse sind dabei spezifische narrative Muster eines Diskurses, auch hier geht es aber um die Rekonstruktion typischer Muster und ihrer Regelhaftigkeiten. So greift etwa die Erzählung der großen Beteiligung von Frauen als maßgeblich für den Erfolg der Proteste in Ägypten (s. Kap. 5.2.4) auf verschiedene Elemente wie Subjektpositionierungen oder auch Wertbezüge zurück und verknüpft sie mit Klassifikationen von Frauen als ›modern‹ und ›fortschrittlich‹ sowie Deutungsmustern, die Weiblichkeit und Nationalität verknüpfen. Auf die von Keller dargelegten Konzepte habe ich insbesondere im zweiten Analyseschritt, in der es zunächst um eine Rekonstruktion des Diskurses ging, zurückgegriffen.

4.1.3 Besonderheiten der Analyse von Bildberichterstattung

Ein weiterer Punkt, der für eine Orientierung an der WDA spricht ist, dass Keller gerade in neueren Texten dafür plädiert, in die Analyse von Diskursen auch nicht-textförmiges Material mit einzubeziehen (vgl. Keller 2016: 75, Poferl/Keller 2017: 306).[10] Ein Anschluss an die WDA ermöglicht damit den Einbezug der insbesondere in den Visual Cultural Studies[11] seit den 1990er Jahren geführten Debatten über die Bedeutung von Visualisierungen, die auch für diskursive Formationen zur Repräsentation weiblicher Körper und spezifisch ›anderer‹ Frauen, die auch für den hier untersuchten Diskurs relevant sind, aufgezeigt wurde. Seitdem William J. Thomas Mitchell 1992 für einen *pictorial turn* plädierte, der die Bedeutung von Bildern betonen sollte, hat sich die Debatte in den Visual Studies weiterentwickelt zur Beschäftigung mit politischen Fragen nach den Weisen des Zeigens und Sehens mit verschiedenen Medien und in spezifischen Kontexten. Damit rücken »nicht zuletzt auch Fragen nach darin eingeschlossenen Effekten von Autorität, Macht und Begehren in der Konstitution von Relationen zwischen Individuen und Gemeinschaften« (vgl. Schade/Wenk 2011: 9) in den Blickpunkt (vgl. auch Adorf/Brandes 2014, Bachmann-Medick 2009: 346ff). Dabei konzentrieren sich Analysen nicht mehr nur auf Bilder, sondern auch auf andere Formen des Zu-Sehen-Gebens über Visualisierungen in einem breiteren Sinn, etwa wissenschaftlich anmutende Diagramme. Neben der Verdeutlichung einer Vielfalt möglicher Formen der Sichtbarkeit fokussiert der Begriff der ›Visualisierung‹[12] den Prozess der Sichtbarmachung: »Zudem betont er, dass es sich dabei um Ergebnisse eines Tuns, einer Handlung des Sichtbarmachens oder Zeigens handelt, der ein bestimmter Stellenwert in einem Aussagekontext zu kommt« (Keller 2016: 76). Vor dem Hintergrund eines solchen Verständnisses von Visualisierungen und ihrem Zeigen als kulturelle Praktiken werden gegenwärtig in den Studien visueller Kultur Sigrid Adorf und Kerstin Brandes (2014) zufolge unter anderem Fragen nach Möglichkeiten der Anerkennung durch Visualisierungen und die Herstellung von Bedeutung im Rahmen transkultureller Bildzirkulation diskutiert (vgl. ebd.:

10 Einige Untersuchungen haben im Kontext der WDA bereits visuelle Formate untersucht, beispielsweise Brunner (2011) in ihrer Betrachtung von Buchcovern zu islamistischen Selbstmordattentaten, Fegter (2012) in einer Analyse zur Bebilderungen der ›Krise der Jungen‹ in der Schulbildung oder Kiefl (2013), der pädagogisches Reality-TV in den Blick nimmt.

11 ›Visuelle Kultur‹ begreife ich in diesem Zusammenhang in Anlehnung an Adorf/Brandes (2014) vor allem als theoretisches Konzept zur Untersuchung der Verwobenheit zwischen ›Visuellem‹ und ›Kultur‹ und der gegenseitigen Durchdringung dieser Kategorien. Visualisierungen selbst und ihr Zeigen verstehe ich damit als kulturelle Praktiken, die maßgeblich an der Konstitution gesellschaftlichen Wissens beteiligt sind (vgl. ebd.: 446f).

12 Da in den Diskursfragmenten des von mir untersuchten Pressediskurses um die Proteste in Ägypten ausschließlich Pressefotos und vereinzelt Screenshots von Blogs, also keine Grafiken etc. Verwendung finden, spreche ich in Bezug auf meine Analyse häufig im Folgenden von ›Bildern‹ und nicht von ›Visualisierungen‹.

451). Die vorliegende Untersuchung, welche nach Anerkennung und ihren Bedingungen in einem journalistischen Diskurs fragt und dabei die translokale (Bild-)Berichterstattung über die Proteste in Ägypten durch Medien in Deutschland in den Blick nimmt, knüpft an diese Debatten an.

Mit dem Einbezug visueller Diskursfragmente in die Analyse wird auch einem Interesse nachgegangen, welches Foucault selbst für seine Diskurstheorie formulierte und auch umsetzte, prominent in seiner Bildanalyse der *Hoffräulein* von Diego Velázquez zu Beginn seines Werkes *Ordnung der Dinge* (1991 [1974]). Neben dem Sagbaren war also auch das Sichtbare Gegenstand seines theoretischen Interesses (vgl. dazu u.a. Renggli 2014: 49, Fegter 2011: 210, Poferl/Keller 2017: 306). Keller betont jedoch, dass sich bei Foucault »sehr unterschiedliche Bezugnahmen auf die Fragen des Visuellen und der Sichtbarkeitsordnungen« (Keller 2016: 81) finden und daher »nur sehr begrenzt Schlüsse für das analytische Vorgehen im Rahmen von Diskursanalysen gezogen werden« (ebd.) können. Eine Orientierung an konkreten diskursanalytischen Forschungsstilen sowie bildanalytischen Verfahren, ausgerichtet jeweils an dem spezifischen Forschungsinteresse und -gegenstand der Analyse, ist also nötig.

Bevor an späterer Stelle noch auf das konkrete Vorgehen in der Analyse der Bilder eingegangen wird, soll zunächst das spezifische Verständnis der Bedeutung von Bildern und anderen Visualisierungen im Kontext der vorliegenden WDA geklärt werden. Roswitha Breckner (2003) verweist mit Blick auf Bilder als Analyseobjekte auf die Notwendigkeit, das Verhältnis von Bild und Text sowie das Verhältnis von Bild und ›Wirklichkeit‹ in der Analyse zu erörtern, da gerade Fotografien nach wie vor oft eine Abbildungsfunktion zugeordnet werde (vgl. Breckner 2003: 35ff).

Mein Verständnis zu dem Verhältnis von Bild und ›Wirklichkeit‹ ergibt sich bereits aus meiner Forschungsperspektive und den Erläuterungen zur WDA, soll hier aber noch einmal expliziert werden. Da sich meine Analyse von Visualisierungen insbesondere auf (Presse-)Bilder bezieht, ist ein Teilziel der vorliegenden Arbeit auch, die noch immer oft angenommene Ähnlichkeit von Bildern zum Abgebildeten in Frage zu stellen und auch auf visueller Ebene die Durchdringung von Repräsentationen mit Macht herauszuarbeiten (vgl. dazu auch Schade/Wenk 2011: 97). Diese ist besonders im Rahmen vergeschlechtlichter Orient-/Okzidentkonstruktionen von Bedeutung. Mein diskursanalytisches Grundverständnis des Verhältnisses von Visualisierungen und insbesondere Bildern und ›Wirklichkeit‹ entspricht damit dem von Sabine Maasen, Torsten Mayerhauser und Cornelia Renggli (2006) in ihrem für die diskursanalytische Untersuchung von Bildern im deutschsprachigen Raum grundlegenden Band *Bild-Diskurs-Analyse* formulierten:

> »Bilder bilden Realität nicht einfach ab, sondern beteiligen sich an der Konstruktion von gesellschaftlicher Realität; Bilder tauchen in bestimmten Macht-Wissens-Konstellationen (Dispositiven) auf, verteilen im intermedialen Zusammenspiel mit Texten oder architektonischen Formationen Sichtbarkeiten, erzeugen politische Relevanzen und ermöglichen die Verortung entsprechender Subjektpositionen.« (Maasen/Mayerhausen/Renggli 2006: 19)

Visualisierungen lassen sich damit als machtvolle Konstruktionen sozialer Wirklichkeit verstehen, die materielle Folgen für gesellschaftliche Zusammenhänge und individuelle Subjektivierungen mit sich bringen. Neben der Frage nach der Verteilung und Konstitution von Sichtbarkeiten rückt dabei auch die Frage nach dem Nicht-Sichtbaren und damit die Begrenzung von Sichtbarkeit in den Fokus (vgl. Betscher 2014: 67). Es stellt sich also die Frage, »wovon sich wer auf welche Weise zu welchem Zeitpunkt an welchem Ort (k)ein Bild machen kann« (Maasen/Mayerhausen/Renggli 2006: 8). Dabei sind Sichtbarkeiten nicht beliebig verteilt, sondern knüpfen an bestimmte Traditionen des Zu-Sehen-Gebens an, die durch diskursive Regeln beschränkt werden und diese gleichzeitig aktualisieren (vgl. dazu auch Sarasin 2008: 77f und Miggelbrink/Schlottmann 2009). Auch in der Analyse von Visualisierungen gilt es also, zu fragen »durch welche soziokulturellen Ordnungen diese Bild-Diskurse informiert werden und welche Ordnung sie selbst ko-konstruieren.« (Maasen/Mayerhausen/Renggli 2006: 8).

Authentizität im Sinne von Glaubwürdigkeit und Übereinstimmung mit der ›Realität‹ kann als zentrale Leitidee der Pressefotografie verstanden werden (vgl. Grittmann 2007: 264, Poferl/Keller 2017: 310). Gesellschaftliches Wissen und der Bezug auf dieses ist dabei ausschlaggebend dafür, ob Aufnahmen als die ›Realität‹ abbildend gesehen und etwa von Kunstfotografie abgegrenzt werden. Im Vergleich zur Wortberichterstattung wird der Bildberichterstattung als Subsystem des Journalismus (vgl. Grittmann 2007: 255ff) dabei eine besonders hohe Glaubwürdigkeit zugesprochen, wie Elke Grittmann (2012) betont: »Im Vergleich zur Wortberichterstattung kommt fotografischen (oder auch filmischen) Bildern in der journalistischen Berichterstattung von Tages- und Wochenzeitungen sowie Nachrichtenmagazinen eine besonders hohe Glaubwürdigkeit und Authentizität zu.« (Ebd.: 129) Besonders mit dem Aufkommen digitaler Fotografie wird Authentizität heute nicht mehr als den Bildern inhärent, sondern als journalistischer Anspruch verstanden (vgl. ebd.: 267). In der Analyse von Pressebildern muss also die Frage, was in welcher Weise mit einem Foto sichtbar gemacht wird ergänzt werden um die Frage:

> »a.) was durch Photographien (die mit dem Anspruch einer realistischen Abbildung auftreten) in besonderer Weise evident gemacht (und dabei zugleich als Konstruktion verschleiert) wird, b.) welche Subjektpositionen (ggf.) durch ihre photographische Inszenierung bzw. Konstruktion in besonderer Weise ›authentifiziert‹ werden.« (Fegter 2011: 213).

Die bilddiskursanalytische Perspektive, die ich einnehme, geht zudem von einer Verschränkung textlicher und bildlicher Diskursfragmente und damit einer engen Verwobenheit von Sicht- und Sagbarkeiten aus. Text und Bild verstehe ich dabei als unterschiedliche Formen des Ausdrucks und der (Re-)Konstruktion gesellschaftlicher Wissensbestände. Bilder sind damit Teil von Diskursen, zugleich muss in der Analyse die Besonderheit ihrer Form und die damit verbundene Anknüpfung an spezifische Bildtraditionen und Normen der Sichtbarkeit eingegangen werden. Über das Verhältnis von Visualisierung und Text und damit von Sicht- und Sagbarkeiten gibt es sehr unterschiedliche Auffassungen, die Mitchell zu vereinen sucht, indem er Sprache und Bilder als jeweils eigene Form des Ausdrucks gesellschaftlicher Wissensbestände versteht (vgl. Breckner 2003: 36). Auch ich begreife Visualisierungen und Text als sich in der Form unterscheidende Diskursfragmente (vgl. dazu auch Betscher 2014: 67). Gleichzeitig stehen beide jedoch in einem engen Verhältnis zueinander und mit Keller (2016:

85) muss die Bedeutung der textlichen und diskursiven Einbettung von Visualisierungen hervorgehoben werden. Visualisierungen können textliche Aussagen legitimieren oder auch konträr zu ihnen stehen. Im Anschluss an Keller geht es mir in meiner Analyse daher »immer um Kombinationen aus Text und Visualisierung, um eine komplexe diskursive Praxis, die entsprechend sensibilisierter Analyseinstrumentarien bedarf« (Keller 2016: 91, vgl. auch Poferl/Keller 2017: 305ff). Dabei analysiere ich, wie bereits im Kontext meiner diskursanalytischen Perspektive erläutert, nicht einzelne Diskursfragmente, sondern rekonstruiere gesellschaftliche Sag- und Sichtbarkeitsverhältnisse (Miggelbrink/Schlotmann 2009: 183). Visualisierungen untersuche ich damit nicht als singuläre Äußerungen, sondern als typisierte Aussagen, die in einem spezifischen Kontext Bedeutung erlangen (vgl. Keller 2016: 83): »Ein Bild, eine Fotografie ist zunächst ein Diskursfragment, eine singuläre Äußerung, die nur in Kontexten diskursiver Strukturierung auf ihren Aussagewert und ihre formativen Elemente hin gelesen, interpretiert und rekonstruiert werden kann.« (Poferl/Keller 2017: 309) Dies bedeutet auch, dass Bilder, ebenso wie textliche Diskursfragmente nicht beliebig interpretierbar sind: Durch ihre Materialität und die Einbettung in einen spezifischen Kontext sind zwar verschiedene Lesarten möglich, den Perspektiven sind aber Grenzen gesetzt (vgl. ebd.: 313).

Das diskursive Feld bzw. die diskursive Arena[13] des Journalismus, in der ich meine Untersuchung verorte, wird durch die spezifischen Regeln massenmedial vermittelter Öffentlichkeit für die Konstitution von Phänomenen strukturiert, wobei es im engen Bezug zu anderen Arenen (etwa Politik und Wissenschaft) steht und somit nicht eindeutig abgrenzbar ist. Die spezifische diskursive Formation[14] die ich untersuche und die erst durch die Analyse selbst als solche konstituiert wird, setzt sich dabei aus verschiedenen, miteinander in Beziehung stehenden visuellen und textlichen Diskursfragmenten im Sinne einzelner Aussageereignisse zusammen, die in ihrer Gesamtheit den Datenkorpus der Analyse bilden. Wie dieses erstellt und im Rahmen der Untersuchung bearbeitet wurde, lege ich im Folgenden dar.

4.2 Erstellung des Datenkorpus und methodisches Vorgehen

Die Re- und Dekonstruktionsarbeit, die ich in dieser Arbeit mit Hilfe der WDA vornehme, ist notwendigerweise auch selbst ein Prozess der Herstellung spezifischer Deutungen:

> »Die Rekonstruktion diskursiver Prozesse und Effekte behält also den Anspruch bei, über ein reales Geschehen zu arbeiten und darüber etwas auszusagen; sie ist Rekonstruktion, weil sie die Gestalt oder Konstellation eines tatsächlichen Phänomens zum Gegenstand hat. Sie ist Konstruktion, weil sie im Rückgriff auf eigene Fragestellungen

13 Schwarz (2014) weist darauf hin, dass der Begriff der ›diskursiven Arena‹ gegenüber dem Diskursfeld klarer verdeutlicht, dass die Rollen und der Zugang von Akteur*innen zur Diskursproduktion geregelt und die diskursiven Möglichkeiten vorstrukturiert sind (vgl. Schwarz 2014: 117). Daher soll auch hier von der diskursiven Arena gesprochen werden.

14 Im Sinne eines spezifischen Zusammenhangs von diskursiven Regeln, Akteur*innen und diskursiven Praktiken (s. Kap. 4.1.2, Keller 2011b: 235).

und Konzepte Aussagen über ihren Gegenstand herstellt, die dieser so nicht selbst zum Ausdruck bringt.« (Keller/Truschkat 2014: 300)

Damit kommt mir als spezifisch situiertem forschenden Subjekt, welches sowohl vom Material ausgehend als auch in Bezug auf meine spezifische Fragestellung nach Bedingungen diskursiver Anerkennung von Frauen analysiert, interpretiert und kollektive Bedeutungskonstruktionen aufdeckt, eine besondere Rolle im Forschungsprozess zu. Neben der dort vorgenommenen eigenen Verortung ist es insbesondere die genaue Beschreibung des eigenen Vorgehens, welche dazu beitragen kann, die »notwendige Situiertheit durch die Nachvollziehbarkeit der Forschungsschritte, also ein expliziertes Verstehen des Verstehens einzufangen« (Truschkat 2013: 83). Das konkrete Vorgehen der Erstellung des Datenkorpus und der anschließenden Analyse soll daher im Folgenden detailliert beschrieben werden, um eine weitestgehende Nachvollziehbarkeit zu ermöglichen. Dabei gehe ich zunächst auf die Auswahl der zu analysierenden Diskursfragmente ein und beschreibe anschließend die in der Grobanalyse vorgenommene Auswahl von Daten für die Feinanalyse sowie deren konkrete Analyseschritte.

4.2.1 Theoretical Sampling: Auswahl der Diskursfragmente

Der Korpus setzt sich zusammen aus Artikeln, die in Die Zeit, Zeit online, Der Spiegel, Spiegel online sowie den Print- und Onlineausgaben der Frankfurter Allgemeine Zeitung (FAZ), der Süddeutschen Zeitung (SZ), der tageszeitung (taz), der Brigitte und der Emma zwischen Januar 2011 und Ende 2014 zu Protesten in Ägypten erschienen sind und die sich explizit – aber in sehr unterschiedlicher Weise – mit dem Thema ›Frauen‹ beschäftigen. Im Sinne eines Theoretical Samplings[15] habe ich ausgehend von der Fragestellung sowohl den Zeitraum der Untersuchung als auch die konkreten Medien und Artikel ausgewählt. Die Korpusbildung erfolgt also theoriegeleitet und ist kein abgrenzbarer Schritt im empirischen Vorgehen, sondern ein dynamischer Prozess, der erst mit dem Abschluss der Analyse und der finalen Verschriftlichung der Arbeit abgeschlossen war.

Die Fokussierung der Analyse auf journalistische Diskurse ist zum einen deren Relevanz für die Bereitstellung gesellschaftlicher und politischer Deutungs- und Handlungsmöglichkeiten und zum anderen der Legitimation von in journalistischen Diskursen bereitgestellten Deutungen als besonders objektiv geschuldet. Die Auswahl der untersuchten Medien orientierte sich dabei an der angenommenen Relevanz für das spezifische Erkenntnisinteresse der Arbeit. Ausgewählt wurden daher zunächst solche Medien, anhand derer die hegemonialen Deutungen des Diskurses rekonstruiert werden können und die zugleich einen Erkenntnisgewinn bezüglich der Möglichkeiten und Bedingungen einer Anerkennung ägyptischer Frauen im Diskurs versprechen. Zudem zielte die Auswahl der untersuchten Medien darauf ab, trotzdem die Pluralität von Deutungen im Diskurs untersuchen zu können. Ausgewählt wurden zunächst die *SZ* und die *FAZ* als überregionale Tageszeitungen, die im öffentlichen Diskurs einerseits

15 Der Begriff des ›Theoretical Samplings‹ stammt aus der Grounded Theory und verweist auf eine theoriegeleitete Zusammenstellung des Analysematerials (vgl. Strauss/Corbin 1996: 148ff, Keller 2011a: 90).

eher links-liberal und andererseits eher markwirtschaftlich orientiert eingeordnet werden (vgl. Volkmann 2006: 104f). Berücksichtigung fanden auch Artikel, die nur in den Online-Ausgaben dieser Zeitungen publiziert wurden. Ergänzt wurden *Die Zeit* und *Der Spiegel* als Wochenzeitungen bzw. -zeitschriften, ebenfalls aufgrund der unterschiedlichen Einordnung beider Medien im öffentlichen Diskurs. *SZ*, *FAZ*, *Die Zeit* und *Der Spiegel* gehören zu den auflagenstärksten und politisch bedeutsamsten Printmedien in Deutschland. Auch mit zunehmender Digitalisierung haben diese weiterhin eine hohe Publikumsreichweite und sind, auch aufgrund der langen Tradition deutschsprachiger Printmedien, nach wie vor bedeutsam für die öffentliche Meinungs- und Willensbildung (vgl. K. Beck 2012: 154). Zudem wurden *Zeit online* und *Spiegel online*, die aufgrund ihrer eigenen Redaktionen als eigenständige Medien gelten können, in der öffentlichen Wahrnehmung jedoch eng mit der jeweiligen Ausrichtung der Printausgaben verknüpft werden, ebenfalls berücksichtigt. Von Nutzer*innen werden die Online-Nachrichten professioneller Anbieter*innen als qualitativ am hochwertigsten eingestuft und habitualisiert zur Information über ein breites Themenspektrum genutzt, wie Katja Mehlis (2016) in einer Studie aufzeigt. Digitale Angebote wie *Zeit online* oder *Spiegel online* werden eng mit den Erwartungen an die jeweiligen Print-Ausgaben verknüpft, während Blogs und andere Angebote meist themenspezifischer und gezielter genutzt werden (vgl. ebd. 213ff). Desgleichen habe ich die *taz* in meine Auswahl mit einbezogen, da sie zwar dem hegemonialen Diskurs zugeordnet werden kann, aber aufgrund der Ausrichtung des Blattes eine anerkennende Sichtbarkeit protestierender Frauen in Ägypten und auch marginalisierter Deutungen erwartbar sind. Aus diesem Grund habe ich auch in verschiedenen Zeitschriften, die sich spezifisch an Frauen richten (u.a. auch *Freundin* und *Missy Magazin*), nach Artikeln zum Untersuchungsgegenstand recherchiert, relevante Artikel identifizieren konnte ich in der *Brigitte* und der *Emma*.

Der konkrete Untersuchungsgegenstand ergab sich wie bereits in Kapitel 1 und 2.1 erörtert wurde, zunächst aus der Beobachtung, dass die Proteste in der MENA-Region sowohl im öffentlichen und auch wissenschaftlichen Diskurs als »Schlüsselereignis« (Rauchenzauner 2008) verhandelt wurden, dem nicht nur eine soziopolitische Veränderung der Region, sondern auch ein Wandel in deren ›westlicher‹ Wahrnehmung zugeschrieben wurde. Besonders in der Berichterstattung über Proteste in Tunesien und Ägypten standen dabei anders als z.B. über Syrien, Libyen oder den Jemen die Proteste selbst und die Situation der Bevölkerung und nicht kriegerische Auseinandersetzungen im Fokus. Eine erste Recherche von Diskursfragmenten zu Ägypten und Tunesien ergab, dass in deutschen Medien sehr viel ausführlicher über Ägypten berichtet wurde und dort die Beteiligung von Frauen an Protesten und Frauenrechte sehr viel umfassender und expliziter thematisiert wurden. Die Fokussierung spezifisch auf die Repräsentation von Frauen ergab sich, wie ebenfalls bereits zu Beginn der Arbeit dargestellt, aus meiner postkolonial-feministischen Perspektive und der damit einhergehenden Erkenntnis der Bedeutung von Weiblichkeitskonstruktionen in der Berichterstattung über Länder der MENA-Region. Ich entschied mich daher, ausschließlich Artikel zu Ägypten zu analysieren. Diese erste Recherche zeigte zudem ein Abebben der Berichterstattung zu Ägypten in Deutschland Ende 2014 und eine Rückkehr zu einer Unsichtbarkeit von Geschehnissen in Ägypten in deutschsprachigen oder auch ›westlichen‹ Pressediskursen (s. Kap. 2.1.1), weshalb ich den Untersuchungszeitraum von Beginn der Proteste 2011 bis zu diesem Zeitpunkt begrenzte.

Auf Basis dieser Überlegungen zur Auswahl der zu untersuchenden Medien, des Untersuchungszeitraumes und des thematischen Fokus der Analyse habe ich den Datenkorpus für die vorliegende Arbeit in zwei Schritten zusammengestellt, die ich im Folgenden darlege.

1. Artikelrecherche über Online-Datenbanken und Grobauswahl

Im ersten Schritt habe ich über die Datenbank *Factiva*, einen Online-Suchdienst für Presseartikel alle Artikel ausgewählt, die in *Die Zeit, Zeit online, Der Spiegel, Spiegel online* sowie den Print- und Onlineausgaben der *SZ* und der *taz* in dem Untersuchungszeitraum erschienen sind und die Stichworte *Ägypten* und *Frau** enthalten. Ausgeschlossen habe ich zunächst nur Artikel aus dem Ressort *Sport*. Anschließend habe ich auf gleiche Weise im Online-Archiv der *FAZ* nach Artikeln gesucht. Insgesamt kam ich bei dieser Suche abzüglich der Duplikate auf 2088 Artikel. Der automatischen Recherche nach Stichwörtern folgte eine manuelle, sehr grobe Durchsicht der Artikel anhand des Titels und ggf. des Teasers. Ziel war es, zunächst die Artikel aussortieren zu können, die sich 1. nicht primär mit Ägypten beschäftigen (also z.B. einen anderen Konflikt in der Region thematisieren, Ägypten aber in einem Nebensatz erwähnen) oder 2. sich nicht, auch nicht am Rande, auf die aktuelle Situation beziehen (z.B. historische Artikel zur Pharaonenzeit, Ägypten als touristisches Ziel ohne Bezug zur aktuellen Situation, ägyptische Küche, Hinweise auf lokale Veranstaltungen mit Ägypten-Bezug etc.). Nach der Ergänzung der automatischen Recherche um eine manuelle Durchsicht belief sich meine Grobauswahl auf 579 Artikel.

2. Zusammenstellung des Datenkorpus und laufende Ergänzung

Die Zusammenstellung des eigentlichen Datenkorpus habe ich dann in einem zweiten Schritt vorgenommen. Zunächst habe ich dabei Artikel aus den oben benannten Medien in den Korpus aufgenommen, die, zumindest in Teilen, explizit das Thema ›Frauen‹, z.B. die Lebenssituation von Frauen in Ägypten, Frauenrechte, die Beteiligung und Bedeutung von Frauen an und in den Protestbewegungen oder einzelne ägyptische Frauen in den Fokus rücken. Hatte ich diese Artikel zunächst nur in Textformat gespeichert, so erfolgte in den Archiven des jeweiligen Mediums eine Nachrecherche bezüglich möglicher zugehöriger Pressebilder.

Durch Verweise innerhalb der ausgewählten Diskursfragmente oder auch Hinweise aus verschiedenen Forschungszusammenhängen, Gesprächen und bestehenden Studien stieß ich zudem auf weitere relevante Artikel, unter anderem in der *Emma* und *Brigitte*, weshalb ich diese Zeitschriften ebenfalls noch einmal gezielt nach Artikeln zum Thema ›Ägypten‹ in dem betreffenden Zeitraum durchsuchte. Ebenfalls zusätzlich recherchierte ich mögliche passende Titelbilder der ausgewählten Printmedien aus dem Zeitraum. Zum Ende der Analyse umfasste der Datenkorpus 149 Artikel und 108 Bilder, die ich aus der Grobauswahl von 579 Artikeln anhand der aufgeführten Aspekte ausgewählt habe. Die Artikel, die als Teil des Datenkorpus ausgewählt wurden, habe ich anschließend in *MAXQDA*[16] eingefügt, um diese Software für die Grob- und Feinanalyse der Daten zu nutzen. Sofern Bilder sich auf ein bestimmtes textliches Diskursfragment bezogen, speicherte ich diese gemeinsam mit diesem ab.

4.2.2 Strukturierung des Datenkorpus in der Grobanalyse

Zunächst wurde eine Grobanalyse der für den Datenkorpus ausgewählten Diskursfragmente vorgenommen. Keller versteht die Analyse der Situiertheit der untersuchten Aussagen »in unterschiedlichen situativen, institutionell-organisatorischen und gesellschaftlichen Kontexten« (Keller 2011a: 99) als einen wichtigen ersten Analyseschritt und betont zudem die Bedeutung der formalen Struktur von Diskursen. Mit der Analyse der Situiertheit wird der institutionelle Kontext der Produktion der Diskursfragmente in den Blick genommen, während die formale Struktur die Einordnung der Fragmente in bestimmte Gattungen, die mit spezifischen Merkmalen ausgestattet sind, meint (vgl. ebd.: 100f). Die Bedeutung der institutionellen und strukturellen Rahmungen journalistischer Bedeutungsproduktion insbesondere auch hinsichtlich der in der vorliegenden Arbeit zentralen Fragestellung nach mediatisierter Anerkennung habe ich in den Kapiteln 2.2.1 und 3.2.4 diskutiert und entsprechend – soweit anhand von Medientexten möglich – in die Analyse aufgenommen. In der Grobanalyse habe ich für diesen Analyseschritt eine Übersicht angelegt, in der ich Form (also Text oder Bild), Medium, Rubrik, Autor*in, Zeitpunkt des Erscheinens und Anlass der Berichterstattung verzeichnete. Betrachtet wurden anschließend verschiedene Aspekte der formalen Struktur des untersuchten Diskurses. Als relevant hinsichtlich der Untersuchung mediatisierter Anerkennung können dabei besonders die ersten Beobachtungen zu den Rubriken, in denen Artikel veröffentlicht wurden; die Urheber*innenschaft der analysierten Texte und Bilder und die im Diskurs vorkommenden Text- und Bildgattungen verstanden werden.

In allen untersuchten Medien zeigt sich ein ähnlicher Schwerpunkt hinsichtlich der Rubriken, in denen die Diskursbeiträge erschienen sind. Die Frage der Zuordnung zu einer Rubrik ist, so betonen Elke Grittmann und Tanja Maier (2017: 179), in Fragen nach Anerkennung deswegen relevant, weil eine Zuordnung von Beiträgen zum Bereich der ›Information‹ gesellschaftlich ein höherer Wert beigemessen wird als zum Bereich der ›Unterhaltung‹ (vgl. auch Volkmann 2006: 28). Der weitaus größte Teil der untersuchten Diskursbeiträge wurde den Rubriken Politik, Ausland oder Aktuelles und damit dem Bereich der Information zugeordnet, nur etwa ein Viertel der Artikel erschien in den Rubriken Feuilleton, Kultur oder Gesellschaft, die eher dem Bereich Unterhaltung zugeordnet werden. Auffällig ist hier, dass die durch bisherige Studien aufgezeigte häufige Deutung von Themen, die besonders für Frauen relevant sind als kulturell oder gesellschaftlich und die Depolitisierung von durch Frauen geprägten Protesten (s. Kap. 2.3.3) anscheinend nicht greift.

16 Da ich mich mit Keller im eigentlichen interpretativen Vorgehen an der Grounded Theory orientiere, bietet die Software hilfreiche Unterstützung für den Forschungsprozess, da sie zentral mit Codes und Memos arbeitet (zur weiteren Auseinandersetzung mit Softwareeinsatz im Rahmen von Diskursanalyse vgl. Gasteiger/Schneider 2014).

Bezüglich der Urheber*innenschaft der textförmigen Fragmente des Diskurses ist bedeutsam, dass diese entgegen des anhaltenden Trends im Auslandsjournalismus in Deutschland nur selten von Presseagenturen stammen (s. Kap. 2.2.1). Da Kairo bereits vor den Protesten 2011 die Stadt war, in der die für die gesamte Region zuständigen Korrespondent*innen oder freien Mitarbeiter*innen meist stationiert waren (vgl. u.a. zum öffentlich/rechtlichen Rundfunk Renneberg 2011: 109), konnten für viele Medien Journalist*innen vor Ort recherchieren. So zeigt sich im Diskurs, dass ein Großteil der Autor*innen während des Verfassens der Beiträge selbst vor Ort war, was in vielen Artikeln auch gekennzeichnet wird.[17] Sie hatten so einen direkten Zugang zu Akteur*innen und verfügen vermutlich über ein breites Netzwerk lokaler Akteur*innen, welches ihnen die Möglichkeit bietet, Stimmen und Eindrücke vor Ort einzufangen (vgl. dazu Heidelberger 2018). Es sind somit auch die institutionellen Strukturen des untersuchten Diskurses, die die Häufigkeit direkter Sprechpositionen von Aktivist*innen (s. Kap. 5.1.1) mit bedingen. Zugleich trägt besonders die Kennzeichnung der Textautor*innen als in Kairo lebend zur Herstellung der Authentizität der Berichte bei. Unterstützt wird diese Authentifizierung und auch Objektivierung des Diskurses durch einen ebenfalls sehr hohen Anteil an (fast ausschließlich weiblichen) Gastautor*innen, die entweder aufgrund ihrer Zugehörigkeit zu einer internationalen Organisation oder Institution als Expert*innen für ein bestimmtes ›Frauenthema‹ oder aufgrund ihrer Herkunft oder auch Religionszugehörigkeit als Expert*innen für die Proteste und ›die Lebenssituation arabischer/muslimischer Frauen‹ auftreten. Lokale Akteur*innen haben damit nicht nur indirekt über die Unterstützung von Korrespondent*innen und freien Journalist*innen vor Ort, sondern auch direkt Zugang zum untersuchten Diskurs (vgl. dazu Heidelberger 2018). Hinsichtlich der Herstellung von Authentizität im Diskurs auf struktureller Ebene muss zudem auf die Bedeutung ›sozialer‹ Medien als Text- und Bildquellen im journalistischen Diskurs hingewiesen werden, die auch andere Studien bereits für die Berichterstattung der Proteste belegt haben (s. Kap. 2.1.1, 2.2.1). So werden in einigen Beiträgen Textstellen aus Tweets, Facebook-Einträgen oder Blogartikeln zitiert oder auch visuell dargestellt (vgl. u.a. 20130704*SZon,[18] 2012*1*Emma). Mit Ricarda Drüeke (2018) können diese Auszüge als Äußerungen verstanden werden, die Charakteristika einfacher Öffentlichkeiten aufweisen:

> »Die über sogenannte Social- Media-Anwendungen wie Twitter und Blogs konstituierten Öffentlichkeiten lassen sich insbesondere als einfache Öffentlichkeiten charakterisieren, da sie allgemein zugänglich sind, die Kommunikation vergleichsweise voraussetzungslos und zudem häufig durch spontanes Aufeinandertreffen der daran Beteiligten gekennzeichnet ist.« (Ebd.: 175)

17 Mehrere Texte aus dem Datenkorpus wurden verfasst von Julia Gerlach (Texte in *Die Zeit*, *Zeit online* und *Brigitte*, lebte bis 2015 als freie Journalistin in Kairo, vgl. https://juliagerlachcairo.wordpress.com/about/), Sonja Zekri (seit 2011 Korrespondentin der *SZ* in Kairo, vgl. https://de.wikipedia.org/wiki/Sonja_Zekri) und Markus Bickel (von 2012 bis 2016 Nahost-Korrespondent der *FAZ* in Kairo, vgl. https://de.wikipedia.org/wiki/Markus_Bickel, alle abgerufen am 23.10.2018).

18 Die zitierten Artikel aus dem Datenkorpus werden in der Ergebnisdarstellung entsprechend ihrer Betitelung in der Übersicht über den Datenkorpus (siehe Materialverzeichnis im Anhang) benannt nach dem Zeitpunkt des Erscheinens (JahrMonatTag) * Medium.

Auch wenn gerade für den ägyptischen Kontext die allgemeine Zugänglichkeit mit Verweis auf nötige technische und finanzielle Ressourcen und später auch aufgrund staatlicher Kontrolle als eingeschränkt verstanden werden muss, so kann diese Definition doch gerade für den urbanen Raum in Kairo und den untersuchten Zeitraum übernommen werden. Mit dem Bezug auf ›soziale‹ Medien zeigt sich damit auch eine zudem translokale Verwobenheit der komplexen Öffentlichkeit des untersuchten journalistischen Diskurses mit einfachen Öffentlichkeiten. Die auch in der Narration des Diskurses selbst sehr präsente Thematisierung der Bedeutung ›sozialer‹ Medien insbesondere für Frauen im Kontext der Proteste wird in Kapitel 6.2 kritisch diskutiert.

Neben ›sozialen‹ Medien als Bildquellen werden entsprechend der in Kapitel 2.2.1 diskutierten Strukturierung des Pressebildmarktes im deutschsprachigen Raum im untersuchten Diskurs vor allem Bilder von Presseagenturen verwendet. Für über die Hälfte der Bilder werden Agenturen als Quellen angegeben, wobei besonders *AFP*, *Reuters* und *AP* von Bedeutung sind. Ungefähr 25 Prozent der untersuchten Bilder wurden von Fotograf*innen direkt für die berichtenden Medien aufgenommen. Hier wird offenbar, dass im untersuchten Diskurs in der Bildberichterstattung deutlich mehr auf Agenturen zurückgegriffen wird als in der textförmigen (nur bei sechs der untersuchten Texte wird auf die Übernahme von einer Presseagentur verwiesen). In der textförmigen Berichterstattung werden also fast ausschließlich eigens für das spezifische Medium recherchierte und verfasste Beiträge publiziert und dem Thema redaktionell damit auch eine hohe Bedeutung zugewiesen. In der Bildberichterstattung wird auf tradierte, übergeordnet genutzte Quellen insbesondere des Auslandsjournalismus zurückgegriffen, sodass Bilder teilweise auch mehrfach Verwendung finden. *Citizen Images*, deren Bedeutung in anderen Arbeiten zu den Protesten in Ägypten herausgestellt wird, nehmen hier keine zentrale Rolle ein.

Hinsichtlich der formalen Struktur des Diskurses sind zudem die vorherrschenden Text- und Bildgattungen im Diskurs relevant (vgl. Keller 2011a: 100f). Pressetexte können in referierende (Meldung, Bericht), kommentierende (Kommentar, Glosse), interpretierende (Reportage, Hintergrund) Beiträge und Interviews unterschieden werden (vgl. Grittmann 2007: 279). Im untersuchten Diskurs überwiegen kommentierende und interpretierende Textformen und Interviews, rein referierende Texte kommen dagegen nur selten vor. Pressebilder lassen sich Grittmann (2007: 280) zufolge differenzieren in Nachrichtenbilder, die eine bestimmte Handlung zeigen und dabei entweder als Schnappschüsse bei ungeplanten Ereignissen oder als Aufnahmen geplanter Ereignisse vorkommen; Feature-Fotos, die ein von der gezeigten Person unabhängiges Verhalten fokussieren und Einzel- oder Gruppenporträts, die spezifische Personen fokussieren. Im untersuchten Diskurs dominieren Einzel- und Gruppenporträts und scheinbar spontan aufgenommene Nachrichtenbilder, es finden sich jedoch auch einige Feature-Fotos. Übergeordnet können die dominanten Text- und Bildgattungen im Diskurs als eher auf die Herstellung von Nähe denn auf eine distanzierte Haltung zu den thematisierten Ereignissen gerichtet verstanden werden, da sowohl über interpretierende und kommentierende Texte und Interviews als auch über ›Schnappschüsse‹ und personenbezogene Bilder eine Beziehung zum Dargestellten hergestellt wird. Neben der Betrachtung des institutionellen Kontextes des untersuchten Diskurses und seiner formalen Struktur habe ich im Rahmen der Grobanalyse den Diskurs zudem inhaltlich vorstrukturiert.

Für textförmige Diskursfragmente habe ich in diesem Schritt kurze thematische Zusammenfassungen der einzelnen Artikel verfasst und diese anhand ihrer inhaltlichen Schwerpunkte geclustert, wobei jedes Diskursfragment auch mehreren Schwerpunkten zugeordnet werden konnte. Dieses Vorgehen sollte mir zunächst ermöglichen, einen Überblick über die inhaltliche und thematische Struktur des Diskurses zu erhalten und das Material für die Auswahl zur Feinanalyse vorzustrukturieren. Ein ähnliches Vorgehen wählte ich auch für die Analyse der visuellen Diskursfragmente. In Anlehnung an die Bildtypenanalyse von Elke Grittmann und Ilona Ammann (2009, 2011)[19] wurden die Bilder zunächst in ihrer Gesamtheit gesichtet und anschließend in induktiv entwickelten Bildtypen anhand ihrer zentralen Aussage zusammengefasst: »Der entscheidende Unterschied von Bildmotiv zu Bildtypus ist, dass der Bildtyp die zentrale Bedeutung des einzelnen Bildmotivs abstrahiert und somit auf die wesentliche Aussage reduziert.« (Grittmann/Ammann 2009: 151) Die Bildtypen wurden also anhand des Bildthemas, dem sekundärem Sujet, welches auch über den unmittelbaren textlichen Kontext, also die Bildunterschrift, erschlossen wurde, und nicht nach dem primärem Sujet, also dem eigentlichen Motiv des Bildes, gebildet (vgl. dazu Grittmann 2007: 368, in Anlehnung an Panofsky 1978). Zudem wurde bereits in diesem Schritt untersucht, welche Motive in unterschiedlichen Variationen zu einem Thema immer wieder auftauchen und damit als »generic icon« (Perlmutter 1998) bezeichnet werden können, welche möglicherweise auch über den Diskurs hinaus auf ikonografische Traditionen im Zeigen von Protest, Weiblichkeit und insbesondere einer so konstruierten ›islamisch-arabischen‹ Region hinweisen (vgl. Grittmann 2007: 285f). Die für den Datenkorpus ausgewählten visuellen Diskursfragmente, die fast ausschließlich aus Pressefotografien bestehen, habe ich in sieben thematische Bildtypen eingeordnet (zur Übersicht vgl. Abb. 5) und zunächst deren wesentliche Merkmale und vorherrschenden Motive beschrieben.[20]

19 Wie Lobinger (2012) in ihrem umfassenden Überblickswerk zur visuellen Kommunikationsforschung resümiert, sind Verfahren wie die Bildtypenanalyse, in denen quantitative und qualitative Elementen der Bildinhaltsanalyse verknüpft werden, sehr erkenntnisreich für die Analyse gerade von Pressebildern: »Sie ermöglichen es, den visuellen Kommunikationsmodus mit seiner assoziativen Kommunikationsweise entsprechend zu erfassen, was eine Grundforderung des visual turns ist, und die Analyse zugleich für große Bildmengen, wie sie in stark mediatisierten und von Bildern durchdrungenen Gesellschaften eben vorliegen, nutzbar zu machen.« (Ebd.: 268) Da es mir in einer Diskursanalyse vor allem um die Rekonstruktion der Vielfalt möglicher Deutungen und ihrem Stellenwert im Diskurs geht war für mich hinsichtlich der quantitativen Auswertung der Bildtypen lediglich interessant, ob Bildtypen eher eine hegemoniale Stellung im Diskurs einnehmen oder als eher marginalisierte Typen verstanden werden können.

20 Vor dem Hintergrund meiner spezifischen Fragestellung nach der Repräsentation von Frauen im Diskurs habe ich die wenigen Bilder, in denen ausschließlich Körper, die als männlich gelesen werden können, repräsentiert werden, in der Bildung der Bildtypen zunächst außenvorgelassen. Diese finden sich im Diskurs nur vereinzelt und thematisch und motivisch in einer starken Varianz. Auf einzelne dieser visuellen Diskursfragmente gehe ich aber insbesondere in Kapitel 5.2.5 noch einmal ein.

Abb. 5: Übersicht Bildtypen Presseberichterstattung in Deutschland über protestierende Frauen in Ägypten (Quelle: eigene Darstellung)

Bildtyp	**Anzahl**
Protestierende Frau	35 Bilder
Porträt	26 Bilder
Weitere Aktionsräume	14 Bilder
Bedrohte Frau	14 Bilder
Wählende Frau	3 Bilder
Freie Frau	3 Bilder
Betende Frau	2 Bilder
Sonstiges	11 Bilder

Der dominante Bildtyp *Protestierende Frau* richtet den Fokus[21] auf einzelne Frauen oder eine kleine Gruppe von Frauen mit anderen Menschen im Hintergrund, die an einem öffentlichen Ort demonstrieren. Auffällig ist, dass nur sehr vereinzelt das Motiv der inzwischen global ikonischen Bilder besetzter Plätze (vgl. Rovisco 2017) auftaucht. Protest wird also gerade nicht als kollektive Versammlung von Körpern sichtbar, sondern individualisiert. Die gezeigten Frauen tragen oft eine ägyptische Nationalfahne entweder in der Hand oder umgebunden,[22] auffällig sind außerdem die abgebildeten ›kämpferischen Gesten‹: ein mit den Händen geformtes Victory-Zeichen, ein scheinbar laut rufender Mund, erhobene Hände und Fäuste. Die Protestierenden halten zudem oft Plakate mit arabischen oder englischen Schriftzügen oder symbolische Bilder für die Unterdrückung von Frauen in den Händen. Dieser Bildtyp knüpft damit an eine allgemeine Ikonografie von Protestbildern an, bei denen die Gesichter des Protests gezeigt werden (vgl. El Tahwy 2018: 47ff). Zudem verdeutlicht das häufige Zeigen auch ›im Westen‹ verständlicher Gesten und Schilder die Bedeutung von Protestbildern, an die ein internationales Publikum anknüpfen kann (vgl. Badry 2013: 20, Kapitel 6.2.1). Die Bilder dieses Bildtyps wurden fast alle auf Augenhöhe und mit wenig Distanz aufgenommen, zudem stellen die gezeigten Frauen oft Blickkontakt her, so dass eine Nähe zur Betrachter*in entsteht (vgl. Fahmy 2004: 94ff, Dastgeer/Gade 2016: 10). Der zweite Bildtyp, das *Porträt*, zeigt individuelle Frauen, die sowohl im Bild als auch im Text porträtiert oder interviewt und namentlich benannt werden. Sie werden damit besonders mit Wert beliehen (vgl. Grittmann/Maier 2017: 179, Fahmy 2004: 96), entweder als Akteurinnen der Proteste oder als Expertinnen für die protestierenden Frauen und ihre Forderungen. Beim Typ *Weitere Aktionsräume* werden zusätzlich zu Demonstrationen im öffentlichen Raum andere Protestformen sichtbar, etwa Graffitis oder Zeichnungen, die

21 Zur Bedeutung der Lenkung des Blickes der Betrachter*in eines Bildes über den Fokuspunkt der Fotografie vgl. z.B. Dastgeer/Gade 2016: 6f.

22 Die Bedeutung weiblicher Körper für die Konstruktion nationaler Identitäten thematisiert Abouelnaga (2016: 19ff) spezifisch auch für den ägyptischen Kontext. Die enge Verflechtung zwischen Weiblichkeit und Nationalstaatlichkeit wird auch durch den Bildtyp *Wählende Frau* (siehe unten) deutlich und in Kapitel 5.2.3 ausführlicher thematisiert.

zum Widerstand von Frauen aufrufen, oder Online-Proteste auf Blogs oder in sozialen Netzwerken. Damit wird die Präsenz kreativer Aktionsformen während der Proteste (vgl. Badry 2013: 24f) und die vielfach diskutierte Bedeutung ›sozialer‹ Medien für die Proteste in Ägypten (vgl. u.a. Khamis/Vaughn 2012) sichtbar. Ein ebenfalls relativ häufig gezeigter Bildtyp ist der der *Bedrohten Frau*, bei dem einzelne Frauen oder eine Gruppe von Frauen gezeigt werden, die im öffentlichen Raum durch einen einzelnen Mann oder eine Gruppe von Männern bedrängt, bedroht oder gewalttätig angegriffen werden. Hier zeigt sich bei einigen Bildern eine Schwierigkeit der Abgrenzung zum Bildtyp *Protestierende Frau*, da die Bilder ebenfalls Frauen und Männer in einem Protestkontext zeigen. Letztendlich überprüft wurde die Zuordnung dann auch unter Einbezug der Bildunterschrift anhand des primären Bildthemas. Zwar knüpfen diese Bilder an etablierte, viktimisierende Visualisierungen muslimischer Frauen an (vgl. Nachtigall 2012, Fahmy 2004), es ist jedoch auffällig, dass sich die Frauen in vielen Bildern gegen diese Übergriffe wehren; bzw. ihr Widerstand gegen Übergriffe Thema dieses Bildtyps ist. Ein weiterer Bildtyp, *Wählende Frau*, zeigt einzelne Frauen oder eine Kleingruppe von Frauen, die offensichtlich gerade gewählt haben und damit symbolisch für die im Diskurs formulierten Forderungen sowohl einer Demokratisierung der gesamten ägyptischen Nation als auch einer zunehmenden politischen Beteiligung von Frauen stehen (s. Kap. 5.1.2).

In den häufig gezeigten Bildtypen überwiegt die Darstellung aktiver Frauen und eine Herstellung von Nähe zur Betrachter*in. Die Relevanz der seltener vorkommenden Bildtypen zeigt sich besonders in ihrer Ambivalenz zu dieser dominanten Darstellung, da sie teilweise mit der Repräsentation typischer Protestbilder und ›moderner‹ Weiblichkeit brechen. Seltener sind die folgenden zwei Bildtypen im Diskurs: Der Typ *Freie Frau* zeigt eine Alltagsszene außerhalb der Proteste, die den Gegensatz zwischen ›freien‹, ›westlich‹ gekleideten Frauen und eher ›traditionellen‹ Frauenbildern aufzeigt. Und schließlich zeigt der Bildtyp *Muslimische Frau* einzelne Frauen oder Gruppen von Frauen, die beten oder über ihre Verschleierung als religiös zu sehen gegeben werden. Mit beiden Bildtypen wird der weibliche Körper als Aushandlungsort zwischen Tradition und ›Moderne‹ hervorgebracht. Eine Diskussion ausgewählter einzelner Beispielbilder findet sich im Rahmen der empirischen Analyse in dieser Arbeit.

Anhand der inhaltlichen Schwerpunkte der Texte sowie der identifizierten Bildtypen und deren Beschreibung konnte ich anschließend erste Kategorien bilden, auf deren Basis ich Diskursfragmente für die Feinanalyse auswählte. Textförmige Diskursfragmente wurden dabei nach ihrem inhaltlichen Schwerpunkt (beispielsweise ›Porträt einzelne Frau‹, ›allgemeine Situation von Frauen in Ägypten‹, ›sexualisierte Gewalt‹) kategorisiert, visuelle Fragmente anhand der Bildtypen. Die Auswahl der Fragmente, die in die Feinanalyse aufgenommen wurde, erfolgte wie auch der erste Analyseschritt (siehe nächster Abschnitt) getrennt nach textförmigen und visuellen Diskursfragmenten. In der Auswahl bin ich vor allem nach dem Prinzip der minimalen und maximalen Kontrastierungen (vgl. zu diesen ebenfalls aus der Grounded Theory stammenden Begriffen Keller 2011a: 92[23]) vorgegangen und habe zunächst Texte bzw. Visualisierungen ausge-

23 Diese Vorgehensweise beschreibt einen Prozess, bei dem zunächst ein relevant erscheinendes Dokument und ein dazu sehr unterschiedliches (maximale Kontrastierung), bzw. sehr ähnliches (mi-

wählt, die als besonders typisch für eine Kategorie bzw. einen Bildtypen verstanden werden können sowie jeweils sie kontrastierende oder bestimmte Aspekte ergänzende Fragmente.[24] In die Feinanalyse habe ich dann laufend Artikel übernommen, die exemplarische Äußerungen beinhalten, zentrale Diskursereignisse oder Akteur*innen behandeln, alternative Deutungen artikulieren oder für die zentralen theoretischen Anknüpfungspunkte interessant sind. Die Elemente für die Feinanalyse habe ich während des Analyseprozesses laufend ergänzt. Ziel war dabei, innerhalb des Datenkorpus eine theoretische Sättigung zu erreichen.

4.2.3 Feinanalyse textförmiger und visueller Diskursfragmente

Keller beschreibt das Vorgehen der WDA als ein hermeneutisches im sozialwissenschaftlichen Sinne,[25] welches eine systematische Reflexion des eigenen Deutungsprozesses fordert. Entscheidend für mein Vorgehen war dabei, Kategorien nicht vor der Analyse aus der Theorie heraus zu bilden, sondern erst am Material zu entwickeln (vgl. Gasteiger/Schneider 2014: 146). Gleichzeitig spielte aber der theoretische Rahmen der Arbeit eine wichtige Rolle im Kodierprozess, so waren die aus dem Material generierten Codes stets auch durch die vor allem in Kapitel 2.2 entwickelte theoretische Perspektive dieser Arbeit geprägt und wurden in einem zweiten Analyseschritt bewusst noch einmal an die aus der Theorie heraus formulierten Fragestellungen (s. Kapitel 3.2.4) angepasst. Ebenso wurden die Bildtypen zunächst aus dem Material generiert, erst für die spätere Bildanalyse habe ich explizit theoretische Arbeiten, die sich mit Fragen nach Anerkennung in Bildern (u.a. Grittmann/Maier 2017) oder spezifisch Repräsentationen ›anderer‹ Frauen (u.a. Fahmy 2004) beschäftigen, herangezogen. Gleichzeitig habe ich meinen eigenen Deutungsprozess und die daraus generierten Ergebnisse nicht nur selbst reflektiert, sondern auch in verschiedenen Interpretationsgruppen zur Diskussion gestellt.[26] Dabei ging es besonders darum, die Einordnung von Textstellen in das aus Material und Theorie generierte Kodiersystem sowie die Analyse einzelner Bilder zu diskutieren

---

nimale Kontrastierung) aus dem Datenkorpus ausgewählt werden. Durch die maximale Kontrastierung soll möglichst das gesamte Spektrum an Deutungen abgedeckt werden, durch die minimale Kontrastierung sollen Deutungen möglichst genau rekonstruiert werden (vgl. Keller 2011a: 92f).

24 So wurde zum Beispiel für die inhaltliche Kategorie ›Sexualisierte Gewalt‹ zunächst ein textförmiges Fragment ausgewählt, welches öffentliche sexualisierte Gewalt gegen Frauen als kulturelles, ›arabisches‹ Problem herausstellt und im Kontrast dazu eines, welches diese Gewalt vor allem als politische Strategie deutet. Ergänzt wurden Fragmente, die öffentliche Gewalt ausschließlich im Kontext der Proteste thematisieren und solche, die deren Kontinuität betonen und sie mit anderen Formen der Unterdrückung weiblicher Körper in Verbindung bringen usw.

25 Die sozialwissenschaftliche Hermeneutik vereint unterschiedliche Verfahren der qualitativen Sozialforschung, deren Ziel eine »methodisch kontrollierte Sinn- bzw. Bedeutungsrekonstruktion« (Keller 2011a: 77) ist (vgl. dazu Hitzler/Honer 1997).

26 Möglichkeiten der Diskussion von Material ergaben sich dabei zum einen innerhalb der Promotionskolloquien meiner beiden Betreuerinnen Prof. Dr. Tanja Thomas und Prof. Dr. Margreth Lünenborg und daraus entstandenen Kontakten sowie innerhalb der Nachwuchsforscherinnengruppe »Transkulturelle Öffentlichkeit und Solidarisierung in gegenwärtigen Medienkulturen«. Außerdem konnte ich regelmäßig mit Katrin Sold und Martin Schiller, die ebenfalls zur MENA-Region arbeiten, sowie im Rahmen verschiedener Konferenzen und Workshops Material diskutieren.

(vgl. Keller/Truschkat 2014: 306). Zentral war an solchen Diskussionen für mich auch die Möglichkeit, Hinweise auf mir nicht präsentes Wissen aus dem diskursiven Kontext zu erhalten und damit mein eigenes Kontextwissen für die Analyse zu erweitern. Relevant für die Erweiterung dieses Wissen waren auch zahlreiche, informelle Gespräche mit ägyptischen Aktivist*innen und Wissenschaftler*innen sowie deren Literaturhinweise, ein einmonatiger Aufenthalt in Kairo im Jahr 2015, bei dem ich mich vor Ort über die Arbeit von Aktivist*innen, vor allem zum Thema Frauenrechte informieren konnte und die Lektüre von Beiträgen in ›sozialen‹ und ›klassischen‹ Medien sowie wissenschaftlicher und zivilgesellschaftlicher Publikationen, die rund um die Proteste erschienen.

Die Darstellung der Feinanalyse erfolgt in vier Schritten, wobei diese für die Verschriftlichung und das Leser*innenverständnis gefundene lineare Form den eigentlichen Analyseprozess nur unzureichend abbilden kann. Dieser war vielmehr charakterisiert durch eine Hin- und Herbewegung zwischen Theorie und Analyse sowie den einzelnen Analyseschritten und einer beständigen Ergänzung und Präzisierung der zu untersuchenden Diskursfragmente.

1. Kodierung der Texte und Bildanalyse
2. Zusammenfassung des 1. Analyseschritts mit Hilfe der Instrumente der WDA: Rekonstruktion Phänomenstruktur, Klassifikationen, Deutungsmuster, narrative Struktur, zudem Fokus auf Bild-Text-Beziehungen
3. Überprüfung und Ergänzung am Gesamtmaterial, ggf. auch Erweiterung Datenkorpus
4. Analyse anhand des Analysemodells und Strukturierung für die Darstellung

Die Feinanalyse von Texten und Visualisierungen erfolgte zunächst mit dem Ziel der abduktiven[27] Rekonstruktion des Diskurses, bevor ich mich dem Material mit den in Kapitel 3.2.4 im Rahmen des Analysemodells entwickelten Fragen näherte. Ziel dieser Trennung war es, in einem ersten Durchgang zunächst eng am Material zu bleiben und aus diesem heraus Kodierungen bzw. Interpretationen zu generieren und daran anschließend noch einmal explizit mit meinem spezifischen Erkenntnisinteresse auf das Material zu blicken. Zudem wurden textförmige und visuelle Diskursfragmente zunächst ihrer spezifischen Form entsprechend mit unterschiedlichen Vorgehensweisen analysiert, bevor sie wieder in Beziehung zueinander gesetzt und ihr Zusammenspiel untersucht wurden (vgl. Abb. 6). In der Analyse bimodaler Diskurse, die sowohl über Sprache als auch Bilder Bedeutung herstellen, können sowohl Bilder als auch sprachliche Äußerungen als je spezifische Aussagen verstanden werden, die beide auch für sich

27 Das abduktive Vorgehen in der qualitativen Sozialforschung bezeichnet neben dem induktiven und deduktiven eine spezifische Vorgehensweise im Umgang mit dem Material. Sie zeichnet sich dadurch aus, dass sie weder primär am Material (induktiv) noch an der vorhandenen Theorie (deduktiv) orientiert ist, sondern anhand eines spezifischen Falls am Material Hypothesen formuliert, durch die der spezifische Fall verständlich werden könnte. Die Abduktion »sucht angesichts überraschender Fakten nach einer sinnstiftenden Regel, […], welche das Überraschende an den Fakten beseitigt« (Reichertz 2003: 43) und den spezifischen Fall verständlich macht (mehr zur Abduktion bei Reichertz 2003).

kommunikationsfähig sind (vgl. Stöckl 2004: 243). Gerade Bilder bleiben unabhängig von ihrer sprachlichen Einbettung jedoch oft »polyvalent und vage« (ebd.: 112), »bei ihrer Einbettung in verbale Texte jedoch werden kommunikative Intention und Situation des Bildes wesentlich von sprachlichen Elementen determiniert« (ebd., vgl. auch Keller/Poferl 2017: 307). Ein bimodaler Diskurs kommt demnach erst durch die Verbindung von beiden zustande (vgl. Stöckl 2004: 243). Dies wird auch in der späteren Analyse anhand einiger visueller Diskursfragmente und deren textlicher Einbettung deutlich. Aus einer diskursanalytischen Perspektive interessiert mich dabei weniger das Zusammenspiel von Bild und Sprache in einzelnen Artikeln, vielmehr betrachte ich sowohl textförmige, also sprachliche als auch visuelle Diskursfragmente als Aussagen des Diskurses (vgl. Keller 2016: 80), die in je spezifischer Form getätigt werden. In meinem Vorgehen schließe ich mich Hartmut Stöckls Vorschlag zur Analyse bimodaler Texte[28] an, der betont, dass dafür drei Schritte notwendig seien: die Untersuchung verbaler Textmuster, die Untersuchung des visuellen Textes und die Untersuchung des »Interface zwischen verbalem und visuellem Text« (Stöckl 2004: 114).

Abb. 6: Modell des Vorgehens bei der Analyse (Quelle: eigene Darstellung)

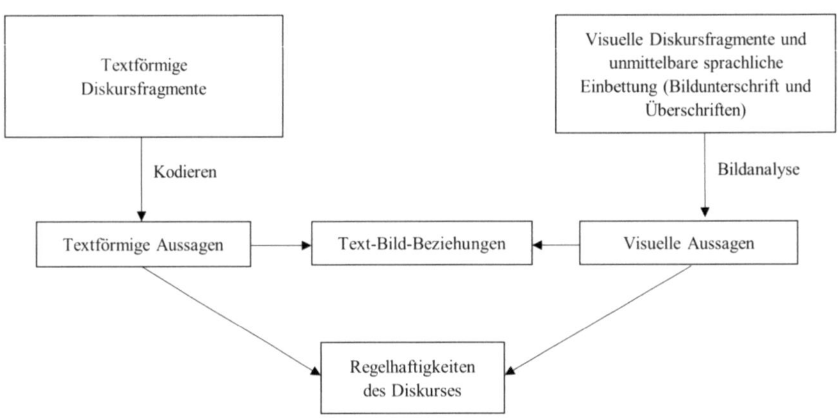

Die oben genannten und in Abb. 6 dargestellten Analyseschritte sollen nun noch einmal ausführlicher beschrieben werden.

Analyseschritt 1

Für die Feinanalyse der **textförmigen Diskursfragmente** wurden die ausgewählten Artikel nicht als zusammenhängende Texte, sondern in einzelnen Sinneinheiten analysiert (vgl. Keller/Truschkat 2014: 306). Wie bereits für die Auswahl des Analysematerials, so bietet die Grounded Theory besonders für den konkreten Prozess der Textanalyse hilfreiche Werkzeuge und Verfahrensvorschläge. Grounded Theory bezeichnet ein

28 Stöckl versteht sowohl Bilder als auch sprachliche Äußerungen als Texte mit einer je spezifischen Textualität (vgl. Stöckl 2004: 111). Obwohl es mir aus diskursanalytischer Perspektive nicht um die Untersuchung einzelner Texte geht, lässt sich sein Vorgehen auch auf einen größeren Korpus, bei dem der Diskurs anhand exemplarischer Fragmente analysiert wird, übertragen.

Verfahren der sozialwissenschaftlichen Hermeneutik, das auf die gegenstandsbezogene Theoriebildung abzielt (vgl. Strauss/Corbin 1996). Da dabei vor allem das handelnde Subjekt und die Rekonstruktion von Handlungsprozessen im Vordergrund steht, bedarf es trotz eines ähnlichen Konzeptes von Wirklichkeit einer Anpassung für die Analyse von Diskursen (vgl. Gasteiger/Schneider 2014: 142ff). Dennoch zeichnet sich die Grounded Theory ebenso wie der diskursanalytische Ansatz der WDA durch eine offene Forschungshaltung, einen relationalen Wahrheitsbegriff und eine selbst-reflexive Position der Forschenden aus (vgl. ebd.: 144), weswegen Keller im konkreten Vorgehen der WDA eine Orientierung an der Grounded Theory und dabei die Anwendung der für eine Diskursanalyse geeigneten Verfahren der Kodierung und des Verfassens von Memos vorschlägt (vgl. Keller 2011a: 98).

Die Grounded Theory schlägt drei Haupttypen des Kodierens vor: das offene, das axiale und das selektive Kodieren (vgl. Kuckartz 2010: 75ff), die ich im Laufe der Feinanalyse ebenfalls in unterschiedlichen Phasen angewendet habe. Das offene Kodieren bezeichnet einen ersten Kodierprozess, der Codes zunächst eng am Text vergibt und aus dem dann erste abstraktere Konzepte gebildet werden können (vgl. ebd.: 79). Das offene Kodieren nutzte ich insbesondere, um einen ersten für die Feinanalyse ausgewählten Block an Diskursfragmenten zu kodieren und so – möglichst unabhängig von meinen theoretischen Bezügen und möglichst nah am Material – erste abstrakte Konzepte des Materials wie etwa »Proteste als weiblich« oder »frauenfeindliche Sicherheitskräfte« zu benennen. So wurde hier beispielsweise die große Bedeutung, die die Diskussion der Aspekte, die als problematisch an der gegenwärtigen Situation von Frauen verstanden werden, wie bspw. öffentliche sexualisierte Gewalt gegen weibliche Körper und die mangelnde politische Beteiligung, sowie die Darstellung von individuellem Handeln zu Veränderung dieser (s. Kap. 6), erst in diesem Analyseschritt deutlich. Der Einbezug dieser Aspekte in die Analyse war also neben einer weiteren kritischen Auseinandersetzung mit dem Anerkennungsbegriff auch ein Ergebnis dieses ersten, offenen Kodierens. Anschließend erfolgte der Schritt des axialen Kodierens oder auch der eigentlichen Kategoriebildung (vgl. Kuckartz 2010: 81). Hier fasste ich die Konzepte zu Kategorien und ihnen zugeordnete Subkategorien zusammen. Die Kategorien ergaben sich dabei teilweise durch eine weitere Generalisierung der im Material vorhandenen Konzepte, teilweise aus einem theoriegeleiteten Blick auf das Material und damit einer Kategorienbildung entlang meiner spezifischen Fragestellung. In diesem Schritt habe ich beispielsweise noch einmal gezielt die verschiedenen Aspekte der Konstruktion von Weiblichkeit im Diskurs kodiert. Anschließend erfolgte mit Hilfe der selektiven Kodierung des restlichen Materials anhand des entstandenen Kategoriesystems eine Verdichtung und Schärfung der einzelnen Kategorien. Der Kodierprozess verlief dabei zirkulär, das heißt auch nach der Erstellung eines ersten Codesystems wurden ggf. noch neue Diskursfragmente der Feinanalyse hinzugefügt und bei neuen Konzepten das Codesystem entsprechend erweitert, gleiches galt für die Phase des selektiven Kodierens.

Parallel zum Kodierprozess habe ich laufend Memos erstellt, die Anselm Strauss und Juliet Corbin (1996) als »schriftliche Analyseprotokolle, die sich auf das Ausarbeiten der Theorie beziehen« (ebd.: 134) verstehen. Unterschieden habe ich dabei entsprechend der Definition der Grounded Theory und angepasst an die Möglichkeiten der genutzten Auswertungssoftware zwischen ›Code-Memos‹, in denen ich die Definitionen der einzelnen Kategorien sowie Bezüge zu theoretischen Konzepten vermerkte;[29] ›Dokument-Memos‹, die inhaltliche bzw. thematische Zusammenfassungen der einzelnen Diskursfragmente enthielten und ›linguistische Memos‹ mit denen ich sprachliche Auffälligkeiten (beispielsweise die Nutzung von Kriegsmetaphern in der Beschreibung des politischen Aktivismus von Frauen) direkt am Text kennzeichnete (vgl. Kuckartz 2010: 176).

Während die Zusammenfassung der Bilder zu thematischen Bildtypen sich besonders auf die Frage bezieht, *wer und was* im Diskurs sichtbar wird, so konzentrierte sich die Feinanalyse der **visuellen Diskursfragmente** auf die *Art und Weise* der Sichtbarmachung (vgl. Grittmann 2012: 132). Die Feinanalyse der ausgewählten Bilder erfolgte dabei anhand von drei zentralen Analysedimensionen, die ich aus den von Elke Grittmann und Tanja Maier (2017) und Margreth Lünenborg und Tanja Maier (2017) vorgeschlagenen Dimensionen für eine Analyse von Anerkennung in Bildern (s. Kap. 3.2.4) mit Blick auf meinen spezifischen Untersuchungsgegenstand und die Frage nach den Bedingungen der Anerkennung protestierender Frauen im Diskurs gebildet habe. Diese drei Dimensionen führe ich im Folgenden näher aus:

1. Konstruktion von Körpern und Handlungsfähigkeit

Innerhalb dieser Dimension wurde zunächst untersucht, wie die gezeigten Körper in den Bildern sichtbar gemacht werden. Unterschieden werden kann hier zwischen der Sichtbarmachung von Individuen und einer Sichtbarmachung insbesondere weiblicher Körper als teilweise auch ikonisches Symbol (vgl. Grittmann/Maier 2017: 117f), beispielsweise für ›Andersheit‹ oder auch ›Fortschritt‹. Gerade hier zeigt sich die enge Verbindung journalistischer Bilder mit Machtstrukturen, denn das Zeigen der Anknüpfung an oder des Bruchs mit Konventionen von Aussehen, Gesten oder Handlungen hat auch immer einer Bedeutung für die Herstellung von Ein- und Ausschlüssen (vgl. Lünenborg/Maier 2017: 28f). Zudem erweist sich die Bedeutung einer geschlechtsspezifischen Körperkonstruktion in diesem Zusammenhang als relevant für die Analyse (vgl. Grittmann 2012: 132). Dabei sind es nicht nur die Darstellungen der Körper selbst, sondern auch ihr ikonograischer Kontext, also beispielsweise die gezeigten Handlungen, Orte, Symbole, die die spezifische Bedeutung des Gezeigten nahelegen (vgl. Grittmann/Maier 2017: 178). Hier ist es besonders von Interesse, ob die gezeigten Körper in einer aktiven oder passiven Haltung zu sehen gegeben und ob sie als handlungsfähige Subjekte sichtbar werden (vgl. Fahmy 2004: 99).

2. Ästhetische Darstellungsstrategien

Über den Bildinhalt hinaus erweisen sich zudem spezifische Darstellungsstrategien als relevant für die Analyse. So werden über die Kameraperspektive und den Bildausschnitt die gezeigten Körper in eine spezifische Position zu der betrachtenden Person gebracht

29 Beispielsweise zur Kategorie ›Körperlichkeit‹, dass es mir hier um die Beschreibung des Aussehens und der Körper insbesondere von Frauen ging und der Verweis auf Bezüge zu den Ausführungen von McRobbie (2010), s. Kap. 2.3.1.

und Nähe oder Distanz vermittelt (vgl. van Leeuwen 2006: 114ff, Fahmy 2004: 96, Grittmann/Maier 2017: 178f). Zudem wird über das Porträtieren einer Person und die Herstellung von Blickkontakt mit der betrachtenden Person Individualität und eine Beziehung zwischen Betrachter*in und gezeigter Person hergestellt (vgl. Fahmy 2004: 94). Untersucht wurden in diesem Zusammenhang auch der Fokuspunkt des Bildes, der den Blick der betrachtenden Person lenkt (vgl. Dastgeer/Gade 2016: 6f) und die Bedeutung von besonderen Farbgebungen in Bildern (vgl. Lünenborg/Maier 2017: 30).

3. Textliche Kontextualisierung: Überschrift und Bildunterschrift

Als dritte Analysedimension wurde die Relevanz des das Bild umgebenen Textes für seine (Be-)Deutung aufgenommen, auf die etwa Stuart Hall (2004) verweist und auf die in Kapitel 4.1.3 schon näher eingegangen wurde. Untersucht wurden hier zunächst vor allem Bildunterschriften und Artikelüberschriften (vgl. Grittmann 2012: 132ff, Lünenborg/Maier 2017: 30), bevor im nächsten Analyseschritt auch auf die allgemeinen Beziehungen zwischen textlichen und visuellen Diskursfragmenten eingegangen wurde. Da es mir spezifisch um die Analyse der Visualisierungen von Presseartikeln geht, ist neben dem soziokulturellen Kontext des Gezeigten auch dessen medialer Kontext entscheidend (vgl. dazu auch Lobinger 2012: 153). Wie ist die Visualisierung im Verhältnis zum Text platziert, wie steht sie inhaltlich zum Gesagten, kontrastiert, verstärkt oder ergänzt sie es?

Bildtypenübergreifend lassen sich zu den im Korpus befindlichen visuellen Diskursfragmenten bezüglich der drei Analysedimensionen folgende Aussagen treffen: Es zeigt sich eine Betonung körperlicher Weiblichkeit, zugleich werden die gezeigten Frauen in den Bildern meist als handlungsfähige Subjekte anerkannt. Vorherrschend sind Bilder, die eine oder wenige Frauen auf Augenhöhe zeigen und durch den Bildausschnitt und den Blick der Frauen in die Kamera Nähe zur Betrachter*in herstellen. Bezüglich des unmittelbaren textlichen Umfeldes der Bilder lässt sich sagen, dass auffällig ist, dass in den Bildern fast ausschließlich Handlungsfähigkeit und Widerstand von Frauen thematisiert wird, auch wenn Bildunterschriften oder Überschriften von Artikeln vor allem auf Problemlagen hinweisen. Diese Feststellung stimmt mit den Ergebnissen der Analyse von Bildern ›anderer‹ Frauen im Migrationsdiskurs in Deutschland von Margreth Lünenborg und Tanja Maier (2017) überein, die ein anerkennendes Potential ebenfalls vor allem in Bildern ausmachen, die teilweise auch im Kontrast zu den sie umgebenden Texten stehen (s. Kap. 2.3.2). Möglicherweise lässt sich hier eine Verschiebung gerade der visuellen Repräsentation ›anderer‹ Frauen ausmachen.

Analyseschritt 2

Im nächsten Analyseschritt wurden die zentralen Aussagen des Diskurses, welche ich zunächst anhand der für die Feinanalyse ausgewählten Diskursfragmente getrennt aus textförmigen und visuellen Diskursfragmenten erarbeitet hatte, zusammengefügt und mit Hilfe der spezifischen Werkzeuge der WDA betrachtet. In diesem Zusammenhang wurden folgende Fragen zur Rekonstruktion des Diskurses gestellt:

- Wie wird das Phänomen mit welchen Ebenen und Ausprägungen wie konstruiert?
- Welche Ereignisse sind zentral und wie werden sie dargestellt?
- Wo zeigen sich Kontinuitäten/Verschiebungen im Diskursverlauf?
- Welche Deutungsmuster werden deutlich, bzw. an welche Deutungsmuster wird angeknüpft?
- Welche Klassifikationen werden vorgenommen?
- Welche visuellen und narrativen Strategien werden deutlich?
- Welche Diskursverschränkungen zeigen sich?
- Welche Akteur*innen tauchen als Individuen und Sprecher*innen auf?
- Welche Subjektpositionierungen werden im Diskurs dargestellt?

Orientiert an diesen Fragestellungen habe ich in *MAXQDA* übergeordnete (z.B. ›Subjektpositionierungen‹) und ihnen untergeordnete (z.B. ›Aktivistin‹, ›Feministin‹, ›widerständiges Opfer‹ etc.) Codes erstellt, die die zentralen Aussagen des Diskurses zusammenfassten. Diese Aussagen habe ich dann in Code-Memos noch einmal näher erläutert und anschließend den Codes die zugehörigen visuellen und textförmigen Diskursfragmente zugeordnet.

Darauffolgend habe ich mir anhand der hier rekonstruierten Aussagen sowohl vertikal, also hinsichtlich der Breite der verhandelten Themen und Deutungen als auch horizontal, also der im Zeitverlauf verhandelten Ereignisse und der Entwicklung der Themen und Deutungen, einen Überblick verschafft.

Die in der Rekonstruktion des Diskurses erschlossenen Dimensionen und Ausprägungen der Phänomenstruktur (vgl. Abb. 7) sind für unterschiedliche Aspekte der in Kapitel 3.2.4 erarbeiteten Fragen an den Diskurs von Relevanz. Daher habe ich diese im 4. Analyseschritt entlang meines Analysemodells zu einer machtkritischen Analyse von Anerkennung für die anschließende Darstellung der Ergebnisse noch einmal neu angeordnet, sodass in der detaillierten Diskussion in Kapitel 5, 6 und 7 teilweise nicht die einzelnen Dimensionen erörtert, sondern diese entlang meiner spezifischen Fragen miteinander verknüpft werden. Für Kapitel 5, in dem ich subjektivierende Anerkennung im Diskurs und ihre Bedingungen diskutiere, waren besonders die Dimensionen Subjektpositionierungen, Gegenpositionierungen, Geschlecht und Orient-Okzident-Grenzziehungen sowie im Diskurs hergestellte Sprechpositionen und Klassifikationen (z.B. modern/traditionell) von Bedeutung. Die anderen Dimensionen werden vor allem in Kapitel 6 und 7 diskutiert. Auch hier spielen Klassifikationen eine wichtige Rolle (z.B. öffentlich/privat, sichtbar/unsichtbar). In vielen Dimensionen sind zudem Anknüpfungen an etablierte Deutungsmuster relevant (s. Kap. 2.3), auf die ebenfalls in den nächsten Kapiteln eingegangen wird. Verbunden werden die verschiedenen Dimensionen, Klassifikationen und Deutungsmuster über die narrative Struktur des Diskurses, seine Grunderzählung, die als Ausgangspunkt für die anschließende Ergebnisdarstellung einen guten Überblick über den Diskurs liefert.

Abb. 7: Phänomenstruktur des Pressediskurses in Deutschland um protestierende Frauen in Ägypten (Quelle: eigene Darstellung)

Dimension	**Ausprägung**
Subjektpositionierungen	Aktivistin
	Feministin
	Gläubige
	Opfer
	Sorgende
	Expert*in
Gegenpositionierungen	ägyptischer Mann
	konservative Islamisten
	Staatsmacht
Geschlecht	Handlungsfähigkeit
	Körperlichkeit
	Globalität, Professionalität
	Diversität
	Zweigeschlechtlichkeit
Problemfelder	Körperliche Unterdrückung
	politische Beteiligung
	rechtliche Gleichstellung
	Ökonomische Situation
	Freiheit
	gesamtgesellschaftliche Problemlagen
Verantwortung (Ursachen)	Kulturelle Gründe für Problemlagen Frauen
	Religiöse Gründe für Problemlagen Frauen
	Verantwortung Okzident für Problemlagen
	politisches Problem/Staatsversagen
	globale patriarchale Strukturen
Lösungsansätze	individuelle Erweiterung Sichtbarkeit
	individuelle Erweiterung Sagbarkeit
	individuelle Erweiterung Handlungsfähigkeit
	zivilgesellschaftliche Organisation
	kollektiver, öffentlicher Protest
Wertbezüge	Menschenrechte
	Freiheit
	Gleichberechtigung
	Feminismus

Protestforen	öffentlicher Raum
	(soziale) Medien
	privater Raum
Verortungen	National
	Regional
	Global
Orient-Okzident-Grenzziehungen	explizite Orientkonstruktionen
	Bezug auf ›westlichen‹ Lebensstil und ›universelle‹ Werte
	kritischer Blick zurück auf okzidentale Repräsentationen
Wandel	Diskontinuität
	Kontinuität

Die Berichterstattung in den untersuchten Medien aus Deutschland über Frauen im Rahmen der Proteste zwischen 2011 und 2014 in Ägypten beschäftigt sich vor allem mit den Möglichkeiten der Veränderung einer ›reaktionären‹ Gesellschaft hin zu einer emanzipierteren, demokratischen und ›modernen‹, wobei Frauen als entscheidend sowohl für diese Veränderung selbst benannt werden als auch ihre Lebenssituation innerhalb der Gesellschaft als zentrale Bewertungskategorie für den ›Fortschritt‹ dieser Entwicklung etabliert wird. Neben der Aushandlung der Frage, welche Rolle Frauen in und für die Proteste gespielt haben ist damit auch die Beschäftigung mit der jeweiligen Lebenssituation von Frauen in Ägypten zentral im Diskurs. Hier werden verschiedene Problemfelder erörtert und mit Bezug auf übergeordnete Werte in einen größeren Kontext eingeordnet, Ursachen und Verantwortungen diskutiert und Lösungsmöglichkeiten aufgezeigt.

Im Verlauf des Diskurses zwischen 2011 und 2014 zeigen sich dabei auch anhand des Bezugs auf verschiedene Diskursereignisse unterschiedliche Schwerpunktsetzungen und Verschiebungen. Interessant erscheint mir vor diesem Hintergrund eine Betrachtung der Ereignisse, die zu Anlässen der Berichterstattung im untersuchten Diskurs wurden. Aus konstruktivistischer Perspektive lässt sich die Betrachtung von Ereignissen, über die berichtet wurde und die in der klassischen Journalismusforschung u.a. in der Forschung zu Nachrichtenwerten diskutiert wird (vgl. u.a. Eilders 2016, Maier er al 2010) verstehen als Frage danach, was der journalistischen Deutung von ›Realität‹ zufolge ein Ereignis mit Nachrichtenwert und damit ein berichtenswertes ist (Grittmann 2007: 82ff, s. Kap. 2.2.1). Im Kontext des konkreten Untersuchungsgegenstandes dieser Arbeit stellt sich die Frage, welche Ereignisse in Ägypten zwischen Anfang 2011 und Ende 2014 Anlässe wurden, um Frauen und ihre Anliegen zu repräsentieren (vgl. dazu Abb. 8).

Zunächst sind es vor allem die Proteste gegen Mubarak zu Beginn des Jahres 2011 und der Jahrestag der ›Revolution‹ am 25. Januar 2012, an denen relevante Beiträge für den untersuchten Diskurs erschienen. Zu Beginn der Berichterstattung Anfang 2011 steht die Beteiligung von Frauen an den Protesten und teilweise auch ihre damit ver-

Abb. 8: Zentrale Diskursereignisse (Quelle: eigene Darstellung)

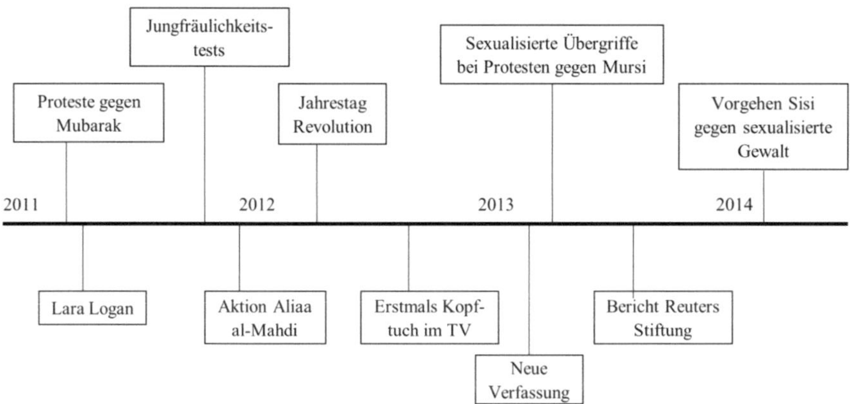

bundenen Anliegen im Fokus. Über den Datenkorpus hinaus konnten hier im Rahmen der anfänglichen Sichtung von Artikeln sehr viele Beiträge identifiziert werden, in denen die Beteiligung von ›Frauen und Männern‹ an den Protesten herausgestellt wird. Die Beteiligung von ›beiden Geschlechtern‹ ist also auch über Beiträge, die sich spezifisch auf Frauen fokussieren hinaus eine zentrale Deutung in der Berichterstattung über die Proteste in Ägypten. Ebenso fanden sich in der Sichtung der Artikel viele Beiträge, die im Rahmen des Vorgehens von Sicherheitskräften gegen die Demonstrierenden »Frauen und Kinder« als Opfer herausstellen. Hier finden sich also auch Anschlüsse an die typische Nutzung des Symbols »FrauenundKinder« (Wenk 2008: 35) für die leidende Zivilbevölkerung. Vereinzelt werden dabei ›westliche‹ Opfer u.a. die Journalistin Lara Logan (s. Kap. 5.1.3) fokussiert.

Ab Sommer 2011 werden dann vereinzelt muslimische Aktivistinnen, die Bedeutung des Kopftuches und ›des Islams‹ generell für Frauen in Ägypten Thema. Ende November 2011 stellt die Berichterstattung über progressive Aktivistinnen und die reaktionäre/muslimisch geprägte Gesellschaft zum einen die ägyptische Bloggerin Aliaa al-Mahdi und die von ihr geposteten Nacktfotos sowie darauf folgende globale Solidaritätsaktionen und zum anderen die Durchführung von Jungfräulichkeitstests an Demonstrantinnen durch das Militär in den Vordergrund.

Nach den Parlamentswahlen Ende 2011/Anfang 2012, aus denen die islamisch geprägten Parteien als Sieger hervorgingen, fokussiert sich der Diskurs besonders um den Jahrestag der Revolution am 25. Januar 2012 herum auf eine Bewertung des Erfolgs der Proteste, welche zentral mit einem Resümee der gegenwärtigen Situation von Frauen verknüpft wird und sexualisierte Gewalt zum Thema macht. ›Der Islam‹ spielt nun eine zentrale Rolle im Diskurs, der sich rund um die Wahl von Mursi, dem Kandidaten der *Muslimbruderschaft*, zum Präsidenten, verstärkt mit dem Kopftuch auseinandersetzt. Dies geschieht vor allem anhand einer Debatte um eine Kopftuch tragende Moderatorin im Staatsfernsehen, die als Zeichen für einen gesellschaftlichen Wandel gedeutet wird. Auch im Zusammenhang mit der Etablierung einer neuen Verfassung Ende 2012 konzentriert sich der Diskurs vor allem auf die Problematisierung fehlender Frauenrechte und die islamische Prägung des Textes. Auch hier fanden sich im Prozess der Zusammenstellung des Datenkorpus viele Artikel, die in ein oder zwei Sätzen sehr allgemein auf Frauenrechte verweisen und damit die Kritik an dem neuen Verfassungsentwurf begründen.

Ab 2013 werden dann im Kontext der Proteste gegen den Präsidenten Mursi fast ausschließlich sexualisierte Übergriffe auf Frauen thematisiert. Zudem finden sich Artikel, die die Situation von Frauen in Ägypten vor dem Hintergrund von Debatten in internationalen Gremien oder auf Basis internationaler Studien generell problematisieren. Damit zeigt sich auch für den untersuchten Diskurs die Bedeutung der Verarbeitung von Recherchen internationaler Organisationen (hier u.a. die *Reuters Stiftung*, *Human Rights Watch* und *Amnesty International*) im Auslandsjournalismus (vgl. Heidelberger 2018: 289, Kapitel 2.2.1).

2014 nimmt die Berichterstattung dann deutlich ab, hier finden sich nur noch einige Artikel zu weiblichen Aktivistinnen, Frauenrechtsthemen generell und dem Vorgehen von Sisi gegen sexualisierte, öffentliche Übergriffe auf Frauen.[30]

Weitere Ereignisse, zu denen sich Diskursbeiträge finden, die Frauen in Ägypten thematisieren, waren kulturelle Anlässe, wie etwa die Veröffentlichung von Büchern, Filmen oder Ausstellungen oder Berichte über Veranstaltungen zum Thema in Deutschland. Im Gegensatz zur zuvor erwähnten Verortung der Artikel vor allem im Politikressort wird anhand der Ereignisse, über die berichtet wurde, deutlich, dass abgesehen von den Protesten 2011 und ihrem Jahrestag 2012 insbesondere zu solchen Anlässen Beiträge erschienen, die sich spezifisch auf Frauen bezogen oder die eher als kulturelle oder gesellschaftliche Ereignisse denn als politische bezeichnet werden können. Hier zeigt sich also möglicherweise eine Anknüpfung an diskursive Strategien der Entpolitisierung weiblichen Protests und einer auf den Kontext spezifischer ›Frauenthemen‹ begrenzten Sichtbarkeit protestierender Frauen.

Deutlich wird in dieser Zusammenschau der Ereignisse, über die berichtet wurde zudem, dass die Begebenheiten zwar von Dauer waren und eine Konfliktsituation beinhalteten, Nähe als entscheidender Nachrichtenfaktor eines Ereignisses für die Auslandsberichterstattung (vgl. dazu Maier er al 2010: 102f) jedoch nur in wenigen Fällen gegeben war (u.a. in Berichten über ›westliche‹ Opfer, globale Solidaritätsaktionen für Aliaa al-Mahdi oder lokale Veranstaltungen zu Frauen in Ägypten sowie in jährlich zum internationalen Frauentag am 8. März publizierten Beiträgen). Fraglich ist also, ob und wie in den publizierten Beiträgen die Bedeutung dieses Nachrichtenfaktors trotzdem aufrechterhalten und Nähe hergestellt wird. Im Laufe der detaillierten Analyse der nächsten Kapitel wird deutlich, dass dies vor allem über die Herstellung von Nähe zu den repräsentierten Subjekten und die Anknüpfung an etablierte Deutungsmuster, weniger über eine aus postkolonialer Perspektive geforderte Sichtbarkeit globaler Interdependenzen geschieht.

Zusammenfassend lässt sich konstatieren, dass, während sich der Diskurs zunächst auf protestierende Frauen und ihre Anliegen fokussiert, mit der Wahl einer islamisch geprägten Regierung verstärkt die Unterdrückung von Frauen thematisiert wird und

30 Auf die gegenwärtige Situation in Ägypten unter dem Präsidenten Sisi und deren anhaltende Nicht-Thematisierung im journalistischen und auch politischen Diskurs in Deutschland gehe ich im Ausblick noch einmal ein (s. Kap. 8).

seit der Machtübernahme durch das Militär und später den jetzigen Präsidenten Sisi protestierende Frauen und ihre Anliegen nur noch selten repräsentiert werden.

Nicht anhand einzelner Diskursfragmente, sondern in Bezug auf die erarbeiteten Aussagen des Diskurses habe ich in diesem Analyseschritt auch nach den Bild-Text-Beziehungen gefragt: Welche Funktion haben die Bilder in Bezug auf textliche Aussagen? Und welche Funktion haben textliche Aussagen in Bezug auf Bilder? Zeigen sich hier Diskrepanzen oder ergänzen sich die zentralen Aussagen? (vgl. dazu auch Stöckl 2004: 252f). Die Ergebnisse dazu habe ich ebenfalls in den Codememos vermerkt.

Analyseschritt 3

Nach der Rekonstruktion der wesentlichen Elemente des untersuchten Pressediskurses um protestierende Frauen in Ägypten mit Hilfe der Fragestellungen des zweiten Analyseschrittes wurden die generierten Erkenntnisse am gesamten Material des Datenkorpus überprüft. Es fanden sich einige Textstellen oder Bilder, die noch einmal neue Aspekte am Diskurs aufzeigten, etwa die Thematisierung von Interdependenzen, auf die ich in Kapitel 7 eingehe. Hier fand also auch noch einmal eine Erweiterung der Erkenntnisse und teilweise durch neue Verweise sogar des Datenkorpus selbst statt (vgl. zur Präzisierung in diesem Arbeitsschritt Kuckartz 2016: 110). Ziel der weiteren Analyse blieb auch hier eine theoretische Sättigung, weniger eine Validierung aller Ergebnisse am Gesamtmaterial.

Analyseschritt 4

Zuletzt folgte ein theoriegeleiteter, deduktiver Fokus auf die Fragen an den Diskurs, welche ich in Kapitel 3.2.4 als zentral für das Erkenntnisinteresse meiner Arbeit herausgearbeitet habe. Dieser Schritt lässt sich als Analyse der Rekonstruktion des Diskurses anhand von textförmigen und visuellen Diskursfragenten verstehen, bei dem beide auch in ihrer Beziehung zueinander betrachtet wurden. Anhand des Modells für eine machtkritische Analyse von Anerkennung wurden die Erkenntnisse aus den ersten Analyseschritten noch einmal neu in Beziehung zueinander gesetzt, sortiert und strukturiert. Aus diesem Schritt ergab sich auch die Form der anschließenden Ergebnisdarstellung, welche sich vor allem an den zentralen Aspekten des Erkenntnisinteresses der Arbeit – also den Bedingungen der Anerkennung protestierender Frauen (Kap. 5), der Sichtbarkeit eines lebbaren Lebens und politischen Handelns (Kap. 6) und der Sichtbarkeit globaler Interdependenzen (Kap. 7) und weniger an der aus dem Material rekonstruierten Struktur orientiert.

5. Identitäts- und Subjektkonstruktionen und ihre Anerkennung

Die Darstellung der nächsten drei Kapitel orientiert sich an dem in Kapitel 3.2.4 vorgestellten Modell zur machtkritischen Analyse von Anerkennung in translokalen Repräsentationen von Protest und den darin entwickelten Fragen an das Material. Kapitel 5 behandelt die Frage nach Bedingungen von Anerkennung (Wer wird im Diskurs inwiefern als Subjekt sichtbar und anerkannt und wer nicht? Unter welchen spezifischen Bedingungen werden Subjekte im Diskurs anerkannt?), Kapitel 6 Fragen der Sichtbarkeit von Aspekten eines lebbaren Lebens und politischen Handelns (Inwiefern geht eine diskursive Anerkennung von Subjekten mit einer Thematisierung der Forderungen nach einem lebbaren Leben und Möglichkeiten politischer Handlungsfähigkeit einher?) und Kapitel 7 fragt nach der Sichtbarkeit von Interdependenzen im Diskurs (Inwiefern werden globale Interdependenzen im Diskurs aufgezeigt?). Dabei ergeben sich die dargestellten Ergebnisse aus dem gesamten Material, sind also übergeordnete Erkenntnisse aus der Diskursanalyse, die sowohl textförmige als auch visuelle Fragmente zum Gegenstand hatte.

Im folgenden Kapitel 5.1 wird es zunächst um die Konstitution der im Diskurs bereitgestellten Subjektpositionierungen für Frauen gehen und darum, inwiefern diese anerkannt werden. Auf die Bedeutung gesellschaftlicher Kategorisierungen, Anknüpfungen an und Verschiebungen von diskursiven Konventionen und (Re-)Konstruktionen sozialer Normen der Lesbarkeit im Zusammenhang mit Anerkennung im Diskurs gehe ich besonders in den Kapiteln 5.2 und 5.3 ein.

5.1 Subjektpositionierungen

Subjektpositionierungen bilden einen spezifischen Rahmen, in dem – in diesem Fall als weiblich kodierte – Körper im Diskurs sicht- und sagbar werden. Solche Positionierungen sind nicht nur für den untersuchten Diskurs selbst relevant, sondern wirken darüber hinaus als Positionierungsangebote, die eine anerkannte Form der Subjektivierung ermöglichen (s. Kap. 3.2.2). Über die spezifische Ausprägung der angebotenen

Subjektpositionierungen hinaus geht es in diesem Kapitel zudem um eine mit ihnen verbundene Anerkennung und damit um die Frage, inwiefern die so konstituierten Subjekte am Diskurs teilnehmen und ihre eigenen Positionen und Perspektiven einbringen können (s. Kap. 3.2.4). Im Diskurs finden sich vier zentrale Subjektpositionierungen für Frauen, die sich aber auch teilweise überschneiden und nicht immer klar voneinander abgrenzbar sind: Die *Aktivistin*, die *Feministin*, das *Widerständige Opfer* und die *Gläubige Muslima*.

5.1.1 Die kämpferische Aktivistin

Die Subjektpositionierung *Aktivistin* konstituiert im Diskurs weibliche Subjekte, die sich aktiv in politische und gesellschaftliche Strukturen und Prozesse einbringen und diese mitgestalten und ist die dominante Positionierung im Diskurs. Die Bezeichnung *Aktivistin*[1] wird sehr häufig auch im Diskurs selber verwendet, hier steht die Aktivität von Frauen im Kontext der Proteste in Ägypten im Vordergrund.

Die Hervorhebung der Rolle, die Frauen während und für die Proteste gespielt haben und ihre Handlungsfähigkeit zeigt sich auch in der Sichtbarkeit von Frauen im Bildtyp *Protestierende Frau*, der vor allem Frauen zeigt, die der Subjektpositionierung *Aktivistin* zugeordnet werden können.

*Abb. 9: »Sie waren Teil der Revolution und wollen jetzt auch was davon haben.« (Bildquelle: Reuters, 20110308 *TAon)*

Frauentag in Ägypten

Die Revolution ist ihre Chance

Zum ersten Mal findet der Frauentag in Kairo auf der Straße statt. Die Aktivistinnen fordern auf dem Tahrir-Platz, dass sich jetzt endlich auch für sie etwas ändert.

Sie waren Teil der Revolution und wollen jetzt auch was davon haben. Bild: reuters

Im Fokus von Abb. 9 sind zwei Gesichter zu sehen, die nach gängigen Konventionen als weiblich, jung und attraktiv gelesen werden können. Eine der Frauen trägt ihre dunklen, lockigen Haare offen, die andere bedeckt ihr Haar mit einem dunklen Tuch,

1 Hier zeigt sich eine enge Verbindung zum Begriff der politischen Aktion, der Begriff der ›Aktivistin‹ kann damit verstanden werden als Betonung politischen Handelns, welches über reine Information oder Sprache hinausgeht und eine Handlung darstellt, die gesellschaftlichen Verhältnissen widerspricht (vgl. Leidinger 2015: 42).

ihr Gesicht wirkt geschminkt. Während Shugofa Dastgeer und Peter Gade (2016: 13) in der Bildberichterstattung von *CNN* eine Fokussierung auf Frauen ohne Kopftuch feststellen, wird hier anscheinend gerade die Diversität und durch ihre Haltung (Arm in Arm) und die Nähe beider Köpfe auch der Zusammenhalt von Frauen mit und ohne Kopftuch herausgestellt. Im Motiv der demonstrierenden Frauen dominieren sogar Darstellungen von Frauen mit Kopftuch. Beide Frauen wirken durch den lächelnden Ausdruck fröhlich, bzw. durch den rufenden Mund der Frau auf der rechten Seite sogar ausgelassen, ihre Körper deuten so auf den Kontext eines erfreulichen Ereignisses hin. Zugleich wirken sie durch Körperhaltung, Gesichtsausdruck und die Aufnahme von Blickkontakt mit der Betrachter*in aktiv und selbstbewusst und stellen zugleich eine Verbindung zur betrachtenden Person her, was gängigen Praktiken der Repräsentation gerade von Frauen mit Kopftuch widerspricht (vgl. Fahmy 2004). Zugleich ist es aber die Frau ohne Kopftuch, welche mit dem Handy ein ›modernes‹ Medium in der Hand hält und mit der anderen Hand ein auch für die Betrachter*in verständliches Victory-Zeichen bildet. Die Frauen werden zudem durch die gemeinsam gehaltene ägyptische Nationalfahne miteinander verbunden, damit wird einerseits die Symbolik des Zusammenhalts der beiden Frauen verstärkt, andererseits das Bild in einen nationalen Kontext eingeordnet und das Handeln der Frauen in einen größeren Zusammenhang gestellt, indem mit der Fahne auf eine kollektive Bewegung verwiesen wird (vgl. dazu auch Badry 2013: 16). Dass dies eine Protestbewegung ist (es könnte sich auch um Jubel z.B. nach einem Sportevent handeln), wird erst durch die Person mit Megaphon und das Megaphon am rechten Bildrand und die textliche Einbettung deutlich. Obwohl beide Frauen hier als Individuen sichtbar werden, stehen sie vor allem symbolisch für die Beteiligung von Frauen an den Protesten in Ägypten und werden nicht näher namentlich vorgestellt.

Die Fokussierung des betrachtenden Blickes wird durch die Zentrierung der beiden Gesichter sowie durch die Farbgebung des Bildes gelenkt, die die Gesichter der beiden Frauen als sehr hell vor einem dunklen Hintergrund erscheinen lässt. Damit werden zugleich die freundlichen und offenen Gesichtsausdrücke unterstrichen. Durch den natürlichen Blickwinkel der Kamera auf Augenhöhe, den Bildausschnitt zwischen nah und halbtotal und die nicht inszeniert wirkende Haltung der beiden Frauen erweckt das Bild zudem den Eindruck von Authentizität (vgl. Grittmann 2007: 282). Verstärkt wird dies zum einen durch die Sichtbarkeit von Menschen im Hintergrund und zum anderen durch den schrägen Anschnitt, der an die Visualität von ›Selfies‹ erinnert, wodurch der Charakter des Bildes als ›Schnappschuss‹ auf der Straße unterstrichen wird.

Durch die Überschrift »Die Revolution ist ihre Chance« wird das Bild in ›der Revolution‹ verortet, was genau deren Ziel und Inhalt ist bleibt dabei ebenso unspezifisch wie die damit verbundene ›Chance‹. Zugleich legen der Anlass der Berichterstattung, der ›Frauentag‹, welcher ebenfalls im Teaser bereits erwähnt wird, und die Bildunterschrift nahe, dass die Frauen sich spezifisch für ihre Rechte einsetzen. Hier zeigt sich also eine Differenz zwischen ›der Revolution‹ als übergeordnetes Ereignis und einer davon getrennten ›Chance‹ für Frauen, die durch die Bildunterschrift zudem zeitlich getrennt werden (erst die Revolution, jetzt die Frauen). Das Bild unterstreicht zugleich insbesondere in Beziehung zur Überschrift, wie engagiert Frauen an dieser ›Revolution‹ beteiligt waren, ja diese – so suggeriert es die Formulierung ›Teil der Revolution‹

in der Bildunterschrift – gar verkörpern und legitimiert damit die Forderungen ›etwas davon haben‹ zu wollen.

Unterschieden werden können in Bezug auf die Subjektpositionierung *Aktivistin* Form und Ziel des Aktivismus, im Diskurs finden sich hier drei wesentliche Ausprägungen: die gesellschaftspolitische Aktivistin, die Aktivistin für Frauenrechte und die Öffentlichkeit herstellende Aktivistin.

Die gesellschaftspolitische Aktivistin

Zunächst werden weibliche Subjekte im Diskurs sicht- und hörbar, die sich an den Protesten gegen Mubarak, die Regierung der Muslimbrüder oder das Militär beteiligt haben. Diese werden im Diskurs auch als »politische Aktivistinnen« (20130207*ZE) oder als »liberale Demokratie-Aktivistinnen« (20131128*SPon) bezeichnet. Erwähnung finden sie zum einen in der in Kapitel 5.2.5 ausführlicher diskutierten Deutung, die die Relevanz der Beteiligung von weiblichen Protestierenden an den Demonstrationen hervorhebt: »Eman lässt sich nichts diktieren. Aktivistinnen und Aktivisten wie sie haben in den letzten Jahren dafür gesorgt, dass die Revolution am Nil immer wieder in eine neue Runde ging: Erst gegen Mubarak, dann gegen die erste Militärregierung, zuletzt gegen die Muslimbrüder.« (20131209*ZEon). Zentral für die Subjektpositionierung ist, dass Eman ›sich nichts diktieren‹ lässt, zudem wird noch einmal die Bedeutung von Frauen nicht nur für die Proteste 2011, sondern auch für die weiteren, in dieser Arbeit untersuchten Protestwellen verdeutlicht. In dieser auf allgemeine gesellschaftspolitische Themen bezogenen Ausprägung der angebotenen Subjektposition *Aktivistin* äußern Frauen zum Teil explizit übergreifende politische und gesellschaftliche Forderungen und werden als handlungsfähige Subjekte anerkannt. Dies zeigt sich zum Beispiel in diesem Zitat:

> »Auch um die Schriftstellerin Samia Serageddin hat sich eine Gruppe von Menschen versammelt und hört ihr aufmerksam zu. ›Ich bin gekommen, um zu zeigen, dass wir keine Angst haben und uns nicht einschüchtern lassen‹, sagt sie und formuliert klare politische Forderungen: Der Präsident muss weg, das Parlament, das seine Sitze durch Wahlbetrug gewonnen hat, muss aufgelöst und die Verfassung geändert werden. Alles müsse fortan den Willen des Volkes widerspiegeln. Die Zeit der politischen Monopole sei vorbei, erklärt sie. Jetzt gehe es darum, faire und transparente Wahlen zu organisieren. Die Menschen um sie herum klatschen.« (20110209*TAon)

Samia Serageddin wird hier als eine Frau sichtbar, die vor einer Gruppe über die politische Situation des Landes spricht, Forderungen formuliert und dafür beklatscht wird.

Im Diskursverlauf zeigt sich mit dem Aufkommen der Thematisierung öffentlicher sexualisierter Gewalt 2013 eine enge Verbindung der Position der gesellschaftspolitischen Aktivistin mit der Thematisierung der (problematischen) Situation von Frauen während der Proteste. Dies zeigt sich auch durch die Verflechtung von Bildern von Aktivistinnen und ihrer Einbindung in einen textlichen Kontext, der spezifisch Frauenrechte thematisiert (Abb. 10). Zu sehen gegeben wird hier eine Frau, die nach gängigen Normen als ›jung und schön‹ bezeichnet werden kann, welche durch den direkten, lächelnden Blickkontakt und die Formung eines Kussmundes zudem sehr offen Kontakt mit der Betrachter*in aufnimmt. Die ägyptische Fahne auf ihrer Wange und das Victory-

Zeichen knüpfen an ein typisches Motiv des Diskurses an, zugleich wird das Bild erst durch die Bildunterschrift eindeutig dem Protestkontext zugeordnet. In der Bildunterschrift wird außerdem der Zusammenhang mit der bedrohlichen Situation für Frauen hergestellt, die im Bild nicht sichtbar wird. Das Zeigen von Frauen in diesem Kontext allein wird also als Symbol auch für ihre problematische Situation genutzt. Selbst wenn Frauen nicht spezifisch als Aktivistinnen für z.B. Frauenrechte eingeführt werden, sondern für allgemeine gesellschaftliche Themen, so werden sie jedoch oft in einen diskursiven Kontext gestellt, der sich spezifisch mit weiblichen Körpern auseinandersetzt. Das zeigt sich auch in folgendem Diskursausschnitt: »Die Tahrir-Platz-Aktivistin Lyla El-Gueretly verklagt jetzt einen Mann, der sie auf offener Straße belästigt und verprügelt hat.« (20130620*SPon) Lyla wird hier als ›Tahrir-Platz-Aktivistin‹ vorgestellt, hat also an Aktionen teilgenommen, die auf einen gesamtgesellschaftlichen und politischen Wandel zielten. Spezifisch hervorgehoben wird jedoch ihr Widerstand gegen einen Mann, der sie als Frau öffentlich belästigt hat. Gerade zu Beginn der Proteste zeigt sich eine Fokussierung auf und Anerkennung von der Position der gesellschaftspolitischen Aktivistin, was als eine Verschiebung der Konventionen der Anerkennung protestierender Frauen verstanden werden kann, welche sonst vor allem als nicht politisch und auf frauenspezifische Themen bezogen gezeigt werden (s. Kap. 2.3.3, 6.2).

Die drei Abb. 10, 11 und 12 zeigen Frauen, die anscheinend aktiv an Protesten beteiligt sind. Sie unterscheiden sich jedoch hinsichtlich der thematischen Schwerpunktsetzung, die teilweise durch das Bild selbst, teilweise durch den textlichen Kontext vermittelt wird.[2]

*Abb. 10 (links): »Sieg mit Schleier: Ägyptens Frauen haben auf dem Tahrir-Platz demonstriert, jetzt bangen viele, dass die Islamisten Frauenrechte beschneiden. Die Briefmarke links zeigt Mohamed Bouazizi.« (Bildquelle: C. Fohlen/Fedephoto/Studio X, 20111217*SZ); Abb. 11 (mitte): »Auf eine Demo zu gehen kann für Frauen in Ägypten lebensgefährlich sein – sexuelle Gewalt ist auf dem Tahrir-Platz inzwischen an der Tagesordnung. Soraya Bahgat, 29, will das nicht länger hinnehmen: Sie bildet Bodyguards aus, die die Frauen beschützen.« (Bildquelle: Katharina Eglau, Brigitte, 20130424*BR); Abb. 12 (rechts): »Klare Ansage: Frauen in Kairo« (Bildquelle: Ullstein, 20140115 *FAZon)*

2 Sie wird in den folgenden Ausführungen diskutiert, während auf Körperkonstruktionen, die in Kapitel 5.2 ausführlich diskutiert werden, nur am Rande eingegangen wird.

Die Aktivistin für Frauenrechte

Im Diskursverlauf wird der Protest gegen Übergriffe auf Frauen in den Fokus gerückt, was sich auch in der Dominanz der zweiten Ausprägung der Subjektpositionierung *Aktivistin* zeigt, die sich explizit für Frauenrechte und insbesondere gegen sexualisierte Gewalt gegen Frauen einsetzt:[3] »Die Aktivistin Soraya Bahgat gründete die Tahrir-Bodyguards-Gruppe, um Frauen zu schützen.« (20130620*SPon) Oft wird dabei wie im obigen Zitat das Engagement von Aktivistinnen innerhalb von Organisationen vorgestellt, die sich gegen sexualisierte Gewalt einsetzen. Zentrale Akteurinnen sind dabei die *Operation gegen sexuelle Belästigung* und das Projekt *Harassmap.org*.[4] In Abb. 11 werden Frauen offenbar im Rahmen eines ›Einsatzes‹ auf der Straße gezeigt, worauf ihre Dienstkleidung, die Weste und der Helm verweisen. Im Gegensatz zur Bildunterschrift, die auf die Gefahr für Frauen hinweist, werden die Frauen hier nicht als Opfer, sondern als aktiv und professionell agierend sichtbar. Die Hand auf dem Rücken der Frau und ihr umsichtiger Blick zurück zeigen zudem, dass Frauen hier aufeinander aufpassen. Neben ihrer Umsichtigkeit wird die mögliche Gefahr im Bild lediglich durch das Tragen von Helmen symbolisiert. Innerhalb der Subjektpositionierung treten Frauen als kollektiv organisiert und aktiv auf. Dies zeigt sich auch in anderen visuellen Diskursfragmenten, die Aktivistinnen zu ›Frauenthemen‹ als Demonstrierende sichtbar machen (vgl. Abb. 12). Auch hier wirkt besonders die Frau im Zentrum des Bildes, die als einzige offene Haare und ein T-Shirt trägt, durch ihre Körperhaltung und den rufenden Gesichtsausdruck aktiv und energisch. Thematisiert werden über das Protestplakat auch in diesem Bild Themen, die insbesondere Frauen betreffen. Während mit den Protesten offenbar jemand außerhalb des Bildes angesprochen wird, lädt die Perspektive die Betrachterin ein, Teil der Gruppe protestierender Frauen zu sein. Diese Einladung zur Identifikation ist zentral für die Subjektpositionierung *Aktivistin*.

Öffentlichkeit herstellende Aktivistin

Schließlich finden sich als dritte Ausprägung im Diskurs Aktivistinnen, die sich für die Herstellung von Öffentlichkeit für spezifische Themen oder die Proteste generell einsetzen. Sie werden als Bloggerinnen, Fotografinnen oder Journalistinnen vorgestellt: »Die Fotografin Amria Koutan ist gekommen, um das alles zu dokumentieren.«[5]

---

3 Die Fokussierung auf deren spezifische Gefährdung und ihren Einsatz gegen diese in der Thematisierung protestierender Frauen ist eine zentrale Narration des Diskurses, die in Kapitel 6.2 näher diskutiert wird.

4 Die *Operation gegen sexuelle Belästigung* (kurz: *OpAntiSH*) ist ein relativ großes Netzwerk von Freiwilligen, die sich besonders gegen sexuelle Belästigung und sexualisierte Gewalt in der Öffentlichkeit einsetzen. Das bereits Ende 2010 gegründete Projekt *harassmap.org* bietet auf einer Webseite die Möglichkeit, Vorfälle sexueller Belästigung in Kairo auf einer Karte einzutragen und zu veröffentlichen (vgl. Eickhof 2013: 169, s. auch Kapitel 6.2.2). Ähnliche Pojekte finden sich inzwischen weltweit, beispielsweise die Seite *ihollaback.org*.

5 Vgl. auch: »Doch wie Nevine Sabry will auch Noha Atef jetzt schon ihre Freiheit zurück. Die 26-Jährige studiert seit September letzten Jahres Social Media an der Universität von Birmingham und ist Journalistin und Bloggerin. Zusammen mit weiteren Weggefährten schildert sie seit 2005 auf ihrem Blog Repressionen und Folter durch die Staatsgewalt gegen Oppositionelle in Ägypten (www.tortureinegypt.net, derzeit nicht abrufbar) Durch Bilder, Videos und Kommentare.« (20110204*TAon).

(20110209*TAon) Die Dokumentation der Ereignisse und eine damit verbundene Möglichkeit der Herstellung von Öffentlichkeit wird dabei als entscheidend für den Erfolg der Proteste 2011 gedeutet: »Blogger wie sie haben mitgeholfen, das Mubarak-Regime zu stürzen.« (20111115*SZon) Konstruiert wird damit auch eine hohe Relevanz der Herstellung von Öffentlichkeit allgemein und speziell über ›neue‹ oder ›soziale‹ Medien, welche in Kapitel 6.2 eingehender diskutiert wird. Zudem zeigt sich auch hier die in der ersten Ausprägung der Subjektpositionierung diskutierte Anerkennung der Relevanz von Frauen für den gesamtgesellschaftlichen Protest, die sich hier weniger im Einsatz für konkrete gesellschaftspolitische Forderungen, sondern in der Herstellung von Sichtbarkeit und Öffentlichkeit für diese zeigt.

Anerkennung der Subjektpositionierung *Aktivistin*

Unabhängig von der spezifischen Ausprägung ihres Aktivismus kann die Darstellung von Frauen in dieser Position als eine anerkennende verstanden werden. Dafür sind neben ihrer Darstellung als aktive, handlungsfähige Subjekte vor allem drei Aspekte entscheidend, die im Folgenden erläutert werden: die Aktivistinnen nehmen sehr häufig Sprechpositionen ein, werden als Individuen gezeigt und zudem über den textlichen Kontext mit der Figur der heldenhaften Kämpferin assoziiert.

Der aktive Modus ihres Erscheinens wird zunächst dadurch unterstrichen, dass sie fast immer Sprechpositionen im Diskus einnehmen (dürfen), also wörtlich zitiert werden wie in diesem Beispiel: »›Wir wollen direkt eingreifen, wenn die Angriffe stattfinden‹, sagt die 34 Jahre alte Aktivistin. Die Übergriffe auf Frauen, die sich seit dem Winter häufen, sieht sie als Versuch, politisch aktive Frauen von den Straßen zu vertreiben. ›Das lassen wir uns nicht gefallen.‹«(20130208*FAZ) Typisch an diesem Ausschnitt ist, dass zum einen in der Beurteilung der Situation auf direkte Zitate von Aktivistinnen zurückgegriffen wird und diese zum anderen insbesondere dann selber sprechen dürfen, wenn sie sich selbst als aktiv und emanzipiert darstellen, also wie im obigen Fall ›eingreifen‹ und sich etwas ›nicht gefallen‹ lassen.

Bestehende Arbeiten zu Repräsentationsregimen in der Darstellung ›anderer‹ Frauen haben aufgezeigt, dass gerade innerhalb der Auslandsberichterstattung meist *über* Frauen gesprochen wird, sie also ausschließlich repräsentiert werden und keine Möglichkeit erhalten, sich im Diskurs selbst zu präsentieren (s. Kap. 2.3.2). Die Möglichkeit, die eigenen Stimmen und Bilder und damit die eigene Position in den Diskurs einzubringen wird jedoch als entscheidend für Anerkennung in Medienkulturen verstanden. Die hier sichtbaren Aktivistinnen erhalten im Kontrast zu bestehenden Repräsentationsregimen eine solche Möglichkeit. Zugleich habe ich mit Bezug auf postkoloniale Ansätze und insbesondere Spivak (1988a) betont, dass auch die hörbare ›Stimme der Anderen‹ im Diskurs immer mit Vorsicht behandelt werden muss. Die oben aufgezeigte Beobachtung, dass Sprechpositionen von Aktivistinnen oft damit verbunden sind, dass die eigene Aktivität und Engagiertheit betont wird, deutet bereits auf bestehende Grenzen der im Diskurs sicht- und hörbaren Positionen hin, die sich auch in den Ergebnissen der nächsten Kapitel zeigen werden. Insbesondere in Kapitel 5.3 und 6.1 wird deutlich, dass vor allem solche Frauen im untersuchten Diskurs sicht- und hörbar werden, deren Aussagen eine globale Machtstruktur letztendlich festigen. Zudem kommt mit der Subjektposition der *Aktivistin* nicht unbedingt die heterogene Gruppe der Subalternen zu Wort, die sich durch mangelnde Autonomie und strukturelle sowie ökonomische Ausgrenzung auszeichnet (vgl. Castro Varela/Dhawan 2015: 187). Vielmehr finden sich in dieser Subjektpositionierung vor allem gut ausgebildete, berufstätige und gesellschaftlich anerkannte Frauen (s. Kap. 5.2.2).

Eine Anerkennung der Subjektpositionierung als *Aktivistin* erfolgt auch dadurch, dass die Personen in den textförmigen Diskursfragmenten oft namentlich vorgestellt und ausführlich charakterisiert werden (vgl. u.a. 20130124*SZ, 20121015*SP). Im Bildtyp *Porträt* der visuellen Diskursfragmente finden sich zudem Bilder, bei denen durch die Porträtierung einer individuellen Person von einer anerkennenden Sichtbarkeit gesprochen werden kann (vgl. Grittmann/Maier 2017).

Das Ganzkörperporträt in Abb. 13 zeigt eine junge Frau, die der Betrachter*in entschlossen und selbstbewusst in die Augen blickt, zugleich wirkt sie aufgrund ihrer Körperhaltung entspannt. Auffällig ist ihre körperbetonte, farbige Kleidung, die Merkmale von Weiblichkeit unterstreicht und damit nach gängigen Repräsentationspraktiken scheinbar im Gegensatz zum Kopftuch steht (obwohl der Körper ganz bedeckt ist trägt sie einen weiten Ausschnitt, hohe Stiefel, eine die Hüfte betonende Tasche). Das Bild ist zugleich ein Milieuporträt (vgl. dazu Grittmann 2007: 363f): Es verortet die in der Bildunterschrift als Demonstrantin bezeichnete Person in einem sozialen Kontext. Sie sitzt auf einer Grünfläche in einem urbanen Umfeld, wird also im öffentlichen Raum gezeigt, was ihre Mobilität und damit auch Handlungsfähigkeit unterstreicht. Die Bezeichnung ›Jungfrauen‹ in der Überschrift könnte ihre inszeniert wirkende Haltung erklären, die in Kombination mit der blauen Kleidung an das Bild einer Meerjungfrau erinnert. Über diese Bezeichnung, die zugleich Unschuld suggeriert wie auch durch das Bild selbst wird ihrer Betitelung als ›Verbrecherin‹ in der Bildunterschrift widersprochen.[6]

In einem anderen Beispiel für diesen Bildtypus wird in Abb. 14 Mona Seif in einem halbtotalen Porträt vor dem Hintergrund einer beklebten und besprühten Mauer gezeigt, ein Kontext der in Beziehung mit dem textlichen Umfeld und der Betitelung als ›Kämpferin‹ als der eines öffentlichen Protestes eingeordnet werden kann. Dieser Hintergrund und die um den Hals gehängte Karte, welche darauf hindeutet, dass es sich um eine Momentaufnahme während einer kurzen Pause ihrer Tätigkeit für eine Organisation oder ähnliches handelt und das Foto nicht aufwendig inszeniert wurde, verleihen dem Bild Authentizität. Zugleich blickt Mona Seif der Betrachter*in auf Augenhöhe freundlich lächelnd in die Augen, wodurch eine Beziehung und Möglichkeit der Identifikation hergestellt werden (vgl. Fahmy 2014).

Im Diskurs werden einige Personen immer wieder als typische Verkörperung der Subjektpositionierung *Aktivistin* individuell vorgestellt. Neben unterschiedlichen Vertreterinnen der oben genannten Organisationen sind dies beispielsweise Noha Atef, die als »Bloggerin und Menschenrechtsaktivistin« (20110329*FAZ) oder »in Großbritannien lebende ägyptische Journalistin« (20120125*SZon) bezeichnet wird und Selma Hegab, die als Bloggerin und »Heldin« (20120127*FAZ) der Proteste betitelt wird und über die

---

6 Zugleich irritiert, dass in der Überschrift wie anscheinend auch im Bild selbst die Bedeutung der Jungfräulichkeit und damit die Deutung der dem Teaser zufolge in dem Artikel kritisierten Jungfräulichkeitstests übernommen wird.

*Abb. 13 (links): »Demonstrantin Husseini Gouda: ›Ich bin eine gefährliche Verbrecherin!‹« (Bildquelle: DANA SMILLIE/POLARIS/DER SPIEGEL, 20110606*SP); Abb. 14 (mitte): »Kämpferin Mona Seif« (Bildquelle: Markus Bickel, 20120523*FAZ); Abb. 15 (rechts): Abb. Titelbild Spiegel Nr. 6/2011 vom 7. Februar 2011 (Bildquelle: Der Spiegel 6 /2011)*

Kämpferin: *Mona Seif* Foto Markus Bickel

Die Zeit schreibt: »Sie ist zwanzig Jahre alt und hat die Welt verändert« (20130718*ZE). Ihre jeweilige Situation, ihre Erzählungen und Erlebnisse werden detailliert und ausführlich und zumeist in direkter Rede wiedergegeben, wodurch potentiell eine große Nähe zu Leser*innen und ein Verständnis für ihre spezifische Position ermöglicht wird.

Augenscheinlich wird die diskursive Anerkennung dieser Subjektpositionierung auch in der positiven Darstellung vom »Kampf der Frauen« (20140621*SZ) und der Betitelung der Aktivistinnen als »Freiheitskämpferinnen vom Tahrir« (20110606*SP). Hier wird eine Rhetorik und Ikonografie genutzt, die die Frauen und ihre Handlungen als Heldinnen erscheinen lässt und sie damit auch in die Tradition anderer heldenhafter Kämpferinnen, die sich für eine ›gute Sache‹ einsetzen, stellt (vgl. Nachtigall 2012: 364, Stitz 2018; s. Kap. 2.3.2). Deutlich wird diese Einschreibung in ein bestehendes Deutungsmuster in einem Titelbild des *Spiegels* (vgl. Abb. 15) zu den Protesten in Ägypten.

Interessant ist hier die eindeutige Anknüpfung an eine ›westliche‹ ikonografische Tradition durch die Ähnlichkeit der Bildkomposition (eine Frau mit anscheinend meist männlichen Protestierenden im Hintergrund, die mit kämpferischem Ausdruck eine Nationalfahne schwingt) mit dem für die Französische Revolution ikonischen Bild der Marianne u.a. in Eugéne Delacroix (1798-1863) Bild *Die Freiheit führt das Volk*. Verschoben wird das Bild dabei in einen anderen nationalen Kontext und durch das Smartphone im Vordergrund aktualisiert. Das Bild der ›Kämpferin‹ ist in dieser Abbildung jedoch ein ambivalentes, da dadurch, dass gerade in Kombination mit der Überschrift ›Der zerbrechliche Traum‹ eine Frau abgebildet wird, eine Verbindung von Weiblichkeit und Zerbrechlichkeit oder Zartheit entsteht. Diese Verbindung zwischen einer Anerkennung von Frauen als kämpferisch, zugleich aber die Betonung ihrer Zerbrechlichkeit und auch Friedlichkeit, die offenbar mit Weiblichkeit in Verbindung gebracht wird, ist typisch für den untersuchten Diskurs. Damit wird auch an tradierte Repräsentation von Weiblichkeit als schutzbedürftig und friedlich angeknüpft (vgl. Nachtigall 2012: 200).

Auch in den textförmigen Diskursfragmenten wird betont, dass Frauen »an der Seite der Männer« »kämpften und starben« (20121221*SPon) und dies sogar durch ägyptische Männer anerkannt werden müsse: »In den letzten Tagen habe er aber gesehen, wie mutig die Frauen Seite an Seite mit den Männern den Platz gegen die Schläger verteidigt, Steine auf diese geworfen und die Verletzten abtransportiert hätten. ›Heute bin ich davon überzeugt‹, sagt er, ›dass Frauen alles können.‹« (20110209*TAon) Zum einen wird in diesem Zitat eine Veränderung der Wahrnehmung von Frauen geäußert, zugleich impliziert es aber, dass der hier zitierte Mann vor den Protesten Frauen aufgrund ihres Geschlechts Kompetenzen abgesprochen hat. Teilweise werden Frauen auch als kämpferischer als ägyptische Männer gedeutet: »Sie ist gebildet, kämpferisch und voll des Mutes, der so manchem unserer Männer fehlt!« (20120114*TA*2) Damit werden Frauen als gebildet, kämpferisch und mutig anerkannt, diese Eigenschaften aber gleichzeitig ›ägyptischen Männern‹ abgesprochen (s. Kap. 5.2.5). Diese Zitate charakterisieren die Subjektposition *Aktivistin* vor allem als ›kämpferisch‹, was im Diskurs auch in Abgrenzung zu männlichen Positionierungen geschieht. Damit wird besonders in dieser Subjektpositionierung die für den Diskurs typische Konstruktion von Weiblichkeit deutlich, welche im nächsten Kapitel ausführlicher diskutiert wird: Sicht- und hörbar werden meist junge Frauen, die als schön gelten können und sich aktiv und energisch an Protesten beteiligen. Damit knüpft der Diskurs an zahlreiche Abbildungen an, die den ›guten‹ Kampf friedfertiger, schöner Frauen gegen reaktionäre Regime zeigen (vgl. Gottschalk 2016), was auch in textförmigen Diskursfragmenten deutlich wird.[7] Insbesondere in der Subjektposition *Aktivistin* zeigt sich damit im Diskurs die Möglichkeit einer kämpferischen Positionierungen, die etablierte Normen des Erscheinens von Frauen als zurückhaltend und freundlich, wie sie McRobbie (2010) gerade für die ›globale Frau‹ beschreibt, verschiebt. Zugleich wird hier aber angeknüpft an Repräsentationsregime, die Weiblichkeit in bestimmten Protestkontexten als Symbol für den ›guten‹ und friedlichen Protest in einer spezifischen Art und Weise zeigen, die ebenfalls bestehende Machtstrukturen aufrechterhält. Auf die Ambivalenzen der Repräsentation von Weiblichkeit werde ich ausführlicher im nächsten Kapitel eingehen. Zugleich spielt

7 Auch im Text wird dieses Bild der handlungsfähigen, schönen Frau, die einem autoritären Regime – verkörpert meist durch Männer – entgegentritt, gezeichnet: »Eine Ägypterin tritt einem Polizisten gegenüber, dunkle Locken fallen ihr über die Schultern. Sie und zwei Männer sind auf dem Weg zur Demonstration. ›Warum kommst du nicht mit uns, warum demonstrierst du nicht?‹, brüllt sie. ›Wahrscheinlich würdest du auch auf uns schießen. Schäme dich!‹ Der Polizist und auch die Männer schweigen, sie schreit ihn weiter an. Dann dreht sie sich um und marschiert weiter zu den anderen Demonstranten. Der Polizist schweigt, er sieht ihr nur hinterher.« (20110726*SPon) Auffällig ist auch hier neben der Beschreibung des Aussehens der Frau noch einmal die Entschiedenheit des Auftretens, die hier anerkannt und offenbar nicht als unweiblich verstanden wird. Die direkte Konfrontation mit den Polizisten zeigt ihren Mut, zugleich sind ihre ›Waffe‹ ausschließlich energische Worte, während sie die Männer bezichtigt, auf Demonstrierende zu schießen. Kontrastiert und damit verstärkt wird ihre Aktivität auch durch die Regungslosigkeit und das Schweigen des Polizisten.

hier auch die Lokalisierung des gezeigten Protestes eine zentrale Rolle für die Positionierung der *Aktivistin*. Der kämpferische, aber nicht gewalttätige Duktus der Position der *Aktivistin* wird meist nicht als gegen globale patriarchale, neoliberale oder postkoloniale Strukturen, sondern ausschließlich als gegen eine traditionalistische ägyptische Gesellschaft bzw. ein autoritäres Regime gerichtet gedeutet. Hier zeigt sich somit eine zentrale Bedingung der Anerkennung kämpferischer Frauen in der Reproduktion etablierter Deutungen dazu, wer bzw. was als bekämpfenswert gilt und wer bzw. was nicht, wie sie für Orient-/Okzidentkonstruktionen zentral sind (s. Kap. 2.2.3, 5.3).

5.1.2 Die Feministin als Expertin für Frauen

Auch wenn die Akteurinnen der Subjektpositionierung *Aktivistin*, wie oben beschrieben, zum großen Teil die Bedeutung geschlechtlicher Kategorien hervorheben und sich gegen darauf basierende Ungleichheiten aussprechen, so findet sich hier jedoch kaum die Bezeichnung ›Feministin‹ für diese Frauen. Diese lässt sich hingegen als eine spezifische, weit weniger häufige Subjektpositionierung im Diskurs verstehen, in der Feministinnen vor allem als Expertinnen für die Belange von Frauen auftreten. Sie werden meist als Vertreterinnen von Frauenrechtsorganisation vorgestellt: »Fatma, Feministin, Vorstandsmitglied der Allianz arabischer Frauen, Anhängerin des liberalen Parteibündnisses ›Die Revolution geht weiter‹, ist bitter enttäuscht. Einen ›Rückschlag‹ haben die Frauen erlebt, sagt sie.« (20111217*SZ) Die Bezeichnung ›Feministin‹ wirkt in der Aufreihung in diesem Zitat fast wie ein Beruf oder ein Amt, das Fatma ausübt, zumindest aber als entscheidend für ihre politische/gesellschaftliche Einordnung. Diese Einordnung legitimiert, dass sie anschließend für ›die Frauen‹ spricht und deren Situation emotional (sie ist ›bitter enttäuscht‹) bewertet. Wie auch in diesem Zitat wird die Beurteilung der gegenwärtigen Situation von Frauen oft durch ›Feministinnen‹ vorgenommen. Anders als in den Äußerungen internationaler Expertinnen für Frauen in der Region, die als Akteurinnen ebenfalls eine große Rolle spielen (s. Kap. 6.1) liegt der Schwerpunkt der Bewertungen hier jedoch nicht auf einer Weitergabe von Fakten, sondern besonders auf der Vermittlung der ›authentischen‹ und durch ihren Expertinnenstatus auch ›richtigen‹ emotionalen Reaktion auf diese Fakten: »Aber selbst viele Frauen wählen die Islamisten, was Fatma fast verzweifeln lässt.« (20111217*SZ) Ebenso finden sich zu Beginn der Proteste Aussagen von Feministinnen zur Beteiligung von Frauen an den Protesten und deren möglichen Folgen, die Begeisterung und Enthusiasmus vermitteln (vgl. 20110209*TAon). Anerkennung in Form einer aktiven Sprecherinnenrolle erhalten sie gerade für solche Aussagen, die ohne die Berufung auf eine Feministin im Diskurs vermutlich nicht sagbar wären:

> »Marwa ist von Hauptberuf Feministin und arbeitet für eine Frauenorganisation. [...] Marwa war dabei, als der ägyptische Frühling anbrach. Sie ist frustriert, wie wenig er den Frauen gebracht hat: ›Frauen werden als Untermenschen angesehen. Deine Vagina gehört nicht dir allein, sie gehört allen, so sehen die Menschen das hier.‹« (20130214*ZE)

In diesem Zitat wird Marwa als ›hauptberufliche‹ Feministin vorgestellt, was noch einmal verdeutlicht, dass diese Subjektpositionierung eher als berufliche und professionelle Einordnung denn als Haltung verstanden wird. Die Kritik an der gesellschaftlichen Haltung gegenüber Frauen ›als Untermenschen‹, die Marwa hier äußert, bringt sie mit einer spezifischen lokalen Zugehörigkeit in Verbindung (›so sehen das die Menschen hier‹), damit fungiert sie als Feministin aus der Region als »Kronzeugin« (Schiffer 2007, Shooman 2014)[8] für die Verurteilung des kulturspezifischen Umgangs mit Frauen.[9] Zentral wird die Subjektpositionierung *Feministin* von Nawal El Saadawy eingenommen, die als »Ägyptens bekannteste Frauenrechtlerin« (20110224*ZE) und global vernetzte Feministin vorgestellt und als »die große alte Dame der ägyptischen Frauenrechtsbewegung« (20110329*FAZ) bezeichnet wird. Bevor sie die gegenwärtige Situation beleuchtet, wird ihre Autorität argumentativ anerkannt, indem ihre jahrelange Erfahrung als Frauenrechtlerin und ihre Bedeutung in historischen Momenten sowie ihre Entschlossenheit und ihr Mut hervorgehoben werden:

> »Nawal al Saadawy war schon bei der Bewegung gegen König Faruq 1952 dabei, sie saß unter Mubaraks Vorgänger Sadat im Gefängnis, musste dann ins Exil – und kämpft nun mit 80 Jahren dafür, doch noch ein freies Ägypten zu erleben: In den Krankenhäusern auf der Suche nach den Opfern der Schläger des Regimes und auf dem Tahrir-Platz im Hagel von Steinen und Molotow-Cocktails.« (20110204*FAZ)

Exemplarisch wird anhand von Saadawy in obigem Zitat auf die auch historische Bedeutung von Frauen in ägyptischen Protestbewegungen hingewiesen, ein Deutungsmuster des Diskurses, auf das in Kapitel 7.2 noch einmal näher eingegangen wird. Durch die historische Einordnung wird die Kontinuität und Beharrlichkeit der auch als Aktivistin eingeordneten Saadawy gezeigt und zugleich der Kontrast zwischen der beharrlich für Freiheit kämpfenden, sich selbst aufopfernden Frau, die auch andere versorgt und dem brutalen Regime verdeutlicht (vgl. dazu auch Kapitel 6.2.2). Auch in den Bildern findet sich eine anerkennende Sichtbarkeit von Nawal Saadawy.

In Abb. 16 wird sie in einer Momentaufnahme offenbar während eines Gesprächs gezeigt. Ihre Haltung erinnert an die Tradition des Motivs der politischen Redner*in

---

8 Schiffer geht es mit dem Begriff der ›Kronzeugin‹ darum, die mediale Instrumentalisierung muslimischer Frauen zu kritisieren, die ihre persönlichen Erfahrungen schildern und diese anschließend als spezifisch ›islamisch‹ charakterisieren und damit verschweigen, dass die benannten Erfahrungen weder nur in islamisch geprägte Kontexte gemacht werden können noch in allen islamisch geprägten Gesellschaften (s. Kap. 2.3.2).

9 Eine solche Deutung wird im Diskurs jedoch auch selbst am Beispiel der Publikation *Warum hassen sie uns?* von Mona El Tahawy über die Situation von Frauen in ›islamischen‹ Ländern thematisiert und wiederum kritisiert: »Doch die meisten Kritikerinnen sind arabische, muslimische und asiatische Feministinnen und Aktivistinnen. Frauen, die genau die gleichen Themen anprangern wie Mona El Tahawy, darüber schreiben und an der Basis gegen den Sexismus ankämpfen. Ihre Kritik war unter anderem, El Tahawy würde die arabisch-muslimische Frau als ein hilfloses Wesen, den Mann als aggressiven Patriarchen darstellen und damit westliche Stereotypen über die Muslime und Araber füttern. Sie würde sich als vermeintlich einzige Sprecherin muslimischen Frauen positionieren und sich als mutige Journalistin profilieren.« (20120521*TA) Problematisiert wird hier zum einen die Rekonstruktion von Orientalisierungen und damit verbundenen Geschlechterstereotypen sowie die Selbst-Positionierung El-Tahawys als Stellvertreterin für die vermeintlich homogene Erfahrung muslimischer Frauen (s. Kap. 2.2.3). Auf weitere Formen der Reflexion etablierter Deutungsmuster im Diskurs gehe ich in Kapitel 7.1.1 ein.

*Abb. 16: »Nawal El Saadawi, 80, ist die Pionierin der Frauenrechte und kämpfte schon in den 1960er Jahren gegen Beschneidung« (Bildquelle: Marwan Naamani/getty images/AFP, 2011*3*Emma); Abb. 17: »Eine Ikone der Revolution: Die Schriftstellerin und Frauenrechtlerin Nawal als Saadawy« (Bildquelle: Christoph Erhard, FAZ, 20110204 *FAZ)*

(der allerdings meist männlich ist, vgl. Grittmann 2007: 370), zugleich wirkt die Haltung ihrer Hände offen und einladend und ihre Mimik aufmunternd und hoffnungsvoll. Die Blumenkränze um ihren Hals und ihr Handgelenk können als Unterstreichung ihrer Weiblichkeit oder auch als Verweis auf den auch im Text auftauchenden Begriff vom ›Arabischen Frühling‹ für die Proteste verstanden werden. Zugleich tauchte das Bild Blumen tragender Frauen beispielsweise während der ›Nelkenrevolution‹ in Portugal als Zeichen eines friedlichen Protests auf (vgl. Cascais 2014). Saadawy wird hier also gleichzeitig als engagierte, politisch bedeutsame Person und in ihrer Weiblichkeit, möglicherweise auch als Hoffnungsträgerin für einen friedlichen ›Arabischen Frühling‹ gezeigt. Ein anderes visuelles Diskursfragment zeigt sie mit einem Telefon und Papieren in der Hand als offenbar viel beschäftigte ältere Frau, die durch das Bücherregal im Hintergrund zugleich als Intellektuelle gerahmt wird (vgl. Abb. 17).

Bemerkenswert ist auch hier die Verbindung des visuellen Diskursfragments zum einen mit der Bildunterschrift, die Saadawy als ›Ikone der Revolution‹ betitelt und mit dem Titel des Artikels »Das hier ist Krieg« (20110204*FAZ). Während im textlichen Kontext des Bildes also auf Revolution und Krieg verwiesen wird, wird die Art des Kampfes im Bild gleichzeitig als kommunikativ und intellektuell und damit auch friedlich gedeutet. Gerade durch die visuellen Diskursfragmente wird hier an Praktiken der Repräsentation, die Weiblichkeit mit Friedfertigkeit in Verbindung bringen, angeknüpft.

Auffällig ist, dass die Positionierung als politisch aktive Feministin hier durchaus anerkannt ist – anders als bestehende Arbeiten es für gegenwärtige ›westliche‹ postfeministische Diskurse betonen. Zugleich zeigt sich damit im Diskurs auch eine eng mit solchen postfeministischen Diskursen verknüpfte Deutung, dass politischer Feminismus ausschließlich in ›islamischen‹ Kontexten legitim sei (vgl. Scharff 2011). Die Subjektpositionierung *Feministin* bietet im untersuchten Diskurs insbesondere solchen ägyptischen Frauen eine anerkennende Subjektivierung an, die als ›Frauenexpertinnen‹ auftreten – entweder aufgrund ihrer Zugehörigkeit zu einer Frauenrechtsorganisation oder aufgrund ihrer internationalen Positionierung als Feministin. Feminismus wird hier ähnlich einer Profession oder Zugehörigkeit zu einer spezifischen Expertinnengruppe verstanden, weniger als grundsätzliche Auseinandersetzung mit Fragen bezüglich machtvoller Geschlechterstrukturen. Ein weiter gefasstes Verständnis von Feminismus als umfassende gesellschaftliche Kritik taucht hier nicht auf. Mit Bezug auf Feministinnen wird dabei neben Fakten vor allem eine emotionale Bewertung der Situation ›der Frauen‹ vermittelt. Sie übernehmen hier teilweise auch die Funktion von Kronzeuginnen für die Anklage einer Frauen unterdrückenden Kultur oder Religion. Bei der Subjektpositionierung *Feministin* zeigen sich teilweise auch Überschneidungen mit der Positionierung der *Aktivistin*, die sich spezifisch für Frauenrechte einsetzt, entscheidend ist hier aber die Legitimation, für und über ›Frauen und ihre Situation‹ im Allgemeinen sprechen zu dürfen. Die damit verbundene Fokussierung auf feministische Themen in einem spezifischen Sinn läuft jedoch Gefahr, die Vielfalt der Kämpfe der an den Protesten beteiligten Frauen zu unterschlagen. El-Mahdi stellt fest, dass der mediale Bezug auf einen Feminismus, der im Diskurs oft in seiner liberalen Ausrichtung verstanden wird, die Vielfältigkeit der Kämpfe von Frauen reduziert: »Multiple groups of Egyptian women are participating in different struggles that are not necessarily ›feminist‹ (in the reductionist definition they have of the term as they look for a specific form of involvement that resembles the European or US feminist movement in the 1970s)« (Abu-Loghad/El-Mahdi 2011: 684). Eine solche Reduzierung der Kämpfe ägyptischer Frauen auf spezifische Themen wird auch in der Diskussion der Sichtbarkeit von Aspekten eines lebbaren Lebens für Frauen im Diskurs in Kapitel 6.1 deutlich.

5.1.3 Das widerständige Opfer

Eine weitere, zentrale Subjektpositionierung, die im Diskurs konstruiert wird, ist die des weiblichen Opfers von körperlichen, teilweise sexualisierten Übergriffen. Das Spektrum der Übergriffe, als deren Opfer Frauen positioniert werden, reicht dabei von verbalen Belästigungen oder Beleidigungen in ›sozialen‹ Medien oder auf den Straßen von Kairo über die Durchführung von Jungfräulichkeitstests an Protestierenden durch das Militär bis zu öffentlichen Vergewaltigungen auf dem Tahrir-Platz während der Proteste.[10] Auffällig ist an dieser Subjektpositionierung, dass diese die einzige im Diskurs ist, die sowohl Frauen aus der Region als auch Frauen aus anderen, als ›westlich‹ klassifizierten Gegenden weltweit einnehmen. Neben prominenten ägyptischen Opfern, auf die später genauer eingegangen wird, bilden ›westliche‹ Reporterinnen eine wesentliche Personengruppe dieser Positionierung im Diskurs. Detailliert geschildert werden die Übergriffe auf Lara Logan (aus Südafrika), Sonja Didri und Caroline Sinz (beide aus Frankreich) auf dem Tahrir-Platz. Der Übergriff auf Lara Logan wird dabei gar als Startpunkt der Gewalt gegen Frauen gedeutet und sie somit zu einem zentralen Symbol für sexualisierte Gewalt während der Proteste:

> »Was am Abend des Rücktritts von Hosni Mubarak mit dem Missbrauch der CBS-Journalistin Lara Logan durch Dutzende junge Angreifer begann, ist inzwischen zu einem Massenverbrechen gewuchert, an dem sich bei Großdemonstrationen

10 Auf die Bedeutung der Schilderung sexualisierter Gewalt selber im Diskurs wird in Kapitel 6.1.1 eingegangen. Hier sollen zunächst damit verbundene Subjektpositionierungen fokussiert werden.

auf dem legendären Revolutionsplatz stets Hunderte männliche Täter beteiligen.« (20130203*ZEon)

Lara Logan wird hier als erstes Opfer[11] eines ›Massenverbrechens‹ eine besondere Stellung eingeräumt. Die Dringlichkeit des Problems wird durch die Schilderung ›westlicher‹ Opfer und damit einer vermeintlich größeren Nähe zu den Rezipient*innen verstärkt. Zugleich werden die jungen, männlichen Angreifer so nicht nur als Gegner ägyptischer Frauen, sondern als gemeinsamer Feind von Frauen weltweit konstituiert (vgl. dazu im Rahmen der Berichterstattung über Lara Logan in feministischen US-amerikanischen Publikationen auch Nichols 2013: 41). Unterstützt wird dies durch besonders drastische Schilderungen und Bilder des Vorfalls: »Ausgerechnet am Tag des Mubarak-Sturzes wurde die amerikanische Journalistin Lara Logan auf dem Sammelplatz der Revolution ›mit den Händen vergewaltigt‹, wie sie später sagte.« (20130208*FAZ) Besonders anschaulich wird die Bedrohlichkeit solcher Situationen auch in Abb. 18 aus der *Emma*, die einen Übergriff auf eine andere Reporterin, Caroline Sinz, zeigt.

*Abb. 18: »›Sie rissen mir die Kleider vom Leib und misshandelten mich eine Dreiviertelstunde lang. Ich dachte, ich sterbe.‹« (Bildquelle: Nina Hermann, Emma, 2012 *1*Emma)*

„Wir dürfen uns auf keinen Fall dem Druck dieser Meute beugen. Korrespondentinnen in Kairo sind wichtig!"
TV-REPORTERIN CAROLINE SINZ

„Sie rissen mir die Kleider vom Leib und misshandelten mich eine Dreiviertelstunde lang. Ich dachte, ich sterbe."

Visuell verdeutlicht wird hier durch die Bildkomposition die Kontrastierung zwischen der individuellen Person der Reporterin und der sie angreifenden Menge, außerdem legt die Kontrastierung zwischen der blonden Frau und dunkelhaarigen Männern und der daneben stehenden Markierung des Artikels mit dem Thema ›Islam(ismus)‹ die Deutung einer allgemeinen Bedrohung ›westlicher‹ Frauen durch muslimische Männer nahe. Sinz tritt im Diskurs dabei gleichzeitig als ›Kämpferin › auf, die sich dem ›Druck dieser Meute‹ nicht beugen wolle und sich als Sprecherin für andere in Ägypten angegriffene Frauen sieht, die selber nicht die Möglichkeit hätten zu sprechen: »Ich will

11 Die Formulierung impliziert auch, dass es vor den Übergriffen auf sie keine sexualisierte Gewalt in Ägypten gegeben hätte. Auf die Deutungen im Diskurs zur Kontinuität solcher Übergriffe gehe ich ebenfalls in Kapitel 6.1.1 näher ein.

öffentlich machen, was mir passiert ist, weil es vielen Frauen passiert. Vor allem Ägypterinnen, die nicht die Möglichkeit haben, öffentlich darüber zu sprechen.« (2012*1*Emma) Hier wird das in Spivaks (1988a) bekanntem Zitat formulierte Deutungsmuster der ›White men saving brown women from brown men‹ mit dem Argument feministischer Solidarität mit Bezug auf das an ›weißen‹ Feminismen immer wieder kritisierte Muster (vgl. u.a. Brunner 2016) der ›White women saving brown women from brown men‹ aktualisiert, wobei der Kampf von Sinz als besonders ›authentisch‹ konstituiert wird, da sie selbst Opfer von Gewalt wurde. Gleichzeitig widerspricht diese Deutung der Ägypterin, die nicht für sich selbst sprechen kann, der hegemonialen Deutung im Diskurs, die teilweise eine Verschiebung zu tradierten Positionierungen von Frauen als Opfer vornimmt.

Eine Viktimisierung und Repräsentation als passive Opfer, wie sie besonders an der Darstellung von Frauen in der Auslandsberichterstattung zur MENA-Region kritisiert wird (s. Kap. 2.3.2), kommt im Diskurs kaum vor. Auch ägyptische Frauen, die Opfer von sexualisierter Gewalt oder anderen Übergriffen wurden, sind im Diskurs oft aktiv an der Schilderung der Ereignisse beteiligt, wodurch ebenfalls die Dramatik der Ereignisse unterstrichen wird:

> »›Ihre Hände waren überall‹, sagt Nihal Saad Zaghloul. ›Sie waren wie Tiere.‹ Es war ein Freitag, Ende Juni, als Nihal wie so oft mit ihren Freunden auf den Tahrir-Platz zum Demonstrieren ging. Es wurde ein Tag, der Nihal nicht mehr loslässt. ›Ich wurde von meinen Freunden getrennt, Leute zogen mir mein Kopftuch herunter und dann begrapschten sie mich am ganzen Körper‹, sagt Nihal.« (20120809*ZEon)

Eine ausgeprägte Bedrohlichkeit der Situation wird in diesem Zitat zum einen über die Schilderung der Handlungen erzeugt (›Ihre Hände waren überall‹, ›Sie waren wie Tiere‹, ›begrapschten mich am ganzen Körper‹) und zum anderen mit der Verbindung zu einer im Diskurs anerkannten Handlung, der Teilnahme Zaghlouls an den Protesten, sowie der Beschreibung der Folgen der Ereignisse für die Protagonistin (›Es wurde ein Tag, der Nihal nicht mehr loslässt‹). Durch die direkte Schilderung der Vorkommnisse und der hier gegebenen Möglichkeit, ihre eigene Version der Vorfälle darzustellen, erscheint Zaghloul jedoch nicht als passives Objekt, sondern als aktives Subjekt.

Generell ist für die Subjektpositionierung *Widerständiges Opfer* zentral, dass sie eine enge Verbindung oder sogar Überschneidung mit der Position der *Aktivistin* aufweist und die Opfer vor allem sexualisierter Gewalt hier nicht als passiv und anonym, sondern meist als widerständige und handlungsfähige individuelle Personen beschrieben und zu sehen gegeben werden.

Das Beispielbild für den Bildtypus *Bedrohte Frau* (Abb. 19) kann zunächst auch als Protestbild eingeordnet werden (die Personen auf dem Bild tragen Nationalfahnen und Kopfbanderolen, haben teilweise Hände oder Fäuste gehoben), hier zeigt sich die zentrale Bedeutung des textförmigen Umfeldes für das Verständnis des Bildes. Auffällig ist gleich zu Beginn der ›Graben‹ in der Mitte des Bildes, in dem sich nur einige Personen bewegen. Beim zweiten Blick fällt auf, dass diese Lücke in der Bildmitte Männer und Frauen trennt, die trotzdem alle in die gleiche Richtung blicken. Erst durch die Bildunterschrift wird diese als ›Schutzzone‹ zwischen Männern und Frauen deutlich und durch die Überschrift zugleich mit einem negativen Aspekt im Kontext der Proteste in

Verbindung gebracht. Interessant ist, dass hier, im Gegensatz zu den vorherrschenden Motiven einzelner Frauen oder kleiner Gruppen im Bildtyp *Protestierende Frau*, Protest über das Zeigen einer Menschenmenge symbolisiert wird – ein typisches Motiv für Momente der Interessenartikulation in der Bildberichterstattung (vgl. El Tahwy 2018, Grittmann 2007: 375). Die Perspektive des Bildes, bei der die Betrachter*in von oben auf die Demonstration blickt, macht die Lücke und das Handeln der Helferinnen gut sichtbar, zugleich wird dadurch der Eindruck erweckt, dass das Bild in einem unbeobachteten Moment aufgenommen wurde, was die Authentizität des Bildes unterstreicht (vgl. Grittmann 2007: 361). Das Bild und sein Textumfeld machen damit gleichzeitig ein problematisches Verhältnis zwischen Männern und Frauen während der Proteste deutlich und den Umgang damit in Form der Einrichtung einer durch Frauen organisierten Schutzzone sichtbar. Hier wird sowohl der Moment der Bedrohung selbst als auch der Widerstand gegen diesen gezeigt.

*Abb. 19 (links): »Schutzzone: Freiwillige Helfer sichern am Mittwoch auf dem Tahrir-Platz den Abstand zwischen Männern und Frauen« (Bildquelle: AP, 20130707*FAZ); Abb. 20 (rechts): »Ort der Angst: Frauen wehren sich auf dem Tahrir-Platz gegen aggressive Anmache« (Bildquelle: Samuel Mohsen/picture-alliance/dpa, 20130214 *ZE)*

Schatten über dem Neubeginn

»Deine Vagina gehört allen«

Auch Abb. 20 zeigt einerseits – so legen es Bildunterschrift und Überschrift nahe – eine unerwünschte Anmache zweier junger Frauen im öffentlichen Raum, im Mittelpunkt der Bildaussage steht jedoch andererseits die abwehrende Gestikulation der beiden Frauen. Auch hier werden Frauen entgegen tradierter Repräsentationspraktiken (vgl. insbesondere Fahmy 2014) als aktiv dargestellt, was sich insbesondere im visuellen Diskursfragment zeigt, während sich der Text vor allem auf die Problematisierung gesellschaftlicher Zustände bezieht. Frauen werden dabei meist als Individuen repräsentiert, während Männer als bedrohliche Gruppen auftreten (s. Kap. 5.2.5).

Im Diskurs werden verschiedene Widerstandsformen gegen die Übergriffe thematisiert, etwa die direkte Gegenwehr, die Öffentlichmachung der Ereignisse, rechtliche Schritte oder die Gründung von Organisationen gegen sexualisierte Gewalt und die Einrichtung kollektiver Schutztruppen.[12] Einige Frauen, deren Positionierung als Opfer mit einer Fokussierung auf ihren Widerstand verbunden werden, tauchen dabei immer wieder namentlich im Diskurs auf. Die besondere Anerkennung, die ihnen zuteilwird, lässt sich mit ihrer Rolle als Pionierinnen in der Ausübung verschiedener Widerstandsformen begründen. Dazu gehören Jasmin Al-Baramany, »die auf dem Tahrir von einem

12 Näher erörtert werden die im Diskurs auftauchenden Widerstandsformen in Kapitel 6.2.

Mob überfallen wurde« (20130214*TAon) und »als eine der ersten Frauen öffentlich über ihre Vergewaltigung auf dem Tahrirplatz gesprochen« (20131231*TAon) hat, die im Diskurs jedoch weit weniger Aufmerksamkeit erhält als die ›westliche‹ Reporterin Logan. Während Al-Baramany für den Bruch mit der Tabuisierung (öffentlicher) sexualisierter Gewalt steht, wird Samira Ibrahim sowohl in textförmigen als auch visuellen Diskursfragmenten diskursiv anerkannt,[13] weil sie das Militär aufgrund der Durchführung von Jungfräulichkeitstests[14] verklagte. Wie schon für die Subjektpositionierung *Aktivistin* wird auch hier ihr Widerstand mit Kriegsvokabular beschrieben, sie »strotzt vor Kampfeslust«, führe einen »Feldzug gegen die Generäle« und sei »eine echte Kriegerin« (20111203*SPon). Sie wird zugleich als Vorbild für andere Frauen positioniert: »Ein Opfer der Jungfräulichkeitstests, Samira Ibrahim, traute sich als erste Frau und reichte Klage gegen das Militär ein. […] Das ermutigt andere Frauen, ebenfalls zu klagen.« (20120202*ZE)

Auch visuell wird Ibrahim in Abb. 21 sowohl durch den Bildtypen des Porträts als auch den Bildausschnitt und ihre Positionierung darin anerkannt. Zu sehen gegeben wird sie als hübsche, junge Frau mit erhobenem Kopf, die zugleich durch ihr direktes zurückhaltendes Lächeln in die Kamera auf angenehme Weise Kontakt zur Betrachterin herstellt. Obwohl sie ein Kopftuch trägt unterstreichen ihr direkter Blick, die bunte Kleidung und das Make-Up, dass hier eine ›moderne‹ Frau gezeigt wird. Betont wird dies auch durch den Bildhintergrund, der sie im öffentlichen Raum, offenbar einem Café, verortet.

Ein weiteres Opfer, welches jedoch nicht als individuelle Person, sondern als Symbol für die Gewalt gegen Frauen sehr präsent im Diskurs ist, ist das ›Mädchen mit dem blauen BH‹. Es wurde bekannt durch ein Foto, auf dem eine auf dem Boden liegende Frau zu sehen ist, die von Soldaten gezerrt, geschlagen und getreten wird, so dass ihr Umhang nach oben rutschte und ein blauer BH darunter sichtbar wird. Das Bild wurde, wie in Abb. 22 sichtbar, als Zeichen für Gewalt gegen Frauen während Protesten in Ägypten genutzt.

Dass hier ein Demonstrant[15] fotografiert wurde, der gerade diese Szene zeigt, um gegen solche Gewalt vorzugehen, weist auf die Verständlichkeit des Motivs auch im internationalen Kontext hin. Symbolisiert wird hier die schutzlose, der Staatsgewalt

13 Anders als bei Eickhof (2013: 164) dargestellt, finden sich auch im Diskurs deutscher Pressemedien einige Diskursfragmente, die über Samira Ibrahim berichten, die in Ägypten während der Proteste als eine zentrale Figur des Widerstandes gegen körperliche Unterdrückung von Frauen galt.

14 Bei den Jungfräulichkeitstests wurden protestierende Frauen in einem dem Tahrir-Platz nahe gelegenen Gebäude vom Militär dazu gezwungen, sich nackt auszuziehen und auf ihre Jungfräulichkeit hin untersuchen zu lassen. Ihnen wurde gedroht, sie wegen Prostitution anzuklagen, sollten sie keine Jungfrauen sein. Frauen berichteten außerdem, dass Soldaten sie nackt fotografiert und geschlagen hätten. Eine Verurteilung der wegen sexualisierter Gewalt Beschuldigten fand nicht statt (vgl. Nazra 2012, Kapitel 1.3).

15 Auffällig ist, dass in der Abbildung ein Mann gezeigt wird, der das Plakat hält. Entgegen der zuvor dargestellten Repräsentation von Männern vorwiegend als bedrohliche Gruppe wird hier eine Solidarisierung mit Frauen gegen gewalttätige Übergriffe deutlich (s. Kap. 5.2.5). Zwar könnte das gemalte Bild sowohl auf den Protest gegen durch das Militär verübte Gewalt als auch gegen Gewalt gegen Frauen verweisen, durch die Bildunterschrift wird die Darstellung aber vor allem als letzteres gerahmt.

*Abb. 21 (links): »Samira Ibrahim: ›Sie ist eine echte Kriegerin und liebt ihr Land‹« (Bildquelle: Spiegel online, 20111203*SPon); Abb. 22 (rechts): »Ein Demonstrant hat eine Szene auf ein Plakat gemalt, bei der Mitglieder der Militärpolizei eine Frau treten und ihr die Kleider vom Leib reißen. Weder Politiker noch die Polizei gehen entschieden gegen die Gewalt gegen Frauen vor – das übernehmen nun Aktivisten.« (Bildquelle: AFP, 20130206 *SPon)*

ausgesetzte Frau (vgl. Eickhof 2013: 167), gerade durch die Entblößung des weiblichen Körpers wird seine Schutzbedürftigkeit unterstrichen und ein sofortiges Eingreifen gefordert (vgl. Wenk 2008: 41f). Zudem ist interessant, dass auch im untersuchten Diskurs meist die Benennung auftaucht, die sich international etabliert hat: »Das Mädchen mit dem blauen BH« (u.a. 20120202*ZE), während in Ägypten zunächst vom ›Girl who got beaten‹ gesprochen wurde (vgl. Antoun 2011). Die Aufmerksamkeit richtet sich hier also auf die Bekleidung des weiblichen Körpers, den sichtbaren blauen BH und nicht die ihm zugefügte Gewalt.

Selbst in diesem Symbol weiblicher Schutzbedürftigkeit findet sich im Diskurs jedoch der Versuch, Opfer nicht als passiv und stumm zu repräsentieren, sondern ihnen eine Stimme und damit aktive Rolle zu verleihen. So beschäftigt sich ein ganzer Diskursbeitrag mit der Suche nach der Identität des Opfers und dem Wunsch, sie zu interviewen (20120202*ZE).

Generell zeigt sich also auch in der Subjektpositionierung *Widerständiges Opfer* im Diskurs eine Fokussierung auf Handlungsfähigkeit und eine Sichtbarkeit und Anerkennung insbesondere solcher Frauen, die sich gegen die ihnen zugefügte Gewalt wehren und dabei Pionierinnen sind. Indem er Frauen dabei unterstützt, ihre Geschichten zu veröffentlichen, trägt der Diskurs zudem scheinbar selbst zur Handlungsfähigkeit dieser Frauen bei und grenzt sich von als tabuisierend und Handlungsfähigkeit unterdrückend konstituierten Diskursen in Ägypten ab (s. Kap. 5.3.1, 6.1.1).[16]

5.1.4 Die ambivalente Positionierung der gläubigen Muslima

Die Einordnung von Personen in die Subjektpositionierung *Gläubige Muslima* wird zentral über ihre Kleidung vorgenommen. Dabei geht es weniger um die Hervorhebung

16 Darauf, dass auch ›westliche‹ Diskurse nicht frei von Tabuisierungen sexualisierter Gewalt sind und damit die Handlungsfähigkeit von Opfern beschränken, weist gegenwärtig die Twitter-Kampagne *#WhyIDidntReport* hin.

eines Kopftuches – welches, wie oben beschrieben, im Diskurs durchaus auch mit anderen Subjektpositionierungen in Verbindung gebracht wird – sondern um die (auch textliche) Sichtbarmachung einer ›Vollverschleierung‹: »Sahla gehört den konservativen Muslimbrüdern an, sichtbar auch an ihrer Kleidung, einem rosenfarbenen Umhang, der nur ihr Gesicht und ihre Hände frei lässt.« (20110209*TAon) Explizit wird hier durch den Verweis ›sichtbar auch an‹ (woran dies ›auch‹ identifiziert werden kann, bleibt dabei in dem Artikel unklar) die Kleidung als zentrales Kennzeichen für eine bestimmte Positionierung der Person hervorgehoben. Auffällig an den visuellen Diskursfragmenten der Positionierung als *Gläubige Muslima* ist, dass bei der Sichtbarmachung dieser Subjektpositionierung Frauen nicht nur durch ihre Kleidung, sondern wie in Abb. 23 und Abb. 24 zusätzlich durch eine betende Haltung oder den Koran in der Hand als gläubig gekennzeichnet werden. Der Bildtyp *Betende Frau* weist jedoch nur wenige Bilder auf.

*Abb. 23 (links): »›Es hat eine Zeit lang gedauert, bis wir in der Lage waren, die Vereinbarkeit von Islam und den Menschenrechten klar zu formulieren.‹« (Bildquelle: Reuters, 20110817*TAon); Abb. 24 (rechts): »Soldaten, betende Frauen auf dem Tahrir-Platz: Nicht verstanden, wie man Politik und Religion trennen soll« (Bildquelle: CARSTEN KOALL/GETTY IMAGES, 20110328 *SP)*

Frauenrechtlerin über Frauen im Islam

"Das ist islamischer Feminismus"

Auf den ersten Blick unvereinbar: Islam und die Gleichberechtigung der Frau. Viele Muslima aber glaube, dass sie sich nicht entscheiden müssen, sagt die Frauenrechtlerin Amina Wadud.

"Es hat eine Zeit lang gedauert, bis wir in der Lage waren, die Vereinbarkeit von Islam und den Menschenrechten klar zu formulieren." Bild: reuters

Gesellschaft / Alltag

DAS INTERVIEW FÜHRTE ULRIKE HUMMEL

Das Tragen eines Kopftuches wird aufgrund der hohen Präsenz im Diskurs offenbar nicht mehr ausschließlich mit der Subjektpositionierung *Gläubige Muslima* in Verbindung gebracht, so dass der weibliche Glaube über andere Merkmale gekennzeichnet wird. Interessant an Abb. 23 ist, dass durch den Bezug des Textes auf ›den Islam‹ die kollektive Lesesituation im Bild sofortige Assoziationen einer gemeinsamen Koranlektüre weckt, ohne dass dies deutlich benannt wird. Zudem erscheint das Bild auf den ersten Blick als Kontrast zu einem Artikel, in dem es um Feminismus geht, wie die Überschrift ankündigt. Die Kontrastierung zwischen Bild und textlichem Kontext zeigt hier auf, worum es auch im Texteinstieg geht: »Auf den ersten Blick unvereinbar: Islam und die Gleichberechtigung der Frau.« (20110817*TAon) Während der Text eine Vereinbarkeit argumentiert, so bleibt hier doch durch den scheinbaren Kontrast zwischen Überschrift und Bild ein Zweifel bestehen. Die Heterogenität von Deutungen zur Vereinbarkeit ihres Glaubens mit der ›Gleichberechtigung der Frau‹ bzw. ihrer Emanzipation und eine damit verbundene Ambivalenz zwischen Anerkennung und Missachtung ist kennzeichnend für die Konstitution der Subjektpositionierung *Gläubige Muslima* im Diskurs.

In Abb. 24 werden die betenden Frauen besonders durch Motiv, Bildausschnitt und Kameraperspektive als den auf dem Panzer betenden Männern untergeordnet dargestellt. Zugleich wird durch die betende Haltung aller gezeigter Personen – also sowohl der Frauen, der Soldaten und des Mannes mit einem an einen Geistlichen erinnernden Aussehen – Religion als der Gesellschaft und dem Militär übergeordnet gezeigt. Dies wird auch durch die Bildunterschrift, welche die Verbindung von Politik und Religion problematisiert, unterstrichen und damit an die für Islamdiskurse zentrale Problematisierung des ›politischen Islams‹ angeknüpft (s. Kap. 2.3.2).

Im Diskurs findet zum einen eine Missachtung insbesondere von Muslimschwestern als unemanzipiert statt, wobei unterschiedliche Argumentationsweisen zum Tragen kommen. Die Fokussierung auf Muslimschwestern in distanzierenden Darstellungen zeigt, dass auch hier insbesondere solche Frauen, die ihren Glauben mit Politik verbinden, also ›der politische Islam‹ problematisiert wird. Zum Teil werden in Porträts einzelner Frauen diese zwar indirekt oder direkt zitiert, durch die Zusammenstellung und Kontextualisierung der Aussagen aber eine Distanz zu diesen aufgebaut:

> »Die Revolution sei ein Geschenk für die Frauen gewesen. Es gebe haufenweise weibliche Kandidaten bei den Wahlen, sie selbst zum Beispiel, und ihr Mann habe es erlaubt, ja, sie ermutigt, sogar unter den ultrakonservativen Salafisten seien Kandidatinnen. Gewiss, die Salafi-Frauen druckten statt ihres Gesichts eine Blume auf die Wahlplakate, sie gelten als Sprachrohre ihrer Männer. Und sie, Manal, hat nur auf einem unteren Listenplatz gestanden und den Einzug ins Parlament nicht geschafft.« (20111217*SZ)

In diesem Textausschnitt wird zunächst betont, dass eine zunehmende politische Beteiligung von Frauen ›sogar‹ in konservativen, religiösen Parteien zu verzeichnen sei. Im nächsten Satz wird diese aber relativiert: Durch die Zusammenstellung der indirekten Zitate ist die eigentliche Aussage des Abschnitts, dass Frauen in diesen Parteien eben nur ›Sprachrohre ihrer Männer‹ seien und letztendlich keine Chance hätte, selbst ins Parlament einzuziehen. Manal wird hier keine direkte Sprechposition zugestanden, sie wird nur indirekt zitiert und ihre Position durch die Zusammenstellung von Aussagen gleichzeitig als naiv dargestellt. Das ›Gewiss‹ im Text erscheint als eine Relativierung durch Manal selbst, wenngleich nach diesem Argumente folgen, die die anfängliche positive Deutung der Revolution als ›Geschenk für die Frauen‹ als vermeintlich ›falsch‹ darstellen. Hier wird eine indirekte Sprechposition und deren redaktionelle Rahmung also genutzt, um Unstimmigkeiten in der Argumentation zu ›entlarven‹. Zugleich zeigt sich auch hier die im Diskurs vorherrschende Strategie, weiblichen Handlungsträgerinnen Sprechpositionen einzuräumen. Selbst die dem in ›westlichen‹ Diskursen zentral kritisierten ›politischen Islam‹ zugeordnete Position der Muslimschwester erhält im Diskurs die Möglichkeit, zu sprechen und ihre Position darzustellen, wenngleich die Legitimität ihrer Position über den textlichen Kontext in Frage gestellt wird.

Teilweise wird im Diskurs auch direkter argumentiert, dass Muslimschwestern nur oberflächlich emanzipiert seien: »Es ist einer dieser Momente, in denen sich die Schleier der Muslimschwestern ein wenig heben und die Widersprüche deutlich werden zwischen den toleranten Worten und einer intoleranten Gesinnung, die sie vielleicht verhüllen.« (20110328*SP) Bemerkenswert ist, dass hier der ›Schleier‹ als Symbol herangezogen wird, der die ›intolerante Gesinnung‹ der Frauen ›verhülle‹. Gleichzeitig mit der Missachtung der Muslimschwestern und ihrer Konstitution als intolerant wird hier eine Abwertung des Kleidungsstückes vorgenommen, indem impliziert wird, es würde den ›wahren Kern‹ und die Einstellungen von Menschen verstecken und diese erst mit Ablegen des Schleiers deutlich werden.[17]

Am direktesten erfolgt die Entwertung dieser Subjektpositionierung in Zitaten ägyptischer Frauen, die der Subjektpositionierung *Aktivistin* zugeordnet werden können und die damit als Kronzeuginnen zur Legitimation der Missachtung gläubiger Muslimas fungieren: »Bei den Muslimbrüdern gibt es eine sehr starke Frauenbewegung. Wenn diese Frauen die Verfassung mitschreiben, ist zu fürchten, dass sie der Gesellschaft ihre rigiden Geschlechtervorstellungen aufzwingen.« (20120114*TA*1) Zwar ist hier von einer ›Frauenbewegung‹ die Rede, gleichzeitig wird aber verdeutlicht, dass diese nicht mit Emanzipation und ›Fortschrittlichkeit‹ in Geschlechterfragen in Verbindung gebracht werden dürfe, sondern im Gegensatz sogar als Gefahr für die Gesellschaft charakterisiert wird. In der Gegenüberstellung zwischen Aktivistinnen und gläubigen Muslima wird an anderer Stelle gar von »zwei Welten« (20111217*SZ) in denen sie leben gesprochen, beide Kategorien also als binäre Gegensätze konstituiert. Auch werden ›Islamistinnen‹ Frauen allgemein gegenübergestellt: »Während der Revolution standen sie Seite an Seite, nun fürchten sich viele Frauen vor den Islamistinnen.« (Ebd.) ›Islamistinnen‹ scheinen hier nach der Revolution zu einer Kategorie geworden zu sein, die nicht mehr zur homogenisierten Gruppe der Frauen (s. Kap. 5.2.3) gerechnet wird, sondern aufgrund ihrer konservativen Ziele als Opposition zu Frauen verstanden werden muss. Es zeigen sich im Diskurs folglich zwei narrative Muster der Entwertung von Muslimschwestern: Zum einen durch die redaktionelle Rahmung, bei der oft indirekte Zitate eingesetzt werden und zum anderen mit Bezug auf ägyptische Aktivistinnen, die meist direkt zitiert werden.

Gleichzeitig werden in einigen Diskursfragmenten Muslimschwestern auch affirmativ, als ›modern‹ und an Gleichberechtigung orientiert dargestellt, es wird damit eine sehr ambivalente Deutung der Subjektpositionierung *Gläubige Muslima* im untersuchten Pressediskurs um die Proteste in Ägypten deutlich. Generell zeigt sich meist dann ein positiver Bezug zu religiösen Akteurinnen, wenn diese die Vereinbarkeit zwischen ›westlichen‹ oder als universal gedeuteten Werten und ›dem Islam‹ verkörpern oder ausdrücken.

> »Al-Gharf will staatliche Neutralität, sie ist eine moderate Islamistin. Das zeigt sich auch an einem zweiten Streitpunkt, der im Urlaubsland Ägypten heikel ist: der Biki-

17 Die Enttäuschung, dass diese Frauen nicht wie von ihnen erwartet für ihre eigenen Rechte gegen Männer eintreten, wird in diesem Zitat deutlich: »Die Revolution hat den Muslimschwestern Arwa, Dschihan und Sarha eine Stimme gegeben, eine Idee davon, was Demokratie bedeuten kann. Aber ihre Prioritäten im Leben haben sich dadurch nicht verändert: Eine gute Mutter zu sein, eine gute Ehefrau zu sein, eine gute Muslimin zu sein, das bleibt das Lebensziel. Sie wollen emanzipiert sein – soweit der Islam Emanzipation zulassen kann. Sie sind Frauen, die für Rechte kämpfen, aber gegen Männer kämpfen wollen sie nicht.« (20110328*SP).

> nifrage. Radikale Islamisten fordern, dass sich Touristinnen an den heißen Stränden verhüllen müssen, dass Touristen abends an der Bar keinen Alkohol trinken dürfen. Al-Gharf sieht das anders. ›Die Touristen kommen ja nicht her, um nackt und betrunken herumzulaufen. Sie wollen Urlaub machen!‹ Sie will die bestehenden liberalen Gesetze nicht ändern. Unklar ist noch, wie viele der regierenden Muslimbrüder ihre Meinung teilen.« (20130124*ZE)

Dass die Gewährleistung von Anerkennung gegenüber Al Gharf legitim ist, obwohl sie die Position einer gläubigen Muslima einnimmt, wird in diesem Zitat gleich dreifach begründet: Erstens sei sie eine ›moderate‹ Islamistin, zweitens wird ihre moderate Positionierung in der ›Bikinifrage‹ ausführlich dargelegt und drittens die Abweichung ihrer Meinung von anderen Muslimbrüdern betont. Die Anerkennung einer solchen Subjektpositionierung bedarf also offensichtlich einer diskursiven Legitimation.

Durch die redaktionelle Rahmung und direkte Zitate im Diskurs anerkannt werden auch Frauen, die als feministische Muslima (20130207*ZE) oder muslimische Frauenrechtlerin (20110817*TAon) eingeführt werden. Gerade zu Beginn des untersuchten Diskurses, also während der Proteste 2011, finden sich Darstellungen, bei denen sich die Positionierung als *Gläubige Muslima* mit einer gleichzeitigen Positionierung als *Feministin* oder *Aktivistin* überschneidet.

Die Ambivalenz, die sich in der Konstitution der Subjektposition *Gläubige Muslima* zeigt, scheint besonders in den im Diskurs vorherrschenden unterschiedlichen Deutungen zur Vereinbarkeit von Feminismus und Islam begründet (vgl. beispielsweise 20110817*TAon zur Vereinbarkeit von Islam und Feminismus, 20120114*TA*1 zur Unvereinbarkeit von Feminismus und Islam). Zum einen wird die *Gläubige Muslima* – besonders, wenn sie einem ›politischen Islam‹ zugeordnet wird – als nicht emanzipiert und nicht feministisch abgewertet. Zum anderen wird sie dann anerkannt, wenn sie feministische Ziele formuliert und Geschlechtergleichberechtigung fordert. In beiden Fällen zeigt sich hier, anders als in ›westlichen‹ Diskursen üblich, eine positive Bewertung des Bezugs auf einen politischen Feminismus, der offenbar im Kontext des Islams als legitim verstanden wird (vgl. Scharff 2011).

Zusammenfassung: Subjektpositionierungen

In diesem Kapitel habe ich vier Subjektpositionierungen für Frauen, die im untersuchten Pressediskurs um die Proteste in Ägypten konstituiert werden, vorgestellt: Die *Aktivistin*, die sich mutig und kämpferisch für die ›gute‹ Sache (gesellschaftliche Veränderung, Frauenrechte oder die Herstellung von Öffentlichkeit für die Proteste) einsetzt; die *Feministin* als Expertin für die Situation und Anliegen ›der Frauen‹; das *Widerständige Opfer*, welches sich gegen die Unterdrückung des weiblichen Körpers zur Wehr setzt und die *Gläubige Muslima*, die Anerkennung für Aussagen zur Vereinbarkeit von Islam und Feminismus erhält, als weibliche Verkörperung des politischen Islams aber vor allem abgewertet wird. Die Trennung zwischen diesen Positionierungen ist vor allem eine analytische. Wie ich verdeutlicht habe, finden sich hier zahlreiche Überschneidungen. Die Ausführungen zu den im Diskurs enthaltenen Subjektpositionierungen für Frauen haben gezeigt, dass diese übergreifend meist mit einer mediatisierten Anerkennung der repräsentierten Frauen einhergehen. In der translokalen Sichtbarkeit von protestierenden Frauen in Ägypten in journalistischen Medien in Deutschland ist somit das in Ansätzen zu Kosmopolitismus in Medienkulturen diskutierte Potential einer mediatisierten Anerkennung erkennbar. Diese zeichnet sich im untersuchten Diskurs vor allem in der Subjektivierung der dargestellten Frauen als handlungsfähige, individuelle Personen ab, die selbst am Diskurs teilnehmen und ihre eigenen Perspektiven einbringen können. Diese Subjektivierung und auch die Herstellung von Nähe zur Betrachter*in und Leser*in wird sowohl in den textlichen wie auch den visuellen Diskursfragmenten offenbar, wobei gerade die Bilder die Handlungsfähigkeit der Frauen fokussieren, während in den Bildunterschriften (und teilweise auf textförmigen Diskursfragmenten) vermehrt auf die problematische Situation für Frauen hingewiesen wird. Verstärkt wird diese subjektivierende Anerkennung meist durch die textliche Einordnung, die Äußerungen und Handlungen der gezeigten Subjekte unterstreicht und legitimiert. Deutlich wird die anerkennende Haltung im Diskurs gegenüber den repräsentierten Subjektpositionierungen besonders in Abgrenzung zu den in Kapitel 2.3.2 diskutierten, tradierten Repräsentationsregimen vergeschlechtlichter Orient-/Okzidentkonstruktionen und den aufgezeigten Verschiebungen zu diesen im Diskurs.

In den obigen Ausführungen konnte jedoch auch die Ambivalenz dieser anerkennenden Haltung herausgestellt werden. Sie zeigt sich vor allem in der spezifischen Rahmung von Anerkennung: Anerkannt werden Frauen vor allem unter der Bedingung, dass sie eine aktive und emanzipierte Form von Weiblichkeit verkörpern. Hörbar sind so beispielsweise vor allem solche Positionen, die bestehende machtvolle Orient-/Okzidentstrukturierungen rekonstruieren; mit dem Symbol der Kämpferin für die ›gute‹ Sache geht zugleich eine hierarchische Zuordnung ›moderner‹ und ›rückständiger‹ Gesellschaften einher und die Fokussierung auf einen spezifischen Feminismusbegriff homogenisiert und reduziert die vielfältigen Kämpfe von Frauen und ist gleichzeitig Bedingung für ihre Anerkennung, was sich in der Subjektpositionierung *Gläubige Muslima* deutlich zeigt.

Die Bedingungen für eine mediatisierte Anerkennung von Frauen im journalistischen Diskurs in Deutschland um die Proteste in Ägypten wurden damit in diesem Kapitel bereits angedeutet. Sie zeigen sich insbesondere in einer spezifischen Form der Konstitution von Weiblichkeit und in der Aufrechterhaltung aufeinander bezogener Orient-/Okzidentkonstruktionen, wie ich in den nächsten beiden Kapiteln darlegen werde.

5.2 Konstruktionen von Geschlecht

Geschlechterkonstruktionen werden im untersuchten Pressediskurs um protestierende Frauen in Ägypten ausschließlich entlang einer heterosexuellen Zweigeschlechtlichkeit (vgl. Butler 1991) vorgenommen. Begehren und Geschlecht werden damit nicht als vielfältig, sondern ausschließlich innerhalb eines binären Systems hergestellt. In diesem Abschnitt soll vor allem die Konstruktion von Weiblichkeit innerhalb des Diskurses untersucht werden, die auch über eine Abgrenzung von orientalisierten Männlichkeitskonstruktionen vorgenommenen wird. Die Bedeutung geschlechtlicher Kategorien interessiert mich dabei vor allem vor dem Hintergrund der Frage nach den spezifischen

Bedingungen der aufgezeigten Anerkennung der im Diskurs bereitgestellten Subjektpositionierungen, die teilweise bereits andiskutiert wurden. Im Folgenden stelle ich vier zentrale Aspekte der Konstruktion von Weiblichkeit im Diskurs vor und gehe dabei auch auf die Ambivalenzen der einzelnen Deutungen ein: Die Bedeutung von Körperlichkeit und der Ausübung individueller Wahlfreiheit (Kap. 5.2.1), die Professionalität und ›Modernität‹ von Weiblichkeit (Kap. 5.2.2), ihre nationale Homogenisierung (5.2.3) und die Symbolisierung eines gesellschaftlichen Aufbruchs über Weiblichkeit (5.2.4). Zudem erläutere ich in Kapitel 5.2.5 die Konstitution von Weiblichkeit über die Abgrenzung zu einer meist in Opposition zu ihr konstruierten orientalen Männlichkeit.

5.2.1 Bedeutung von Körperlichkeit und Ausübung von Wahlfreiheit

Ein zentrales Merkmal der Konstruktion von Weiblichkeit im Diskurs ist die Verbindung mit Körperlichkeit und deren Ausgestaltung.[18] Unabhängig von ihrer spezifischen Subjektposition werden Frauen meist über Beschreibungen ihrer körperlichen Eigenschaften und ihres Aussehens eingeführt, wie etwa dieses Beispiel zeigt: »Salwa Husseini Gouda, 20, ist eine kleine, zierliche Frau mit fein geschwungenen Lippen und mandelförmigen Augen. [...] sie trägt Jeans und ein Kopftuch, dazu ein eng anliegendes Top.« (20110606*SP) Hervorgehoben werden dabei wie in dieser Charakterisierung mit der Zierlichkeit der Frau, ihren ›fein geschwungenen Lippen‹ und dem eng anliegende Top oft solche Merkmale, die nach gängigen Interpretationen als ›schön‹ beurteilt werden können (zu hegemonialen Schönheitsnormen in ›westlichen‹ Gesellschaften vgl. Degele 2004). Gerade die Hervorhebung der ›mandelförmigen Augen‹ stellt zugleich ein körperliches Merkmal heraus, welches mit einer erotisierenden Orientalisierung von Frauen in Verbindung gebracht werden kann. Die Figur der »exotischen Orientalin« (Farrokhzad 2002: 87) ist seit den 50er Jahren in deutschen medialen Diskursen kaum noch präsent, scheint hier aber aktualisiert zu werden. Neben körperlichen Besonderheiten geht das Zitat auch auf die modische und körperbetonte Kleidung der Frau ein und hebt damit eine Ausübung von Weiblichkeit über ihren Kleidungsstil entsprechend des von McRobbie dargestellten Erscheinungsraums der ›phallischen Frau‹ (vgl. McRobbie 2010) hervor.[19] Häufig wird dabei auf das Tragen als ›westlich‹ verstandener Kleidung eingegangen, ebenso finden sich Beschreibungen eines Lebensstils von Frauen, der als ›westlich‹ geprägt verstanden werden kann: etwa wenn Frauen beschrieben werden, die bei

18 Birgit Schaufler (2002) betont, dass bereits in deutschsprachigen, frauenadressierenden Periodika im 18. Jahrhundert deutlich wird, dass die Normierung weiblicher Körper vor allem auf einer »einsichtigen ›Selbstkonsituierung‹« beruht: »Der ›Frauenkörper‹ ist die Leistung der Frauen. Sie werden in die Lage versetzt, diese Leistung zu vollbringen, indem ihnen einerseits das Formierungswissen zur Verfügung gestellt wird, das sie benötigen, um die Ausgestaltung ihrer eigenen Körperlichkeit normgerecht vollziehen zu können. Andererseits werden Frauen über Sexualisierung, die Moralisierung, die Ästhetisierung und die Pathologisierung des weiblichen Körpers zur handelnden Umsetzung der Vorgaben gewonnen.« (Ebd.: 200) Eine solche Inszenierung weiblicher Körperlichkeit wird auch im untersuchten Diskurs als Aufgabe und Leistung von Frauen deutlich und der Vollzug dieser Aufgabe wertgeschätzt (s. Kap. 2.3.1).

19 Eine mögliche Irritation des hier gezeichneten Bildes stellt lediglich das Kopftuch dar, welches im Diskurs aber als vereinbar mit Normen für Schönheit und Weiblichkeit gedeutet wird. Darauf soll an späterer Stelle noch genauer eingegangen werden.

»Costa Café, dem ägyptischen Starbucks« (20130214*ZE) sitzen: »Um uns herum nippen modisch gekleidete Ägypterinnen mit perfektem Make-up an ihrem Cappuccino, tippen mit rot lackierten Fingernägeln auf ihren Smartphones herum.« (Ebd.)[20] Verweise auf Starbucks, Cappuccino und Smartphones reihen die hier in ihrer weiblichen Inszenierung hervorgehobenen Ägypterinnen in eine Reihe mit Bewohnerinnen ›westlicher‹ Großstädte und damit den von McRobbie (2010) beschriebenen Erscheinungsraum der ›globalen Frau‹ ein. Beschrieben wird hier ein kosmopolitischer Lebensstil, der sich vor allem in grenzüberschreitendem Konsum und auch Mobilität ausdrückt und mit Beck als ein Element von Kosmopolitisierung verstanden werden kann (vgl. Beck 2003: 21, Holton 2009: 205). Diese zeigt sich hier jedoch vor allem in einem Bezug auf Produkte, die als typisch ›westlich‹ zugeordnet werden können. Die Schilderung körperlicher Merkmale und des Kleidungs- und Lebensstils wird in der Repräsentation von Frauen im Diskurs um das – meist junge – Alter von Frauen ergänzt: »Leila Emam, eine junge Frau mit offenem Haar und Sonnenbrille« (20110308*TAon). In der Beschreibung von Emam finden sich alle drei typischen Elemente der körperlichen Beschreibung von Frauen im untersuchten Pressediskurs: ihre Jugend, die offenen Haare als Symbol für Weiblichkeit, die im wissenschaftlichen Diskurs auch als Zeichen »ungezügelter Sexualität« (vgl. Degele 2004: 168) gedeutet werden und das modische Accessoire. Diese Fokussierung zeigt sich auch in den visuellen Diskursfragmenten, wo ebenfalls fast ausschließlich scheinbar junge und gängigen Schönheitsidealen entsprechende Frauen zu sehen gegeben werden, die zudem als ›weiß‹ gelesen werden können (vgl. u.a. Abb. 10, Abb. 15, Abb. 20, Abb. 21).

Im ausgewählten Beispiel des Bildtyps *Freie Frau* (Abb. 25) ist es die Komposition zweier unterschiedlicher Bilder, also die Erzeugung eines *third effect* über die Bildstellung, die als entscheidend für die Anerkennung von Frauen durch diese Bilder verstanden werden kann (vgl. Lünenborg/Maier 2017: 30). Auf dem kleineren, oberen Bild ist eine schwach oder krank scheinende Frau zu sehen, die in einem Bett liegt, an das sie zudem mit Handschellen gefesselt ist, neben ihr liegt ein Baby. Das Bild symbolisiert zugleich Unterdrückung und – verstärkt durch das abgebildete Baby – Schutzbedürftigkeit und steht im Kontrast zum größeren Bild darunter, auf dem eine sehr freizügig gekleidete und eher wie eine Touristin wirkende Frau zu sehen ist, die angelehnt an ein Kamel in der Wüste sitzt. Ihr Aussehen vermittelt zum einen über die knappe Kleidung und zum anderen über Accessoires wie Sonnenhut und -brille, Wasserflasche und Tasche, die an Reisen erinnern, Freiheit, verstärkt wird dies noch durch die Lokalisierung des Bildes in der ›weiten‹ Wüste, wodurch in Verbindung mit den gezeigten Kamelen zugleich eine Orientalisierung der Umgebung stattfindet. Unterstrichen wird der Kontrast durch die Bildunterschrift »Ein Land zwischen Aufbruch und Depression« und die Diskrepanz zwischen der Beschreibung einerseits der durch den Staat unterdrückten jungen Mutter und andererseits der globalen Frau (vgl. McRobbie 2010), die aus Ägypten auswandern möchte, da ihr die Gesellschaft zu restriktiv ist.

Innerhalb dieses Deutungsmusters dient in textförmigen Diskursfragmenten die Schilderung des Aussehens auch der Hervorhebung des Gegensatzes der Frauen zu ei-

20 Vgl. auch folgende Beschreibung eines Einkaufzentrums für Frauen: »fast sieht es aus wie eine westliche Einkaufsmeile« (20140621*ZE).

*Abb. 25: »Ein Land zwischen Aufbruch und Depression: Graffiti-Wand in Kairo (oben). Die 16-jährige Dahab wurde nur während des Kaiserschnittes von den Handschellen befreit (rechts), die Polizei hatte sie nach einer Demonstration, bei der sie gar nicht beteiligt war, festgenommen und wochenlang ins Gefängnis gesteckt. Die Mode-Bloggerin Nour Aboulela (unten) würde am liebsten ganz ins Ausland gehen, die ägyptische Gesellschaft ist ihr viel zu restriktiv.« (Bildquelle: Nour Aboulela, Priv., 20140308 *SZ)*

Ein Land zwischen Aufbruch und Depression: Graffiti-Wand in Kairo (oben). Die 16-jährige Dahab wurde nur während des Kaiserschnittes von den Handschellen befreit (rechts), die Polizei hatte sie nach einer Demonstration, bei der sie gar nicht beteiligt war, festgenommen und wochenlang ins Gefängnis gesteckt. Die Mode-Bloggerin Nour Aboulela (unten) würde am liebsten ganz ins Ausland gehen, die ägyptische Gesellschaft ist ihr viel zu restriktiv.

FOTOS: AMR ABDALLAH/CORBIS, NOUR ABOULELA, PRIV.

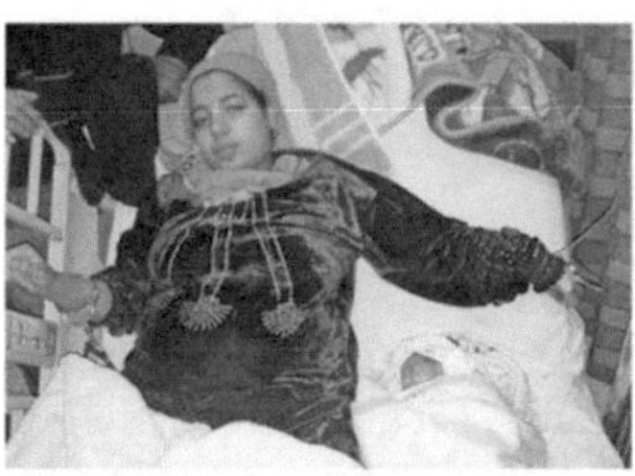

ner konservativen, patriarchalen Gesellschaft, so werden entsprechend ›okzidentaler‹ Normen enganliegende oder grellfarbige Kleidung und Make-Up oder Lippenstift und insbesondere offene Haare oder Locken gerade im Rahmen der Subjektpositionierung *Aktivistin* oft hervorgehoben.[21] Zugleich taucht im Diskurs das Deutungsmuster der problematischen Einstellung der ägyptischen (und anderer ›arabischer‹) Gesellschaften zu einem modischen Kleidungsstil von Frauen auf, wobei diese Haltung teils direkt, teils indirekt als reaktionär kritisiert wird.[22] In der folgenden Textstelle wird über die

21 Vgl. auch: »›Als Frau hast du in Ägypten keine Chance‹, sagt Mary und wuchtet einen Stapel mit Broschüren auf den Klapptisch. ›Hier hilft dir niemand.‹ Vor einiger Zeit, sagt Mary, lange Locken, pinker Lippenstift, seien sie und ihre Schwester angegriffen worden. Erst warfen die Männer mit Steinen, dann umzingelten sie die Mädchen und traten ihnen in den Bauch.« (20140404*ZEon).

22 In diesem Diskursfragment wird der gegenwärtige Kleidungsstil ägyptischer Frauen eher indirekt kritisiert, indem von einer Autorin, die zuvor als seit drei Jahren in Kairo lebend vorgestellt wird, sich also gut in der ägyptischen Gesellschaft auskennt, auf die Vergangenheit verwiesen wird: »Am herzzerreißendsten ist es immer, wenn die Frauen alte Fotos hervorkramen. Von Müttern, Tanten, Omas, heute krumm und buckelig, aber damals, was für Erscheinungen! In Petticoats und ärmellosen Kleidern, elegantesten Badeanzügen und sogar Bikinis, vielleicht im Schwimmbad, vielleicht in den Fünfzigern am Agami Beach in Alexandria, einst Ägyptens Saint-Tropez. Oder Studentinnen

Schwierigkeiten von Nour, einer der ersten Mode-Bloggerinnen Ägyptens, bei der Ausübung ihrer Tätigkeit berichtet:

> »Nour zieht oft am Freitagsmorgen los, am Feiertag. Diesmal trug sie transparente Plateau-Klopper von Yru, eine Jeans von Elisabetta Franchi, Schmetterlingsshirt und Flokati-Jäckchen, dazu eine Givenchy-Tasche. Keine leichten Fähnchen, alles hochgeschlossen, alles züchtig. Hat es was genützt? Von der einen Seite liefen die Hausmeister zusammen, auf der anderen Seite reihten sich die Polizisten auf und begafften eine blonde Frau, die sich von ihrem Mann fotografieren lässt.« (20140308*SZ)

Der Absatz endet mit dem als Nours Perspektive gekennzeichneten Fazit »Ägypten ist einfach noch nicht so weit.« In dieser Schilderung wird insbesondere die modische und weibliche Kleidung der Frau beleuchtet und zudem betont, dass es sich um ›züchtige‹ Kleidung handelt, was wahrscheinlich auf die Perspektive der ägyptischen Gesellschaft bezüglich zu freizügiger Kleidung abhebt, die in dem Diskursfragment als problematisch gerade für die Jugend Ägyptens gedeutet wird (Der Untertitel des Beitrags lautet »Ägyptens Jugend hat die Hoffnung verloren«). Die Problematik des Umgangs mit modischer Kleidung wird durch die ›gaffenden‹ Männer hervorgehoben und durch dieses Verb zugleich als unangemessen charakterisiert. Zugleich wird dieses Verhalten mit dem Fazit des Abschnitts auf die gesamte Gesellschaft übertragen und als reaktionär eingeordnet. Nur die hier repräsentierte Frau scheint ›moderner‹ zu sein als in der ägyptischen Gesellschaft üblich. Durch die Argumentation, die den Umgang mit dem Tragen modischer Kleidung durch Frauen problematisiert, wird modische Kleidung als Form individueller Freiheit zugleich als ›fortschrittlich‹ charakterisiert. Die Diskursfragmente, die an das Deutungsmuster der konservativen Haltung von Ägypter*innen gegenüber ›moderner‹ Kleidung anknüpfen, stammen alle aus dem Jahr 2014, möglicherweise zeigt sich hier also auch eine Reaktualisierung etablierter Deutungen, zum einen in der Anknüpfung an die Deutung der ›reaktionären islamischen Gesellschaft‹ und zum anderen in der Fokussierung auf Belange von Frauen, die weniger der politischen als vielmehr einer kulturellen Sphäre zugeordnet werden können (s. Kap. 2.3.3, 6.2).

Analog zur Fokussierung auf das Tragen offener Haare oder Locken wird bei Frauen, die ihre Haare bedecken, dies im untersuchten Diskurs ebenfalls hervorgehoben.

Auch in Abb. 26 wird das Augenmerk der Betrachter*in neben dem ›kämpferischen Duktus‹ der Frau (vgl. dazu Darstellung der Subjektpositionierung *Aktivistin*, Kapitel 6.1.1) auf ihre Kopfbedeckung gerichtet, die durch den Gold glitzernden Stoff ebenfalls an erotische, orientalisierende Bilder von Frauen erinnert. Im Gegensatz zu tradierten

---

in Bagdad in den Siebzigern: im Minirock. Hind Rostum, die ägyptische Marilyn Monroe, wogend in Youssuf Chahines neorealistischem Drama ›Kairo Hauptbahnhof‹. Im Kino und im Leben, Libyerinnen, Syrerinnen, Libanesinnen sowieso: hinreißend, stylish, viel freie Haut. Wo ist das hin? Warum ist das vergessen? Und wie stehen die Chancen, dass es zurückkehrt? Bevor wir eintauchen in den Kampf der Frauen um ihre Rechte, also oft: das Recht am eigenen Körper, halten wir diese Momente fest, beglückend und bedrückend zugleich. Das alles gab es mal.« (20140621*SZ) Ein Kleidungsstil, der Weiblichkeit inszeniert und den weiblichen Körper sichtbar macht, wird hier mit dem ›Recht am eigenen Körper‹ in Verbindung gebracht.

*Abb. 26: »Demonstrantin in Kairo: Am Dienstagabend gingen rund 10.000 Frauen auf die Straße« (Bildquelle: AFP, 20111221 *SPon)*

Formen des Zu-Sehen-Gebens verschleierter Frauen[23] kann hier – und dies zeigt sich auch in den anderen Bildern insbesondere des Bildtyps *Protestierende Frau* – von einer anerkennenden Sichtbarkeit gesprochen werden, die durch die Position der Frau, die alle anderen überragt und zu der eine andere Frau unten links im Bild sogar aufschaut, ihr aktives Auftreten und das ihre Schönheit scheinbar sogar verstärkende Kopftuch unterstrichen wird. Das Zu-Sehen-Geben von Kopftuch-tragenden vs. Offene-Haare-tragenden Frauen sowohl über textliche als auch visuelle Bilder und damit die Aushandlung zum Ideal der Sichtbarkeit des weiblichen Körpers zeigt im Diskurs durchaus Ambivalenzen auf, ist in jedem Fall aber zentral für die körperliche Konstruktion von Weiblichkeit. Zum einen finden sich Deutungen, die explizit das Tragen von Kopftüchern mit Möglichkeiten der Handlungsfähigkeit verknüpfen, wie in vielen Protestbildern oder in der äußerlichen Beschreibung von Frauen: »Sie trägt ein Piercing in der Nase und ein Tuch auf dem Kopf, Eman lässt sich nichts diktieren« (20131209*ZEon). Letztendlich wird auch hier das ›Tuch auf dem Kopf‹ als eigentlicher Gegensatz zum ›Piercing in der Nase‹ konstruiert, gerade indem ihre Kombination als rebellisch gekennzeichnet wird. Gleichzeitig ist das Tragen des Kopftuches an dieser Stelle mit Wahlfreiheit verbunden. An anderer Stelle wird betont, dass der Schleier Jugend und Weiblichkeit verdeckt:

> »Sarha ist 34 Jahre alt, Mutter von vier Kindern, Ehefrau, Tochter von Chairat al-Schatr, der ›Nummer drei‹ in der Muslimbruderschaft, eine große Frau mit porzellanfarbener Haut und dunklen Augen. Sie trägt ein bodenlanges Gewand, das nicht viel davon verrät, dass sie jung und eine Frau ist.« (20110328*SP)[24]

---

23 Das in orientalisierenden Diskursen zentrale Symbol für das ›Andere‹ schlechthin wird »in westlichen Diskursen meist mit nicht-wertschätzenden Zuschreibungen verknüpft« (Grittmann/Maier 2017: 177), genauer ausgeführt wurde diese zentrale Repräsentationspraktik in Kapitel 2.3.2.

24 Ähnlich wird in diesem Diskursfragment der Schleier als ›Montur‹ und nicht ›normal‹ im Gegensatz zu der darunter verborgenen, modischen Kleidung der repräsentierten Frau konstruiert: »Arwa

In der Beschreibung von Sarha wird zunächst über die Benennung von Größe, heller Hautfarbe und ›dunklen Augen‹ ihre Schönheit betont, zugleich jedoch hervorgehoben, dass ihr Geschlecht und ihre Jugend durch ein Gewand, welches damit fast als handelndes Subjekt erscheint, als Geheimnis bewahrt wird. Gerade vor dem Hintergrund des Ideals der Sichtbarkeit des weiblichen Körpers kann diese Darstellung als Problematisierung gelesen werden. Darauf deutet auch die Beschreibung im ersten Satz hin: Ihr politisches Amt bei den Muslimbrüdern wird erst an vierter Stelle genannt, ihre Verortung erfolgt vor allem über ihre Rolle in der Familie als Mutter, Ehefrau und Tochter. Im Vergleich zu etablierten Repräsentationen insbesondere junger, ›moderner‹ Frauen, die nicht mehr anhand verwandtschaftlicher Strukturen, sondern ihres Berufes klassifiziert werden (vgl. McRobbie 2010: 110) und auch im Vergleich zu den vorherrschenden Repräsentationspraktiken im Diskurs (s. Kap. 5.2.2) wirkt diese Einordnung als Zeichen von ›Rückständigkeit‹. Während das Kopftuch also als Teil körperlicher Inszenierung auch emanzipierter Frauen gezeigt wird, kennzeichnet eine Vollverschleierung im Diskurs meist religiöse (und vor allem dem ›politischen Islam‹ zugeordnete) Frauen.

Das Zeigen körperlicher Schönheit und Jugend und damit die Ausübung einer Wahlfreiheit bezüglich des eigenen, als weiblich gedeuteten Auftretens ist im Diskurs zentrale Bedingung für eine diskursive Belehnung mit Wert, dabei bewegen sich die Deutungen zwischen einer Vereinbarkeit mit dem Tragen eines Kopftuches und einer Argumentation, die das Tragen einer Vollverschleierung als Gegensatz zu dieser Wahlfreiheit darstellt. In der Konstruktion weiblicher Körperlichkeit zeigt sich hier mit der anerkennenden Sichtbarkeit kopftuchtragender Frauen sowohl eine Ablösung von tradierten Repräsentationspraktiken von Frauen aus der MENA-Region in ›westlicher‹ Berichterstattung wie auch in der Zentralität einer als Ausübung von Wahlfreiheit verstandenen Verkörperlichung von Weiblichkeit eine Anknüpfung an konventionelle ›okzidentale‹ mediale Darstellungen von Frauen.

5.2.2 Weiblichkeit als professionell und ›modern‹

Neben der Bedeutung der körperlichen Inszenierung von Weiblichkeit und deren Sichtbarkeit ist die Kennzeichnung als gut ausgebildet und professionell zentral für die Konstruktion von Weiblichkeit im Diskurs. Individuelle Akteurinnen werden häufig über ihren Beruf bzw. ihre Ausbildung charakterisiert und als »Jurastudentin Sarah Hamdy« (20130214*TAon) sowie allgemein als »Politikerinnen, als Richterinnen, als Geschäftsfrauen, als Studentinnen« (20110817*TAon) vorgestellt. Zudem gibt es ganze Diskursbeiträge, die sich mit der beruflichen Rolle einer Frau auseinandersetzen (z.B. 20130124*SZ zu einer der wenigen Polizistinnen in Ägypten). Die gute Ausbildung von Frauen und ihre Fähigkeiten, Führungspositionen zu übernehmen, werden hervorgehoben. Die ausgeübten Berufe und Ausbildungen der Frauen werden zudem oft in einem globalen Kontext verortet, was als eine zusätzliche Aufwertung verstanden werden kann. Dabei

legt ihren Schleier ab. Das geht nur, weil sie zu Hause ist und kein Mann im Raum ist, der sie heiraten könnte, so erklärt sie es. Sie hängt das Tuch an die Türklinke, ein brauner Pferdeschwanz fällt auf die Schulter, Ohrringe glitzern, ein enges Kleid mit Dekolleté – unter ihrer Montur steckt ein normaler Teenager.« (20110328*SP).

wird die außer-ägyptische Herkunft von Frauen (z.B. 20130214*ZE »Shereen El Feki, eine Ärztin ägyptisch-walisischer Herkunft«), ihre Tätigkeit für internationale Organisationen/Zeitungen (z.B. 20130214*TAon, »Mariam Kirollos, die beruflich für eine internationale Menschenrechtsorganisation recherchiert«) oder eine Ausbildung etwa an der Amerikanischen Universität in Kairo betont (vgl. u.a. 20110726*SPon, 20111217*SZ). Zugleich wird damit die Nähe weiblicher Subjekte zum lokalen, deutschsprachigen Diskurskontext in Ergänzung zur Annäherung der im Diskurs vorherrschenden Konstruktion von Weiblichkeit an tradierte ›okzidentale‹ Repräsentationen hergestellt.

Im Diskurs erfolgt nicht nur eine Benennung der Ausbildung und beruflichen Position von Frauen, gleichzeitig wird auch die Professionalität ihres Auftretens betont:

> »Links, dort wo die Frauen abgebogen sind, steht Sahla Fawzi, eine 23-jährige Anwaltsreferendarin. Ihre Aufgabe ist es, die ankommenden Frauen nach Waffen zu untersuchen, ihre Taschen zu überprüfen und nach ihrem Ausweis zu fragen. Sie macht das sehr höflich, und auch die Frauen, die sich durchsuchen lassen, bleiben freundlich.« (20110209*TAon)

Neben der Hervorhebung einer gesellschaftlich anerkannten Ausbildung als Anwältin wird in dieser Beschreibung die Bedeutung ihrer Aufgaben für die Sicherheit der Proteste und deren gewissenhafte Ausführung dargelegt. Wie hier durch die Betonung von Freundlichkeit und Höflichkeit findet sich an einigen Stellen im Diskurs eine Kombination weiblicher Professionalität mit einer vermeintlich ›typisch weiblichen‹ Eigenschaft wie Freundlichkeit, Sorge um andere oder wie in diesem Beispiel, der Mutterschaft: »Die Informatikerin und Mutter von drei Kindern redet klar, knapp und entschieden« (20120202*ZE). Die Anerkennung für ihren anspruchsvollen Beruf und ihr offenbar professionelles und effizientes Auftreten (›klar, knapp und entschieden‹) wird hier noch verstärkt, indem ihre ›Leistungen‹ im familiären Bereich hervorgehoben werden. Weiblichkeit wird so nicht allein mit Professionalität verknüpft, sondern beinhaltet auch immer eine sorgende Komponente, die sie auszeichnet. Anerkennung finden hier solche Subjekte, die der Forderung nach einer »Nutzung weiblicher ›Potenziale‹« (vgl. Lenz et al. 2017: 1) innerhalb einer ›modernen‹, neoliberalen (globalen) Neuordnung von Gesellschaften nachkommen, damit wird gängigen Normen der Repräsentation von Frauen in ›westlichen‹, neoliberal geprägten Diskursen entsprochen (s. Kap. 2.3.1). Der Fokus auf die Professionalität von Frauen – eine Kennzeichnung von Frauen ausschließlich als Mütter findet sich nur bei explizit als älter oder konservativ beschriebenen Frauen (vgl. u.a. 20110209*TAon) – repräsentiert sie als Subjekte, die einer solchen Forderung nach einer ›modernen‹ Form von Weiblichkeit nachkommen.[25] Eine explizite Ergänzung sorgender Rollen von Frauen um ›professionellere‹ Tätigkeiten findet sich auch in der Beschreibung weiblicher Protestierender wieder:

> »›Nicht nur hier auf dem Platz, in ganz Ägypten haben Frauen mit dieser Revolution einen neuen Platz im öffentlichen Raum eingenommen‹, sagt sie begeistert. Sie hätten nicht nur traditionell den Demonstranten Essen gebracht oder sie medizinisch

25 Darauf weist folgendes Zitat hin: »Wer arbeitet, hat andere Lebenspläne. Heirat und Kinderkriegen reichen nicht. Mit der Erwerbsarbeit wird eine soziale Identität jenseits der klassischen Familienrolle möglich.« (20110601*TA).

versorgt, sie hätten auch für die Sicherheit der Demonstranten gesorgt, den Platz verteidigt und Führungsrollen eingenommen, sagt sie.« (20110209*TAon)

Hier wird insbesondere die Ungewöhnlichkeit der Übernahme von Aufgaben im öffentlichen Raum durch Frauen betont und hervorgehoben, dass sie nicht mehr ›nur‹ für Versorgung zuständig seien, sondern nun auch scheinbar wichtigere Aufgaben zur Absicherung, Verteidigung und Führung der Proteste übernehmen würden. Anerkennung wird also insbesondere für ein ›professionelles‹ Auftreten von Frauen gewährleistet, offenbar ist dabei aber die Weiterführung ›sorgender‹ Rollen durchaus gewünscht, wenn auch keine Beschränkung auf diese.

Als Bedingung der Anerkennung von Frauen im Diskurs kann hier also auch eine gute Ausbildung und Berufstätigkeit formuliert werden, die es ihnen ermöglicht, an der Konsumsphäre teilzunehmen (s. Kap. 5.2.1). Die Betonung von Berufstätigkeit und guter Ausbildung, gerade auch im internationalen Kontext, zeigt auch eine Fokussierung auf Frauen, die eher der oberen ›Mittelschicht‹ Ägyptens angehören und sich damit von der ›Unterschicht‹ abgrenzen. Anders als im deutschsprachigen Migrationsdiskurs wird hier das Kopftuch nicht als Zeichen von Armut und niedrigem Bildungsstand (vgl. Kloppenburg 2012: 134) gedeutet, angeknüpft wird hingegen an Deutungsmuster, die ›Modernität‹ vor allem bei muslimischen Frauen aus der Mittel- und Oberschicht verorten (vgl. Paulus 2008: 137). Zugleich wird die gleichzeitige Leistung von Frauen im produktiven wie auch im reproduktiven Bereich als Zeichen eines optimalen Selbstmanagements anerkannt (s. Kap. 2.3.1).

Eng verbunden mit der Konstruktion einer ›professionellen‹ Weiblichkeit ist deren Sicht- und Sagbarkeit als ›fortschrittlich‹ im Sinne einer Nutzung ›moderner‹ Medien. Zum einen wird dabei insbesondere die Nutzung ›sozialer‹ Medien wie Facebook oder Twitter hervorgehoben,[26] die für die Proteste allgemein von großer Bedeutung gewesen seien, insbesondere aber auch von Frauen genutzt wurden: »ich glaube, die Frauen haben eine größere Rolle gespielt, als es wahrgenommen worden ist. Gerade in Ägypten waren sie bei Facebook sehr aktiv« (20110722*TA). Die große Rolle, die Frauen während der Demonstrationen 2011 gespielt haben, wird hier mit ihrer hohen Aktivität bei Facebook gleichgesetzt.

Auf der visuellen Diskursebene wird diese Deutung durch das Zeigen von Screenshots der Blogs weiblicher Bloggerinnen oder Tweets von Aktivistinnen nahegelegt (vgl. u.a. 20111120*SPon, 20130704*SZon). Zudem wird die oben beschriebene Konstruktion einer Professionalität von Frauen teilweise durch eine intensive Nutzung des Handys argumentativ gestützt: »Ihr Handy klingelt ohne Unterlass, jeden zweiten Anruf drückt sie weg.« (20110328*SP). Auch auf der visuellen Diskursebene ist auffällig, dass Frauen dort oft telefonierend gezeigt werden:

In **??** wird die Diversität von Weiblichkeit in Kairo, symbolisiert durch das Tragen von Kopftuch, Vollverschleierung und keiner Kopfbedeckung, gezeigt. Die Präsenz von Mobiltelefonen im Bild unterstreicht dabei die ›Modernität‹ gerade der in der Bildunterschrift als ›städtisch, jung und weiblich‹ gekennzeichneten Gruppe und weicht von

26 Auf die enge diskursive Verbindung zwischen den Protesten und der Nutzung ›sozialer‹ Medien gehe ich im Kapitel 6.2 ein.

*Abb. 27: »›Die Revolutionen sind städtisch, jung und weiblich‹: Frauen in Kairo im März 2011.« Bildquelle: dapd, 20110602 *TAon)*

Islamexperte über revoltierende Araberinnen

"Heirat und Kinder reichen nicht"

Geschlechterrollen verändern sich auch in Nordafrika – deswegen sind Frauen aus den Aufständen nicht wegzudenken. Ein Gespräch mit dem Islamwissenschaftler Reinhard Schulze.

"Die Revolutionen sind städtisch, jung und weiblich": Frauen in Kairo im März 2011. Bild: dapd

Gesellschaft / Alltag 2. 6. 2011

DAS INTERVIEW FÜHRTE
STEFAN REINECKE
Korrespondent Parlamentsbüro

konventionellen Repräsentationen dieser Gruppe ab. Zugleich wird die einzige Frau ohne Kopftuch und mit kurzer Kleidung durch den Fokus der Fotografie in den Bildmittelpunkt gestellt, die telefonierende Frau im Vordergrund erscheint nur verschwommen und die (in dunklen Farben) voll verschleierte Frau im Hintergrund steht im Kontrast zur hell und weniger bekleideten Frau in der Mitte.

Die in den ersten beiden Abschnitten angesprochenen Aspekte der Konstruktion von Weiblichkeit über Körperlichkeit, Professionalität und ›Modernität‹ vereint der folgende Diskursauszug noch einmal sehr anschaulich, in dem eine Gruppe von Frauen beschrieben wird:

> »Eine Gruppe junger, ebenfalls westlich gekleideter Studentinnen mit offenen, im Wind wehenden Haaren kommt über den Platz, bepackt mit mehreren Plastiktüten. ›Darin befindet sich Proviant für diejenigen, die hier übernachten‹, sagt Rana Essam. ›Wir haben uns über Facebook organisiert und bringen jeden Tag in mehreren Schichten Essen hierher‹, berichtet die Ingenieursstudentin. Das Geld für die Einkäufe sammeln sie in ihren Familien und bei Freunden.« (20110209*TAon)

Hier tauchen sowohl der Bezug auf einen ›westlichen‹ Kleidungsstil und die Fokussierung auf die ›offenen, im Wind wehenden Haare‹ als auch die Betonung einerseits der Professionalität der ›Studentinnen‹ bzw. ›Ingenieursstudentin‹ und die ›Modernität‹ der Selbstorganisation über Facebook und andererseits die Übernahme von Sorgearbeiten, der Versorgung Protestierender mit Essen, für das Geld gesammelt wurde, auf.

Die bisher beschriebenen zentralen Merkmale von Weiblichkeit – die Fokussierung auf eine körperliche Inszenierung von Weiblichkeit und die Verbindung von Professionalität und Sorge sowie die Nutzung ›neuer‹ Medien – konstruieren ein Bild von Weiblichkeit, welches in seiner Wiederholung als Verschiebung konventioneller Repräsentationspraktiken in Bezug auf die Orientalisierung von Frauen verstanden werden kann und zugleich ›westlichen‹ sozialen Normen entspricht und damit eine Nähe mit und Reproduktion von ›okzidentalen‹ Vorstellungen von Weiblichkeit impliziert. Als eine erste Bedingung für die Anerkennung von Subjekten im Diskurs lässt sich damit die Anpassung an ›okzidentale‹ Normen der Herstellung von Weiblichkeit beschreiben. Zentral sind dabei insbesondere der Bezug auf die (individuelle) Gestaltung des weiblichen Körpers und die Professionalität und ›Modernität‹ von Frauen in Kombination mit der Verkörperung sorgender Rollen.

5.2.3 Nationale Homogenisierung von Weiblichkeit

In den ersten beiden Abschnitten habe ich mit der körperlichen Inszenierung von Weiblichkeit und der Verkörperung von ›Modernität‹ durch Frauen bereits zwei Bedingungen der Anerkennung aufgezeigt, die eine Homogenisierung von Frauen beinhalten. In diesem Abschnitt gehe ich nun darauf ein, wie eine Homogenisierung von Frauen in Ägypten in Verbindung mit nationaler Identität erfolgt, wie die Diversität weiblicher Lebensrealitäten im untersuchten Pressediskurs (nicht) verhandelt wird, inwiefern also andere gesellschaftlich relevante Kategorisierungen bedeutsam für die Bedingungen von Anerkennung sind.

Insbesondere auf der visuellen Diskursebene erscheinen Frauen als symbolische Repräsentantinnen der ägyptischen Nation. Zu sehen gegeben werden dabei zum einen Frauen (meist als kleine Gruppe), die ägyptische Fahnen schwenken und damit die Nation quasi in Bewegung bringen, wie auf Abb. 28. Das Motiv ist ein typisches für den Bildtypus *Protestierende Frau*, es wird eine Gruppe von Frauen gezeigt, die trotzdem als Individuen sichtbar bleiben. Durch die Kameraperspektive auf Augenhöhe scheint die Betrachterin Zeugin und Teil eines ›authentischen‹ Protestmoments zu sein. Die Frauen werden hier zugleich als individuelle Subjekte sichtbar und über das gemeinsame Tragen der Nationalflagge vereint und damit auch als »symbolischer Kollektivkörper« (vgl. Fahlenbrach 2009: 98) konstituiert.

Eine solche Verknüpfung zwischen Weiblichkeit repräsentierenden Körpern und dem symbolischen Raum eines nationalen Körpers diskutiert Anne McClintock und beschreibt: »Women are typically construed as the symbolic bearers oft the nation« (McClintock 1997: 90, vgl. auch Wenk 2000, Schaffer 2008). Shereen Abouelnaga beschäftigt sich mit der Bedeutung dieser Verknüpfung für Diskurse in Ägypten und unterstreicht die Homogenisierung ›der ägyptischen Frau‹ in diesem Zusammenhang, die bereits für die Nationalbewegung seit den 1920er Jahren entscheidend war und auch nach 2011 anhält:

> »Women continued to be taken as the transmitters and producers of the national culture, which meant they were denied agency by being forced politically and discursively to conform to a monolithic image and a gendered discourse that overlooked all sociopolitical and cultural differences.« (Abouelnaga 2016: 22)

Mit der Konstruktion der Bedeutung von Frauen für die nationale Identität geht somit auch eine Homogenisierung auf Basis dieser geschlechtlichen Kategorie einher. Auch für die Nationalbewegung war eine solche Vereinheitlichung entscheidend und damit bedeutend für die Befreiung vom Kolonialismus, zugleich werden mit ihr gesellschaftliche Ausschlüsse verdeckt (vgl. zu Ambivalenz von Antikolonialismus und nationaler Identität Castro Varela/Dhawan 2015: 45ff). Verdeutlicht wird in dem Zitat von Abouelnaga die mit einer Überbetonung einer gesellschaftlich relevanten Kategorie (in diesem Fall des Geschlechts) einhergehende ›intersectional invisibility‹ (vgl. Crenshaw 2000), also die Unsichtbarkeit anderer bedeutsamer gesellschaftlicher Differenzierungen und eine damit einhergehende Verunmöglichung von Handlungsfähigkeit. Eine solche Unsichtbarmachung, etwa der Bedeutung sozio-ökonomischer Positionierungen von Frauen zeigt sich auch in der deutschsprachigen Presseberichterstattung über die Proteste in Ägypten daran, dass diese kaum sicht- und sagbar werden.

*Abb. 28 (links): »Protest ägyptischer Frauen: ›Sie standen vorne und nicht in der zweiten Reihe‹« (Bildquelle: Reuters, 20110726*SPon); Abb. 29 (rechts): »Junge und alte Frauen demonstrierten gemeinsam – sie sandten ein Zeichen der Geschlossenheit aus.« (Bildquelle: DPA, 20111221 *SPon)*

Zentral wird im Diskurs argumentiert, dass gerade mit den Protesten gesellschaftliche Unterschiede zwischen Frauen aufgehoben wurden. Dies wird auf der visuellen Diskursebene insbesondere über das Zeigen verschleierter und unverschleierter Frauen bei gemeinsamen Protesten oder auch durch Bildunterschriften und den textlichen Kontext deutlich:

Interessant an Abb. 29 ist, dass – anders als es die Bildunterschrift nahe legt – tatsächlich nur Frauen zu sehen gegeben werden, die als eher jung eingeordnet werden können und ein sehr einheitliches Auftreten haben.[27] Ähnliche Deutungen finden sich auch auf der textlichen Ebene: »Die Revolution hat alle Unterschiede aufgelöst, ob Geschlecht, Religion oder Klasse.« (20110224*ZE) Als zentrale Differenzierungskategorie werden neben Geschlecht in diesem Zitat Religion und Klasse identifiziert, gleichzeitig aber betont, dass diese seit Beginn der Proteste 2011 bedeutungslos seien. Zugleich wird im Rahmen einer nationalen Homogenisierung die intersektionale Verschränkung von Weiblichkeit mit anderen, Ungleichheit konstruierenden sozialen Kategorien teilweise in Form einer Aufzählung, die eine Diversität von Frauen aufzeigt, herausgestellt: »junge und alte Frauen, Akademikerinnen und Markthändlerinnen, Studentinnen und

27 Durch die Perspektive des Fotos scheint sich auch hier die Betrachterin als Teil der Gruppe verstehen zu können und auch die zwar rufenden, aber dennoch freundlichen Gesichtsausdrücke der Frauen laden zu einer solchen Identifikation ein.

Schülerinnen, Bäuerinnen und Hausfrauen. Manche von ihnen waren verschleiert, andere nicht, manche hatten ihre Kinder dabei.« (20110329*FAZ) In diesem Zitat wird neben Alter, Verschleierung und Mutterrolle, deren Bedeutungen im Diskurs bereits diskutiert wurden, eine Diversität weiblicher Lebenserfahrungen insbesondere an ihrer gesellschaftlichen und ökonomischen Stellung fest gemacht. Andere Lebensrealitäten als die der jungen, urbanen Mittelstandsfrau werden zwar benannt und damit auf sie hingewiesen, in ihren spezifischen Perspektiven und Anliegen werden etwa ältere, ärmere Frauen aus dem ländlichen Raum im Diskurs jedoch kaum sicht- und hörbar. Gerade solche Positionierungen, die als zu subalternen Gruppen gehörig verstanden werden können (vgl. Spivak 1988a), haben somit im Diskurs keine Möglichkeit zu sprechen.

Es finden sich hingegen Diskursfragmente, die Zusammenhänge zwischen Geschlecht und sozialer Stellung als relevant deuten. Hier zeigt sich teilweise auch eine Essentialisierung von Klassenzugehörigkeiten, durch die Frauen sich – dabei wird eine Parallelität zu einer typischen Deutung kulturelle Zugehörigkeit betreffend deutlich – ›in verschiedenen Welten‹ befinden, deren Aufeinandertreffen einen ›Zusammenstoß‹ bedeutet:

> »Dafür suchen die Aktivistinnen derzeit verschiedene Frauengruppen auf, vor allem wollen sie diejenigen erreichen, die aus der Unterschicht kommen. [...] Meistens würden ihnen diese Frauen erst einmal skeptisch entgegentreten. Welten stoßen aufeinander: Die Mehrheit der Aktivistinnen sind Akademikerinnen, sie kommen aus der Mittel- oder Oberschicht.« (20110726*SPon)

Als Gegensatz zur ›Unterschicht‹ konstruiert werden dabei Aktivistinnen, Akademikerinnen und die Mittel- und Oberschicht. Eine andere Deutung konstruiert weniger neue Gegensätze auf Basis der Homogenisierung von sozioökonomischen Positionierungen, sondern betont die Notwendigkeit, Homogenisierungen zu vermeiden und sich mit den spezifischen Positionierungen von Frauen auseinander zu setzen: »Wir müssen exakt bestimmen, über welche Frauen wir sprechen. Es muss uns klar sein, dass es die Ägypterin an sich nicht gibt. Geschlecht muss immer in Verbindung mit Klasse und Herkunft gebracht werden.« (20120903*TAon)[28] Der hegemoniale Diskurs wird hier kritisch reflektiert und eine Anerkennung der Diversität weiblicher Erfahrungen gefordert. An einigen Stellen finden sich also durchaus Deutungen im Diskurs, die Weiblichkeit als intersektionale Kategorie verstehen und deren Verwobenheit mit anderen, Ungleichheit generierenden gesellschaftlichen Positionierungen herausstellen (s. Kap. 6.1.3).

5.2.4 Weiblichkeit als Symbol des Aufbruchs und der Ermächtigung

Über die Hervorhebung weiblicher Ermächtigung und die durch Frauen geäußerten Wertbezüge und Forderungen wird Weiblichkeit zu einem Symbol für eine umfassende Modernisierung der Gesellschaft, einen ›fortschrittlichen‹ Auf- und Umbruch.

---

28 Vgl. auch: »Ich finde es bizarr, dass westliche Journalisten so gern nach ›den Frauen‹ fragen. [...] Frauen werden in Ägypten unterdrückt. Wie sehr sie unterdrückt werden, hängt aber von ihrer sozialen Stellung ab. Unversehrtheit ist hier letztlich eine Geldfrage.« (20120114*TA*3).

Ermächtigung und ›Fortschritt‹ wird im untersuchten Diskurs vor allem als weiblich gekennzeichnet. Das Verständnis der Bedeutung von Frauen während der Proteste reicht dabei von einer Hervorhebung ihrer Beteiligung: »In den Tagen auf dem Tahrir-Platz haben Frauen eine wichtige Rolle gespielt.« (20110224*ZE) bis zur weiter verbreiteten Deutung, dass die Beteiligung von Frauen entscheidend für die Proteste war: »Die Revolutionen, von Tunesien bis zum Jemen, sind städtisch, jung und weiblich.« (20110602*TAon) Die Demonstrationen werden in diesem Zusammenhang gar als »Aufbegehren der Frauen« (20130207*ZE) oder als »Revolution der Frauen« (20120202*ZE) bezeichnet: »Der Kampf gegen die Diktatoren trug ein weibliches Gesicht.« (20120114*TA*3). Es fällt auf, dass diese Deutung sich ausschließlich in Bezug auf die Proteste Anfang 2011 findet, worin sich eine unterschiedliche Bewertung der verschiedenen Protestwellen zeigt. Die argumentative Verknüpfung einer als ›fortschrittlich‹ und ›modern‹ konstruierten Weiblichkeit, die für den gerechten Kampf für ›die gute Sache‹ steht (s. Kap. 5.1.1) mit einer Vergeschlechtlichung der Proteste Anfang 2011 als weiblich überträgt diese Merkmale zugleich auf ›die Revolution‹. Bei den weiteren Protestwellen 2012 und 2013 steht in der Berichterstattung hingegen die Gefahr, die diese aufgrund öffentlicher, sexualisierter Gewalt während der Demonstrationen für Frauen darstellen, im Vordergrund (s. Kap. 6.2.1). Entscheidend für die im untersuchten Pressediskurs verbreitete positive Bewertung der Demonstrationen 2011 ist also deren weibliche Prägung, die diese als ermächtigende, gewaltfreie und ›fortschrittliche‹ Bewegung erscheinen lässt und die so auch die Rezipient*in zur Identifikation mit ihr einlädt. Auf visueller Ebene sind es gerade solche Bilder, die protestierende Frauen zeigen, die die Betrachter*in quasi ein Teil der Gruppe werden lassen (vgl. auch Abb. 28 und Abb. 29).

Die ›kämpferischen‹ Gesten der Frauen in Abb. 30 in Form erhobener Fäuste wirken hier nicht bedrohlich, sondern im Kontext des Diskurses legitim und emanzipatorisch. Sowohl die Bildperspektive, die die Betrachter*in auf Augenhöhe mit den Protestierenden und scheinbar in die Gruppe hineinstellt als auch das Zeigen junger und älterer Frauen mit und ohne Kopftuch, welches auf die Diversität beteiligter Protestierender verweist, laden zur Solidarisierung mit den Protesten ein. In ihrer Emanzipation, so die Argumentation des Diskurses, stehen Frauen für einen Aufbruch in eine bestimmte Richtung, da sie ›moderne‹ Werte wie Menschen- und Frauenrechte, Freiheit und Demokratie verkörpern würden. So wird etwa über die Bloggerin Aliaa al-Mahdi geschrieben: »Aliaa beruft sich auf ihre persönliche Freiheit und die Allgemeine Erklärung der Menschenrechte.« Und eine 20-jährige Ägypterin wird zitiert mit den Worten: »Ich will auftreten können, wie ich möchte, und ich hoffe, dass unsere Gesellschaft diese Freiheit schaffen wird.« (20110818*ZE). Bezug genommen wird hier zum einen explizit auf die auch in der anerkennenden Repräsentation weiblicher Körper zentrale Ausübung individueller Wahlfreiheit als spezifischer Wert für Frauen (vgl. McRobbie 2010) und zum anderen auf als ›universell‹ verstandene Werte wie Menschenrechte. Solche Wertbezüge werden in Kapitel 6.1 noch einmal eingehender thematisiert. Neben einer Verbesserung der spezifischen Situation von Frauen werden diese damit auch als Verantwortliche für gesamtgesellschaftliche Entwicklungen konstruiert.

Über die visuellen Diskursfragmente werden Frauen zudem als ›Motor‹ der demokratischen Entwicklung zu sehen gegeben und dann mit Wert beliehen, wenn sie als

*Abb. 30 (links): »Spielten eine wichtige Rolle bei den Protesten: Ägyptens Frauen.« (Bildquelle: AFP, 20110311*SZ); Abb. 31 (rechts): »Ägyptische Frauen zeigen ihre Finger, mit denen sie am zweiten Tag der Wahlen in Alexandria ihr Votum abgegeben haben« (Bildquelle: dpa, 20140528 *FAZon)*

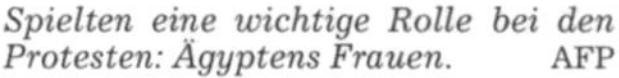

Spielten eine wichtige Rolle bei den Protesten: Ägyptens Frauen. AFP

Symbol für die Emanzipation ihrer Nation fungieren. Hier erfolgt jedoch keine visuelle Anerkennung von Individuen, sondern einer sozialen Kategorie (vgl. Grittmann/Maier 2017: 177f), nämlich dem weiblichen Geschlecht als ›modern‹ und ›fortschrittlich‹. Dies zeigt sich zum einen in der oben beschrieben Repräsentation handlungsfähiger, aktiver und emanzipierter Subjekte und zum anderen im Zeigen von ›doing democracy‹ im Bildtyp *Wählende Frau*, welches die Beteiligung an demokratischen Prozessen wie in Abb. 31 durch Frauen mit eingefärbten Fingern[29] symbolisiert.

Auch hier werden die Frauen auf Augenhöhe repräsentiert und zeigen Freude oder gar stolz darüber gewählt zu haben. Das Bild steht scheinbar im Gegensatz zum textlichen Umfeld, welches die Wahlen eher negativ bewertet. Eine solche Kombination einer generell positiven Bewertung im Bild über wählende Frauen, die so einen demokratischen Aufbruch symbolisieren und einer eher negativen Einschätzung der Gesamtsituation findet sich häufig bei diesem Bildtypen.

Bezüglich der Deutung eines durch Frauen bewegten gesellschaftlichen Auf- oder gar Umbruchs zeigt sich jedoch eine Ambivalenz im Diskurs, da sich auch eine Aussage im Diskurs findet, in der ein Versagen der Frauen durch zu große Zurückhaltung gedeutet wird, wodurch sie letztendlich die Mitgestaltung der Gesellschaft verpassten.[30] Auffällig ist, dass innerhalb dieser Argumentation auf die europäische ›Erfahrung‹ eines scheinbar bereits vollzogenen Bruchs mit Geschlechterrollen Bezug genommen wird, hier also europäische Frauenbewegungen explizit als ›role model‹ für ägyptische Protestierende benannt werden:

29 Um zu vermeiden, dass es zu doppelten Stimmenabgaben kommt, werden in den ägyptischen Wahllokalen bei den Menschen, die bereits gewählt haben, die Finger in Tinte getaucht und so farbig markiert.

30 Vgl. auch: »Die Frauen verpassen gerade eine historische Chance. Jede Frauenbewegung lebt von Aggression. Die ägyptischen Frauen kämpfen für Demokratie und meinen, in der Demokratie könne man dann über Frauenrechte reden. Ich glaube, das reicht nicht. Ich wünsche mir, dass die ägyptischen Aktivistinnen aggressiver werden.« (20120114*TA*1).

> »Aus europäischer Perspektive, aus der Erfahrung, wie zählebig Geschlechterrollen sind und welche Ausdauer nötig ist, gesellschaftliche Muster aufzubrechen, würde man sich wünschen, dass die ägyptischen Aktivistinnen ihre Vorstellungen in dieser wichtigen Phase des Umbruchs mit Vehemenz verteidigen. Doch das passiert nicht.« (20110329*FAZ)

Hier wird Kritik an den Aktivistinnen geübt, die insbesondere daher rührt, dass Ihnen die Aufgabe zugetragen wird, als negativ bewertete ›gesellschaftliche Muster aufzubrechen‹, was auch, so legt es die Aussage hier durch das Rekurrieren auf eine gemeinsame (erfahrenere) Perspektive und den vereinheitlichen Ausdruck ›würde man sich wünschen‹ nahe, in ›unserem‹[31] Interesse wäre.

Zugleich wird im Diskurs argumentiert, dass die Proteste nur solange positiv bewertet werden können, wie ihnen das Attribut der Weiblichkeit zugeschrieben werden kann. Daraus folgt ein wichtiger Punkt der Bedeutung von Geschlechtskategorien für die Konstitution der Proteste: Der Umgang mit weiblichen Körpern innerhalb der Proteste wird als zentrale Messlatte für ihre Bewertung etabliert.

> »US-Außenministerin Hillary Clinton sprach von der ›systematischen Erniedrigung‹ der Ägypterinnen, ja, einer ›Entwürdigung der Revolution‹, einer Schande für den Staat und seine Armee. Aber auch Ägypten ist entrüstet. Bei einem Protestmarsch warnten die Frauen auf dem Tahrir-Platz, ihre Ehre sei ›die rote Linie‹.« (20111222*SZ)[32]

Vertreten durch Hillary Clinton wird die ›Erniedrigung‹ des weiblichen Körpers zum einen für die internationale Gemeinschaft als Beurteilungskriterium der Proteste benannt und damit der weibliche Körper mit ›der Revolution‹ gleichgesetzt: seine ›Entwürdigung‹ entwürdigt auch diese. Anscheinend verwundert oder anerkennend wird zudem hervorgehoben, dass ›auch‹ Ägypten selbst (und nicht nur die internationale Gemeinschaft) entrüstet sei und die protestierenden Frauen selbst eine solche Beurteilung forderten. Formuliert wird diese Forderung zunächst durch die US-Außenministerin, diese wird jedoch ergänzt um ein direktes Zitat von ›den Frauen auf dem Tahrir-Platz‹.

Generell wird im Diskurs die Beurteilung der Erfolge der Proteste und der damit verbundenen gesellschaftlichen Veränderungen mit der Frage verknüpft, was die Proteste an weiblichen Lebensrealitäten verändert haben. Dies gilt sowohl für Argumentationen, die eine positive Veränderung sehen als auch für Argumentationen, die eine solche verneinen. Auf welche Themen dabei konkret Bezug genommen wird, soll in Kapitel 6.1 diskutiert werden. Hier sei lediglich angemerkt, dass die Situation von Frauen als entscheidend für die Beurteilung der Proteste und die Entwicklung des Landes gedeutet werden, wie es auch die Komposition aus Titel, Bild und Bildunterschrift in Abb. 32 nahe legt:

---

31 In diesem Diskursfragment wird damit auch eine explizite Konstruktion des ›Eigenen‹, welches sich dieser Deutung nach durch den Wandel von Geschlechterrollen auszeichnet, vorgenommen. Solche expliziten Okzidentkonstruktionen finden sich im Diskurs um die Proteste in Ägypten nur selten, meist bleiben diese implizit (s. Kap. 6.3.3).

32 Vgl. auch: »Ägypten wurde geschändet, so die Botschaft. Was ihr Ägyptens Frauen antut, das erleidet das ganze Land.« (20111222*SZ).

*Abb. 32: »Bei der Volksabstimmung geht es langfristig auch um Freiheiten für Frauen in Ägypten.« (Bildquelle: dapd, 20121215 *FAZon)*

VERFASSUNGSREFERENDUM

Entscheidung über die Zukunft Ägyptens

AKTUALISIERT AM 15.12.2012 · 11:32

Bei der Volksabstimmung geht es langfristig auch um Freiheiten für Frauen in Ägypten. Bild: dapd

Durch die Überschrift und das Zeigen von Frauen sowie deren Hervorhebung in der Bildunterschrift werden die ›Freiheiten für Frauen‹ als entscheidend für die Zukunft Ägyptens gewertet. Durch die Kontrastierung der Personen auf dem Bild – zwei vollverschleierte Frauen außen und eine Frau mit wehendem, offenem Haar in der Mitte – scheint dies insbesondere die Frage nach deren Verschleierung zu betreffen. Diese Symbolik des Bildes spiegelt sich auch in einer wiederkehrenden Problematisierung des Verhältnisses zwischen Islam und Werten wie Gleichberechtigung, Freiheit oder Menschenrechten wider, die in Kapitel 5.3 ausführlicher diskutiert wird. Deutlich wird die ambivalente Haltung des Diskurses vornehmlich, sobald es um Muslimschwestern geht, die als eine der wenigen Subjektpositionierungen diskursiv nicht mit Wert belehnt werden, da sie nicht ›wirklich‹ emanzipiert und ›modern‹ seien.

5.2.5 Abgrenzung von Männlichkeit

Die Konstruktion von Weiblichkeit erfolgt im Diskurs wesentlich auch über die Abgrenzung von Männlichkeit, auch wenn gerade in der frühen Phase der Berichterstattung eher eine ungewöhnliche Gleichheit zwischen Frauen und Männern hervorgehoben wird. Eine zentrale Deutung des Diskurses um die Proteste Anfang 2011 ist, dass Geschlechterkonstruktionen und damit verbundene Ungleichheiten aufgehoben wurden: »›Ägypten war in einem Zustand, in dem alle Leute nur ein Ziel hatten: den Sturz Mubaraks. Das Geschlecht hat niemanden interessiert‹, sagt Sally Zohney von UN Women.« (20110817*ZEon) Während hier vermittelt durch eine ›Expertin‹ sogar die abnehmende Bedeutung geschlechtlicher (als zentrale, die Gesellschaft strukturierende) Kategorien vor dem Hintergrund eines gemeinsamen politischen Ziels verdeutlicht wird, so geht die Deutung eines geschlechtlichen Ausnahmezustandes an anderen Stellen mit der Analyse einher, dass Geschlechtskategorien zwar nicht ihre Bedeutung verloren hätten, Frauen aber plötzlich Rollen einnähmen, die sonst Männern vorbehalten seien.

»Ägyptens Frauen, die früher nur selten ihre Meinung auf die Straße trugen, laufen mit Megaphonen durch die Reihen, geben den Männern die Parolen vor.« (20110205*SZ)[33] Vermittelt wird hier, dass die Proteste einen Wendepunkt der Geschlechterbeziehungen darstellen: Während ›gewöhnlich‹ Frauen nur selten öffentlich auftraten, seien sie jetzt sogar die Wortführerinnen: nicht mehr die Männer gäben den Frauen die Meinung vor, sondern anders herum. Gleichzeitig wird durch die Schilderung eines solchen Wendepunktes die Ungleichheit zwischen Geschlechtern und die Unterdrückung von Frauen durch Männer als ägyptische Normalität und historische Kontinuität rekonstruiert, indem die Proteste immer wieder als Ausnahmesituation gekennzeichnet werden.[34] Auch parallel zur ersten Protestwelle 2011 fokussiert sich der Diskurs gleichzeitig immer wieder auf die Schilderung der ›Normalität‹, in der Frauen von Männern unterdrückt werden und eine Gefahr für sie darstellen. Männer tauchen dabei im untersuchten Pressediskurs in Medien aus Deutschland – anders als die oft individuell repräsentierten Frauen – meist als Gruppe auf. Sei es in der Schilderung der Unterdrückung von Frauen (»In der traditionell islamischen Gesellschaft Ägyptens gestehen die Männer ihren Frauen keine eigene Identität zu.« (20110205*SZ)) oder als bedrohliche Menge: »Auf dem Tahrir Platz umzingelt eine Männermenge die Journalistin, reißt ihr die Kleidung herunter, es sind Minuten der Todesangst.« (20130718*ZE) Eindrücklich wird hier die Bedrohlichkeit dieser ›Männermenge‹ vermittelt, die als homogener, kollektiver Akteur auftritt (s. Kap. 5.1.3). Dieses Phänomen lässt sich auch in den visuellen Diskursfragmenten des Diskurses beobachten:

Auch in Abb. 33 erscheinen Männer als homogene Menge, die zudem durch Ausdruck und Gestik des Mannes unten links im Vordergrund sowie durch die Perspektive des Bildes, bei der die Betrachter*in scheinbar von den Männern überrannt zu werden droht, bedrohlich wirken. Verstärkt wird dieser Eindruck zudem durch das visuelle Element, welches das Thema des Beitrages als ›Islam-ismus‹ kennzeichnet. Interessanterweise legt die dort verwendete Schreibweise durch die Trennung des Wortes nahe, dass hier nicht nur Islamismus, sondern auch ›der Islam‹ generell als Bedrohung thematisiert wird. Dies entspricht auch den Deutungen im textlichen Kontext des Bildes, die Bedrohung wird zudem schon in der Überschrift des Artikels, in dem das Bild erschienen ist »Tod den Rebellinnen« (2011*3*Emma) transportiert.

Im Gegensatz zur meist als ›fortschrittlich‹ und professionell konstruierten Weiblichkeit wird Männlichkeit als konservativ[35] konstruiert: Deutlich wird die binäre

33 Auch: »Die meisten der Frauen waren ihren Männern hierher nicht gefolgt, sondern sie waren ihnen vorangegangen.« (20110329*FAZ).

34 Vgl. dazu folgende Zitate: »Männer und Frauen, die einander nicht kannten, haben nebeneinander in den Zelten auf dem Platz geschlafen. [...] Wir haben noch nie so eine Einheit verspürt. Wir haben vor Freude getanzt. (20110224*ZE); »Alles ist anders.« (20110210*ZE); »Es war, als wäre in der Geschlechterfrage eine neue Ära angebrochen« (20111217*SZ), s. dazu auch Kapitel 6.2.1.

35 Wobei Männer entweder als Vertreter einer konservativen Gesellschaft oder einer islamisch geprägten Kultur gezeigt werden, dazu mehr in Kapitel 5.3. Eine große Rolle spielt auch die Unterdrückung von Sexualität und damit verbundene Aggression und Frustration: »Patriarchale Gewohnheiten, neue Aggression und sexuelle Frustration entladen sich in Gewaltorgien.« (20140621*SZ) Männer werden also im Gegensatz zu Frauen als von ihren Emotionen und Trieben gesteuert und nicht rational konstruiert.

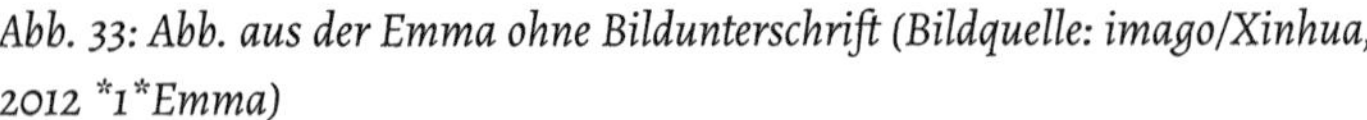

*Abb. 33: Abb. aus der Emma ohne Bildunterschrift (Bildquelle: imago/Xinhua, 2012 *1*Emma)*

Konstruktion der Geschlechter hier in der direkten diskursiven Gegenüberstellung zwischen einer auf Veränderung hoffenden Frau und einem konservativen, religiösen Mann:

> »El Feki erinnert sich daran, wie sie auf dem Tahrir-Platz erst mit einer jungen Frau ins Gespräch kam und anschließend mit einem jungen Mann. Die Frau wusste so gut wie alles über Paris 1968, über den Aufstand der Studenten, der auch ein Aufstand gegen die rigide Sexualmoral war. Die junge Ägypterin auf dem Tahrir-Platz glaubte an eine Verbindung zwischen dem Politischen und dem Privaten, sie hoffte auf umfassende Veränderungen auch in ihrem Land. Der Mann dagegen demonstrierte ausdrücklich nur gegen das alte Regime. Auswirkungen auf das Privatleben dürfe der Aufstand nicht haben, sagte er, die sexuelle Freiheit des Westens lasse sich nicht vereinbaren mit der islamischen Kultur.« (20131028*TA)

Die Überwindung einer Binarität zwischen Öffentlichkeit/dem Politischen und wird hier offenbar als ›fortschrittliche‹ Einstellung verstanden und zugleich impliziert, dass diese in Europa nach 1968 bereits vorherrschend sei. Vor dieser hierarchischen Einordnung erscheint der hier repräsentierte junge Mann gerade im Kontrast zur Frau, die als feministisch, ›fortschrittlich‹ und informiert dargestellt und am Gemeinwohl orientiert anerkannt wird trotz seiner Beteiligung an den Protesten als konservativ und egoistisch an der Erhaltung seiner Privilegien interessiert.

Abweichend von dieser Konstruktion werden Männer im Diskurs auch als Beschützer von Frauen und Unterstützer ihrer Proteste gezeigt. Auch hier werden sie teilweise als Gruppe benannt: »Nach Angaben der Nachrichtenagentur AP bildeten Männer zum

Schutz eine Menschenkette um die Demonstrantinnen.« (20111221*SPon),[36] gelegentlich werden hier jedoch auch Individuen vorgestellt: »Mohammed Menam und Islam Said, zwei junge Männer, stehen in der zweiten Reihe am Rand des Platzes, ein Transparent in den Händen, auf dem sie mehr Frauenrechte fordern.« (20110308*TAon) Zugleich wirken diese beiden Männer durch ihre Verortung ›in der zweiten Reihe am Rande des Platzes‹ eher als Randgestalten, die nicht der hegemonialen Positionierung entsprechen. Auch in visuellen Diskursfragmenten werden Männer dann als Individuen zu sehen gegeben, wenn sie Frauen unterstützen (vgl. Abb. 22). Bedingung einer anerkennenden Subjektivierung ist also auch in Bezug auf die Repräsentation von ägyptischen Männern im Diskurs die Annahme einer ›modernen, fortschrittlichen‹ Subjektposition.

Neben der Abgrenzung vom männlichen Geschlecht werden Frauen zudem über die Abgrenzung von ihren Gegnern, die hier durch einen autoritären Staat oder eine islamische, patriarchale und konservative Gesellschaft verkörpert werden, konstituiert: »Die Gegner der Frauenrevolution kommen aus dem Militär und aus dem rechten islamistischen Lager« (20120202*ZE). Besonders problematisiert wird in diesem Kontext an der Regierung der Muslimbrüder, dass hier Männlichkeit, Regierung und Islam in eins fallen: »Und nun gewinnen bei den Wahlen auch noch die Islamisten, an deren Spitze – wie in der Armee – ein fossilierter Männerbund steht.« (20111217*SZ) In der Schilderung der Unterdrückung von Frauen werden ihre Gegner dabei oft als Gruppe benannt und auch Individuen nur über ihre Zugehörigkeit zu diesen Gruppen, etwa als ›Soldat‹ oder ›Islamist‹ gekennzeichnet. Dies zeigt sich auch in der Bildberichterstattung:

*Abb. 34: »Soldaten auf dem Tahrir-Platz: Irritiert von der Aufmüpfigkeit des Volks.« (Bildquelle: FRANCESCA LEONARDI/CONTRASTO/LAIF, 20110606 *SP)*

36 Vgl. auch: »Auch Männer machen sich gegen sexuelle Belästigung stark, sie bilden fast die Hälfte der Freiwilligen.« (20110817*ZEon).

Die hier gezeigten männlichen Körper werden nicht als individuelle Subjekte, sondern als Teil einer Gruppe sichtbar, die vor allem durch die militärische Kleidung, das an ein Staatsgebäude erinnernde Haus im Hintergrund und die dynamische Bewegung der Körper im Vordergrund charakterisiert wird. Während in dem Artikel, der Abb. 34 zeigt, und der Jungfräulichkeitstests durch das Militär und den Widerstand einer Demonstrantin thematisiert, Frauen in Form der anerkennenden Bildgattung des Porträts gezeigt werden, wird Männlichkeit hier mit dem Staatsapparat, der im textlichen Kontext des Bildes zudem als Verantwortlicher für an Frauen durchgeführten Jungfräulichkeitstests benannt wird, in Verbindung gebracht.

Die Abgrenzung von Männlichkeit unterstützt im vorliegenden Diskurs damit vor allem das oben gezeichnete Bild einer ›fortschrittlichen‹ und emanzipierten Weiblichkeit, die für die mögliche Entwicklung der Nation hin zu ›modernen‹ Werten steht. Damit zeigt sich im Diskurs auch eine Anknüpfung an konventionelle Repräsentationspraktiken des deutschsprachigen Islamdiskurses, in dem nicht ein umfassendes Feindbild Islam etabliert, sondern vor allem anhand von Geschlecht differenziert wird und sich die Konstruktion eines Feindbildes vornehmlich auf männliche Positionierungen bezieht (vgl. Karis 2012: 312). Geschlechterkonstruktionen werden so in der Berichterstattung in Deutschland zu protestierenden Frauen in Ägypten auch hinsichtlich Orientalisierungen im Diskurs wirkmächtig.

Zusammenfassung: Konstruktion von Geschlecht

In diesem Kapitel habe ich aufgezeigt, dass das Zeigen von Weiblichkeit im untersuchten Pressediskurs in Medien aus Deutschland vor allem zwei Funktionen übernimmt: Zum einen werden über Weiblichkeit verkörpernde Personen und die Art der hier repräsentierten Inszenierung von Weiblichkeit ›okzidentale‹ Repräsentationsordnungen zur Sichtbarkeit von Frauen in journalistischen Diskursen reproduziert und aktualisiert. Damit wird zugleich auch eine Nähe zur Rezipient*in des Diskurses hergestellt. Zum anderen wird Weiblichkeit mit Ermächtigung und ›Fortschritt‹ im Sinne eines Strebens nach als ›modern‹ verstandenen Werten verbunden. Beide Aspekte tragen zu einer Anerkennung und Wertschätzung von Personen, die diese Weiblichkeit im Diskurs verkörpern, bei. Diese Anerkennung ist an die Erfüllung spezifischer Bedingungen geknüpft: 1. an die körperliche Inszenierung von Weiblichkeit als eine Form der Ausübung von Wahlfreiheit, wobei im Diskurs teilweise auch das Tragen des Kopftuches als Teil dieser Inszenierung anerkannt wird; 2. an die Verkörperung von Weiblichkeit zugleich in einer professionellen, ›modernen‹ und einer sorgenden Rolle; 3. an die Einschreibung in einen homogenen, nationalen Frauenkörper und 4. an die Verkörperung einer ›fortschrittlichen‹, emanzipierten Weiblichkeit. Das Tragen eines Kopftuches und die Verkörperung sorgender Rollen werden im Diskurs argumentativ in die hegemoniale Konstitution von Weiblichkeit aufgenommen und bleiben somit nicht als Ambivalenzen bestehen. Ambivalent sind hingegen die Deutungen bezüglich der Homogenität ›ägyptischer Frauen‹, da hier in marginalisierten Deutungen zugleich die Bedeutung sozioökonomischer Unterschiede herausgestellt wird und bezüglich Weiblichkeit als Symbol des Aufbruchs und der Emanzipation, da in einigen Diskursfragmenten die Deutung vorherrscht, dass Frauen in Ägypten nicht genügend Widerstand leisten würden.

Hinsichtlich der Konstitution von Männlichkeit im Diskurs und deren Abgrenzung von Weiblichkeit zeigt sich zu Beginn der Berichterstattung 2011 zwar eine Fokussierung auf eine Gleichheit zwischen den Geschlechtern. Diese wird jedoch als Ausnahmezustand gekennzeichnet und Weiblichkeit als Zeichen des ›Fortschritts‹ vor allem von einer als ›rückständig‹ konstituierten Männlichkeit abgegrenzt, die symbolisch für die ›ägyptische Normalität‹ steht. Im Diskurs visuell und sprachlich anerkannt werden Männer dann, wenn sie Frauen in ihren Anliegen unterstützen.

Deutlich geworden sein sollte an meinen Ausführungen die diskursive Anknüpfung an und Erneuerung von ›okzidentalen‹ Geschlechterordnungen und deren Bedeutung für eine ›okzidentale‹ Selbstpositionierung als ›modern‹ und ›fortschrittlich‹. Die Konstruktion einer solchen Positionierung thematisiere ich auch im nächsten Kapitel, sie wird dort vor allem in ihrer Verwobenheit mit (vergeschlechtlichten) Orientalisierungen untersucht.

5.3 Vergeschlechtlichte Orient-/Okzidentkonstruktionen

Bedeutsam für die Bedingung der Anerkennung von Subjektpositionierungen im untersuchten journalistischen Diskurs um protestierende Frauen in Ägypten sind neben geschlechtlichen Kategorien und deren Konstitution mit diesen verbundene Konstruktionen eines ›fortschrittlichen Okzidents‹, der von einem ›sexistischen Orient‹ abgegrenzt wird. Damit findet sich neben der binär strukturierten Klassifikation Frau/Mann eine weitere relevante Klassifikation, die Identität ebenfalls über Gegensätzlichkeiten herstellt.[37] Die Reproduktion tradierter Repräsentationen von ›Orient‹ und ›Okzident‹, deren Gegensätzlichkeit und gleichzeitige Verwobenheit wurde bereits in den vorherigen beiden Kapiteln an mehreren Stellen thematisiert. Hier soll nun darüber hinaus die diskursive Herstellung und Homogenisierung gesellschaftlicher, kultureller und/oder religiöser Kontexte, in denen die aufgezeigten Geschlechterkonstruktionen und Subjektpositionierungen verortet werden und deren Deutungen näher in den Blick genommen werden.

Die Reproduktion tradierter Orientkonstruktionen erfolgt im untersuchten Diskurs vor allem im Rahmen der Diskussion über die Dimensionen der Ursachen von und Verantwortlichkeiten für die in verschiedenen Ausprägungen problematisierte gesellschaftliche Situation von Frauen in Ägypten (s. Kap. 6.1). Die hier präsente Missachtung der so konstruierten Identität wird also zentral mit deren Verantwortung für die Diskriminierung und Unterdrückung von Frauen begründet. Drei Deutungsmuster, die in den Kapitel 2.2.3 und 2.3.2 als etablierte Praktiken der Repräsentation in ›okzidentalen‹ Diskursen vorgestellt wurden und an die im Diskurs um die Proteste in Ägypten angeknüpft wird, sind dabei zentral und sollen im Folgenden näher erörtert werden: 1. die Zuordnung von patriarchalen Strukturen, Sexismus und sexualisierter Gewalt gegen Frauen zu einer spezifischen nationalen/kulturellen Identität, womit gleichzeitig implizit eine Distanzierung ›des Eigenen‹ von solchen Strukturen einhergeht (Kap. 5.3.1),

37 Zur Bedeutung von gegensätzlich strukturierten Klassifikationen in der Analyse von Diskursen s. Kap. 4.1.2.

2. die Prägung der so konstituierten Nation/Kultur durch ›den (politischen) Islam‹ als entscheidend für die Unterdrückung von Frauen (Kap. 5.3.2) und 3. die eher marginale explizite Deutung des ›Okzidents‹ als Garant von Frauenrechten (Kap. 5.3.3).

5.3.1 Othering von Sexismus: Orient-/Okzidentkonstruktionen und sexualisierte Gewalt

Im Diskurs findet sich mit Blick auf die breite Thematisierung öffentlicher sexualisierter Übergriffe auf Frauen eine Anknüpfung an Deutungsmuster, die Patriarchat, Sexismus und sexualisierte Gewalt als spezifisches Problem ›islamischer bzw. arabischer Gesellschaften‹ deuten. Angeknüpft wird mit der hegemonialen Deutung im Diskurs an

> »jene Position, die Sexismus eben nicht als transversale gesellschaftliche Struktur, als historisch und kulturell je spezifische, dennoch gleichsam global verallgemeinerte Form ›männlicher Herrschaft‹ (Pierre Bourdieu) – im Übrigen auch über andere Männer – verstehen, sondern als vermeintlich natürliche Eigenschaft von Muslimen beziehungsweise Arabern« (Hark/Villa 2017: 43).

Diese Naturalisierung und Orientalisierung eines sich gegen Frauen richtenden Sexismus wurde schon im Rahmen des kurzen Abschnitts zur Konstruktion von Männlichkeit im Diskurs in Kapitel 5.2.5 andiskutiert. Entscheidend ist, dass über die Problematisierung von Sexismus als spezifisch für einen bestimmten Kontext zugleich eine Konstruktion des ›Okzidents‹ als frei von geschlechtsbezogener Unterdrückung erfolgt, »der Westen wird als Ort der vollendeten Emanzipation der Frauen« (ebd.: 42) inszeniert. Globale Strukturen männlicher Herrschaft über weibliche – aber auch männliche – Körper oder nicht heterosexuelle Begehren werden dabei genauso wenig thematisiert (vgl. zu einem weiten Sexismus-Begriff Grisard/Maihofer 2016, Kerner 2014) wie eine differenzierte Analyse sexistischer Praktiken und deren Verbindung mit sozialen Strukturen und Dynamiken zu kurz kommt (vgl. Amin 2018, Hark/Villa 2017).

Besonders deutlich wird die Verflechtung von Orient-/Okzidentkonstruktionen und damit verbundenen Hierarchisierungen mit Vergeschlechtlichungen in der Debatte um (öffentliche) sexualisierte Gewalt gegen Frauen, wie ich im Folgenden darlege. Damit zeigt sich die Bedeutung des weiblichen Körpers als Feld gesellschaftlicher Aushandlungen sowohl im Rahmen der politischen Auseinandersetzungen in Ägypten (vgl. Amin 2018) als auch im hier untersuchten Diskurs. Dieser schließt an etablierte Muster der Repräsentation an, die Hark und Villa identifizieren: »Am Frauenkörper – bewusst im Singular formuliert, denn es geht hier nicht um empirische, reale, dynamische und komplexe Körper im Plural, sondern um den weiblichen Körper als phantasmatische Projektion – werden soziale Differenzen und deren normative Be-Deutung verhandelt.« (Hark/Villa 2017: 68) Der homogenisierte, symbolische weibliche Körper nimmt eine zentrale Rolle in der Herstellung gesellschaftlicher Hierarchisierungen ein. Dies gilt insbesondere für die Konstruktion einer ›orientalen Kultur‹ und der mit ihr verbundenen Konstitution ›des Okzidents‹ (s. Kap. 2.2.3). Auch im untersuchten Diskurs ist eine zentrale Bedingung der Anerkennung protestierender Frauen die Einnahme von

Subjektpositionierungen, über die hierarchisierende Orient-/Okzidentdifferenzierungen reproduziert werden können.

In der Konstruktion des gesellschaftlichen, ägyptischen Kontextes zeigt sich im Diskurs eine an ein etabliertes Deutungsmuster anschließende kollektivierende Orientalisierung, die Frauen vor allem als Opfer von gesellschaftlicher und/oder männlicher Unterdrückung darstellt. Als kollektive Gruppe werden Frauen also auch im Diskurs um die Proteste in Ägypten als Opfer konstituiert, auch wenn sie in individuellen Subjektpositionierungen vor allem als handlungsfähige Aktivistinnen und höchstens als ermächtigte, wiederständige Opfer sichtbar werden. Aspekte, die in der Argumentation dieses Deutungsmusters hervorgehoben werden, sind die Alltäglichkeit und allgemeine Betroffenheit von Frauen durch sexualisierte Gewalt, deren gesellschaftliche Akzeptanz und die ungerechtfertigte Verschiebung der Verantwortung auf die Frauen und damit Opfer selbst sowie die gesellschaftliche Tabuisierung dieser Gewalt.

Die Bedrohung weiblicher Körper wird als alltäglich präsent und damit als ein zentraler Bestandteil ägyptischer kultureller Identität repräsentiert.

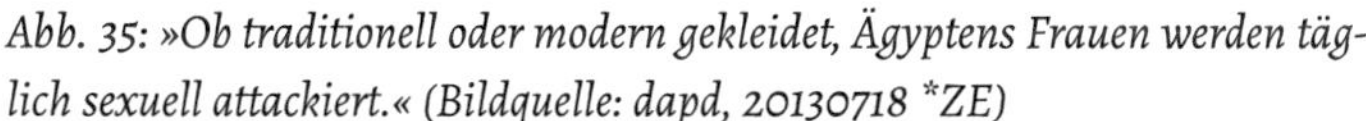

*Abb. 35: »Ob traditionell oder modern gekleidet, Ägyptens Frauen werden täglich sexuell attackiert.« (Bildquelle: dapd, 20130718 *ZE)*

Ob traditionell oder modern gekleidet, Ägyptens Frauen werden täglich sexuell attackiert

Freiheit oder Freiwild

Die Abb. 35 verdeutlicht diese Alltäglichkeit durch das Zeigen einer Szenerie, die gerade die Nicht-Besonderheit der Situation symbolisiert: drei Frauen überqueren eine Straße.[38] Selbst in einer so alltäglichen Handlung in der Öffentlichkeit sind sie nicht vor der ›Attacke‹, so deutet es die Bildunterschrift und auch die laufende Haltung der offenbar aus dem rechten Bildrand heraneilenden Männer/Jungen legt diese Deutung nahe, geschützt. Verdeutlicht wird durch die unterschiedliche Kleidung der Frauen – Kopftuch bzw. offene Haare, s. Kap. 6.2.1 – und die Bildunterschrift, die diese Kleidung als

38 Das gleiche Bild mit der Bildunterschrift »Junge Männer belästigen Frauen in Kairo« findet sich auch im Artikel 20120903*TAon. Auf einem anderen visuellen Diskursfragment wird eine ängstlich blickende Frau umrundet von Männern in einem Bus gezeigt, was ebenfalls die Alltäglichkeit sexualisierter Gewalt unterstreicht (vgl. 20120306*ZEon).

›traditionell‹ bzw. ›modern‹ deutet, zudem die Betroffenheit ›aller‹ Frauen. Vermittelt wird so, dass alle Frauen in Ägypten zu jeder Zeit als ›Freiwild‹ behandelt werden, wie es die Überschrift des Beitrages formuliert, und sexualisierten Übergriffen ausgeliefert sind. Zugleich wird dieser Zustand mit der Überschrift als Gegensatz zur ›Freiheit‹ ausgelegt, die einen zentralen Wertbezug des Diskurses darstellt und in Kapitel 6.1.2 behandelt wird. Explizit wird im Diskurs die Alltäglichkeit dieser Bedrohung auch als Teil ägyptischer kultureller Identität gelabelt: »Nelly Ali, die sich ehrenamtlich für obdachlose Kinder in Kairo engagiert, spricht von einer ›Vergewaltigungskultur‹ auf den Straßen.« (20131125*FAZ). Wie hier durch den Ausdruck der ›Vergewaltigungskultur‹ wird im untersuchten Pressediskurs dabei neben der Belästigung von Frauen auf der Straße auch deren öffentliche Vergewaltigung als ägyptische Normalität konstruiert (s. auch Kapitel 6.1.1). Auffällig ist innerhalb dieser Deutung, dass – und dies wird auch in den folgenden exemplarischen Zitaten erkennbar werden – diese Deutung meist als Zitat ägyptischer Frauen eingeführt wird, in obigem Fall einer Frau, die zudem aufgrund ihres gesellschaftlichen Engagements anerkannt wird. Auch hier zeigt sich also das Bemühen um Authentizität und Legitimation von Aussagen durch ›Kronzeuginnen‹.

Ein zentraler Bestandteil der Argumentation ist zudem die Darstellung, dass diese Normalität in Ägypten gesellschaftlich und kulturell akzeptiert wird.[39] Begründet wird dies im Diskurs meist mit einer patriarchal strukturierten Gesellschaft (eine explizite Benennung von Ägypten als Patriarchat erfolgt z.B. in 20120308*TA, 20111222*SZ) und einer damit verbundenen Missachtung von Frauen.

> »Ägypten ist eine männerdominierte Gesellschaft. ›Die Männer sehen es als ihr Recht an, Frauen anzugrapschen oder ihnen anzügliche Bemerkungen hinterher zu rufen‹, sagt Shahira Amin, frühere Starmoderatorin des ägyptischen Fernsehens, die während der Revolution die Brocken hinwarf, weil sie nicht länger Lügen verbreiten wollte.« (20130203*ZEon)

Die ›Männerdominanz‹ wird in diesem Zitat als ein spezifisches Merkmal der ägyptischen Gesellschaft gedeutet, patriarchale Strukturen also als kulturell spezifisch und nicht als globales Phänomen gegenwärtiger Gesellschaften verstanden. Zudem charakterisiert diese Deutung das Patriarchat als System, in dem körperliche Übergriffe auf weibliche Körper legitimiert werden, andere patriarchale Formen von Unterdrückung werden im gesamten Diskurs hingegen kaum thematisiert. Auch im obigen Diskursauszug zeigt sich erneut ein narratives Element, bei dem die Missachtung ›der ägyptischen Gesellschaft‹ über die Aussage einer ägyptischen Frau vorgenommen wird, die zudem als aufrichtig und emanzipiert anerkannt wird. Auch die mit dem Patriarchat verbundene Missachtung von Frauen wird als kulturelles Phänomen gedeutet: »Die Vergewaltiger von Kairo pflegen eine Kultur der Verachtung. Wo Frauen als minderwertig gelten, darf man sie angeblich auch malträtieren. Ein Gespräch mit der Juristin Seyran Ateş.« (20130207*ZE) Dieser Teaser eines Artikels deutet Vergewaltigungen als eng mit einem als kulturell gedeuteten Phänomen zusammenhängend, welches Frauen in Ägypten generell Anerkennung verweigere. Die im Diskurs weit verbreitete Deutung

39 Deutlich wird das besonders in der Überschrift des Artikels: »Sexuelle Übergriffe in Ägypten: ›Frauen zu belästigen, ist gesellschaftlich akzeptiert‹« (20130710*SZon).

eines kulturspezifischen Mangelns an Anerkennung gegenüber Frauen (siehe auch z.B. 20130214*ZE oder 20131125*FAZ: »Niemand bringe den Jungen bei, dass Frauen Respekt verdient haben«) steht dabei im Kontrast zur diskursiven Anerkennung von Frauen durch den Diskurs selbst, die ich bereits in den letzten Kapiteln aufgezeigt und auch an den vorangegangen Zitaten verdeutlicht habe. Letztendlich wird hier das Bild eines Frauen verachtenden ›Orients‹ im Gegensatz zu einem Frauen anerkennenden ›Okzident‹ gezeichnet.[40]

Zusätzlich verstärkt wird diese Deutung zum einen durch die Argumentation im untersuchten Diskurs, dass den Frauen in Ägypten selbst die Verantwortung für ihre Unterdrückung und insbesondere sexualisierte Gewalt zugeschoben werde und zum anderen über die Betonung der Tabuisierung und damit mangelnden Reflexion der Verachtung von Frauen in Ägypten. Auch hier zeigt sich eine Deutung als spezifisches, insbesondere Ägypten oder den ›arabischen Raum‹ betreffendes Phänomen.

In Bezug auf die Abschiebung der Verantwortlichkeit auf die Frauen selbst sind vor allem mit Übergriffen verbundene Debatten um ihre Bekleidung Thema: »In sexuellen Dingen ist Ägypten zutiefst konservativ, zudem frauenfeindlich: Sexuelle Belästigung ist im Alltag gang und gäbe, und wer sich wehrt, wird schnell bezichtigt, selbst schuld zu sein an der Attacke. Das Mädchen habe sich doch sicher aufreizend benommen, heißt es dann.« (20111203*SPon) In diesem Beispiel zeigt sich die soeben dargelegte Argumentation des Diskurses komprimiert in einigen Sätzen: Die ägyptische Gesellschaft wird als ›konservativ‹ konstruiert und ergänzt, dass sich dies insbesondere in einer abwertenden Haltung gegenüber Frauen ausdrückt, was durch die alltägliche Bedrohungssituation für den weiblichen Körper in Ägypten belegt wird. Darüber hinaus wird, so die Deutung im Pressediskurs in Deutschland, besonders emanzipierten, widerständigen Frauen dann von der ägyptischen Gesellschaft auch noch die Verantwortung für die Vorfälle zugeschoben. In Kapitel 5.2.1 habe ich zudem dargelegt, dass das, was im obigen, indirekten Zitat – impliziert wird hier ›die ägyptische Gesellschaft‹ als Sprecherin – als ›aufreizend‹ charakterisiert wird (anders als an dieser Stelle wird im Diskurs meist eher die Kleidung von Frauen als ihr Verhalten thematisiert[41]) der Deutung des untersuchten Pressediskurses nach eher als Inszenierung von Weiblichkeit im Sinne einer

---

40 Die Missachtung von Frauen wird im Diskurs vor allem anhand (öffentlicher) sexualisierter Gewalt gegen Frauen thematisiert, nur am Rande wird auch auf andere Themen eingegangen, etwa die alltägliche Diskriminierung von Frauen und Mädchen (»Sie läuft heute noch rot an vor Zorn, wenn sie darüber spricht. Sie erinnert sich noch genau an eine Feier im Kindergarten. Sie wollte tanzen. Da stand ein jüngerer Cousin auf und schimpfte: ›Du darfst das nicht!‹ Sie setzte sich wieder hin, dann tanzte er selbst. Die Erwachsenen schauten zu und fanden das in Ordnung.« (20120202*ZE)), die Verwehrung politischer Beteiligung von Frauen (»Das jetzige Ausmaß der Gewalt ist erschreckend. Aber es gehört zur Logik der Revolution in einer patriarchalen Gesellschaft, dass Frauen rasch wieder rausgedrängt werden müssen aus der Politik.« (20130207*ZE)) oder auch weibliche Genitalbeschneidung (z.B. 20141027*ZEon), s. dazu auch Kapitel 6.1.1.

41 Besonders deutlich wird dies in der Schilderung eines Vorfalls, bei dem eine Studentin an der Uni angegriffen wurde: »Doch nicht nur über die Videobilder, die im Internet kursieren, ist eine hitzige Debatte entbrannt. Für weltweite Empörung sorgten auch die Reaktionen auf den Vorfall. Die Studentin habe die Männer durch ihr ›nuttiges Outfit‹ provoziert, kommentierte ein ägyptischer Talkmaster. Auch der Direktor der Universität, Gaber Nasser, erklärte zunächst, sie sei wohl ›nicht angemessen gekleidet‹ gewesen.« (20140404*ZEon).

Ausübung der eigenen Wahlfreiheit verstanden werden sollte. In Abb. 12, einem Bild, auf dem protestierende Frauen gezeigt werden, wird diese Deutung über ein englischsprachiges Protestplakat, welches im Bildzentrum zu sehen ist, aufgenommen. Auf ihm steht: »Don't tell me how to dress, tell them not to rape.« Eine häufige Schlussfolgerung im Diskurs ist, dass aus den Frauen, den eigentlichen ›Opfern dieser Kultur‹, Täterinnen gemacht würden: »In einer Kultur, in der das männliche Geschlecht dominiert, werden so aus Opfern Täter gemacht.« (20120809*ZEon, vgl. auch z.B. 20110817*ZEon). Auch hier wird diese ›verkehrte Deutung‹ wieder als spezifisch ägyptisch verstanden. Von feministischer Seite werden ganz ähnliche Deutungen jedoch auch in ›westlichen‹ Diskursen kritisiert, beispielsweise im Rahmen der *Slut Walks*[42], die 2011 ausgehend von Toronto in vielen nordamerikanischen, europäischen und deutschen Städten stattfanden und sich gegen den Mythos einer Mitverantwortung von Opfern sexualisierter Gewalt aufgrund ihrer Kleidung richteten.

Diskursiv wird das Ausmaß des Problems zudem über die Deutung verstärkt, dass gerade Gewalt gegen weibliche Körper in Ägypten nicht thematisiert werde, also nicht sag- und sichtbar sei: »Aufklärung über sexuelle Belästigung, das gab es bisweilen in Ägypten nicht. Das Thema wurde verschwiegen, heruntergespielt.« (20110817*ZEon) Auch in diesem Zitat wird die mangelnde ›Aufklärung‹ über sexualisierte Gewalt als national spezifisches Thema gedeutet[43] und das Sprechen über sie zugleich implizit als Lösung des Problems konstruiert. Neben einer mangelnden Sag- und Sichtbarkeit wird zudem auf die aktive Verleumdung sexualisierter Übergriffe eingegangen: »Ihre Familie, ruft Mary herüber, verstünde nicht, warum sie sich gegen die Beschimpfungen, die Anzüglichkeiten, das Begrabsche auf der Straße wehre. Sexuelle Belästigung, sagt die Mutter, existiere in Ägypten nicht.« (20140404*ZEon) Interessant ist an diesem Diskursauszug, dass die Verleumdung durch eine Frau vorgenommen wird, die allerdings als Mutter der Aktivistin eingeführt wird und damit nicht zur Gruppe der im Diskurs anerkannten jungen, emanzipierten Frauen gehört. Hier wird eine Differenz zwischen zwei Generationen von Frauen hergestellt: Während die älteren Frauen das System der Unterdrückung legitimieren sind es dem untersuchten Pressediskurs nach gerade die jungen Frauen, die Widerstand leisten.

Eine kritische Reflexion zur ausschließlichen Verknüpfung von Sexismus mit ›den Anderen‹ taucht im Diskurs fast nicht auf[44], womit weder auf die globale Verbreitung patriarchaler Strukturen eingegangen wird, noch deren spezifische, lokale Ausprägungen vor dem Hintergrund eines übergeordneten Systems geschlechtlicher Hierarchisierungen differenziert betrachtet wird, wie es unter anderem Hark und Villa (2017:

42 Auslöser war ein Vortrag der kanadischen Polizei an der York University in Toronto Anfang 2011, bei dem ein Polizeibeamter Frauen aufforderte ›sich nicht wie Schlampen anzuziehen‹ um sexualisierte Übergriffe zu vermeiden. Anschließend kam es zu Demonstrationen gegen die Verharmlosung sexualisierter Gewalt und eine Umkehrung der Opfer zu Tätern, zunächst in Toronto, im August 2011 auch in vielen deutschen Städten (vgl. O'Keefe 2014).

43 Auch hier zeigen aktuelle, ›westliche‹ feministische Proteste wie *#metoo*, einer Kampagne, in der vor allem Frauen erstmals über teilweise Jahre zurück liegende Fälle sexualisierter Gewalt berichten, auf, dass es sich bei dem Schweigen über sexualisierte Gewalt keinesfalls um ein spezifisches Problem der MENA-Region handelt.

44 Zur marginalisierten Sichtbarkeit globaler Interdependenzen im Diskurs s. Kap. 7.1.

103ff, vgl. auch Amin 2018) fordern. Die distanzierende und hierarchisierende Orientkonstruktion im Diskurs erfolgt zum einen über die Konstruktion der Missachtung von Frauen als ein spezifisches Charakteristikum ägyptischer Kultur und Gesellschaft, dessen negative Beurteilung zudem mit der Abschiebung der Verantwortung auf die eigentlichen Opfer und der Tabuisierung innerhalb der Gesellschaft begründet wird. Diese Deutung steht dabei im Kontrast zum untersuchten Diskurs in deutschen journalistischen Medien selbst, der die Deutung einer in ihm präsenten Anerkennung von protestierenden Frauen in Ägypten nahelegt.

5.3.2 Die Unterdrückung weiblicher Körper und ›der (politische) Islam‹

Über die diskursive Auseinandersetzung mit sexualisierter Gewalt hinaus wird eine kulturelle ›Rückständigkeit‹ weniger als national oder kulturell spezifisch begründet, sondern mit einer Prägung des spezifischen gesellschaftlichen Blicks auf weibliche Körper durch ›den Islam‹. Dies zeigt sich beispielsweis in folgendem Zitat:

> »Das extrem konservative Frauenbild der meisten Ägypter – und dazu gehören auch die Generäle – hat seine Wurzeln in den Traditionen des Landes. Gefüttert wird es allerdings auch von religiöser Seite. Hier spielen vor allem die Salafisten eine Rolle, die den Koran und dessen Vorschriften besonders streng auslegen: Die Frau ist dem Mann untertan.« (20120202*ZE)

Auch innerhalb dieser Deutung wird die Unterdrückung von Frauen als Argument für die ›Rückständigkeit‹ der Gesellschaft angeführt und zudem die Intensität und Verbreitung dieser durch die Betonungen ›extrem konservativ‹, die ›meisten Ägypter‹ und ›besonders streng‹ hervorgehoben. Traditionen in Ägypten und ›der Islam‹ als Religion werden als Ursachen der Unterdrückung von Frauen benannt, wobei explizit auf die Bedeutung von Salafisten Bezug genommen wird. Eine solche Fokussierung auf die Haltung streng gläubiger Muslim*innen in der Auseinandersetzung mit islamischen Einflüssen auf die Kultur ist typisch für den Diskurs. Dabei wird gerade bei einer religiösen Kontextualisierung die Verachtung von Frauen oft besonders drastisch formuliert. Deutlich wird das etwa im folgenden Zitat:

> »Wenn es um Frauen geht, sind Islamisten unbeirrbar: Möglichst keinen Kontakt mit der gelebten Lüsternheit, außer man ist mit ihr verheiratet. Ansonsten Schleier, öffentliche Geschlechtertrennung, klare Rollenverteilung zwischen Arbeit (der Mann) und Haushalt mit Kindern (das Weib). Der Mann sei schwach, der Teufel überall. Er ebne dem Laster seine Wege, die Frau spiele dabei stets die satanische Rolle der Versucherin. Ehebruch ist im Islam eine bessere Todsünde, Homosexualität ist vollends unentschuldbar.« (20121123*SZ)

Die hier sehr drastisch und pauschal formulierten Vorwürfe einer verachtenden Haltung gegenüber Frauen werden als spezifisch zunächst für ›Islamisten‹, später im Verlauf des Diskurses auch für ›den Islam‹ allgemein formuliert.[45] Während eine pauschale

45 Dass solche Einstellungen gerade hinsichtlich klarer Rollenverteilungen keinesfalls nur bei ›Islamisten‹ vorherrschen, zeigt das *ifo Bildungsbarometer 2018*, bei dem eine Mehrheit der in

Verurteilung ›des Islams‹ allgemein wie im letzten Satz des obigen Zitates im untersuchten Diskurs eher eine randständige Deutung darstellt, ist die Missachtung ›des Islams‹ im Bezug auf zwei Diskursereignisse eine hegemoniale Deutung: zum einen im Kontext der Berichterstattung über die Aktivistin Aliaa al-Mahdi, zum anderen in der Thematisierung des ›politischen Islams‹ der Muslimbrüder. Auf zentrale Deutungen zu beiden Ereignissen gehe ich im Folgenden ein.

Berichterstattung über Aliaa al-Mahdi

Im Diskurs wird ausführlich über Aliaa al-Mahdi berichtet, die auf ihrem Blog Nacktbilder von sich veröffentlicht hatte und nach Drohungen aus Ägypten floh. Ihr widmen sich sieben ganze Diskursfragmente, die zudem fast alle auch visuell ihren nackten Körper darstellen,[46] zudem findet sie in einigen weiteren Artikeln Erwähnung. Al-Mahdi wird meist als mutige Aktivistin konstituiert, die sich für die Freiheit ihres Körpers einsetzt und als eine »Ikone des Arabischen Frühlings« (20131216*SP) bezeichnet. Diskursbeiträge, die sich mit al-Mahdi beschäftigen, konstruieren zentrale Deutungen zum Gegensatz zwischen ›Orient‹ und ›Okzident‹: »Auf die Frage nach der Zukunft der Frauen im ›neuen Ägypten‹ entgegnete sie: ›Ich bin überhaupt nicht optimistisch, solange es nicht zu einer sozialen Revolution kommt. Unter dem Islam werden Frauen immer Objekte sein.‹« (20111228*TA) ›Der Islam‹ wird mit al-Mahdis Entgegnung als primäres Problem der Frauen innerhalb der Gesellschaft konstituiert. Eine solche Deutung, die anscheinend nur als Zitat einer Aktivistin sagbar ist, scheint in diesem spezifischen Fall, in dem das Verhalten al-Mahdis meist als emanzipiert und mutig gedeutet und gleichzeitig ihre Verfolgung durch gläubige Muslim*innen geschildert wird (vgl. 20131216*SP) legitim. Interessant ist auch der spezifische Vorwurf gegen ›den Islam‹, den al-Mahdi hier äußert: Er mache Frauen zu ›Objekten‹. Denn aufgrund der auf ihrem Blog angesprochenen Themen beschäftigen sich die Deutungen um dieses Diskursereignis vor allem mit dem Verhältnis ›vom Islam‹ zu nackten weiblichen Körpern und Sexualität: »Mit dem provokativen Schwarzweißakt trat sie für freie Kunst und Ausdrucksfreiheit ein und sorgte so für einen Eklat in dem islamisch geprägten Land, wo nackte Haut verpönt ist und sich Paare nicht in der Öffentlichkeit küssen dürfen.« (20111121*SPon) Die Deutung, dass das Bild aufgrund der Nacktheit und damit Sichtbarkeit des weiblichen Körpers in Ägypten ein Skandal war, ist eine hegemoniale im Diskurs. Maya Mikdashi (2011) weist in diesem Kontext drauf hin, dass auch in Kairo sexualisierte, nackte weibliche Körper auf Werbeplakaten überall präsent seien, der Skandal besteht hingegen gerade darin, dass al-Mahdi ihren Körper nicht als einen sexualisierten, konsumierbaren zu sehen gibt: »Her nudity is not about sex, but it aims to reinvigorate a conversation about the politics of sex and the uneven ways it is articulated across the fields of gender, capital, and control.« (Mikdashi 2011) Eine solche Thematisierung der

---

Deutschland befragten Menschen angaben, dass Mütter, nicht jedoch Väter jüngerer Kinder ihre Berufstätigkeit reduzieren sollten (Studie online abrufbar unter: https://www.cesifo-group.de/de/ifoHome/research/Departments/Human-Capital-and-Innovation/Bildungsbarometer/Bildungsbarometer2018.html, 24.10.2018).

46 Vgl. 20111115*SZon, 20111120*SPon, 20111121*FAZ, 20111201*ZEon, 20111228*TA, 20120114*TA*2, 20131216*SP.

Sexualisierung weiblicher Körper findet sich im Pressediskurs in Deutschland um al-Mahdi nicht wieder, vielmehr wird das Bild als ein Symbol für Auseinandersetzungen um die Normalität des Zeigens nackter Haut weiblicher Körper gedeutet und diese mit der Forderung nach sexueller Selbstbestimmung in Verbindung gebracht: »Ihre Bilder sind eine Provokation, weil sie die sexuelle Selbstbestimmung der Frau einfordern und damit an einem der letzten Tabus patriarchaler Herrschaft rütteln.« (20120125*SPon) Diese wird hier als eine ›der letzten Tabus patriarchaler Herrschaft‹ gedeutet und damit andere gegenwärtige patriarchale Strukturen wiederum ausgeklammert.

Ein visuelles Diskursfragment,[47] welches die Deutung des Bildes von al-Mahdi als Anlass zu Auseinandersetzungen um die Sichtbarkeit weiblicher Körper in islamisch geprägten Gesellschaften versteht, ist ein Graffiti an einer Mauer welches das Porträt von al-Mahdi neben dem Bild eines Frauenkopfes mit Kopftuch zeigt (Abb. 36).

Hier wird der Gegensatz zwischen sichtbarem und nicht sichtbarem Körper verdeutlicht, durch die Bildunterschrift als Ausdruck eines ›Kulturkampfes‹ gekennzeichnet und damit eine Deutung der politischen Botschaft des Nacktbildes vermittelt. Das Bild stellt zudem durch die Abbildung eines Graffitos heraus, dass dieser Kampf inzwischen aus ›sozialen‹ Medien in den öffentlichen, urbanen Raum verlagert wurde. Eine zentrale Rolle für diesen ›Kulturkampf‹ spielt als Gegensatz zum sichtbaren weiblichen Körper dem Bild nach das Kopftuch als Bedeckung des weiblichen Körpers. Eine ähnliche Deutung findet sich auch in einigen textförmigen Diskursfragmenten, etwa wenn von Hanan Mussalam berichtet wird, die vor einem Jahr ihren Hidschab abgelegt hat und berichtet, dass sie zwar zunächst Angst vor ihrem eigenen Körper gehabt habe, nun aber die Freiheit genieße: »Inzwischen genießt Mussalam ihr Leben ohne Schleier, sagt sie. Sie sei jetzt frei. Unter keinen Umständen wolle sie den Hidschab wieder tragen. ›Damals war es eine ganz persönliche Entscheidung‹, sagt Mussalam, ›aber jetzt könnte sie politisch werden‹.« (20121221*SPon) Explizit wird das Ablegen des Schleiers als Symbol der Unterdrückung von Frauen durch ›den Islam‹ hier nicht nur als persönliche, sondern auch als politische Entscheidung gerahmt. In diesem Kontext wird Entschleierung als sichtbare Protestform im Diskurs auch in Kapitel 6.2 noch einmal thematisiert.

Über die Konstruktion von ›Rückständigkeit‹ aufgrund der ablehnenden Haltung gegenüber Nacktheit und Sexualität hinaus wird ›der Islam‹ in der Berichterstattung

---

47 Ein Diskursbeitrag (vgl. 20121221*SPon), der sich mit der Verschlechterung der Situation für Frauen unter der Regierung der Muslimbrüder beschäftigt und selbst die Debatte um Aliaa al-Mahdi nicht thematisiert, verwendet zudem ein Bild, in dem sie auftaucht, zur Illustration. Zu sehen ist al-Mahdi nackt zwischen zwei anderen unbekleideten Frauen, alle drei lassen sich durch Blumenkränze im Haar als Mitglieder der Gruppe Femen erkennen. Al-Mahdi hält in ihren erhobenen Händen eine Ägypten-Fahne, auf ihrem nackten Körper steht geschrieben: »Sharia is not my constitution«. Über das Thema des Artikels und den durch die Aufschrift auf den Körpern und Schildern (No Religion, Sharia is not a constitution und ein Bezug zu Mursi) hergestellten Bezug zur islamischen Religion und den Muslimbrüdern wird ein starker Kontrast zu den darin gezeigten, nackten Frauenkörpern hergestellt. Zugleich wird hier ein starker Kontrast zwischen dem Text, der sich mit den Muslimbrüdern beschäftigt und dem Zeigen nackter, weiblicher Frauenkörper im Bild hergestellt.

*Abb. 36: »Graffito in Kairo 2011: Kulturkampf um den Frauenkörper« (Bildquelle: CAPUCINE GRANIER-DEFERRE/NEWS PICTURES, 20131216 *SP)*

über al-Mahdi auch generell als Gegensatz zu ›Fortschrittlichkeit‹ und weiblicher Emanzipation konstruiert.

> »Außerdem ist sie nach eigenen Angaben seit ihrem sechzehnten Lebensjahr Atheistin. Wer sich so outet, begeht gesellschaftlichen Suizid. Auf Atheismus oder den ›Abfall vom Glauben‹ steht im Islam die Todesstrafe. Säkular und liberal sind für die Konservativen Reizworte, Feminismus sowieso.« (20111115*SZon)

Säkularität, Liberalität und Feminismus werden in dieser Aussage als Gegensätze zum ›Islam‹ verstanden und die Radikalität dieses Gegensatzes durch die Erwähnung des ›gesellschaftlichen Suizids‹ und der ›Todesstrafe‹ verstärkt.

Die Muslimbrüder und der ›politische Islam‹

Über diese spezifischen Deutung innerhalb der diskursiven Fokussierung auf Aliaa al-Mahdi hinaus wird die Opposition zu ›Modernität‹ meist nicht pauschal mit ›dem Islam‹ in Verbindung gebracht, sondern taucht als Deutung in der Berichterstattung der untersuchten Medien in Deutschland über die Muslimbrüder und die durch sie gestellte Regierung auf.[48] Die Konstruktion eines ›rückständigen Orients‹ über dessen Verbindung zum Islam erfolgt damit insbesondere über den Bezug auf einen ›politischen Islam‹, also dessen Verbindung mit staatlicher Organisation.[49] Dabei werden sowohl kulturelle als auch politische Folgen der islamisch geprägten Regierung repräsentiert und mit einem Rückschritt in Frauenrechtsfragen in Verbindung gebracht. Der Diskurs knüpft damit an tradierte Deutungsmuster zum Islam und die zentrale Problematisierung des Islams als »Politikum« (Hafez 2013: 8) und weniger als Religion an. Übergeordnet wird in diesem Deutungsmuster Säkularität mit ›Moderne‹ verknüpft.[50] Wie im folgenden Beispiel wird im Diskurs explizit ein Kontrast zur anerkannten Veränderung während der ›Revolution‹, dem Sturz Mubaraks 2011, erzeugt: »Nach dem arabischen Frühling die kulturelle Wende. Mein Bart gehört mir und mir mein Kopftuch: Ein Grundsatzurteil in Ägypten stärkt den islamischen Stil.« (20120320*FAZ) Titel und Untertitel dieses Artikels setzen die ›kulturelle Wende‹, die bereits im Untertitel und der folgenden Argumentation ausführlicher als ›islamische‹ Wende charakterisiert wird, in einen Gegensatz zum ›arabischen Frühling‹. Gerade die Anspielung auf den für die deutschsprachige Frauenbewegung zentralen Anspruch ›mein Körper gehört mir‹ und dessen Umwandlung legt hier bereits die Deutung einer reaktionären Wende im Gegensatz zum emanzipatorischen ›arabischen Frühling‹ nahe. Später folgt dann die Schlussfolgerung, dass die Hoffnung mit den Umbrüchen sei das »irritierende Thema des politischen Islams« (ebd.) Vergangenheit, enttäuscht wurden. Der politische Rückschritt in Frauenrechtsfragen unter den Muslimbrüdern wird auf unterschiedlichen Ebenen thematisiert und ist ein sehr ausgeprägtes Deutungsmuster des untersuchten Pressediskurses. Betont wird die Verantwortung der *Muslimbruderschaft* u.a. für eine zunehmende Geschlechtertrennung (vgl. 20120721*SZ[51]), das Fortbestehen weiblicher

48 Die Inszenierung der Bedrohlichkeit islamisch geprägter politischer Parteien wird z.B. in diesem Diskursausschnitt anschaulich inszeniert: »Die Schwestern gibt es seit 1932, sie sind der Frauenflügel der *Muslimbruderschaft*, jener schattenhaften islamischen Vereinigung, die von Mubarak unterdrückt wurde und vom Westen gefürchtet. Angstwörter wie ›Scharia‹, ›Dschihad‹ und ›Terror‹ umkreisen sie. Die USA stuften sie bis zur Revolution als extremistisch ein, als antiwestlich und als antiisraelisch auch. Jetzt, nach dem Sturz des alten Regimes, sind die Muslimbrüder zur stärksten politischen Kraft im Land geworden und geben sich als demokratische Vereinigung.« (20110328*SP).

49 Zu ähnlichen Ergebnissen bezüglich des Islambildes im Kontext der deutschsprachigen Berichterstattung über Proteste innerhalb der MENA-Region 2011 kommen auch die von Hafez (2013) in seinem Band *Arabischer Frühling und deutsches Islambild* zusammengestellten Studien. Der Band fragt danach, ob durch ›den Arabischen Frühling‹ als Großereignis eine Veränderung bestehender Deutungsmuster zum Islam festzustellen ist (vgl. Hafez 2013: 8) und konstatiert eine kurzfristige Differenzierung des Islambildes (vgl. ebd.: 21), die aber keine langfristigen Folgen hat und sich besonders in der Berichterstattung zu Ägypten nach einigen Monaten wieder auf ein negatives Islambild, argumentiert insbesondere mit dessen Frauenfeindlichkeit, konzentriert. (Vgl. Behroz et al. 2013: 79, Brinkmann 2015).

50 Mit Van der Veer (2001) kann eine solche Verbindung zwischen Säkularität und ›Modernität‹ kritisiert werden, da sich die damit verbundenen Kriterien vor allem auf das Christentum anwenden lassen und diese Verschränkung oft genutzt wird, um hierarchische Orient-/Okzidentkonstruktionen vorzunehmen (vgl. ebd.: 4ff).

51 U.a. in diesem Zitat: »Die Salafisten gehen von der möglichst vollständigen Geschlechtertrennung aus als angeblich von Gott gewolltem Idealzustand: Lehrerinnen unterrichten Mädchen, Ärztin-

Genitalbeschneidung (vgl. 20131125*ZEon[52]) und die Blockade für Verbesserungen von Frauenrechten auf internationaler Ebene (vgl. 20130315*SPon[53]).

Die Problematisierung der Muslimbrüder wird auch in der Verschränkung zwischen Text und Bild in Abb. 37 deutlich:

*Abb. 37: »Demonstrantin gegen die Muslimbrüder in Kairo: Kein anderes arabisches Land ist für Frauen schlimmer als Ägypten, so eine Studie.« (Bildquelle: Reuters, 20131112 *SZon)*

Lage der Frauen in Ägypten am schlimmsten

Demonstrantin gegen die Muslimbrüder in Kairo: Kein anderes arabisches Land ist für Frauen schlimmer als Ägypten, so eine Studie. (Foto: Amr Abdallah Dalsh/Reuters)

Das Bild zeigt zunächst eine Person in Nahaufnahme, die ihr Gesicht mit einer ägyptischen Nationalfahne verhüllt hat, so dass nur ihre Augen sichtbar sind. Auch ihr Geschlecht ist damit nicht auf den ersten Blick erkennbar. In Verbindung mit der dramatisierenden Artikelüberschrift »Lage der Frauen in Ägypten am schlimmsten« wird die Person auf dem Bild jedoch als Frau sichtbar, zudem wird ihre Verhüllung mit der Nationalfahne möglicherweise auch als Verschleierung des Gesichts interpretiert. Die dadurch gezeigte Identifikation mit der Nation scheint aber im Kontrast zur Überschrift zu stehen. Erst mit der Bildunterschrift wird hier eine andere Deutung nahegelegt: Sie ordnet die gezeigte Person als Demonstrantin gegen die Muslimbrüder ein. Damit wird auch ›die schlimmste Lage‹ der *Muslimbruderschaft* und nicht der gesamten Nation zugeschrieben und die gezeigte Person erscheint eher als vermummte

nen behandeln Frauen und im Damen-Bekleidungsgeschäft verkaufen sowieso keine Männer.« (20120721*SZ).

52 U.a. in diesem Zitat: »Konservative Muslime missbrauchen die Unsicherheit vieler Menschen in religiösen Fragen immer wieder. So forderten Salafisten und Vertreter der Muslimbruderschaft nach ihrer Machtübernahme 2012 die Legalisierung der Verstümmelung. Sie organisierten mobile Arztpraxen in Bussen, die durch die Dörfer im südlichen Ägypten fuhren und den Eingriff kostenlos anboten.« (20131125*ZEon).

53 U.a. in diesem Zitat: »Sie geben sich nach außen als Islamisten mit Augenmaß – doch wenn es um die Rechte von Frauen geht, sind sie gnadenlos radikal: Ägyptens Muslimbrüder haben ein Uno-Papier zur Stellung der Frau aufs Schärfste verdammt – es drohe die ›völlige Auflösung der Gesellschaft‹.« (20130315*SPon).

Demonstrantin, die sich radikal für ihre Nation und gegen die Verschlechterung der Lage der Frauen durch die Muslimbrüder einsetzt.

Besonders drastisch wird die Verbindung zwischen der Verachtung von Frauen und deren Legitimation über ›den Islam‹ in der Argumentation geschildert, die die Muslimbrüder direkt für sexualisierte Übergriffe verantwortlich macht: »Doch das alte Regime schreckte noch vor Gruppenvergewaltigungen zurück. Seit dem Wiederaufflammen der Proteste gegen den in der islamistischen Muslimbruderschaft politisch groß gewordenen Präsidenten Mursi im Winter ist auch das kein Tabu mehr.« (20130208*FAZ)[54] Die Verantwortung wird hier nicht als in der Religion selbst begründet gesehen, sondern in deren Verbindung mit einer politischen Partei. Diese wird nicht nur für deren Nicht-Verhinderung,[55] sondern sogar direkt für die Ausübung der Vergewaltigungen verantwortlich gemacht. Die Vergewaltigung protestierender Frauen durch Gruppen von Männern erscheint in diesem Zitat im direkten Zusammenhang mit Mursi zu stehen, die Funktionalisierung sexualisierter Gewalt als parteiübergreifende politische Strategie wird hier hingegen nicht thematisiert.[56]

Zusammenfassen lässt sich die Deutung zur ›Rückschrittlichkeit‹ der Muslimbrüder mit dieser im Diskurs zitierten Aussage der Vorsitzenden des Zentrums für Frauen: »Ihr zufolge haben die Entwicklungen nach 2011 den Kampf um Emanzipation um Jahrzehnte zurückgeworfen. Die Islamisten hätten die Frauenrechte am massivsten beschnitten, doch werde die Unterdrückung von allen politischen Spektren betrieben.« (20140404*ZEon) Hier wird die generelle Rückentwicklung ›um Jahrzehnte‹ beklagt, gleichzeitig scheint die Erwähnung auch anderer politischer Spektren die Verantwortung nicht allein bei ›den Islamisten‹ (mit denen hier die Regierung Mursi gemeint ist) gesehen zu werden. Zugleich wird aber betont, dass diese ›Frauenrechte am massivsten beschnitten‹ hätten und durch den Verweis auf andere Parteien diese Aussage zugleich durch ihre Differenziertheit legitimiert.[57] Generell fällt auch in der Konstruktion eines mit ›dem Islam‹ begründeten ›rückständigen Orients‹ auf, dass die thematisierten Unterdrückungsformen oder ihre Begründung meist als spezifisch für diesen gedeutet und nicht als Teil global bedeutsamer Machtsysteme thematisiert werden. Diese erscheinen lediglich dann als sagbar, wenn sie durch die Betonung einer drastischeren Situation

54 Vgl. auch: »ZEIT: Was hat Vergewaltigung denn mit Religion zu tun? Ateş: Die Geschlechterapartheid ist ein wesentlicher Bestandteil des Weltbildes der Muslimbrüder. Sie glauben, Frauen sind nicht gleichberechtigt, also müssen sie kleingehalten und erniedrigt werden.« (20130207*ZE).

55 Vgl. auch: »Und was sagt die Mursi-Regierung? Reda al-Hefnawy von der Freiheits- und Gerechtigkeitspartei erklärte: ›Wie kann der Innenminister damit beauftragt werden, eine Dame zu beschützen, die inmitten einer Gruppe von Männern steht?‹ Frauen in der Öffentlichkeit sind eben immer am falschen Platz.« (20130227*TA).

56 Vgl. dazu u.a. der Einsatz von ›Jungfräulichkeitstests‹ durch das Militär unter General Sisi, Kapitel 6.1.1.

57 Eine solche Strategie findet sich häufiger innerhalb dieser Deutung, vgl. zum Beispiel auch: »ZEIT: Vergewaltigungen sind nun kein Privileg von Islamisten. Vergewaltigt wurde in jeder Kultur, zu allen Zeiten. Ateş: Ja, weil es eine ultimative Machtgeste ist. Aber ob sie gesellschaftlich akzeptiert und religiös gerechtfertigt wird, macht einen Unterschied.« (20130207*ZE) Auch hier erfolgt eine Relativierung der zunächst differenzierenden Aussage, die Vergewaltigung nicht direkt mit ›Islamisten‹ in Verbindung bringen will nach dem ›aber‹ und es wird argumentiert, dass das Problem die religiöse Legitimation von Vergewaltigungen sei, wofür ›der Islam‹ offenbar genutzt werde.

in der ›islamisch geprägten‹ Kultur relativiert werden. Die Unterdrückung von Frauen wird damit zentral mit einer orientalisierten Kultur begründet, welche im Diskurs homogenisiert wird. Mit der Fokussierung auf weibliche Körper werden damit zum einen lokale Differenzen in Kultur und Religion übergangen, zudem wird physische Gewalt meist nicht als politisch, sondern als kulturell sichtbar, was auch Abouelnaga (2016) in ihrer Beobachtung ›westlicher‹ Diskurse konstatiert: »While physical abuse and torture of men was interpreted as political, all forms of abuse practiced on women's bodies were taken to be cultural.« (vgl. ebd.: 9) Die Einordnung öffentlicher Gewalt im Diskurs wird in Kapitel 6.1 noch einmal ausführlicher diskutiert, hier ist zunächst besonders von Relevanz, dass es gerade der weibliche Körper ist, der für nationale und kulturelle Differenzierungen instrumentalisiert wird (vgl. McClintock 1995, Castro Varela/Dhawan 2009).

Thematisiert wird im Diskurs die Prägung nationaler Kultur durch ›den Islam‹ und eine damit verbundene ›Rückschrittlichkeit‹ argumentiert, was vor allem im Kontext der Berichterstattung über al-Mahdi sagbar wird. Als zentraler Kontrastpunkt zum ›Westen‹ wird dabei die Haltung zum nackten (weiblichen) Körper und zu Sexualität thematisiert. Der Fokus innerhalb der Deutung, die ›den Islam‹ mit der ›Rückschrittlichkeit‹ Ägyptens in Verbindung bringt und der mit einer Verschlechterung der Situation von Frauen begründet wird, liegt jedoch auf Handlungen der Muslimbrüder, also der Problematisierung eines ›politischen Islams‹. Die Kritik ihrer politischen Einstellungen und Handlungen definiert diese als spezifisch für eine ›islamistische‹ Partei, die strukturelle Verbreitung ähnlicher Deutungen und Handlungsweisen wird nicht thematisiert oder nur, um die eigene Argumentation zu stützen. Ein Gegensatz zum ›Okzident‹ wird hier also zudem über die Verbindung zwischen Politik und einer als ›rückständig‹ insbesondere in Frauenrechtsfragen konstruierten Religion konstituiert.

Durch die Verortung der Unterdrückung von Frauen innerhalb einer spezifischen (arabischen) kulturellen Identität und islamischer Religion wird zudem implizit ein ›okzidentales‹ Selbstbild entworfen, welches frei von solchen Tendenzen sei und in dem Frauen ausschließlich Anerkennung entgegengebracht werde. Auf die Konstitution dieses Selbstbildes gehe ich im Folgenden noch einmal spezifisch ein.

5.3.3 Explizite Okzidentkonstruktionen

Im vorherigen Abschnitt habe ich gezeigt, dass die Konstruktion eines ›fortschrittlichen Okzidents‹ im Diskurs vor allem implizit über die Abgrenzung von einem als rückschrittlich konstruierten ›Orient‹ erfolgt. Während ›der Orient‹ also relativ explizit diskursiv hergestellt wird, erfolgen Okzidentkonstruktionen meist eher implizit. Die wenigen Stellen, an denen ›der Westen‹ explizit benannt wird und der gleichzeitige Bezug auf ein implizit als bekannt vorausgesetztes ›westliches‹ Wertesystem verweisen auf die Kategorisierung ›des Orients‹ als ›das Andere‹ und die gleichzeitige Deutung ›okzidentaler‹ Kultur als das ›Eigene‹ und ›Normale‹. Diese implizite Rekonstruktion ›okzidentaler‹ Normen und deren Normalisierung im Sinne einer Universalisierung wurde und wird im Laufe der Analyse immer wieder thematisiert. An dieser Stelle diskutiere ich hingegen, inwiefern im Diskurs auch explizite hierarchisierende Okzidentkonstruktionen auftauchen. Dies ist vor allem in der Konstruktion eines ›modernen Okzidents‹, der Frauenrechte garantiere und damit verbundener Möglichkeiten der Wahlfreiheit und Emanzipation von Frauen der Fall. Auch hier erfolgen explizite Konstruktionen also in Verbindung mit geschlechtlichen Kategorien.

Explizit wird im Diskurs eine Verbindung zwischen ›dem Westen‹ und ›Modernität‹ hergestellt: »Nelly gehört zur intellektuellen Elite, bewegt sich in modernen, westlich beeinflussten Kreisen« (20120308*TA). In diesem Zitat ist die Verbindung ›westlich und modern‹ Kennzeichen einer gesellschaftlichen Elite. Als ein zentrales Element dieser ›Modernität‹ wird die Garantie von Frauenrechten (das nachfolgende Zitat bezieht sich dabei spezifisch auf sexuelle Freiheiten, reproduktive Rechte und Rechte bzgl. Ehe und Scheidung) benannt: »Die Liste der Frauenrechte, die die Frommen empören, ist exakt die Liste der Errungenschaften, auf die moderne Demokratien heute stolz sind« (20130315*SPon). Gleichzeitig wird hier wiederum die Gegensätzlichkeit zu den ›Frommen‹ (womit die Muslimbrüder gemeint sind), die sich gegen diese ›Errungenschaften‹ stellten, hergestellt. Während der Ausdruck ›moderne Demokratien‹ noch relativ vage bleibt, werden im Diskurs auch an einigen Stellen Frauenrechte und Gleichberechtigung explizit als Werte gedeutet, die ›der Westen‹ schon lange erreicht habe, während sie in Ägypten aktuell erkämpft würden: »Kagerbauer wies darauf hin, dass die Frauen in Deutschland von Strukturen profitierten, die die Frauenbewegung seit dem 19. Jahrhundert erkämpft habe. Ägypten befinde sich derzeit mitten in diesem Kampf.« (20131125*FAZ).[58] Indirekt wird durch diesen Hinweis auf den Kampf deutscher Frauenbewegungen auf Basis der Idee eines linearen ›Fortschritts‹[59] eine Hierarchie konstruiert, indem deren Zeitpunkte auf der einen Seite auf die Zeit ›seit dem 19. Jahrhundert‹ und auf der anderen Seite auf ›derzeit‹ datiert werden. Zugleich wird die Tradition von Frauenbewegungen in Ägypten (s. Kap. 6.2) an dieser Stelle verschwiegen. Eine andere Narration konstruiert diesen Zusammenhang indirekter, indem er über die Zitation der Kritik streng gläubiger Muslime hergestellt wird: »Für die Fundamentalisten war der Gedanke der Gleichberechtigung von Mann und Frau oder auch die Identifikation mit den Menschenrechten Teil westlichen Gedankenguts – und mit dem Islam unvereinbar.« (20110817*TAon, vgl. auch z.B. 20120114*TA*1). Dadurch, dass ›Gleichberechtigung‹ und ›Menschenrechte‹ hier aus der Perspektive von ›Fundamentalisten‹ als ›westliches Gedankengut‹ bezeichnet werden, erscheint diese Konstruktion hier weniger explizit, gleichzeitig wird ihr im Diskurs aber nicht widersprochen, sondern eher die Universalität dieser Werte betont (s. Kap. 6.1.2).

Als Folge der konstruierten ›westlichen‹ Garantie von Frauenrechten wird als ›okzidentales‹ Merkmal zudem die Ausübung von Wahlfreiheit und Emanzipation verstanden. Dies geschieht zunächst innerhalb der Konstruktion von Weiblichkeit durch die

58 Emanzipation und Gleichberechtigung werden nicht nur als deutsche ›Errungenschaften‹, sondern auch als europäische dargestellt: »Vor hundert Jahren gingen in ganz Europa mehr als eine Million Frauen auf die Straße, um ein Ende der Diskriminierung und gleiche Rechte für Frauen und Männer zu fordern: Zugang zu Arbeit, Stimmrecht und politische Beteiligung an der Gestaltung der Zukunft ihrer Länder. Es war der erste Internationale Frauentag.« (20110308*SZ vgl. auch 20110329*FAZ).

59 Ha (2010) beschreibt die Aufdeckung eines solchen ›westlichen‹ Überlegenheitsanspruches, der auf einem »Ordnungsmodell, welches eine gesellschaftliche Entwicklungspyramide impliziert« (ebd.: 261) als ein zentrales Anliegen postkolonialer Kritik.

Thematisierung eines ›westlichen‹ Kleidungs- und Lebensstils, wobei die Fokussierung auf das Konsumverhalten von Frauen hier mit der Ausübung von Wahlfreiheit in Verbindung gebracht wird. Deutlich wird diese Kombination im Kontext der Thematisierung einer globalen Solidaritätsaktion für Aliaa al-Mahdi, bei der Frauen ebenfalls Nacktbilder von sich veröffentlichten:

> »Hinter diesen Frauen ist ein Plakat zu sehen: ›Show you are not afraid!‹ – Zeige, dass du keine Angst hast! Dieser Satz ist Kern des Protests. Der Slogan stammt von Rudolph W. Giuliani: Der damalige Bürgermeister von New York City forderte die Amerikaner mit diesem Satz nach den Attentaten vom 11. September 2001 auf, keine Angst zu zeigen. Die Gegenmaßnahme: Sie sollten einkaufen und essen gehen. Der Körper sollte ein Medium der Freiheit und der Rückgewinnung des öffentlichen Raums sein und als solcher präsentiert werden.« (20111201*ZEon)

Mit dem Slogan und der anschließenden Erklärung seiner Herkunft und Bedeutung wird al-Mahdis Handlung in einen ›westlichen‹ Protestkontext eingeschrieben, der sich gegen islamistischen Terror richtet und damit auch auf spezifische Art und Weise gedeutet. Ihre Veröffentlichung von Nacktbildern wird hier in eine Reihe mit ›einkaufen und essen gehen‹ gestellt, beide Protestformen werden als Forderungen nach alltäglicher individueller Freiheit und ›der Rückgewinnung des öffentlichen Raums‹ gedeutet. Auch die hier erwähnte Bedeutung von Öffentlichkeit ist eine zentrale Deutung im Diskurs, die ›okzidentale‹ Werte rekonstruiert.[60] Auch das Interesse an Emanzipation und ›Fortschrittlichkeit‹ wird als ›westliche‹ Eigenart gedeutet:

> Der politische Umbruch hat damit das Zeug, zum emanzipatorischen Aufbruch zu werden – vorausgesetzt, die Frauen werden jetzt nicht von den Generälen ausgebremst. Gerade wir Europäerinnen und Europäer haben ein großes Interesse daran, das zu verhindern. Europa sollte die Frauen, auch gerade junge Frauen, tatkräftig unterstützen – nicht zuletzt im Interesse Europas an einem progressiven Wandel. (20110311*SZ)

Innerhalb dieser Vision eines ›emanzipatorischen Aufbruchs‹ wird dieser als abhängig von Frauen gedeutet, die Erreichung des europäischen Ziels eines ›progressiven Wandels‹ könne nur durch Frauen – mit Unterstützung durch ›Europäerinnen und Europäer‹ – erreicht werden. Damit wird auch die hierarchisierende Argumentation des »white men's burden« (vgl. dazu Spivak 2010) der Notwendigkeit der Rettung insbesondere unterdrückter ›anderer‹ Frauen durch den ›fortschrittlichen Westen‹ reproduziert. Neben der expliziten, die Leser*in einschließenden Konstruktion einer europäischen Identität und der Verquickung zwischen Europa und ›Fortschrittlichkeit‹ erfolgt damit eine bereits mehrfach in dieser Arbeit thematisierte Kombination ägyptischer Frauen mit ›okzidentalen Werten‹. Während also ›rückständige‹, ägyptische Werte insbesondere durch Männer repräsentiert werden, stehen ›gerade junge Frauen‹ für ›emanzipatorischen Aufbruch‹ und ›progressiven Wandel‹.

Zudem finden sich Okzidentkonstruktionen im untersuchten Pressediskurs auch auf Argumentationsebene in Form von Narrationen, die auf ›westliche‹ oder globale

---

60 S. Kap. 2.2.1 und 2.2.2, die Ergebnisse zur Relevanz von Öffentlichkeit im Diskurs werden in Kapitel 6 genauer diskutiert.

Sichtweisen zur Belegung von Fakten zurückgreifen und damit die Allgemeingültigkeit und Glaubwürdigkeit dieser Positionen konstruieren. Teilweise wird explizit die Sichtweise ›des Westens‹ dargelegt: »Doch für viele Kommentatoren im Westen haben die Frauen die Revolution längst verloren: 98 Prozent der Abgeordneten im neu gewählten Parlament sind Männer, nur zwei Prozent Frauen.« (20120202*ZE) Die dargelegten ›westlichen‹ Deutungen werden jedoch regelmäßig als globale Einschätzungen beschrieben, was sich innerhalb dieser Äußerung zeigt:

> »Kein Ereignis der letzten zehn Monate in Ägypten – nicht der Tod christlicher Demonstranten, nicht die Verurteilung von Bloggern, nicht die Militärjustiz – hat im Ausland so umgehend und so scharfen Tadel hervorgerufen wie die Bilder der Soldaten, die eine Frau an den Haaren über den Asphalt schleifen. US-Außenministerin Hillary Clinton sprach von der ›systematischen Erniedrigung‹ der Ägypterinnen, ja, einer ›Entwürdigung der Revolution‹, einer Schande für den Staat und seine Armee.« (20111222*SZ)

Während hier einerseits pauschal von Reaktionen ›im Ausland‹, also keiner spezifischen Region die Rede ist, wird andererseits eine ›westliche‹ Politikerin als Beleg für diese Reaktionen zitiert, sie steht damit stellvertretend für ›das Ausland‹. Besonders häufig findet sich der Bezug auf eine globale Sichtweise, die ebenso als ›westlich‹ gedeutet werden kann, in dem Verweis auf Aussagen oder Studien internationaler Organisationen in der Präsentation von ›Fakten‹. Sehr präsent sind dabei UN-Organisationen, insbesondere *UN Women* (vgl. u.a. 20120809*ZEon, 20140621*SZ, 20131125*FAZ, 20120709*SP) und international tätige Menschenrechtsorganisationen wie *Amnesty International* oder *Human Rights Watch* (vgl. u.a. 20110308*SZ, 20110606*SP, 20111228*FAZ, 20131231*TAon). Ihnen wird im Diskurs offenbar eine besonders hohe Legitimationsfunktion zugesprochen und es zeigt sich hier ihre Relevanz als Quelle für die Auslandsberichterstattung (s. Kap. 2.2.1).

Im Fall von expliziten Okzidentkonstruktionen wird im Diskurs auf die mit einer Garantie von Frauenrechten begründete ›Fortschrittlichkeit‹ und damit verbundene Möglichkeiten individueller Freiheit und Emanzipation rekurriert. Während in der sehr viel umfassenderen Konstruktion ›des Orients‹ als ›das Andere‹ eine hierarchische Distanz aufgebaut wird, werden ägyptische Frauen auch innerhalb dieser Konstruktion in die Nähe ›okzidentaler‹ Selbstkonstruktionen gerückt. Diese vollzieht sich meist implizit, zum einen wie oben gezeigt über die Abgrenzung ›zum Orient‹ und zum anderen über die Konstruktion eines gemeinsamen, spezifischen Verständnisses ›universaler Werte‹ wie sie in Kapitel 6.1 thematisiert wird.

Zusammenfassung: Vergeschlechtlichte Orient-/Okzidentkonstruktionen

Die Missachtung von Frauen wird im untersuchten Pressediskurs als kulturspezifisches Merkmal der ägyptischen Gesellschaft gedeutet, dessen Relevanz über die weite Verbreitung und mangelnde gesellschaftliche Reflexion verstärkt wird. Sie steht im Gegensatz zur anerkennenden Haltung des untersuchten Pressediskurses selbst gegenüber protestierenden Frauen in Ägypten. Besonders in Verbindung mit zwei Diskursereignissen wird in diesem Zusammenhang die Prägung der nationalen Kultur durch ›den Islam‹ hervorgehoben: 1. der Berichterstattung über die Bloggerin Aliaa al-Mahdi und 2. die Regierungsführung durch die Muslimbrüder sowie Ereignisse während dieser Periode, hier wird vor allem die problematische Haltung des politischen Islams in Frauenrechtsfragen thematisiert und damit auch an übergeordnete Deutungsmuster zur Verbindung von Säkularität und Moderne angeknüpft. Durch die Verortung der Unterdrückung von Frauen innerhalb einer spezifischen (anderen) kulturellen Identität und Religion wird zudem implizit ein ›okzidentales‹ Selbstbild als frei von solchen Tendenzen entworfen. Explizite Okzidentkonstruktionen betonen ebenfalls die ›Fortschrittlichkeit‹ in Frauenrechtsfragen und stellen zugleich eine Nähe insbesondere zu der aufgezeigten Subjektpositionierung *Aktivistin* auf.

5.4 Zwischenfazit

In diesem Kapitel konnte ich aufzeigen, dass Frauen innerhalb der im Diskurs bereitgestellten Subjektpositionierungen meist anerkannt werden. Dies zeigt sich vor allem in der Subjektivierung der dargestellten Frauen als handlungsfähige, individuelle Personen und die Darstellung ihrer Perspektiven und Erzählungen in der Presseberichterstattung in Deutschland. Gerade vor dem Hintergrund tradierter Repräsentationspraktiken der medialen Darstellung ›anderer‹ Frauen kann von einer anerkennenden Haltung im untersuchten Diskurs und einer Verschiebung des Repräsentationsregimes hin zu einer Darstellung von Frauen aus der Region als handlungsfähige Subjekte gesprochen werden, die sich kontinuierlich im gesamten Diskurs zeigt. Diese Subjektivierung und auch die Herstellung von Nähe zur Betrachter*in und Leser*in zeigt sich sowohl in den textlichen wie auch den visuellen Diskursfragmenten, wobei gerade die Bilder die Handlungsfähigkeit der Frauen fokussieren, wie ich an einigen prägnanten Beispielen aus dem journalistischen Diskurs gezeigt habe. Verstärkt wird diese subjektivierende Anerkennung meist durch die textliche Einordnung, die Äußerungen und Handlungen der gezeigten Subjekte unterstreicht und legitimiert, auch wenn sich dort eher ein Fokus auf Problematisierungen der Möglichkeit eines ›lebbaren Lebens‹ für Frauen in Ägypten zeigt (s. Kap. 6.1)

Im Diskurs als Subjekte anerkannt werden weibliche Körper unter der Bedingung, dass sie in ihrer Inszenierung von Weiblichkeit an ›westliche‹ Normen anknüpfen und diese Form von Weiblichkeit zugleich als emanzipiert und ›fortschrittlich‹ zu sehen geben. Erstere Bedingung bezieht sich zum einen auf die körperliche Inszenierung und Sichtbarkeit von Weiblichkeit, wobei im Diskurs anders als in tradierten Repräsentationspraktiken auch das Tragen eines Kopftuches als spezifische Art und Weise der individuellen Verkörperung von Weiblichkeit anerkannt wird, die sich zugleich in einen homogenisierten, nationalen Frauenkörper einfügt. Zum anderen bezieht sie sich auf das Erscheinen als gut ausgebildete und berufstätige Frau, die in ihrer Professionalität zugleich die Ressourcen hat, um Weiblichkeit angemessen verkörpern zu können und ihre sorgende Rolle ausfüllt. In dem zweiten Aspekt, der Repräsentation einer handlungsfähigen und emanzipierten Weiblichkeit zeigt sich ein Bruch mit der Erscheinung der »globalen Frau« (McRobbie 2010) als zurückhaltend, weibliche Körper werden hier als widerständig und kämpferisch zu sehen gegeben. Ihre Aktivität richtet sich dabei auf den ›Fortschritt‹ der ägyptischen Gesellschaft und Nation, welcher entlang ›westlicher‹ Normen als solcher gerahmt und vor allem anhand von Frauenrechten (mehr dazu, was darunter verstanden wird im nächsten Kapitel) bemessen wird. Der so konstituierte ägyptische Frauenkörper wird damit im Diskurs als Symbol des Kampfes für eine Entwicklung der Nation anerkannt unter der Bedingung, dass er gleichzeitig dazu beiträgt, hierarchische Orient-/Okzidentkonstruktionen zu reproduzieren. Die vielfältigen Kämpfe von Frauen werden damit vor allem dann sichtbar, wenn sie sich in eine hierarchische Entwicklung weg von einem ›rückständigen‹ (›orientalischen‹) hin zu einer ›fortschrittlichen‹ (›okzidentalen‹) Gesellschaft einordnen lassen. Insbesondere die körperliche Unterdrückung von Frauen wird im Diskurs als kulturspezifisches Merkmal der ägyptischen Gesellschaft gedeutet und steht im Gegensatz zur anerkennenden Haltung des untersuchten Pressediskurses selbst gegenüber Frauen in Ägypten. Durch die Verortung der Unterdrückung von Frauen innerhalb einer spezifischen (anderen) kulturellen Identität und Religion wird zudem implizit ein ›okzidentales‹ Selbstbild als frei von solchen Tendenzen entworfen. Im Kontext der Berichterstattung über die Proteste in Ägypten zeigt sich in der Anerkennung insbesondere der Subjektpositionierung *Aktivistin* eine Verschiebung hin zu deren Deutung als ›modern‹ und emanzipiert, wodurch jedoch zugleich eine geschlechtsspezifische Trennung innerhalb der auch hier reproduzierten Orientkonstruktion gefestigt wird, die Frauen unter der Bedingung anerkennt, dass das Bild des gewalttätigen, orientalischen Mannes aufrecht erhalten wird. Diskursiv anerkannt werden Männer in den untersuchten Fragmenten lediglich dann, wenn sie die Belange von Frauen unterstützen.

Im untersuchten Pressediskurs um protestierende Frauen in Ägypten zeigt sich damit eine Verschiebung in der Repräsentation ›anderer‹ Frauen, die sich bereits in anderen aktuellen Studien angedeutet hat, welche das Vorhandensein emanzipierter, aktiver weiblicher Subjektpositionierungen in orientalisierenden Diskursen beschreiben (s. Kap. 2.3.2). Diese Subjektpositionierung wird in dem hier untersuchten Diskurs jedoch nicht als Ausnahme, sondern als Regel und sogar Bedingung von Anerkennung konstituiert. Deutlich wird damit eine Verstärkung ethnisierender geschlechtlicher Differenzierungen (vgl. u.a. Paulus 2008), bei der Frauen meist als ›modern‹, Männer aber meist als ›rückständig‹ und gefährlich zu sehen gegeben werden. Aufgelöst wird diese Zuordnung lediglich bei ›unemanzipierten‹ gläubigen Muslimas und Männern, die sich für feministische Ziele einsetzen. In den damit verbundenen, oben beschriebenen Bedingungen der Anerkennung von Frauen zeigt sich ein enger Bezug zu ›okzidentalen‹ Normen der Repräsentation von Weiblichkeit. Nicht »Andersheit der Anderen« (vgl. Delanty 2006, Köhler 2006) wird hier wie in aktuellen kosmopolitischen Ansätzen gefordert, anerkannt, sondern gerade ihre Ähnlichkeit zum ›Eigenen‹. Hier zeigt sich das von Spivak formulierte Problem ›authentischer Repräsentationen‹, die immer schon durch machtvolle Strukturen geprägt sind (vgl. Spivak 1988a). Auch wenn protestierende Frauen aus Ägypten im Pressediskurs in Deutschland vielfach als Individuen dargestellt und ihnen Sprechpositionen zugestanden werden, so kann weder von einer ›Polyphonie‹ dieser Stimmen (vgl. Silverstone 2008: 129ff), die auch subalterne Positionierungen, etwa von ärmeren, älteren Frauen aus dem ländlichen Raum, sicht- und hörbar machen müsste, gesprochen werden, noch wird im Diskurs die Unmöglichkeit des Einbezugs dieser Stimmen als ›Leerstelle‹ (vgl. Spivak 1988a: 294) thematisiert.

6. Sichtbarkeit von Aspekten eines lebbaren Lebens und von politischem Handeln

Im letzten Kapitel habe ich die Bedingungen der subjektivierenden Anerkennung von Frauen im Diskurs aufgezeigt, im Folgenden nehme ich nun Bezug auf die in Kapitel 3.2.3 erläuterte Notwendigkeit, Anerkennung weiter zu denken und sich auch mit den Fragen, wie Anerkennung im untersuchten Diskurs mit der Sichtbarkeit von Forderungen nach einem lebbaren Leben und politischem Handeln zusammenhängt, zu beschäftigen.

Kapitel 5 hat gezeigt, dass protestierende Frauen in Ägypten im Diskurs unter bestimmten Bedingungen anerkannt werden, zugleich habe ich durch das Herausstellen ihrer Bedingungen die Ambivalenzen einer anerkennenden Sichtbarkeit aufgezeigt. Diese Ambivalenzen von Anerkennung sollen im vorliegenden Kapitel noch einmal verstärkt in den Blick genommen werden. Anerkennung wird oft als einhergehend mit politischer Macht verstanden (vgl. Thomas et al. 2018). Auf den konkreten Untersuchungsgegenstand bezogen bedeutet dies, dass davon ausgegangen werden könnte, dass auch die Aspekte, die einem lebbaren Leben der anerkannten Frauen entgegen stehen, im Diskurs hörbar, die vielfältigen Forderungen ihres Protests also thematisiert werden und zugleich, dass ihr politisches Handeln im Kontext der Proteste in seiner Vielfalt sichtbar wird. Im Diskurs zeigt sich hingegen, dass trotz deren Anerkennung die relevanten Aspekte eines lebbaren Lebens für Frauen in Ägypten und ihr politisches Handeln in einer ganz spezifischen Weise repräsentiert werden. Dabei sind es vor allem ›okzidentale‹ Repräsentationspraktiken, die die Art und Weise der Sichtbarkeit rahmen, wie ich im Folgenden aufzeigen werde. Trotzdem zeigen sich im Diskurs in marginalisierten Deutungen Möglichkeiten der Verschiebung solcher Praktiken, auf die ich ebenfalls eingehe.

Entlang der konkreten Analysefragen aus Kapitel 3.2.4 gehe ich zunächst darauf ein, welche Problemlagen im Diskurs sichtbar werden, inwiefern also eine bestimmte Sichtweise der zentralen Aspekte eines lebbaren Lebens im Diskurs konstituiert wird. Anschließend erörtere ich, inwiefern politische Handlungsfähigkeit in der Presseberichterstattung in Deutschland zu protestierenden Frauen in Ägypten sichtbar und damit hergestellt wird.

6.1 Thematisierungen von Aspekten eines lebbaren Lebens

In diesem Kapitel geht es darum, zu erörtern, welche Aspekte eines lebbaren Lebens inwiefern im Diskurs sag- und sichtbar werden. Die thematisierten Forderungen und ihre Konstitution habe ich in drei übergeordneten inhaltlichen Ausprägungen zusammengefasst: den Schutz vor geschlechtsspezifischer/sexualisierter Gewalt (Kap. 6.1.1), die Gewährleistung von politischer Teilhabe, Gleichberechtigung und Freiheit (Kap. 6.1.2) und die eher marginale Thematisierung sozioökonomischer Grundlagen eines lebbaren Lebens und damit verbundener Forderungen nach Umverteilung (Kap. 6.1.3). Die drei inhaltlichen Ausprägungen konnte ich dabei auf unterschiedlichen Ebenen der Phänomenstruktur des Diskurses identifizieren. Unterschieden werden kann hier zwischen Problematisierungen (vgl. Poferl 2013), also der Konstitution eines bestehenden Problems an sich, der Thematisierung von Ursachen und Verantwortungszuschreibungen und der Formulierung konkreter Forderungen und Lösungsvorschläge. Einige Aspekte (Schutz vor sexualisierter Gewalt) werden sehr ausführlich problematisiert: Problemlage, Verantwortungen und Lösungsansätze werden detailliert diskutiert, während andere Aspekte (politische Teilhabe, Freiheit) eher in Form von sehr allgemein gehaltenen Wertbezügen auftauchen. Diese bedürfen scheinbar keiner näheren Erörterung, da sie sich auf als ›universell‹ verstandene Werte beziehen, im Diskurs aber (meist implizit) in spezifischer Weise gedeutet werden. Der Aspekt der sozioökonomischen Grundlagen eines lebbaren Lebens ist hingegen ein marginalisierter im Diskurs, der nur vereinzelt und vor allem in der Dimension der Problematisierung auftritt. Zudem unterscheidet sich auch die narrative Struktur in den einzelnen, thematisierten Aspekten eines lebbaren Lebens. Teilweise werden vorgenommene Problematisierungen ausführlich über Expert*innen, beispielsweise Wissenschaftler*innen oder Vertreter*innen internationaler Organisationen, objektiviert. Dies ist vor allem hinsichtlich der Aspekte des Schutzes vor sexualisierter Gewalt und der Gleichberechtigung der Fall. Auf der anderen Seite wird eher auf subjektive Wertvorstellungen und Forderungen eingegangen, die vor allem von Aktivistinnen geäußert werden. Dies betrifft eher die Aspekte der Freiheit und der sozioökonomischen Grundlagen eines lebbaren Lebens. In allen problematisierten Aspekten eines lebbaren Lebens zeigt sich zudem, dass diese im Diskurs vor allem als spezifisch Frauen betreffend gedeutet werden. Hier zeigt sich eine Überschneidung mit den Ergebnissen der Analyse der Subjektpositionierung *Aktivistin*, in denen ebenfalls herausgestellt wurde, dass Frauen und ihre Forderungen vor allem dann sichtbar werden, wenn sie sich für scheinbar spezifisch Frauen betreffende Themen einsetzen.

6.1.1 Schutz vor sexualisierter Gewalt

Als primärer Aspekt einer lebbaren Lebens für Frauen in Ägypten wird im untersuchten Diskurs um die Proteste die Abwesenheit geschlechtsspezifischer und/oder sexualisierter Gewalt sicht- und hörbar. Auffällig ist hier insbesondere, dass fast ausschließlich öffentliche (sexualisierte) Übergriffe gegen Frauen thematisiert werden. Dies gilt sowohl für die textförmigen Diskursfragmente als auch für visuelle, die im Bildtyp *Bedrohte Frau* ausschließlich Übergriffe im öffentlichen Raum zeigen.

Legitimiert wird die im Diskurs formulierte Dringlichkeit dieser hegemonialen Problematisierung wie bereits im Abschnitt zur Subjektpositionierung *Widerständiges Opfer* dargelegt, zum einen über die oft drastischen Beschreibungen individueller Erfahrungen von Frauen.[1] Zum anderen wird innerhalb dieser Deutung zentral auf Expert*innen und Studien ägyptischer Frauenrechtsorganisationen und internationaler Menschenrechtorganisationen zurückgegriffen und damit argumentiert, dass es sich nicht nur um individuelle Übergriffe, sondern ein objektives, gesellschaftliches Problem handelt: »Laut einer Studie des Ägyptischen Zentrums für Frauenrechte von 2008 werden über 80 Prozent der ägyptischen Frauen täglich sexuell belästigt – von Kommentaren bis hin zu körperlichen Übergriffen.« (20110817*ZEon) Auch in dieser Präsentation ›objektiver Fakten‹ zeigt sich die bereits oben thematisierte, für das ›Othering von Sexismus‹ zentrale Argumentation der Alltäglichkeit sexueller Belästigung in Ägypten, indem betont wird, dass jede Frau zu jeder Zeit betroffen ist. Gleichzeitig wird in diesem Zitat und ähnlichen textförmigen Diskursfragmenten Gewalt gegen Frauen nicht als Ausnahme gedeutet, sondern mit dem Rückgriff auf ältere Studien (2008) auch die Kontinuität von Gewalt betont. Zudem wird die Bandbreite von Formen geschlechtsspezifischer Gewalt erläutert, die von verbalen Übergriffen[2] und Blicken (vgl. auch z.B: 20130710*SZon) bis hin zu körperlichen Übergriffen reicht (vgl. auch z.B. 20120202*ZE). Gerade in den textförmigen Diskursfragmenten zeigt sich aber in der hegemonialen Deutung eine Fokussierung auf besonders ›drastische‹ Formen von sexualisierter Gewalt gegen Frauen, vor allem auf körperliche Übergriffe im öffentlichen Raum. Die Zunahme sexualisierter Gewalt gegen Frauen wird besonders im Rahmen von Protestveranstaltungen gegen Mursi 2013 als besonders drastisch gedeutet, wie die Direktorin von *Human Rights Watch* in Kairo ausführt: »Wenn man sich nun aber gezielt mit Gewalt gegen Frauen auseinandersetzt, dann muss man schon sagen, dass in Ägypten im vergangenen Jahr fürchterliche Dinge passiert sind. Vor allem sexuelle Gewalt im öffentlichen Raum hat 2013 nochmals eine neue Dimension erreicht.« (20131231*TAon) Sie stellt explizit die ›sexuelle Gewalt im öffentlichen Raum‹ heraus und unterstreicht das neue Ausmaß dieser ›fürchterlichen Dinge‹. In vielen Beiträgen werden die Übergriffe als Steigerung zur alltäglichen sexualisierten Gewalt auch explizit als Vergewaltigungen benannt: »Auf dem Tahrir-Platz kam es in den vergangenen Monaten mehrmals am helllichten Tag zu Massenvergewaltigungen« (20131112*SPon, vgl. auch 20131112*SZon). Skandalisiert werden die Vorfälle in dieser Deutung durch die Betonung, dass diese nicht im abgeschirmten, versteckten (also privaten) Raum, sondern ›am helllichten Tag‹ stattgefunden haben. Ein ›Othering‹ sexualisierter Gewalt erfolgt damit auch, indem mit der Hervorhebung

1 Diese Drastik findet sich in den ausführlichen Schilderungen der Vorfälle, durch die zugleich eine emotionale Nähe zur Rezipient*in erzeugt wird: »Die Angriffe laufen stets nach dem gleichen Muster ab. Eine Frau wird von einem Mob von Männern umringt. Oft sind sie mit Messern und Knüppeln bewaffnet. Sie reißen der Frau die Kleider vom Leib, begrapschen sie, stecken ihr Hände und Gegenstände in die Körperöffnungen, vergewaltigen sie.« (20130214*TAon) Die genaue Schilderung macht den Vorfall hier vorstellbar und für die Leser*in fast spürbar, was eine Identifikation und Solidarisierung mit den ägyptischen Opfern ermöglicht.

2 In einem Beitrag werden auch verbale Übergriffe in ›sozialen‹ Medien thematisiert, darauf wird in Kapitel 6.2.2 näher eingegangen (vgl. 20131209*ZEon).

der Öffentlichkeit der Handlungen und ihre Dramatik (›Massenvergewaltigung‹) vor allem auf ›im Westen‹ scheinbar unbekannte Formen sexualisierter Gewalt hingewiesen wird (vgl. zur Präsenz von ›rape culture‹ auch in Deutschland Fritzsche 2016).

Sexismus, sexuelle Belästigung und sexualisierte Gewalt werden im Diskurs zwar teilweise in Verbindung zueinander gebracht und als strukturell verstanden, wie es unter anderem Sara Ahmed fordert (vgl. 2017: 48), zugleich wird diese strukturelle Unterdrückung von Frauen aber als national oder regional spezifisch eingeordnet und Formen der Unterdrückung, die physische Gewalt beinhalten, fokussiert. Die Thematisierung und Skandalisierung alltäglicherer Formen von Sexismus u.a. im Berufsalltag und deren hohe Präsenz auch im ›eigenen‹ Land findet innerhalb ›westlicher‹/deutschsprachiger Diskurse kaum statt, worauf feministische Hashtags wie *#Everydaysexism*, *#shoutingback* oder *#aufschrei* verweisen. Auch Brigitte Geiger (2008, 2017) weist in ihrer Auseinandersetzung mit der deutschsprachigen Berichterstattung über Gewalt an Frauen auf ähnliche Repräsentationspraktiken hin: Thematisiert wird vor allem solche Gewalt, die sich in massiven physischen Übergriffen zeigt und im öffentlichen Raum stattfindet, andere Formen der Gewalt, zu der nach einem inklusiven Gewaltbegriff auch alltäglichere Formen von Sexismus wie verbale Belästigungen zählen, werden weitaus weniger thematisiert (vgl. Geiger 2008: 210). Ebenso betont sie, dass »die strukturelle Verankerung von Gewalt an Frauen in hierarchischen Geschlechterordnungen« (ebd.: 206) in der Berichterstattung nur selten thematisiert wird. Auch im untersuchten Diskurs um die Proteste in Ägypten werden die Bedingungen von Gewalt ausschließlich hinsichtlich deren Verankerung in einem spezifischen kulturellen/religiösen Kontext thematisiert, kaum aber vielfältige Fragen lokaler und globaler Machtstrukturen.

Auffällig ist zudem, dass Gewalt gegen Frauen im öffentlichen Raum im untersuchten Pressediskurs um die Proteste in Ägypten zwar ausführlich problematisiert, Gewalt im privaten Raum aber nur sehr marginal thematisiert wird. Zugleich weisen Feministinnen im wissenschaftlichen Diskurs auf die zentrale Bedeutung häuslicher Gewalt in Ägypten und die nach wie vor nicht strafbare Vergewaltigung in der Ehe hin (vgl. Al-Ali 2014: 125). Nur ein Diskursbeitrag erwähnt häusliche Gewalt:

> »Dass Frauen auch auf dem Tahrir-Platz begrapscht und gedemütigt wurden, dass sie seit Jahren über Belästigungen klagen, dass überhaupt in Ägypten häusliche Gewalt so verbreitet ist wie Analphabetismus, kurz, dass der Schutz und die Unversehrtheit der ägyptischen Frau eine kollektive Illusion ist, darüber redet kaum jemand.« (20111222*SZ)

Auch hier wird häusliche Gewalt nur neben öffentlicher Gewalt benannt und insbesondere deren Tabuisierung problematisiert. Über den Bezug auf Analphabetismus wird darüber hinaus nahegelegt, dass häusliche Gewalt ebenso ein Problem sei, welches als Zeichen für eine ›fehlende Entwicklung‹ gelten könne und damit ein Gegensatz zur ›okzidentalen‹ Selbstkonstruktion als ›weiter entwickelt‹ und damit scheinbar frei von häuslicher Gewalt aufgemacht. Damit zeigt sich auch in diesem Zitat, dass Gewalt gegen Frauen im Diskurs ausschließlich als spezifisch ägyptisches und nicht transkulturelles, strukturelles Problem sagbar ist. Ebenfalls nicht sichtbar im Diskurs wird der enge Zusammenhang zwischen einer generellen Ausweitung und Normalisierung von Gewalt u.a. sexualisierter Gewalt gegen protestierende Männer, in Ägypten, deren Bedeutung für die Entwicklung von Gewalt gegen Frauen u.a. Nadje Al-Ali (vgl. 2014: 125) betont. Shereen Abouelnaga (2016) merkt in diesem Kontext jedoch an, dass, werden physische Übergriffe auf Männer sichtbar, diese meist als politisch gerahmt werden, während Übergriffe auf Frauen meist als kulturell spezifisch gedeutet werden (vgl. ebd.: 87). In der einzigen Erwähnung von Übergriffen auf einen Mann wird dieser im Diskurs ebenfalls als politisches Ereignis gerahmt: »Die Vergewaltigung eines Kairoer Minibusfahrers durch die Polizei, als Handyfilm verbreitet, hat eine Wut auf den Folterstaat entfacht, die sich Jahre später im Sturz des Autokraten Hosni Mubarak entlud.« (20111222*SZ) Hier wird der einzelne Übergriff auf einen Mann als kollektiv bedeutsames politisches Ereignis gedeutet, welches sogar zum Sturz von Mubarak beigetragen hat.

Hinsichtlich der Verhandlung von Verantwortlichkeiten für die öffentlichen Übergriffe im Diskurs der untersuchten Medien aus Deutschland können zwei Deutungsmuster festgestellt werden, die mit Ute Volkmann (2006: 59ff) als Kollektivismus und Etatismus bezeichnet werden können.[3] Auf der Ebene des Kollektivismus wird insbesondere für das alltägliche Vorkommen öffentlicher sexualisierter Gewalt eine spezifische, national verortete kulturelle und durch ›den Islam‹ geprägte Identität verantwortlich gemacht. Relevant ist die Thematisierung einer kollektiven Verantwortung auch in der Thematisierung einer weiteren Form der Gewalt gegen weibliche Körper: der weiblichen Genitalbeschneidung. Sie wird ebenfalls als kulturelle Gewalt gedeutet und im Kontext der Proteste als eine weitere Form der Unterdrückung weiblicher Körper regelmäßig zum Thema gemacht. Meist wird die Praktik dabei als eine kulturelle Tradition gedeutet und explizit nicht als spezifisch islamischer Brauch verstanden: »Tatsächlich sehen weder der Koran noch die Bibel die Verstümmelung vor. Das predigen christliche und muslimische Geistliche im Land immer wieder. Doch die Überzeugung sitzt tief.« (20141027*ZEon) Weibliche Genitalbeschneidung wird hier eher regional als religiös verortet. Ägypten wird dabei als eines der schlimmsten Länder in der gegenwärtigen Ausführung benannt (vgl. z.B. ebd.) und auch hier finden sich, ähnlich wie bei den Vergewaltigungen, sehr drastische und eindrückliche Schilderung zum Vorgang der Beschneidung (vgl. z.B. 20131125*ZEon). Die Problematisierung alltäglicher öffentlicher Belästigung von Frauen, die hier als kulturell spezifisch gedeutet wird, wird damit um die Schilderung weiterer Ausprägungen von körperlicher Unterdrückung verstärkt.

Besonders innerhalb der Deutung einer Verschlechterung der Situation von Frauen in Ägypten in der Bewertung der Proteste wird die Verantwortung zudem auf staatlicher Ebene verortet. Dabei werden zum einen Staatsversagen in Form einer fehlenden Ge-

3 Volkmann (2006) unterscheidet in ihrer Untersuchung zur Legitimation sozialer Ungleichheit verschiedene Ordnungssemantiken bezüglich der Zuordnung von Verantwortlichkeiten. Zum einen benennt sie den Individualismus, der Verantwortung auf der Mikroebene ansiedelt und von der Idee des selbstbestimmten Individuums und einem bürgerlichen Freiheitsbegriff geprägt ist. Zum anderen geht sie auf den Etatismus ein, der sich im Gegensatz zum Individualismus auf der Makroebene ansiedeln lässt und die Verantwortung des Staates als Institution betont. Zwischen beiden Positionen verortet sie den Kollektivismus, in dem die Verantwortung einer Gemeinschaft betont wird (vgl. ebd.: 59ff).

setzgebung[4] und mangelnden Rechtsstaatlichkeit sowie Mängel innerhalb der für deren Durchsetzung verantwortlichen Sicherheitsorgane[5] thematisiert: »Staatsversagen und Straflosigkeit bereiteten den Boden, auf dem sich die Vergewaltigungen ausbreiten konnten.« (20130707*FAZ) Implizit wird hier die Deutung vermittelt, dass nur ein funktionierendes Rechtssystem und die Bestrafung von Tätern Übergriffe auf Frauen eindämmen könnten, diese sich ansonsten quasi ›natürlicherweise‹ ausbreiten würden. Damit werden sexualisierte Übergriffe auf Frauen durch orientalisierte Männer naturalisiert und das Bild des ›gefährlichen arabischen Mannes‹ weiter gefestigt (vgl. dazu Hark/Villa 2017: 41ff).

Zum anderen wird nicht nur mit der Untätigkeit des Staates argumentiert, sondern dem Staat sogar die direkte staatliche Verantwortung für die Übergriffe gegeben, die Frauen einschüchtern und von den Protesten vertreiben sollten:

> »Die Bilder belegen eine besonders perfide Taktik der Sicherheitskräfte im Kampf gegen die Aufständischen in dem nordafrikanischen Land: Immer wieder wird dort von Übergriffen von Soldaten und Polizei gegen weibliche Demonstranten berichtet. Diese werden nicht nur verprügelt, sondern zusätzlich öffentlich entblößt und teils unsittlich berührt. Mit dieser extremen Form der Demütigung sollen Frauen von der Teilnahme an Protestaktionen abgehalten werden.« (20111219*SPon)

Sexualisierte Gewalt wird hier als politisch verstanden und zudem in anderen Diskursfragmenten als tradierte Form des Vorgehens des ägyptischen Staates insbesondere gegen weibliche Demonstrierende gedeutet, dabei wird im Diskurs auf die besondere Dramatik der Lage unter der islamisch geprägten Regierung der Muslimbrüder hingewiesen.[6] Auch hier wird eine zusätzliche Ausprägung in diesem Fall staatlicher Gewalt gegen Frauen im Diskurs ausführlich thematisiert und die vorgenommene Problematisierung damit verstärkt. Dabei geht es um die Durchführung von Jungfräulichkeitstest durch das Militär an weiblichen Demonstrierenden. Auch dort wird die Sexualisierung der Vorfälle herausgestellt u.a. da die Festgenommenen nackt gefilmt wurden (vgl. 20130718*ZE). Auch diese Form der Gewalt wird als politische Taktik gedeutet (vgl. 20130707*FAZ). Maya Mikdashi betont, dass auch die Jungfräulichkeitstest, wenngleich sie in einem geschlossenen Raum stattfanden, ebenfalls auf Öffentlichkeit zielten: Ähnlich wie die Übergriffe während der Demonstrationen ist das Ziel der Kontrolle einzelner Körper über die Öffentlichkeit dieser gewaltvollen Ausübung von Macht, Kontrolle über einen Kollektivkörper zu erlangen und Demonstrationen zu verhindern (vgl. Mikdashi 2011). Durch die dargelegte Argumentation in der Deutung staatlicher

4 Ein Gesetz, welches die Strafverfolgung sexualisierter Gewalt überhaupt ermöglichte, wurde erst 2014 erlassen (vgl. Langer 2018).

5 Vgl. u.a.: »Alleine mit ihren Problemen waren bisher jedoch die Frauen in Ägypten. Denn zur Polizei geht in Ägypten niemand. Ein Gesetz, das sexuelle Belästigung kriminalisiert, gibt es noch nicht. Im Gegenteil: Auf Harassmap.org wird auch Polizisten vorgeworfen, Frauen sexuell zu belästigen.« (20110817*ZEon).

6 Vgl. z.B.: »Schon lange vor Mubarak gehörte sexuelle Erniedrigung zu den Taktiken des Systems, um Frauen zum Schweigen zu bringen. Vor Gruppenvergewaltigungen, wie sie im Januar unter Mursi erstmals flächendeckend stattfanden, schreckte das alte Regime aber noch zurück.« (20130707*FAZ).

Verantwortung für öffentliche sexualisierte Gewalt gegen Frauen, die von einem hohen Ausmaß an staatlicher Verantwortungslosigkeit und sogar einer aktiven Beteiligung an den Übergriffen ausgeht, wird diese wie auch innerhalb der Deutung der Übergriffe als Teil kultureller Identität als national sehr spezifisch gedeutet.[7]

Die Problematisierung von Sexismus und Gewalt wird im Diskurs in einer Weise sichtbar, in der die Presseberichterstattung in Deutschland Gewalt gegen Frauen sonst selten repräsentiert (vgl. Geiger 2008): die historische Kontinuität von Gewalt wird betont, die Einordnung von Übergriffen erfolgt nicht nur als singuläre/individuelle Ereignisse, sondern als strukturelles und politisches Problem und die Opfer werden als Individuen sicht- und hörbar und in ihrer Handlungsfähigkeit gezeigt. Zugleich zeigt sich im Diskurs eine Fokussierung auf bestimmte Formen von Gewalt, vornehmlich drastische, sexualisierte physische Übergriffe, die in der Öffentlichkeit stattfinden. Alltäglicher Sexismus wird hingegen weniger thematisiert. Damit verbunden ist im Diskurs ein ›Othering‹ des als strukturell verbreitet gedeuteten Sexismus, der bereits in Kapitel 5.3.1 als zentral für Orient-/Okzidentkonstruktionen diskutiert wurde. Dieser wird als spezifisches kulturelles oder politisches Problem verstanden und gerade solche Formen betont, die sich von alltäglichen Sexismus-Erfahrungen der Rezipierenden (vermutlich) abgrenzen. Zudem kann eine fehlende Sichtbarkeit der Ausbreitung und Normalisierung von Gewalt auch im häuslichen/privaten Raum sowie die Verbreitung gewalttätiger Übergriffe generell, auch gegen Männer, in Ägypten konstatiert werden.

Al-Ali (2014) verweist darauf, dass zum einen die Thematisierung von Verbreitung, Kontinuität und Variationen von Gewalt gegen Frauen in einem spezifischen Kontext und die Beschäftigung mit deren Folgen auch für individuelle Körper notwendig sind (vgl. dazu auch Hark/Villa 2017: 103ff). Zum anderen fordert sie einen Blick auf die staatliche Absicherung geschlechtlicher Machtstrukturen, die nicht mehr die klassischen Funktionen eines Patriarchats aufweisen, sondern vermehrt Zwang und eine Vervielfältigung von Mechanismen der Unterdrückung benötigen, um die nicht mehr hegemonial legitimierte Unterdrückung von Frauen aufrecht zu erhalten und bezieht sich in diesem Punkt auf den Begriff der ›masculinist restoration‹ von Kandiyoti (vgl. Al-Ali 2014: 127). Im Diskurs tauchen zwar beide Elemente auf, werden jedoch nicht in ihrer Komplexität dargestellt, gerade in der Beschäftigung mit kontextspezifischen Formen der Gewalt werden diese zudem kulturalisiert und so über die Thematisierung des Sexismus ›der Anderen‹ mit antimuslimischen, orientalisierenden Deutungen verbunden. Ein weiterer Punkt, den Al-Ali thematisiert, ist die Bedeutung der Adressierung zunehmender Armut, unzulänglicher Umverteilung, hoher Arbeitslosigkeit, Inflation und neoliberaler (globaler) Wirtschaftspolitiken und mit ihnen verbundenen Machtstrukturen in der Auseinandersetzung mit sexistischen Strukturen und Gewalt gegen Frauen (vgl. ebd.). Diese Aspekte tauchen im untersuchten Pressediskurs in der Thematisierung von Gewalt nicht auf und auch übergreifend wird die Bedeutung von sozialer Gerechtigkeit und Umverteilung nur am Rande thematisiert, wie ich in Kapitel 6.1.3 ausführlicher erläutern werde.

7 Hingegen wird in feministischen Texten auf die Bedeutung sexualisierter Gewalt gegen Frauen als politische Strategie hingewiesen, die gerade in Zeiten von Krisen und Kriegen immer wieder präsent ist (vgl. Völker 2016, Seifert 1993 zu Massenvergewaltigungen in Bosnien-Herzegowina).

6.1.2 Politische Teilhabe, Gleichberechtigung und Freiheit

Als ein weiterer Themenkomplex, der im Diskurs als zentraler Aspekt eines lebbaren Lebens problematisiert wird, lässt sich die Gewährleistung von politischer Teilhabe, Gleichberechtigung und Freiheit verstehen. Die spezifische Deutung dieser Begriffe im untersuchten Diskurs wird im Laufe dieses Abschnitts näher erläutert. Übergeordnet zeigt sich in der Berichterstattung der Presse in Deutschland über die Proteste in Ägypten eine Argumentation, die die Gewährleistung dieser Werte eng mit der Garantie von Menschenrechten und einer demokratischen Staatsform verknüpft. Der Bezug auf ›Menschenrechte‹ und ›Demokratie‹ selbst erfolgt dabei im Diskurs meist in sehr allgemeiner Form, ohne dass das Verständnis dieser Begriffe näher erörtert wird. Damit wird die Funktion beider Begriffe als die eines »leeren Signifikanten« (Laclau 2002: 74) deutlich, der eine hegemoniale Stellung im Kampf um gesellschaftliche Bedeutung einnimmt, grade weil er über eine gewisse Deutungsoffenheit und dadurch einen scheinbar ›universellen‹ Charakter verfügt. Begrenzung erfahren diese leeren Signifikanten und insbesondere der Begriff der Menschenrechte explizit ausschließlich in Diskursfragmenten, die sich mit der Vereinbarkeit zwischen ›dem Islam‹ und Menschenrechten auseinandersetzen. Die Deutungen fallen dabei unterschiedlich aus,[8] normalisiert hingegen wird in jedem Fall die Infragestellung der Möglichkeiten einer Verbindung zwischen ›dem Islam‹ und Menschenrechten. Über diese Abgrenzung hinaus erscheint gerade der Menschenrechtsbegriff im Diskurs als übergeordneter Wert,[9] der keiner weiteren Präzisierung und Auseinandersetzung bedarf. Gerade aus postkolonialer Perspektive wird kritisiert, dass durch eine mangelnde Kontextualisierung und

---

8 Im Diskurs finden sich sowohl Deutungen, die von einer Vereinbarkeit von Islam und Menschenrechten ausgehen als auch solche Deutungen, die beides als unvereinbar sehen. In beiden Argumentationen spielt der Bezug auf das weibliche Geschlecht eine besondere Rolle: »Dass beides geht, am Islam festzuhalten und sich mit den Menschenrechten zu identifizieren, basiert auf dem Bewusstsein einer nationalen Identität und der Überzeugung, dass wir Frauen unseren eigenen Beitrag leisten müssen, den Islam zu interpretieren.« (20110817*TAon) Während hier auf der einen Seite argumentiert wird, dass eine Vereinbarkeit von ›Islam und den Menschenrechten‹ dann gelingen könne, wenn Frauen an der Interpretation des Korans beteiligt wären, wird auf der anderen Seite argumentiert, dass diese Verbindung gerade von Frauen kritisch betrachtet werden müsse: »Sehen Sie die Chance, dass Frauen ihre Menschenrechte mit dem Koran in der Hand erkämpfen können? Auf jeden Fall ist das der herrschende Diskurs [...] Mich als säkulare Frau kann es nicht zufriedenstellen, dass man Menschenrechte mit der Religion begründet. Ich finde das schrecklich.« (20120114*TA*1) Trotz der Gegenläufigkeit der Deutungen wird durch sie in jedem Fall die Infragestellung der Möglichkeit einer Verbindung von (politischem) Islam und Menschenrechten normalisiert.

9 Während die Garantie von Menschenrechten und Demokratie durch den ägyptischen Staat oder arabische, islamisch geprägte Regierungen generell, in Frage gestellt wird, wird die Berufung auf Menschenrechte und Demokratie explizit als nicht ›westliche‹, sondern ›universelle‹ Forderung verstanden: »Wenn jemand in Kairo Freiheit und Gleichheit fordert, ist das nicht weniger legitim als wenn jemand das in Paris tut – nur weil es in der ägyptischen Geschichte kein 1789 gab. Menschenrechte und Demokratie sind kein Privileg des Westens – und Araber, die sich darauf berufen, werden hierdurch eben nicht verwestlicht.« (20110602*TAon) Menschenrechte und Demokratie werden in dieser Aussage als leere Signifikanten aktualisiert.

Historisierung des Menschenrechtsbegriffs die Gefahr besteht, dass dieser neokoloniale Hierarchien verstärkt, da Menschenrechte eben nicht ›automatisch‹ jedem Menschen gleichermaßen zufallen, sondern thematisiert werden muss, wer von solchen Rechten ausgeschlossen wird (vgl. u.a. Spivak 2010, Castro Varela 2011). Der Deutungsoffenheit, die hier durch eine fehlende Spezifizierung insbesondere des Menschenrechtsbegriffs suggeriert wird, stehen verschiedene Deutungsmuster gegenüber, die, wenn auch implizit, das spezifische Verständnis von Menschenrechten und Demokratie im Diskurs prägen. Dies zeigt sich vor allem in einer hegemonialen Fokussierung auf politische Freiheits- und Bürgerrechte und konkret die Gleichberechtigung von Frauen und ihre persönliche Freiheit, wie ich im Folgenden erläutern werde.

Politische Beteiligung und rechtliche Gleichstellung von Frauen

Zentraler Bestandteil der Konkretisierungen eines allgemeinen Bezuges auf ›Menschenrechte‹ ist die Problematisierung der Frauenrechtssituation in Ägypten, wobei damit die politische Teilhabe von Frauen und eine Gleichberechtigung zwischen Männern und Frauen verstanden wird. Im Fokus stehen dabei Teilhabe und Gleichberechtigung am und im ›öffentlichen Leben‹, also Bürgerrechte von Frauen: die institutionelle politische Beteiligung von Frauen und ihre rechtliche Gleichstellung in der Verfassung: »Auch sie ist hier, um Teilhabe und Gleichberechtigung zu fordern: gleiche Löhne, bessere Bildung, die Besetzung politischer und juristischer Ämter auch mit Frauen.« (20110308*TAon). Hier zeigt sich die spezifische Definition im Diskurs, die sich vor allem auf ›das öffentliche Leben‹ konzentriert, zudem werden hier sozioökonomische Aspekte angesprochen. Teilhabe und Gleichberechtigung als übergeordnete Themen tauchen wie in obigem Zitat vor allem als Forderungen individueller Frauen auf, während die konkret diskutierten Aspekte der politischen Beteiligung und rechtlichen Gleichstellung als objektive Probleme über Studien und Expert*innen konstruiert werden.

Im vorherigen Kapitel habe ich gezeigt, dass auch in der Auseinandersetzung mit (sexualisierter) Gewalt gegen Frauen diese vor allem als Phänomen im öffentlichen Raum problematisiert wird. Auch dort ging es letztlich also um die Notwendigkeit der Gewährleistung der Teilhabe von Frauen an ›der Öffentlichkeit‹. Die Bedeutung, die Öffentlichkeit als Ort politischen Handelns (s. Kap. 6.2) beigemessen wird, um ein lebbares Leben für Frauen zu ermöglichen, verweist auf eine Deutung von Öffentlichkeit im Diskurs als per se partizipatorisch: die Möglichkeit, öffentlich zu handeln, wird als zentral im Kampf von Frauen konstituiert und die Schaffung einer solchen Möglichkeit mit Gleichberechtigung und Teilhabe gleichgesetzt. Feministische Kritik stellt eine solche Gleichsetzung in Frage und verweist auf die hierarchische Strukturierung von Öffentlichkeiten: auch die Teilhabe von Frauen ›am öffentlichen Leben‹ geht nicht zwingend mit einer geschlechtlichen Gleichberechtigung und dem Ende von Sexismus einher (vgl. zu feministischer Kritik am Öffentlichkeitsbegriff u.a. Fraser 1996, Young 1990). Dies gilt insbesondere in einem Verständnis von Öffentlichkeit als singulärer, formalisierter Raum, wie es sich in der Fokussierung des Diskurses auf institutionelle politische Beteiligung und rechtliche Gleichstellung in Fragen von Gleichberechtigung und Teilhabe zeigt.

Nichtsdestotrotz finden sich im Diskurs zudem Deutungen, die eine neue Fokussierung auf Gleichberechtigung auch im Privaten diskutieren: »In den letzten zehn Jahren ist eine neue Dimension hinzugekommen. Es geht uns nicht mehr nur um Gleichberechtigung innerhalb der Gesellschaft, also im öffentlichen Leben, sondern auch um Gleichberechtigung innerhalb der Familie.« (20110817*TAon) In diesen Ausführungen wird eine Erweiterung der Forderungen nach Gleichberechtigung auf Beziehungen innerhalb der Familie normalisiert. Im Diskurs finden sich zudem Deutungen, die eine Verknüpfung dieser beiden Bereiche und ihre Verquickung betonen[10] und somit auch die strikte Trennung zwischen Privatem und Öffentlichem auflösen. Die Forderungen nach Gleichberechtigung und Teilhabe werden dabei zum einen als relevante Bedingungen für eine ›fortschrittliche‹ Politik, zum anderen auch als persönlicher ›Fortschritt‹ für Frauen legitimiert: »Vor allem aber forderten auch sie lautstark einen Wandel, der bei weitem nicht nur die Politik des Landes, sondern vor allem jede von ihnen ganz persönlich betrifft: die gleichberechtigte Teilhabe der Frauen an der ägyptischen Gesellschaft, in der das Maß aller Dinge nach wie vor der Mann ist.« (20110329*FAZ) Auch hier findet sich, ähnlich wie in der Deutung zur Notwendigkeit körperlicher Sicherheit, durch die Rahmung der ägyptischen Gesellschaft als eine ›in der das Maß aller Dingen nach wie vor der Mann ist‹ die Deutung der Ursache für den problematisierten gegenwärtigen Zustand vor allem auf einer gesellschaftlichen Ebene, die als mit spezifischen kulturellen oder religiösen ›Eigenarten‹ ausgestattet beschrieben wird (vgl. auch 20110726*SPon). Die Brisanz und Tragweite des Problems und auch seine enge Verknüpfung mit ›der ägyptischen Gesellschaft‹ wird durch den Bezug der Argumentation auf die Proteste 2011 als Ausnahmesituation verstärkt: »Denn hier, auf kleinstem Raum, erlebte die ägyptische Gesellschaft zum ersten Mal so etwas wie Gleichberechtigung.« (20110329*FAZ) Durch die Betonung des ›ersten Mals‹ wird der Zustand der Ungleichheit zwischen Männern und Frauen weit über den Kontext der gegenwärtigen Gesellschaft historisch ausgeweitet, zudem suggeriert die Beschreibung ›so etwas wie Gleichberechtigung‹, dass diese noch lange nicht einem ›allgemeinen‹ (und damit ist hier vermutlich insbesondere ein vermeintlich ›westliches‹ gemeint) Verständnis von Gleichberechtigung entspreche.

Diskutiert werden soll nun, auf welche spezifischen Aspekte von Gleichberechtigung und Teilhabe im Diskurs wie eingegangen wird. Als Problemlage, die über Expert*innen und anerkannte Institutionen belegt wird, findet sich im Diskurs zunächst die politische Beteiligung von Frauen. Dabei geht es fast ausschließlich um die Beteiligung von Frauen in politischen Institutionen, es wird also auf einen eher engen Politikbegriff Bezug genommen. Chantal Mouffe (2010) kritisiert an einem solchen Politikbegriff die Vernachlässigung weniger formalisierter Formen der Beteiligung, die sie im Bereich des Politischen verortet. Im Diskurs zeigt sich hingegen in der Forderung politischer Beteiligung von Frauen eine Fokussierung auf ebensolche formalen Maßnahmen und Verfahrensweisen wie Wahlen, Parlamentsdebatten etc., während gleich-

10 Vgl. folgendes Zitat: »Ich finde es schwierig, mir vorzustellen, wie wir bessere Beziehungen zwischen Männern und Frauen herstellen können, etwa in der Schule, in den Parlamenten, wenn sie einander nicht auch im Schlafzimmer respektvoll und gleichberechtigt gegenüberstehen.« (20130302*FAZ).

zeitig in der Berichterstattung deutlich wird, wie aktiv Frauen sich beispielsweise in der Besetzung von Plätzen und Demonstrationen bereits an Aushandlungen des Politischen beteiligen.

Politische Beteiligung wird insbesondere in Form der Teilnahme an Wahlen und als Ausübung politischer Ämter im Diskurs sichtbar. In den visuellen Diskursfragmenten findet sich wie in Abb. 38 die politische Beteiligung von Frauen in Form von Bildern wählender Frauen wieder.

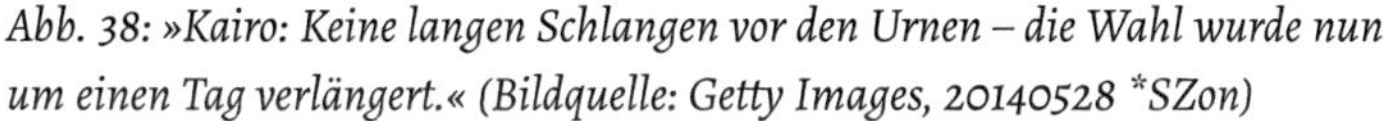

*Abb. 38: »Kairo: Keine langen Schlangen vor den Urnen – die Wahl wurde nun um einen Tag verlängert.« (Bildquelle: Getty Images, 20140528 *SZon)*

Hier wird also eine politische Beteiligung in Form der Ausübung des Wahlrechtes symbolisiert, während auf der Textebene insbesondere der Mangel an weiblicher Repräsentation in staatlichen Organen Thema ist. Interessanterweise wird dabei nicht immer die Selbst-Repräsentation von Frauen gefordert, sondern auch ein Sprechen-Für als Möglichkeit benannt: »In dem zuletzt wichtigsten Gremium des Landes, jenem, das die Verfassung überarbeitete, war keine einzige Frau vertreten. Es wurde dominiert von Männern, die dem alten Regime nahestanden. Keiner von ihnen hat die Rechte der Frauen zu seiner Sache erklärt.« (20110329*FAZ) Implizit wird in diesem Zitat zwar die Beteiligung von Frauen an dem Verfassungs-Komitee als wünschenswert deklariert, zugleich aber betont, dass andernfalls zumindest ein Mann für die Belange von Frauen sprechen müsse. Mit Spivak (vgl. 1988a: 274ff) kann an diesen Überlegungen kritisiert werden, dass Repräsentation immer von Macht durchdrungen und durch das Subjekt des Präsentierenden gefärbt ist, weshalb eine Selbst-Präsentation ermöglicht werden sollte. Dass eine solche Frauen in Ägypten innerhalb politischer Institutionen kaum zugestanden wird, veranschaulicht auch die deutsch-ägyptische Politikwissenschaftlerin Hodah Saleh mit Blick auf die gegenwärtige Situation: »Ägypterinnen sind die Verliererinnen der Revolution. Sie sind mit 2 Prozent im Parlament vertreten, und auch im Verfassungskomitee sitzt so gut wie keine Frau.« (20120903*TAon) Interessant ist an ihrer Aussage, dass hier die politische Beteiligung von Frauen als ein möglicher Indikator für die Bewertung der Ergebnisse der ›Revolution‹ für ägyptische Frauen herangezogen wird. Eine ähnliche Bewertung findet sich auch in einem

Kommentar der Politikerin Franziska Brandtner: »Der Ausschluss der Frauen aus der Verfassungsgebung kommt einem Verrat an der Revolution gleich.« (20110311*SZ) Die Beteiligung von Frauen in politischen Institutionen wird als der entscheidende Faktor für die Beurteilung der gegenwärtigen Situation von Frauen in Ägypten und damit auch für die Beurteilung der Ergebnisse der Proteste gedeutet (s. Kap. 5.2.4). Zudem wird die Möglichkeit, dass eine Frau Präsidentin werden könnte, im Diskurs in mehreren Fragmenten als höchste Stufe der politischen Beteiligung von Frauen und damit ein Zielpunkt gegenwärtiger Entwicklungen hin zu mehr Gleichberechtigung thematisiert (vgl. 20110328*SP, 20110817*TA, 20120202*ZE). Bemerkenswert ist in diesem Zusammenhang, dass die Bedeutung der Bekleidung einer Frau mit dem höchsten politischen Amt gerade im Pressediskurs in Deutschland als höchstes Ziel politischer Beteiligung von Frauen gewertet wird. Dies impliziert gleichzeitig, dass in Deutschland, wo eine Frau Kanzlerin ist, eine völlige Gleichstellung von Geschlechtern innerhalb politischer Institutionen gegeben sei.[11] In einem Fragment wird explizit auf Angela Merkel und Deutschland als Positivbeispiel Bezug genommen (20110726*SPon). In einigen Artikeln wird politische Beteiligung als allgemeine Partizipation von Frauen an politischen Prozessen verstanden, hervorgehoben werden aber auch hier institutionalisierte Prozesse, wie die Beteiligung an Verhandlungen. Die Verantwortung für eine solche Beteiligung wird dabei nicht nur auf nationalstaatlicher, sondern auch auf internationaler Ebene gesehen: »Würde sich die internationale Gemeinschaft ernsthaft für Frauenrechte im künftigen Ägypten interessieren, müsste sie jetzt dafür sorgen, dass Frauen in allen Belangen an der Gestaltung des neuen Systems und seiner Institutionen teilhaben.« (20110308*SZ) In diesem Zitat aus einem Diskursbeitrag von Wendy Brown, Vertreterin von *Amnesty International*, wird problematisiert, dass auch auf internationaler Ebene die Beteiligung von Frauen oft vernachlässigt werde. Gleichzeitig tritt ›die internationale Gemeinschaft‹ als diejenige auf, welche die gegenwärtige Situation verändern könnte. Hier zeigt sich also auch eine vielfach kritisierte, paternalistische Haltung gerade von Menschenrechtsorganisationen gegenüber Ländern ›des globalen Südens‹ (vgl. Ehrmann 2009). Die generelle Unterrepräsentiertheit von Frauen in den meisten Parlamenten weltweit[12] und somit die globale Bedeutung dieses Problems findet auch hier keine Erwähnung. Politische Beteiligung von Frauen wird damit neben dem Schutz vor körperlicher Gewalt (im öffentlichen Raum) als zentraler Aspekt eines lebbaren Lebens von Frauen gedeutet.[13] Beide Aspekte werden dabei als spezifisch ägyptisches oder zumindest spezifisch regionales Problem verstanden. Bezüge auf eine global bedeutsame

11 Gegenwärtige Debatten, wie etwa zur Besetzung der Spitze des Bundesinnenministeriums für Bau und Heimat 2018 ausschließlich mit Männern, zeichnen ein anderes Bild (vgl. Yaghoobifarah 2018).

12 Z.B. sind auch im aktuellen Bundestag nur 31 % Frauen vertreten, vgl. https://www.bundestag.de/abgeordnete/biografien/mdb_zahlen_19/frauen_maenner/529508 (abgerufen am 11.11.2018).

13 Diese Argumentation wird auch über die Abgrenzung von abweichenden Aussagen, in diesem Fall etwa des Sprechers einer islamischen Partei, verfolgt. Sie taucht in einem Artikel, der die mangelnde politische Beteiligung von Frauen problematisiert, auf: »Der Sprecher der »Partei des Lichts« vermisst sie nicht: »Frauen in der Politik sind doch ein Minderheitenthema. Die ägyptischen Frauen haben ganz andere Probleme, sie brauchen bessere Bildung, Jobs und eine funktionierende Gesundheitsversorgung.« (20120202*ZE) Über die Abweichung dieses Zitats zur vorherrschenden Deutung seines textlichen Kontexts, die politische Beteiligung als zentrale Forderung von und für

Vergeschlechtlichung hierarchischer Strukturen finden sich kaum (einige Ausnahmen werden in Kapitel 7.1 diskutiert). Auch die politische Beteiligung von Frauen taucht als entscheidender Faktor der Bewertung des Erfolgs der Proteste von Anfang 2011 im Diskurs auf und wird dabei vor allem als Beteiligung an institutionalisierten politischen Prozessen verstanden.

Auch innerhalb der Problematisierung der rechtlichen Gleichstellung von Frauen und Männern geht es im Diskurs insbesondere um eine institutionelle Gleichstellung. Diskutiert werden hier neben mangelnden Gesetzen, die sexualisierte Gewalt kriminalisieren, vor allem verschiedene Entwürfe für eine neue Verfassung. Neben einer vor allem 2011 geäußerten Kritik an der Benachteiligung von Frauen u.a. im Scheidungsrecht und im Ausschluss einer weiblichen Präsidentin (vgl. 20110329*FAZ) wird die Verfassung vor allem im Kontext der Erstellung eines neuen Verfassungstextes unter der Regierung der Muslimbrüder diskutiert. Auch hier erfolgt eine Objektivierung der Beurteilung des Verfassungsentwurfes unter Bezugnahme auf »Frauen- und Menschenrechtler« (20121011*SZ). Neben einer Kritik am Scharia-Bezug der Verfassung (vgl. ebd.) und damit am ›politischen Islam‹ wird die Reduzierung von Frauen auf ihre Rolle innerhalb der Familie (vgl. 20130208*FAZ), die in der neuen Verfassung fehlenden Bestimmungen zum Mindestheiratsalter von Mädchen und zum Verbot von Menschenhandel benannt (vgl. 20121011*SZ). Die Beschneidung von Frauenrechten ist auch hier das entscheidende Argument gegen den Verfassungsentwurf, zudem wird, ähnlich wie in der Debatte um öffentliche sexualisierte Gewalt, die besondere Brisanz der Situation unter Mursi gegenüber vorherigen Regierungen hervorgehoben. Problematisiert wird auch innerhalb dieser Deutung vor allem ›der politische Islam‹, wobei auch übergeordnet die generelle ›religiöse und moralische‹ Prägung von Gesetzen kritisiert wird: »Es wurde vehement versucht, religiöse und moralische Werte in die Legislatur zu integrieren. Am deutlichsten hat sich das an dem Umstand bemerkbar gemacht, dass wir daran gescheitert sind, die rechtliche Gleichstellung von Mann und Frau in die Verfassung zu bekommen.« (20131231*TAon) In der hegemonialen Deutung des Diskurses wird die negative Auswirkung, die eine solche religiöse oder moralische Prägung von Gesetzen habe und die auch in diesem Zitat mit der rechtlichen Benachteiligung von Frauen belegt wird, allerdings explizit mit ›dem Islam‹ in Verbindung gebracht und so, wie auch oben, staatliches Versagen vor allem als Verantwortlichkeit eines spezifischen Kollektivs (islamisch geprägte Politiker*innen) gedeutet. Gleichzeitig werden hier Verfassung und Gesetzestexte implizit als etwas konstituiert, was vermeintlich frei von solchen Prägungen und ›neutral‹ gegenüber kulturellen Werten sein könnte. Eine gleichberechtigte Teilhabe von Frauen wird damit im untersuchten Pressediskurs um die Proteste in Ägypten vor allem als Beteiligung von Frauen an institutionalisierter Politik und Gleichstellung von Männern und Frauen in ›neutralen‹ Gesetzestexten verstanden.

Freiheit

Ergänzt wird die oben beschriebene Deutung von Gleichberechtigung und Teilhabe als noch zu erfüllender, zentraler Aspekt eines lebbaren Lebens insbesondere für Frauen in

Frauen in Ägypten versteht, werden Bildung, wirtschaftliche Beteiligung und Gesundheitsversorgung implizit als weniger bedeutsam als die politische Beteiligung von Frauen gedeutet.

Ägypten um Forderungen nach Freiheit. Während, wie oben erläutert wurde, Gleichberechtigung und Teilhabe im Diskurs vor allem als Bürgerrechte verstanden und auf gesellschaftlicher Ebene verortet werden, wird Freiheit im Diskurs weniger im Sinne der staatlichen Garantie von Freiheitsrechten thematisiert, sondern vielmehr primär als individuelle Freiheit zur Selbstverwirklichung verstanden. Dieser Aspekt eines lebbaren Lebens ist, so die Deutung im Diskurs, ähnlich wie bei den Forderungen nach Gleichberechtigung, insbesondere für Frauen von Bedeutung. Diskutiert wird persönliche Freiheit als Möglichkeit der Führung eines selbstbestimmten Lebens und der Ausübung von Wahlfreiheit, vornehmlich was den eigenen Kleidungs- und Lebensstil angeht: »Ich bin nicht verschleiert, ich trage T-Shirts, also falle ich den Männern auf der Straße auf – und die Reaktionen sind sehr anstrengend. Ich will auftreten können, wie ich möchte.« (20110818*ZE) Die Fokussierung auf die Ausübung von Wahlfreiheit im Kleidungsstil – insbesondere Kopftuch vs. ›westliche‹ Kleidung – als zentrales Zeichen für die Freiheit von Frauen wird hier noch einmal deutlich. Zum anderen wird im Diskurs die Bedeutung sexueller Freiheiten immer wieder herausgestellt und diese als ›im Westen‹ gegeben verstanden.[14] Beide Konkretisierungen von Freiheit – als freie Wahl der Kleidung und sexuelle Freiheit – verweisen auf eine Anknüpfung an tradierte Repräsentationspraktiken ›okzidentaler‹ Diskurse, in denen Selbstverwirklichung als Ziel eines individualisierten Feminismus verstanden wird (vgl. Gill 2016, McRobbie 2010). Legitimiert wird die individuelle, private Bedeutung von Freiheit im Diskurs auch dadurch, dass diese Narration, anders als in der Argumentation zur Gleichberechtigung und Teilhabe von Frauen, nicht durch Daten, Fakten und Expert*innenstimmen unterstützt wird, sondern wie in obigem Beispiel über individuelle, subjektive Aussagen von Frauen. Ein solches Verständnis von Freiheit, welches sich vor allem auf den privaten Raum bezieht, kann aus feministischer Perspektive kritisiert werden, da es einen auf öffentliches Handeln bezogenen Freiheitsbegriff entpolitisiert (vgl. Bidwell-Steiner/Wagner 2008: 11, zur mit dem Fokus auf Selbstbestimmung verbundenen Entpolitisierung feministischer Diskurse vgl. auch Winch 2013, Klaus 2008). Die Verantwortung für den Mangel an individueller Freiheit wird in obigem Zitat – wie auch im Bereich der Gleichberechtigung und Teilhabe – auf kollektiver oder staatlicher Ebene angesiedelt. Explizit wird im Diskurs ein Gegensatz zwischen persönlichen Freiheiten (insbesondere für Frauen) und den ›traditionellen Werten‹ der ägyptischen Gesellschaft hergestellt: »Salma, die Heldin, darf hier als Vertreterin einer Generation gelten, die zwischen der Sehnsucht nach Freiheit und der Prägung durch traditionelle Werte nach einem gangbaren Weg sucht.« (20120127*FAZ) Salma, die ›Heldin‹, steht hier stellvertretend für diejenigen, die die Bedeutung persönlicher Freiheit herausstellen und diese einfordern. Implizit verkörpert sie damit auch eine Abkehr von im Diskurs als oriental konstruierten, ›traditionellen Werten‹ hin zu dem im Diskurs als ›modern‹ und ›westlich‹ oder auch ›uni-

14 Vgl. u.a.: »Die sexuelle Revolution im Westen war Teil eines ganz bestimmten historischen Prozesses. Ich benutze dafür gern das Bild eines Flugzeugträgers. Die sexuelle Revolution war ein Flugzeug auf diesem Schiff, das irgendwann abhob. Es hatte eine lange Startbahn von politischen und sozialen Veränderungen und wirtschaftlicher Entwicklung. In der arabischen Welt haben wir diese Startbahn noch nicht. Wir bauen gerade an ihr.« (20130302*FAZ) Zudem werden hier sozioökonomische Aspekte als Voraussetzung für Freiheiten angesprochen. Diese Deutung ist im Diskurs eine eher marginalisierte (s. Kap. 6.1.3).

versell‹ verstandenen Wert persönlicher Freiheit. Entscheidend ist dabei die Narration einer völligen Garantie persönlicher Freiheiten im ›Westen‹ im Gegensatz zu ›arabischen‹ Gesellschaften. Verstärkt wird die Deutung einer bisher mangelnden Freiheit in Ägypten auch hier dadurch, dass die Proteste Anfang 2011 als Ausnahmesituation geschildert werden: »Die Ägypter haben in den letzten 14 Tagen gezeigt, wie schnell sie in der Lage sind, die Freiheit zu lernen.« (20110210*ZE) Diese Aussage impliziert, dass es vor den Protesten überhaupt keine Freiheit in Ägypten gegeben hätte. Hier zeigt sich noch einmal die Zentralität der homogenisierenden Verortung von Gesellschaften zwischen ›rückständig‹ und ›modern‹ in Orient- und Okzidentkonstruktionen, die ich in Kapitel 2.3.2 als prägend für gegenwärtige Diskurse und in Kapitel 5.3 auch für den hier untersuchten Diskurs um die Proteste in Ägypten herausgestellt habe.

Als Ausweitung der im untersuchten Diskurs hegemonialen Deutung von Freiheit als Selbstverwirklichung zeigt sich eine eher marginalisierte Argumentation, die deren Zusammenhang mit politischer Freiheit und damit der staatlichen Garantie von Freiheitsrechten hervorhebt. So heißt es in diesem Beitrag, in dem es um die Notwendigkeit einer ›sexuellen Revolution‹ in Ägypten geht: »Es ist schwer vorstellbar, wie man Gerechtigkeit, Freiheit, Würde, Gleichheit und den Schutz der Privatsphäre im Politischen durchsetzen soll, wenn diese Werte im Privaten nicht gelten.« (20130302*FAZ) Die Fokussierung auf in diesem Fall persönliche sexuelle Freiheiten wird also damit begründet, dass diese die Basis für eine Durchsetzung ›politischer‹ Freiheitsrechte seien. Zwar wird hier eine Verbindung zwischen politischer und privater Ebene gezogen, gleichzeitig aber eine Differenzierung beider Bereiche aufrechterhalten. Eine solche Trennung, die zugleich aber auch die Bedeutung politischer Freiheiten betont, findet sich ebenfalls an mehreren Stellen im Diskurs: »Die ägyptische Bloggerin hat gekämpft, für ihre persönliche Freiheit und die Freiheit ihres Landes« (20111208*ZE)[15] Die ›politische Freiheit‹ oder ›Freiheit des Landes‹, auf die hier Bezug genommen wird, wird meist nicht weiter erläutert, sondern dient als leerer Signifikant für einen gemeinsamen Wertebezug. Als spezifische Freiheitsrechte, die ein freies Handeln im öffentlichen Raum garantieren, werden jedoch an einigen Stellen explizit Meinungs- und Versammlungsfreiheiten benannt (vgl. z.B. 20110204*TAon, 20121201*FAZ). Auffällig ist, dass sich im Gegensatz zur Thematisierung persönlicher Freiheit diese Forderung nicht explizit auf die gegenwärtige Situation von Frauen bezieht, sondern als gesamtgesellschaftliche Forderung verstanden wird.

Zusammenfassend wird der als insbesondere für ein lebbares Leben von Frauen als bedeutsam verstandene Aspekt der Freiheit im untersuchten Diskurs vor allem als individuelle Selbstverwirklichung gerahmt. Der dort hegemonial verwendete Freiheitsbegriff kann damit als ein entpolitisierter bezeichnet werden, es zeigt sich jedoch eine marginalisierte Deutung, die die Verbindung zwischen individuellen Freiheiten und der politischen Garantie von Freiheitsrechten betont. Damit knüpft der Diskurs an ›okzidentale‹ Repräsentationspraktiken an, die sich gerade in Debatten um Frauenbewegungen und Feminismus zeigen. Zugleich wird der Freiheitsbegriff auch hier als ein zentraler Bestandteil der diskursiven Abgrenzung zwischen orientalisierten und okzidentalisierten Gesellschaften deutlich.

15 Vgl. auch: »Die Revolution bedeutet für sie Freiheit, in der Politik wie im Privaten« (20120202*ZE).

6.1.3 Sozioökonomische Grundlagen eines lebbaren Lebens

Eine weitere Ausprägung der im Diskurs diskutierten Aspekte eines lebbaren Lebens, die im Vergleich zu den anderen beiden jedoch eine marginalisierte Deutung darstellt, bezieht sich auf die sozioökonomischen Grundlagen eines lebbaren Lebens. Hier findet sich ebenfalls eine Deutung, die wie die anderen beiden Aspekte davon ausgeht, dass der sozioökonomische Status eine besondere Relevanz für die Lebenssituation von Frauen hat, da in Ägypten von einer »Feminisierung der Armut« (20120125*SPon) gesprochen werden kann. Auch hier gibt es einige Diskursfragmente, die eine fehlende wirtschaftliche Beteiligung, verknüpft oft mit dem Hinweis auf eine mangelnde Bildung von Frauen in Ägypten, problematisieren und über Studien objektivieren.

> »In kaum einem anderen Land der arabischen Welt sitzen weniger Frauen im Parlament, auch die wirtschaftlichen Aufstiegschancen für Frauen sind miserabel. Das World Economic Forum ordnete Ägypten in seinem ›Global Gender Gap Report‹ unter die letzten zehn von 135 untersuchten Länder ein – sowohl was wirtschaftliche Entfaltungsmöglichkeiten wie politische Beteiligung anbelangt, konkurriert es mit Iran, Nordkorea, Tschad und Pakistan.« (20130208*FAZ)

Dabei kommen häufig Ländervergleiche wie oben oder Prozentzahlen zur Darstellung der Situation vor: »42 Prozent der Ägypterinnen können weder lesen noch schreiben, die Mehrheit hat keinen Beruf« (20110606*SP). Neben dem auch oben zitierten *Global Gender Gap Report* wird dabei auf Studien von Menschenrechtsorganisationen (*Human Rights Watch*, *Amnesty International*) verwiesen. Auffällig ist, dass die explizite Forderung nach einer Umverteilung von Ressourcen und die Forderung einer Fokussierung auf sozioökonomische Grundlagen eines lebbaren Lebens ansonsten anders als etwa Problematisierungen sexualisierter Gewalt oder der politischen Beteiligung von Frauen nicht über Fakten z.B. aus Studien oder über Expert*innen objektiviert werden, sondern als Problematisierung aus der subjektiven Perspektive unterschiedlicher Frauen, etwa in einem direkten Zitat einer Muslimschwester (»In einem demokratischen Ägypten müssen die Wurzeln der Marginalisierung von Frauen bekämpft werden, also Armut und Analphabetismus«, 20120114*TA*4), einer Bloggerin (vgl. 20110329*FAZ, Zitat siehe weiter unten) und einer Journalistin (»Journalistin Atef sieht die Armut als dringendstes Problem«, 20120125*SZon) hervorgebracht wird. Die Bedeutung mangelnder sozioökonomischer Gerechtigkeit für die gegenwärtige Situation von Frauen in Ägypten wird damit meist nicht als objektive Problemlage, sondern als subjektiver Eindruck gedeutet. Dabei finden sich in der Narration durch die Verwendung indirekter Rede auch eher distanzierende Bezüge auf Forderungen nach sozialer Gerechtigkeit, bzw. einer Verbesserung der wirtschaftlichen Situation im Land: »Wieder andere, wie die Bloggerin und Menschenrechtsaktivistin Noha Atef, gehen davon aus, dass sich die Lage der Frauen automatisch mit der wirtschaftlichen Situation im Land verbessern werde.« (20110329*FAZ, vgl. auch 20120125*SZon) Problematisiert wird die wirtschaftliche Situation teilweise auch nicht nur spezifisch für Frauen, sondern für die gesamte Gesellschaft. Auch wenn diese Deutung in obigem Zitat durch die Verwendung des Konjunktivs eher distanzierend repräsentiert wird, so finden sich im Diskurs auch Fragmente, die eine solche Thematisierung wirtschaftlicher Probleme und damit zusammenhängender sozialer Gerechtigkeit explizit einfordern, auch hier als Zitat einer Journalistin:

> »Die Menschen in Ägypten sind wegen der krassen sozialen Ungerechtigkeit auf die Straße gegangen. Die betrifft Männer und Frauen. Der Westen verliert aber ständig den Kampf ›Reich gegen Arm‹ aus dem Blick und konzentriert sich stattdessen auf die sexuelle Gewalt. Verstehen Sie mich nicht falsch, Frauen werden in Ägypten unterdrückt. Wie sehr sie unterdrückt werden, hängt aber von ihrer sozialen Stellung ab. Unversehrtheit ist hier letztlich eine Geldfrage.« (20120114*TA*2)

Kritisiert wird hier zum einen die Fokussierung auf ›sexuelle Gewalt‹ im Diskurs,[16] zum anderen wird hervorgehoben, dass das eigentliche Thema der Proteste, soziale Gerechtigkeit, sowohl Männer als auch Frauen betreffe. Hier zeigt sich also auch eine Verknüpfung der Kritik an einer mangelnden Reflexion sozialer Fragen mit einer Kritik der diskursiven Fokussierung auf die spezifische Situation von Frauen: »In einer Welt, in der es nur um menschliche Körper geht, vor allem um den weiblichen, werden die niederdrückenden materiellen Probleme nicht gelöst werden.« (20130227*TA) Innerhalb dieser Argumentation geht es allerdings meist weniger um die Forderung, sich weniger mit Geschlechterfragen zu beschäftigen, sondern vielmehr um die Verdeutlichung der notwendigen Beachtung sozioökonomischer Ungleichheiten und einer Kritik an einer Vereinheitlichung der Kategorie ›Frau‹. Gefordert wird hier also eine intersektionale Analyse bezüglich der gegenwärtigen Situation von Frauen in Ägypten. Bereits in Kapitel 5.2.3 habe ich aufgezeigt, dass dieser Forderung im hier analysierten Pressediskurs nur marginal nachgegangen wird und eine nationale Homogenisierung ägyptischer Frauen erfolgt. Die Bedeutung unterschiedlicher sozioökonomischer Positionierungen wird zwar teilweise als relevant benannt, im Diskurs jedoch nicht weiter thematisiert. Hier zeigt sich eine Priorisierung geschlechtlicher Ungleichheitskategorien gegenüber der sozial bedeutsamen Kategorisierung nach Klassen. Eine solche Überbetonung der Relevanz der Kategorie ›Frau‹ führt in diesem Fall also, so wird in der oben beschriebenen, marginalisierten Deutung, auch im Diskurs selbst kritisiert, zu einer ›Intersectional Invisibility‹ (vgl. Crenshaw 2000) sozioökonomischer Zuordnungen (vgl. dazu auch Abu-Lughod/El-Mahdi 2011).

In einem Diskursfragment wird explizit betont, dass die Diversität von Lebensrealitäten von Frauen in Ägypten die Relevanz unterschiedlicher Aspekte eines lebbaren Lebens zur Folge habe. Dabei geht der Text zunächst auf die Forderung von Freiheitsrechten insbesondere durch Frauen aus der Mittelschicht ein und grenzt dann andere Bedürfnisse davon ab:

> »Die Frauen, die unter der Armutsgrenze leben – und das sind immer noch 40 Prozent der ägyptischen Bevölkerung –, haben erst einmal andere Bedürfnisse. Ihnen geht es vor allem um ökonomische Menschenrechte. Sie wollen schlicht sauberes Trinkwasser,

---

16 Ähnlich wird auch die Fokussierung auf ›den Islam‹ als zentrales Problem für Frauen kritisiert: »›Die größte Herausforderung für die Frauen in Ägypten sind nicht die Islamisten […]. Der größte Feind der Frauen ist die sich verschlechternde wirtschaftliche Lage‹, schreibt El-Gawhary.« (20131126*SZon).

> Elektrizität, Gesundheitsversorgung oder eine Absicherung ihrer zumeist informellen Arbeitsverhältnisse.« (20120903*TAon)

In diesem Zitat wird entgegen hegemonialer Deutungen in der Frage nach den zentralen Aspekten eines lebbaren Lebens der Fokus auf ökonomische Menschenrechte gelegt und zugleich beschrieben, welche Aspekte dies in dem spezifischen Kontext einschließen müsste. Auffällig ist bezüglich der Thematisierung sozioökonomischer Grundlagen eines lebbaren Lebens im Diskurs, dass diese vor allem dann zur Sprache kommen, wenn von einer Homogenisierung von Frauen abgesehen wird und die Intersektionalität sozialer Ungleichheit zum Thema wird. Die Beachtung intersektionaler Perspektiven und der Diversität von Frauen geht im Diskurs also mit einer Thematisierung der großen Bedeutung ökonomischer Ungleichheiten einher. Die Notwendigkeit von Umverteilung als Aspekt eines lebbaren Lebens kommt damit erst dann zu Sprache, wenn Frauen in Ägypten in ihren pluralen Lebensrealitäten, Bedürfnissen und Forderungen im Pressediskurs sichtbar werden.

Zusammenfassung: Thematisierung von Aspekten eines lebbaren Lebens

Hinsichtlich der Sichtbarkeit der Aspekte eines lebbaren Lebens zeigt sich im untersuchten Pressediskurs in Deutschland eine Konzentration auf den Schutz vor geschlechtsspezifischer/sexualisierter Gewalt in der Öffentlichkeit, institutionelle politische Beteiligung, rechtliche Gleichstellung und persönliche Freiheiten. Bezüglich der Sichtbarkeit von Gewalt gegen Frauen und individuell betroffener und zugleich als handlungsfähig gezeigter weiblicher Körper kann eine Fokussierung auf vornehmlich drastische, sexualisierte physische Übergriffe, die in der Öffentlichkeit stattfinden, festgestellt werden. Darüber hinaus werden Sexismus, sexuelle Belästigung und sexualisierte Gewalt gegen Frauen zwar teilweise als strukturelle Probleme sichtbar, es erfolgt jedoch keine Einordnung in die globale Präsenz patriarchaler Strukturen. Die Unterdrückung von Frauen wird vielmehr als spezifisch ägyptisches oder ›arabisches‹ Problem sichtbar und Sexismus damit als Problem der ›Anderen‹ konstituiert. Insbesondere für Fragen der Teilhabe von Frauen, die vor allem als Frage institutioneller politischer Beteiligung diskutiert wird und der Gleichberechtigung, die vor allem als Frage rechtlicher Gleichstellung zur Sprache kommt, werden im Diskurs Menschenrechte und Demokratie als notwendiger Rahmen konstituiert. Diese Begriffe werden inhaltlich fast ausschließlich durch die Diskussion ihrer Abgrenzung vom ›(politischen) Islam‹ bestimmt. Der Freiheitsbegriff des Diskurses bezieht sich in Bezug auf Frauen vor allem auf individuelle, persönliche Freiheiten, verstanden als Wahl des Lebens- und Kleidungsstils und sexuelle Freiheiten, hier zeigt sich eine Anknüpfung an postfeministische Diskurse. Politische, gesellschaftliche Freiheiten werden eher übergeordnet in Bezug auf die gesamte Gesellschaft diskutiert. In der Thematisierung der hier erwähnten Aspekte eines lebbaren Lebens zeigt sich somit eine spezifische, durch ›okzidentale‹ Deutungen geprägte Verständnisweise. Hier zeigt sich das Problem des auch in neueren kosmopolitischen Ansätzen geforderten Bezugs auf ›übergeordnete‹ Werte im Zusammenhang mit einer Anerkennung ›der Anderen‹: diese werden im Diskus in spezifischer Weise konstituiert, zugleich wird dieses spezifische Verständnis aber verschwiegen und als ›universelles‹ gedeutet. Übergeordnet lässt sich zudem anmerken, dass mit der Fokussierung auf Sicherheit vor Gewalt im öffentlichen Raum, Möglichkeiten institutioneller Beteiligung von Frauen und deren rechtliche Gleichstellung gegenüber Männern in der Verfassung gerade die Aspekte ins Zentrum der Debatte rücken, die zugleich als gegeben in dem ›eigenen‹ Kontext verstanden werden. Sichtbar werden somit gerade solche Aspekte eines lebbaren Lebens, die für Frauen ›im Westen‹ scheinbar kein Thema (mehr) sind. Eine implizite Deutung, die über die hier hergestellte Sichtbarkeit der ›Mängel‹ im Leben ägyptischer Frauen mit bereitgestellt wird, ist damit auch, dass alle Bedingungen eines lebbaren Lebens für Frauen im Kontext des untersuchten Diskurses bereits erfüllt seien, Sexismus der Vergangenheit angehöre. Zugleich wird durch den oft sehr allgemeinen und inhaltlich nicht bestimmten Bezug auf Werte wie Menschenrechte, Demokratie, Gleichheit, Freiheit – oft auch in direkten Aussagen von Aktivist*innen – die Vorstellung eines gemeinsamen Wertehorizonts vermittelt, in dem diese nicht weiter definiert werden müssten. Eingeschlossen werden in diesen auch die zitierten Aktivist*innen, die als entscheidend für die Erreichung der ›hier‹ bereits etablierten Werte gedeutet werden.

Die Bedeutung sozioökonomischer Unterschiede und Forderungen nach Umverteilung werden im untersuchten Pressediskurs um protestierende Frauen in Ägypten hingegen nur marginal thematisiert. Umverteilung wird im Diskurs nur marginal eher als individuelle/vereinzelte Forderung sichtbar, wobei die Beachtung intersektionaler Perspektiven und der Diversität von Frauen mit einer Thematisierung der großen Bedeutung ökonomischer Ungleichheiten einhergeht. Hier zeigt sich, dass eine Vermeidung der Homogenisierung der Kategorie ›Frau‹ auch eine erweiterte Perspektive bezüglich der Relevanz ökonomischer Aspekte eines lebbaren Lebens mit sich bringt. Diese tritt jedoch nur an den Rändern des Diskurses auf. Aus feministischer Perspektive wird jedoch immer wieder auf die Bedeutung von wirtschaftlichen, sozialen und kulturellen Rechten und die Notwendigkeit von Umverteilung als Voraussetzung für die Ausübung von Teilhabe und Freiheit hingewiesen. Gerade Möglichkeiten politischer Teilhabe und individueller Selbstverwirklichung hängen maßgeblich mit sozioökonomischen Voraussetzungen zusammen und stehen bei einer mangelnden Umverteilung stets nur bestimmten Mitgliedern der Gesellschaft zur Verfügung (vgl. Reimer 2012: 104ff).

6.2 Konstruktionen von Möglichkeiten politischen Handelns

In diesem Kapitel geht es mir darum, zu untersuchen, inwiefern die Möglichkeit politischen Handelns bezüglich der in Kapitel 6.1 diskutierten Themen und Forderungen in Verbindung mit der anerkennenden Sichtbarkeit von Akteurinnen im Diskurs hergestellt wird. Dabei beschäftigt mich weniger die Frage, ob den im Diskurs konstituierten Subjektpositionierungen generell Handlungsfähigkeit zugesprochen wird, diese Frage wurde bereits insbesondere in Kapitel 5.1 erörtert. Vielmehr zeige ich an dieser Stelle die spezifischen Handlungsoptionen und das »widerständige Repertoir« (vgl. McAdam/Tarrow/Tilly 2001) im Sinne der repräsentierten Möglichkeiten von Protest und politischen Aktionen, welche im Diskurs sichtbar und damit (re-)konstruiert werden, auf. Individuen innerhalb sozialer Bewegungen greifen in ihrem politischen Handeln auf bestehende Repertoirs zurück, die historisch entstanden sind und verändern diese oder entwickeln sie weiter (vgl. Haunss 2009: 36, Cottle/Lester 2011: 19). Daher ist die Mediatisierung solcher Handlungen gleichzeitig auch immer eine Reaktualisierung des gegenwärtigen Repertoirs an politischen Handlungsmöglichkeiten und damit verbundener Deutungen, an dem sich Individuen und Bewegungen orientieren (können). Politische Handlungsfähigkeit ist, wie mit Blick auf den Zusammenhang zwischen Handlungsfähigkeit und Anerkennung in Kapitel 3.2.2 und 3.2.3 erläutert, geprägt durch Rahmen symbolischer und materieller Ordnungen, die sie gleichzeitig zu verändern sucht. Sie ist damit auch immer im Kontext gesellschaftlicher Diskurse und Deutungen zu verstehen, in denen Möglichkeiten der Handlungsfähigkeit verhandelt werden (vgl. Kaun/Kyriakidou/Uldam 2016: 2).

Analog zur Bedeutung der Adressierung von Aspekten eines lebbaren Lebens und damit verbundenen Forderungen über nationale Grenzen hinweg, zeigt sich, dass auch politische Handlungsmöglichkeiten transkulturell konstituiert werden und an etablierte Formen von Widerstand und Protest potentiell global angeknüpft wird (vgl. spezifisch zu Anknüpfungen an die Proteste in Ägypten 2011: Kerton 2012, Kraushaar 2012). In Repräsentationen von politischem Handeln ist daher nicht nur bedeutend, inwiefern protestierende Akteur*innen unter welchen Bedingungen anerkannt werden (s. Kap. 5), sondern auch, inwiefern von ihnen thematisierte Aspekte eines lebbaren Lebens sichtbar werden (s. Kap. 6.1) und welche Formen des politischen Handelns zur Erreichung dieses lebbaren Lebens zu sehen gegeben werden. Die gegenwärtige Verfügbarkeit von Handlungsmöglichkeiten ist zugleich auch immer für weitere politische Handlungen, Aktionen und Proteste im Kontext des Diskurses selber, in diesem Fall also dem deutschsprachigen Raum, von Relevanz. Der Inhalt und die Form von Widerstand und Protesten hängen dabei eng zusammen (vgl. Haunss 2009: 42), weshalb auch in diesem Kapitel Verknüpfungen zu den im vorherigen Kapitel thematisierten Aspekten eines lebbaren Lebens hergestellt werden. Zudem sind neben der Diskussion der politischen Handlungsformen auch die Orte, an denen sie stattfinden sowie ihre Verortung durch den Diskurs (etwa als nationale, regionale oder globale Aktionen/Aktivitäten) relevant, weswegen auf diese Aspekte ebenfalls eingegangen wird.

Mit Christiane Leidinger (2015) sollen in diesem Kapitel die im Diskurs repräsentierten Handlungsoptionen unterschieden werden in solche, die in den allgemeineren Bereich der politischen Aktivitäten fallen, über die Mitglieder einer Gesellschaft politisch partizipieren und solche, die spezifischer als »politische Aktionen« bezeichnet werden können (vgl. ebd.: 39ff). Leidinger setzt sich aufgrund der Unschärfe der meist verwendeten Begriffe ›Protest‹ oder ›Widerstand‹ für eine Theoretisierung des Begriffs der ›politischen Aktion‹ ein und umreißt in der Auseinandersetzung mit bestehenden Definitionen die Merkmale politischer Aktionen. Bezogen auf den untersuchten Diskurs erscheinen hier insbesondere drei Punkte für die Abgrenzung gegenüber der Repräsentation von politischen Aktivitäten zentral: Erstens bezeichnen politische Aktionen das meist nach außen gerichtete politische Handeln sozialer Bewegungen, welches zweitens zwar, so betont Leidinger, auch durch Einzelpersonen durchgeführt werden kann (was beispielsweise für die Aktionsform des Graffitis von Bedeutung ist), sich dann aber auf ein Kollektiv, also eine soziale Bewegung bezieht und evtl. sogar Handlungsaufforderungen beinhaltet. Zudem handelt es sich drittens bei politischen Aktionen um öffentliche und meist nicht-alltägliche Handlungen, die über die reine Formulierung von Kritik hinausgehen, also weitere Handlungselemente beinhalten. (Vgl. ebd.: 57ff)

6.2.1 Repräsentationen politischer Aktionen

Übergreifend lässt sich bezüglich der Repräsentationen politischer Aktionen von Frauen im Diskurs um die Proteste in Ägypten zunächst die Aussage treffen, dass diese nur teilweise tradierten Repräsentationspraktiken wie der nur bedingten Legitimation von Protesten und Elitenzentrierung (vgl. Haunss 2009: 41, Cottle/Lester 2011: 23) entspricht, da im Diskurs eine Legitimation aller sichtbaren Protestformen und eine Fokussierung auf Protestakteur*innen beobachtet werden kann. Simon Cottle und Libby Lester (2011) zufolge kann dies jedoch wiederum als typisch für die translokale Repräsentation von Protesten verstanden werden: »Much depends, evidently, on the perceived legitimacy and democratic credentials of the state and oppositional movements involved as well as journalistic judgements about geo-political interests and cultural outlooks« (ebd.: 25) Sie heben hervor, inwiefern die Deutung von Protesten immer mit der spezifischen Sicht, von der aus sie vorgenommen werden, zusammenhängt. Dadurch, dass, wie in Kapitel 5 und 6.1 aufgezeigt wurde, gerade Frauen innerhalb der oppositionellen Bewegung als Vertreterinnen emanzipatorischer und demokratischer Werte gedeutet und ihr Widerstand damit legitimiert wird, wundert es nicht, dass auch die einzelnen Protestformen hier als legitime Handlungen zu sehen gegeben werden. Im Diskurs zeigt sich eine an orientalisierende Muster anknüpfende Deutung einer ›rückständigen‹ ägyptischen Gesellschaft, deren Entwicklung hin zu mehr ›Modernität‹ vor allem in Fragen der Geschlechtergerechtigkeit aus ›westlicher‹ Sicht wünschenswert wäre. Die Proteste werden aus dieser Perspektive als legitim gedeutet, damit wird gleichzeitig die ›okzidentale‹ Selbstkonstitution als Vertreterin von ›Modernität‹ und Verfechterin von Geschlechtergerechtigkeit und Frauenrechten rekonstruiert. Die Proteste sind damit auch eine Möglichkeit, ›okzidentale Werte‹ im medialen Diskurs nicht nur zu reproduzieren, sondern auch selbst unter Beweis zu stellen. Kathrin Fahlenbrach (2016: 98) bezeichnet eine solche Repräsentation ›okzidentaler Werte‹ als zentrale Motivation für die Berichterstattung über Proteste. Im Zu-Sehen-Geben und der Legitimation von Protesten von Frauen in Ägypten findet sich somit auch eine Rekonstruktion des Selbstbildes einer ›modernen‹ Gesellschaft, für die Geschlechtergerechtigkeit ein zentrales Anliegen ist. Dieser Aspekt ist neben der Aushandlung von (legitimen) Möglichkeiten des politischen Handelns zentral für die Frage nach der Art und Weise der Sichtbarkeit der Proteste. Wie Proteste vor allem in Bezug auf diese beiden Aspekte in der untersuchten Presseberichterstattung in Deutschland dargestellt werden soll nun zunächst anhand der spezifischen Konstitution politischer Aktionen im Diskurs betrachtet werden.

Zentral für alle dargestellten politischen Aktionen ist die Einnahme des öffentlichen Raumes, im untersuchten Diskurs insbesondere durch Frauen. Die Bedeutung ihrer Präsenz in der öffentlichen Sphäre ist damit nicht nur in den Deutungen zu den inhaltlichen Anliegen der repräsentierten Subjekte zentral, sondern wird auch durch die repräsentierten Protestformen selbst verdeutlicht. So werden die im Diskurs sichtbaren politischen Aktionen besonders in Bezug auf die Beteiligung von weiblichen Akteurinnen vor allem als öffentlich und kollektiv charakterisiert. Beide Elemente werden als neu in Bezug auf gesellschaftlichen Protest in Ägypten gedeutet. »›Wir haben den Frauentag jedes Jahr gefeiert‹, sagt Nawla Daroush und blickt über den Tahrirplatz im Zentrum von Kairo. ›Aber es ist das erste Mal, dass wir auf der Straße feiern.‹« (20110308*TAon) Während in der Aussage von Nawla Daroush zwar die Kontinuität von Protesten aufgezeigt wird, die zudem entsprechend der oben beschriebenen einladenden Charakterisierung der Proteste als ›Feier‹ gedeutet werden, wird deren Öffentlichkeit als wesentliche Neuerung verstanden. Erweitert wird der so als bedeutsam für die Proteste identifizierte öffentliche Raum dabei durch Aufrufe zur Beteiligung im Internet. »Am Jahrestag der Revolution in der vergangenen Woche standen wieder Tausende Frauen auf dem Tahrir-Platz und riefen nach Freiheit. Tausende riefen im Internet zum Widerstand auf.« (20120202*ZE) Das Zitat verdeutlicht zum einen die räumliche Ausbreitung und zum anderen die kollektive Beteiligung am hier thematisierten ›Widerstand‹. Auch diese Kollektivität wird explizit als Neuerung hervorgehoben: »Egal, ob Männer oder Frauen, das ist das Neue an den Protesten: Es ist eher ein kollektives Phänomen, dass eben über Facebook oder Twitter organisiert wurde« (20110722*TA) Dabei wird die Erreichbarkeit von Menschen über ›soziale‹ Medien als entscheidend für die Kollektivität des Protests benannt. Die Fokussierung auf ›soziale‹ Medien kann jedoch kritisch betrachtet werden, da damit gerade mit Bezug auf Frauenrechte die Unterstützung der Proteste durch ›westliche‹ Plattformen in den Vordergrund gestellt und damit suggeriert wird, Frauen in Ägypten bedürften der Unterstützung ›des Westens‹ um widerständig werden zu können (vgl. dazu Abu-Lughod/El-Mahdi 2011: 689).

Als besonderes Merkmal und Neuerung der repräsentierten Aktionen werden also deren Öffentlichkeit und Kollektivität betont, was sie Leidinger zufolge erst von politischen Aktivitäten unterscheidet. Es ist das Entstehen von Handlungen, die einer sozialen Bewegung zugeordnet werden können, die hier als neu und außergewöhnlich charakterisiert wird. Besonders zu Beginn der Proteste 2011 und im Rückblick auf diese werden dabei vor allem drei Protestformen adressiert: die Besetzung des Tahrir-Platzes, Demonstrationen, und am Rande kreative Formen wie Graffitis. Die diskursive Her- und Darstellung dieser drei Formen soll im Folgenden diskutiert werden.

Besetzung des öffentlichen Raumes

Die Besetzung des öffentlichen Raumes als politische Aktion und die Beteiligung von Frauen daran wird besonders zu Beginn der Proteste 2011 thematisiert. Repräsentiert werden sie dabei nicht als (womöglich gewaltvolle) Besetzungen, sondern als Verlagerung des alltäglichen Lebens auf den Platz. So wird über die Aktivistin Azza Al Gazzar berichtet: »Die 26-Jährige lebt seit mehr als einer Woche mit ihrem Ehemann Ahmed und mehreren tausend anderen auf dem ›Platz der Befreiung‹« (20110205*SZ). Mona Seif, die ebenfalls als Aktivistin vorgestellt wird, antwortet auf die Frage danach, was sie auf dem Tahrir-Platz gemacht hätte, mit den Worten: »Ich habe wie jeder normale Demonstrant Parolen gerufen und geholfen, die alltäglichen Dinge zu organisieren.« (20110217*TA*2) Hier wird zum einen neben dem Demonstrieren die Verlagerung alltäglicher Handlungen auf den Platz als zentral herausgestellt, zum anderen wird in Abgrenzung zu ›jedem normalen Demonstranten‹ noch einmal die Besonderheit der Teilnahme von Frauen hervorgehoben. Die Versammlungen auf dem Tahrir-Platz werden dabei selbst als Momente der Erweiterung von Handlungsfähigkeit verstanden. Durch den Charakter der Versammlungen sind dem Diskurs nach hier Handlungsmöglichkeiten gegeben, die ansonsten in dem spezifischen gesellschaftlichen Rahmen verwehrt blieben. Diese Deutung bezieht sich auf einzelne Aspekte wie die politische Teilhabe von Frauen[17] die Möglichkeit der Ausübung von Freiheiten auf dem Platz[18] oder hebt die Entstehung einer übergreifenden, neuen Gesellschaftsordnung hervor: »Hier auf dem Tahrir entsteht ein neues Ägypten. Alles ist anders.« (20110210*ZE)[19] ›Der Tahrir‹ steht hier symbolisch für die öffentlichen Versammlungen, die als Ort der Erschaffung eines alle gesellschaftlichen Aspekte betreffenden ›neuen Ägyptens‹ gedeutet werden. Besonders hervorgehoben wird die Etablierung von Geschlechtergerechtigkeit ›auf dem Platz‹: »Auf dem Tahrir-Platz wird nicht nur Politik gemacht, hier verändert sich auch die Gesellschaft. Etwa die Rolle der Frau.« (20110209*TAon) Auch hier wird eine Veränderung der Gesellschaft innerhalb der Versammlungen selbst benannt und von ›Politik machen‹, einem hier scheinbar eher auf spätere Veränderungen bezogenem Handeln, unterschieden. Frauen werden demnach als Teil von politischen Aktionen repräsentiert, die konkrete gesellschaftliche Veränderungen bewirken und zugleich ihre politische Beteiligung während der Proteste als Besonderheit verstanden. In der Diskussion des Erfolgs der Proteste, die einen zentralen Stellenwert im Diskurs einnimmt, beziehen sich die vor allem in Diskursfragmenten aus dem Jahr 2011 vorkommenden Deutungen, die die Ereignisse positiv bewerten und von einer Transformation ausgehen, meist auf diese Veränderungen im Rahmen der Versammlungen auf dem Tahrir-Platz. So schließt ein Artikel, der unter anderem von der Aktivistin Azza Suleiman handelt, mit ihren Worten: »Am 25. Januar 2012, zum Jahrestag der Revolution, wird sie wieder auf dem Tahrir-Platz stehen, um die Revolution fortzuführen. Sie ist überzeugt: ›Niemand kann uns Frauen die Revolution mehr nehmen, die Revolution fand auch in unserem Inneren statt.‹« (20120125*SPon) Hier wird der Tahrir-Platz noch einmal als Ort der Revolution gedeutet und bekräftigt, dass eine Veränderung bereits durch die Proteste Anfang 2011 selbst stattgefunden habe, unabhängig von ihren Folgen. Dabei steht der gesellschaft-

17 Während in der in Kapitel 6.1.2 beschriebenen Problematisierung politische Teilhabe von Frauen als noch zu erfüllende Forderung diese vor allem auf institutionalisierte politische Verfahren bezogen wird, zeigt sich im Kontext der Versammlungen auf dem Tahrir-Platz ein breiterer Politikbegriff im Diskurs, dem es um die Auseinandersetzung mit gesellschaftlichen Strukturen geht. Frauen werden hier als eingebunden in politische Prozesse sichtbar.

18 Vgl. dazu: »Ich arbeite bei einer sehr regierungsnahen Zeitschrift. Da kann ich meine Meinung nicht sagen, aber hier auf dem Platz kann ich es endlich. Das ist so ein tolles Gefühl.« (20110210*ZE).

19 Vgl. auch: »Wir wollen ein besseres Land für alle, und hier auf dem Platz kann man sehen, dass es geht. Wir haben hier schon zusammen gebetet und Messen gefeiert. Geburtstage und Hochzeiten.«(20110210*ZE) Vgl. dazu auch ein weiteres Zitat der Aktivistin Mona Seif auf die Frage der *taz*: »Einige Leute sprechen von der ›Republik des Tahrir‹. Sie auch?«: »Diejenigen, die Tag für Tag dort waren, haben ein anderes Ägypten gesehen. Mit tausenden von Menschen zu leben, mit den unterschiedlichsten Hintergründen und mit allen religiösen Richtungen, glücklich zu sein und zueinander zu gehören.« (20110217*TA*2).

liche Wandel in Bezug auf Geschlechterverhältnisse und -rollen im Vordergrund.[20] Betont wird ein Wandel hin zur Gleichberechtigung von Mann und Frau, der besonders im Rahmen der Versammlungen auf dem Tahrir-Platz verortet wird. Zugleich wird als Folge dieser politischen Aktion die Veränderung der Rollen von Frauen hervorgehoben, die sich aktiv in politisches Geschehen einbringen und Führungsaufgaben übernehmen statt auf die klassischen Frauenrollen der Übernahme von Sorge-Arbeit beschränkt zu sein (s. Kap. 5.2.2).[21]

Diese Deutung schließt an ein Verständnis der Versammlungen an, welches die besondere »Soziabilität« (Butler 2016: 120) der Proteste in Ägypten formuliert und sie als Ort, an dem eine neue Gesellschaftsordnung nicht nur gefordert, sondern auch verkörpert wurde, darstellt. Der besetzte Platz ist Maria Rovisco (2017) zufolge zugleich ein global verständliches Symbol, welches den friedlichen Protest von Bürger*innen symbolisiert und an ein Repertoir von Bildern (u.a. Tiananmen) anknüpft, das besonders im ›westlichen‹ visuellen Gedächtnis etabliert ist. Der »occupied square is a global icon that embodies the universal value of democracy« (ebd.: 337). Die Protestform des Blockierens eines öffentlichen Raumes wird hier als gewaltfrei eingeordnet und so zugleich legitimiert. Julika Mücke (2014) weist darauf hin, dass Sitzblockaden in öffentlichen Diskursen generell eine höhere Legitimation zukommt als noch in den 1980er Jahren (vgl. ebd.: 69). Zudem werden gerade Frauen hier als zwar kämpferische, jedoch friedliche Protestierende gezeigt (s. Kap. 5.1), während die Staatsmacht als gewaltvoll dargestellt wird. Auch diese Zuordnung von gewaltfrei/gewalttätig ist entscheidend für die diskursive Legitimation von Protesten (vgl. Mücke 2014: 66ff). Während der Tahrir-Platz zu Beginn der Berichterstattung in Deutschland Anfang 2011 mit Blick auf seine Besetzung als Ort der Demokratie und Gleichberechtigung dargestellt wird, taucht er in Artikeln ab Ende 2011, die sich auf Demonstrationen als politische Aktionsform konzentrieren, vor allem als Ort sexualisierter Gewalt auf, wie ich im nun folgenden Abschnitt erläutern werde. Damit wird im Diskursverlauf die Deutung von sexualisierter Gewalt in ihrer hier als ›spezifisch‹ und besonders ›drastisch‹ gedeuteten Form als Bedrohung für Demokratie und Gleichberechtigung sichtbar.

Demonstrationen

Als weitere zentrale Form politischer Aktion werden – eng mit Platzbesetzung zusammenhängend – vor allem ab Ende 2011 Demonstrationen auf dem Tahrir-Platz und den

---

20 Vgl. dazu: »Ihr wachsendes Selbstbewusstsein färbte auch auf Mohammed ab. Im Laufe der Revolution veränderte er sich. ›Er nimmt meine Meinung jetzt ernster, und wir diskutieren viel‹, sagt sie. Einen solchen Wandel beobachte sie auch bei anderen Männern. ›Hier findet gerade eine Neujustierung der Geschlechterrollen statt.‹« (20120202*ZE).

21 Vgl. dazu: »Sie hätten nicht nur traditionell den Demonstranten Essen gebracht oder sie medizinisch versorgt, sie hätten auch für die Sicherheit der Demonstranten gesorgt, den Platz verteidigt und Führungsrollen eingenommen, sagt sie. Auch die übliche Anmache habe vollkommen aufgehört, und nicht nur auf dem Platz. ›Wenn wir mit unseren Plakaten und Fahnen zum Platz fahren, grüßen uns die Leute mit einem ›Seid stark, ihr Töchter der Revolution'‹, berichtet sie. Das Tolle sei, dass Frauen jeglicher politischen Coleur auf dem Platz seien und dort übernachten, auch sehr traditionelle und konservative, führt sie enthusiastisch aus und schlussfolgert: ›Diese Gewinne aus der Revolution können sie uns Frauen nie wieder wegnehmen.‹« (20110209*TAon).

Straßen Kairos im hier analysierten journalistischen Diskurs sichtbar. In diesem Zusammenhang wird in den Diskursfragmenten verdeutlicht, dass dieser nicht nur Ort gesellschaftlicher Aushandlungen, sondern als öffentlicher Raum, den im Rahmen der Proteste auch Frauen einnehmen, selbst Gegenstand der Auseinandersetzungen ist. Der öffentliche Raum wird damit als Ort und Inhalt politischer Kämpfe von Frauen in Ägypten gedeutet. Neben der Beteiligung von Frauen an Demonstrationen im öffentlichen Raum wird gerade mit Bezug auf den Tahrir-Platz ab Ende 2011, vor allem aber 2013 im Kontext der Proteste gegen Mursi immer wieder von den Versuchen berichtet, sie aus diesem Raum zu verdrängen. Damit werden Demonstrationen als Protestform auch im Kontext der Problematisierung sexualisierter Gewalt thematisiert. Hier ist also weniger die politische Aktionsform an sich als vielmehr die Gefahr, die diese spezifisch für Frauen mit sich bringt, Thema: »Demonstrationen auf dem Tahrir-Platz sind für Frauen gefährlicher denn je.« (20120709*SP) Es finden sich diverse Diskursfragmente, die Demonstrationen vor allem als Ort der Gefahr für Frauen charakterisieren (vgl. z.B. auch 20120809*ZEon). Die Demonstrationen werden in den textförmigen Diskursfragmenten entweder als Ort, an dem sich vor allem eine negative Veränderung der Gesellschaft hin zu mehr öffentlichen Übergriffen gegen Frauen zeigt oder aufgrund des mangelnden Erfolgs der dort geäußerten Forderungen eher skeptisch bewertet. Der hier gedeutete mangelnde Erfolg der Demonstrationen wird mit einer Kontinuität oder sogar Verschlechterung der Bedrohung weiblicher Körper durch sexualisierte Gewalt begründet (s. Kap. 6.1.1).

Darüber hinaus wird gerade in textförmigen Diskursfragmenten die Beteiligung von Frauen an Demonstrationen fast ausschließlich bei solchen Protesten thematisiert, die sich ab Ende 2011 explizit gegen Gewalt an Frauen im Rahmen von Demonstrationen richten.[22] So lautet im Dezember 2011 eine Nachricht: »Rund 10.000 Ägypterinnen haben in Kairo gegen Übergriffe auf Frauen durch Soldaten demonstriert.« (20111221*SPon) Auch im Februar 2013 wird über Proteste von Frauen gegen sexuelle Übergriffe berichtet, hier heißt es: »Seit der Revolution habe es mehr Frauendemonstrationen gegeben, als in der gesamten ägyptischen Geschichte zusammen, sagt Kirollos.« (20130214*TAon) Die hier beschriebenen politischen Aktionen werden spezifisch als ›Frauendemonstrationen‹ betitelt und damit weniger die Beteiligung von Frauen an übergreifenden politischen Aktionen hervorgehoben als vielmehr spezifische Aktionen,

22 Eine Erwähnung von Frauen in allgemeinen Protesten etwa gegen die jeweilige Regierung erfolgt hautsächlich in der formelhaften Beschreibung, an Protesten hätten »Männer und Frauen« teilgenommen. Eine Ausnahme bilden auch hier Beiträge, die Anfang 2011 erschienen und über die Proteste gegen Mubarak berichten und bei denen eher Demonstrationen denn das Besetzen/Leben auf dem Tahrir-Platz im Vordergrund steht. U.a. wird hier über eine Aktivistin berichtet, der eine alte Frau, die sie bei Demonstrationen beobachtete, erzählte, dass sie auf dem Platz sei, um zu verhindern, dass Polizisten Protestierende schlügen: »Seitdem verabredet sich Nevine mit ihren Freundinnen, um zu demonstrieren. Sie, Noha Atef und Millionen andere Frauen wollen sich von Mubarak und seinem Regime endlich trennen. Erst danach werden sie eine Chance auf Freiheit und Gleichberechtigung haben.« (20110204*TAon) Hier werden Nevine und andere als Teilnehmerinnen an Demonstrationen gegen Mubarak sichtbar, mit denen zugleich Chancen spezifisch für Frauen verbunden werden. Auch in visuellen Diskursfragmenten zeigt sich neben der allg. Repräsentation von Frauen bei Protesten die Darstellung von Protesten gegen sexualisierte Gewalt (s. Kap. 5.1.1, u.a. Abb. 12).

die sich vor allem gegen körperliche Übergriffe richten, die dem Diskurs nach vor allem Frauen betreffen. Damit werden in Kapitel 2.3.3 aufgezeigte typische Praktiken der Repräsentation von Frauenbewegungen rekonstruiert, die die Beteiligung von Frauen an politischen Aktionen vor allem im Bezug auf spezifische ›Frauenthemen‹ hervorheben und Frauenbewegungen homogenisieren (vgl. Leidinger 2015, McRobbie 2010, Schnabel 2003). Die Vereinheitlichung von Frauen als eine Gruppe im Diskurs um die Proteste in Ägypten kann mit Nadine Sika (2012) als postkoloniale Deutung kritisiert werden: Frauen nahmen ihr zufolge nicht primär als Frauen, sondern als Teile der Gesellschaft an den Protestbewegungen teil. Nichtsdestotrotz ist die Auseinandersetzung mit geschlechtsfokussierten Machtbeziehungen zentral im Kontext der Proteste, wie auch Al-Ali (2012) betont.

Besonders bedeutsam ist in diesem Kontext die nationale und historische Verortung der Frauenbewegung. Das Diskursfragment oben stellt die historische Besonderheit von ›Frauendemonstrationen‹ heraus, andere Fragmente verweisen auf die Tradition einer solchen Bewegung innerhalb des Landes:

> »Knapp hundert Jahre nachdem Aufrührerinnen in Ägyptens erster Frauenbewegung gegen die britische Kolonialmacht marschierten, Verwundete pflegten, Streikende verköstigten und dann, in einer beispiellosen Geste, den Schleier abwarfen, war politisches Engagement von Frauen wieder erwünscht und Geschlechtertrennung im Zeltlager auf dem Tahrir kein Thema.« (20111217*SZ)

Hier wird auf die Tradition weiblich geprägter Proteste verwiesen und auch die Aktionsform der öffentlichen Entschleierung thematisiert (vgl. auch 20140621*SZ, 20130208*FAZ)[23]. Zugleich erscheint der historische Bezug vor allem zu einem Zeitpunkt vor 100 Jahren zurückzureichen. Auch andere Artikel betonen die Bedeutung protestierender Frauen vor allem in der national geprägten Entkolonialisierungsbewegung (20110817*TAon), besonders am Beispiel der Frauenrechtsaktivistin Al Sadaawi wird aber meist die kontinuierliche Bedeutung der Frauenbewegung in politischen Kämpfen auch zwischen 1919 und heute betont (vgl. 20110224*ZE, 20120202*ZE). Übergreifend konstatiert etwa Hodah Salah: »Die ägyptische Frauenbewegung ist eine der ältesten und stärksten in der arabischen Welt.« (20120903*TAon) Eine nationale Historisierung von Frauenbewegungen wird hier also durchaus vorgenommen, wenn auch nicht im Detail. Teilweise wird sogar einer Enthistorisierung der Bewegung

23 Die Handlung der Entschleierung wird dabei auch als Form des Widerstandes mit historischer Kontinuität aufgezeigt: »Große Bilder mit Ikonen der ägyptischen Frauenbewegung wie der Sängerin Um Kulthum und der Frauenrechtlerin Huda Scharani, die 1932 auf dem Kairoer Bahnhof öffentlich ihren Schleier ablegte, halten einige der Aktivistinnen in den Händen.« (20130208*FAZ) Das öffentliche Ablegen des Schleiers wird in diesem Ausschnitt als eine zentrale Protestgeste der ägyptischen Frauenbewegung gekennzeichnet. Andere Quellen stellen heraus, dass die ägyptische Frauenbewegung Anfang des 20. Jh. oft verschleiert auftrat, was auch eine gegen die britische Kolonialmacht gerichtete Geste darstellte. Diese versuchte bereits um 1900, Frauen in Ägypten zu entschleiern, um sie vermeintlich aus der Unterdrückung durch ›den Islam‹ zu befreien. Bezeichnenderweise waren es die gleichen Kolonialherren, die sich gegen ein Frauenwahlrecht in Europa aussprachen. (Vgl. Dietze 2016c).

explizit widersprochen, so beispielsweise in einem Interview mit der Menschenrechtsaktivistin Heba Morayef, die von der *taz* gefragt wird: »Ist es also noch zu früh, um von einer ägyptischen Frauenbewegung zu sprechen?« und darauf antwortet:

> »Nein, das würde ich nicht sagen. Zwar ist die ägyptische Frauenbewegung in den letzten drei Jahren wesentlich stärker geworden, was auf alle Fälle mit der Eroberung des öffentlichen Raums zusammenhängt, doch hat es die Frauenbewegung schon vorher gegeben, sie ist älter als die Menschenrechtsbewegung.« (20131231*TAon)

Morayef widerspricht hier der Annahme, eine ägyptische Frauenbewegung sei erst im Entstehen und verweist auf deren lange Tradition. Im Gegensatz zu tradierten Praktiken der Repräsentation von Frauenbewegungen in deutschsprachigen Diskursen (vgl. dazu Dackweiler 1995, Schnabel 2003) wird hier der anhaltende Kampf von Frauen gegen Geschlechterverhältnisse aufgezeigt und Kontinuitäten betont. Al-Ali (2012) kritisiert, dass die Tradition sozio-politischer Frauenbewegungen in Ägypten in ›westlichen‹ Medien oft verkannt wird. Die Frauenbewegung in Ägypten entstand bereits im Kontext der Antikolonialisierungsbewegung, wodurch diese in ihrer frühen Zeit sehr nationalistisch ausgeprägt und eng mit dem Staat verbunden war (vgl. Al-Ali 2012, Sika 2012, Zakarriya 2014). Später bildete sich insbesondere mit der Gründung von Nichtregierungsorganisationen eine Bewegung, die eher sozio-politischen Bewegungen nahestand und sich gegen autoritäre Strukturen richtete (vgl. Fernandez 2012). Damit wurde der Blick bereits vor den Protesten auf intersektionale Ungleichheiten und die spezifische Situation u.a. von Ägypterinnen, die in Armut leben, gerichtet (vgl. Khalil 2014). Fokussiert wird im untersuchten journalistischen Diskurs anders als die im wissenschaftlichen Diskurs herausgestellten Bedeutung der Frauenbewegung für sozioökonomische Themen vor allem deren kontinuierlicher Einsatz gegen eine Unterdrückung von Frauen. Auch auf regionaler Ebene wird der Protest von Frauen eng verbunden mit einer spezifischen Problemlage von Frauen in der ›arabischen Welt‹, die Deutung geht hier also von einer gemeinsamen, spezifischen problematischen Situation von Frauen in der Region aus,[24] die notwendigerweise zu einem Widerstand der Frauen gegen eine Unterdrückung durch ›arabische Männer‹ führe. Gleichzeitig wird auf dieser Ebene, ähnlich der nationalen Ebene, auch die Anführung gesellschaftlicher Transformationsbewegungen durch Frauen als typisch gedeutet: »Die junge Sozialistin Hadir Faruk meint: ›Auf Arabisch ist die Revolution weiblich!‹« (20120202*ZE) Hier zeigt sich eine diskursive Argumentation, die Proteste von Frauen in Ägypten oder der MENA-Region anders als bei Repräsentationen von Frauenbewegungen aus ›dem Westen‹ historisiert und legitimiert. Durch diese Verschiebung tradierter Repräsentationspraktiken wird Protesten ›anderer‹ Frauen eine höhere Legitimität zugeschrieben als Protesten ›im Westen‹, wo Geschlechtergerechtigkeit als gegeben gedeutet wird.

Diese Deutung wird implizit auch in den kaum vorhandenen Bezügen auf globale Kämpfe von Frauen und mögliche Solidarisierungen offenbar.[25] Der Bezug zu einer

24 Vgl. dazu: »Die Hälfte aller Frauen in der arabischen Welt kann laut UN nicht lesen und schreiben. Das ist eine der höchsten Analphabetismusraten weltweit. Wie soll sich diese Region je weiterentwickeln, wenn die Hälfte ihrer Menschen vernachlässigt wird?« (20141223*ZE).

25 Einige randständige Deutungen dazu werden in Kapitel 7.1.2 noch einmal gesondert betrachtet.

globalen Ebene zeigt sich eher in der Fokussierung einer translokalen Verständlichkeit der Proteste, die besonders in den visuellen Diskursfragmenten deutlich wird. Vor allem anhand der Visualisierungen von Demonstrationen lässt sich die Anknüpfung an translokal verständliche, ikonische Protestbilder im Diskurs hervorheben. Fahlenbrach (2009: 98ff) betont, dass Protest auf Straßen und Plätzen sich heute nicht mehr nur an die unmittelbare Umgebung richtet, sondern meist auch solche Öffentlichkeiten anspricht, die über Medienberichterstattung erreicht werden können und Demonstrationen entsprechend ausstattet. Zentral sind dafür Anknüpfungen an übergreifend verständliche Zeichen, Bilder oder Symbole, durch die auch ein transnationales Publikum mitadressiert werden kann: »Damit stellt die Straße als öffentlicher Raum heute für soziale Bewegungen eine Schnittstelle dar zwischen lokaler und globaler Öffentlichkeit« (ebd.: 98). Dies wird auch in den visuellen Fragmenten des untersuchten Diskurses deutlich. Neben der Besetzung des öffentlichen Raumes an sich als Symbol von Handlungsmacht (vgl. ebd.: 100) finden sich in den Bildern translokal verständliche Gesten und Symbole.

*Abb. 39 (links): »Auf dem Tahrir-Platz wird nicht nur Politik gemacht, es ändert sich auch die Gesellschaft.« (Bildquelle: dapd, 20110209*TAon); Abb. 40 (mitte): »Viele der Demonstrantinnen forderten am Dienstag in Kairo den Rücktritt des Militärrates.« (Bildquelle: AFP, 20111221*SPon); Abb. 41 (rechts): »Eine Frauendemonstration in Kairo: ›Frauen haben eine Botschaft‹, heißt es auf den Bannern« (Bildquelle: AP, 20130315 *SPon)*

Abb. 39 stellt ein typisches Bild protestierender Frauen im Diskurs dar, bei dem einzelne Personen auf Augenhöhe sichtbar sind und Blickkontakt herstellen. Die drei jungen Frauen vermitteln zudem einen freundlichen und friedfertigen Eindruck. Verstärkt wird das durch das Zeigen des *Victory*-Zeichens, welches sowohl mit Friedfertigkeit als auch dem Erfolg der Proteste in Verbindung gebracht werden kann. Durch die Kombination der Bildunterschrift, die auf eine Veränderung der Gesellschaft durch die Proteste hinweist und dem Bild dreier Frauen, wird zudem auch hier die Veränderung vor allem mit Geschlechterfragen in Verbindung gebracht. In Abb. 40 wird eine größere Gruppe entschlossen wirkender Frauen gezeigt, auch hier sind jedoch im Vordergrund Individuen sichtbar. Neben der geballten Faust als Zeichen des Aufstandes gegen gesellschaftliche Verhältnisse – im europäischen Kontext wird diese vor allem mit der Arbeiter*innenbewegung in Verbindung gebracht (vgl. Fahlenbrach 2009: 101) werden hier auch andere global verständliche Symbole zu sehen gegeben: Zum einen werden über die Nationalfahne die protestierenden Frauen zu einem Kollektiv verbunden und zum anderen wird links neben der geballten Faust ein Bild hoch gehalten, welches auf vielen Protestbildern auftaucht (vgl. z.B. auch 20120809*ZEon und Abb. 22) und das sogenannte ›Mädchen mit dem blauen BH‹ (s. Kap. 5.1.3) zeigt und damit den Protest gegen das gewalttätige (staatliche) Vorgehen gegen demonstrierende Frauen symbolisiert.

Ein weiteres wichtiges Element, welches das Verständnis und auch die Identifikation eines translokalen Publikums an die Bilder ermöglicht, ist zudem die Anknüpfung gerade an solche Protestbilder, die zwar einen ›Kollektivkörper‹ über die Verwendung ähnlicher Symbole, Fahnen etc. herstellen, zugleich aber aufgrund der Vielfältigkeit der an ihnen beteiligten Körper, Plakate etc. Offenheit nahelegen (vgl. Denk/Waibel 2009: 64). Gerade solche Bilder eines bunten und vielfältigen Protests werden in gegenwärtiger Bildberichterstattung meist nicht als Bedrohung, sondern »als legitime Formen demokratischer politischer Partizipation« (Lünenborg/Sell 2018: 21) zu sehen gegeben. El Tahwy (2018: 45ff) unterscheidet in diesem Kontext u.a. zwischen Bildern, die aus der Vogelperspektive den Kollektivkörper und damit auch die Menge an Unterstützer*innen symbolisieren und Bildern, die dem Protest ein Gesicht geben und Individuen als symbolische Repräsentant*innen des Protests zeigen. Es sind im untersuchten Diskurs vor allem Bilder von Individuen, mit denen Demonstrationen visualisiert werden, womit der Fokus auf individuelle Frauen des gesamten Diskurses unterstrichen wird. Eines der wenigen Bilder im Datenkorpus, das neben den Bildern, die die Trennung zwischen Frauen und Männern während der Demonstrationen symbolisieren (vgl. Abb. 19), die Menge der Demonstrierenden zeigt, ist Abb. 41. Die hier gezeigte Menschengruppe wirkt bunt, nicht bedrohlich und einladend, zudem stellt der Bildausschnitt eine mit dem Kopf der Nofretete[26] bedruckte Fahne in den Fokus, wodurch das Bild den thematischen Fokus auf ägyptische Frauen symbolisiert. Die hier nur arabisch beschrifteten Banner werden in der Bildunterschrift übersetzt und damit zugleich die Relevanz der hier protestierenden Frauen und ihrer Forderungen unterstrichen.

Graffiti

Graffiti als politische Aktionsform, die ebenfalls als Möglichkeit verstanden werden kann, alternative Deutungen öffentlich zu kommunizieren ohne finanzielle Ressourcen wie etwa für den Druck von Plakaten zu benötigen (vgl. Bäumer 2009: 116ff), werden vor allem in visuellen Diskursfragmenten sichtbar (vgl. u.a. 20131216*SP, Abb. 36).

Bei diesem Beispielbild (Abb. 42) des Bildtypus *Andere Aktionsform* zeigt sich eine enge Anknüpfung an einen anderen Bildtypen: den der *Bedrohten Frau*. Im Gegensatz zu den kleinen Figuren, die von der Spraydose weggepustet werden, ist der sprayende Körper eindeutig geschlechtlich gekennzeichnet und über das figurbetonte rote Kleid, die Stiefel, das geschminkte Gesicht und gebundenes Haar oder Kopftuch entlang gängigen Zuordnungen als weiblich identifizierbar. Hier zeigt sich die in Kapitel 2.3.1 thematisierte Vergeschlechtlichung weiblicher Körper insbesondere in der Bildberichterstattung. Der Frauenkörper wird aber zugleich als ein widerständiger sichtbar,

26 Nofretete war die Hauptgemahlin des Pharaos Echnaton im 14 Jh. vor Christi. Während Frauen im Alten Ägypten generell eine starke Position zukam, kam ihr besonders viel Macht zu: Sie wurde Mitregentin und nach dem Tod von Echnaton vermutlich sogar alleinige Herrscherin (vgl. Höber-Kamel 2002: 20).

*Abb. 42: »›Keine Belästigung‹: Graffito in Kairo.« (Bildquelle: AP, 20131231 *TAon)*

Aktivistin über Frauenrechte in Ägypten

„Eine eindeutige Niederlage"

Mit der Empowerment-Bewegung auf dem Tahrirplatz hat in Ägypten sexuelle Gewalt neue Dimensionen erreicht. Die Aktivistin Heba Morayef über Diskriminierung.

„Keine Belästigung": Graffiti in Kairo. Bild: ap

Politik / Afrika

DAS INTERVIEW FÜHRTE
FATMA AYDEMIR
Redakteurin

THEMEN
#Ägypten #Kairo #Frau
#Muslimbrüder

was im Kontrast zu der Artikelüberschrift »Eine eindeutige Niederlage« steht, die wenig Raum für den Erfolg eines Widerstandes gegen Belästigung lässt.

Zugleich wird im Bild nicht nur Graffiti als Protestform abgebildet, sondern durch die Sprühdose in der Hand der illustrierten Frau gleichzeitig als Protestform thematisiert. Das Graffiti gegen Belästigung von Frauen macht die Verbreitung von Bildern im öffentlichen Raum als Protest gegen Belästigung selbst zum Thema. Roswitha Badry (2013: 25) bezeichnet solche öffentlichen Graffitis als innovative Form des politischen Diskurses und der Veröffentlichung von Argumenten einer jungen ›Gegenkultur‹ im Rahmen der ägyptischen Proteste. Grittmann (2007) beschreibt auch solche variierenden Motive symbolischer Protestaktionen als gängige und betont zugleich eine auch im untersuchten Diskurs vorherrschende Fokussierung auf Motive, die öffentliche Protestformen zeigen: »Es ist auffällig, dass die politische Pressefotografie sich vor allem auf öffentliche Ereignisse politischer Interessenartikulation konzentriert.« (ebd.: 375) Graffiti wird durch das Bild also selbst als Form der Aktion gegen sexuelle Belästigung thematisiert. Dies verdeutlicht, dass das Sprayen hier tatsächlich eher als politische Aktion, die sich auf ein Kollektiv bezieht und auch eine Handlungsaufforderung enthält, denn als individuelle politische Aktivität verstanden werden kann. Auch hier zeigt sich wieder die als typisch für den Diskurs beschriebene Diskrepanz zwischen dem Zeigen widerständiger, handlungsfähiger weiblicher Subjekte und einer skeptischen, negativen Bewertung der gegenwärtigen Situation für Frauen in der Überschrift des Artikels ›Eine eindeutige Niederlage‹, also im textlichen Umfeld der Visualisierung.

In der Darstellung politischer Aktionen, an denen Frauen beteiligt sind, wird deren Öffentlichkeit und Kollektivität im untersuchten Diskurs als neues Phänomen in Ägypten dargestellt und dabei die Rolle ›sozialer‹ Medien betont. Sichtbar werden hier auch Aktionen wie das Sprayen von Graffiti, welches ebenfalls als kollektiver und politischer Protest eingeordnet wird. Hinsichtlich der anderen dargestellten Formen, der Platzbesetzung und Demonstrationen zeigt sich ein Wandel im zeitlichen Verlauf des

Diskurses. Die Besetzung des Tahrir-Platzes Anfang 2011, verstanden als Verlagerung des alltäglichen Lebens auf den Platz und Etablierung einer alternativen Gesellschaft, wird als Zeichen des Erfolgs der Proteste und Symbol für Gleichberechtigung und Demokratie gedeutet. An diese Proteste zu Beginn der Berichterstattung schließt ab Ende 2011 eine Fokussierung auf Demonstrationen an, bei der vor allem eine damit verbundene Bedrohung von Frauen durch sexualisierte Gewalt thematisiert wird. Öffentlichkeit wird hier vornehmlich in Bezug auf die Präsenz von Frauen als umkämpfter Raum dargestellt und dieses Problem national und regional verortet. Eine Verbindung zu ähnlichen Kämpfen weltweit wird kaum hergestellt, lediglich die translokale Verständlichkeit der Proteste scheint im Diskurs von Bedeutung. Übergreifend lässt sich eine Legitimation und auch Historisierung der Beteiligung von Frauen an politischen Aktionen im Diskurs verzeichnen, wobei Aktivistinnen durchaus als kämpferisch und nicht ›harmlos‹ dargestellt werden (s. Kap. 5.1.1). Diese Bewertung wird durch die am Beispiel des Tahrir-Platzes symbolisierte Bedrohung von Gleichberechtigung und Demokratie insbesondere durch sexualisierte Gewalt gegen Frauen gestärkt. Die Legitimation auch ›kämpferischer‹ politischer Aktionen, an denen Frauen sich beteiligen scheint hier vor allem aufgrund ihres Kontextes gegeben. Die diskursive Einordnung von politischen Aktionen hängt, so zeigen diese Ergebnisse im Vergleich zu tradierten Repräsentationspraktiken bzgl. ›westlicher‹ Frauenbewegungen im deutschsprachigen Diskurs auch immer eng mit dem Ort des Protestes und seiner diskursiven Einordnung zusammen.

6.2.2 Kollektive Selbsthilfe und individuelles Handeln

Neben den oben dargestellten Formen politischer Aktionen und ihrer, sich auch im Zeitverlauf verändernden, Bewertung, werden im Diskurs vor allem Aktivitäten sichtbar, die sich nicht als politische Aktionen im oben definierten Sinne verstehen lassen, sondern eher einer kollektiv organisierten Selbsthilfe zuzuordnen sind oder aber individuelle (politische) Handlungsmöglichkeiten aufzeigen, die im Diskurs nicht mit kollektiven sozialen Bewegungen in Verbindung gebracht werden.

Kollektive Selbsthilfe

Als kollektive Form des politischen Handelns wird die Organisation insbesondere von Frauen in Bündnissen, die Aufklärungsarbeit leisten und/oder Frauen im öffentlichen Raum, etwa im Kontext von Demonstrationen, organisierten Schutz bieten, sichtbar.

Aufklärungsarbeit dient dabei vor allem der Herstellung von Öffentlichkeit für ein Frauen betreffendes Thema, wie in **??** der Genitalverstümmelung. Das Bild selbst vermittelt dabei die Herstellung von Sichtbarkeit für das Thema: Die Karten, die im Vordergrund scharf zu sehen sind, zeigen das Thema explizit, der Hintergrund hingegen, der die offenbar ›aufzuklärenden‹ Frauen zeigt, bleibt unscharf. Interessant ist, dass durch den textlichen Kontext des Bildes, der vom Kampf gegen Beschneidung handelt, und den Kontext des Pressediskurses in Deutschland, in dem er erschienen ist, das Bild und die Bildunterschrift und wohl auch der Begriff ›Aufklärung‹ die Deutung nahelegen, dass es sich um eine Veranstaltung *gegen* Beschneidung handelt. Bild und Bildunterschrift allein könnten aber auch sichtbar machen, wie Frauen der Vorgang der Beschneidung erklärt wird (etwa um sie später selbst durchführen zu können).

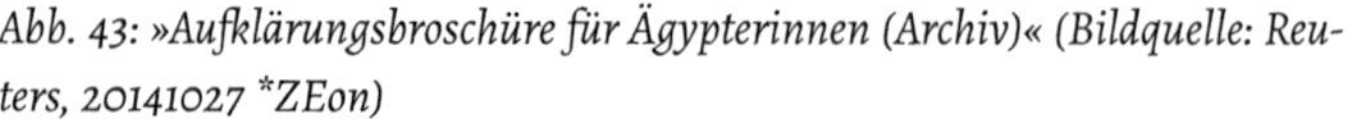
*Abb. 43: »Aufklärungsbroschüre für Ägypterinnen (Archiv)« (Bildquelle: Reuters, 20141027 *ZEon)*

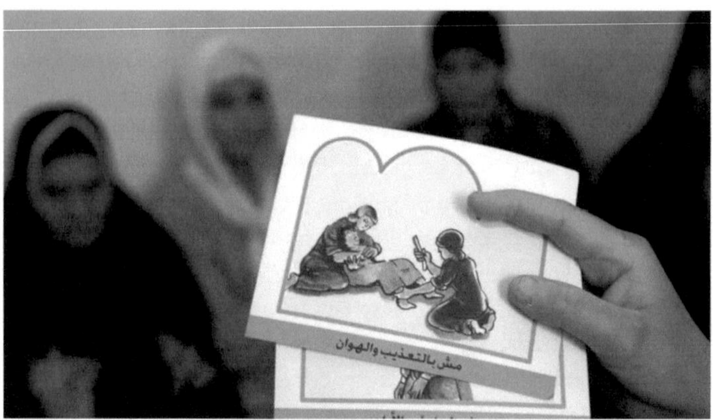

In Bezug auf den selbst organisierten Schutz von Frauen werden vor allem die Initiative *OpAntiSH* und deren Projekt *Harassmap.org* diskursiv sichtbar (vgl. auch Abb. 11). Beide werden im Diskurs vor allem als Selbsthilfeorganisationen thematisiert: »Selbsthilfeorganisationen richten nun Internetseiten ein wie harassmap.org, dort kann man per Mail, SMS oder Tweet Alarm schlagen, wenn Übergriffe drohen.« (20130207*ZE) Der Fokus liegt hier auf der gemeinschaftlichen Verhinderung von Übergriffen, weniger auf der politischen Aktivität der Veröffentlichung von Fällen sexualisierter Gewalt. Ähnlich wird vor allem das selbstorganisierte Einschreiten von Gruppen während Demonstrationen thematisiert: »Freiwillige haben sich in Gruppen wie der Kampagne gegen sexuelle Übergriffe ›OpAntiSH‹ (Operation Anti Sexual Harassment) oder den ›Tahrir Body Guards‹ zusammengefunden, um im Notfall die Frauen aus der Gewalt der Täter zu befreien.« (20130707*FAZ) Leidinger (2015: 68f) verweist mit Bezug auf Raschke (1987: 275) darauf, dass Frauenbewegungen in der Unterscheidung zwischen Interventionen, die er als machtorientiert und an der Beeinflussung staatlichen Handelns interessiert versteht und einer als kulturorientiert verstandenen Selbsthilfe oft letzterer zugeordnet werden. Sie erläutert anhand des Beispiels von Organisationen, die (anderen) Frauen helfen, ebenso aber politische Forderungen erheben, die Verbindung zwischen Kultur- und Machtorientierung. Auch im Diskurs zeigt sich, das dürfte bereits in Kapitel 6.1 deutlich geworden sein und wird an dieser Stelle auch in der Fokussierung auf Selbsthilfe noch einmal klar, eine häufige Einordnung des politischen Handelns organisierter Frauen als kulturorientiert. Teilweise werden, wie in diesem Beispiel, jedoch auch politische Forderungen, die unter Beteiligung neu gegründeter ›Selbsthilfeorganisationen‹ erhoben wurden, thematisiert: »Gerade haben ägyptische Menschenrechtsorganisationen in einer gemeinsamen Erklärung von der Politik eine Strategie zur Bekämpfung der Gewalt gegen Frauen angemahnt. Darin fordern sie auch die Umsetzung zweier Gesetze, die sexuelle Übergriffe als Straftaten definieren.« (20140404*ZEon) Hier werden organisierte Frauen jedoch nicht explizit genannt, sondern in den weiteren Kreis von ›Menschenrechtsorganisationen‹ eingeordnet.

Hegemonial wird widerständiges Handeln von Frauen im untersuchten Diskurs nach den Platzbesetzungen 2011 jedoch nicht als kollektives, sondern als individuelles Handeln sichtbar. Dabei zielen die sichtbaren individuellen Handlungen zum einen gegen sexualisierte Gewalt und zum anderen auf die Erlangung von Teilhabe und Freiheit. Sie beziehen sich damit auf die Aspekte eines lebbaren Lebens, die im Diskurs als besonders zentral gedeutet werden. Während die Ursachen für die thematisierten Probleme in diesen als zentral bewerteten Aspekten eines lebbaren Lebens vor allem auf kollektiver, also gesellschaftlicher, kultureller oder religiöser Ebene verortet werden, wird ihre Lösung im Diskurs meist individualisiert. Damit zeigt sich eine Anknüpfung an tradierte Praktiken der Repräsentation weiblicher Emanzipation in ›okzidentalen‹ Diskursen, die Feminismus vor allem als individuelle Handlung verstehen und oft entpolitisieren (vgl. u.a. Thomas/Stehling 2016, Mendes 2012, Klaus 2008). Für alle im Diskurs sichtbaren individuellen Handlungen wird dabei die Herstellung von Öffentlichkeit als bedeutsam konstituiert.

Individuelles Handeln zur Herstellung von Öffentlichkeit für sexualisierte Gewalt

Hinsichtlich des Handelns von Frauen gegen sexualisierte Gewalt ist auffällig, dass hier Aktivitäten auf drei Ebenen von Öffentlichkeit angesprochen werden, wie sie Klaus (u.a. 2005) differenziert. Neben der Herstellung von Öffentlichkeit im Rahmen von Vereinen oder Organisationen, die der mittleren Ebene von Öffentlichkeit zugeordnet werden kann und die, wie oben erläutert, im Diskurs als ›Selbsthilfe‹ gedeutet wird, ist es vor allem die Öffentlichmachung von sexualisierter Gewalt in Massenmedien und Institutionen (komplexe Öffentlichkeit) sowie ›auf der Straße‹ und in ›sozialen‹ Medien (einfache Öffentlichkeit), die im Diskurs sichtbar werden.

Mediale Öffentlichkeiten werden als neue Orte der Sichtbarmachung der Unterdrückung von Frauen und insbesondere sexualisierter Gewalt gegen weibliche Körper benannt. Sie tauchen im Diskurs als Foren individuellen Widerstandes auf, der die Unsichtbarmachung und Tabuisierung von Übergriffen auf weibliche Körper beenden will.[27] Zum Thema gemacht werden dabei zunächst öffentliche Auftritte von Frauen im Fernsehen: »Tatsächlich überwinden neuerdings ägyptische Frauen ihr Trauma und ihre Scham und erzählen im Fernsehen von ihrer Erfahrung. Wie Jasmin, die auf dem Tahrir von einem Mob überfallen wurde.« (20130214*TAon)[28] Die Deutung von Handlungsfähigkeit als Entscheidung eines Individuums wird in diesem Diskursausschnitt zum einen durch den Bezug auf eine konkrete Person nahegelegt, zum anderen durch die Narration, dass zuvor ›ihr Trauma und ihre Scham‹ Frauen davon abgehalten hätten, öffentlich zu sprechen. Zwar impliziert diese Deutung auch gesellschaftliche Ver-

27 Wenige Diskursfragmente betonen dabei die Ambivalenzen der Sichtbarkeiten in solchen medialen und insbesondere Online-Öffentlichkeiten, auf diese gehe ich am Ende dieses Abschnittes noch einmal ein.

28 Vgl. auch: »Einige von ihnen treten heute im Satellitenfernsehen auf und erzählen Millionen von Arabern, wie sie von Polizisten gedemütigt, sexuell belästigt und geschlagen wurden. Tabusätze wie ›Er hat meine Vagina berührt‹ oder ›Er drohte, mich zu vergewaltigen‹ sprechen sie heute laut aus, voller Selbstbewusstsein. Das ist eine Revolution in sich.« (20120903*TAon).

antwortung, explizit betont wird aber die Überwindung individueller Hürden, die hier zu Handlungsfähigkeit geführt haben und nicht etwa die Auslotung und Verhandlung von Handlungsspielräumen innerhalb gesellschaftlicher Ordnungen. Neben dem Fernsehen spielt dabei das Internet und insbesondere ›soziale‹ Medien aufgrund der geringeren Zugangshürden eine wichtige Rolle als Forum für die Sichtbarmachung von Übergriffen (vgl. auch 20130214*ZE):

> »Fast 500 solcher Einträge sind auf Harassmap.org zu lesen, einem Internetportal, das Frauen in Ägypten die Möglichkeit gibt, sexuelle Belästigungen publik zu machen. Per SMS, Twitter, Email oder Telefon können die User ihre Erfahrungen beschreiben und auch die genaue Adresse angeben, wo etwas passiert ist.« (20110817*ZEon)

Hier ist es die mediale Infrastruktur, ein Internetportal, welche als entscheidend für die Möglichkeit des Widerstandes von Frauen gedeutet wird. Die Möglichkeit der Veröffentlichung ihrer Erfahrungen wird ihnen durch die Infrastruktur auf vielfältigen Wegen (›Per SMS, Twitter, Email oder Telefon‹) ermöglicht. Nun liege es, so legt es der Diskursauszug nahe, lediglich an der jeweiligen Frau selbst, aktiv zu werden.

Darüber hinaus wird die Widerständigkeit von Frauen als ebenfalls öffentliches Handeln auch in der Anrufung staatlicher Organe, etwa durch die Einreichung einer Klage beim Militärgericht (vgl. 20111203*SPon) oder der Anzeige von Übergriffen thematisiert. Die Sichtbarmachung und das Zu-Sprache-Bringen von Gewalt wird dabei als Überwindung individueller Scham gedeutet und zum einen als Sprechen in der medialen Öffentlichkeit und zum anderen als öffentliche Einforderung von Gerechtigkeit benannt. Damit wird auch der Gang vor staatliche Institutionen als individuelle Handlung gedeutet, die vor allem die Sichtbarmachung und öffentliche Benennung von Gewalt zum Ziel hat. Das zeigt sich auch in diesem Zitat:

> »Hadir Faruk aber macht Lärm. Sie hat die Staatsanwaltschaft mobilisiert gegen den Soldaten, der sie misshandelte, gegen das Krankenhaus wegen des Pfuschs an ihrem Arm, gegen den Militärrat, gegen den ägyptischen Staat. Auch wenn Frauenorganisationen ihr zur Seite stehen, erfordert das großen Mut. Hadir Faruk sucht die Öffentlichkeit, sie greift an und macht sich angreifbar. Ihre Widersacher sind zahlreich und mächtig.« (20120202*ZE)

In diesem Diskursfragment wird deutlich, dass im Diskurs besonders individuelle Handlungen von Frauen zur Herstellung von Öffentlichkeit sichtbar und die handelnden Subjekte für diese anerkannt werden. Die hier als individuelle Entscheidungen repräsentierten Formen des Widerstandes werden im gesamten Diskurs als ›mutig‹ oder auch stark, kraftvoll etc. mit Wert beliehen. Dadurch wird die Deutung, dass Handlungsfähigkeit insbesondere auf der mutigen Entscheidung autonomer und freier Subjekte beruhe, für das spezifische Thema des Diskurses, aber auch als übergeordnetes Deutungsmuster verstärkt und reproduziert. Zugleich wird in obigem Zitat auch auf die Verflechtung zwischen öffentlicher Sichtbarkeit und Verletzbarkeit hingewiesen und damit in diesem Beispiel die Handlungen besonders wertgeschätzt.

Schließlich wird als ein weiteres Forum öffentlichen, individuellen Widerstandes ›die Straße‹ als Ort öffentlicher Übergriffe auf Frauen und Gegenwehr gegen diese behandelt. Hier werden Handlungen von Individuen beschrieben, die die Täter beschimpfen oder anspucken[29] oder auch das Einschreiten von Personen, wenn andere Frauen belästigt werden.[30] Wie bereits in der Erläuterung der im Diskurs angebotenen Subjektpositionierung *Widerständiges Opfer* (s. Kap. 5.1.3) beschrieben wurde, wird diese Form der Ausübung von Handlungsfähigkeit sowohl in textförmigen als auch visuellen Diskursfragmenten sichtbar (vgl. z.B. Abb. 20).

Individuelle Einforderung von Freiheit und Teilhabe über die Sichtbarkeit weiblicher Körper

Individuelles Handeln zur Einforderung von Freiheit und Teilhabe wird im Diskurs ebenfalls vor allem mit der Sichtbarkeit weiblicher Körper im öffentlichen Raum in Verbindung gebracht. Teilhabe, die im Diskurs vor allem als Teilhabe am öffentlichen Leben verstanden wird, wird im Diskurs immer dann als gewährleistet aufgezeigt, wenn Frauen aktiv einen sichtbaren Platz in der Öffentlichkeit einnehmen. Dies gilt zum einen für die Entscheidung, bei den Protesten auf dem Tahrir-Platz präsent zu sein:

> »Auch Molzin Hassan ist auf dem Platz. Sie leitet Nazra – zu Deutsch: ›Sichtweise‹ –, eine ägyptische Organisation für feministische Studien. ›Nicht nur hier auf dem Platz, in ganz Ägypten haben Frauen mit dieser Revolution einen neuen Platz im öffentlichen Raum eingenommen‹, sagt sie begeistert.« (20110209*TAon)

›Der Platz‹ steht auch hier symbolisch für die aktive Einnahme öffentlicher Rollen durch Frauen in der gesamten Gesellschaft. Zum anderen werden in diesem Zitat mediale Öffentlichkeiten, und dabei insbesondere ›soziale‹ Medien als Ort beschrieben, an dem Frauen handlungsfähig seien und einen Platz in der Öffentlichkeit einnehmen und sichtbar werden können: »Arwa ist auf Facebook, sie twittert, bloggt, bis zu 100 000 Leser hat sie.« (20110328*SP)[31] Durch die Betonung der Reichweite ihrer Beiträge wird die Rolle von Arwa in der Öffentlichkeit hervorgehoben. Die Erlangung von Freiheit als mögliche Folge individueller Handlungsfähigkeit wird in Bezug auf Frauen im Diskurs vor allem als Befreiung des eigenen Körpers aus der Unterdrückung durch ›die Männer‹, ›den Islam‹ oder ›die Gesellschaft‹ verstanden. Auch hier wird als Möglichkeit der Beendigung dieser Unterdrückung die individuelle Entscheidung von Frauen hervorgehoben (vgl. dazu auch vorheriger Abschnitt). Auffällig ist, dass diese Befreiung des weiblichen Körpers im Diskurs fast immer mit einer Handlung verbunden ist, die

---

29 Vgl. dazu: »Wie reagieren Sie auf die Belästigungen? Manchmal schimpfe ich zurück, einmal habe ich einen Mann geschubst.« (20130710*SZ) und: »Einmal, sagt Mary, da habe sie sich gewehrt. Ein Mann habe sie in der U-Bahn angespuckt, wahrscheinlich, weil sie ein T-Shirt trug oder Lippenstift. Sie habe zurückgespuckt. Der Speichel flog genau in sein Gesicht. Mary lacht kurz ihr scheues Lachen. Das, sagt sie noch, würde sie jetzt immer wieder tun.« (20140404*ZEon).

30 Vgl. dazu: »Die Soldaten schleiften das Mädchen über den Asphalt, dabei entblößten sie ihren Körper, den blauen BH. Die Soldaten prügelten mit Stöcken auf das Mädchen ein, traten mit Stiefeln gegen ihren nackten Brustkorb. Azza Helal Suleiman dachte nicht nach, sie rannte, um das Mädchen zuzudecken. ›Warum tut ihr das?‹, schrie sie. Sekunden später lag sie selbst auf dem Boden. Soldaten prügelten mit Stöcken auf sie ein, traten mit ihren Stiefeln.« (20120125*SPon).

31 Vgl. dazu: »Ich habe bisher immer Karikaturen auf meine Facebook-Seite gestellt und darin die Grausamkeit der Regierung dargestellt. Als es dann auf die Straße ging, war ich natürlich dabei. Wir haben es geschafft, unseren Facebook-Widerstand in die Wirklichkeit zu verlegen. Das ist der größte Erfolg.« (20110210*ZE).

diesen öffentlich sichtbar macht. In extremer Form taucht dies in der breiten Berichterstattung über die auf ihrem Blog veröffentlichten Nacktbilder von Aliaa al-Mahdy[32] auf:

> »Aliaa Magda Elmahdy in ihrer Nacktheit! Warum nackt? Sie führt uns diesen Frauenkörper vor Augen, der ein Symbol der Unterdrückung wurde, weil das weibliche Geschlecht als ›Privateigentum‹ gilt, das die Männer sich von Generation zu Generation weiterreichen oder an dem sie sich vergreifen, um ihre Feinde zu erschüttern. [...] Dieser Kampf beginnt mit der Befreiung des weiblichen Körpers und seiner Aneignung durch die Frauen selber.« (20120114*TA*2)

Die Handlung der öffentlichen Sichtbarmachung des eigenen Körpers wird hier explizit als dessen Aneignung durch die Frau selbst verstanden. Eine ähnliche Deutung findet sich auch in der Thematisierung von Entschleierungen. Auch diese wird als ermächtigende, individuelle Handlung, die zur Freiheit der betroffenen Frau führe, gedeutet und damit an bestehende Repräsentationspraktiken angeknüpft (s. Kap. 2.3.2): »Sie will ihre persönliche Befreiung feiern: ein Leben ohne Kopftuch« (20121221*SPon). In Bezug auf die Forderung nach persönlicher Freiheit wird die Sichtbarkeit des weiblichen Körpers als zentral gedeutet, ebenso wie für die Einforderung (politischer) Teilhabe. In Bezug auf sexualisierte Gewalt ist es vor allem die Herstellung von Öffentlichkeit, die als zentral für individuelles politisches Handeln verstanden wird.

Meine bisherigen Ausführungen haben gezeigt, dass Öffentlichkeit und Sichtbarkeit sowohl für die im Diskurs thematisierten kollektiven als auch individuellen Formen des Protests von großer Bedeutung sind. Damit wird die Handlungsfähigkeit der Weiblichkeit verkörpernden Subjekte im Diskurs vor allem mit öffentlichem Handeln und der Sichtbarkeit weiblicher Körper in Verbindung gebracht. Dabei werden Handlungen auf unterschiedlichen Ebenen von Öffentlichkeit fokussiert, also nicht ausschließlich Potentiale etwa einer massenmedialen Öffentlichkeit betont. Auch wenn die Bedeutung individueller Zugangsmöglichkeiten zu Öffentlichkeiten und damit verbundene Begrenzungen von Handlungsfähigkeit im untersuchten Diskurs nicht thematisiert werden, so wird doch eine Vielzahl an unterschiedlichen (individuellen) Handlungsoptionen zur Herstellung von Öffentlichkeit aufgezeigt. Insgesamt zeigt sich hegemonial dabei jedoch eine Fokussierung auf den bereits in Kapitel 6.1 thematisierten Öffentlichkeitsbegriff im Diskurs, welcher öffentliche Sichtbarkeit mit Anerkennung und Handlungsfähigkeit gleichsetzt. Zugleich findet sich im Diskurs auch eine Deutung, die in der Thematisierung von Öffentlichkeit auch auf die gesteigerte Verletzbarkeit durch eine solche Sichtbarkeit hinweist und damit die konflikthafte Dimension von Öffentlichkeit betont (vgl. dazu Drüeke 2018: 174). Dies zeigt zum einen die Fokussierung auf sexualisierte Übergriffe auf Frauen, die sich an öffentlichen Protesten beteiligen wie auch die Betonung verbaler Angriffe im Internet, die mit der Herstellung von Sichtbarkeit einhergehen. So wird in der Berichterstattung über El Mahdi neben der Anerkennung der Einforderung (körperlicher) Freiheit stets auch auf die für sie damit verbundenen Folgen hingewiesen: »Aliaa gefiel die Aufmerksamkeit, sagt sie, aber auf Facebook erhielt sie Nachrichten, in denen Männer ankündigten, sie zu töten.« (20131216*SP). Und

32 Vgl. ausführlich zur Berichterstattung über Aliaa al-Mahdy Kapitel 5.3.2.

auch bei anderen widerständigen Handlungen in der Öffentlichkeit ›sozialer‹ Medien wird diese Begleiterscheinung benannt: »Das Schlimmste war der Shitstorm, der die junge Menschenrechtsaktivistin überrollte, nachdem sie sich via Twitter gegen den vulgären Angriff zur Wehr gesetzt hatte.« (20131209*ZEon) Gleichzeitig zeigt sich in der Argumentation des Diskurses, dass die Betonung der gesteigerten Verletzbarkeit durch eine öffentliche Sichtbarkeit ethnisiert wird, indem sie als Gefahr für Frauen vor allem innerhalb der ägyptischen Gesellschaft thematisiert wird.

Zusammenfassung: Konstruktion von Möglichkeiten politischen Handelns

Wie auch eine solche Betonung von Möglichkeiten der Verletzbarkeit in Verbindung mit öffentlicher Sichtbarkeit finden sich einige Deutungsmuster im Diskurs, die von tradierten Praktiken der Repräsentation (weiblichen) Protests scheinbar abweichen. Dieser wird als vielfältig dargestellt, historisiert und legitimiert, was jedoch eng mit dem ›Othering von Sexismus‹, also einer Verortung sexistischer Strukturen bei den ›Anderen‹ und einer damit verbundenen Legitimation des politischen Handelns ›anderer‹ Frauen zusammenhängt. Politisches Handeln wird im untersuchten Diskurs zum einen in Form von politischen Aktionen und zum anderen als (politische) Aktivitäten der Selbsthilfe oder des individuellen Handelns sichtbar. Hinsichtlich kollektiver politischer Aktionen sind es vor allem die Platzbesetzung 2011 und marginal Graffitis als alternative Protestform, die als erfolgreiche Formen sichtbar werden und bei denen Frauen als Beteiligte an kollektiven Aktionen in Erscheinung treten. Die spätere Berichterstattung über Demonstrationen ab Ende 2011 problematisiert diese vor allem aufgrund der Gefahr von Übergriffen auf Frauen, zugleich beschränkt sich die Darstellung von Demonstrationen als politische Aktionen unter Beteiligung von Frauen (und nicht primär als Orte der Gefahr für diese) auf solche Proteste, die sich primär gegen öffentliche Gewalt gegen Frauen richten. Politische Handlungsfähigkeit von Frauen wird im Diskurs damit in kollektiven politischen Aktionen nur zu Beginn der Proteste 2011 oder hinsichtlich spezifisch als ›Frauenthema‹ gedeuteter Anliegen thematisiert, vor allem aber kommt sie im Diskurs in Form der Organisation von Selbsthilfe und individuellem Handeln vor. Letztere zeigt sich vornehmlich in Form der individuellen Herstellung von Sicht- und Sagbarkeit und damit Öffentlichkeit durch individuelle Frauen, sei es in Medien oder vor staatlichen Institutionen. Dieses Anliegen, welches ich bereits hinsichtlich der im Diskurs thematisierten Aspekte eines lebbaren Lebens in Kapitel 6.1 als zentral beschrieben habe, wird im Diskurs also als vor allem über individuelles Handeln erreichbar sichtbar und damit politisches Handeln individualisiert, wenngleich die Ursachen der identifizierten Probleme vornehmlich auf kollektiver Ebene verortet werden. Handlungsfähigkeit wird im Widerstand einzelner Individuen verortet und aufgezeigt. Dadurch werden die gezeigten Personen als handlungsfähige Subjekte anerkannt, sie kommen im Diskurs zu Wort, werden in Bild und Text porträtiert und als Individuen sichtbar. Gleichzeitig wird mit dieser Fokussierung eine Vorstellung von freien und autonomen Individuen (re-)konstruiert, deren Handlungsfähigkeit sich durch eine Loslösung von sozialen Ordnungen ergeben (vgl. Abouelnaga 2016: 24). Die Bedeutung gesellschaftlicher Strukturen und Wissensordnung sowie Fragen nach individuellen Ressourcen für individuelle Handlungsfähigkeit (vgl. u.a. Reimer 2012,

Meißner 2010) werden dabei ausgeblendet. Neben einer eng mit dem ›Othering von Sexismus‹ verbundenen Verschiebung tradierter Repräsentationspraktiken bezüglich der Legitimation und Sichtbarkeit weiblicher Protestierender zeigt sich im untersuchten Diskurs damit zugleich eine Anknüpfung an tradierte Praktiken der Repräsentation feministischen Protests, die diesen individualisieren und entpolitisieren. Durch die Begrenzung der Sichtbarkeit von Protest im untersuchten Diskurs auf bestimmte Formen und Foren des Handelns wird damit auch ein spezifischer Rahmen (re-)konstruiert, in dem Handeln (hier vor allem von Frauen) als möglich und legitim gedeutet wird, was auch für die Repräsentation zukünftiger Proteste – sei es in Ägypten oder Deutschland – von Relevanz ist.

6.3 Zwischenfazit

Kapitel 6 hat sich vornehmlich mit der Frage beschäftigt, inwiefern im Zusammenhang mit der in Kapitel 5 herausgearbeiteten, unter bestimmten Bedingungen gewährleisteten Anerkennung von protestierenden Frauen in Ägypten im Pressediskurs in Deutschland während der Proteste thematisierte Aspekte eines lebbaren Lebens für Frauen und ihr politisches Handeln sichtbar werden.

Auch in diesem Kapitel hat sich die Anerkennung von Frauen in der untersuchten Berichterstattung bestätigt: Die formulierten Problemlagen und Anliegen werden oft durch Frauen selbst ausgedrückt und formuliert, sie werden somit nicht als passive Opfer, sondern als aktiv Handelnde sichtbar. Die gezeigten Frauen werden als handlungsfähige Subjekte anerkannt, sie kommen im Diskurs zu Wort, werden in Bild und Text porträtiert und als Individuen sichtbar. Die Begrenzungen und Ausschlüsse und damit auch die Bedingungen der aufgezeigten Sichtbarkeiten, die auch in diesem Kapitel deutlich wurden, zeigen sich vor allem in der Betrachtung der im Diskurs fokussierten Themen sowie Formen und Foren des Protests. Thematisch rücken in der Frage nach den Feldern, in denen Handeln notwendig ist, um ein lebbares Leben für Frauen in Ägypten zu garantieren solche Aspekte in den Mittelpunkt, die in ›westlichen‹ Diskursen als im ›eigenen‹ Kontext als (zumindest weitestgehend) garantiert verstanden werden: den Schutz weiblicher Körper vor öffentlichen Übergriffen sowie die institutionelle politische Beteiligung und rechtliche Gleichstellung von Frauen. Über die Fokussierung auf diese Themenbereiche wird also zugleich die Argumentation gestützt, dass Sexismus im ›eigenen‹ Kontext der Vergangenheit angehöre. Kaum sichtbar werden hingegen Anliegen, die die Bedeutung lokaler oder globaler ökonomischer Ungleichheiten betonen und deren Veränderung fordern. Eine Thematisierung der großen Bedeutung ökonomischer Ungleichheiten im Diskurs findet sich ausschließlich in marginalisierten Deutungen, die die Intersektionalität von Ungleichheiten und Diversität von Frauen in Ägypten berücksichtigen. Hinsichtlich der Formen und Foren des Handelns gegen diese Problembereiche zeigt sich im Diskurs ebenfalls eine Fokussierung: Zum einen rückt hier Handeln, welches der Herstellung von Sag- und Sichtbarkeit in ›der Öffentlichkeit‹, die im Diskurs als zentraler, umkämpfter Ort begriffen wird, dient, ins Zentrum. Zum anderen wird – zumindest im Großteil der Berichterstattungen nach den ersten Protesten 2011 – Handlungsfähigkeit insbesondere in Form von individuellen Aktivitäten sichtbar und politisches Handeln damit individualisiert. Hier zeigt sich eine Abkehr von politischen kollektiven Aktionen und teilweise – im Kontext der Darstellung von Demonstrationen – eher eine Fokussierung auf die Gefahr, die diese für Frauen (in Ägypten) darstellen.

7. Sichtbarkeit globaler Interdependenzen

In diesem Kapitel werden die zuvor dargelegten Fokuspunkte der Analyse (subjektivierende Anerkennung und ihre Bedingungen sowie die Sichtbarkeit von Aspekten eines lebbaren Lebens und von politischem Handeln) noch einmal übergeordnet betrachtet. Ich setze mich dabei mit der Frage auseinander, inwiefern innerhalb dieser beiden Fokuspunkte die Bedeutung globaler Interdependenzen im Diskurs um die Proteste in Ägypten sichtbar wird. Hinsichtlich der Sichtbarkeit von globalen Interdependenzen im Diskurs habe ich in Kapitel 3.2.4 drei analytische Fragen entwickelt, auf die ich in diesem Abschnitt eingehen möchte. Sie stehen quer zu den bisherigen Aspekten der Analyse und fragen danach, inwiefern dort jeweils globale Interdependenzen sichtbar werden. Inwiefern wird im Diskurs ein kritischer Blick auf ›das Eigene‹ zugelassen, diskursive ›okzidentale‹ Normen reflektiert und Komplexität abgebildet, anstatt sie zu reduzieren (7.1.1)? Inwiefern werden (neo-)koloniale Interdependenzen und Machtstrukturen, die sowohl lokal als auch global zu ökonomischen Ungleichheiten führen, thematisiert? Inwiefern werden Verbindungen zwischen der lokalen Situierung von Frauen und globalen Machtstrukturen und damit Möglichkeiten translokaler Solidarisierungen sichtbar (7.1.2)?

Die bisher dargestellten Ergebnisse der Analyse haben gezeigt, dass in der deutschen Presseberichterstattung Frauen besonders als Individuen im Rahmen ihrer Einordnung in den Erscheinungsraum ›globaler Frauen‹ (vgl. McRobbie 2010) anerkannt werden. Im Diskurs wird dabei eine Klassifikation zwischen global vernetzten und kosmopolitisch lebenden ›modernen‹ Frauen und einer ›traditionellen‹, lokal verwurzelten Identität, die besonders Männern, teilweise aber auch gläubigen Frauen zugeschrieben wird, vorgenommen (s. Kap. 5.1 und 5.2). Zugleich habe ich insbesondere in den Kapiteln 5.3 und 6 dargelegt, dass gerade hinsichtlich der Repräsentation der Lebensrealität von Frauen in Ägypten und ihrem politischen Handeln oft eine Lokalisierung (also Nationalisierung oder Regionalisierung, Kulturalisierung oder Ethnisierung) von repräsentierten Aspekten vorgenommen wird. Hier zeigen sich also Deutungen, die lokale Aspekte in den Vordergrund rücken. Mit Blick auf die Sichtbarkeit globaler Interdependenzen im Diskurs werden im Folgenden Ambivalenzen dieser Deutungen in den Blick genommen. Ich zeige dabei auf, inwiefern Verbindungen zwischen globaler und lokaler Ebene im Pressediskurs um die Proteste in Ägypten Beachtung finden und damit auch alternative Deutungen zur Differenzierung zwischen diesen Ebenen auftauchen. Gerade solche Verbindungen und deren mediatisierte Sichtbarkeit sind es, für die sich neuere kosmopolitische Ansätze interessieren.

7.1 Reflexion von Praktiken der Repräsentation

In Kapitel 3.2 habe ich die Bedeutung von Anerkennungs*beziehungen* herausgestellt und Anerkennung damit als interdependente Kategorie gefasst. Fraglich ist, inwiefern dies im Diskurs sichtbar wird, inwiefern also auch die Bedeutung der Position, von der aus Anerkennung gewährleistet wird, reflektiert wird. Gerade im Kontext von Orient- und Okzidentkonstruktionen wird deutlich, wie eng Anerkennung und Missachtung verbunden sind und dass Anerkennung auch Hierarchisierungen reproduzieren kann. Werden diese ›eigenen‹ Praktiken der Repräsentation und mit ihnen verbundene Bedingungen von Anerkennung im untersuchten Pressediskurs thematisiert? Und wird entsprechend einer solchen Reflexion Komplexität zugelassen, statt sie aus einem spezifischen Blickwinkel zu reduzieren? Diese Fragen sollen im vorliegenden Kapitel erörtert werden.

Die eigene Position bzw. der spezifische, hegemoniale Blick auf die Ereignisse in Ägypten wird im untersuchten Diskurs durchaus innerhalb randständiger Deutungen in Frage gestellt und hierarchisierende Orient- und Okzidentkonstruktionen sowie deren Vergeschlechtlichung thematisiert. Reflektiert werden dabei einige der Praktiken der Repräsentation und mit ihnen verbundene Bedingungen von Anerkennung im Diskurs. Thematisiert und befragt werden im deutschen Pressediskurs um die Proteste in Ägypten vor allem drei zentrale Deutungsmuster: die Fokussierung auf Frauenrechte, die Konstruktion der ›unterdrückten orientalen Frau‹ im Gegensatz zu einer ›freien okzidentalen Frau‹ sowie die Präsenz antimuslimischer Deutungen. Die Sprechpositionen, von denen aus eine solche kritische Reflexion der hegemonialen Deutungsmuster des Diskurses geäußert wird, nehmen fast ausschließlich Frauen aus Ägypten oder der Region ein, die z.B. eingeführt werden als eine ägyptische Feministin (20110224*ZE), eine Journalistin und Schriftstellerin aus Algerien, die in Brüssel ein arabisches Kulturzentrum leitet (20120114*TA*3) oder eine ägyptische Journalistin und Menschenrechtsaktivistin aus Kairo (20120114*TA*2). Möglicherweise deutet dies auf eine Distanzierung von solchen kritischen Positionen im Diskurs hin, der diese Positionen zwar hörbar macht, aber sie nicht weiter redaktionell rahmt oder vertieft. Auf die drei Punkte kritischer Reflexion im Diskurs gehe ich im Folgenden näher ein.

Zunächst wird im Diskurs selbst am Rande Kritik an der ›westlichen‹, medialen Fokussierung auf Frauen laut. Diese wird damit begründet, dass andere bedeutsame Problematiken davon überdeckt und andere Opfer nicht sichtbar werden.

> »Ich finde es bizarr, dass westliche Journalisten so gern nach ›den Frauen‹ fragen. [...] Es stimmt auch nicht, dass die Militärs härter gegen Frauen vorgehen: Männer werden erschossen, Frauen fürchterlich verprügelt. Natürlich hat mich das Bild von der niedergeschlagenen Frau mit dem blauen BH schockiert, aber in der gleichen Woche starben 17 Männer.« (20120114*TA*2)

Die Fokussierung auf Frauen führt, so die Reflexion im Diskurs, dazu, dass andere, zumeist männliche Opfer, nicht gesehen werden. Kritisiert wird in dem Zitat durch das Setzen des Begriffs ›Frauen‹ in Anführungszeichen auch eine Homogenisierung weiblicher Erfahrungen durch ›westliche‹ Journalist*innen. Diese Kritikpunkte finden sich auch in der vorliegenden Analyse des deutschen Pressediskurses um die Proteste in Ägypten wieder. Auch hier zeigt sich eine Fokussierung auf Frauen als Opfer staatlicher Gewalt, die dabei vor allem als kulturspezifisch gedeutet wurde sowie in den hegemonialen Deutungen des Diskurses eine Homogenisierung von Frauen.

Kritisiert wird innerhalb des Diskurses selber zudem die Deutung der Unterdrückung von ›arabischen Frauen‹, wie im Folgenden, bereits in der Einleitung zitiertem Zitat aus der *taz*: »Ist das Bild von der unterdrückten, ins Private verbannten arabischen Frau eine europäische Projektion?« (20110602*TAon). Dieses Zitat impliziert verschiedene Aspekte. Zum einen sagt es aus, dass die Art und Weise wie ›die arabische Frau‹ gesehen wird, eine Repräsentation, ein ›Bild‹ dieser ist, das sie in bestimmter Art und Weise konstituiert: Durch die Verwendung des Singulars wird die Homogenisierung der vielfältigen Lebensrealitäten von Frauen ›im arabischen Raum‹ gekennzeichnet. Zugleich wird verdeutlicht, dass Frauen in diesem Bild vor allem als nicht-sichtbare oder öffentliche Personen, als fremdbestimmt und passiv zu sehen gegeben werden. Außerdem wird auf den Zusammenhang zwischen diesem Bild und einer europäischen Perspektive verwiesen: der Begriff der Projektion verdeutlicht, dass das gezeichnete Bild eng mit der europäischen Selbstdefinition zusammenhängt. Offenbar wird hier etwas, was nicht zur Konzeption des ›Eigenen‹ passt, nach außen verlagert und auf ›die arabische Frau‹ projiziert. Patriarchale Unterdrückung wird so bei ›den Anderen‹ verortet und im europäischen Kontext negiert. Diesen Mechanismus, bei dem orientalisierte Frauen als unterdrückt und ›westliche‹ Frauen gleichzeitig als emanzipiert dargestellt werden und der von Dietze (2018) als »Islam-Sexualitäts-Emanzipations-Nexus« beschrieben wird, habe ich theoretisch in Kapitel 2.2.3 diskutiert und damit verbundene Praktiken der Repräsentation in Kapitel 2.3.2 aufgezeigt. Insbesondere in Kapitel 5.3 habe ich diskutiert, dass diese Konstruktion im untersuchten Diskurs aktualisiert wird, auch wenn zugleich individuelle Frauen fast ausschließlich als widerständig gegen diese Unterdrückung und Verbannung ins Private gezeigt werden. Als zentral für die Konstruktion der Unterdrückung ›arabischer‹ Frauen wird im untersuchten journalistischen Diskurs zudem die Fokussierung von Repräsentationen auf das Kopftuch thematisiert.

> »Al-Saadawi: Ach, das Kopftuch! Das wird im Westen ganz falsch eingeschätzt. Ihr seid auf das Kopftuch fixiert. Dabei sind doch Frauen im Westen nicht weniger unterdrückt, nur weil sie kein Kopftuch tragen. Es kommt nicht darauf an, ob der Kopf außen bedeckt ist. Der Schleier in den Köpfen ist das Problem! Die Entblößung des Körpers und die Erniedrigung der Frauen zum Sexobjekt sind da nur andere Erscheinungsformen des Schleiers.« (20110224*ZE)

Reflektiert wird dabei zum einen die häufige Thematisierung des Kopftuches an sich und zum anderen die Deutung von diesem als Lackmustest für den Grad der Unterdrückung einer Frau. Mit dieser Kritik an tradierten orientalisierenden Deutungen einher geht auch eine Auseinandersetzung mit der Konstruktion der ›freien okzidentalen

Frau‹. Das Ideal der Sichtbarkeit des weiblichen Körpers wird dabei als Objektifizierung[1] und andere Form patriarchaler Unterdrückung gedeutet. Im untersuchten Pressediskurs um die Proteste in Ägypten wird, anders als in tradierten Repräsentationspraktiken, das Kopftuch meist als mit Emanzipation vereinbar und Teil individueller, weiblicher Selbstverwirklichung gedeutet. Zugleich zeigt sich auch hier die Reproduktion des Ideals der Sichtbarkeit weiblicher Körper.

Drittens wird im deutschen Pressediskurs um die Proteste in Ägypten am Rande die Bezugnahme auf ›den Islam‹ als eine Ursache der Verachtung von Frauen im Diskurs kritisch befragt: »Heißt das, man soll Muslime nicht kritisieren? Heißt das, ich werde nie über den Sexismus in muslimischen Gemeinschaften schreiben? Die Frage ist nicht, ob man kritisieren darf, die Frage ist: wo und wie.« (20120521*TA) Problematisiert wird hier weniger eine kritische Auseinandersetzung mit verachtenden Haltungen gegenüber Frauen *auch* in ›muslimischen Gemeinschaften‹ als der Kontext ihrer Äußerungen, was sich insbesondere auf die Verortung solcher Kritik in einem ›den Islam‹ pauschal verurteilenden Diskurs bezieht. Die Bedeutung anti-muslimischer Rassismen in deutschsprachigen Diskursen und damit verbundene geschlechtliche Differenzierungen wurden in Kapitel 2.3.2 diskutiert. Diese werden auch im untersuchten Diskurs deutlich (s. Kap. 5.3.2).

Im Diskurs um protestierende Frauen in Ägypten werden Interdependenzen vergeschlechtlichter Orient-/Okzidentkonstruktionen in eher marginalisierten Deutungen also durchaus reflektiert und spezifische Praktiken der Repräsentation orientalisierter Frauen thematisiert. Auch wenn diese Deutungen nur an den Rändern des Diskurses auftauchen, wird damit durchaus auf repräsentationskritische Überlegungen eingegangen, wie sie besonders aus postkolonialer und feministischer Perspektive geäußert werden. Nicht zur Sprache kommen hingegen die Begrenzungen auch einer anerkennenden Repräsentation von Frauen, wie sie im Diskurs vorherrschend ist. Die vorhergehende Analyse hat jedoch aufgezeigt, dass auch eine solche anerkennende Sichtbarkeit an spezifische Bedingungen geknüpft ist.

In den bisherigen Ausführungen habe ich zudem bereits einige Beispiele diskutiert, in denen Komplexität im Diskurs abgebildet wird, statt sie zugunsten von Homogenisierungen zu reduzieren. So habe ich darauf verwiesen, dass in marginalisierten Deutungen durchaus auf die Heterogenität der Lebenssituation von Frauen in Ägypten eingegangen wird (s. Kap. 5.2.2) und dass im Diskurs lokale Akteur*innen hörbar werden, die sozioökonomische Aspekte als zentral für ein lebbares Leben von Menschen in Ägypten beschreiben, auch wenn dies nicht der hegemonialen Deutung des untersuchten Pressediskurses entspricht (s. Kap. 6.1.3).

7.2 Sichtbarkeit (neo-)kolonialer Interdependenzen und globalen Handelns

Ebenso wie die Interdependenz von Repräsentationen und Anerkennung, so werden auch (globale) Interdependenzen hinsichtlich der Möglichkeiten eines lebbaren Lebens und politischen Handelns nur am Rande im Diskurs thematisiert.

1 Zum Begriff der ›Objektifizierung‹ vgl. u.a. Röckemann 2018.

Sichtbarkeit (neo-)kolonialer Interdependenzen und ökonomischer Strukturen

Auf die Bedeutung globaler Interdependenzen in der Frage eines lebbaren Lebens bin ich bereits in der Einleitung eingegangen. Gerade mit Blick auf Verwobenheiten zwischen Deutschland und Ägypten zeigt sich, dass politische und wirtschaftliche Einflussnahmen aus Deutschland Auswirkungen auf die sozioökonomischen Lebensbedingungen von Menschen in Ägypten haben (s. Kap. 1). Auch historisch zeigt sich besonders in der Kolonialzeit die große Bedeutung von Interdependenzen zwischen Europa und Ägypten für die Lebensrealität von Menschen in Ägypten (vgl. zur Kontinuität kolonialer Verbindungen u.a. Hamilton 2018).

Solche (neo-)kolonialen Interdependenzen werden im Diskurs der untersuchten Pressemedien in Deutschland um die Proteste in Ägypten ebenfalls am Rande thematisiert. Dies geschieht zum einen hinsichtlich der allgemeinen Lebensrealität in Ägypten. Als indirektes Zitat der Meinung der »Menschen in den arabischen Ländern« konstatiert die *FAZ*: »Dass sich in der Region Demokratien nicht etablieren konnten, schreiben sie – nicht ganz zu Unrecht – nicht nur dem europäischen Kolonialismus zu, sondern auch der späteren Unterstützung der arabischen Potentaten durch den Westen.« (20120320*FAZ) Hier wird die politische Einflussnahme ›des Westens‹ nicht spezifisch für die Situation von Frauen, sondern übergeordnet für die Situation im Land verantwortlich gemacht, wobei Demokratie wie oben bereits beschrieben als leerer Signifikant dient, der allgemeine, positiv besetzte Werte vereinen soll. Der Aussage wird durch den wertenden Einschub ›nicht ganz zu Unrecht‹ auch durch den Verfasser zumindest eine gewisse Legitimität zugesprochen. Fokussiert wird hinsichtlich gegenwärtiger Verbindungen die Unterstützung von Diktatoren durch ›westliche‹ Regierungen. In einem anderen Diskursfragment, jenem, welches von einer algerischen Journalistin und Schriftstellerin verfasst wurde, kommen auch globale ökonomische Strukturen zur Sprache: »Es ist das Elend, die Armut, das Ungleichgewicht in der Welt, das Joch der Kolonialisierung, die Ausbeutung unserer Erde und deren Energie. All dies hat unsere Bevölkerungen einer sträflichen Ignoranz ausgeliefert.« (20120114*TA*2) Hier werden gegenwärtige globale Ungleichheiten, Unterdrückung während der Kolonialzeit und die Ausbeutung der Ressourcen von Ländern im ›globalen Süden‹ für die momentane Situation verantwortlich gemacht. Dies bleibt jedoch der einzige Beitrag, in dem globale ökonomische Interdependenzen explizit zur Sprache kommen.

Thematisiert wird die Bedeutung globaler Interdependenzen für die Möglichkeit lebbarer Leben zum anderen auch spezifisch mit Bezug auf die Situation von Frauen. Hier wird auf die Mitverantwortung kolonialer und neokolonialer Strukturen für die Unterdrückung von Frauen verwiesen. So wird die bekannte ägyptische Feministin Al-Saadawi in einem Interview mit den Worten zitiert:

> »Unter der Unterdrückung durch die Klassenherrschaft und den Kolonialismus tauchte dieser Begriff der weiblichen Natur auf. Dessen einziger Zweck ist es, uns zu spalten, damit wir besser unterdrückt werden können. Hierbei gehen die Diktaturen und die Interessen des Westens Hand in Hand.« (20110224*ZE, vgl. auch 20120114*TA*2)

Sie verweist hier auf den Zusammenhang kolonialer Strukturen und einer damit verbundenen Deutung der ›natürlichen‹ Unterordnung von Frauen, die sie auch aktuell nicht nur durch die ägyptischen Regierungen, sondern auch ihre ›westlichen‹ Unterstützer*innen fortgeführt sieht. Damit spricht sie die doppelte Marginalisierung von Frauen durch die Intersektion weltweiter patriarchaler und neokolonialer Strukturen an. Auffällig ist, dass solche Äußerungen auch hier ausschließlich in direkten Zitaten, wie in diesem Fall einer ägyptischen Feministin oder in einem anderen Beitrag von einer algerischen Journalistin und Schriftstellerin geäußert werden.

Gerade hinsichtlich neokolonialer Strukturen wird in einem Diskursfragment zudem die höchstens strategische Nutzung feministischer Anliegen durch ›westliche‹ Regierungen hervorgehoben. Auch dort wird betont, dass die Diskriminierung von Frauen nicht nur lokal, national oder regional begründet ist, sondern auch durch die Struktur neokolonialer Verflechtungen mitgetragen wird.

> »Viele Regierungen, auch viele westliche, scheinen sich für Frauenrechte nur dann einzusetzen, wenn es gerade passt. [...] Nicht viel anders geht es nun auch in Ägypten. Das Land beginnt, in die Zukunft zu blicken – doch wieder einmal laufen Frauen Gefahr, außen vor gelassen zu werden. [...] Sie werden sowohl von der Übergangsregierung wie auch von der internationalen Gemeinschaft ausgegrenzt.« (20110308*SZ)

Damit wird die Diskriminierung von Frauen nicht als national spezifisches Problem konstruiert, sondern als gegenwärtig globale Problemlage benannt. Die weltweite Bedeutung patriarchaler Strukturen unterstreicht auch folgender Teaser eines Beitrages: »Gibt es einen globalen Frauenhass? Sexuelle Gewalt und Diskriminierung werden heute wieder weltweit diskutiert.« (20130214*ZE) Neben der globalen Einordnung von Gewalt gegen und Diskriminierung von Frauen wird hier auch die gegenwärtige Öffentlichkeit für diese, also Aktivitäten, die darauf abzielen, sie zu beenden, global verortet.[2]

Globales feministisches Handeln, Kämpfe und Solidarisierungen

Im Diskurs findet sich als marginalisiertes Deutungsmuster auch die Thematisierung globaler Solidarisierung und Unterstützung der lokalen Kämpfe von Frauen in Ägypten. In diesem Zusammenhang wird die globale Bedeutung, die die Proteste von arabischen Frauen auch für Proteste weltweit haben, betont:

> »Die Frauen der arabischen Welt, so pries die jemenitische Friedensnobelpreisträgerin Tawakkul Karman unlängst bei der Preisverleihung in Oslo, seien nicht länger Opfer, sondern Anführer und zwar ›nicht nur in ihren eigenen Ländern oder in ihrer eigenen Sache‹, so Karman, sondern für die ganze Welt.« (20111217*SZ)

Ebenso werden einzelne Aktionen global verortet, so wird etwa El Mahdis Nacktfoto mit Verweis auf ähnliche Aktionen als »Akt globalisierten Protests« (20111201*ZEon) bezeichnet und in der Berichterstattung über Demonstrationen gegen Übergriffe auf Frauen deren Veranstaltung im Kontext des internationalen Frauentags betont

2 Ebenso wird in diesem Diskursfragment die globale Notwendigkeit hin zu einer politischen Beteiligung unterschiedlicher Frauen konstatiert: »Wenn der versprochene Wandel in Ägypten und anderswo in der Region – und auf der ganzen Welt – Wirklichkeit werden soll, müssen Frauen unterschiedlicher Herkunft und verschiedener politischer Überzeugungen als gleichberechtigte Partnerinnen am Verhandlungstisch sitzen.« (20110308*SZ).

(20120114*TA*1). Hier zeigt sich auch eine enge Verbindung zu einem eher hegemonialen Deutungsmuster, welches die Proteste in Verbindung zu deutschen oder europäischen Frauenbewegungen setzt. Dieses Deutungsmusters bezieht sich jedoch vor allem auf historische, ›westliche‹ Frauenbewegungen und ihre Kämpfe und sieht in diesen Parallelen zu aktuellen Protesten in Ägypten: »Kagerbauer wies darauf hin, dass die Frauen in Deutschland von Strukturen profitierten, die die Frauenbewegung seit dem 19. Jahrhundert erkämpft habe. Ägypten befinde sich derzeit mitten in diesem Kampf.« (20131125*FAZ) Während die Kämpfe von Frauen in Deutschland hier wenn auch nicht ausschließlich, so doch auf die Zeit seit dem 19. Jahrhundert datiert werden, so werden die aktuellen ägyptischen Kämpfe auf der gleichen Ebene verortet und damit innerhalb einer Logik linearer Entwicklung zugleich als rückständig bewertet.

Zudem zeigt sich im Diskurs an einigen Stellen eine Anerkennung globaler Solidarisierungen mit lokalen Kämpfen in Ägypten und die Betonung der Relevanz des globalen Blicks auf die Ereignisse. Solidarisierungen werden fast ausschließlich bezüglich der Nackt-Porträts von el-Mahdi thematisiert: »Die Ägypterin al-Mahdi bekam auch Unterstützung aus Israel: 40 israelische Frauen zogen sich für sie aus. Vor sich hielten sie ein Banner in Arabisch, Hebräisch und Englisch: ›Love without Limits. Homage to Aliaa Elmahdi. Sisters in Israel.‹« (20111201*ZEon[3], vgl. auch 20111121*SPon) Die globale Unterstützung wird im Laufe des Beitrags als wichtiger Gegenpol zu Drohungen, die sie in Folge der Veröffentlichung des Fotos in Ägypten erhielt, gesehen. Zugleich werden die Anliegen von Frauen in Ägypten mit Verweisen auf internationale Abkommen wie das CEDAW unterstützt (20120114*TA*1) und durch die Hervorhebung der Meinung ›der Welt‹ legitimiert: »Denn die inzwischen weltweit verurteilten Horrortaten gegen Frauen auf dem Tahrir-Platz sind nur die Spitze des Eisberges.« (20130203*ZEon) Die hier getroffene Aussage, dass weltweit Einigkeit über die Notwendigkeit der Verurteilung der Übergriffe besteht, deutet eine solche Meinungsäußerung ›der Welt‹ zugleich als bedeutsam.

7.3 Zwischenfazit

Die Sichtbarkeit von globalen Interdependenzen und ihre Verwobenheit mit lokalen Kontexten zeigt sich entsprechend postkolonial-feministischer Ansätze an einigen Stellen in marginalisierten Deutungen im Diskurs. Zum einen werden darin die Bedeutung der Konstitution des ›eigenen‹ Wissens für die Wahrnehmung ›Anderer‹ und damit einhergehende Reduktionen und Homogenisierungen sichtbar gemacht. Dies zeigt sich in der kritischen Reflexion von Orientalisierungen und der Bedeutung von als weiblich kodierten Körpern in diesen Konstruktionen sowie in dem teilweise vorhandenen Bemühen, die Komplexität von Zusammenhängen und Lebensrealitäten im Diskurs sicht-

3 Hier wird auch die Bedeutung digitaler Medien spezifisch für solche globalen Solidaritätsaktionen herausgestellt: »Das Internet ermöglicht diese Form globalen Protests: Als Medium entkörperlicht es und zugleich macht es diesen Körper-Protest erst möglich. Aus einem Bild werden viele, sie werden kopiert und verbreitet durch soziale Netzwerke in einer Geschwindigkeit, die es so noch nicht gab – vor allem nicht in dieser Intimität.« (20111201*ZE).

bar zu machen. Nur sehr am Rande werden hingegen auch in diesen Argumentationen die Bedeutung ökonomischer, hierarchisierender Strukturen thematisiert. So wird hier etwa in wenigen Diskursfragmenten die Bedeutung des ökonomischen Status für die spezifische Situation von Frauen in Ägypten betont oder die Relevanz (neo-)kolonialer ökonomischer Verbindungen und Ausbeutungen für die gegenwärtige Situation dargestellt. Zum anderen werden die Anliegen und Kämpfe von Frauen in Ägypten mit denen anderer Frauenbewegungen in Verbindung gebracht und sie teilweise in eine globale Bewegung eingeordnet, auch wenn sich hier zugleich ein Deutungsmuster zeigt, welches den historischen ›Rückstand‹ aktueller Kämpfe in Ägypten gegenüber ›westlichen‹ Frauenbewegungen herausstellt. Als relevant gedeutet werden hingegen globale Solidarisierungen und auch ein globaler Blick für und auf lokale Protestbewegungen. Auffällig ist, dass die marginalisierten Deutungen, in denen globale Interdependenzen sichtbar werden, fast ausschließlich in Zitaten von Personen geäußert werden, die als Ägypten oder der Region ›zugehörig‹ eingeführt werden. Denkbar ist, dass damit im Diskurs eine Form ›kritischer‹ Kronzeug*innen etabliert wird, die analog zu ›internen‹ Islamkritiker*innen aus einer Innensicht gegenwärtige symbolische und materielle Verflechtungen reflektieren. Zugleich wird dadurch im Diskurs eine gewisse Distanz zu solchen kritischen Reflexionen und globalen Einordnungen aufrechterhalten. Gleichzeitig zeigen sich mit dieser wenn auch nur bedingten Sichtbarkeit globaler Interdependenzen im untersuchten Diskurs Möglichkeiten der Verschiebung etablierter Deutungen in der Berichterstattung (nicht nur) über Proteste und Geschlechterverhältnisse in der MENA-Region.

8. Fazit und Ausblick

In dieser Arbeit habe ich die Repräsentation von Frauen im Kontext der Presseberichterstattung in Deutschland über Proteste in Ägypten zwischen 2011 und 2014 untersucht. Analysiert habe ich dabei sowohl textförmige als auch visuelle Fragmente des Pressediskurses. Hiermit konnte ich verdeutlichen, dass gerade die Betrachtung dieser beiden Formen der Repräsentation relevant ist, wenn es um Fragen nach Sichtbarkeit und Anerkennung geht.

Ein zentrales Anliegen meines Projekts war es, im Sinne einer kritischen, analytischen Perspektive der Cosmopolitan Media Studies einen Beitrag zur Auseinandersetzung mit Kosmopolitismus in Medienkulturen zu leisten, in der Fragen nach Möglichkeiten der Anerkennung ›Anderer‹ in und durch Medien zentral diskutiert werden. Durch die Erarbeitung einer spezifischen, kritischen Perspektive, aus der ich nicht nur auf das Material, sondern auch Debatten um Kosmopolitismus und Anerkennung geblickt habe, konnte ich die Ambivalenzen (mediatisierter) Anerkennung herausstellen und die Erweiterung der Analyse um weitere Dimensionen (Aspekte eines lebbaren Lebens, Möglichkeiten politischen Handelns, globale Interdependenzen) begründen. An diese Überlegungen anknüpfend habe ich ein Modell zur machtkritischen Analyse mediatisierter Anerkennung in translokalen Repräsentationen von Protest entworfen. Darüber hinaus hatte mein Vorhaben zum Ziel, anhand eines spezifischen Gegenstandes auch über diesen hinaus relevante, machtvolle Wissensordnungen zu kritisieren, das heißt als spezifische Ordnungen herauszuarbeiten und damit auch zu veruneindeutigen. Damit habe ich meinen forschenden Blick vor allem auf Praktiken der Reproduktion hierarchisierender Orient-/Okzidentkonstruktionen gelenkt und auch nach Ambivalenzen und Verschiebungen dieser Konstruktion im untersuchten Diskurs gefragt. Meine eigene Verortung innerhalb dieser Wissensordnung hat zum einen dazu geführt, dass ich nicht auf ihr Vokabular verzichten konnte und so immer wieder auf in ihr präsente Klassifikationen zurückgreifen musste. Zum anderen konnte ich, gerade durch meine eigene Positionierung innerhalb dieser, Anknüpfungen des untersuchten Diskurses an bestehende Wissensordnungen rekonstruieren. Das spezifische »System der Bewertung« (Butler 2002: 250), welches ich in meiner Untersuchung herausgearbeitet habe, soll nun noch einmal übergreifend diskutiert werden.

Im Folgenden fasse ich zusammen, welche Ergebnisse die Analyse bezüglich des Erkenntnisinteresses dieser Arbeit ergeben hat (Kap. 8.1) und diskutiere die Befunde vor dem Hintergrund meiner theoretischen Bezüge (Kap. 8.2). Abschließend reflektiere ich das Vorgehen der vorliegenden Untersuchung und die Implikationen, die sich daraus für weitere Forschungsprojekte ergeben sowie ihre gesellschaftspolitische Relevanz (Kap. 8.3).

8.1 Zentrale Ergebnisse der Analyse

Die Ergebnisse der Diskursanalyse wurden in den letzten Kapiteln detailliert vorgestellt und werden nun abschließend noch einmal übergreifend zusammengefasst. In Kapitel 5 wurde dann nach subjektivierender Anerkennung und ihren Bedingungen im Diskurs gefragt und in Kapitel 6 Sichtbarkeiten von Aspekten eines lebbaren Lebens und von politischem Handeln untersucht. Im voranstehenden Kapitel 7 bin ich zudem auf die Sichtbarkeit von globalen Interdependenzen im Diskurs eingegangen. Die Ergebnisse werden nun kapitelübergreifend zusammengefasst und so die zentralen Erkenntnisse der Analyse hinsichtlich der Fragestellung diskutiert: Wie werden Frauen im Pressediskurs um die Proteste in Ägypten von 2011 bis 2014 in Deutschland sichtbar, inwiefern werden sie im Diskurs anerkannt und welche Bedingungen der Anerkennung lassen sich daran aufzeigen? Welche Aspekte eines lebbaren Lebens und Möglichkeiten des Handelns werden im Diskurs sichtbar und inwiefern werden globale Interdependenzen im Diskurs thematisiert?

Subjektivierende Anerkennung im Diskurs

Es kann von einer mediatisierten Anerkennung der repräsentierten Frauen im Diskurs gesprochen werden, die sich insbesondere in der aktiven, individuellen Partizipation der repräsentierten Subjekte am Diskurs und der Sichtbarkeit ihrer Handlungsfähigkeit zeigt. Frauen partizipieren am untersuchten Diskurs als Individuen mit spezifischen Perspektiven und Anliegen. Dies wird zum einen in visuellen Diskursfragmenten durch die Häufung von Porträts oder der Visualisierung einzelner Personen deutlich, die meist auf Augenhöhe gezeigt werden. Über die Herstellung von Nähe zur Betrachter*in mittels verschiedener Aspekte der Darstellung wird zudem eine Identifikation ermöglicht. Zum anderen werden Frauen auch in den textförmigen Diskursfragmenten häufig individuell porträtiert und direkt oder indirekt zitiert und so ihre Ansichten in den Diskurs eingebracht. Auch die formulierten Problemlagen und zentralen Aspekte eines lebbaren Lebens für Frauen in Ägypten werden oft durch Frauen selbst geäußert. Bedeutsam sind hierfür auch die institutionellen Bedingungen des journalistischen Diskurses, etwa die Möglichkeit, auf Korrespondenten in Kairo zurückzugreifen oder auch die vielfältige Berichterstattung über die Proteste in ›sozialen‹ Medien nutzen zu können. Es sind also auch journalistische Produktionsbedingungen, die dazu beitragen, ob andere Positionen in Pressediskursen sicht- und hörbar werden.

Frauen werden im Diskurs als handlungsfähige Subjekte anerkannt und ihr aktives (politisches) Handeln vielfältig sichtbar, was sich besonders in den visuellen Diskursfragmenten zeigt. Die aktive, kämpferische Frau wird im Diskurs nicht als Ausnahme gegenüber der ›normalen‹ Konstruktion von orientalisierten Frauen als passive, schutzbedürftige Opfer konstituiert, sondern zur hegemonialen weiblichen Subjektpositionierung. Durch die Wiederholung dieser Positionierung auch im Verlauf des Diskurses wird hier eine mögliche Verschiebung tradierter Repräsentationsregime deutlich. Als gesellschaftliche Gruppe, der das Merkmal ›Weiblichkeit‹ zugeschrieben wird, werden Frauen im Diskurs jedoch auch weiterhin vor allem als unterdrückte Opfer repräsentiert.

(Körperbezogene) Konstruktionen von Weiblichkeit

Geschlechtliche Zuordnungen und insbesondere die Konstitution von Weiblichkeit spielen eine zentrale Rolle im untersuchten Pressediskurs. Letztere bezieht sich dabei vor allem auf die äußere Erscheinung der repräsentierten Subjektpositionierung und damit eine körperbezogene Ausübung von Weiblichkeit. Schönheit, Jugend und ein ›modernes‹ Erscheinungsbild sind dabei die zentralen Merkmale, mit denen weibliche Körper im Diskurs gekennzeichnet werden und Bedingungen für die diskursive Anerkennung von Frauen. Auch das Tragen eines Kopftuches wird im Diskurs meist als vereinbar mit diesen Merkmalen gedeutet. Es zeigt sich eine Homogenisierung ›der ägyptischen Frau‹, die sich von tradierten Repräsentationspraktiken von Frauen aus der MENA-Region löst und an konventionelle ›okzidentale‹ mediale Darstellungen von Frauen anknüpft. Neben der Verkörperung von Weiblichkeit können die Charakterisierung als professionell und ›modern‹ bezüglich Einstellungen und Auftreten ebenfalls als Bedingungen der Anerkennung im Diskurs verstanden werden. Die Professionalität zeigt sich dabei zum einen im Alltagshandeln von Frauen, zum anderen in der Betonung ihrer Ausbildung und Berufstätigkeit, die im Diskurs als vereint mit der Übernahme sorgender Aufgaben sichtbar wird. Im Diskurs wird zudem die Norm einer heterosexuellen Zweigeschlechtlichkeit reproduziert und deren Ausgrenzungen nicht thematisiert.

Individualisierung und Entpolitisierung von weiblichem (politischen) Handeln

Wenngleich eine Homogenisierung von Weiblichkeit im untersuchten Diskurs deutlich wird, zeigt sich zugleich eine Fokussierung auf die Individualität von Frauen, sowohl in den textförmigen wie auch visuellen Diskursfragmenten. Auch Handlungsfähigkeit wird – zumindest im Großteil der Berichterstattungen nach den ersten Protesten 2011 – insbesondere in Form von individuellen Aktivitäten sichtbar und politisches Handeln von Frauen damit individualisiert. Hier zeigt sich eine Abkehr von politischen kollektiven Aktionen und teilweise – im Kontext der Darstellung von Demonstrationen – eher eine Fokussierung auf die Gefahr, die diese für Frauen darstellen. Damit wird eine Anknüpfung an neoliberale Diskurse, die für gegenwärtige Deutungen von Feminismus von großer Relevanz sind, erkennbar. Politisches Handeln von Frauen wird hegemonial zudem besonders dann sichtbar, wenn es kulturellen/gesellschaftlichen Fragen zugeordnet oder als ›Selbsthilfe‹ verstanden werden kann. Als politisch und gesamtgesellschaftlich bedeutsam wird das Handeln von Frauen nur zu Beginn der Proteste 2011 konstituiert.

(Re-)Konstruktionen eines ›fortschrittlichen Okzidents‹

Das sichtbare Handeln von Frauen im untersuchten Diskurs richtet sich meist auf den ›Fortschritt‹ der ägyptischen Gesellschaft und Nation, welcher entlang ›westlicher‹ Normen als solcher gerahmt und vor allem anhand von Frauenrechten bemessen wird. Der Frauenkörper wird damit im Diskurs um die Proteste in Ägypten als Symbol des Kampfes für ›die gute Sache‹ anerkannt unter der Bedingung, dass er gleichzeitig dazu beiträgt, hierarchisierende Orient-/Okzidentkonstruktionen zu reproduzieren. Damit wird eine vergeschlechtlichte Differenzierung vorgenommen, in der Frauen unter der Bedingung anerkannt werden, dass das Bild des ›gewalttätigen, orientalischen Mannes‹ im untersuchten Diskurs meist aufrechterhalten wird. Thematisch rücken in der Frage nach den Feldern, in denen Handeln notwendig ist, um ein lebbares Leben für Frauen in Ägypten zu garantieren, vor allem solche Aspekte in den Mittelpunkt, die zugleich als die Bereiche verstanden werden können, die in ›westlichen‹ Diskursen als (zumindest weitestgehend) garantiert im ›eigenen‹ Kontext verstanden werden: der Schutz weiblicher Körper vor öffentlichen Übergriffen sowie die institutionelle politische Beteiligung und rechtliche Gleichstellung von Frauen. Über die Fokussierung auf diese Themenbereiche wird zugleich die Argumentation gestützt, dass Sexismus im ›eigenen‹ Kontext der Vergangenheit angehöre. Die vielfältigen Kämpfe von Frauen werden damit im untersuchten Diskurs vor allem dann sichtbar, wenn sie sich in eine hierarchische Entwicklung weg von einer ›rückständigen‹ (›orientalischen‹) hin zu einer ›fortschrittlichen‹ (›okzidentalen‹) Gesellschaft einordnen lassen. Durch die Verortung der Unterdrückung von Frauen innerhalb der hier konstituierten kulturellen oder religiösen Identität der ›Anderen‹ wird zudem implizit ein ›okzidentales‹ Selbstbild als frei von solchen Tendenzen entworfen. Insbesondere die körperliche Unterdrückung von Frauen wird im Diskurs als kulturspezifisches Merkmal gedeutet und steht im Gegensatz zur anerkennenden Haltung des Diskurses selbst gegenüber Frauen. Zugleich werden diese hierarchisierenden Deutungen und Interdependenzen von Orient- und Okzidentkonstruktionen durch den untersuchten Diskurs innerhalb marginalisierter Deutungen selbst thematisiert und die globale Bedeutung der Proteste und seiner Inhalte sichtbar.

Sichtbarkeit, Anerkennung und politisches Handeln

Im Diskurs selbst zeigen sich zudem interessante Deutungen hinsichtlich der in dieser Arbeit vor allem theoretisch diskutierten Zusammenhänge zwischen Sichtbarkeit, Anerkennung und politischem Handeln. Die Sichtbarkeit von Frauen im öffentlichen Raum wird im Diskurs sowohl als entscheidendes Anliegen von Frauen als auch als zentraler Ort ihres (politischen) Handelns verstanden. Sie wird so mit einem emanzipativen Potential und der Anerkennung von Frauen in Verbindung gebracht, auch wenn der Diskurs an einigen Stellen mit Sichtbarkeit einhergehende Möglichkeiten der Verletzung betont. Das Verständnis einer Verbindung zwischen Sichtbarkeit und Anerkennung zeigt sich zudem in der Haltung des Diskurses selbst gegenüber den repräsentierten Frauen. Diese werden im Diskurs sicht- und hörbar ›gemacht‹, wodurch die Art der Repräsentation als anerkennend gedeutet werden kann. Zugleich wird in und durch den untersuchten Diskurs selbst kenntlich, dass Anerkennung nicht unbedingt mit einer Hörbarkeit der vielfältigen, in Protesten thematisierten Aspekten eines lebbaren

Lebens einhergeht. Denn insbesondere Anliegen, welche die Bedeutung der ungleichen Verteilung von Ressourcen auf lokaler oder globaler Ebene betonen und eine Umverteilung fordern, werden im Diskurs nur marginal sichtbar. Diese Marginalisierung wird durch die Individualisierung politischen Handelns im Diskurs unterstützt. Die Bedeutung gesellschaftlicher Machtstrukturen und der Verteilung von Ressourcen für individuelle Handlungsfähigkeit werden dabei nicht thematisiert. Am Rande findet dieses Thema an den Stellen in den Diskurs Eingang, in denen Interdependenzen anerkannt und Komplexität zugelassen wird. So wird hier etwa in wenigen Diskursfragmenten die Bedeutung des ökonomischen Status für die spezifische Situation von Frauen in Ägypten betont oder die Relevanz (neo-)kolonialer ökonomischer Interdependenzen für die gegenwärtige Situation sichtbar.

Einschreibung in tradierte Repräsentationspraktiken im Verlauf des Diskurses

Zum Verlauf des Diskurses hat die Analyse interessante Ergebnisse aufgezeigt, aus denen sich auch Erkenntnisse bezüglich der Verschiebung von Bedingungen der Anerkennung und Sichtbarkeit marginalisierter Deutungen schließen lassen. Während sich der Diskurs zunächst auf protestierende Frauen und ihre Anliegen fokussiert, wird mit der Wahl einer islamisch geprägten Regierung 2012 verstärkt die Unterdrückung von Frauen thematisiert und seit der Machtübernahme durch das Militär und später den jetzigen Präsidenten Sisi protestierende Frauen und ihre Anliegen nur noch selten repräsentiert. Zu Beginn der Berichterstattung 2011 gibt es zudem eine Fokussierung auf Frauen als Teil kollektiver, politischer Aktionen, insbesondere im Rahmen der Verlagerung des Alltagslebens auf den Tahrir-Platz. Im Verlauf des Diskurses werden Frauen zwar weiterhin als handlungsfähige Subjekte anerkannt, dabei jedoch vornehmlich individuelle (politische) Aktivitäten dargestellt. Anhand des Verlaufs zeigt sich damit auch, dass im Rahmen eines außergewöhnlichen Ereignisses zunächst eine Vielfalt von Deutungen und die Präsenz marginalisierter Deutungen zu beobachten sind, im Laufe des Diskurses aber die Einpassung in tradierte Repräsentationsregime überwiegt.

Zusammenfassend lässt sich konstatieren, dass Frauen als Subjekte im untersuchten Diskurs anerkannt und auch ihr Handeln und ihre Anliegen sichtbar werden. Zentrale Bedingung dieser Anerkennung ist besonders nach einer ersten, polyphonen Phase der Berichterstattung zu Beginn der Proteste 2011 gegen Mubarak, eine Verkörperung von Weiblichkeit und weiblicher Emanzipation, die gegenwärtigen ›okzidentalen‹ Repräsentationsregimen entspricht und die Aufrechterhaltung globaler hierarchischer Machtstrukturen durch die hörbaren Forderungen und sichtbaren Kämpfe. Im Diskurs enthalten sind aber auch marginalisierte Deutungen, die Möglichkeiten der Verschiebung aufzeigen, (globale) Interdependenzen sichtbar machen und die Notwendigkeit der Umverteilung von Ressourcen verdeutlichen, wie ich im Laufe der Analyse herausstellen konnte. So zeigt sich im untersuchten Diskurs neben einer hegemonialen Homogenisierung auf Basis der Kategorie ›weibliches Geschlecht‹ auch eine Differenzierung der Lebensrealitäten von Frauen und die Beachtung intersektionaler Ungleichheiten, sowie eine damit verbundene Thematisierung der Vielfältigkeit der Anliegen und Kämpfe von Frauen in Ägypten. Ebenso werden Sichtbarkeit und Öffentlichkeit, beide als zentrales Ziel und Mittel im Kampf gegen Sexismus benannt, in ihrer Vielschichtigkeit und ihren Ambivalenzen gezeigt, indem damit verbundene Missachtungen und Verletzungen dargestellt werden. Ein ebenfalls marginalisiertes Deutungsmuster verweist zudem explizit auf die Komplexität der Unterdrückung weiblicher Körper in Ägypten, indem Verstrickungen zwischen Patriarchat, staatlicher Gewalt sowie kulturell und religiös begründeten Argumentationen thematisiert werden. Am Rande des Diskurses werden zudem globale Solidarisierungen mit lokalen Kämpfen sichtbar. Hinsichtlich der Anerkennung weiblicher Subjekte lässt sich die Berichterstattung über die Proteste also durchaus als ›Schlüsselereignis‹ der Anerkennung der ›Anderen‹ deuten, was sich besonders auch in der Darstellung handlungsfähiger Frauen in den visuellen Diskursfragmenten zeigt. Zugleich unterstreichen die Ergebnisse die Bedeutung machtvoller Strukturen und ihrer (Re-)Konstruktion in und durch journalistische Diskurse. In der Sichtbarkeit und Anerkennung handlungsfähiger, kämpferischer Frauen im Diskurs werden Möglichkeiten der Verschiebung etablierter Anerkennungsordnungen deutlich, die zugleich aber bezüglich weiterhin bestehender Ausschlüsse und Missachtungen kritisch betrachtet werden sollten. Hinsichtlich der Analyse gerade solcher Ambivalenzen von Sichtbarkeit und Anerkennung im untersuchten Pressediskurs in Deutschland um die Proteste in Ägypten haben sich die kritische Perspektive und die theoretischen Grundlagen dieser Arbeit als gewinnbringend erwiesen.

8.2 Diskussion der Befunde vor dem Hintergrund der theoretischen Bezüge

Die theoretische Auseinandersetzung in dieser Arbeit zielte vor allem darauf ab, eine Forschungsperspektive zu entwickeln, die mit Blick auf Debatten in den Cosmopolitan Media Studies sowohl Möglichkeiten der Anerkennung als auch mit Bezug auf repräsentationskritische Ansätze die Grenzen und Ausschlüsse von Sichtbarkeiten in translokaler Berichterstattung, insbesondere über Proteste, untersucht.

Zunächst habe ich in Kapitel 2.1 betont, dass erst wenige Arbeiten zu den Protesten in Ägypten, aber auch allgemein in der Protest- und Bewegungsforschung, diskursanalytisch translokale Repräsentationen von Protest in Medien in den Blick nehmen. Noch seltener eingenommen wird dabei eine Perspektive, die sich mit Repräsentationen von Geschlecht befasst. Mit einem solchen Fokus in der vorliegenden Arbeit sowie der damit verbundenen Frage nicht nur nach Sichtbarkeiten, sondern auch nach Formen von Anerkennung im Diskurs, trage ich somit zur Schließung einer Forschungslücke bei. Anhand der wenigen Untersuchungen, die sich bereits mit Mediatisierung und Geschlecht im Kontext der Proteste in Ägypten ab 2011 beschäftigen, konnte ich zudem zu Beginn der Arbeit die Relevanz einer kritischen, geschlechtertheoretischen Perspektive auf die Berichterstattung über die Proteste verdeutlichen. Während bestehende Arbeiten zu globalen Repräsentationen der ägyptischen Proteste ohne einen geschlechtertheoretisch geprägten Blick diese als ›Schlüsselereignis‹ zur Herstellung von Verbindungen mit und Anerkennung von ›global entfernten Anderen‹ über Medien verstehen, deuten Arbeiten mit einem Fokus auf der Repräsentation von Geschlecht auf Ambivalenzen in der Annahme eines solchen ›Potentials‹ hin. Einige Studien betonen ebenfalls anerkennende, andere aber vor allem missachtende und ausschließende Repräsentationsweisen. Diese Diskrepanz macht die Notwendigkeit eines Blicks gerade auf die

Verwobenheiten zwischen anerkennenden und verletzenden Praktiken der Repräsentation deutlich und verweist auf die Relevanz einer kritischen Perspektive auf die in neueren kosmopolitischen Ansätzen zentral diskutierte Frage nach einer Anerkennung der ›Anderen‹.

Eine solche kritische Perspektive habe ich entsprechend des untersuchten Gegenstandes und der spezifischen Fragestellung in Kapitel 2.2 entworfen und als durch drei Perspektiven geprägt beschrieben: (de-)konstruktivistische, feministische und postkoloniale. Die untersuchten medialen Repräsentationen habe ich damit als von Macht durchdrungen verstanden und die Bedeutung intersektionaler, gesellschaftlich konstruierter Kategorisierungen sowie damit verwobener symbolischer und ökonomischer globaler Interdependenzen herausgestellt. Vor dem Hintergrund dieser Bezüge habe ich aufgezeigt, inwiefern Sichtbarkeit in journalistischen Diskursen nicht nur mit einem emanzipativen Potential in Verbindung gebracht werden kann, sondern immer zugleich auch die Möglichkeit der Reproduktion ausschließender und missachtender Repräsentationen und machtvoller Ungleichheitsstrukturen Beachtung finden muss. Eine solche Ambivalenz zwischen Möglichkeiten der Anerkennung und gleichzeitigen Verletzungen ist auch in der Diskursanalyse deutlich geworden. So hat sich in der untersuchten Presseberichterstattung in Deutschland über Proteste in Ägypten gezeigt, dass zwar von einer anerkennenden Sichtbarkeit von einem Großteil der weiblichen Subjektpositionierungen gesprochen werden kann, andere Positionierungen (beispielsweise älterer, ärmerer Frauen aus ländlichen Regionen) aber vom Diskurs ausgeschlossen sind oder innerhalb der hegemonialen Deutung missachtet werden[1].

In Kapitel 2.3 habe ich spezifische Repräsentationspraktiken in Bezug auf Weiblichkeit und feministische Proteste erörtert. Dies diente zum einen als Unterstützung zur Beantwortung der Frage, inwiefern sich im journalistischen Diskurs um die Proteste in Ägypten Anknüpfungen an diese Praktiken finden. Zum anderen konnte ich anhand dieser Auseinandersetzung mit bestehenden Repräsentationsregimen anknüpfend an Debatten um Kosmopolitismus in Medienkulturen diskutieren, inwiefern Möglichkeiten einer veränderten, anerkennenden Haltung in der untersuchten Presseberichterstattung verortet werden können. Mit Bezug auf meine Diskussion tradierter Praktiken der Repräsentation von (›anderen‹) Frauen und feministischer Bewegungen konnte ich aufzeigen, dass der hier untersuchte Diskurs auf tradierte Repräsentationsregime des Zeigens von Weiblichkeit und Feminismus zurückgreift (s. Kap. 2.3). So habe ich beispielsweise die Bedeutung einer körperbezogenen Vergeschlechtlichung im Zeigen weiblicher Körper im untersuchten Pressediskurs herausgestellt (s. Kap. 5.2.1), die ich zuvor mit Bezug vor allem auf Angela McRobbie (2010) als zentral innerhalb gegenwärtiger, ›westlicher‹ diskursiver Ordnungen diskutiert habe. Gezeigt habe ich mit Bezug auf bestehende Arbeiten zudem, dass diese sichtbare Weiblichkeit sich meist von tradierten Praktiken der Repräsentation der als nicht-sichtbar und passiv konstituierten orientalisierten Frau abgrenzt. Hier zeigt sich eine Verschiebung im untersuchten Diskurs, die zugleich aber Ambivalenzen aufweist: Unter der Bedingung der Einpassung in ›westliche‹ Konventionen der mediatisierten Anerkennung von Weiblichkeit

1 Wie etwa größtenteils im Falle der Subjektpositionierung der *Gläubigen Muslima* oder männlichen Positionierungen, S. Kap. 5.1.

werden Frauen im Pressediskurs um die Proteste in Ägypten als widerständig und aktiv anerkannt. Zugleich werden Frauen aber als Gruppe auch weiterhin homogenisiert und als von Männern unterdrückt konstituiert. Auch andere Arbeiten (vgl. u.a. Fahmy 2004, Farrokhzad 2006, Lünenborg et al. 2011) haben bereits die Bedeutung der als Ausnahme konzipierten widerständigen, aktiven Frau aus dem ›arabisch-islamischen‹ Raum in ›westlichen‹ medialen Diskursen herausgestellt. Im untersuchten Diskurs wird diese Ausnahme zur Regel, möglicherweise kann von einer langfristigen Verschiebung ausgegangen werden, die orientalisierte Frauen (innerhalb der MENA-Region) verstärkt als ›modern‹ und aktiv zeigt, was anhand weiterer Diskurse zu prüfen wäre.

Mit dem in Kapitel 3.1 vorgenommenem Fokus auf (neuere) kosmopolitische Ansätze und der Bedeutung von Medien in diesen richtete sich die Analyse nicht nur auf die Möglichkeit der Etablierung und Festigung von Ausschlüssen, sondern auch auf Möglichkeiten der in gegenwärtigen kosmopolitischen Ansätzen zentral diskutierten (mediatisierten) Anerkennung der ›Anderen‹. Die Auseinandersetzung mit frühen und neueren kosmopolitischen Ansätzen und spezifisch der Forschung zu Kosmopolitismus in Medienkulturen machte zugleich deutlich, dass eine Verbindung dieser Ansätze mit macht- und repräsentationskritischen Perspektiven erforderlich ist. Die Integration einer machtkritischen Perspektive auf Diskurse und aktuelle Ansätze der Cosmopolitan Media Studies ermöglichte es mir, zu untersuchen, in welch vielfältiger Weise Begegnungen mit globalen ›Anderen‹ in medialen Diskursen konstruiert werden, welche Normierungen und Deutungen sie beinhalten und damit auf die Ambivalenzen in diesen Begegnungen hinzuweisen. Neuere Arbeiten zu Kosmopolitismus (in Medienkulturen) betonen die Bedeutung lokaler Bezüge auch in solchen Begegnungen mit ›Anderen‹, ebenso wird die Herstellung von ›Nähe‹ als zentraler Nachrichtenfaktor für die journalistische Auslandsberichterstattung benannt (s. Kap. 2.2.1). Wie solche Bezüge zum lokalen Kontext des Diskurses in mediatisierten Begegnungen mit globalen ›Anderen‹ hergestellt werden sollen, können und werden, wird in der Kosmopolitismusforschung vielfältig diskutiert. Im hier untersuchten Pressediskurs deutscher Medien um protestierende Frauen in Ägypten zeigt sich, dass die Herstellung lokaler Bezüge eng mit der Anerkennung von Subjekten verwoben ist. So ist für die anerkennende Sichtbarkeit der dargestellten Subjektpositionierungen die Erzeugung eines Eindrucks von Nähe zur Betrachterin besonders in den visuellen Diskursbeiträgen relevant, aber auch in der textlichen Darstellung von Subjekten wird über das genaue Porträtieren von Personen und die Gewährleistung von Sprechpositionen eine Identifikation mit diesen ermöglicht. Mit dieser anerkennenden Sichtbarkeit einher geht im untersuchten Diskurs meist eine Unterwerfung der repräsentierten weiblichen Subjektpositionierungen unter bestehende Anerkennungsordnungen ›westlicher‹ Diskurse und damit deren Reproduktion. Die Einpassung in Anerkennungsordnungen und damit die Nähe und Ähnlichkeit zu tradierten, anerkennenden Repräsentationen von Frauen in ›westlichen‹ öffentlichen Diskursen ist damit zentrale Bedingung der Anerkennung im untersuchten Diskurs.

Zugleich habe ich in meiner Analyse aufgezeigt, dass symbolische und ökonomische globale Interdependenzen, also die hierarchische Verbundenheit des ›Westens‹ mit der MENA-Region einerseits in bestehenden Wissensordnungen, andererseits durch materielle Abhängigkeiten, im untersuchten Diskurs nur marginal sichtbar werden. Die

Sichtbarkeit von Interdependenzen als weitere Möglichkeit, um Bezüge zum lokalen Kontext des Diskurses herzustellen, wird in der untersuchten Presseberichterstattung über die Proteste in Ägypten somit kaum genutzt. Eine mediatisierte Verbundenheit wird so zwar über Anerkennung hergestellt, bestehende Verbundenheiten innerhalb globaler Machtstrukturen werden hingegen nur am Rande thematisiert oder diese hierarchischen Strukturen gar – auch im Zusammenhang mit Anerkennung – reproduziert. Damit werden die Ambivalenzen von Anerkennung deutlich. In der vorgenommenen Kritik kosmopolitischer Ansätze aus feministischer und postkolonialer Perspektive spielte damit zurecht die fehlende Auseinandersetzung mit dem Anerkennungsbegriff eine zentrale Rolle.

Den in der vorliegenden Arbeit verwendeten Anerkennungsbegriff habe ich in Kapitel 3.2 mit Bezug auf Judith Butler ausführlich diskutiert und als einen gesellschaftlich relevanten, ontologischen und analytischen bestimmt. Ich verstehe Anerkennung als subjektivierenden, diskursiven Prozess, bei dem die Subjektwerdung mit einer Unterwerfung unter die jeweils spezifischen Bedingungen der Anerkennung in Form von Kategorien, Konventionen und Normen der Anerkennbarkeit einhergeht. Zum einen darin, zum anderen in ihren Ausschlüssen und ihrer engen Verwobenheit mit Verkennung und Missachtung, zeigen sich die Ambivalenzen von Anerkennung. Die Fokussierung auf Ambivalenzen von Anerkennung führt, so habe ich dargelegt, zur Notwendigkeit, Prozesse der Anerkennung innerhalb der machtvollen diskursiven Strukturen, in die sie eingebettet sind, zu untersuchen. Die Analyseergebnisse haben gezeigt, dass zwar eine mediatisierte Anerkennung von Frauen im Diskurs erfolgt und Nähe zu ihnen hergestellt wird, dabei aber eine hierarchisierende und auch homogenisierende Orient-/Okzidentkonstruktion erhalten bleibt oder teilweise sogar durch die Anerkennung von Frauen reproduziert wird. Diese werden nicht in ihrer Differenz oder Andersheit anerkannt, sondern insbesondere innerhalb der Unterwerfung unter tradierte, ›westliche‹ Bedingungen der Anerkennung von Weiblichkeit. Deutlich wird damit die Problematik ›authentischer‹ Repräsentationen: Diese sind immer schon gerahmt durch die machtvollen Strukturen, die sie umgeben (s. Kap. 2.3.3). Hier zeigt sich die Relevanz der von Chandra Talpade Mohanty gestellten Frage: »whose agency is being colonized?« (Mohanty 2003: 528). Nicht nur die Berichterstattung über marginalisierte ›Andere‹, denen Handlungsfähigkeit abgesprochen wird, vereinnahmt diese, um bestehende hierarchische Strukturen zu festigen. Eine solche Gefahr der Vereinnahmung für die Reproduktion von Hierarchisierungen besteht auch in der Anerkennung *bestimmter* handlungsfähiger Subjekte, über deren Konstitution im Diskurs bestehende symbolische Ordnungen aufrechterhalten werden. Damit hat sich gezeigt, dass eine kritische Perspektive auf Anerkennung differenzierte Ergebnisse hervorbringt und auch auf deren Ambivalenzen verweist.

Zum anderen bin ich in Kapitel 3.2.3 darauf eingegangen, dass mit Bezug ebenfalls auf Butler und Nancy Fraser die Begrenzungen einer Fokussierung auf Anerkennung in Analysen der translokalen Repräsentation politischer Kämpfe verdeutlicht werden müssen. Sollen Möglichkeiten von vermehrter (globaler) Gerechtigkeit oder neuen Solidarisierungen im Zusammenhang mit einer Kosmopolitisierung von Medienkulturen untersucht werden, müssen Analysen über den begrenzten Anerkennungsbegriff hinausgehen. Gefragt werden sollte ebenso nach Thematisierungen von Aspekten eines lebbaren Lebens wie der Notwendigkeit von Umverteilung, der Sichtbarkeit politischen Handelns und der Thematisierung globaler Interdependenzen. Dieser Schritt hat sich durch die hier vorgenommene Diskursanalyse als bedeutsam erwiesen. Mit ihm konnte ich aufzeigen, dass auch im Falle der mediatisierten Anerkennung von Subjekten – im konkreten Fall protestierenden Frauen in Ägypten – nur bestimmte Aspekte des von ihnen eingeforderten lebbaren Lebens und nur bestimmte Formen und Foren ihres politischen Handelns sichtbar werden. Auch globale Interdependenzen werden nur an den Rändern des Diskurses thematisiert. Die in diesem Zusammenhang aufgezeigten Grenzen der Sichtbarkeit machen deutlich, dass auch hier hegemoniale Deutungen ›westlicher‹ Diskurse reproduziert werden. So werden als ›universell‹ gedeutete Werte wie ›Menschenrechte‹, ›Gleichberechtigung‹ und ›Freiheit‹ in einer bestimmten Art und Weise konstituiert und vor allem ›dem Westen‹ zugeschrieben. Zugleich werden mit der Fokussierung auf den Schutz vor öffentlicher sexualisierter Gewalt als zentralen Aspekte eines lebbaren Lebens für Frauen in Ägypten und einem damit verbundenen ›Othering von Sexismus‹ vergeschlechtlichte Orient-/Okzidentkonstruktionen reproduziert. Ökonomische Aspekte und mit ihnen auch Fragen einer (globalen) Umverteilung tauchen jedoch nur am Rande des Diskurses auf. Das politische Handeln der Akteurinnen wird zu Beginn des untersuchten Zeitraumes 2011 als kollektiv und gesamtgesellschaftlich relevant gedeutet. Im Verlauf des Diskurses werden kollektive politische Aktionen wie Demonstrationen aber vor allem entweder als Gefahr für Frauen oder bei Beteiligung von Frauen spezifisch als gegen öffentliche sexualisierte Gewalt gerichtet sichtbar. Darüber hinaus zeigt sich eine starke Fokussierung des Diskurses auf das individuelle Handeln von Frauen, welches vor allem zu mehr Öffentlichkeit und einer verstärkten öffentlichen Sichtbarkeit weiblicher Körper beiträgt. In dieser Fokussierung auf einen individualisierten Feminismus wird zum einen eine Einschreibung in tradierte Praktiken ›westlicher‹ Repräsentation deutlich (s. Kap. 2.3.3), während vor dem Hintergrund der Verortung der Proteste in Ägypten aufgrund des spezifischen (orientalisierten) Kontextes zugleich kollektive Frauenbewegungen als legitim gedeutet werden.

In den Ergebnissen der Analyse zeigt sich somit, dass und inwiefern Repräsentationen mit Macht durchzogen sind und eine kritische Perspektive auf mediale Diskurse notwendig ist. Gleichzeitig konnte ich durch die mit Bezug auf kosmopolitische Ansätze vorgenommene Fokussierung auf Möglichkeiten mediatisierter Anerkennung und Konzentration meiner Analyse auf Ambivalenzen im untersuchten Diskurs aufzeigen, wo an seinen Rändern alternative, bisher oft marginalisierte Deutungen sichtbar werden. Diese bieten die Möglichkeit, machtvolle, hierarchisierende Deutungszusammenhänge zu verschieben.

Zunächst hat sich in der Presseberichterstattung der untersuchten Medien in Deutschland über protestierende Frauen in Ägypten gezeigt, dass gerade zu Beginn des Untersuchungszeitraumes im Diskurs Deutungen vorherrschen, die nicht mit tradierten Praktiken der (vergeschlechtlichten) Repräsentationen der MENA-Region in ›westlichen‹ Medien übereinstimmen. Hier zeigt sich also kurzzeitig die Möglichkeit anerkennender Deutungen, die Subjektpositionierungen und Ereignisse nicht direkt in bestehende, hierarchisierende Deutungszusammenhänge einordnet. Mit Verlauf des Diskurses wurde diese Einordnung dann aber zunehmend vorgenommen. Durch die Begrenzung nicht hierarchisierender Deutungen auf einen kurzen Zeitraum in der Berichterstattung wird die Temporalität von Kosmopolitismus in Medienkulturen offenbar (vgl. dazu Robertson 2010). Zugleich verdeutlicht dieses Ergebnis, dass gerade zu Beginn von *ordinary emergency news*, die über außergewöhnliche Ereignisse berichten, bei denen keine Menschen aus dem ›eigenen‹ Kontext direkt betroffen sind (vgl. Chouliaraki 2009, 2013) und die sich mit Protest- und weniger mit Katastrophensituationen beschäftigen, eine nicht hierarchisierende Bedeutungsproduktion möglich erscheint. Lillie Chouliaraki zufolge zeigt sich dabei die Möglichkeit eines mediatisierten Kosmopolitismus, der »opens up a space that pushes us, even momentarily, beyond the concerns of our communities of belonging; beyond the obligations of the communitarian bond« (Chouliaraki 2008: 343). Auch sie verweist jedoch in diesem Zitat darauf, dass es sich dabei möglicherweise nur um kurze Momente der Öffnung handelt. Zu ähnlichen Ergebnissen kommt auch Hafez in seiner Studie zum Islambild in der Berichterstattung über den »Arabischen Frühling«: Er zeigt auf, dass sich dieses zwar kurzfristig verändert habe, in der Berichterstattung aber schnell wieder auf etablierte Repräsentationspraktiken zurückgegriffen wurde (vgl. Hafez 2013: 21). Auch in der vorliegenden Arbeit konnte ich aufzeigen, dass vor allem nach den ersten Protesten 2011 auf tradierte Orient-/Okzidentkonstruktionen zurückgegriffen wird. Gleichzeitig erscheint die anerkennende Sichtbarkeit weiblicher Subjektpositionierungen – mit all ihren Ambivalenzen – als eine langfristige Verschiebung im untersuchten Diskurs.

Mit Blick auf die Konstruktion von weiblichen Subjektpositionierungen, Weiblichkeit und deren Einbettung in vergeschlechtlichte Orient-/Okzidentkonstruktionen im untersuchten Diskurs habe ich zudem auf die Problematik von Homogenisierungen auf Basis des zugeschriebenen Geschlechts verwiesen und deren Einschreibung in ›westliche‹ Repräsentationsregime verdeutlicht. In der Analyse konnte ich aufzeigen, dass teilweise auch eine differenziertere Perspektive auf weibliche Lebensrealitäten in Ägypten geworfen und die Intersektion von Geschlecht mit anderen Ungleichheitskategorien betont wird. Im Rahmen solch differenzierter Darstellung rücken auch andere, vor allem sozioökonomische Aspekte eines lebbaren Lebens in den Blick (s. Kap. 5.2.3). Gerade in Bezug auf diese Aspekte zeigt sich im untersuchten Diskurs zudem die Bedeutung lokaler Akteur*innen: Sozioökonomische Aspekte werden fast ausschließlich in direkten Zitaten von lokalen Aktivistinnen oder Journalistinnen thematisiert. Kommen sie also stärker zu Wort und wird Differenz zu hegemonialen Deutungen in ihren Aussagen zugelassen, so tauchen vermehrt marginalisierte Deutungen im Diskurs auf. Hier zeigt sich die Bedeutung der von Silverstone thematisierten medialen Gastfreundschaft (vgl. Silverstone 2008: 210ff). Dass lokale Akteur*innen in den Diskurs einbezogen wurden, erweist sich also trotz der Problematik ›authentischer‹ Repräsentationen und der Durchdringung dieser Einbindung mit Macht als bedeutsam für die Sichtbarkeit von Subjektpositionierungen, auch jenseits etablierter, hegemonialer Bedingungen der Anerkennung im Diskurs. Hierfür sind ebenso die institutionellen Bedingungen der Bedeutungsproduktion in journalistischen Diskursen relevant. Besonders die direkte Beteiligung lokaler Akteur*innen an Diskursen (insbesondere ohne deren Rahmung durch ›westliche‹ Journalist*innen) erscheint hier bedeutsam (vgl. dazu Heidelberger: 2018).

Zudem wird im untersuchten Diskurs über die Proteste in Ägypten deutlich, dass am Rande durchaus globale Interdependenzen, hinsichtlich symbolischer und sozioökonomischer Ordnungen, aber auch in Bezug auf die Vernetzung lokaler Kämpfe sichtbar werden. Damit zeigt sich, dass die Herstellung von Nähe und die Gewährleistung lokaler Bezüge, wie sie in Debatten um Kosmopolitismus in Medienkulturen diskutiert werden (s. Kap. 3.1.3) nicht nur über eine Unterwerfung der sichtbaren Subjekte unter ›westliche‹ Bedingungen der Anerkennung möglich ist, sondern auch über die Sichtbarkeit solcher Interdependenzen mit dem lokalen Kontext, in dem berichtet wird. Auch hier sind es die institutionellen Strukturen des Journalismus, die sich auf die Möglichkeiten solcher Sichtbarkeiten auswirken: Dem entgegen steht etwa die redaktionelle Trennung von Auslands- und Inlandsberichterstattung (vgl. dazu Schoon 2016: 187). Damit wird offenbar, dass für in neueren kosmopolitischen Ansätzen diskutierte Fragen nach Möglichkeiten anerkennender, nicht hierarchisierender Repräsentationen auch der Zeitpunkt der Berichterstattung sowie die institutionellen Strukturen des Journalismus von Relevanz sind. Diese sollten daher in Analysen zu Reproduktionen oder Verschiebungen bestehender Wissensordnungen in Pressediskursen verstärkt in den Blick genommen werden. Welche weiteren Implikationen für zukünftige Forschungsprojekte sich aus der vorliegenden Arbeit darüber hinaus ergeben, diskutiere ich im nächsten Abschnitt.

8.3 Implikation für weitere Forschung und gesellschaftspolitische Relevanz

An dieser Stelle reflektiere ich mein Vorgehen in dieser Arbeit und biete einen Ausblick auf mögliche, weiterführende Forschungsvorhaben.

Geschlechtertheoretische Perspektive

Die geschlechtertheoretische Perspektive, die zentral für Vorgehen, theoretische Bezüge und Empirie dieser Arbeit ist, hat eine Fokussierung auf die Ambivalenzen des Diskurses ermöglicht. Gerade in der Repräsentation von als weiblich kategorisierten Subjekten konnte ich die Ambivalenzen zwischen deren Anerkennung und der gleichzeitigen Unterwerfung unter die spezifischen Bedingungen von Anerkennung im Diskurs verdeutlichen. Zudem zeigen die Ergebnisse der Analyse die Zentralität geschlechtlicher Kategorisierungen und insbesondere der Konstitution von Weiblichkeit innerhalb hierarchischer Orient-/Okzidentkonstruktionen auf. Für weitere Forschungsprojekte, die ebenfalls Geschlechterkonstruktionen im Kontext ähnlicher Ereignisse in den Blick nehmen, wäre sicherlich eine tiefer gehende Analyse auch von Ambivalenzen der Konstruktionen von Männlichkeit wünschenswert sowie anhand eines breiteren Datenkorpus die Untersuchung der Frage, inwiefern sich in der Berichterstattung über Proteste oder ähnliche Ereignisse auch Deutungen finden, die keine eindeutige Zuordnung in ein binär strukturiertes Geschlechtersystem vornehmen. Über eine solche, geschlechtertheoretische Frage hinaus erscheint mir aber insbesondere die Einnahme einer intersektionalen Perspektive in anschließenden Forschungsprojekten relevant. Diese könnten so anhand eines breiten Datenkorpus noch präziser untersuchen, welche sozialen Kategorisierungen auch in ihrer Verwobenheit bedeutsam für Formen mediatisierter Anerkennung sind.

Fokussierung auf Ambivalenzen: Anerkennung und ihre Bedingungen

Mit der vorliegenden Arbeit konnte ich zeigen, dass es für Untersuchungen innerhalb von Cosmopolitan Media Studies nötig erscheint, den Kosmopolitismusbegriff selbst sowie mit ihm zusammenhängende Fragen nach einer mediatisierten Anerkennung der ›Anderen‹ aus einer kritischen Perspektive zu betrachten und die Ambivalenzen von Anerkennung in die Analyse mit einzubeziehen. Die Ergebnisse der Analyse haben gezeigt, dass eine Verbindung von Fragen nach Anerkennung *und* ihren Grenzen und mit ihr einhergehenden Ausschlüssen und Missachtungen vielfältigere Ergebnisse zutage bringt als eine Fokussierung ausschließlich auf Möglichkeiten mediatisierter Anerkennung *oder* aber Prozesse der Differenzierung und des ›Otherings‹ in Diskursen. Gleichzeitig ist mit der vorliegenden Untersuchung auch deutlich geworden, wie schwierig eine Interpretationsarbeit ist, die nicht ausschließlich nach dem Vorhandensein bestimmter Praktiken und Prozesse im Diskurs fragt, sondern bemüht ist, auch Ambivalenzen innerhalb der Ergebnisse aufzuzeigen. Eine solche Offenheit im Blick auf das Material erfordert eine Bereitschaft, die eigenen Interpretationen und Ergebnisse laufend zu befragen und zu veruneindeutigen. Eine Herausforderung war es zudem, sich mit den Bedingungen und damit Grenzen von Sichtbarkeit und Anerkennung auseinanderzusetzten und damit nach dem zu fragen, was gerade *nicht* im Diskurs sichtbar wird. Hier wurde vor allem auf bestehende Forschung und Gespräche mit ägyptischen Aktivist*innen und Wissenschaftler*innen zurückgegriffen, mit denen das Kontextwissen erweitert werden konnte. Hilfreich für ähnliche Projekte wäre es sicherlich, solche Gespräche in die eigentliche Forschung einzubinden und etwa in Gruppendiskussionen mit im Diskurs repräsentierten Personen zu diskutieren, inwiefern sich Anerkennung auf spezifische Aspekte fokussiert und welche Missachtungen und Verkennungen in ihr enthalten sind (s. dazu Kapitel 3.2.2). Durch die Einbindung solcher Diskussionen oder auch Interviews könnte die Erweiterung der Perspektive und des Kontextwissens der forschenden Person innerhalb des Projekts transparent und als wichtiger Schritt der Forschung kenntlich gemacht werden.

In der Frage nach den Bedingungen von Anerkennung konnte ich zudem auf die bedeutsamen institutionellen Strukturen im Journalismus verweisen, die den Rahmen für den untersuchten Pressediskurs bilden, insofern diese aus dem Diskurs selbst oder bestehender Forschung ersichtlich waren. Weiterführende Forschung kann hier anknüpfen, indem solche strukturellen Bedingungen der Bedeutungsproduktion, etwa über Interviews mit journalistischen Akteur*innen, stärker in die Analyse mediatisierter Anerkennung eingebunden werden.

In der vorliegenden Arbeit habe ich ausschließlich nach mediatisierter Anerkennung und ihren Bedingungen gefragt. Von Relevanz für die Forschung zu Kosmopolitismus in Medienkulturen wäre es im Anschluss an meine Studie auch, zu untersuchen, wie im Pressediskurs angebotene Deutungen und anerkennende Sichtbarkeiten von Rezipierenden verhandelt werden. Für weitere Forschungsprojekte erscheint es mir daher gewinnbringend, danach zu fragen, wie Rezipient*innen mediatisierte Formen von Anerkennung hinsichtlich ihrer Einstellungen und Haltungen zu global entfernten ›Anderen‹ verhandeln.

Anerkennung weiter denken

Nicht nur in der theoretischen Auseinandersetzung mit dem Anerkennungsbegriff, sondern auch im Rahmen der Analyse hat sich gezeigt, dass die Fokussierung der Forschung auf mediatisierte Anerkennung und ihre Bedingungen allein eine Begrenzung darstellt, die, will sie die Möglichkeiten für mehr Gerechtigkeit und Solidarität in Verbindung mit einer mediatisierten Kosmopolitisierung untersuchen, wichtige Aspekte außer Acht lässt. Erst eine Kombination mit Fragen nach der Sichtbarkeit von Aspekten eines lebbaren Leben, von (politischem) Handeln und von globalen Interdependenzen, so habe ich gezeigt, lassen Schlüsse über solche Möglichkeiten zu. Diese sollten daher auch in weiterer Forschung zu Anerkennung in Medienkulturen Berücksichtigung finden.

Fokussierung auf das ›Eigene‹

Als fruchtbar für die Analyse hat sich ebenso der Ansatz dargestellt, nicht nur die Anerkennung ›der Anderen‹ im Diskurs zu untersuchen, sondern zentral nach der damit verbundenen Rekonstruktion ›eigener‹ Kategorien, Konventionen und Normen zu fragen, die diese subjektivierende Anerkennung bedingen. Damit findet eine Verschiebung in der Analyse statt, die verstärkt auch danach fragt, wie über die Repräsentation der ›Anderen‹ implizit das ›Eigene‹ hergestellt wird. Zugleich haben sich darin zwei Schwierigkeiten im Vorgehen dieser Arbeit gezeigt: Zum einen macht es die Verortung von mir als forschendem Subjekt in diesem Kontext und meiner Eingebundenheit in eben diese Anerkennungsordnung schwierig, ihre Spezifizität aufzuzeigen und über sie hinaus zu denken. Dies ist vor allem von den Rändern des Diskurses und mit Bezug auf marginalisierte Deutungen möglich. Auch hier wäre eine Ergänzung der Forschung durch Interviews, etwa mit Aktivist*innen, sicher wünschenswert. Und zum anderen kann aus dem Diskurs nur bedingt rekonstruiert werden, als was dieses ›Eigene‹ eigentlich konstruiert wird. Im Diskurs tauchen sowohl nationale als auch europäische, ›westliche‹ oder ›universalistische‹ Bezüge auf. Gleichzeitig wurde mit Fokussierung auf den ›nationalen Container‹ durch die Beschränkung auf Diskurse in journalistischen Medien in Deutschland mit der Analyse selbst eine Vorstrukturierung vorgenommen. Weitere Forschungsprojekte könnten hier anknüpfen, indem sie einen breiteren Korpus untersuchen, der sich nicht auf nationale Diskurse beschränkt und z.B. auch Diskursfragmente aus dem als ›anders‹ konzipierten Raum, in diesem Fall also Ägypten oder ›dem arabisch-islamischen Raum‹ miteinbezieht und aus transkultureller Perspektive nach übergreifenden und sich unterscheidenden Deutungen fragt.

Diskursanalyse und Kombination visueller und textförmiger Diskursfragmente

Das Programm der Wissenssoziologischen Diskursanalyse erscheint durch die Betonung der Relevanz von Diskursakteur*innen und die Konzentration der Analyse auf Regelhaftigkeiten des Diskurses passend für die Analyse von Anerkennung in Repräsentationen von Protesten und ihren Akteur*innen. Gleichzeitig ermöglicht sie die Integration textförmiger und visueller Diskursfragmente in die Untersuchung, die als in unterschiedlicher Form getätigte Aussagen des Diskurses gefasst werden. Im methodischen Vorgehen hat sich die Kombination von visuellen und textförmigen Diskursfragmenten als Herausforderung erwiesen, da diese zunächst entsprechend ihrer spezifischen Form getrennt untersucht, in der weiteren Analyse dann aber wieder zusammengeführt werden mussten. Hier erwies sich der Rahmen der Wissenssoziologischen Diskursanalyse als hilfreich, in dem übergeordnet mit den Aussagen des Diskurses (welche in verschiedenen Formen, nämlich Text oder Bild im Diskurs geäußert werden) gearbeitet werden konnte. Gleichzeitig haben die Ergebnisse die Relevanz der Analyse des gesamten Pressediskurses und keiner Beschränkung auf entweder Text oder Bild aufgezeigt. Die Auswahl des Datenkorpus wurde aus pragmatischen Gründen auf Basis der textförmigen Diskursfragmente vorgenommen und diesen damit eine gewisse Priorität eingeräumt. Hier wäre es wünschenswert, für weitere Forschung Möglichkeiten zu entwickeln, die eine (Teil)Auswahl auch auf Basis von Bildern erlaubt.

Gesellschaftspolitische Relevanz der Untersuchung

Abschließen werde ich diese Arbeit mit einem Blick auf die gesellschaftliche Relevanz und Bedeutung der Themen der vorliegenden Untersuchung. Nicht nur der untersuchte Pressediskurs in Deutschland um die Ereignisse in Ägypten selbst, sondern auch sein fast komplettes Verschwinden nach 2014 zeigen die engen Grenzen mediatisierter Sichtbarkeit und Anerkennung auf. Während im Kontext der Proteste 2011 und im Rahmen der Regierungszeit des Präsidenten Mursi verstärkt über die Lebensrealität von Frauen in Ägypten und ihr politisches Handeln berichtet wurde, finden diese gegenwärtig kaum noch Erwähnung in journalistischen Medien in Deutschland. Zugleich hat sich die Situation für die Menschen in Ägypten und soziale Bewegungen unter Präsident Sisi seit 2014 drastisch weiter verschlechtert: Die wirtschaftliche Lage ist nach wie vor instabil[2] und gegen zivilgesellschaftliche Akteur*innen wird verstärkt vorgegangen. So wurde beispielsweise im Februar 2017 das 1993 von vier Frauen gegründete *Al-Nadeem Center for Rehabilitation of Victims of Violence*, welches sich als eines der wenigen Zentren in Ägypten auch für Opfer häuslicher Gewalt einsetzte, vom Staat geschlossen (vgl. Mada Masr 2018). Die Konten der etablierten feministischen Organisation *Nazra for Feminist Studies* wurden eingefroren, Mitarbeiterinnen verhört und ihnen die Ausreise aus Ägypten untersagt (vgl. Nazra 2018). Ende September 2017 gingen Sicherheitskräfte verstärkt gegen Menschen, die sie der LGBTQ-Community in Ägypten zuordneten, vor und verhafteten mindestens 22 Menschen (vgl. Mada Masr 2017). Im Mai 2018 wurde die Aktivistin Amal Fathy inhaftiert, nachdem sie sich in einem Video online gegen sexualisierte Gewalt in Ägypten ausgesprochen hatte.[3] Bereits Ende 2016 gab es dem *Arabic Network for Human Rights Information (ANHRI)* zufolge 60.000 politische Gefangene in Ägypten (vgl. ANHRI 2018). Dies sind nur einige gegenwärtige Beispiele, über die im hegemonialen Pressediskurs in Deutschland kaum berichtet wurde. Die wenige Presseberichterstattung zu Ägypten, die es seit 2014 gab, konzentrierte sich hingegen auf den ›Siemens-Deal‹, bei dem Siemens im größten Einzelauftrag der Konzern-

2 Vgl.: https://www.handelsblatt.com/politik/konjunktur/nachrichten/verbraucherpreise-inflation-steigt-in-aegypten-auf-15-4-prozent/23171684.html?ticket=ST-523842-qCKxH23s2rUqZHqBjXGc-ap1 (abgerufen am 19.11.18).

3 Vgl.: https://www.frontlinedefenders.org/en/case/prosecution-and-detention-amal-fathy (abgerufen am 19.11.18).

geschichte Gaskraftwerke und Windparks an Ägypten verkaufte, Anschläge und den ›Kampf gegen den Terror‹ auf der Sinai-Halbinsel. Dies zeigt, dass die Lebensrealitäten von Frauen und feministische Kämpfe in Bezug auf Ägypten im journalistischen Diskurs in Deutschland vor allem dann ein Thema waren, als es um die Bewertung einer durch ›den Islam‹ geprägten Regierung ging. Damit wird wiederholt deutlich, dass Sichtbarkeiten machtvollen Strukturen unterliegen. Zugleich habe ich mit der vorliegenden Untersuchung aufgezeigt, dass Sichtbarkeiten und mediatisierte Anerkennung nicht in jeder Form ermächtigend sind, sondern auch hierarchisierende Konstruktionen unterstützen können. Dies wird in der ambivalenten Thematisierung von Frauenrechten und insbesondere dem Schutz von Frauen vor sexualisierter Gewalt deutlich, der diese einerseits sichtbar macht, andererseits diese Sichtbarkeit aber auf bestimmte Formen und vor allem Orte (in diesem Fall Ägypten) begrenzt und damit ein ›Othering von Sexismus‹ vornimmt. Angesichts aktueller Debatten und Entwicklungen – etwa der Medienberichterstattung um das ›Ereignis Köln‹ und den ›Fall Susanna F.‹ oder auch der Kampagne *120 Dezibel* der *Identitären Bewegung*[4] – zeigt sich die Notwendigkeit der Thematisierung von Verschränkungen scheinbar frauenrechtlicher oder feministischer Anliegen mit rassistischen, stereotypisierenden und ausgrenzenden Diskursen. Die vorliegende Analyse weist auf die Kontinuität solcher Verschränkungen hin und zeigt, dass das ›Ereignis Köln‹ keinesfalls eine ›Zäsur‹ im Hinblick auf solche Instrumentalisierungen feministischer Anliegen in rassistischen Diskursen darstellt. Zudem wird auch mit Blick auf die vorliegende Arbeit deutlich, dass das ›Othering von Sexismus‹ nicht ausschließlich Bestandteil rechtspopulistischer Argumentationen ist, sondern ein hegemoniales Deutungsmuster im Pressediskurs in Deutschland.

Gleichzeitig ist es in Zeiten der Stärkung rechtspopulistischer und antifeministischer Positionen[5] zentral, feministische Anliegen verstärkt zu thematisieren und auf die mit diesem Rechtsruck verbundenen Gefahren für bereits Erreichtes hinzuweisen. Sowohl rassistische als auch antifeministische Diskurse haben Konjunktur, was die Sichtbarkeit der Pluralität feministischer Kämpfe und vielfältiger Formen von Sexismus, wie sie sich teilweise auch in der Berichterstattung in Deutschland zu den Protesten in Ägypten findet, in Medien dringend erforderlich macht. Die vorliegende Arbeit hat dabei auf die Ausschlüsse hingewiesen, die eine Begrenzung dieser Sichtbarkeiten und eine Anerkennung homogenisierter Positionierungen mit sich bringt. Es bedarf vielmehr einer mediatisierten Anerkennung, die die Vielfältigkeit von lokalen Positionierungen, Kämpfen und Anliegen und deren globale Interdependenzen sichtbar macht.

4 Zum ›Ereignis Köln‹, vgl. Einleitung dieser Arbeit. Susanna F. wurde im Mai 2018 mutmaßlich von einem Geflüchteten aus dem Irak vergewaltigt und ermordet, daraufhin erschien u.a. am 13. Juni ein Stern- Cover, auf dem oben eine Gruppe Flüchtender, anonym im Schattenprofil, unten Merkel und dazu die Zeile: »Das zerrissene Land. Der Mordfall Susanna F. und das Ende von Merkels Flüchtlingspolitik« und die Zeit titelte vor alarmrotem Hintergrund: »Der Fall Susanna F.: Ein Mord, der etwas ändern muss« (13. Juni). Die Kampagne *#120dB*, die von der *Identitären Bewegung* in Deutschland unterstützt wird, versteht sich nach eigenen Angaben als »Sprachrohr für jene Frauen, die Opfer von Ausländerkriminalität geworden sind« (www.120db.info/) und nutzt Fälle, in denen mutmaßlich Migranten an Straftaten gegen Frauen beteiligt waren, um die Schließung von Grenzen zu fordern (vgl. dazu u.a. Al-Khalaf 2018).

5 Vgl. u.a. zu antifeministischen Positionen in der AfD Ketelhut 2018.

Erneuert werden müssen also Forderungen nach einem medialen Gastrecht, welches bedingungslos gewährt wird und eine Polyphonie von Stimmen und Gesichtern in der Berichterstattung ermöglicht (vgl. Silverstone 2008). Gefordert werden muss zudem, die so geäußerten Positionierungen und Sichtweisen auch tatsächlich zu hören (vgl. zur Bedeutung des Zuhörens u.a. Dreher 2009). Im deutschsprachigen Diskurs scheint dies gerade in Bezug auf die Darstellung von Menschen, die als muslimisch repräsentiert werden, dringender denn je.[6] Zugleich zeigt sich in der vorliegenden Untersuchung, dass teilweise weniger eine fehlende Anerkennung von Subjekten als die Umsetzung einer damit einhergehenden Thematisierung globaler Interdependenzen ein Problem darstellt. Viele gegenwärtige Debatten – etwa aktuelle Auseinandersetzungen um die Aufnahme geflüchteter Menschen – zeigen die Notwendigkeit einer medialen Sichtbarkeit globaler Interdependenzen und damit verbundenen Fragen nach der Umverteilung von Ressourcen und nach Solidarisierungen. Die Ambivalenzen im untersuchten Diskurs haben gezeigt, dass in journalistischen Diskursen um hegemoniale Deutungen gerungen wird. So rücken, mindestens durch die Deutungen an den Rändern des untersuchten Diskurses, auch weltweite symbolische und materielle Verflechtungen in den Blickpunkt. Mediale Deutungen können damit bestehende Wissensordnungen in Frage stellen und so auch Handlungsfähigkeit erzeugen. Gerade in Zeiten zunehmender rechtpopulistischer Hetze können widerständige Deutungen in journalistischen Diskursen so einen wichtigen Beitrag leisten im Kampf gegen Sexismen und Rassismen.

6 So fordern beispielsweise Nabila Abdel Aziz, Asaad El Sawali, Julia Ley und Dania Zintl in ihrem Manifest »The Muslim Story« eine Berichterstattung, die u.a. dem Islam nicht mehr Aufmerksamkeit als nötig zukommen lässt und aufhört, gesellschaftliche Probleme zu islamisieren, auf zweifelhafte Expert*innen, die Stereotypisierungen befördern, verzichtet und auf eine Diversifizierung von Protagonist*innen setzt (vgl. facebook.com/themuslimstory, Taz vom 5. Juli 2018, S. 12: Aziz et al.: Weniger stereotype, mehr Diversität).

Literaturverzeichnis

Abouelnaga, Shereen (2016): Women in revolutionary Egypt. Gender and the New Geographics of Identity, Cairo, New York: I.B. Tauris & Co. Ltd.

Abu-Lughod, Lila und Rabab El-Mahdi (2011): »Beyond the ›Woman Question‹ in the Egyptian Revolution«, *Feminist Studies* 37/3, S. 683-691.

Achrainer, Christian (2012): »Ägypten: Kein Kompromiss in Sicht«, https://dgap.org/de/think-tank/publikationen/fuenf-fragen/ägypten-kein-kompromiss-sicht (zugegriffen am 21.8.2018).

Adamczak, Bini (2017): Beziehungsweise Revolution. 1917, 1968 und kommende, Frankfurt a.M.: Suhrkamp.

Adorf, Sigrid und Kerstin Brandes (2014): »Studien Visueller Kultur«, in: Günzel, Stefan und Dieter Mersch (Hg.): Bild. Ein interdisziplinäres Handbuch, Stuttgart, Weimar: J.B. Metzler, S. 446-452.

Ahmed, Sara (2017): Feministisch leben! Manifest für Spaßverderberinnen, Münster: Unrast.

Al Maaitah, Rowaida et al. (2011): »Arab women and political development«, *Journal of International Women's Studies* 12/3, S. 7-26.

Al-Ali, Nadje (2012): »Gendering the Arab Spring«, *Middle East Journal of Culture and Communication* 5/2011, S. 26-31.

Al-Ali, Nadje (2014): »Reflections on (counter)revolutionary processes in Egypt«, *Feminist Media Studies* 106, S. 122-128.

Albrecht, Holger und Thomas Demmelhuber (Hg.) (2013): Revolution und Regimewandel in Ägypten, Baden-Baden: Nomos.

AlDailami, Said und Martin Pabst (2014): Der Arabische Umbruch – Eine Zwischenbilanz. Interne Dynamik und externe Einmischung, München: Hanns-Seidel-Stiftung.

Al-Khalaf, Nadja (2018): »Die Identitäre Bewegung will mit falschem Feminismus Mitglieder anwerben«, https://ze.tt/die-identitaere-bewegung-will-mit-angeblichem-feminismus-mitglieder-anwerben/(zugegriffen am 6.11.2018).

Amin, Nora (2018): Weiblichkeit im Aufbruch, Berlin: Matthes & Seitz.

Amnesty International (2011): Report zur weltweiten Lage der Menschenrechte 2011, Frankfurt a.M.: Fischer.

Anderson, Benedict (1988): Die Erfindung der Nation. Zur Karriere eines erfolgreichen Konzepts, Frankfurt a.M., New York: Campus.

Angermüller, Johann et al. (Hg.) (2014a): Diskursforschung. Ein interdisziplinäres Handbuch. Band 1, Bielefeld: Transcript.

Angermüller, Johannes et al. (2014b): »Der kleine Unterschied? De- und rekonstruktive Positionen im Dialog«, in: Angermüller et al., Diskursforschung, S. 465-475.

Angermüller, Johannes und Veit Schwab (2014): »Zu Qualitätskriterien und Gelingensbedingungen in der Diskursforschung«, in: Angermüller et al., Diskursforschung, S. 645-649.

ANHRI (2018): »"There is Room for Everyone«. A report by ANHRI covering the expansion in prison construction after January 25 Revolution«, http://anhri.net/there-is-room-for-everybody-a-report-by-anhri-covering-the-expansion-in-prison-construction-after-january-25-revolution/?lang=en#.W-G8MOKNzIU (zugegriffen am 6.11.2018).

Antoun, Naira (2011): »Women, honour and Egypt's revolution«, http://english.ahram.org.eg/NewsContent/4/0/30450/Opinion/0/Women,-honour-and-Egypts-revolution.aspx (zugegriffen am 22.8.2018).

Apitzsch, Ursula und Marianne Schmidbaur (Hg.) (2010): Care und Migration. Die Ent-Sorgung menschlicher Reproduktionsarbeit entlang von Geschlechter- und Armutsgrenzen, Opladen: Barbara Budrich.

Appadurai, Arjun (1996): Modernity at large. Cultural dimensions of globalization, Minneapolis: University of Minnesota Press.

Appiah, Kwame Anthony (1998): »Cosmopolitan Patriots«, in: Cheah/Robbins, Cosmopolitics, S. 91-114.

Appiah, Kwame Anthony (2007): Der Kosmopolit. Philosophie des Weltbürgertums, München: Beck.

Asseburg, Muriel (2011): »Zur Anatomie der arabischen Proteste und Aufstände«, *Aus Politik und Zeitgeschichte* 39, S. 3-9.

Asseburg, Muriel (Hg.) (2012): Protest, Revolt and Regime Change in the Arab World. Actors, Challenges, Implications and Policy Options, Berlin: Stiftung Wissenschaft und Politik.

Ateş, Şeref (2006): »Das Islambild in den Medien nach dem 11. September 2001«, in: Butterwegge/Hentges, Massenmedien, Migration und Integration, S. 153-172.

Attia, Iman (1994): »Antiislamischer Rassismus. Stereotypen, Erfahrungen, Machtverhältnisse«, in: Siegfried Jäger (Hg.): Aus der Werkstatt: Anti-rassistische Praxen. Konzepte – Erfahrungen – Forschung, Duisburg: Diss, S. 210-228.

Attia, Iman (2009): Die »westliche Kultur« und ihr Anderes. Zur Dekonstruktion von Orientalismus und antimuslimischem Rassismus, Bielefeld: Transcript.

Axford, Barrie (2011): »Talk About a Revolution. Social Media and the MENA Uprisings«, *Globalizations* 8/5, S. 681-686.

Bachmann-Medick, Doris (2009): Cultural turns. Neuorientierungen in den Kulturwissenschaften, Reinbek: Rowohlt.

Badry, Roswitha (2013): »Körpersprache, Macht und Geschlecht in Zeiten sozialen Umbruchs – Bilderwelten aus dem ›Arabischen Frühling‹«, *Hemispheres* 25/28, S. 5-28.

Bair, Madeleine (2014): »Navigating the Ethics of Citizen Video. The Case of a Sexual Assault in Egypt«, *Arab Media & Society* 19, S. 1-7.
Balibar, Étienne (1990): Rasse – Klasse – Nation. Ambivalente Identitäten, Hamburg [u.a.]: Argument-Verl.
Balzer, Nicole (2014): Spuren der Anerkennung. Studien zu einer sozial- und erziehungswissenschaftlichen Kategorie, Wiesbaden: Springer VS.
Bashri, Maha, Sara Netzley und Amy Greiner (2012): »Facebook revolutions. Transitions in the Arab world, transitions in media coverage? A comparative analysis of CNN and Al Jazeera English's online coverage of the Tunisian and Egyptian revolutions«, *Journal of Arab & Muslim Media Research* 5/1, S. 19-29.
Bäumer, Tobias (2009): »Zeichen setzen! P.S. Graffiti sind Krieg«, in: Schönberger/Sutter, Kommt herunter, reiht euch ein, S. 108-129.
Baumgarten, Britta und Peter Ullrich (2012): Discourse, Power and Governmentality. Social Movement Research with and beyond Foucault, Berlin: WZB.
Beck, Dorothee (2016): Politikerinnen und ihr Griff zur Macht. Mediale Repräsentationen von SPD-Spitzenkandidatinnen bei Landtagswahlen, Bielefeld: Transcript.
Beck, Klaus (2012): Das Mediensystem Deutschlands. Strukturen, Märkte, Regulierungen, Wiesbaden: Springer VS.
Beck, Ulrich (2002): Macht und Gegenmacht im globalen Zeitalter. Neue weltpolitische Ökonomie, Frankfurt a.M.: Suhrkamp.
Beck, Ulrich (2003): »Rooted Cosmopolitanism. Emerging from a Rivalry of Distinctions«, in: Beck, Ulrich, Natan Sznaider und Rainer Winter (Hg.): Global America? The Cultural Consequences of Globalization, Liverpool: Liverpool University Press, S. 15-29.
Beck, Ulrich (2006): The Cosmopolitan Outlook, Cambridge [u.a.]: Polity Press.
Beck, Ulrich (2007): Weltrisikogesellschaft. Auf der Suche nach der verlorenen Sicherheit, Frankfurt a.M.: Suhrkamp.
Beck, Ulrich (2012): »Globale Ungleichheit und Menschenrechte. Eine kosmopolitische Perspektive«, in: Beck, Gerald und Cordula Kropp (Hg.): Gesellschaft innovativ: wer sind die Akteure?, Wiesbaden: VS Verl. für Sozialwiss., S. 273-295.
Beck, Ulrich und Natan Sznaider (2006): »Unpacking cosmopolitanism for the social sciences. A research agenda«, *The British Journal of Sociology* 61/1, S. 381-403.
Bedorf, Thomas (2010): Verkennende Anerkennung. Über Identität und Politik, Berlin: Suhrkamp.
Behroz, Khesrau, Maximilian Heigermoser und Sören Musyal (2013): »Die gestohlene Revolution? Eine qualitative Inhaltsanalyse des deutschen Pressebildes des Islams während des Arabischen Frühlings«, in: Hafez, Kai (Hg.): Arabischer Frühling und deutsches Islambild Bildwandel durch ein Medienereignis?, Berlin: Frank & Timme, S. 67-102.
Berger, Peter und Thomas Luckmann (1970): Die gesellschaftliche Konstruktion der Wirklichkeit. Eine Theorie der Wissenssoziologie, Frankfurt a.M.: Fischer.
Betscher, Silke (2014): »Bildsprache. Möglichkeiten und Grenzen einer Visuellen Diskursanalyse«, in: Eder/Kühschelm/Linsboth, Bilder in historischen Diskursen, S. 63-84.

Bidwell-Steiner, Marlen und Ursula Wagner (2008): Freiheit und Geschlecht. Offene Beziehungen, prekäre Verhältnisse, Innsbruck [u.a.]: Studien-Verl.

Billig, Michael (1995): Banal Nationalism, London [u.a.]: Sage.

Boatca, Manuela und Sérgio Costa (2010): »Postkoloniale Soziologie. Ein Programm«, in: Reuter/Villa, Postkoloniale Soziologie, S. 69-90.

Boltanski, Luc (1999): Distant suffering. Morality, media and politics, Cambridge [u.a.]: Cambridge Univ. Press.

Bosančić, Saša und Reiner Keller (Hg.) (2016): Perspektiven wissenssoziologischer Diskursforschung, Wiesbaden: VS Verl. für Sozialwiss.

Braun, Christina von und Bettina Mathes (2007): Verschleierte Wirklichkeit. Die Frau, der Islam und der Westen, Berlin: Aufbau-Verl.

Breckner, Roswitha (2003): »Körper im Bild. Eine methodische Analyse am Beispiel einer Fotografie von Helmut Newton«, *Zeitschrift für qualitative Bildungs-, Beratungs- und Sozialforschung* 1, S. 33-60.

Brinkmann, Janis (2015): Ein Hauch von Jasmin. Die deutsche Islamberichterstattung vor, während und nach der Arabischen Revolution. Eine quantitative und qualitative Medieninhaltsanalyse, Köln: Halem.

Brunner, Claudia (2011): Wissensobjekt Selbstmordattentat. Epistemische Gewalt und okzidentalistische Selbstvergewisserung in der Terrorismusforschung, Wiesbaden: VS Verl. für Sozialwiss.

Brunner, Claudia (2016): »Expanding the Combat Zone«, *International Feminist Journal of Politics* 18/3, S. 371-389.

Bruns, Axel, Tim Highfield und Jean Burgess (2013): »The Arab Spring and Social Media Audiences. English and Arabic Twitter Users and Their Networks«, *American Behavioral Scientist* 57/7, S. 871-898.

Bublitz, Hannelore (2010): Im Beichtstuhl der Medien. Die Produktion des Selbst im öffentlichen Bekenntnis, Bielefeld: Transcript.

Buck-Morss, Susan (2011): Hegel und Haiti. Für eine neue Universalgeschichte, Berlin: Suhrkamp.

Bührmann, Andrea D. und Werner Schneider (2008): Vom Diskurs zum Dispositiv. Eine Einführung in die Dispositivanalyse, Bielefeld: Transcript.

Buschow, Christopher (2018): Die Neuordnung des Journalismus. Eine Studie zur Gründung neuer Medienorganisationen, Wiesbaden: Springer VS.

Busse, Dietrich, Fritz Hermanns und Wolfgang Teubert (Hg.) (1994): Begriffsgeschichte und Diskursgeschichte. Methodenfragen und Forschungsergebnisse der historischen Semantik, Opladen: Westdt. Verl.

Busse, Jan (2013): »Chronologie des Arabischen Frühlings. Die wichtigsten Ereignisse zu Beginn der Umwälzungen in ausgewählten Ländern«, in: Schneiders, Der Arabische Frühling, S. 289-306.

Butler, Judith (1991): Das Unbehagen der Geschlechter, Frankfurt a.M.: Suhrkamp.

Butler, Judith (1997): Körper von Gewicht. Die diskursiven Grenzen des Geschlechts, Frankfurt a.M.: Suhrkamp.

Butler, Judith (2001): Psyche der Macht. Das Subjekt der Unterwerfung, Frankfurt a.M.: Suhrkamp.

Butler, Judith (2002): »Was ist Kritik? Ein Essay über Foucaults Tugend«, *Deutsche Zeitschrift für Philosophie* 50/2, S. 249-265.
Butler, Judith (2003): »Noch einmal: Körper und Macht«, in: Honneth, Axel und Martin Saar (Hg.): Michel Foucault. Zwischenbilanz einer Rezeption, Frankfurt a.M.: Suhrkamp, S. 52-68.
Butler, Judith (2005): Gefährdetes Leben. Politische Essays, 1. Aufl., Frankfurt a.M.: Suhrkamp.
Butler, Judith (2007): Kritik der ethischen Gewalt. Adorno-Vorlesungen 2002, Erweiterte Ausgabe, Frankfurt a.M.: Suhrkamp.
Butler, Judith (2009): Die Macht der Geschlechternormen und die Grenzen des Menschlichen, Frankfurt a.M.: Suhrkamp.
Butler, Judith (2010): Raster des Krieges. Warum wir nicht jedes Leid beklagen, Frankfurt a.M., New York: Campus.
Butler, Judith (2016): Anmerkungen zu einer performativen Theorie der Versammlung, Berlin: Suhrkamp.
Butler, Judith und Athena Athanasiou (2014): Die Macht der Enteigneten, Zürich, Berlin: diaphanes.
Butterwegge, Christoph, Gudrun Hentges (Hg.) (2006): Massenmedien, Migration und Integration, Wiesbaden: VS Verl. für Sozialwiss.
Calhoun, Craig (2002): »The Class Consciousness of Frequent Travellers. Towards a Critique of Actually Existing Cosmopolitanism«, in: Vertovec/Cohen, Conceiving cosmopolitanism, S. 86-109.
Calhoun, Craig (2003): »›Belonging‹ in the Cosmopolitan Imaginary«, *Ethnicities* 3/4, S. 531-553.
Carstensen, Tanja und Gabriele Winker (2012): »Intersektionalität in der Internetforschung«, *Medien & Kommunikationswissenschaft* 60/1, S. 3-23.
Cascais, Antonio (2014): »Nelkenrevolution in Portugal. Ein Mythos verblasst«, https://www.zeit.de/2014/18/portugal-nelkenrevolution (zugegriffen am 22.8.2018).
Castells, Manuel (2008): »The New Public Sphere. Global Civil Society, Communication Networks, and Global Governance«, *The ANNALS of the American Academy of Political and Social Science* 616/1, S. 78-93.
Castro Varela, María do Mar (2011): »›Wir haben das Recht auf kostenlose Geschirrspülmaschinen‹. Soziale Gerechtigkeit, Recht und Widerstand«, in: Castro Varela/Dhawan, Soziale (Un)Gerechtigkeit, S. 36-61.
Castro Varela, María do Mar und Nikita Dhawan (2005): »Spiel mit dem Feuer. Post/Kolonialismus und Heteronormativität«, *Femina Politica* 14/1, S. 47-59.
Castro Varela, María do Mar und Nikita Dhawan (2009): »Feministische Postkoloniale Theorie. Gender und (De-)Kolonisierungsprozesse«, *Femina Politica* 18/2, S. 9-18.
Castro Varela, María do Mar und Nikita Dhawan (2010): »Mission Impossible: Postkoloniale Theorie im deutschsprachigen Raum?«, in: Reuter/Villa, Postkoloniale Soziologie, S. 303-329.
Castro Varela, María do Mar und Nikita Dhawan (Hg.) (2011): Soziale (Un)Gerechtigkeit, Berlin [u.a.]: Lit-Verl.
Castro Varela, María do Mar und Nikita Dhawan (2015): Postkoloniale Theorie. Eine kritische Einführung, 2. Aufl., Bielefeld: Transcript.

Cheah, Pheng und Bruce Robbins (Hg.) (1998): Cosmopolitics. Thinking and feeling beyond the nation, Minneapolis: University of Minnesota Press.

Chouliaraki, Lilie (2006): The spectatorship of suffering, London [u.a.]: Sage.

Chouliaraki, Lilie (2008): »The symbolic power of transnational media. Managing the visibility of suffering«, *Global Media and Communication* 4/3, S. 329-351.

Chouliaraki, Lilie (2013): »Re-Mediation, Inter-Mediation, Trans-Mediation«, *Journalism Studies* 14/2, S. 267-283.

Christensen, Miyase und Christian Christensen (2013): »The Arab Spring As Meta-Event and Communicative Spaces«, *Television & New Media* 14/4, S. 351-364.

Connell, Raewyn (1999): Der gemachte Mann. Konstruktion und Krise von Männlichkeit, Wiesbaden: VS Verl. für Sozialwiss.

Conrad, Sebastian und Shalini Randeria (2002): Jenseits des Eurozentrismus. Postkoloniale Perspektiven in den Geschichts- und Kulturwissenschaften, Frankfurt a.M., New York: Campus.

Coronil, Fernando (2013): »Jenseits des Okzidentalismus. Unterwegs zu nichtimperialen geohistorischen Kategorien«, in: Conrad, Sebastian und Shalini Randeria (Hg.): Jenseits des Eurozentrismus. Postkoloniale Perspektiven in den Geschichts- und Kulturwissenschaften, Frankfurt a.M., New York: Campus, S. 466-505.

Cottle, Simon (2006): Mediatized conflict, Maidenhead [u.a.]: Open University Press.

Cottle, Simon (2011): »Media and the Arab uprisings of 2011: research notes«, *Journalism* 12/5, S. 647-659.

Cottle, Simon und Libby Lester (2011): Transnational protests and the media, New York [u.a.]: Lang.

Couldry, Nick (2003): Media rituals: a critical approach, London [u.a.]: Routledge.

Crenshaw, Kimberlé (1989): »Demarginalizing the Intersection of Race and Sex. A Black Feminist Critique of Antidiscrimination Doctrine, Feminist Theory and Antiracist Politics«, *140 The University of Chicago Legal Forum*, S. 139-167.

Crenshaw, Kimberlé (2000): The Intersection of Race and Gender Discrimination. Backgroundpaper for the United Nations Regional Expert Group Meeting (21.-24. November, Zagreb, Croatia).

Dabashi, Hamid (2012): The Arab Spring: The End of Postcolonialism, London: Zed Books.

Dackweiler, Regina (1995): Ausgegrenzt und eingemeindet. Die neue Frauenbewegung im Blick der Sozialwissenschaften, Münster: Westfälisches Dampfboot.

Dackweiler, Regina und Barbara Holland-Cunz (1991): »Strukturwandel feministischer Öffentlichkeiten«, *Beiträge zur feministischen Theorie und Praxis* 14/30/31, S. 105-122.

Dastgeer, Shugofa und Peter J. Gade (2016): »Visual framing of Muslim women in the Arab Spring: Prominent, active, and visible«, *International Communication Gazette* 78/5, S. 1-19.

De Wolff, Kaya und Lina Brink (2018): »Kosmopolitismus, Anerkennung und Sichtbarkeit –Postkoloniale Medienkulturforschung«, in: Thomas et al., Anerkennung und Sichtbarkeit, S. 47-66.

Degele, Nina (2004): Sich schön machen. Zur Soziologie von Geschlecht und Schönheitshandeln, Wiesbaden: VS Verl. für Sozialwiss.

Degele, Nina und Gabriele Winker (2007): »Intersektionalität als Mehrebenenanalyse«, http://portal-intersektionalitaet.de/uploads/media/Degele_Winker_01.pdf (zugegriffen am 22.11.2018).

Deines, Stefan (2007): »Soziale Sichtbarkeit. Anerkennung, Normativität und Kritik bei Judith Butler und Axel Honneth«, in: Bertram, Georg, Christophe Laudou und David Lauer (Hg.): Sozialität und Anerkennung. Grammatiken des Menschseins, Paris: L'Harmattan, S. 143-161.

Delanty, Gerard (2006): »The cosmopolitan imagination: critical cosmopolitanism and social theory«, *The British Journal of Sociology* 57/1, S. 25-47.

Delanty, Gerard (2009): The cosmopolitan imagination: the renewal of critical social theory, Cambridge [u.a.]: Cambridge Univ. Press.

Denk, Larissa und Fabian Waibel (2009): »Vom Krawall zum Karneval. Zur Geschichte der Straßendemonstration und der Aneignung des öffentlichen Raumes«, in: Schönberger/Sutter, Kommt herunter, reiht euch ein, S. 46-86.

Dhawan, Nikita (2009): »Zwischen Empire und Empower: Dekolonisierung und Demokratisierung«, *Femina Politica* 18/2, S. 52-63.

Dhawan, Nikita (2011): »Transnationale Gerechtigkeit in einer postkolonialen Welt«, in: Castro Varela/Dhawan, Soziale (Un)Gerechtigkeit, S. 12-35.

Dietze, Gabriele (2009a): »Okzidentalismuskritik. Möglichkeiten und Grenzen einer Forschungsperspektivierung«, in: Dietze, Gabriele, Claudia Brunner und Edith Wenzel (Hg.): Kritik des Okzidentalismus. Transdisziplinäre Beiträge zu (Neo-)Orientalismus und Geschlecht, Bielefeld: Transcript, S. 23-54.

Dietze, Gabriele (2009b): »Critical Whiteness Theory und Kritischer Okzidentalismus. Zwei Figuren hegemonialer Selbstreflexion«, in: Tißberger, Weiß – Weißsein – Whiteness, S. 219-247.

Dietze, Gabriele (2016a): »Das ›Ereignis Köln‹«, *Femina Politica* 25/1, S. 93-102.

Dietze, Gabriele (2016b): »Ethnosexismus. Sex-Mob-Narrative um die Kölner Sylvesternacht«, *Movements* 2/1, S. 1-16.

Dietze, Gabriele (2016c): »Kolonialismus: Runter mit dem Schleier!«, https://www.zeit.de/2016/05/kolonialismus-grossbritannien-indien-aegypten-frauen-schleier-1900 (zugegriffen am 3.10.2018).

Dietze, Gabriele (2018): »Rechtspopulismus und Geschlecht. Paradox und Leitmotiv«, *Femina Politica* 27/1, S. 34-46.

Dietze, Gabriele, Claudia Brunner und Edith Wenzel (Hg.) (2009): Kritik des Okzidentalismus. Transdisziplinäre Beiträge zu (Neo-)Orientalismus und Geschlecht, Bielefeld: Transcript.

Doerr, Nicole, Alice Mattoni und Simon Teune (Hg.) (2013): Advances in the Visual Analysis of Social Movements, Bingley [u.a.]: Emerald.

Dorer, Johanna und Matthias Marschik (2015): »Theoretisierung, Bricolage und Dekonstruktion«, in: Hepp et al., Handbuch Cultural Studies und Medienanalyse, S. 22-30.

Dreher, Tanja (2009): »Eavesdropping with permission: the politics of listening for safer speaking spaces«, *borderlands* 8/1, S. 1-21.

Drüeke, Ricarda (2013): Politische Kommunikationsräume im Internet. Zum Verhältnis von Raum und Öffentlichkeit, Bielefeld: Transcript.

Drüeke, Ricarda (2016): Die TV-Berichterstattung in ARD und ZDF über die Silvesternacht 2015/16 in Köln, Berlin: Gunda Werner Institut.

Drüeke, Ricarda (2018): »Verletzbarkeit durch Sichtbarkeit? Verhandlungen geschlechterpolitischer Positionen in digitalen Medien«, in: Thomas et al., Anerkennung und Sichtbarkeit, S. 173-184.

Drüeke, Ricarda et al. (Hg.) (2015): Zwischen Gegebenem und Möglichem. Kritische Perspektiven auf Medien und Kommunikation, Bielefeld: Transcript.

Drüeke, Ricarda et al. (Hg.) (2018): Kommunikationswissenschaftliche Gender Studies. Zur Aktualität kritischer Gesellschaftsanalyse, Bielefeld: Transcript.

Dübgen, Franziska (2014): »Global Sisterhood Revisited. Möglichkeiten und Fallstricke grenzüberschreitender Solidarität«, in: Hortettler, Karin und Sophie Vögele (Hg.): Diesseits der imperialen Geschlechterordnung. (Post-)koloniale Reflexionen über den Westen, Bielefeld: Transcript, S. 277-303.

Eder, Franz X., Oliver Kühschelm und Christina Linsboth (Hg.) (2014): Bilder in historischen Diskursen, Wiesbaden: Springer VS.

Eggers, Maureen Maisha et al. (2005): Mythen, Masken und Subjekte. Kritische Weisseinsforschung in Deutschland, Münster: Unrast.

Ehrmann, Jeanette (2009): »Traveling, Translating and Transplanting Human Rights. Zur Kritik der Menschenrechte aus postkolonial-feministischer Perspektive«, *Femina Politica* 18/2, S. 84-94.

Eickelmann, Jennifer (2018): »Mediatisierte Missachtung. Anerkennungsordnungen in digitalen Öffentlichkeiten«, in: Thomas et al., Anerkennung und Sichtbarkeit, S. 155-172.

Eickhof, Ilka (2013): »Frauen im Arabischen Frühling: Fragen zur medialen Repräsentation und Kontextualisierung«, in: Filter, Dagmar, Jana Reich und Eva Fuchs (Hg.): Arabischer Frühling? Alte und neue Geschlechterpolitiken in einer Region im Umbruch, Herbolzheim: Centaurus, S. 161-173.

Eilders, Christiane (2016): »Journalismus und Nachrichtenwert«, Handbuch Journalismustheorien, Wiesbaden: Springer VS., S. 431-442.

El Tahwy, Roaya (2018): »Politische Demonstrationen in den Medien – Eine qualitative Analyse von Repräsentationsmustern in journalistischen Bildern«, in: Lünenborg/Sell, Politischer Journalismus im Fokus der Journalistik, S. 35-60.

Elger, Ralf und Friederike Stolleis (Hg.) (2008): Kleines Islam-Lexikon. Geschichte – Alltag – Kultur, 5. akt. Aufl., München.

Eltantawy, Nahed und Julie B. Wiest (2011): »Social Media in the Egyptian Revolution: Reconsidering Resource Mobilization Theory«, *International Journal of Communication* 5, S. 1207-1224.

Emcke, Carolin (2000): Kollektive Identitäten. Sozialphilosophische Grundlagen, Frankfurt a.M., New York: Campus.

Esim, Simel (2012): »Transforming the World of Work for Gender Equality in the Arab Region«, *Al-Raida* 135, S. 2-6.

Eskjær, Mikkel Fugl (2012): »Changing Revolutions, Changing Attention? Comparing Danish Press Coverage of the Arab Spring in Tunisia and Syria«, *Global Media Journal* 2/1, S. 1-19.

Fahlenbrach, Kathrin (2009): »Protest-Räume? Medien-Räume. Zur rituellen Topologie der Straße als Protest-Raum«, in: Geschke, Sandra Maria (Hg.): Straße als kultureller Aktionsraum. Interdisziplinäre Betrachtungen des Straßenraumes an der Schnittstelle zwischen Theorie und Praxis, Wiesbaden: VS Verl. für Sozialwiss., S. 98-110.

Fahlenbrach, Kathrin (2016): »Protest as a Media Phenomenon«, in: Fahlenbrach, Kathrin, Martin Klimke und Joachim Scharloth (Hg.): Protest Cultures. A Companion, New York [u.a.]: Berghahn, S. 94-113.

Fahmy, Shahira (2004): »Picturing Afghan Women: A Content Analysis of AP Wire Photographs During the Taliban Regime and after the Fall of the Taliban Regime«, *International Communication Gazette* 66/2, S. 91-112.

Fairclough, Norman (1992): Discourse and social change, Cambridge: Polity Press.

Fairclough, Norman (2006): Language and globalization, London [u.a.]: Routledge.

Fanon, Frantz (1981): Die Verdammten dieser Erde, Frankfurt a.M.: Suhrkamp.

Farag, Mona (2012): »The muslim sisters and the January 25th revolution«, *Journal of International Women's Studies* 13/5, S. 228-237.

Farrokhzad, Schahrzad (2002): »Medien im Einwanderungsdiskurs. Überlegungen zur Konstruktion der ›fremden Frau‹«, *Beiträge zur feministischen Theorie und Praxis* 61, S. 75-93.

Farrokhzad, Schahrzad (2006): »Exotin, Unterdrückte und Fundamentalistin«, in: Butterwegge/Hentges, Massenmedien, Migration und Integration, S. 55-86.

Featherstone, Mike (Hg.) (1990): Global culture. Nationalism, globalization and modernity, London [u.a.]: Sage.

Fegter, Susann (2011): »Die Macht der Bilder – Photographien und Diskursanalyse«, in: Oelerich, Hans-Uwe Otto (Hg.): Empirische Forschung und Soziale Arbeit, Wiesbaden: VS Verl. für Sozialwiss., S. 207-219.

Fegter, Susann (2012): Die Krise der Jungen in Bildung und Erziehung diskursive Konstruktion von Geschlecht und Männlichkeit, Wiesbaden: Springer VS.

Fernandez, Santha (2012): »One step forward, two steps back«, *Monash Business Review* 13/5, S. 91-99.

Fischer, Gabriele (2015): Anerkennung – Macht – Hierarchie. Praktiken der Anerkennung und Geschlechterdifferenzierung in der Chirurgie und im Friseurhandwerk, Bielefeld: Transcript.

Fischer, Gabriele (2018): »Betrauerbarkeit, Erinnerung und Gedenken an die Mordopfer des NSU aus anerkennungstheoretischer Perspektive«, in: Thomas et al., Anerkennung und Sichtbarkeit, S. 121-136.

Fiske, John (1989): Understanding popular culture, London [u.a.]: Unwin Hyman.

Flicker, Eva (2008): »Der Diskurs ›Frauenbewegung‹ in den Medien«, in: Köpl/Dorer/Geiger, Medien – Politik – Geschlecht, S. 124-139.

Fornaciari, Federica (2012): »Framing the Egyptian Revolution: A content analysis of Al Jazeera English and the BBC«, *Journal of Arab & Muslim Media Research* 4/2, S. 223-235.

Foucault, Michel (1976): Überwachen und Strafen. Die Geburt des Gefängnisses, Frankfurt a.M.: Suhrkamp.

Foucault, Michel (1990): Archäologie des Wissens, Frankfurt a.M.: Suhrkamp.

Foucault, Michel (1991): Die Ordnung der Dinge. Eine Archäologie der Humanwissenschaften, Frankfurt a.M.: Suhrkamp.

Foucault, Michel (1992): Was ist Kritik?, Leipzig: Merve.

Foucault, Michel (2005): »Was ist Aufklärung?«, in: Foucault, Michel (Hg.): Dits et Ecrits. Schriften, Bd. 4 1980-1988, S. 987-707.

Fraser, Nancy (1996): »Öffentlichkeit neu denken. Ein Beitrag zur Kritik real existierender Demokratie«, in: Scheich, Elvira (Hg.): Vermittelte Weiblichkeit. Feministische Wissenschafts- und Gesellschaftstheorie, Hamburg: Hamburger Ed.

Fraser, Nancy (2001): Die halbierte Gerechtigkeit. Schlüsselbegriffe des postindustriellen Sozialstaats, Frankfurt a.M.: Suhrkamp.

Fraser, Nancy (2003): »Soziale Gerechtigkeit im Zeitalter der Identitätspolitik. Umverteilung, Anerkennung und Beteiligung«, in: Fraser/Honneth, Umverteilung oder Anerkennung?, S. 13-128.

Fraser, Nancy (2005): »Mapping the Feminist Imagination: From Redistribution to Recognition to Representation«, *Constellations* 12/3, S. 295-307.

Fraser, Nancy und Axel Honneth (Hg.) (2003): Umverteilung oder Anerkennung? Eine politisch-philosophische Kontroverse, Frankfurt a.M.: Suhrkamp.

Fritzsche, Julia (2016): »Sexualisierte Gewalt und Wahrheit«, https://www.akweb.de/ak_s/ak612/35.htm (zugegriffen am 24.9.2018).

Gabbert, Wolfgang (2010): »Das Eigene und das Fremde im ›globalen Dorf‹– Perspektiven einer kritischen Soziologie der Globalisierung«, in: Reuter/Villa, Postkoloniale Soziologie, S. 159-179.

Galán, Susana (2012): »›Today I have seen angels in shape of humans‹: An emotional history of the Egyptian revolution through the narratives of female personal bloggers«, *Journal of International Women's Studies* 13/5, S. 17-30.

Galander, Mahmoud M (2013): »Al-Jazeera, Advocacy and Media Value Determinism. Reconceptualizing the Network's Coverage of the Arab Spring of Revolutions«, *Global Media Journal* 12/22, S. 1-17.

Gasteiger, Ludwig und Werner Schneider (2014): »Die Modernisierung der Hochschule im Spannungsfeld von politischer Steuerung und Autonomie«, in: Nonhoff et al., Diskursforschung, S. 140-163.

Geiger, Brigitte (2002a): »Mediale Vermittlung feministischer Öffentlichkeiten«, in: Neissl, Julia (Hg.): Der/Die Journalismus. Geschlechterperspektiven in den Medien, Innsbruck: Studien-Verl., S. 91-112.

Geiger, Brigitte (2002b): »Geschlechterverhältnisse als Medienereignis. Berichterstattung und mediale Diskurse zum österreichischen FrauenVolksBegehren«, in: Dorer, Johanna und Brigitte Geiger (Hg.): Feministische Medien- und Kommunikationswissenschaft, Wiesbaden: Westdt. Verl., S. 98-122.

Geiger, Brigitte (2008): »Die Herstellung von Öffentlichkeit für Gewalt an Frauen«, in: Köpl/Dorer/Geiger, Medien – Politik – Geschlecht, S. 204-217.

Geiger, Brigitte (2017): »Nach Köln. Ein Blick auf Entwicklungen und Kontexte feministischer Gewaltdebatten«, https://www.gwi-boell.de/de/2017/01/30/nach-koeln-ein-blick-auf-entwicklungen-und-kontexte-feministischer-gewaltdebatten (zugegriffen am 20.9.2018).

Georgiou, Myria (2012): »Media, Diaspora, and the Transnational Context. Cosmopolitanizing Cross-National Comparative Research?«, in: Volkmer, The Handbook of Global Media Research, S. 365-380.

Gerhard, Ute (2009): Frauenbewegung und Feminismus. Eine Geschichte seit 1789, München: Beck.

Gerlach, Julia (2014): »Frühling der Frauen am Nil«, in: Schröter, Susanne (Hg.): Geschlechtergerechtigkeit durch Demokratisierung? Transformationen und Restaurationen von Genderverhältnissen in der islamischen Welt, Bielefeld: Transcript, S. 45-66.

Ghannam, By Jeffrey (2011): Social Media in the Arab World: Leading up to the Uprisings of 2011, Washington: CIMA.

Giddens, Anthony (1990): The consequences of modernity, Stanford: Stanford Univ. Press.

Gill, Rosalind (2016): »Postfeministische Medienkultur. Elemente einer Sensibilität (2007)«, in: Peters, Kathrin und Andrea Seier (Hg.): Gender & Medien-Reader, Zürich: diaphanes, S. 541-557.

Gilroy, Paul (2013): »Postcolonialism and cosmopolitanism. Towards a worldly understanding of fascism and Europe's colonial crimes«, in: Blaagaard, Rosi, Patrick Braidotti und Bolette Hanafin (Hg.): After cosmopolitanism, New York [u.a.]: Routledge, S. 111-131.

Göbel, Alexander (2015): »Tunesien – ›Es ist, als wäre die Revolution mit ihm gestorben‹«, https://www.deutschlandfunk.de/tunesien-es-ist-als-waere-die-revolution-mit-ihm-gestorben.1773.de.html?dram:article_id=340085 (zugegriffen am 21.8.2018).

Goldbeck, Kerstin (2004): Gute Unterhaltung, schlechte Unterhaltung: die Fernsehkritik und das Populäre, Bielefeld: Transcript.

Gosepath, Stefan (2008): »Soziale Menschenrechte als universalistische Ansprüche auf Grundsicherung«, in: Richter, Ingo (Hg.): Transnationale Menschenrechte. Schritte zu einer weltweiten Verwirklichung der Menschenrechte, Opladen [u.a.]: Barbara Budrich, S. 105-117.

Gottschalk, Katrin (2016): »Fotos protestierender Frauen. Ikonen des Widerstands«, www.taz.de/!5319091/(zugegriffen am 24.8.2018).

Gramsci, Antonio (1991): Gefängnishefte. Kritische Gesamtausgabe in 10 Bänden. Herausgegeben von Klaus Bochmann, Wolfgang Fritz Haug und Peter Jehle (1991-1999), Hamburg: Argument Verl.

Grimm, Jannis (2015): »Eine Schwalbe macht noch keinen Frühling: Die arabischen Umbrüche in der politikwissenschaftlichen Literatur«, *Zeitschrift für Vergleichende Politikwissenschaft* 9/1, S. 97-118.

Grisard, Dominique und Andrea Maihofer (2016): »Sexismus – ein umstrittener Begriff. Plädoyer für einen Neuaneignung«, in: Scheidegger, Christine (Hg.): Sexistische Botschaften in Sprache, Text, Bild, Werbung und Film, Wettingen: eFeF-Verl., S. 13-36.

Grittmann, Elke (2007): Das politische Bild. Fotojournalismus und Pressefotografie in Theorie und Empirie, Köln: Halem.

Grittmann, Elke (2012): »Der Blick auf die Macht. Geschlechterkonstruktionen von Spitzenpersonal in der Bildberichterstattung«, in: Lünenborg/Röser, Ungleich mächtig, S. 127-172.

Grittmann, Elke und Ilona Ammann (2009): »Die Methode der quantitativen Bildtypenanalyse. Zur Routinisierung der Bildberichterstattung am Beispiel von 9/11 in der journalistischen Erinnerungskultur«, in: Petersen, Thomas und Clemens Schwender (Hg.): Visuelle Stereotype, Köln: Halem, S. 141-158.

Grittmann, Elke und Ilona Ammann (2011): »Quantitative Bildtypenanalyse«, in: Petersen, Thomas und Clemens Schwender (Hg.): Die Entschlüsselung der Bilder. Methoden zur Erforschung visueller Kommunikation, Köln: Halem, S. 163-178.

Grittmann, Elke und Tanja Maier (2017): »Gerechtigkeit und Anerkennung durch Bilder. Eine ethische Perspektive auf visuelle Kommunikation in den Medien«, in: Werner, Petra et al. (Hg.): Verantwortung – Gerechtigkeit – Öffentlichkeit. Normative Perspektiven auf Kommunikation, Köln: Halem, S. 171-183.

Grittmann, Elke und Kathrin Friederike Mueller (2012): »›Voll die Pose‹. Zur (De-)Konstruktion von Geschlechterdifferenzen in der journalistischen Bildberichterstattung und deren Aneignung durch junge Rezipientinnen und Rezipienten«, in: Maier/Thiele/Linke, Medien, Öffentlichkeit und Geschlecht in Bewegung, S. 115-142.

Ha, Kien Nghi (2010): »Postkoloniale Kritik als politisches Projekt«, in: Reuter/Villa, Postkoloniale Soziologie, S. 259-280.

Habermas, Jürgen (1990): Strukturwandel der Öffentlichkeit. Untersuchungen zu einer Kategorie der bürgerlichen Gesellschaft, Frankfurt a.M.: Suhrkamp.

Hafez, Kai (2002): Die politische Dimension der Auslandsberichterstattung. Das Nahost- und Islambild der deutschen überregionalen Presse, Baden-Baden: Nomos.

Hafez, Kai (2007): The myth of media globalization, Cambridge [u.a.]: Polity Press.

Hafez, Kai (2011): »Global Journalism for Global Governance? Theoretical Visions, Practical Constraints«, *Journalism. Theory, practice & criticism* 12/4, S. 483-496.

Hafez, Kai (2012): »The ›Global Public Sphere‹. A critical Reappraisal«, in: Volkmer, The Handbook of Global Media Research, S. 175-192.

Hafez, Kai (Hg.) (2013): Arabischer Frühling und deutsches Islambild. Bildwandel durch ein Medienereignis?, Berlin: Frank & Timme.

Hafez, Kai und Carola Richter (2007): »Das Islambild von ARD und ZDF«, *Aus Politik und Zeitgeschichte* 26, S. 40-46.

Hagemann-White, Carol (1984): Sozialisation, weiblich-männlich?, Opladen: Leske + Budrich.

Hagemann-White, Carol (1993): »Die Konstrukteure des Geschlechts auf frischer Tat ertappen?«, *Feministische Studien* 11/2, S. 68-78.

Hahn, Oliver, Julia Lönnendonker und Nicole Scherschun (2008): »Forschungsstand. Deutsche Auslandskorrespondenten und -korrespondenz«, in: Hahn, Oliver, Julia Lönnendonker und Roland Schröder (Hg.): Deutsche Auslandskorrespondenten. Ein Handbuch, Konstanz [u.a.]: UVK, S. 19-43.

Hall, Stuart (1979): »Culture, the Media and the ›Ideological Effect‹«, in: Curran, James, Michael Gurevitch und Janet Woollacott (Hg.): Mass Communication and Society, London: Arnold, S. 315-348.

Hall, Stuart (1980): »Encoding/Decoding«, in: During, Simon (Hg.): The Cultural Studies Reader, New York [u.a.]: Routledge, S. 123-148.

Hall, Stuart (1982): »The rediscovery of ›ideology‹. Return of the repressed in media studies«, in: Wollacott, Janet et al. (Hg.): Culture, Society and the Media, London: Methuen, S. 56-90.

Hall, Stuart (1988): The hard road to renewal. Thatcherism and the crisis of the left, New York: Verso.

Hall, Stuart (1994): »Cultural identity and diaspora«, in: Williams, Patrick und Laura Chrisman (Hg.): Colonial discourse and post-colonial theory: a reader, New York [u.a.]: Harvester Wheatsheaf, S. 392-403.

Hall, Stuart (1997): »The work of representations«, in: Hall, Stuart (Hg.): Representation: Cultural Representations and Signifying Practices, London [u.a.]: Sage, S. 13-64.

Hall, Stuart (2001): »Die strukturierte Vermittlung von Ereignissen«, in: Adelmann, Ralf (Hg.): Grundlagentexte zur Fernsehwissenschaft. Theorie, Geschichte, Analyse, Konstanz: UVK, S. 344-375.

Hall, Stuart (2002a): »Die Zentralität von Kultur«, in: Hepp/Löffelholz, Grundlagentexte zur transkulturellen Kommunikation, S. 95-117.

Hall, Stuart (2002b): »Das theoretische Vermächtnis der Cultural Studies«, in: Hall, Stuart (Hg.): Cultural Studies: ein politisches Theorieprojekt, 2. Aufl., Hamburg: Argument Verl.

Hall, Stuart (2004): »Das Spektakel des Anderen«, Ideologie Identität Repräsentation. Ausgewählte Schriften 4, Hamburg: Argument Verl., S. 108-166.

Hamdy, Naila und Ehab H. Gomaa (2012): »Framing the Egyptian Uprising in Arabic Language Newspapers and Social Media«, *Journal of Communication* 62/2, S. 195-211.

Hamilton, Omar Robert (2018): »Industrial colonialism. Egypt, Germany and the maintenance of the modern world«, https://madamasr.com/en/2018/07/05/opinion/u/industrial-colonialism-egypt-germany-and-the-maintenance-of-the-modern-world/(zugegriffen am 17.11.2018).

Handelsblatt (2012): »Wahlergebnisse Ägyptens. Islamisten erhalten 70 Prozent der Stimmen«, https://www.handelsblatt.com/politik/international/wahlergebnisse-aegyptens-islamisten-erhalten-70-prozent-der-stimmen/6094510.html?ticket=ST-34214-FmCKBYTglJIExb5zC9jc-ap3 (zugegriffen am 21.8.2018).

Hannerz, Ulf (1990): »Cosmopolitans and Locals in World Culture«, *Theory, Culture & Society* 7, S. 237-251.

Hannerz, Ulf (2004): Foreign news. Exploring the world of foreign correspondents, Chicago [u.a.]: University of Chicago Press.

Hannerz, Ulf (2005): »Two Faces of Cosmopolitanism: Culture and Politics«, *Statsvetenskaplig Tidskrift* 107/3, S. 199-213.

Hannerz, Ulf (2010): »Afterthoughts: World watching«, *Social Anthropology* 18/4, S. 448-453.

Harders, Cilja (2013): »Revolution I und II – Ägypten zwischen Transformation und Restauration«, in: Jünemann, Annette und Anja Zorob (Hg.): Arabellions, Politik und Gesellschaft des Nahen Ostens, Wiesbaden: Springer VS, S. 19-42.

Hark, Sabine (2005): Dissidente Partizipation. Eine Diskursgeschichte des Feminismus, Frankfurt a.M.: Suhrkamp.

Hark, Sabine (2009): »Was ist und wozu Kritik? Über Möglichkeiten und Grenzen feministischer Kritik heute«, *Feministische Studien* 27/1, S. 22-35.

Hark, Sabine und Paula-Irene Villa (2010): »Ambivalenzen der Sichtbarkeit – Einleitung zur deutschen Ausgabe«, in: McRobbie, Angela (Hg.): Top Girls, Wiesbaden: VS Verl. für Sozialwiss., S. 7-15.

Hark, Sabine und Paula-Irene Villa (2017): Unterscheiden und Herrschen. Ein Essay zu den ambivalenten Verflechtungen von Rassismus, Sexismus und Feminismus in der Gegenwart, Bielefeld: Transcript.

Hasan, Mahmudul (2005): »The Orientalization of Gender«, *The American Journal of Islamic Social Sciences* 22/4, S. 26-56.

Haunss, Sebastian (2009): »Die Bewegungsforschung und die Protestformen sozialer Bewegungen.«, in: Schönberger/Sutter, Kommt herunter, reiht euch ein, S. 30-45.

Haunss, Sebastian und Peter Ullrich (2013): »Viel Bewegung – wenig Forschung«, *Soziologie* 42/3, S. 290-305.

Hegde, Radha Sarma (2012): »Gender, Globalization and the Politics of Visibility«, in: Maier/Thiele/Linke, Medien, Öffentlichkeit und Geschlecht in Bewegung, S. 19-26.

Heidelberger, Martin (2018): Korrespondenten des Wandels. Lokale Akteure der globalen Nachrichtenindustrie, Bielefeld: Transcript.

Heidenreich, Nanna (2009): »Von Bio- und anderen Deutschen: Aspekte der V/Erkennungsdienste des deutschen Ausländerdiskurses«, in: Tißberger, Weiß – Weißsein – Whiteness, S. 203-218.

Held, David (1995): Democracy and the global order. From the modern state to cosmopolitan governance, Cambridge [u.a.]: Polity Press.

Hepp, Andreas (2005): »Medienkultur«, in: Hepp, Andreas, Friedrich Krotz und Carsten Winter (Hg.): Globalisierung der Medienkommunikation: eine Einführung, Wiesbaden: VS Verl. für Sozialwiss., S. 137-164.

Hepp, Andreas et al. (Hg.) (2015): Handbuch Cultural Studies und Medienanalyse, Wiesbaden: Springer VS.

Hepp, Andreas, Friedrich Krotz und Carsten Winter (Hg.) (2005): Globalisierung der Medienkommunikation. Eine Einführung, Wiesbaden: VS Verl. für Sozialwiss.

Hepp, Andreas und Martin Löffelholz (Hg.) (2002): Grundlagentexte zur transkulturellen Kommunikation, Konstanz [u.a.]: UVK

Hickethier, Knut (2003): Einführung in die Medienwissenschaft, Stuttgart: J.B. Metzler.

Hitzler, Ronald und Anne Honer (1997): Sozialwissenschaftliche Hermeneutik: Eine Einführung, Wiesbaden: VS Verl. für Sozialwiss.

Höber-Kamel, Gabi (2002): »Die göttliche Königin – Nofretete, herrlich an Liebreiz«, *Kemet* 1.

Höijer, Birgitta (2004): »The Discourse of Global Compassion: The Audience and Media Reporting of Human Suffering«, *Media, Culture & Society* 26/4, S. 513-531.

Holton, Robert John (2009): Cosmopolitanisms: New thinking and new directions, Basingstoke, New York: Palgrave Macmillan.

Holtz-Bacha, Christina und Nina König-Reiling (2007): Warum nicht gleich? Wie die Medien mit Frauen in der Politik umgehen, Wiesbaden: VS Verl. für Sozialwiss.

Honneth, Axel (1992): Kampf um Anerkennung. Zur moralischen Grammatik sozialer Konflikte, Frankfurt a.M.: Suhrkamp.

Honneth, Axel (2003): »Umverteilung als Anerkennung. Eine Erwiderung auf Nancy Fraser«, in: Fraser/Honneth, Umverteilung oder Anerkennung?, S. 129-224.

Honneth, Axel (2004): »Anerkennung als Ideologie«, *WestEnd. Neue Zeitschrift für Sozialforschung* 1, S. 51-70.

Horak, Roman (2006): »Raymond Williams (1921-1988). Von der literarischen Kulturkritik zum kulturellen Materialismus«, in: Hofmann, Martin Ludwig, Tobias F. Korta und Sibylle Niekisch (Hg.): Culture Club II. Klassiker der Kulturtheorie, Frankfurt a.M.: Suhrkamp, S. 204-225.

Howard, Philip N. et al. (2011): »Opening Closed Regimes. What Was the Role of Social Media During the Arab Spring?«, https://ssrn.com/abstract=2595096 or http://dx.doi.org/10.2139/ssrn.2595096 (zugegriffen am 21.8.2018).Hügel, Ika (1993): Entfernte Verbindungen. Rassismus, Antisemitismus, Klassenunterdrückung, Berlin: Orlanda-Frauenverl.

Huhnke, Brigitta (1996): Macht, Medien und Geschlecht. Eine Fallstudie zur Berichterstattungspraxis der dpa, der taz sowie der Wochenzeitungen Die Zeit und Der Spiegel von 1980-1995, Opladen: Westdt. Verl.

Human Rights Watch (2014): »The Rab'a Massacre and Mass Killings of Protesters in Egypt«, https://www.hrw.org/report/2014/08/12/all-according-plan/raba-massacre-and-mass-killings-protesters-egypt (zugegriffen am 21.8.2018).

Ikäheimo, Heikki (2014): Anerkennung, Berlin [u.a.]: De Gruyter.

Inglis, David und Roland Robertson (2005): »The Ecumenical Analytic: ›Globalization‹, Reflexivity and the Revolution in Greek Historiography«, *European Journal of Social Theory* 8/2, S. 99-122.

Iskander, Elizabeth und Annette Ranko (2012): »Chancen und Herausforderungen für Mohammed Mursi«, *Giga Focus* 6, S. 1-8.

Jäger, Margret (1996): Fatale Effekte. Die Kritik am Patriarchat im Einwanderungsdiskurs, Duisburg: DISS.

Jäger, Margarete und Siegfried Jäger (2007): Deutungskämpfe. Theorie und Praxis Kritischer Diskursanalyse, Wiesbaden: VS Verl. für Sozialwiss.

Jäger, Siegfried (1993): Kritische Diskursanalyse: eine Einführung, Duisburg: DISS.

Jelloun, Tahar Ben (2011): Arabischer Frühling, Berlin: Berlin Verl.

Joffé, George (2011): »The Arab Spring in North Africa: origins and prospects«, *The Journal of North African Studies* 16/4, S. 507-532.

Jorndrup, Hanne (2012): »Journalism's Rewriting of History in Reporting the Arab Spring«, *Global Media Journal* 2/1, S. 2-20.

Joye, Stijn (2010): »News discourses on distant suffering: a Critical Discourse Analysis of the 2003 SARS outbreak«, *Discourse & Society* 21/5, S. 586-601.

Jünemann, Annette und Anja Zorob (2012): Arabellions: Zur Vielfalt von Protest und Revolte im Nahen Osten und Nordafrika, Wiesbaden: Springer VS.

Kannengießer, Sigrid (2011): »Transformative Anerkennung: Medienethik und Geschlechtergerechtigkeit«, in: Böhm, Alexandra, Antje Kley und Mark Schönleben (Hg.): Ethik – Anerkennung – Gerechtigkeit. Philosophische, literarische und gesellschaftliche Perspektiven, Paderborn: Wilhelm Fink, S. 333-350.

Kannengießer, Sigrid (2014): Translokale Ermächtigungskommunikation. Medien, Globalisierung, Frauenorganisationen, Wiesbaden: Springer VS.

Kant, Immanuel (1795): Die Metaphysik der Sitten, Stuttgart: Reclam.

Karis, Tim (2012): Mediendiskurs Islam. Narrative Berichterstattung der Tagesthemen 1979-2010, Wiesbaden: Springer VS.

Kaun, Anne, Maria Kyriakidou und Julie Uldam (Hg.) (2016): Political Agency in the Digital Age. Media, Participation and Democracy, Lissabon: Cogitatio Press.

Keller, Reiner (2011a): Diskursforschung. Eine Einführung für SozialwissenschaftlerInnen, 4. Aufl., Wiesbaden: VS Verl. für Sozialwiss.

Keller, Reiner (2011b): Wissenssoziologische Diskursanalyse. Grundlegung eines Forschungsprogramms, Wiesbaden: VS Verl. für Sozialwiss.

Keller, Reiner (2011c): Handbuch sozialwissenschaftliche Diskursanalyse 1. Theorien und Methoden, 3. erw. Aufl., Wiesbaden: VS Verl. für Sozialwiss.

Keller, Reiner (2012): »Der menschliche Faktor. Über Akteur(inn)en, Sprecher(inn)en, Subjektpositionen, Subjektivierungsweisen in der Wissenssoziologischen Diskursanalyse«, in: Keller, Reiner, Werner Schneider und Willy Viehöver (Hg.): Diskurs – Macht – Subjekt. Theorie und Empirie von Subjektivierung, Wiesbaden: VS Verl. für Sozialwiss., S. 69-108.

Keller, Reiner (2013): »Kommunikativer Konstruktivismus und diskursive Konstruktion«, in: Keller, Reiner, Jo Reichertz und Hubert Knoblauch (Hg.): Kommunikativer Konstruktivismus, Wiesbaden: Springer VS., S. 69-94.

Keller, Reiner (2016): »Die komplexe Diskursivität der Visualisierung«, in: Bosančić/Keller, Perspektiven wissenssoziologischer Diskursforschung, S. 75-93.

Keller, Reiner und Inga Truschkat (2013): Methodologie und Praxis der Wissenssoziologischen Diskursanalyse. Band 1: Interdisziplinäre Perspektiven, Wiesbaden: Springer VS.

Keller, Reiner und Inga Truschkat (2014): »Angelus Novus: Über alte und neue Wirklichkeiten der deutschen Universitäten. Sequenzanalyse und Deutungsmusterrekonstruktion in der Wissenssoziologischen Diskursanalyse«, in: Nonhoff et al., Diskursforschung, S. 294-328.

Kendall, Gavin, Ian Woodward und Zlatko Skrbiš (2009): The sociology of cosmopolitanism. Globalization, identity, culture and government, Basingstoke, New York: Palgrave Macmillan.

Kennedy, Michael D. (2006): »Calhoun's Critical Sociology of Cosmopolitanism. Solidarity and Public Space«, *Thesis Eleven* 84/1, S. 73-89.

Kerner, Ina (2009): »Alles intersektional? Zum Verhältnis von Rassismus und Sexismus«, *Feministische Studien* 27/1, S. 36-50.

Kerner, Ina (2012): Postkoloniale Theorien zur Einführung, Hamburg: Junius.

Kerner, Ina (2014): »Varianten des Sexismus«, *Aus Politik und Zeitgeschichte* 2014/8, S. 41-46.

Kerton, Sarah (2012): »Tahrir, Here? The Influence of the Arab Uprisings on the Emergence of Occupy«, *Social Movement Studies* 11/3-4, S. 302-308.

Keskinkılıç, Ozan Zakariya (2017): »›Der orientalische Mann‹ vor/nach Köln. Zur sexuell-kulturellen Dynamik des antimuslimischen Rassismus in der Fluchtdebatte«, in: Yurdakul, Goekce et al. (Hg.): Witnessing the Transition. Moments in the Long Summer of Migration, Berlin: BIM, S. 61-73.

Kessler, Suzanne J. und Wendy McKenna (1985): Gender: an ethnomethodological approach, Chicago [u.a.]: University of Chicago Press.

Ketelhut, Klemens (2018): »›Mehr Kinder? Aber nur deutsche!‹ – Die Familienpolitik der AfD«, https://www.gwi-boell.de/de/2018/02/19/mehr-kinder-aber-nur-deutsche-die-voelkische-familienpolitik-der-afd (zugegriffen am 6.11.2018).

Khalil, Andrea (2014): »Gender paradoxes of the Arab Spring«, *The Journal of North African Studies* 19/2, S. 131-136.

Khamis, Sahar (2014): »Gendering the Arab Spring. Arab women journalists/activists, ›cyberfeminism‹, and the sociopolitical revolution«, in: Carter, Cynthia, Linda Steiner und Lisa McLaughlin (Hg.): The Routledge Compagnion to Media and Gender, London [u.a.]: Routledge, S. 565-575.

Khamis, Sahar und Katherine Vaughn (2012): »›We Are All Khaled Said‹: The potentials and limitations of cyberactivism in triggering public mobilization and promoting political change«, *Journal of Arab & Muslim Media Research* 4/2, S. 145-163.

Kiefl, Oliver (2013): »›We are Family‹: Erfahrungswissen Familie – Familien im Mitmachfernsehen. Ein Diskurs bewegter Bilder«, in: Keller/Truschkat, Methodologie und Praxis der Wissenssoziologischen Diskursanalyse, S. 135-162.

Kirchhoff, Susanne (2010): Krieg mit Metaphern. Mediendiskurse über 9/11 und den »War on Terror«, Bielefeld: Transcript.

Kirollos, Mariam (2014): »Wenigstens ein friedlicher Frauentag?«, https://static.woz.ch/1410/aegypten/wenigstens-ein-friedlicher-frauentag (zugegriffen am 21.8.2018).

Klaus, Elisabeth (2005): Kommunikationswissenschaftliche Geschlechterforschung. Zur Bedeutung der Frauen in den Massenmedien und im Journalismus, Berlin [u.a.]: Lit-Verl.

Klaus, Elisabeth (2008): »Antifeminismus und Elitefeminismus – Eine Intervention«, *Feministische Studien* 26/2, S. 176-186.

Klaus, Elisabeth (2017): »Öffentlichkeit als gesellschaftlicher Selbstverständigungsprozess und das Drei-Ebenen-Modell von Öffentlichkeit. Rückblick und Ausblick«, in: Klaus/Drüeke, Öffentlichkeiten und gesellschaftliche Aushandlungsprozesse, S. 17-38.

Klaus, Elisabeth und Ricarda Drüeke (2017): Öffentlichkeiten und gesellschaftliche Aushandlungsprozesse. Theoretische Perspektiven und empirische Befunde, Bielefeld: Transcript.

Klaus, Elisabeth und Susanne Kassel (2008): »Frauenrechte als Kriegslegitimation in den Medien«, in: Köpl/Dorer/Geiger, Medien – Politik – Geschlecht, S. 266-280.

Klaus, Elisabeth und Margreth Lünenborg (2011): »Zwanzig Jahre Gender- und Queertheorien in der Kommunikations- und Medienwissenschaft«, *Studies in Communication and Media* 1, S. 95-117.

Kloppenburg, Julia (2012): »Zur medialen Verhandlung von Migrantinnen und Migranten in Fernsehnachrichten«, in: Geise, Stephanie und Katharina Lobinger (Hg.): Bilder – Kulturen – Identitäten. Analysen zu einem Spannungsfeld Visueller Kommunikationsforschung, Köln: Halem, S. 125-141.

Knapp, Gudrun-Axeli (2010): »›Intersectional Invisibility‹. Anknüpfungen und Rückfragen an ein Konzept der Intersektionalitätsforschung«, in: Lutz, Helma, Maria Teresa

Herrera Vivar und Linda Supik (Hg.): Fokus Intersektionalität, Wiesbaden: VS Verl. für Sozialwiss., S. 223-244.

Knaut, Annette (2016): »Die Konstruktion von Geschlecht im virtuellen Raum«, in: Bosančić/Keller, Perspektiven wissenssoziologischer Diskursforschung, S. 53-74.

Köhler, Benedikt (2006): Soziologie des Neuen Kosmopolitismus, Wiesbaden: VS Verl. für Sozialwiss.

Köhler, Benedikt (2010): »Edward W. Saids postkolonialer Kosmopolitismus«, in: Reuter/Villa, Postkoloniale Soziologie, S. 193-212.

Köpl, Regina, Johanna Dorer und Brigitte Geiger (Hg.) (2008): Medien – Politik – Geschlecht. Feministische Befunde zur politischen Kommunikationsforschung, Wiesbaden: VS Verl. für Sozialwiss.

Koopmans, Ruud (2004): »Movements and media: Selection processes and evolutionary dynamics in the public sphere«, *Theory and Society* 33, S. 367-391.

Kraushaar, Wolfgang (2012): Der Aufruhr der Ausgebildeten. Vom Arabischen Frühling zur Occupy-Bewegung, Hamburg: Hamburger Ed.

Kreile, Renate (2012): »Von der Rebellion zum Rollback? Frauen im Arabischen Frühling und danach – das Beispiel Ägypten«, in: Schoch, Bruno et al. (Hg.): Friedensgutachten, Berlin: Lit-Verl., S. 263-276.

Kreutzer, Florian (2013): Ausgänge aus der »Frauenfalle«. Die Un-Vereinbarkeit von Familie und Beruf im Bild-Text-Diskurs, Bielefeld: Transcript.

Krotz, Friedrich (2005): »Einführung: Mediengesellschaft, Mediatisierung, Mythen – Einige Begriffe und Überlegungen«, in: Rössler, Patrick und Friedrich Krotz (Hg.): Mythen der Mediengesellschaft – The Media Society and its Myths, Konstanz [u.a.]: UVK, S. 9-30.

Krotz, Friedrich (2015): »Mediatisierung«, in: Hepp et al., Handbuch Cultural Studies und Medienanalyse, S. 439-451.

Kruse, Merle (2013): Pop Macht Nation. Affirmationen und Irritationen nationaler Identität in Texten deutschsprachiger Popmusik, Berlin [u.a.]: Lit-Verl.

Küchenhoff, Erich (1975): Die Darstellung der Frau und die Behandlung von Frauenfragen im Fernsehen – eine empirische Untersuchung der Universität Münster, Stuttgart: Kohlhammer.

Kuckartz, Udo (2010): Einführung in die computergestützte Analyse qualitativer Daten, Wiesbaden: VS Verl. für Sozialwiss.

Kuckartz, Udo (2016): Qualitative Inhaltsanalyse. Methoden, Praxis, Computerunterstützung, Weinheim: Beltz.

Kyriakidou, Maria (2009): »Imagining Ourselves Beyond the Nation? Exploring Cosmopolitanism in Relation to Media Coverage of Distant Suffering«, *Studies in Ethnicity and Nationalism* 9/3, S. 481-496.

Laclau, Ernesto (2002): Emanzipation und Differenz, Wien: Turia und Kant.

Langer, Annette (2018): »Sexuelle Belästigung in Ägypten: Fast jede Frau betroffen«, www.spiegel.de/panorama/gesellschaft/sexuelle-belaestigung-in-aegypten-fast-jede-frau-betroffen-a-1183910.html#impressum (zugegriffen am 20.9.2018).

Ledwell, Thomas (2012): The Story of Egypt: Journalistic impressions of a revolution and new media power, London: Media@LSE.

Leidinger, Christiane (2003): Medien – Herrschaft – Globalisierung. Folgenabschätzung zu Medieninhalten im Zuge transnationaler Konzentrationsprozesse, Münster: Verl. Westfälisches Dampfboot.

Leidinger, Christiane (2015): Zur Theorie politischer Aktionen: eine Einführung, Münster: Ed. Assemblage.

Lenner, Katharina (2011): »Bilder einer Revolution«, https://www.akweb.de/ak_s/ak558/31.htm (zugegriffen am 25.11.2018).

Lenz, Ilse (2010): Die neue Frauenbewegung in Deutschland. Abschied vom kleinen Unterschied. Ausgewählte Quellen, Wiesbaden: VS Verl. für Sozialwiss.

Lenz, Ilse, Sabine Evertz und Saida Ressel (2017): »Geschlecht im flexibilisierten Kapitalismus? Neue UnGleichheiten«, in: Lenz, Ilse, Sabine Evertz und Saida Ressel (Hg.): Geschlecht im flexibilisierten Kapitalismus?, Wiesbaden: VS Verl. für Sozialwiss., S. 1-7.

Lindell, Johan (2014): Cosmopolitanism in a Mediatized World. The Social Stratification of Global Orientations, Karlstad: Karlstad University Studies.

Lirola, María Martínez (2014): »An exploration of the representation of immigrant women in a sample from the Spanish press«, *Gender Questions* 2/1, S. 84-97.

Lobinger, Katharina (2012): Visuelle Kommunikationsforschung. Medienbilder als Herausforderung für die Kommunikations- und Medienwissenschaft, Wiesbaden: Springer VS.

Lobinger, Katharina (Hg.) (2017): Handbuch Visuelle Kommunikationsforschung, Wiesbaden: Springer VS.

Lobinger, Katharina et al. (2017): »Theoretische, thematische, forschungsethische und methodologische Herausforderungen der Visuellen Kommunikationsforschung. Ein programmatischer Ausblick«, in: Lobinger, Handbuch Visuelle Kommunikationsforschung, S. 723-749.

Löffelholz, Martin und Andreas Hepp (2002): »Transkulturelle Kommunikation. Einführung in die Grundlagentexte«, in: Hepp/Löffelholz, Grundlagentexte zur transkulturellen Kommunikation, S. 11-33.

Lotan, Gilad et al. (2011): »The Revolutions Were Tweeted: Information Flows during the 2011 Tunisian and Egyptian Revolutions«, *International Journal of Communication* 5, S. 1375-1405.

Lünenborg, Margreth (2005): Journalismus als kultureller Prozess. Zur Bedeutung von Journalismus in der Mediengesellschaft. Ein Entwurf, Wiesbaden: VS Verl. für Sozialwiss.

Lünenborg, Margreth (Hg.) (2009): Politik auf dem Boulevard? Die Neuordnung der Geschlechter in der Politik der Mediengesellschaft, Bielefeld: Transcript.

Lünenborg, Margreth, Katharina Fritsche und Annika Bach (2011): Migrantinnen in den Medien. Darstellungen in der Presse und ihre Rezeption, Bielefeld: Transcript.

Lünenborg, Margreth und Tanja Maier (2013): Gender Media Studies: eine Einführung, Konstanz [u.a.]: UVK.

Lünenborg, Margreth und Tanja Maier (2017): Wir und die Anderen? Eine Analyse der Bildberichterstattung deutschsprachiger Printmedien zu den Themen Flucht, Migration und Integration, Gütersloh: Verl. Bertelsmann Stiftung.

Lünenborg, Margreth und Jutta Röser (Hg.) (2012): Ungleich mächtig. Das Gendering von Führungspersonen aus Politik, Wirtschaft und Wissenschaft in der Medienkommunikation, Bielefeld: Transcript.

Lünenborg, Margreth und Saskia Sell (Hg.) (2018): Politischer Journalismus im Fokus der Journalistik, Wiesbaden: Springer VS.

Lünenborg, Margreth und Saskia Sell (2018): »Politischer Journalismus als Forschungsfeld. Theoretische Verortung und empirische Zugänge«, in: Lünenborg/Sell, Politischer Journalismus im Fokus der Journalistik, S. 3-31.

Lutz, Helma (1989): »Unsichtbare Schatten? Die ›orientalische‹ Frau in westlichen Diskursen – Zur Konzeptualisierung einer Opferfigur«, *Peripherie* 37, S. 51-65.

Lutz, Helma und Christine Huth-Hildebrandt (1998): »Geschlecht im Migrationsdiskurs. Neue Gedanken über ein altes Thema«, *Das Argument: Zeitschrift für Philosophie und Sozialwissenschaften* 40/224, S. 159-173.

Maasen, Sabine, Torsten Mayerhauser und Cornelia Renggli (2006): Bilder als Diskurse – Bilddiskurse, Weilerswist: Velbrück.

Macdonald, Myra (2006): »Muslim Women and the Veil«, *Feminist Media Studies* 6/1, S. 7-23.

Mada Masr (2017): »At least 22 arrested in continued security crackdown on LGBTQ individuals«, https://madamasr.com/en/2017/09/30/news/u/at-least-22-arrested-in-continued-security-crackdown-on-lgbtq-individuals/(zugegriffen am 6.11.2018).

Mada Masr (2018): »Interrogation of Al-Nadeem co-founder Magda Adly postponed«, https://madamasr.com/en/2018/06/04/news/u/interrogation-of-al-nadeem-co-founder-magda-adly-postponed/(zugegriffen am 6.11.2018).

Madianou, Mirca (2013): »Humanitarian Campaigns in Social Media«, *Journalism Studies* 14/2, S. 249-266.

Maia, Rousiley C.M. (2014): Recognition and the Media, Basingstoke, New York: Palgrave Macmillan.

Maier, Michaela, Karin Stengel und Joachim Marschall (2010): Nachrichtenwerttheorie, Baden-Baden: Nomos.

Maier, Tanja und Margreth Lünenborg (2012): »›Kann der das überhaupt?‹ Eine qualitative Textanalyse zum Wandel medialer Geschlechterrepräsentationen«, in: Lünenborg/Röser, Ungleich mächtig, S. 65-126.

Maier, Tanja und Martina Thiele (2017): »Theoretische Perspektiven auf mediale Geschlechterbilder«, in: Lobinger, Handbuch Visuelle Kommunikationsforschung, S. 403-420.

Maier, Tanja, Martina Thiele und Christine Linke (Hg.) (2012): Medien, Öffentlichkeit und Geschlecht in Bewegung. Forschungsperspektiven der kommunikations- und medienwissenschaftlichen Geschlechterforschung, Bielefeld: Transcript.

Marchart, Oliver (2018): Cultural Studies, 2. akt. Aufl., München: UVK.

McAdam, Doug, Sidney G. Tarrow und Charles Tilly (2001): Dynamics of contention, Cambridge: Cambridge University Press.

McClintock, Anne (1995): Imperial leather: Race, gender and sexuality in the colonial context, New York [u.a.]: Routledge.

McClintock, Anne (1997): »›No longer in a future heaven‹: Gender, Race, and Nationalism«, in: McClintock, Anne, Aamir Mufti und Ella Shohat (Hg.): Dangerous Lialsons: gender, nation, and postcolonial perspectives, Minneapolis, London: University of Minnesota Press, S. 89-112.

McLuhan, Marshall (1968): War and peace in the global village. An inventory of some of the current spastic situations that could be eliminated by more feedforward, New York [u.a.]: Bantam Books.

McRobbie, Angela (2010): Top Girls: Feminismus und der Aufstieg des neoliberlen Geschlechterregimes, Wiesbaden: VS Verl. für Sozialwiss.

Mehlis, Katja (2016): Nachrichtenqualität im Internet. Nutzung und Bewertung von Online-News-Angeboten, Baden-Baden: Nomos.

Meier, Stefan und Christian Pentzold (2014): »Diskursforschung in den Kommunikations- und Medienwissenschaften«, in: Angermüller et al., Diskursforschung, S. 118-129.

Meißner, Hanna (2010): Jenseits des autonomen Subjekts. Zur gesellschaftlichen Konstitution von Handlungsfähigkeit im Anschluss an Butler, Foucault und Marx, Bielefeld: Transcript.

Mendes, Kaitlynn (2012): »›Feminism rules! Now, where's my swimsuit?‹ Re-evaluating feminist discourse in print media 1968-2008«, *Media, Culture & Society* 34/5, S. 554-570.

Merten, Kai und Lucia Krämer (Hg.) (2016): Postcolonial studies meets media studies. A critical encounter, Bielefeld: Transcript.

Mies, Maria (2001): »Wirtschaftliche Globalisierung aus feministischer Sicht«, in: Hobuss, Steffi et al. (Hg.): Die andere Hälfte der Globalisierung. Menschenrechte, Ökonomie und Medialität aus feministischer Sicht, Frankfurt a.M., New York: Campus, S. 21-37.

Miggelbrink, Judith und Antje Schlotmann (2009): »Diskurstheoretisch orientierte Analyse von Bildern«, in: Glasze, Georg und Annika Mattissek (Hg.): Handbuch Diskurs und Raum. Theorien und Methoden für die Humangeographie sowie die sozial- und kulturwissenschaftliche Raumforschung, Bielefeld: Transcript, S. 181-198.

Mikdashi, Maya (2011): »Waiting for Alia«, www.jadaliyya.com/Details/24673 (zugegriffen am 25.11.2018).

Mitchell, William J. Thomas (1992): »The Pictorial Turn«, *Artforum* 30, S. 89-94.

Moghadam, Valentine M. (1999): »Gender, National Identity and Citizenship. Reflections on the Middle East and North Africa«, *Comparative Studies of South Asia, Africa and the Middle East* 19/1, S. 137-157.

Moghadam, Valentine M. (2011): »Engendering Democracy«, *International Journal of Middle East Studies* 43/3, S. 387.

Moghadam, Valentine M. (2013): »What is democracy? Promises and perils of the Arab Spring«, *Current Sociology* 61/4, S. 393-408.

Moghadam, Valentine M. (2014): »Modernising women and democratisation after the Arab Spring«, *The Journal of North African Studies* 19, S. 137-142.

Mohanty, Chandra Talpade (1988): »Under western eyes. Feminist scholarship and colonial discourses«, *Feminist Review* 30, S. 65-88.

Mohanty, Chandra Talpade (2003): »›Under Western Eyes‹ Revisited. Feminist Solidarity through Anticapitalist Struggles«, *Signs: Journal of Women in Culture and Society* 28/2, S. 499-535.

Mohanty, Chandra Talpade (2006): »US Empire and the Project of Women's Studies. Stories of citizenship, complicity and dissent«, *Gender, Place & Culture* 13/1, S. 7-20.

Möller, Kurt (1995): »›Fremdenfeindlichkeit‹: Übereinstimmungen und Unterschiede bei Jungen und Mädchen«, in: Engel, Monika und Barbara Menke (Hg.): Weibliche Lebenswelten – gewaltlos?, Münster: agenda, S. 64-86.

Morley, David (2000): Home territories. Media, mobility and identity, London [u.a.]: Routledge.

Mouffe, Chantal (2010): Über das Politische. Wider die kosmopolitische Illusion, Bonn: Bundeszentrale für Politische Bildung.

Mourad, Sara (2013): »The Naked Body of Alia. Gender, Citizenship, and the Egyptian Body Politic«, *Journal of Communication Inquiry* 38/1, S. 62-78.

Mücke, Julika (2014): »Ziviler Ungehorsam im Kontext der Presseberichterstattung zu ›Castor? Schottern!‹. Diskursive Legitimationsressourcen und ihre Grenzen«, in: Burschel, Friedrich, Andreas Kahrs und Lea Steinert (Hg.): Ungehorsam! Disobedience! Theorie & Praxis kollektiver Regelverstöße, Münster: Ed. Assemblage, S. 57-71.

Nachtigall, Andrea (2012): Gendering 9/11. Medien, Macht und Geschlecht im Kontext des »War on Terror«, Bielefeld: Transcript.

Nash, Kate (2008): »Global citizenship as showbusiness. The cultural politics of Make Poverty History«, *Media, Culture & Society* 30/2, S. 167-181.

Nazra for Feminist Studies (2012): »We Pledge to Continue the Pursuit of All Involved in this Crime and Attempted Cover-Up: Military ›Virginity Testing‹ Verdict: Not the Last Battle«, http://nazra.org/en/2012/03/military-virginity-testing-verdict-not-last-battle (zugegriffen am 24.8.2018).

Nazra for Feminist Studies (2013): »The Dispersion of the Rab'aa Sit-in and its Aftermath«, http://nazra.org/sites/nazra/files/attachments/report_on_police_treatment-with_women_protesters_en.pdf (zugegriffen am 25.11.2018).

Nazra for Feminist Studies (2018): »The Summon of Feminist and Woman Human Rights Defender Mozn Hassan to Investigation within the Context of the NGO Foreign Funding Case«, http://nazra.org/en/2018/06/summon-mozn-hassan-investigation-within-context-ngo-foreign-funding-case (zugegriffen am 6.11.2018).

Newsom, Victoria und Lara Lengel (2012): »Arab Women, Social Media, and the Arab Spring: Applying the framework of digital reflexivity to analyze gender and online activism«, *Journal of International Women's Studies* 13/5, S. 31-45.

Nichols, Alicia M. (2013): Feminism in »the west« on social movements in »the rest«. A discourse analysis of feminist publications, San Diego: San Diego State University.

Nkrumah, Kwame (1965): Neo-colonialism. The last stage of imperialism, London [u.a.]: Nelson.

Nonhoff, Mart et al. (Hg.) (2014): Diskursforschung. Ein interdisziplinäres Handbuch. Band 2, Bielefeld: Transcript

Nordhausen, Frank und Thomas Schmid (2011): Die arabische Revolution. Demokratischer Aufbruch von Tunesien bis zum Golf, Berlin: Links.

Norris, Pippa und Ronald Inglehart (2009): Cosmopolitan Communications. Cultural Diversity in a Globalized World, Cambridge [u.a.]: Cambridge Univ. Press.

Nussbaum, Martha Craven (1997): Cultivating humanity. A classical defense of reform in liberal education, Cambridge [u.a.]: Harvard University Press.

Odine, Maurice (2013): »Role of social media in the empowerment of Arab women«, *Global Media Journal* 12/22, S. 1-30.

O'Keefe, Theresa (2014): »my body is my manifesto! SlutWalk, FEMEN and femenist protest«, *Feminist Review* 107/1, S. 1-19.

Okin, Susan Moller (1998): »Feminism, Women's Human Rights, and Cultural Difference«, *Hypatia: A Journal of Feminist Philosophy* 13/2, S. 32-52.

Olimat, Muhamad (2011): »The Fourth Wave: Revolution and Democratization in the Arab Middle East«, *Journal of International Women's Studies* 12/3, S. 1-6.

Ong, Jonathan C. (2009): »The cosmopolitan continuum: locating cosmopolitanism in media and cultural studies«, *Media, Culture & Society* 31/3, S. 449-466.

Orgad, Shani (2011): »Proper distance from ourselves. The potential for estrangement in the mediapolis«, *International Journal of Cultural Studies* 14/4, S. 401-421.

Orgad, Shani (2012): Media Representation and the Global Imagination, Cambridge [u.a.]: Polity Press.

Orgad, Shani und Irene Bruna Seu (2014): »The Mediation of Humanitarianism. Toward a Research Framework«, *Communication, Culture & Critique* 7/1, S. 6-36.

Osman, Amr und Marwa Abdel Samei (2012): »The Media and the Making of the 2011 Egyptian Revolution«, *Global Media Journal* 2/1, S. 2-19.

Oy, Gottfried (2001): Die Gemeinschaft der Lüge. Medien- und Öffentlichkeitskritik sozialer Bewegungen in der Bundesrepublik, Münster: Westfälisches Dampfboot.

Panofsky, Erwin (1978): Sinn und Deutung in der bildenden Kunst, Köln: DuMont.

Pantti, Mervi (2007): »Portraying Politics: Gender, Politik und Medien«, in: Holtz-Bacha, Christina und Nina König-Reiling (Hg.): Warum nicht gleich? Wie die Medien mit Frauen in der Politik umgehen, Wiesbaden: VS Verl. für Sozialwiss., S. 17-51.

Pantti, Mervi (2013): »Getting Closer?«, *Journalism Studies* 14/2, S. 201-218.

Papacharissi, Zizi und Maria De Fatima Oliveira (2012): »Affective News and Networked Publics: The Rhythms of News Storytelling on #Egypt«, *Journal of Communication* 62/2, S. 266-282.

Paul, Joachim (2014): »Dossier: Präsidentschaftswahlen in Ägypten«, https://www.boell.de/de/praesidentschaftswahlen-aegypten-das-97-prozent-ergebnis (zugegriffen am 21.8.2018).

Paulus, Stanislawa (2008): »Ethnisierung von Geschlecht und die diskursive Reproduktion von Differenz in der Fernsehdokumentation ›Fremde Nachbarn. Muslime zwischen Integration und Isolation‹«, in: Wischermann, Ulla und Tanja Thomas (Hg.): Medien – Diversität – Ungleichheit. Zur medialen Konstruktion sozialer Differenz, Wiesbaden: VS Verl. für Sozialwiss., S. 125-140.

Perlmutter, David D. (1998): Photojournalism and foreign policy. Icons of outrage in international crises, München: Praeger.

Phillips, Timothy und Philip Smith (2008): »Cosmopolitan Beliefs and Cosmopolitan Practices. An Empirical Investigation«, *Journal of Sociology* 44/4, S. 391-399.

Poferl, Angelika (2010): »Jenseits der Solidarität? Globale Probleme und die kosmopolitische Konstitution von Sozialität«, in: Beck, Ulrich und Angelika Poferl (Hg.): Große Armut, großer Reichtum, Berlin: Suhrkamp, S. 134-170.

Poferl, Angelika (2013): »Problematisierungswissen und die Konstitution von Globalität«, in: Soeffner, Hans-Georg (Hg.): Transnationale Vergesellschaftung, Wiesbaden: Springer VS, S. 619-632.

Poferl, Angelika und Reiner Keller (2017): »Die Wahrheit der Bilder«, in: Eberle, Thomas (Hg.): Fotografie und Gesellschaft. Phänomenologische und wissenssoziologische Perspektiven, Bielefeld: Transcript, S. 305-316.

Pollock, Sheldon (1993): »Deep Orientalism? Notes on Sanskrit and Power Beyond the Raj«, *South Asia Seminar series; New Cultural Studies*, S. 76-133.

Rang, Helene (Hg.) (2011): Der Arabische Frühling: Auslöser, Verlauf, Ausblick, Berlin: Deutsches Orient Institut.

Rantanen, Terhi (2005): The Media and Globalization, London: Sage.

Raschke, Joachim (1987): Soziale Bewegungen. Ein historisch-systematischer Grundriss, Frankfurt a.M., New York: Campus.

Rauchenzauner, Elisabeth (2008): Schlüsselereignisse in der Medienberichterstattung, Wiesbaden: VS Verl. für Sozialwiss.

Rauchut, Franziska (2018): »Scholarship with commitment? Die Rolle von Cultural, Gender und Queer Studies für eine engagierte Kommunikationswissenschaft«, in: Drüeke et al., Kommunikationswissenschaftliche Gender Studies, S. 91-106.

Reckwitz, Andreas (2008): »Subjekt/Identität: Die Produktion und Subversion des Individuums«, in: Moebius, Stephan und Andreas Reckwitz (Hg.): Poststrukturalistische Sozialwissenschaften, Frankfurt a.M.: Suhrkamp, S. 75-92.

Reichertz, Jo (2003): Die Abduktion in der qualitativen Sozialforschung, Wiesbaden: VS Verl. für Sozialwiss.

Reilly, Niamh (2007): »Cosmopolitan Feminism and Human Rights«, *Hypatia: A Journal of Feminist Philosophy* 22/4, S. 180-198.

Reilly, Niamh (2009): Women's Human Rights, Cambridge [u.a.]: Polity Press.

Reimer, Romy (2012): Der »Blinde Fleck« der Anerkennungstheorie. Zur Diskussion eines problematischen Theorems der Sozialphilosophie, seiner historischen Vorläufer und seiner aktuellen Lösungsmöglichkeiten, Münster: Westfälisches Dampfboot.

Reinecke, Stefan (2011): »Islamexperte über revoltierende Araberinnen: ›Heirat und Kinder reichen nicht‹« www.taz.de/!5119564/(zugegriffen am 29.11.2018).

Reinelt, Janelle G. (2011): »Rethinking the public sphere for a global age«, *Performance Research: A Journal of the Performing Arts* 16/2, S. 16-27.

Renggli, Cornelia (2014): »Komplexe Beziehungen beschreiben. Diskursanalytisches Arbeiten mit Bildern«, in: Eder/Kühschelm/Linsboth, Bilder in historischen Diskursen, S. 45-61.

Renneberg, Verena (2011): Auslandskorrespondenz im globalen Zeitalter. Herausforderungen der modernen TV-Auslandsberichterstattung, Wiesbaden: VS Verl. für Sozialwiss.

Reuter, Julia und Paula-Irene Villa (Hg.) (2010): Postkoloniale Soziologie. Empirische Befunde, theoretische Anschlüsse, politische Intervention, Bielefeld: Transcript.

Reuter, Julia und Paula-Irene Villa (2010): »Provincializing Sozilologie: Postkoloniale Theorie als Herausforderung«, in: Reuter/Villa, Postkoloniale Soziologie, S. 11-46.

Robbins, Bruce (1998): »Actually Existing Cosmopolitanism«, in: Cheah/Robbins, Cosmopolitics, S. 1-19.

Robertson, Alexa (2010): Mediated cosmopolitanism. The world of television news, Cambridge [u.a.]: Polity Press.

Robertson, Roland (1992): Globalization: Social theory and global culture, London: Sage.

Röckemann, Ronja (2018): »Online-Bewertung von Prostitution/Sexarbeit – Derivatisierung in Freierforen«, in: Grittmann, Elke et al. (Hg.): Visualisierung und Vergeschlechtlichung von Körpern in Medienkulturen, Köln: Halem, S. 181-203.

Röder, Maria (2007): Haremsdame, Opfer oder Extremistin? Muslimische Frauen im Nachrichtenmagazin Der Spiegel, Berlin: Frank & Timme.

Rogers, Andrew (2011): Mediated Cosmopolitanism? The Other's Mediated Dialogical Space on BBC World's Hardtalk, London: Media@LSE.

Roll, Stephan (2011): »Ägypten: Komplexe Herausforderungen der gleichzeitigen politischen und wirtschaftlichen Transformation«, in: Asseburg, Muriel (Hg.): Proteste Aufstände und Regimewandel in der arabischen Welt, Berlin: SWP, S. 33-35.

Roll, Stephan (2016): Ägyptens Außenpolitik nach dem Putsch. Strategiewechsel zur Herrschaftssicherung, Berlin: SWP.

Roll, Stephan (2018): »Strohfeuer am Nil? Das Ausbleiben von Strukturreformen und massive Menschenrechtsverletzungen konterkarieren den IWF-gestützten Wirtschaftsaufschwung in Ägypten«, *SWP-Aktuell* 34, S. 1-4.

Romahn, Boris (2015): »Öffentlichkeit weiter denken«, in: Drüeke et al., Zwischen Gegebenem und Möglichem, S. 209-222.

Roth, Roland (2012): »Vorboten einer neuen Protestgeneration?«, *Aus Politik und Zeitgeschichte* 62, S. 36-43.

Roudometof, Victor (2005): »Transnationalism, Cosmopolitanism and Glocalization«, *Current Sociology* 53/1, S. 113-135.

Rovisco, Maria (2017): »The indignados social movement and the image of the occupied square: the making of a global icon«, *Visual Communication* 16/3, S. 337-359.

Rovisco, Maria und Magdalena Nowicka (2011): The Ashgate research companion to cosmopolitanism, Farnham [u.a.]: Ashgate.

Ruoff, Michael (2013): Foucault-Lexikon: Entwicklung – Kernbegriffe – Zusammenhänge, Paderborn: Fink.

Said, Edward W. (1978): Orientalism, New York: Vintage Books.

Sarasin, Philipp (2008): »Bilder und Texte. Ein Kommentar«, *WerkstattGeschichte* 47, S. 75-80.

Sassen, Saskia (1998): Globalization and its discontents: essays on the new mobility of people and money, New York: New Press.

Sassen, Saskia (2002): Global networks, linked cities, New York [u.a.]: Routledge.

Sayed, Nermeen (2012): »Towards the Egyptian Revolution: Activists' perceptions of social media for mobilization«, *Journal of Arab & Muslim Media Research* 4/2, S. 273-298.

Schade, Sigrid und Silke Wenk (2011): Studien zur visuellen Kultur. Einführung in ein transdisziplinäres Forschungsfeld, Bielefeld: Transcript.

Schaffer, Johanna (2008): Ambivalenzen der Sichtbarkeit. Über die visuellen Strukturen der Anerkennung, Bielefeld: Transcript.

Scharff, Christina (2011): »Disarticulating feminism: Individualization, neoliberalism and the othering of ›Muslim women‹«, *European Journal of Women's Studies* 18/2, S. 119-134.

Schaufler, Birgit (2002): »Schöne Frauen – starke Männer«. Zur Konstruktion von Leib, Körper und Geschlecht, Opladen: Leske + Budrich.

Schielke, Samuli (2013): »Jugend, Klassengesellschaft und Generationen in Ägypten nach dem 25. Januar«, in: Schneiders, Der Arabische Frühling, S. 127-138.

Schiffer, Sabine (2007): »Medien als Spiegel und Konstrukteur gesellschaftlicher Vorstellungen. Der Islam in deutschen Medien«, https://heimatkunde.boell.de/2007/08/01/medien-als-spiegel-und-konstrukteur-gesellschaftlicher-vorstellungen-der-islam-deutschen (zugegriffen am 26.11.2018).

Schmid, Bernhard (2011): Die arabische Revolution? Soziale Elemente und Jugendprotest in den nordafrikanischen Revolten, Münster: Ed. Assemblage.

Schnabel, Annette (2003): Die Rationalität der Emotionen. Die neue deutsche Frauenbewegung als soziale Bewegung im Blickfeld der Theorie rationaler Wahl, Wiesbaden: Westdt. Verl.

Schneck, Anja (2013): Treiben uns die neuen Medien in den Wahnsinn? Über den Diskurs um Informationsflut, Überforderung und Überlastung, Hamburg: Diplomica-Verl.

Schneiders, Thorsten Gerald (Hg.) (2013): Der Arabische Frühling. Hintergründe und Analysen, Wiesbaden: Springer VS.

Schönberger, Klaus und Ove Sutter (Hg.) (2009): Kommt herunter, reiht euch ein. Eine kleine Geschichte der Protestformen sozialer Bewegungen, Hamburg, Berlin: Assoziation A.

Schoon, Wiebke (2016): Lokale Verortungen und (trans)nationale Verflechtungen im Journalismus, Hamburg: Universität Hamburg.

Schwab-Trapp, Michael (2002): Kriegsdiskurse. Die politische Kultur des Krieges im Wandel 1991-1999, Opladen: Leske + Budrich.

Schwarz, Tobias (2014): Bedrohung, Gastrecht, Integrationspflicht. Differenzkonstruktionen im deutschen Ausweisungsdiskurs, Bielefeld: Transcript.

Schwengel, Herrmann (2010): »Jenseits des Cultural Turns. Die Renaissance der Gesellschaft«, in: Frank, Sybille und Jochen Schwenk (Hg.): Turn Over. Cultural Turns in der Soziologie, Frankfurt a.M., New York: Campus, S. 95-102.

Seifert, Ruth (1993): »Krieg und Vergewaltigung. Ansätze zu einer Analyse«, in: Stiglmayer, Alexandra (Hg.): Massenvergewaltigung. Krieg gegen die Frauen, Frankfurt a.M.: Fischer, S. 87-112.

Shome, Raka und Radha S. Hegde (2002): »Postcolonial approaches to communication. Charting the terrain, engaging the intersections«, *Communication Theory* 12/3, S. 249-270.

Shooman, Yasemin (2014): »…weil ihre Kultur so ist«. Narrative des antimuslimischen Rassismus, Bielefeld: Transcript.

Sika, Nadine (2012): »The Role of Women in the Arab World. Toward a New Wave of Democratization, or an Ebbing Wave Toward Authoritarianism?«, *Journal of International Women's Studies* 13/5, S. 1-3.

Silverstone, Roger (2008): Mediapolis. Die Moral der Massenmedien, 1. Aufl., Frankfurt a.M.: Suhrkamp.

Sırsat, G. Selay (2014): Representation of »Nudity« of Women Activists in Arab Print Media. A Critical Discourse Analysis, Gazimağusa: Eastern Mediterranean University.

Skalli, Loubna Hanna (2014): »Young women and social media against sexual harassment in North Africa«, *The Journal of North African Studies* 19/2, S. 244-258.

Skey, Michael (2012): »We Need to Talk about Cosmopolitanism. The Challenge of Studying Openness towards Other People«, *Cultural Sociology* 6/4, S. 471-487.

Skrbis, Zlatko und Ian Woodward (2007): »The Ambivalence of Ordinary Cosmopolitanism. Investigating the Limits of Cosmopolitan Openness«, *The Sociological Review* 55/4, S. 730-747.

Somsen (2011): »Der arabische Frühling und das Ende der ›Antithese des 11. September‹«, www.bpb.de/apuz/33245/der-arabische-fruehling-und-das-ende-der-antithese-des-11-september-essay?p=all (zugegriffen am 26.11.2018).

Spiegel online (2011): »Straßenschlachten mit der Polizei. Hunderte verletzte Demonstranten in Kairo«, www.spiegel.de/politik/ausland/strassenschlachten-mit-der-polizei-hunderte-verletzte-demonstranten-in-kairo-a-771415.html (zugegriffen am 21.8.2018).

Spiegel online (2013): »Ägyptens Militär stürzt Präsident Mohammed Mursi«, www.spiegel.de/politik/ausland/aegyptens-militaer-stuerzt-praesident-mohammed-mursi-a-909326.html (zugegriffen am 21.8.2018).

Spivak, Gayatri Chakravorty (1988): In other worlds: essays in cultural politics, New York [u.a.]: Routledge.

Spivak, Gayatri Chakravorty (1988): »Can the Subaltern speak?«, in: Nelson, Cary (Hg.): Marxism and the interpretation of culture, Urbana [u.a.]: Univ. of Illinois Press, S. 271-313.

Spivak, Gayatri Chakravorty (2007): »Feminism and Human Rights«, in: Shaikh, Nermeen (Hg.): The Present as History. Critical Perspectives on Global Power, New York: Columbia University Press, S. 172-201.

Spivak, Gayatri Chakravorty (2008): »Die Macht der Geschichte. Subalternität, hegemoniales Sprechen und die Unmöglichkeit von Allianzen«, *Frauensolidarität* 2, S. 26-27.

Spivak, Gayatri Chakravorty (2010): »Kultur«, in: Reuter/Villa, Postkoloniale Soziologie, S. 47-68.

Spivak, Gayatri Chakravorty (2012): »Righting wrongs«, in: Rathore, Aakash Singh und Alex Cistelecan (Hg.): Wronging Rights? Philosophical Challanges for Human Rights, London [u.a.]: Routledge, S. 79-104.

Stehling, Miriam (2015): Die Aneignung von Fernsehformaten im transkulturellen Vergleich. Eine Studie am Beispiel des Topmodel-Formats, Wiesbaden: Springer VS.

Stitz, Melanie (2018): »Hoffnung«, https://wirfrauen.de/ausgabe/hoffnung/(zugegriffen am 24.8.2018).

Stöckl, Hartmut (2004): Die Sprache im Bild, das Bild in der Sprache. Zur Verknüpfung von Sprache und Bild im massenmedialen Text: Konzepte, Theorien, Analysemethoden, Berlin [u.a.]: De Gruyter.

Strauss, Anselm L. und Juliet M. Corbin (1996): Grounded theory. Grundlagen qualitativer Sozialforschung, Weinheim: Beltz.

Süddeutsche.de (2011): »Proteste gegen Präsident Mubarak – ›Tag des Zorns‹ in Ägypten«, https://www.sueddeutsche.de/politik/proteste-gegen-praesident-mubarak-tag-des-zorns-in-aegypten-1.1050956 (zugegriffen am 21.8.2018).

Szerszynski, Bronislaw und John Urry (2002): »Cultures of cosmopolitanism«, *Sociological Review* 50, S. 461-481.

Szerszynski, Bronislaw und John Urry (2006): »Visuality, mobility and the cosmopolitan. Inhabiting the world from afar«, *The British Journal of Sociology* 57/1, S. 113-131.

Taylor, Charles (1997): Multikulturalismus und die Politik der Anerkennung, Frankfurt a.M.: Suhrkamp.

Thiessen, Barbara (2010): »Feminismus: Differenzen und Kontroversen«, Handbuch der Frauen- und Geschlechterforschung. Theorie, Methoden, Empirie, 3. erw. Aufl., Wiesbaden: VS Verl. für Sozialwiss., S. 37-44.

Thomas, Tanja (Hg.) (2008): Medienkultur und soziales Handeln, 1. Aufl., Wiesbaden: VS Verl. für Sozialwiss.

Thomas, Tanja (2010): »Wissensordnungen im Alltag. Offerten eines populären Genres«, in: Röser, Jutta, Corinna Peil und Tanja Thomas (Hg.): Alltag in den Medien – Medien im Alltag, Wiesbaden: VS Verl. für Sozialwiss., S. 25-47.

Thomas, Tanja (2012): »(Un-)Möglichkeiten kritischer Geschlechtertheorie und -politik: Öffentliche Kontroversen«, in: Maier/Thiele/Linke, Medien, Öffentlichkeit und Geschlecht in Bewegung, S. 27-49.

Thomas, Tanja (2013a): »Feministische Kommunikations- und Medienwissenschaft. Positionen zu Gesellschaftskritik, Erkenntniskritik und Emanzipationsvision«, in: Karmasin, Matthias, Matthias Rath und Barbara Thomaß (Hg.): Normativität in der Kommunikationswissenschaft, Wiesbaden: Springer VS, S. 397-420.

Thomas, Tanja (2013b): »Blanker Protest – Sichtbarkeit, Sagbarkeit und Handlungsfähigkeit in Medienkulturen«, *Medien Journal* 3, S. 19-31.

Thomas, Tanja (2015): »Kritische Medienkulturanalyse als Gesellschaftsanalyse. Anerkennung und Resonanz in mediatisierten Öffentlichkeiten«, in: Drüeke et al., Zwischen Gegebenem und Möglichem, S. 51-64.

Thomas, Tanja et al. (Hg.) (2018): Anerkennung und Sichtbarkeit. Perspektiven einer kritischen Medienkulturforschung, Bielefeld: Transcript.

Thomas, Tanja und Elke Grittmann (2018): »Anerkennung und Sichtbarkeit: Impulse für kritische Medienkulturtheorie und -analyse«, in: Thomas et al., Anerkennung und Sichtbarkeit, S. 23-46.

Thomas, Tanja und Elke Grittmann (2018): »Anerkennung und Gerechtigkeit in medialen Öffentlichkeiten – Zu einer ›kosmopolitischen Medienforschung‹ aus feministischer Sicht«, in: Drüeke et al., Kommunikationswissenschaftliche Gender Studies, S. 215-236.

Thomas, Tanja et al. (2018): »Ausgangspunkte: Anerkennung und Sichtbarkeit in gegenwärtigen Medienkulturen«, in: Thomas et al., Anerkennung und Sichtbarkeit, S. 11-22.

Thomas, Tanja und Friedrich Krotz (2008): »Medienkultur und soziales Handeln: Begriffsarbeiten zur Theorieentwicklung«, in: Thomas, Tanja (Hg.): Medienkultur und soziales Handeln, Wiesbaden: VS Verl. für Sozialwiss., S. 17-42.

Thomas, Tanja und Miriam Stehling (2016): »The communicative construction of FEMEN: Naked protest in self-mediation and German media discourse«, *Feminist Media Studies* 16/1, S. 86-100.

Thompson, Edward Palmer (1963): The Making of the English working class, London: Gollancz.

Tißberger, Martina (Hg.) (2009): Weiß – Weißsein – Whiteness. Kritische Studien zu Gender und Rassismus, Frankfurt a.M. [u.a.]: Lang.

Tomlinson, John (1999): Globalization and culture, Cambridge: Polity Press.

Trappel, Josef (2007): Online-Medien. Leistungsprofil eines neuen Massenmediums, Konstanz [u.a.]: UVK.

Truschkat, Inga (2013): »Zwischen interpretativer Analytik und GTM. Zur Methodologie einer wissenssoziologischen Diskursanalyse«, in: Keller/Truschkat, Methodologie und Praxis der Wissenssoziologischen Diskursanalyse, S. 69-87.

Tufekci, Zeynep und Christopher Wilson (2012): »Social Media and the Decision to Participate in Political Protest: Observations From Tahrir Square«, *Journal of Communication* 62/2, S. 363-379.

Van der Veer, Peter (2001): Imperial encounters. Religion and modernity in India and Britain, Princeton [u.a.]: Princeton University Press.

Van der Veer, Peter (2002): »Colonial Cosmopolitanism«, in: Vertovec/Cohen, Conceiving cosmopolitanism, S. 165-179.

Van Dijck, José (2013): »›You have one identity‹: performing the self on Facebook and LinkedIn«, *Media, Culture & Society* 35/2, S. 199-215.

Van Dijk, Teun A. (1993): Elite discourse and racism, London [u.a.]: Sage.

Van Dyk, Silke et al. (2014): »Zur method(olog)ischen Systematisierung der sozialwissenschaftlichen Diskursforschung«, in: Angermüller et al., Diskursforschung, S. 483-506.

Van Leeuwen, Theo (2006): »Semiotics and iconography«, in: van Leeuwen, Theo und Carey Jewitt (Hg.): Handbook of Visual Analysis, London [u.a.]: Sage, S. 92-118.

Vertovec, Steven und Robin Cohen (Hg.) (2002): Conceiving cosmopolitanism. Theory, context and practice, New York [u.a.]: Oxford University Press.

Vieten, Ulrike M. (2012): Gender and cosmopolitanism in Europe. A feminist perspective, Farnham [u.a.]: Ashgate.

Völker, Susanne (2016): »Geht es um Schutz? Verletzende Dynamiken: Sexualisierte Gewalt und rassistische Instrumentalisierungen«, http://blog.feministische-studien.de/2016/01/geht-es-um-schutz-verletzende-dynamiken-sexualisierte-gewalt-und-rassistische-instrumentalisierungen/(zugegriffen am 20.9.2018).

Volkmann, Ute (2006): Legitime Ungleichheiten. Journalistische Deutungen vom »sozialdemokratischen Konsensus« zum »Neoliberalismus«, Wiesbaden: VS Verl. für Sozialwiss.

Volkmer, Ingrid (1999): News in the global sphere. A study of CNN and its impact on global communication, Luton: University of Luton Press.

Volkmer, Ingrid (Hg.) (2012): The Handbook of Global Media Research, Chicester [u.a.]: Wiley-Blackwell.

Volkmer, Ingrid (2012): »Deconstructing the ›Methodological Paradox‹. Comparativ Research between National Centrality and Networked Spaces«, in: Volkmer, The Handbook of Global Media Research, S. 110-122.

Waisbord, Silvio (2015): »De-Westernization and Cosmopolitan Media Studies«, in: Lee, Chin-Chuan (Hg.): Internationalizing ›International Communication‹, Ann Arbor: University of Michigan Press, S. 178-200.

Walgenbach, Katharina (2007): »Gender als interdependente Kategorie«, in: Walgenbach, Katharina et al. (Hg.): Gender als interdependente Kategorie. Neue Perspektiven auf Intersektionalität, Diversität und Heterogenität, Opladen: Barbara Budrich, S. 23-64.

Walgenbach, Katharina (2012): »Intersektionalität – eine Einführung«, http://portal-intersektionalitaet.de/theoriebildung/ueberblickstexte/walgenbach-einfuehrung/(zugegriffen am 25.10.2018).

Wedl, Juliette (2014): »Diskursforschung in den Gender Studies«, in: Angermüller et al., Diskursforschung, S. 276-299.

Weise, Ramona (2018): »Modern, mutig, muttihaft: Eine qualitative Bildtypenanalyse junger Politikerinnen«, in: Lünenborg/Sell, Politischer Journalismus im Fokus der Journalistik, S. 113-138.

Welsch, Wolfgang (2012): »Was ist eigentlich Transkulturalität«, in: Kimmich, Dorothee und Schamma Schahadat (Hg.): Kulturen in Bewegung. Beiträge zur Theorie und Praxis der Transkulturalität, Bielefeld: Transcript, S. 25-40.

Wenk, Silke (2000): »Gendered Representations of the Nation's Past and Future«, in: Blom, Ida, Karen Hageman und Catherine Hall (Hg.): Gendered Nations, Oxford [u.a.]: Berg, S. 63-77.

Wenk, Silke (2008): »Sichtbarkeitsverhältnisse: Asymmetrische Kriege und (a)symmetrische Geschlechterbilder«, in: Hentschel, Linda (Hg.): Bilderpolitik in Zeiten von Krieg und Terror. Medien, Macht und Geschlechterverhältnisse, Berlin: b_books, S. 29-51.

Wilke, Jürgen (2008): »Nachrichtenagenturen als Bildanbieter«, in: Grittmann, Elke, Irene Neverla und Ilona Ammann (Hg.): Global, lokal, digital. Fotojournalismus heute, Köln: Halem, S. 62-90.

Winch, Alison (2013): »Feminism, generation and intersectionality«, *Soundings* 20/58, S. 8-21.

Winegar, Jessica (2012): »The privilege of revolution: Gender, class, space, and affect in Egypt«, *American Ethnologist* 39/1, S. 67-70.

Winkler, Hartmut (2004): Diskursökonomie. Versuch über die innere Ökonomie der Medien, Frankfurt a.M.: Suhrkamp.

Wischermann, Ulla (2003): Frauenbewegungen und Öffentlichkeiten um 1900. Netzwerke – Gegenöffentlichkeiten – Protestinszenierungen, Königstein: Helmer.

Wodak, Ruth (1996): Disorders of discourse, London: Longman.

Wolfsfeld, Gadi, Elad Segev und Tamir Sheafer (2013): »Social Media and the Arab Spring: Politics Comes First«, *The International Journal of Press/Politics* 18/2, S. 115-137.

Woodiwiss, Anthony (2002): »Human rights and the challenge of cosmopolitanism«, *Theory, Culture & Society* 19/1-2, S. 139-155.

Yaghoobifarah, Hengameh (2018): »Weiße Männer im Heimatministerium. Horst und die Boys«, www.taz.de/!5494882/(zugegriffen am 4.9.2018).

Yilmaz, Aybige (Hg.) (2015): Media and Cosmopolitanism, New York [u.a.]: Peter Lang.

Young, Iris Marion (1990): Justice and the politics of difference, Princeton [u.a.]: Princeton Univ. Press.
Young, Iris Marion (1997): »Unruly categories: a critique of Nancy Fraser's dual systems theory«, *New Left Review* 1/222.
Yuval-Davis, Nira (2010): »Jenseits der Dichotomie von Anerkennung und Umverteilung: Intersektionalität und soziale Schichtung«, in: Lutz, Helma, Maria Teresa Herrera Vivar und Linda Supik (Hg.): Fokus Intersektionalität, Wiesbaden: VS Verl. für Sozialwiss., S. 185-202.
Zakarriya, Jihan (2014): »Sexuality, Religion and Nationalism: A Contrapuntal Reading of the History of Female Activism and Political Change in Egypt«, *Journal of International Women's Studies* 16/1, S. 47-61.
Zhuo, Xiaolin, Barry Wellman und Justine Yu (2011): »Egypt: The First Internet Revolt?«, *Peace* 11/07, S. 6-10.
Zoonen, Liesbet van (2005): Entertaining the citizen. When politics and popular culture converge, Lanham [u.a.]: Rowman & Littlefield.

Abbildungsverzeichnis

Abb. 1: Ausrichtung bestehender Arbeiten zu Medien und Protest (in Ägypten), (Quelle: eigene Darstellung)
Abb. 2: Systematisierung Neuer/Kritischer Kosmopolitismen (Quelle: eigene Darstellung)
Abb. 3: Dimensionen der Analyse von medialen Repräsentationen von Protest (Quelle: eigene Darstellung)
Abb. 4: Modell zur machtkritischen Analyse von Anerkennung in translokalen Repräsentationen von Protest Quelle: eigene Darstellung)
Abb. 5: Übersicht Bildtypen Presseberichterstattung in Deutschland über protestierende Frauen in Ägypten (Quelle: eigene Darstellung)
Abb. 6: Modell des Vorgehens bei der Analyse (Quelle: eigene Darstellung)
Abb. 7: Phänomenstruktur des Pressediskurses in Deutschland um protestierende Frauen in Ägypten (Quelle: eigene Darstellung)
Abb. 8: Zentrale Diskursereignisse (Quelle: eigene Darstellung)
Abb. 9: »Sie waren Teil der Revolution und wollen jetzt auch was davon haben.« (Bildquelle: Reuters, 20110308*TAon)
Abb. 10: »Sieg mit Schleier: Ägyptens Frauen haben auf dem Tahrir-Platz demonstriert, jetzt bangen viele, dass die Islamisten Frauenrechte beschneiden. Die Briefmarke links zeigt Mohamed Bouazizi.« (Bildquelle: C. Fohlen/Fedephoto/Studio X, 20111217*SZ)
Abb. 11: »Auf eine Demo zu gehen kann für Frauen in Ägypten lebensgefährlich sein – sexuelle Gewalt ist auf dem Tahrir-Platz inzwischen an der Tagesordnung. Soraya Bahgat, 29, will das nicht länger hinnehmen: Sie bildet Bodyguards aus, die die Frauen beschützen.« (Bildquelle: Katharina Eglau, Brigitte, 20130424*BR)
Abb. 12: »Klare Ansage: Frauen in Kairo« (Bildquelle: Ullstein, 20140115*FAZon)
Abb. 13: »Demonstrantin Husseini Gouda: ›Ich bin eine gefährliche Verbrecherin!‹« (Bildquelle: DANA SMILLIE/POLARIS/DER SPIEGEL, 20110606*SP)
Abb. 14: »Kämpferin Mona Seif« (Bildquelle: Markus Bickel, 20120523*FAZ)
Abb. 15: Abb. Titelbild Spiegel Nr. 6/2011 vom 7. Februar 2011 (Bildquelle: Der Spiegel 6/2011)

Abb. 16: »Nawal El Saadawi, 80, ist die Pionierin der Frauenrechte und kämpfte schon in den 1960er Jahren gegen Beschneidung« (Bildquelle: Marwan Naamani/getty images/AFP, 2011*3*Emma)

Abb. 17: »Eine Ikone der Revolution: Die Schriftstellerin und Frauenrechtlerin Nawal als Saadawy« (Bildquelle: Christoph Erhard, FAZ, 20110204*FAZ)

Abb. 18: »›Sie rissen mir die Kleider vom Leib und misshandelten mich eine Dreiviertelstunde lang. Ich dachte, ich sterbe.‹« (Bildquelle: Nina Hermann, Emma, 2012*1*Emma)

Abb. 19: »Schutzzone: Freiwillige Helfer sichern am Mittwoch auf dem Tahrir-Platz den Abstand zwischen Männern und Frauen« (Bildquelle: AP, 20130707*FAZ)

Abb. 20: »Ort der Angst: Frauen wehren sich auf dem Tahrir-Platz gegen aggressive Anmache« (Bildquelle: Samuel Mohsen/picture-alliance/dpa, 20130214*ZE)

Abb. 21: »Samira Ibrahim: ›Sie ist eine echte Kriegerin und liebt ihr Land‹« (Bildquelle: Spiegel online, 20111203*SPon)

Abb. 22: »Ein Demonstrant hat eine Szene auf ein Plakat gemalt, bei der Mitglieder der Militärpolizei eine Frau treten und ihr die Kleider vom Leib reißen. Weder Politiker noch die Polizei gehen entschieden gegen die Gewalt gegen Frauen vor – das übernehmen nun Aktivisten.« (Bildquelle: AFP, 20130206*SPon)

Abb. 23: »›Es hat eine Zeit lang gedauert, bis wir in der Lage waren, die Vereinbarkeit von Islam und den Menschenrechten klar zu formulieren.‹« (Bildquelle: Reuters, 20110817*TAon)

Abb. 24: »Soldaten, betende Frauen auf dem Tahrir-Platz: Nicht verstanden, wie man Politik und Religion trennen soll« (Bildquelle: CARSTEN KOALL/GETTY IMAGES, 20110328*SP)

Abb. 25: »Ein Land zwischen Aufbruch und Depression: Graffiti-Wand in Kairo (oben). Die 16-jährige Dahab wurde nur während des Kaiserschnittes von den Handschellen befreit (rechts), die Polizei hatte sie nach einer Demonstration, bei der sie gar nicht beteiligt war, festgenommen und wochenlang ins Gefängnis gesteckt. Die Mode-Bloggerin Nour Aboulela (unten) würde am liebsten ganz ins Ausland gehen, die ägyptische Gesellschaft ist ihr viel zu restriktiv.« (Bildquelle: Nour Aboulela, Priv., 20140308*SZ)

Abb. 26: »Demonstrantin in Kairo: Am Dienstagabend gingen rund 10.000 Frauen auf die Straße« (Bildquelle: AFP, 20111221*SPon)

Abb. 27: »›Die Revolutionen sind städtisch, jung und weiblich‹: Frauen in Kairo im März 2011.« Bildquelle: dapd, 20110602*TAon)

Abb. 28: »Protest ägyptischer Frauen: ›Sie standen vorne und nicht in der zweiten Reihe‹« (Bildquelle: Reuters, 20110726*SPon)

Abb. 29: »Junge und alte Frauen demonstrierten gemeinsam – sie sandten ein Zeichen der Geschlossenheit aus.« (Bildquelle: DPA, 20111221*SPon)

Abb. 30: »Spielten eine wichtige Rolle bei den Protesten: Ägyptens Frauen.« (Bildquelle: AFP, 20110311*SZ)

Abb. 31: »Ägyptische Frauen zeigen ihre Finger, mit denen sie am zweiten Tag der Wahlen in Alexandria ihr Votum abgegeben haben« (Bildquelle: dpa, 20140528*FAZon)

Abb. 32: »Bei der Volksabstimmung geht es langfristig auch um Freiheiten für Frauen in Ägypten.« (Bildquelle: dapd, 20121215*FAZon)

Abb. 33: Abb. aus der Emma ohne Bildunterschrift (Bildquelle: imago/Xinhua, 2012*1*Emma)
Abb. 34: »Soldaten auf dem Tahrir-Platz: Irritiert von der Aufmüpfigkeit des Volks.« (Bildquelle: FRANCESCA LEONARDI/CONTRASTO/LAIF, 20110606*SP)
Abb. 35: »Ob traditionell oder modern gekleidet, Ägyptens Frauen werden täglich sexuell attackiert.« (Bildquelle: dapd, 20130718*ZE)
Abb. 36: »Graffito in Kairo 2011: Kulturkampf um den Frauenkörper« (Bildquelle: CAPUCINE GRANIER-DEFERRE/NEWS PICTURES, 20131216*SP)
Abb. 37: »Demonstrantin gegen die Muslimbrüder in Kairo: Kein anderes arabisches Land ist für Frauen schlimmer als Ägypten, so eine Studie.« (Bildquelle: Reuters, 20131112*SZon)
Abb. 38: »Kairo: Keine langen Schlangen vor den Urnen – die Wahl wurde nun um einen Tag verlängert.« (Bildquelle: Getty Images, 20140528*SZon)
Abb. 39: »Auf dem Tahrir-Platz wird nicht nur Politik gemacht, es ändert sich auch die Gesellschaft.« (Bildquelle: dapd, 20110209*TAon)
Abb. 40: »Viele der Demonstrantinnen forderten am Dienstag in Kairo den Rücktritt des Militärrates.« (Bildquelle: AFP, 20111221*SPon)
Abb. 41: »Eine Frauendemonstration in Kairo: ›Frauen haben eine Botschaft‹, heißt es auf den Bannern« (Bildquelle: AP, 20130315*SPon)
Abb. 42: »›Keine Belästigung‹: Graffito in Kairo.« (Bildquelle: AP, 20131231*TAon)
Abb. 43: »Aufklärungsbroschüre für Ägypterinnen (Archiv)« (Bildquelle: Reuters, 20141027*ZEon)

Verzeichnis Analysematerial

20110203*ZE: Titelbild von *Die Zeit* vom 03.02.3011

20110204*FAZ: Erhard, Christoph: »Das hier ist Krieg« in: *Frankfurter Allgemeine Zeitung* vom 04.02.2011

20110204*TAon: El Kaoutit, Khalid: »Scheidung von Mubarak« in: *taz.de* vom 04.02.2011

20110205*SZ: El Minawi, Karin: »Die weibliche Revolution« in: *Süddeutsche Zeitung* von 05.02.2011

20110207*SP: Titelbild von *Der Spiegel* vom 07.02.2011

20110209*TAon: El-Gawhary, Karim: »Die Töchter der Revolution« in *taz.de* vom 09.02.2011

20110210*ZE: Gerlach, Julia und Thilo Guschas: »Woran glaubt ihr?« in: *Die Zeit* vom 10.02.2011

20110216*SZon: Ohne Verfasser*in: »Sexueller Übergriff auf US-Reporterin in Kairo« in: *sueddeutsche.de* vom 16.02.2011

20110217*FAZ: Ohne Verfasser*in: »Mitten in Kairo: CBS-Reporterin sexuell genötigt« in: *Frankfurter Allgemeine Zeitung* vom 17.02.2011

20110217*TA*1: Böger, Frauke: »›Wir sangen die Lieder unserer Eltern‹« in: *die tageszeitung* vom 17.02.2011

20110217*TA*2: Yücel, Deniz: »›Ich habe ein anderes Ägypten gesehen‹« in: *die tageszeitung* vom 17.02.2011

20110217*ZE: Titelbild von *Die Zeit* vom 17.02.2011

20110224*ZE: Gerlach, Julia: »›Der Schleier ist gelüftet‹« in: *Die Zeit* vom 24.02.2011

2011*3*Emma: Bopp, Lena: »Der arabische Frühling – ein Herbst für Frauen?« in: *Emma* vom 01.03.2011

20110308*SZ: Brown, Widney: »Als Demonstrantin geliebt, als Ministerin unerwünscht« in: *Süddeutsche Zeitung* vom 08.03.2011

20110308*TAon: Schumacher, Juliane: »Die Revolution ist ihre Chance« in: *taz.de* vom 08.03.2011

20110311*SZ: Brantner, Franziska: »Verrat an der Revolution« in: *Süddeutsche Zeitung* vom 11.03.2011

20110328*SP: Krahe, Dialika: »Die Muslimschwestern« in: *Der Spiegel* vom 28.03.2011

20110329*FAZ: Bopp, Lena: »Die Ruhe nach dem Sturm« in: *Frankfurter Allgemeine Zeitung* vom 29.03.2011

20110420*ZE: Pham, Khue: »Weiblich, muslimisch, Bloggerin« in: *Die Zeit* vom 20.04.2011

20110510*FAZ: Croitoru, Joseph: »Kämpfe um die Konvertitin« in: *Frankfurter Allgemeine Zeitung* vom 10.05.2011

20110602*TAon: Reinecke, Stefan: »›Heirat und Kinderkriegen reichen nicht‹« in: *taz.de* vom 02.06.2011

20110606*SP: Samiha, Shafy: »Die Jungfrauen vom Tahrir« in: *Der Spiegel* vom 06.06.2011

20110608*TA: Gümüsay, Kübra: »Im Land der Tarnkappen« in: *die tageszeitung* vom 08.06.2011

20110720*TA: Gümüsay, Kübra: »Mein Problem mit dem Gesichtsschleier« in: *die tageszeitung* vom 20.07.2011

20110722*TA: Phw: »›Ein kollektives Phänomen‹« in: *die tageszeitung* vom 22.07.2011

20110726*SPon: Schmitt, Christina: »Ägyptische Frauen – Jung, weiblich, revolutionär« in: *spiegel.de* vom 26.07.2011

20110817*TAon: Hummel, Ulrike: »›Was wir tun, heißt islamischer Feminismus‹« in: *taz.de* vom 17.08.2011

20110817*ZEon: Kleber, Viktoria: »Mit Crowdsourcing gegen sexuelle Übergriffe« in: *zeit.de* vom 17.08.2011

20110818*ZE: Schaap, Fritz: »Wie lebt ihr, was hofft ihr?« in: *Die Zeit* vom 18.08.2011

20111006*SZon: Bentsche, Lydia: »Frauen, Facebook, Friedensnobelpreis« in: *sueddeutsche.de* vom 06.10.2011

20111027*ZE: Pfitsch, Andreas: »Unterdrückung muss nicht sein« in: *Die Zeit* vom 27.10.2011

20111108*ZEon: Köberlein, Tobias: »›Unsere Revolution ist noch nicht zu Ende‹« in: *zeit.de* vom 08.11.2011

20111114*SZ: Vogel, Evelyn: »Mehr als Träume« in: *Süddeutsche Zeitung* vom 14.11.2011

20111115*SZon: Hinzel, Jan Hendrik: »Seht her, ich bin nackt, akzeptiert mich!« in: *sueddeutsche.de* vom 15.11.2011

20111117*SZ: Avenarius, Tomas: »Nackte Rebellin« in: *Süddeutsche Zeitung* vom 17.11.2011

20111118*SPon: Son/Dop/AP: »Nackte Studentin erzürnt Ägypter« in: *spiegel.de* vom 18.11.2011

20111119*SZ: Avenarius, Tomas: »Schleier über der Revolution« in: *Süddeutsche Zeitung* vom 19.11.2011

20111120*Spon: Cht: »Nacktfoto-Streit in Ägypten« in: *spiegel.de* vom 20.11.2011

20111121*FAZ: Hanfeld, Michael: »Mit einer roten Schleife im Haar« in: *Frankfurter Allgemeine Zeitung* vom 21.11.2011

20111121*Spon: Can: »Ein Akt der Solidarität« in: *spiegel.de* vom 21.11.2011

20111122*Spon*1: Buß, Christian: »Schrei's raus, zieh dich aus« in: *spiegel.de* vom 22.11.2011

20111122*Spon*2: Reinbold, Fabian: »Prügel, Elektroschocks, Schikane« in: *spiegel.de* vom 22.11.2011

20111126*FAZ: Ohne Verfasser*in: »Angriffe in Kairo« in: *Frankfurter Allgemeine Zeitung* vom 26.11.20

20111129*FAZ: Ohne Verfasser*in: »Glaubte zu sterben« in: *Frankfurter Allgemeine Zeitung* vom 29.11.2011

20111201*ZE: Thumann, Michael: »Frei sein, auch ohne Allah« in: *Die Zeit* vom 01.12.2011

20111201*ZEon: Runge, Evelyn: »Körper der Rebellion« in: *zeit.de* vom 01.12.2011

20111203*Spon: Putz, Ulrike: »Samiras Feldzug gegen die Generäle« in: *spiegel.de* vom 03.12.2011

20111208*ZE: Thumann, Michael: »Was wurde aus – Salma Hegab?« in: *Die Zeit* vom 08.12.2011

20111217*SZ: Zekri, Sonja: »Die zwei Welten von Fatma und Manal« in: *Süddeutsche Zeitung* vom 17.12.2011

20111219*SPon: Jok: »Wie Ägyptens Soldaten Demonstrantinnen demütigen« in: *spiegel.de* vom 19.12.2011

20111221*Spon: Ohne Verfasser*in: »Ägyptens Frauen begehren gegen Misshandlungen auf« in: *spiegel.de* vom 21.12.2011

20111221*SZon: Ohne Verfasser*in: »Militär entschuldigt sich für Gewalt gegen Frauen« in: *sueddeutsche.de* vom 21.12.2011

20111222*SZ: Zekri, Sonja: »Schlachtfeld Frau« in: *Süddeutsche Zeitung* vom 22.12.2011

20111222*SZon: Zekri, Sonja: »Übergriffe auf Frauen in Ägypten« in: *sueddeutsche.de* vom 22.12.2011

20111228*FAZ: Dpa: »Gericht verbietet ›Jungfrauentests‹« in: *Frankfurter Allgemeine Zeitung* vom 27.12.2011

20111228*TA: Seel, Beate: »Feministin und Provokateurin« in: *die tageszeitung* vom 28.12.2011

2012*1*Emma: Hermann, Nina: »Tod den Rebellinnen!« in: *Emma* vom 01.01.2012

20120114*TA*1: Oestreich, Heide: »›Ich wünsche mir aggressive Frauen‹« in: *die tageszeitung* vom 14.01.2012

20120114*TA*4: Asem, Sondos: »›Wir brauchen keine Quote‹« in: *die tageszeitung* vom 14.01.2012

20120114*TA*5: Kappert, Ines: »Wieso prüde? Bescheiden!« in: *die tageszeitung* vom 14.01.2012

20120125*Spon: Abé, Nicola: »Die Verliererinnen vom Tahrir-Platz« in: *spiegel.de* vom 25.01.2012

20120125*SZon: Klein, Raimon: »›Wir waren so naiv‹« in: *sueddeutsche.de* vom 25.01.2012

20120126*SZ: Avenarius, Tomas und Sonja Zekri: »Wut und Zuckerwatte« in: *Süddeutsche Zeitung* vom 26.01.2012

20120127*FAZ: Bopp, Lena: »Im Delta der Freiheit für Frauen« in: *Frankfurter Allgemeine Zeitung* vom 27.01.2012

20120202*ZE: Gerlach, Julia und Michael Thumann: »Die Revolution frisst ihre Frauen« in: *Die Zeit* vom 02.02.2012

20120225*TA: Kappert, Ines: »›Heute machen wir alle Kampftraining‹« in: *die tageszeitung* vom 25.02.2012

20120306*ZEon: Sadigh, Parvin: »Aufstand der Frauen gegen Grabscher und Vergewaltiger« in: *zeit.de* vom 06.03.2012

20120308*TA: Hippen, Wilfried: »Kampf den Grabschern« in: *die tageszeitung* vom 08.03.2012

20120312*SZon: Ohne Verfasser*in: »Nicht schuldig – im Sinne des Militärgerichts« in: *sueddeutsche.de* vom 12.03.2012

20120320*FAZ: Croitoru, Joseph: »Nach dem arabischen Frühling die kulturelle Wende« in: *Frankfurter Allgemeine Zeitung* vom 20.03.2012

20120407*TA: Schumacher, Juliane: »Kopflose Revolution« in: *die tageszeitung* vom 07.04.2012

20120504*SZ: Eseddin, Mansura: »Samiras Mut« in: *Süddeutsche Zeitung* vom 04.05.2012

20120521*TA: Gümüsay, Kübra: »Arabische Männer hassen uns Frauen? Schmutziges Gewäsch.« in: *die tageszeitung* vom 21.05.2012

20120523*FAZ: Bickel, Markus: »Wieder nüchtern: Ägyptens Aktivisten vor der Präsidentenwahl« in: *Frankfurter Allgemeine Zeitung* vom 23.05.2012

20120604*SP: Ohne Verfasser*in: »Mona Eltahawy« in: *Der Spiegel* vom 04.06.2012

20120709*SP: Ohne Verfasser*in: »›Ihre Hände waren überall‹« in: *Der Spiegel* vom 09.07.2012

20120721*SZ: Avenarius, Tomas: »Die Welt durch den Sehschlitz« in: *Süddeutsche Zeitung* vom 21.07.2012

20120723*SZ: Avenarius, Tomas: »Aus dem Ruder« in: *Süddeutsche Zeitung* vom 23.07.2012

20120809*ZEon: Kleber, Viktoria: »Frauen, die Opfer der ägyptischen Revolution« in: *zeit.de* vom 09.08.2012

20120903*SZon: Meißner, Juliane: »Muslimbrüder erlauben Moderatorinnen Kopftuch« in: *sueddeutsche.de* vom 03.09.2012

20120903*TAon: Salah, Hoda: »Der Staat ist nicht alles« in: *taz.de* vom 03.09.2012

20120904*FAZ: Bickel, Markus: »Premiere nach 52 Jahren« in: *Frankfurter Allgemeine Zeitung* vom 04.09.2012

20120904*SZ: Avenarius, Tomas: »Neues Tuch« in: *Süddeutsche Zeitung* vom 04.09.2012

20121008*ZEon: Gehlen, Martin: »Ägypten streitet über Scharia-Klausel für Frauen« in: *zeit.de* vom 08.10.2012

20121011*SZ: Zekri, Sonja: »Ägypten streitet über Frauenrechte« in: *Süddeutsche Zeitung* vom 11.10.2012

20121015*SP: Hartwig, Sonja: »Eiserne Lady« in: *Der Spiegel* vom 15.10.2012

20121108*TA: El-Gawhary, Karim: »Kopftuch auf oder Haare ab« in: *die tageszeitung* vom 08.11.2012

20121112*SP: Ohne Verfasser*in: »Krise der Männlichkeit« in: *Der Spiegel* vom 12.11.2012

20121123*SZ: Avenarius, Tomas: »Skandal um eine Scheinehe« in: *Süddeutsche Zeitung* vom 23.11.2012

20121201*FAZ: Bickel, Markus: »Eine revolutionäre Verfassung für Männer und die Festungen der Mutterschaft« in: *Frankfurter Allgemeine Zeitung* vom 01.12.2012

20121205*ZEon: Pfannkuch, Katharina: »Der Aufstand der arabischen Frauen« in: *zeit.de* vom 05.12.2012

20121215*FAZon: Ohne Verfasser*in: »Entscheidung über die Zukunft Ägyptens« in: *faz.net* vom 15.12.2012

20121221*SPon: Abé, Nicola: »›Es wird eine zweite Revolution geben‹« in: *spiegel.de* vom 21.12.2012

20130116*TA: Eltantawi, Sarah: »Heldinnen werden gelöscht« in: *die tageszeitung* vom 16.01.2013

20130124*SZ: El Minawi, Karin: »Mit den Waffen einer Frau« in: *Süddeutsche Zeitung* vom 24.01.2013

20130124*ZE: Thurmann, Michael: »Die Köpfe des radikalen Islam« in: *Die Zeit* vom 24.01.2013

20130130*TA: Epd/Taz: »UNO fordert besseren Schutz von Frauen« in: *die tageszeitung* vom 30.01.2013

20130203*ZEon: Gehlen, Martin: »Die arabische Schande« in: *zeit.de* vom 03.02.2013

20130206*SPon: Kretschmer, Fabian: »Die Bodyguards vom Tahrir-Platz« in: *spiegel.de* vom 06.02.2013

20130207*ZE: Finger, Evelyn: »Gottgewollte Gewalt« in: *Die Zeit* vom 07.02.2013

20130208*FAZ: Bickel, Markus: »Begrapscht und vergewaltigt« in: *Frankfurter Allgemeine Zeitung* vom 08.02.2013

20130209*SP: Ohne Verfasser*in: »›Die Gewalt ist organisiert‹« in: *Der Spiegel* vom 09.02.2013

20130210*FAZ: Ohne Verfasser*in: »Die lange Suche nach dem perfekten Partner« in: *Frankfurter Allgemeine Zeitung* vom 09.02.2013

20130214*TAon: El-Gawhary, Karim: »Die dunkle Seite des Tahrir« in: *taz.de* vom 14.02.2013

20130214*ZE: Topcu, Özlem: »›Deine Vagina gehört allen‹« in: *Die Zeit* vom 14.02.2013

20130225*SP: Voigt, Claudia: »SEXUALITÄT – 1002 Nächte« in: *Der Spiegel* vom 25.02.2013

20130227*TA: Eltantawi, Sarah: »Magisches Denken« in: *die tageszeitung* vom 27.02.2013

20130302*FAZ: Bopp, Lena: »Sexuelle Zufriedenheit ist ein universeller Wert« in: *Frankfurter Allgemeine Zeitung* vom 02.03.2013

20130313*TA: Senfft, Alexandra: »Sex unterm Halbmond« in: *die tageszeitung* vom 13.03.2013

20130315*SPon: Putz, Ulrike: »Fromm und frauenfeindlich« in: *spiegel.de* vom 15.03.2013

20130316*SZon: Ohne Verfasser*in: »Gewalt gegen Frauen muss ein Ende haben« in: *sueddeutsche.de* vom 16.03.2013

20130424*BR: Gerlach, Julia: »Frauen in Ägypten: Mit Bodyguards gegen Gewalt« in: *brigitte.de* vom 24.04.2013

20130514*TA: Ohne Verfasser*in: »Das neue Bild der Frau in Ägypten« in: *die tageszeitung* vom 14.05.2013

20130619*SPon: Salloum, Raniah: »Man will uns einschüchtern« in: *spiegel.de* vom 19.06.2013

20130620*SPon: Ulz: »Ägyptisches Gericht verurteilt Mann zu Haftstrafe« in: *spiegel.de* vom 20.06.2013

20130704*SZon: Jakat, Lena: »Gewalt im Schutz jubelnder Massen« in: *sueddeutsche.de* vom 04.07.2013

20130707*FAZ: Bickel, Markus: »Schatten über dem Neubeginn« in: *Frankfurter Allgemeine Zeitung* vom 07.07.2013

20130708*SP: Nelson, Scott: »Kairo schien kurz vor einem Bürgerkrieg zu stehen« in: *Der Spiegel* vom 08.07.2013

20120114*TA*2: Djabali, Hawa: »Damit die Einfalt ihre Jungfräulichkeit verliert« in: *die tageszeitung* vom 14.01.2012

20120114*TA*3: El Saadawi, Nawal, Nouri Bouzid, Rasha Hefzi, Baho Taha, Fatma Jegham und Mohammed Moulessehoul: »Sind Frauen die Siegerinnen der arabischen Revolution? Ja Nein« in: *die tageszeitung* vom 14.01.2012

20130710*SZon: Jakat, Lena: »›Frauen zu belästigen, ist gesellschaftlich akzeptiert‹« in: *sueddeutsche.de* vom 10.07.2013

20130717*FAZ: Bopp, Lena: »Eine Revolution zur Rettung der Revolution« in: *Frankfurter Allgemeine Zeitung* vom 17.07.2013

20130718*ZE: Eigendorf, Katrin: »Freiheit oder Freiwild« in: *Die Zeit* vom 18.07.2013

20130723*SZon: Ohne Verfasser*in: »Mädchen werden seltener Opfer von Beschneidung« in: *sueddeutsche.de* vom 23.07.2013

20130804*SPon: Ras/AP: »Ägypten lässt Friedensnobelpreis-Trägerin nicht einreisen« in: *spiegel.de* vom 04.08.2013

20130815*SPon: KgP: »Habiba, bitte sag, dass es Dir gut geht« in: *spiegel.de* vom 15.08.2013

20130907*TA: El-Gawhary, Karim: »Auf dem langen Weg zur Freiheit« in: *die tageszeitung* vom 07.09.2013

20131028*TA: Grä: »›Wir werden reifer‹« in: *die tageszeitung* vom 28.10.2013

20131112*SPon: Putz, Ulrike: »Arabische Frauen leiden in Ägypten am meisten« in: *spiegel.de* vom 12.11.2013

20131112*SZon: Zekri, Sonja: »Lage der Frauen in Ägypten am schlimmsten« in: *sueddeutsche.de* vom 12.11.2013

20131125*FAZ: Keck: »Junge Aktivistinnen aus Kairo zu Besuch in Frankfurt« in: *Frankfurter Allgemeine Zeitung* vom 17.07.2013

20131125*ZEon: Backhaus, Andrea: »Der Nil heilt die Wunden nicht« in: *zeit.de* vom 25.11.2013

20131126*SZon: Pantel, Nadia: »Frauenpower auf Arabisch« in: *sueddeutsche.de* vom 26.11.2013

20131128*SPon: Ras/AP: »Junge Frauen müssen wegen Demo-Teilnahme lange in Haft« in: *spiegel.de* vom 28.11.2013

20131207*SPon: Ohne Verfasser*in: »Junge Frauen kommen auf Bewährung frei« in: *spiegel.de* vom 7.12.2013

20131209*ZEon: Amjahid, Mohamed: »Überrollt vom Shitstorm« in: *zeit.de* vom 09.12.2013

20131216*SP: Würger, Takis: »Das satanische Foto« in: *Der Spiegel* vom 16.12.2013

20131221*SP: Nasser, Marwa: »Frauen sind zäher« in: *Der Spiegel* vom 21.12.2013

20131231*TAon: Aydemir, Fatma: »›Eine eindeutige Niederlage‹« in: *taz.de* vom 31.12.2013

20140103*Spon: Steinvorth, Daniel: »Wir Mädchen haben die Schnauze voll« in: *spiegel.de* vom 03.01.2014

20140115*FAZon: Ehrhardt, Christoph: »Wo sexuelle Belästigung Alltag ist« in: *faz.net* vom 15.01.2014

20140306*ZE: Lau, Mariam: »Was will das Weib?« in: *Die Zeit* vom 06.03.2014

20140308*SZ: Zekri, Sonja: »Kairo Blues« in: *Süddeutsche Zeitung* vom 08.03.2014

20140404*ZEon: Backhaus, Andrea: »Akzeptierte Vergewaltiger, beschimpfte Opfer« in: *zeit.de* vom 04.04.2014

20140528*FAZon: Bickel, Markus: »Ein Armutszeugnis erster Güte« in: *faz.net* vom 28.05.2014

20140528*SZon: AFP/Dpa/Sks: »Ägypter bekommen mehr Zeit zur Abstimmung« in: *sueddeutsche.de* vom 28.05.2014

20140607*FAZ: Bickel, Markus: »Kairo will sexuelle Übergriffe härter bestrafen« in: *Frankfurter Allgemeine Zeitung* vom 07.06.2014

20140611*FAZ: Bickel, Markus: »Sisi will Frauen besser schützen« in: *Frankfurter Allgemeine Zeitung* vom 11.06.2014

20140616*TA: Afp/Taz: »Erstmals Verfahren wegen Gruppenvergewaltigung« in: *die tageszeitung* vom 16.06.2014

20140621*SZ: Zekri, Sonja: »Der Kampf der Frauen« in: *Süddeutsche Zeitung* vom 21.06.2014

20141027*ZEon: Backhus, Andrea: »Die Hebamme mit der Rasierklinge« in: *zeit.de* vom 27.10.2014

20141223*ZE: Schenk, Arnfrid: »Sie lesen. Sie schreiben« in: *Die Zeit* vom 23.12.2014

Medienwissenschaft

Mozilla Foundation
Internet Health Report 2019

2019, 118 p., pb., ill.
19,99 € (DE), 978-3-8376-4946-8
E-Book: Open-Access-Publication, ISBN 978-3-8394-4946-2

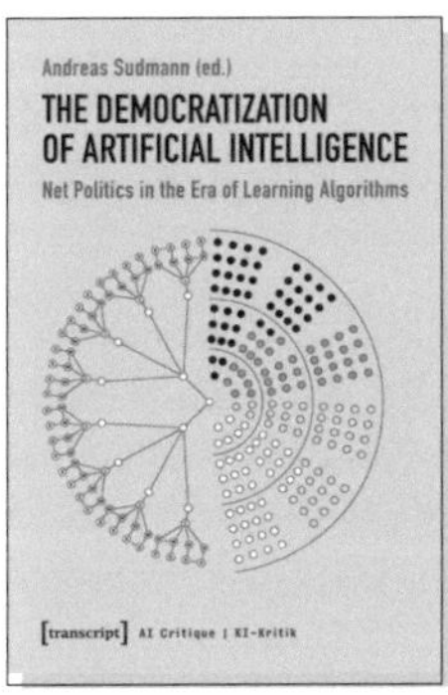

Andreas Sudmann (ed.)
The Democratization of Artificial Intelligence
Net Politics in the Era of Learning Algorithms

2019, 334 p., pb., col. ill.
49,99 € (DE), 978-3-8376-4719-8
E-Book: Open-Access-Publication, ISBN 978-3-8394-4719-2

Gesellschaft für Medienwissenschaft (Hg.)
Zeitschrift für Medienwissenschaft 22
Jg. 12, Heft 1/2020: Medium – Format

April 2020, 224 S., kart.
24,99 € (DE), 978-3-8376-4925-3
E-Book: kostenlos erhältlich als Open-Access-Publikation,
ISBN 978-3-8394-4925-7
EPUB: ISBN 978-3-7328-4925-3

Leseproben, weitere Informationen und Bestellmöglichkeiten finden Sie unter www.transcript-verlag.de